3D 프린팅의 정석

초판 1쇄 인쇄일 2016년 3월 11일
초판 1쇄 발행일 2016년 3월 17일

지은이 남궁윤
펴낸이 양옥매
디자인 최원용 황순하 남궁윤
교 정 조준경

펴낸곳 도서출판 책과나무
출판등록 제2012-000376
주소 서울특별시 마포구 월드컵북로 44길 37 천지빌딩 3층
대표전화 02.372.1537 **팩스** 02.372.1538
이메일 booknamu2007@naver.com
홈페이지 www.booknamu.com
ISBN 979-11-5776-167-8(13000)

이 도서의 국립중앙도서관 출판시도서목록(CIP)은 서지정보유통지원 시스템
홈페이지(http://seoji.nl.go.kr)와 국가자료공동목록시스템
(http://www.nl.go.kr/kolisnet)에서 이용하실 수 있습니다.
(CIP제어번호 : CIP2016006366)

3D 프린팅의 정석

초보자를 위한 123D Design 활용서

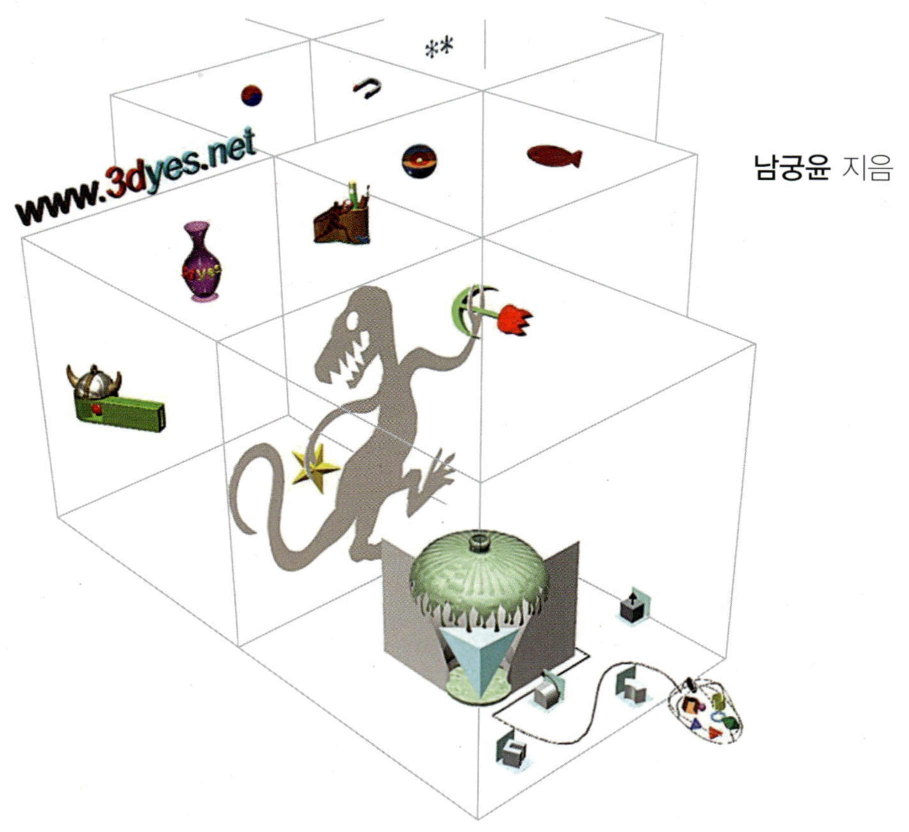

남궁윤 지음

책과나무

새로운 삶의 영역을 모색해 주는 안내서,
123D Design 길잡이!

3D 프린팅이 세계를 변화시키고 있습니다. 이 새로운 기술은 '제3의 산업혁명', '21세기의 연금술'이라 불릴 정도로 각종 가정용품, 의료, 전자제품, 자동차를 넘어 우주항공 부품에 이르기까지 모든 분야에서 활용되며 확산되고 있습니다. 3D 프린터가 생산비용을 낮춰 전 세계 제조업 지도를 완전히 바꿔 놓고 있는 것입니다. 머지않은 미래에 1-가구, 1-3D 프린터의 시대가 올 것입니다. 지금 점점 우리의 삶 속으로 들어오고 있는 3D 프린팅을 능동적 학습으로 맞이함은 시대의 흐름에 부응하고 예견하는 길입니다. 지금 3D 프린팅에 관심을 가지고 이 책을 들고 있는 당신은 이미 남들보다 한발 앞선 잠재적 리더입니다.

몇 년 전 3D 프린팅을 처음 접하면서 가졌던 호기심과 학습 욕구를 실행으로 옮기는 과정에서 오토데스크 123D Design에 대한 호감이 생겼고, 많은 사람들이 3D 프린팅(3D 모델링)을 쉽게 배울 수 있도록 돕고 싶은 마음이 들었습니다. 이에 일반인들은 물론 초중고생 누구나 쉽게 이해하고 따라할 수 있는 교재를 집필하게 되었습니다.

수십 년간 학교 현장에서 중고교생들에게 과학(물리)을 가르쳐 왔고, 십여 년 전부터 소프트웨어 웹 자료 제작에 푹 빠져 살아오며 각종 공모전에서 큰 상을 수상했던 경험들은 이책을 집필하는 데 용기와 지혜가 되어 주었습니다. 또한 2015 중

학교 자유학기제 프로그램·과학영재반·방과후학교 등 다수의 3D 프린팅 강의 (3D 프린터와 연계한 3D 모델링 수업)는 소중한 경험이 되었으며, 최고의 책을 집필하는 데 밑거름이 되었습니다.

이제, 저와 친구가 되어 주십시오. 저는 카페(http://3dyes.net) 운영을 통하여 날이 갈수록 급변하는 3D 프린팅 기술에 대한 정보를 실시간으로 공유하며 독자와 커뮤니케이션하고자 합니다.

독자 여러분! '21세기 도깨비 방망이'로 불리는 3D 프린팅 세계에 푹 빠져 보십시오. 이 책은 당신을 자유자재로 3D 디자인하는 고수의 길로 안내할 것이고, 당신의 잠자는 두뇌를 흔들어 깨울 것입니다. DIY(Do-It-Yourself)! 이제 당신은 창의적인 아이디어의 산출물로 감성과 영혼이 표출되는 기쁨을 맛보게 될 것입니다. 당신의 잠재 능력과 성장 가능성을 확인하여 주체적인 삶을 그려 내십시오. 부디 당신에게 이 책이 새로운 삶의 영역을 모색해 주는 안내서가 되길 간절히 바랍니다.

서해의 해풍이 불어오는 사계절의 서재에서
가끔 푸른 하늘 창밖을 내다보며

2016년 2월 塑宮 남궁윤

Contents

CHAPTER 03 상상을 현실로! 수정·편집 툴 익히기

CHAPTER 04   파일과 클라우드 서비스

CHAPTER 05 실전! 기본 3D 모델링

CHAPTER 06 예제 해설 (01~42)

123D Design 프로그램에 대해 **자신 있습니까?** 아래의 **10문제**로 당신의 실력을 점검해 보기 바랍니다. **처음 접하십니까?** 그렇다면, 이 책을 학습한 후 풀어 보십시오.

Test01 그림과 같이 설정된 화면에서 육면체 솔리드에 대하여 [Move] 툴의 [흰 화살표]를 오른쪽으로 드래그할 때, 육면체를 이동시킬 수 있는 점은? (정답이 2개 이상이라면 모두 고르시오)

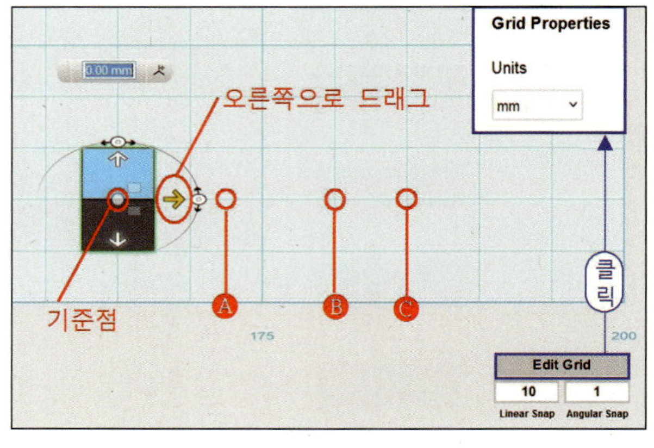

① Ⓐ   ② Ⓑ   ③ Ⓒ

Test02 그림과 같이 먼저 ⓐ큰 원을 그리고, 동심원의 ⓑ작은 원을 그린 후, 작은 원에만[Move/ Rotate] 툴을 적용하려고 한다. **두 번째 ⓑ작은 원**을 그리는 방법으로 옳은 것은? (정답이 2개 이상이라면 모두 고르시오)

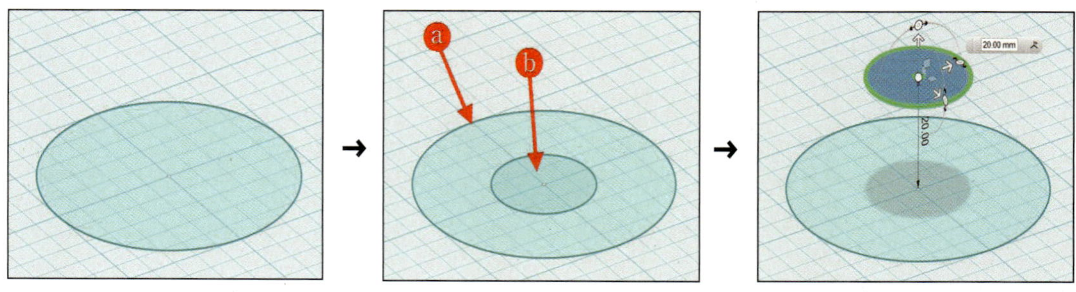

① 메뉴 [Primitives-Circle]을 선택한 후 첫 번째 원의 내부를 클릭하여 두 번째 원을 그린다.

② 메뉴 [Sketch-Sketch Circle]을 선택한 후 첫 번째 원의 내부를 클릭하였다가 두 번째 원을 그린다.

③ 메뉴 [Sketch-Sketch Circle]을 선택한 후 첫 번째 원의 외부를 클릭하였다가 두 번째 원을 그린다.

Test03 다음의 도형 중에서 ⓐ[Profile]과 ⓑ[Axis]를 각각 선택하여 [Revolve] 툴을 적용할 수 있는 것은? (정답이 2개 이상이라면 모두 고르시오)

① 그림은 [Polyline] 툴로 직선, [Spline] 툴로 곡선을 그려서 완성한 도형이다. 이 도형에 [Revolve] 툴을 적용한다.

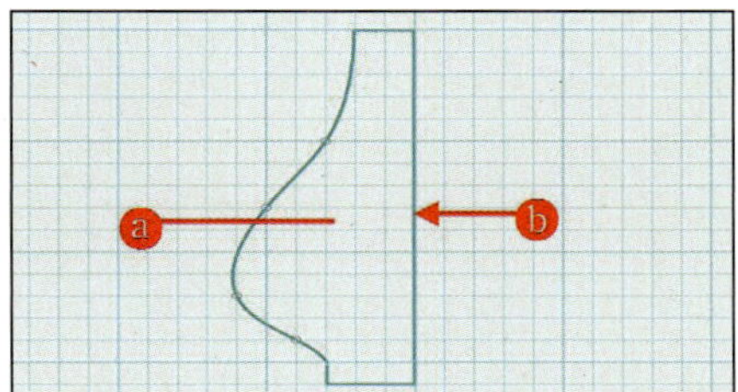

② 그림은 [Spline] 툴만으로 직선과 곡선을 그려서 완성한 도형이다. 이 도형에 [Revolve] 툴을 적용한다.

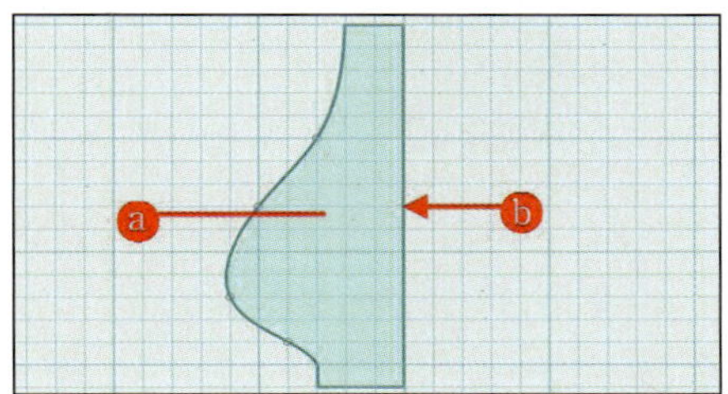

③ 육면체 솔리드 ⓐ윗면, ⓑ모서리를 선택하여 [Revolve] 툴을 적용한다.

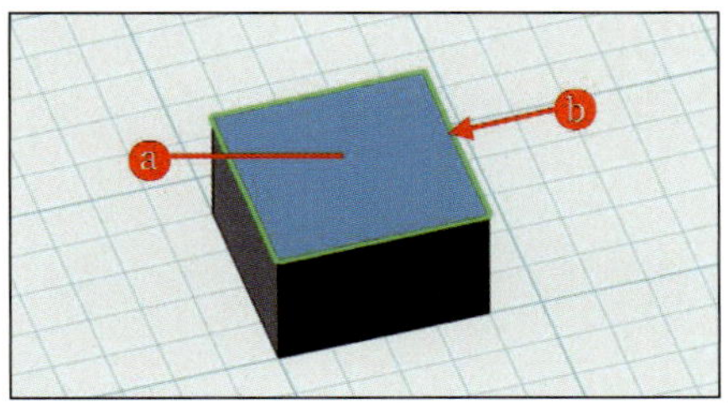

Test04 다음은 [Extrude] 툴을 이용하여 육면체의 윗면을 오므리는 과정이다. 이때, [Press Pull] 툴을 선택한 후, ⓓ의 윗면을 클릭하여 나타나는 [흰 화살표]를 위(Z방향)로 드래그한 것은? (정답이 2개 이상이라면 모두 고르시오)

ⓖ메뉴 [Primitive-Box] 로 육면체를 만든다.

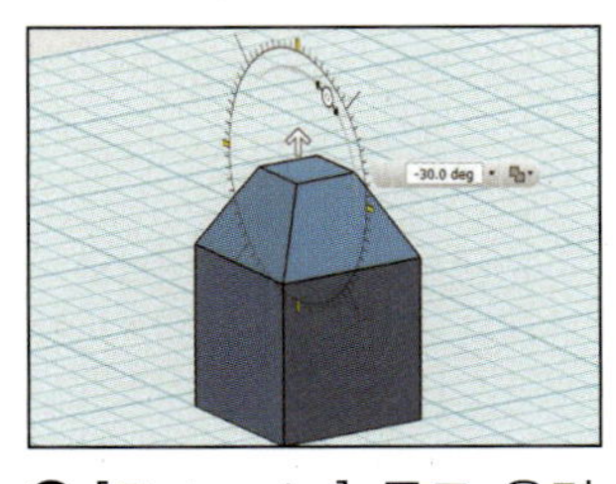

ⓗ [Extrude] 툴로 육면체의 윗면을 오므린다.

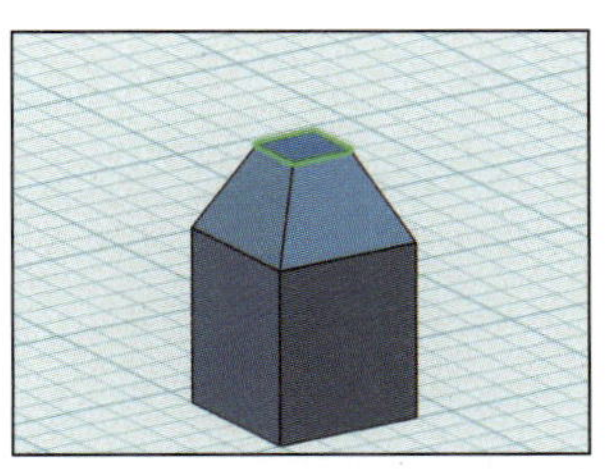

ⓘ 화면 빈곳 클릭하여 완료!

① 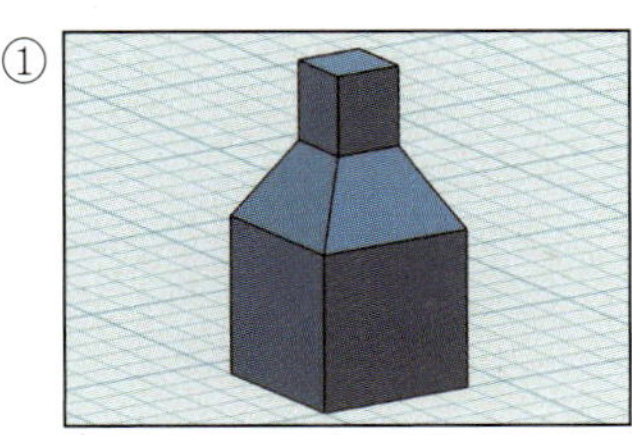

② 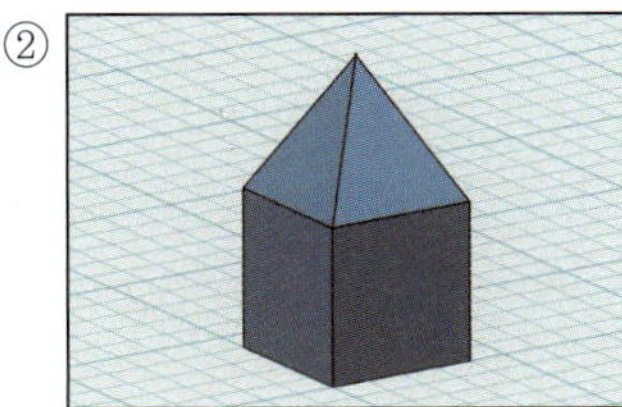

③ 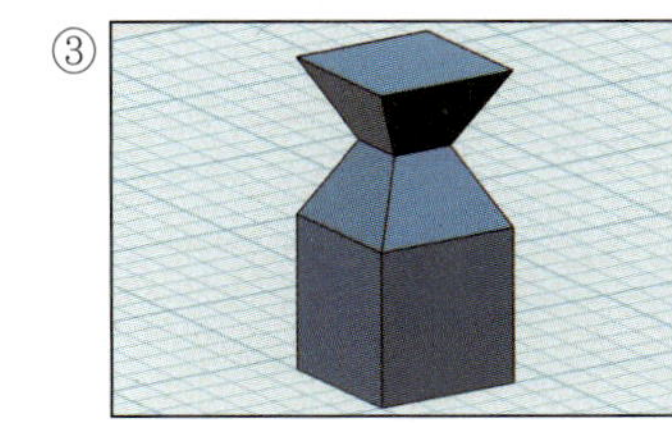

Test05 그림과 같이 원뿔 솔리드(반지름10, 높이20) 앞의 그리드 면 위에 [Polyline] 툴로 그린 직선을 [Move] 툴을 이용하여 원뿔의 중앙부분 가까이 배치하였다. 이 직선의 상태로 메뉴 [Modify-Split Solid]를 적용할 때, 원뿔 솔리드의 단면 모양은?

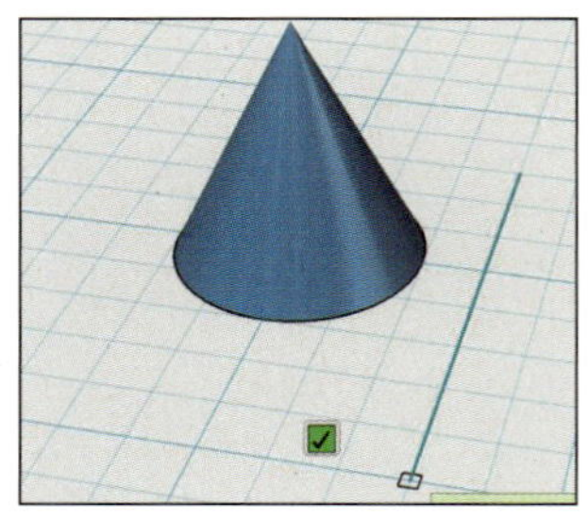 → 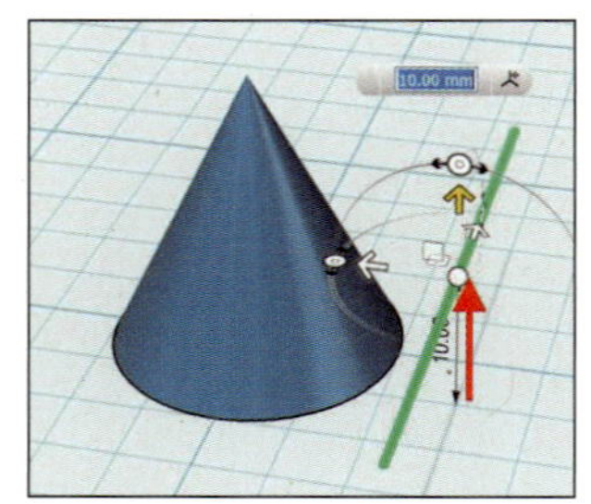 → 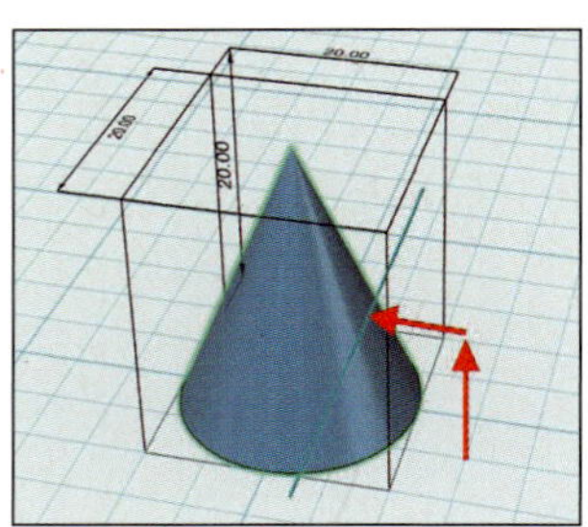

㉮ 메뉴 [Sketch-Polyline]을 이용하여 원뿔 앞의 그리드 면 위에 직선을 그린다. 종료(Exit Mode) 버튼 클릭하여 완료!

㉯ 메뉴 [Transform-Move/Rotate]를 선택하고 직선을 클릭한 후 [흰 화살표]를 위로 10mm 드래그한다.

㉰ 다시, [흰 화살표]를 좌로 8mm 드래그하여 원뿔 가까이 배치한다. 화면 빈 곳 클릭하여 완료!

① 반원 모양    ② 타원 모양    ③ 원형 

Test06 그림 ㉮, ㉯는 각각 ⓐ어떤 툴을 이용하여 오각형(스케치 면)을 원기둥의 곡면에 적용한 후, ⓑ곡면의 일부를 돌출시킨 것이다. 이때, 각각 사용한 툴이 옳은 것은? (단, ㉮의 오각형 표면적은 돌출되어도 일정하고, ㉯의 오각형 표면적은 돌출될수록 증가함) (정답이 2개 이상이라면 모두 고르시오)

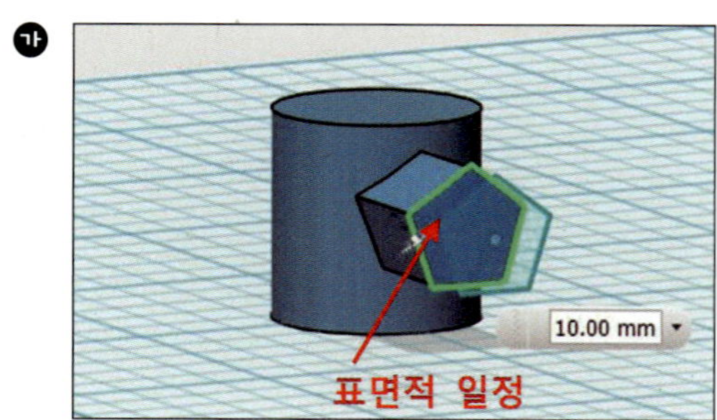

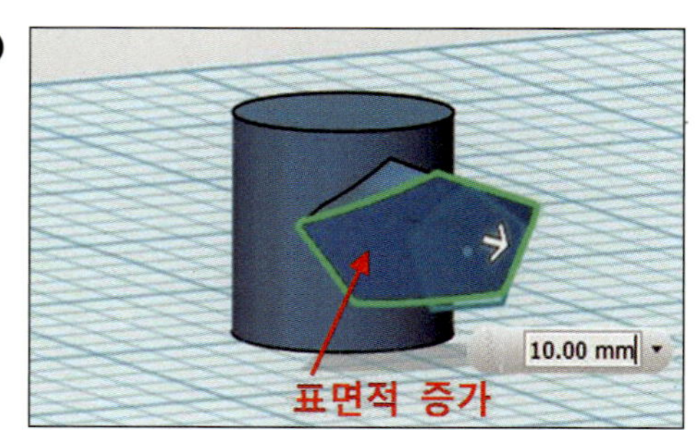

		①	②	③	④
㉮	**ⓐ**	[Project]	[Split Solid]	[Split Face]	[Split Solid]
	ⓑ	[Press Pull]	[Extrude]	[Press Pull]	[Press Pull]
㉯	**ⓒ**	[Split Face]	[Split Face]	[Split Solid]	[Split Face]
	ⓓ	[Press Pull]	[Press Pull]	[Press Pull]	[Press Pull]

 그림은 원과 삼각형을 그린 후 스케치면(Profile)에 대해 원형 패턴[Circular Pattern]을 적용한 것이다. 아래의 [과정2, 3]에서 빈칸 ㉮, ㉯에 들어갈 알맞은 설명은? (정답이 2개 이상이라면 모두 고르시오)

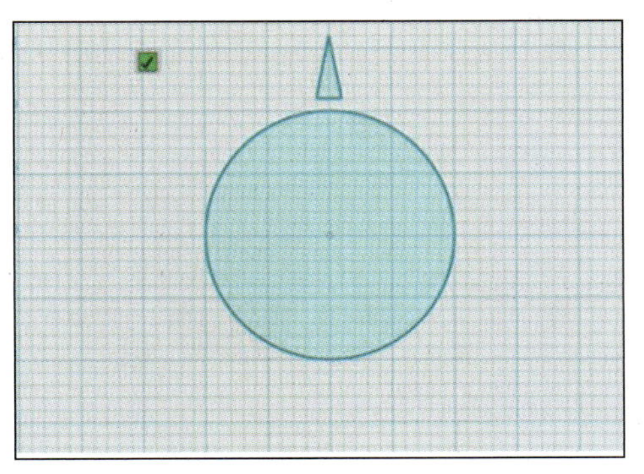 → 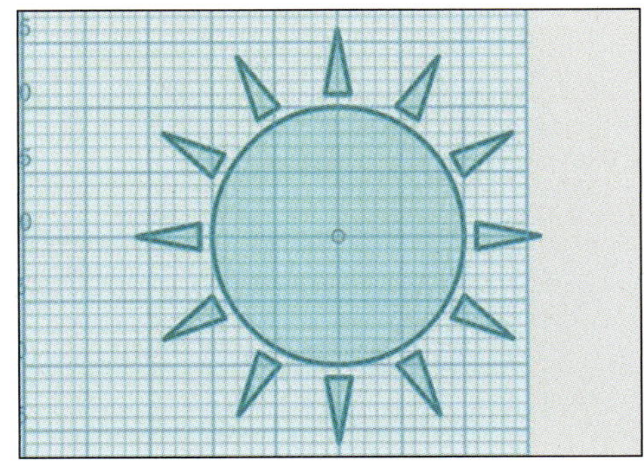

[과정1] 메뉴 [Primitives-Circle] 또는 [Sketch-Sketch Circle]로 원을 그린다.
[과정2] 메뉴 [Sketch-Polyline]을 선택하고 (㉮ :   )를 클릭하였다가 삼각형을 그린다.
[과정3] (㉯ :   )

	㉮	㉯
①	원의 내부	메인 메뉴 [Pattren-Circular Pattern]을 적용한다.
②	원의 내부	스케치면(Profile)을 클릭하여 [연관 메뉴]-[Circular Pattern]을 적용한다.
③	원의 내부	스케치면(Profile)을 클릭하여 [연관 메뉴]-[Circular Pattern]을 적용한다.

Test08 그림과 같이 육면체와 도넛모양 솔리드를 이용하여 가방 모형을 만들고 공(구)을 만들었다. 다음 설명 중에서 옳은 것은? (정답이 2개 이상이라면 모두 고르시오)

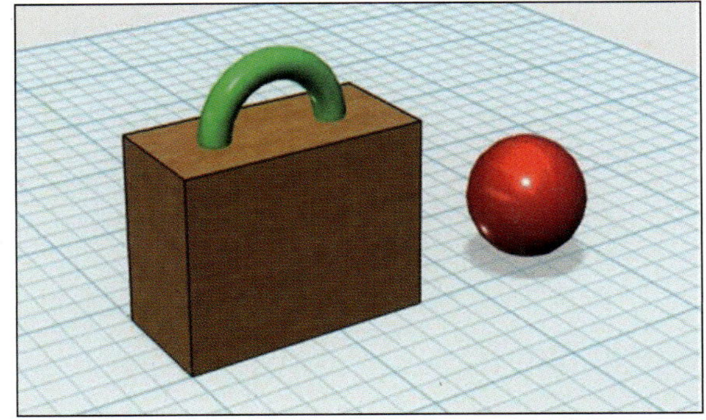

① 육면체와 반원형(도넛) 솔리드는 메뉴 [Combine-Merge]를 적용한 것이다.
② 가방 모형과 공(구)은 메뉴 [Combine-Merge]를 적용하여 '합병'할 수 있다.
③ 가방 모형과 공(구)은 메뉴 [Grouping-Group]을 적용하여 '묶기'할 수 있다.

Test09 그림과 같이 구(반지름 3), 오각기둥(기본값), 원기둥(반지름 3, 높이 50)을 [Snap] 툴로 부착하려고 한다. 화면제어 바에서 '**Snap할 때 Group 설정(ON)**' 상태에서 메뉴 [Snap] 클릭→ⓐ클릭→ⓑ클릭→메뉴 [Snap]클릭→ⓒ클릭→ⓓ클릭한다. 이 결과로 옳은 것은? (정답이 2개 이상이라면 모두 고르시오)

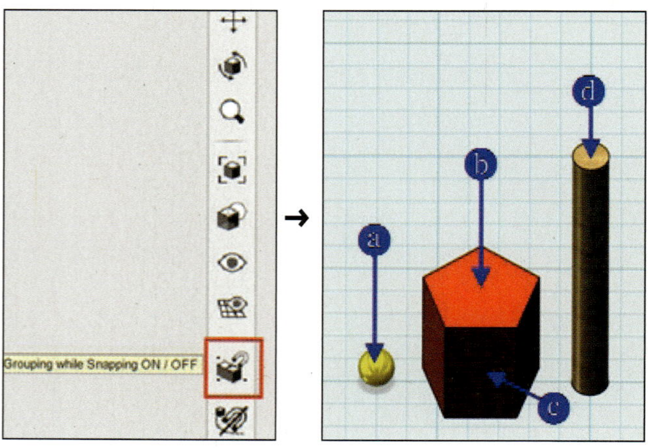

① 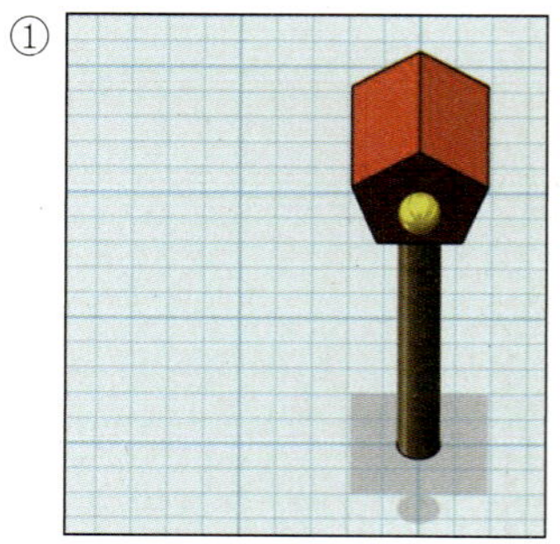

② 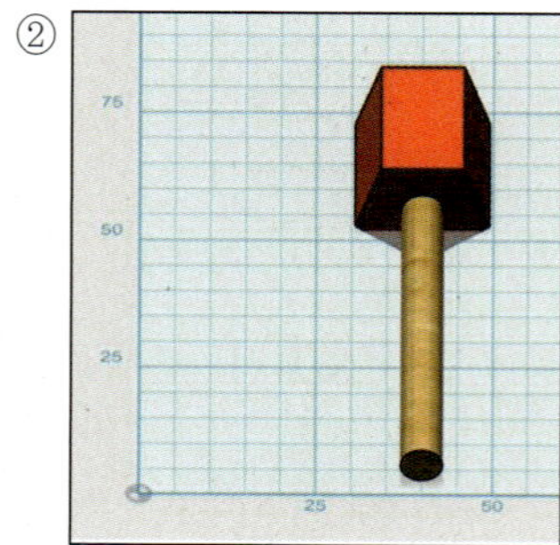

③ 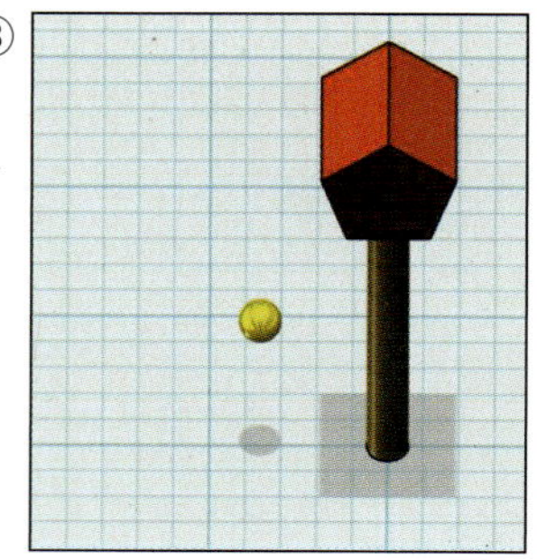

Test10 다음 중 123D Design 프로그램에서 불러올 수 있는(Import) 이미지 파일은? (정답이 2개 이상이라면 모두 고르시오)

① GIF 파일 (*.gif)　　　② SVG 파일 (*.svg)　　　③ JPG 파일 (*.jpg)

Test	01	02	03	04	05	06	07	08	09	10
정답	③	①,③	③	②	①	④	②	②,③	③	②
예제 번호	02	09	21	26	29	31	35	38	41	·
해설(쪽)	37	85	130	141	157	158	172	188	203	230

123D Design으로 시작하는
3D 모델링 준비

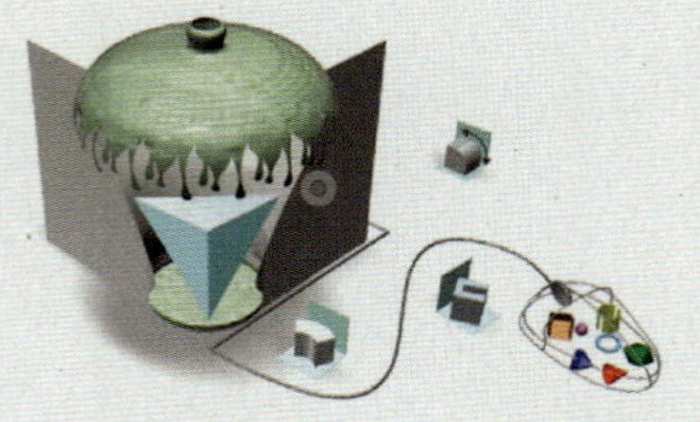

123D Design 소개 및 설치

1.1 3D 모델링과 3D 프린팅

3D 프린터는 미리 입력한 설계도면에 따라 재료를 정해진 얇은 두께의 층(Layer)으로 쌓아 올려 입체 물품을 찍어내는 기계이다. 이처럼 3D프린터로 출력을 하려면 3차원 설계도면(3D 데이터)이 필요하다. 이 3차원 설계도면은 컴퓨터에서 3D 모델링 소프트웨어(3D CAD, 3D CG)를 이용하여 만든다. 이 책에서는 3D 설계도면을 만드는 프로그램인 'Autodesk 123D Design'의 사용 방법을 설명한다.

- 3D 모델링 : 컴퓨터상에서 프로그램을 이용하여 3D 데이터를 만드는 행위 (입체모양 만들기)
- 3D 프린터 : 2D 프린터로 문자나 그림을 인쇄하듯이 입력한 3차원 설계 도면에 의해 입체 물체를 만들어 내는 기계
- 3D 프린팅 : 3차원 설계도면에 따라 재료를 열로 녹인 후 붙이거나 빛(레이저, 자외선 등)으로 응결시키면서 적층(積層, 층층이 쌓임)하여 3D 입체형상을 만드는 행위 (모델링부터 출력까지의 전 과정)

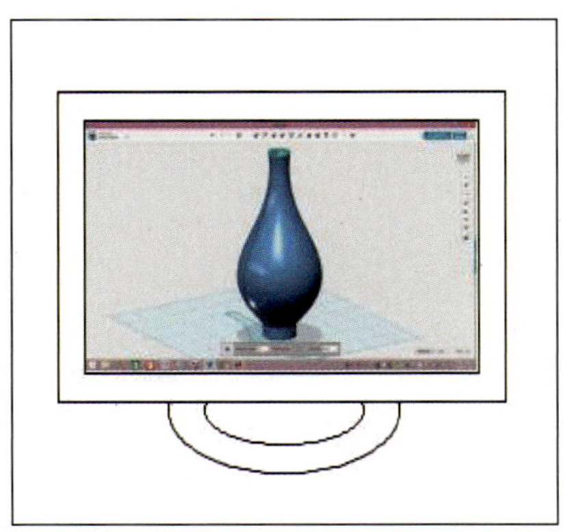

컴퓨터에서 프로그램을 이용한
3D 모델링

3D 프린터를 이용한 출력–
3D 프린팅

3D(입체)는 2D(평면)와 어떻게 다른가?

0차원		• 점
1차원		• 선
2D (2차원)		• **면** : 위치, x축(좌 · 우), y축(앞 · 뒤)이 존재함 • **2D 프린터** : 종이(평면) 위에 그림, 사진, 글씨 등을 출력하는 기계
3D (3차원)		• **입체** : 위치, x축(앞 · 뒤), y축(좌 · 우), **z축(위 · 아래)**이 존재함 (+ · −값) • **3D 프린터** : 입체 형상을 출력하는 기계

※ Dimension(차원)

'3D 데이터'는 어떻게 준비할까?

❶ 파일 공유사이트에서의 다운로드(유 · 무료)	싱기버스(www.thingiverse.com) 등의 웹사이트에서 원하는 파일을 다운로드한다. (←www.3dyes.net 참고)
❷ 3D 모델링	**123D Design**, Shetch Up Make/Pro, Inventor, Fusion 360, SolidWorks, Rhino, 3ds Max, Maya 등의 3D CAD나 3D CG 소프트웨어를 사용한다.
❸ 3D 스캔 작업	3D스캐너 및 수정용 소프트웨어(제품 전용, Meshmixer 등)를 이용한다.

1.2 '123D Design'이란?

다음은 약 20년 전과 현재의 어느 가정에서 오가는 부부간의 대화이다. 20년 전 **'아래아 한글', '엑셀'** **등의 프로그램**과 **2D(종이) 프린터**의 보급으로 우리의 생활에 큰 변화를 가져왔다면, 이제는 **'123D Design 프로그램'**과 **3D 프린터**가 더욱 강력하게 그 역할을 대체할 것이다.

1990년대 중반, 어느 가정의 대화	2010년대 중반, 어느 가정의 대화
이것 보세요. 옆집 민준이 **백일잔치 초대장**이에요. 우와~! 이 초대장 예쁘네. 어디서 만들었을까?	이것 보세요. 옆집 민서 엄마가 우리 애 **백일기념 선물로 준 모빌과 장난감**이에요. 우와~! 정말 좋네. 어디서 샀을까?
민준이 엄마가 직접 컴퓨터로 만들었다고 하네요. 옆집은 얼마 전 **종이(2D) 프린터**를 구입했거든요. 그래? 근데 컴퓨터에서 어떤 프로그램을 사용해서 만들었을까?	산 거 아니에요. 옆집은 얼마 전 **3D 프린터**를 구입했대요. 그래서 민서 엄마가 직접 컴퓨터로 만들었다고 하네요. 세상에서 단 하나밖에 없는 선물이어서 의미가 더 커요. 그래? 근데 컴퓨터에서 어떤 프로그램을 사용해서 만들었을까?
아~! 그건 **아래아 한글** 프로그램이라고 그러더군요. 당신도 그 프로그램 사용할 줄 알아요?	아~! 그건 123D Design 프로그램이라고 그러더군요. 당신도 그 프로그램 사용할 줄 알아요?
네, 지난 달 무료교육을 받아서 조금 할 수 있어요. 이제 문서 작성을 직접 할 수 있겠어요. 그럼, 우리도 프린터(기계) 하나 사자.	아직 할 줄 몰라요. 민서 엄마는 『3D 프린팅의 정석』이라는 책을 구입해서 공부했대요. '따라 하기'로 되어 있어서 아주 쉽다던데! 그럼, 우리도 그 책 사서 공부하고, 3D프린터(기계) 하나 삽시다.

2012년 10월, 미국 Autodesk사는 'Autodesk 123D Design'이라는 프로그램을 정식 출시하였다. 'AUTODESK 123D' 홈페이지에서 다음과 같이 소개하고 있다.

– "당신의 상상을 3D 입체로 만드는 가장 간단한 방법! 123D Design은 무료이고 강력하면서, 지금까지 많은 3D프린터를 위한 간단한 3D 조형 편집 툴이다."
(Simplest way to get your ideas into 3D. 123D Design is a free, powerful, yet simple 3D creation and editing tool which supports many new 3D printers.)

전문적인 설계 프로그램인 3D CAD는 수백만 원의 고가이면서 고급 기능의 구성으로 조작 난이도가 높아서 배우기에 어렵다. 그러나 '123D Design'은 무료이면서 조작이 간단하므로 개인사용자가 취미, 교육용으로 3D 모델링하기에 가장 적합한 소프트웨어라고 할 수 있다. 또한 전문 3D CAD에 비해 기능은 한정되어 있지만 충분히 숙달된 후 창의성을 발휘한다면 복잡한 고급 모델링에도 도전할 수 있다. 이 소프트웨어로 3D 모델링의 기초를 익혀 놓으면 나중에 전문적인 3D CAD를 사용할 때 훨씬 수월할 것이다.

1.3 123D Design 프로그램 설치 안내

1 123D Design 프로그램을 구동하기 위한 내 컴퓨터의 시스템 사양을 확인한다.

(1) 123D Design을 위한 컴퓨터의 시스템 사양

시스템 사양	윈도우	맥 OS X
운영체제	Windows 7(32비트 또는 64비트)	맥 OS X이상
프로세서	Intel Pentium 4 또는 AMD Athlon 64이상, 2㎓ 이상	64비트 인텔 프로세서
메모리 (RAM)	2GB 이상(최소 1.5GB)	3GB 이상
하드디스크 용량	여유 디스크 공간으로 1.5GB 이상	2.5GB 이상
해상도	Direct 3D 9 또는 10지원(64MB 이상)	1280×800 이상 트루컬러

(2) 내 컴퓨터의 시스템 사양을 확인하는 방법

- 내 컴퓨터의 [운영체제], [프로세서], [메모리(RAM)] 확인

방법A

❶ 바탕화면의 [(내)컴퓨터] 아이콘 클릭

  →(마우스 우측버튼 클릭)

❷ [속성(R)] 클릭

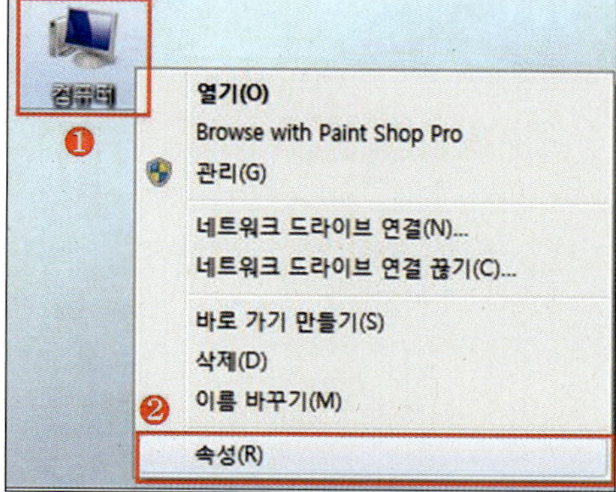

방법B

❶ [윈도우 시작] 버튼 클릭

❷ [(내)컴퓨터] 위에서

  →(마우스 우측버튼 클릭)

❸ [속성(R)] 클릭

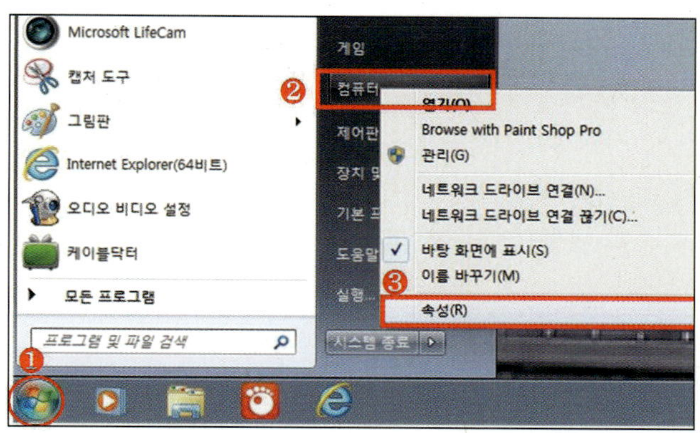

확인1▷새 창(시스템)에서 [**운영체제**], [**프로세서**], [**메모리(RAM)**]를 확인한다.

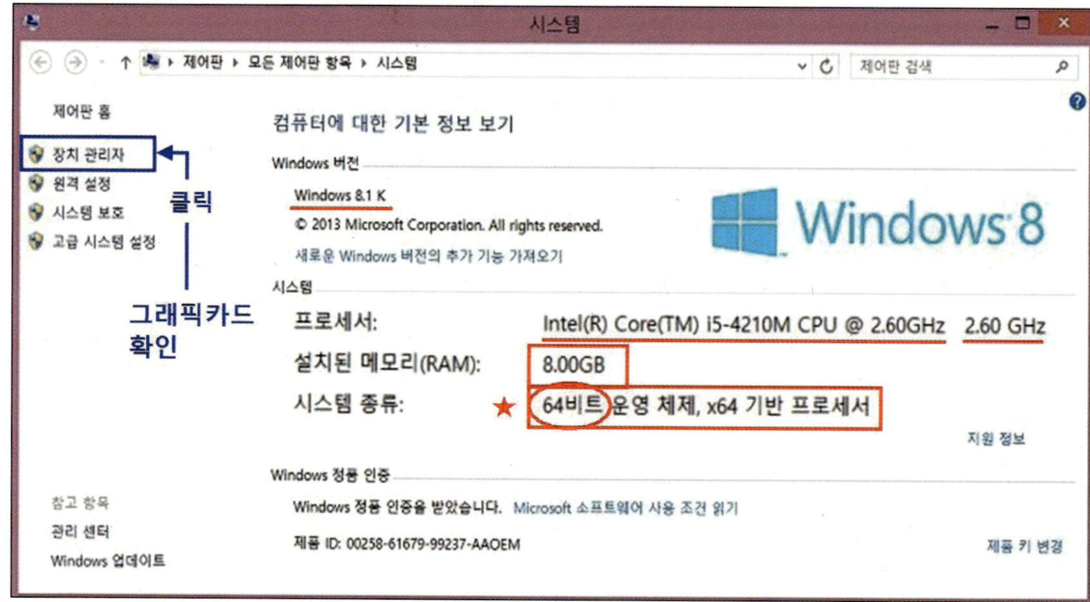

■ 내 컴퓨터의 해상도 [그래픽카드]의 확인

①**확인1**의 그림에서 [**장치 관리자**]를 클릭한다.

②**확인2**⇨새 창에서 [**디스플레이 어댑터**]를 클릭하여 그래픽카드를 확인한다.

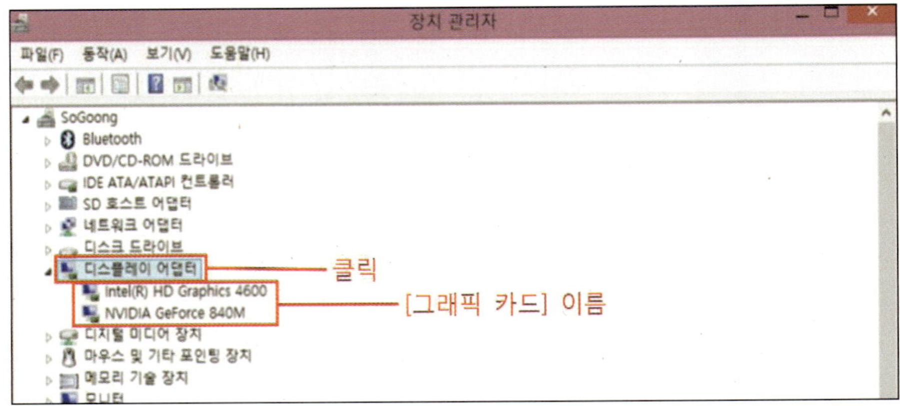

■ 내 컴퓨터의 [하드디스크 용량] 확인

① 윈도 탐색기에서 하드디스크의 **ⓐ**(C:) 드라이브를 클릭하고 마우스 우측버튼을 클릭한 후, 새 창에서 **ⓑ**속성(R)을 클릭한다.

② **확인3**⇨새 창에서 여유 디스크 공간(사용 가능한 공간)을 확인한다.

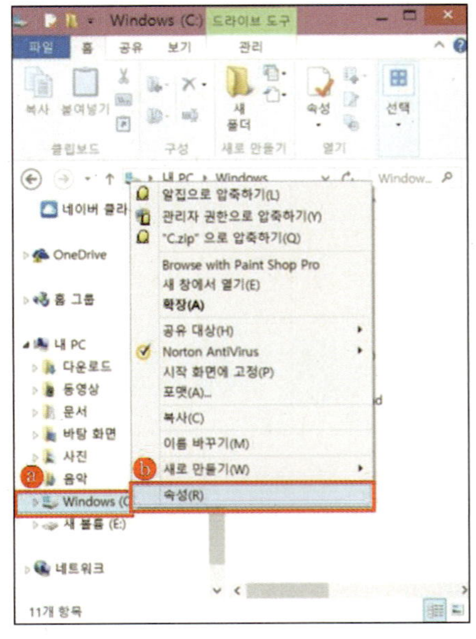

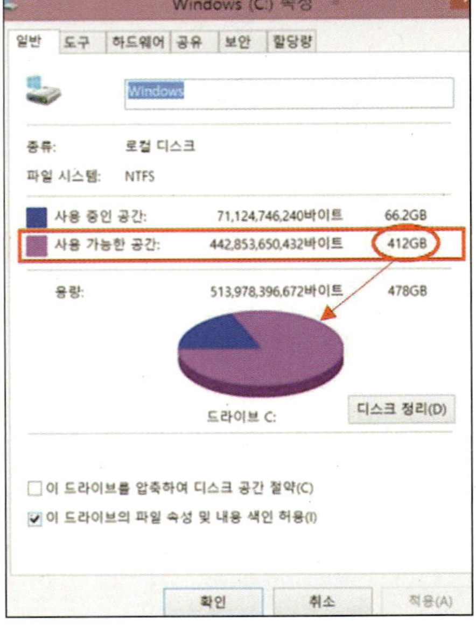

2 인터넷을 통하여 프로그램 파일(약 300MB)을 내려받기(Download)하여 설치한다.

(1) **ⓐ**www.123dapp.com/design에 접속한 후, 설치할 컴퓨터의 **ⓑ**해당 플랫폼(PC, Mac, iPad)을 선택한다.

❖ [PC download] : 설치할 컴퓨터가 [32-bit]인지 [64-bit]인지를 확인한 후 선택한다.

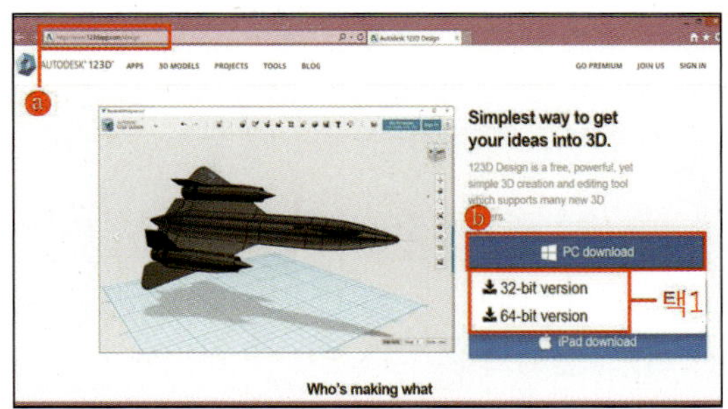

(2) 화면 하단에 '실행' 또는 '저장'여부를 묻는 메시지가 나타난다. 여기에서는 [실행(R)] 버튼을 클릭한다.

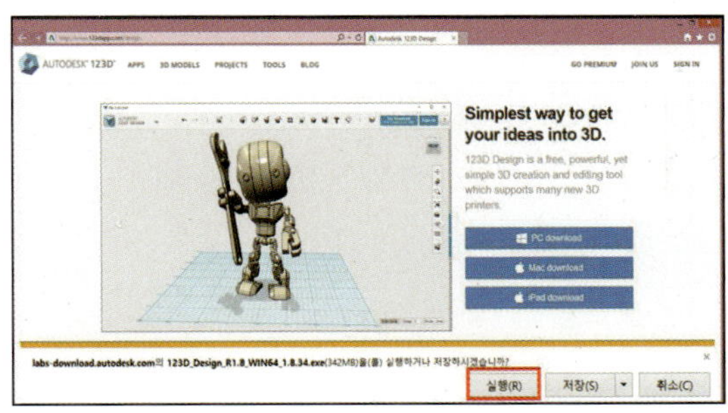

(3) 새 창에 〈사용계약 및 승인〉 동의 사항이 나타난다. 하단의 [Accept & Install] 버튼을 클릭한다.

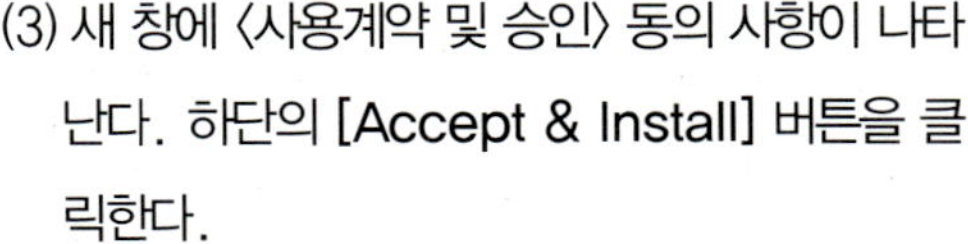

(4) 드롭다운 버튼에서 언어 선택한 후, [Install] 버튼을 클릭한다.

❖ 현재 일본어 버전은 있으나 한글 버전은 없음

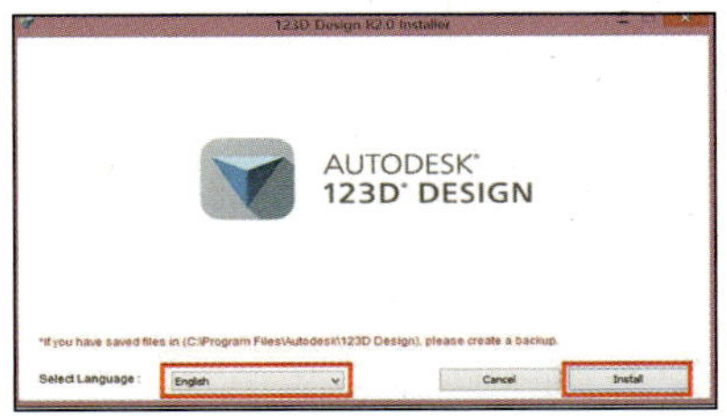

(5) 새 창의 하단에 설치 진행막대가 표시된다.

❖ 설치과정 중에 [Meshmixer] 설치 여부를 묻는 메시지가 뜨면, 설치 또는 나중에 설치한다.

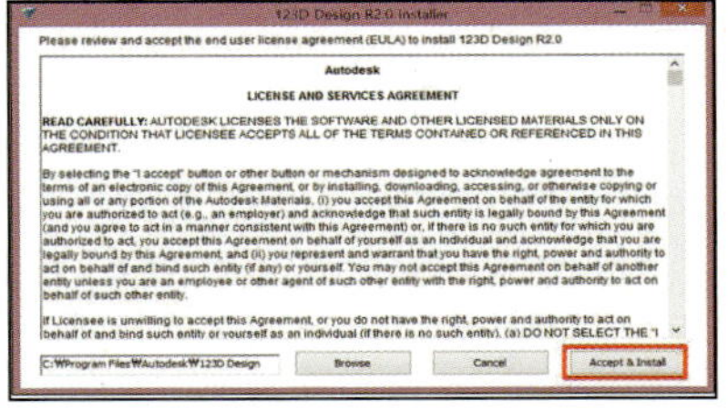

(6) 하단의 [Done] 버튼을 클릭하여 설치 완료한다.

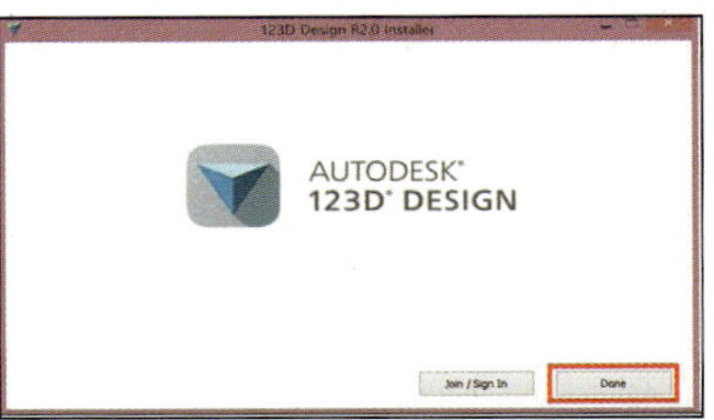

123D Design의 실행과 화면구성

2.1 123D Design 프로그램 실행

1 바탕화면에서 123D Design 아이콘  을 더블 클릭한다.
(또는 윈도우시작 버튼 → 모든 프로그램 → 123D Design 클릭!)

2 프로그램 시작을 위하여, (팝업창 하단의) [Start a New Project] 버튼을 클릭한다.

❖ 화면 우측 상단의 [?] 위에 마우스 커서를 올리고 [Quick Start Tips]를 클릭하면 동일한 팝업창이 나타남

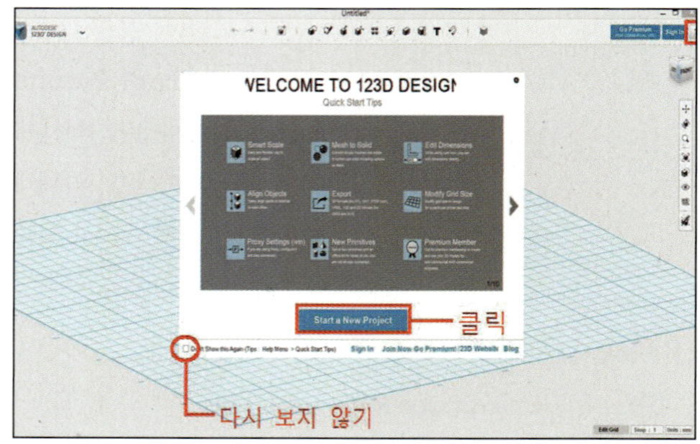

3 작성한 모델링 파일을 클라우드(Cloud)에 저장하려면, 다음과 같이 로그인[Sign In]해야 한다.
(클라우드란? : 217쪽 참고)

(1) 화면 우측 상단의 [Sign In] 버튼을 클릭한다.

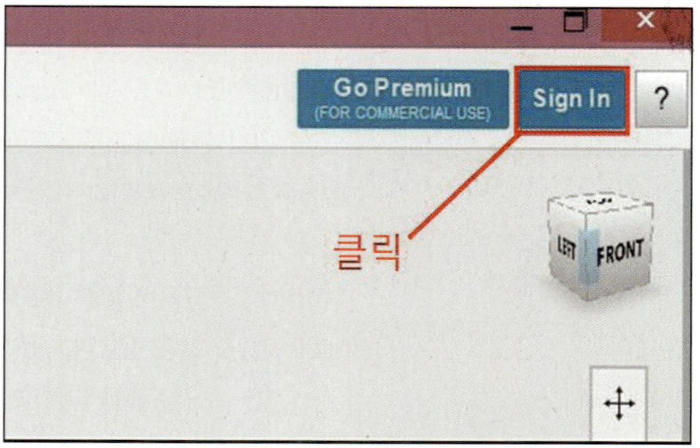

(2) (팝업창이 나타나면) **ID와 암호를 입력**하고 [**로 그인**]한다.

❖ ⓐFacebook/Google/Yahoo/ Twitter/ Linkedin/Microsoft의 계정으로도 로그인 가능!

❖ 회원가입 : ⓑ**"새 사용자이면 등록하세요"**를 클릭하여 새 계정을 등록한다.

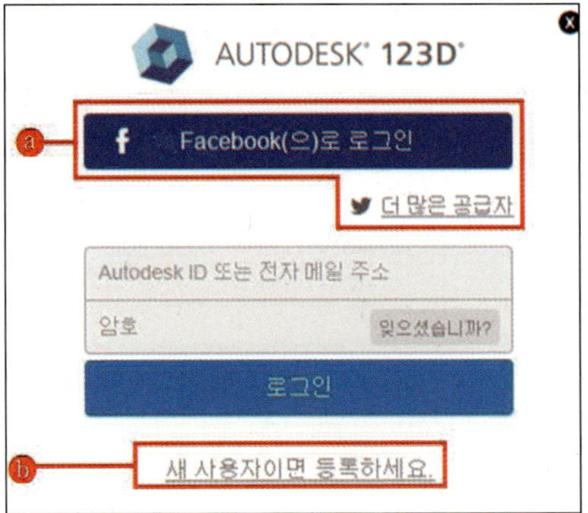

(3) [**로그인**]되었을 때, 화면 우측상단에 **로그인 정 보**가 표시된다.

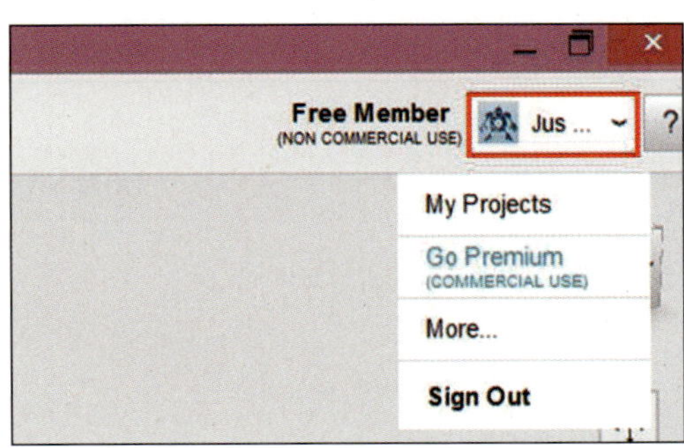

 **123D Design 버전 확인하기**

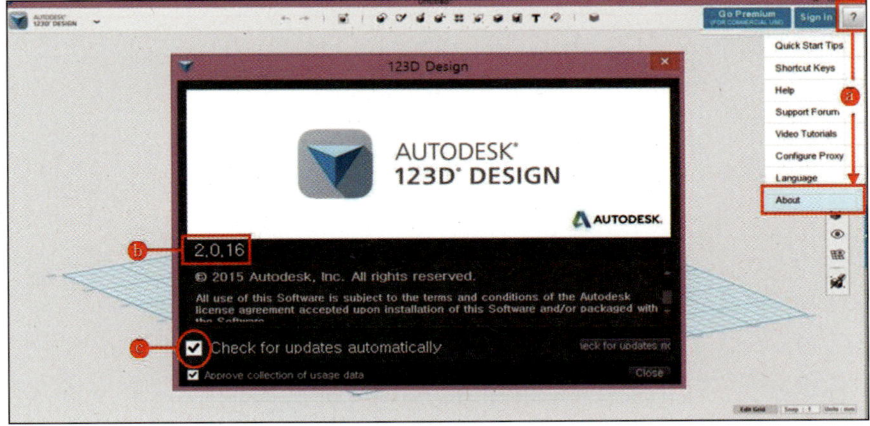

① ⓐ화면우측상단의 ? 위에 마우스 커서를 올리고 [About]을 클릭한다.

② 팝업창에서 현재 프로그램의 ⓑ버전(2.0.16)을 확인할 수 있다.

❖ **v.2.0** / February 12, 2016 (화면 하단의 ⓒ체크박스에 ☑표시해 두면 인터넷 연결 상태에서 자동적으로 업데이트 가능함)

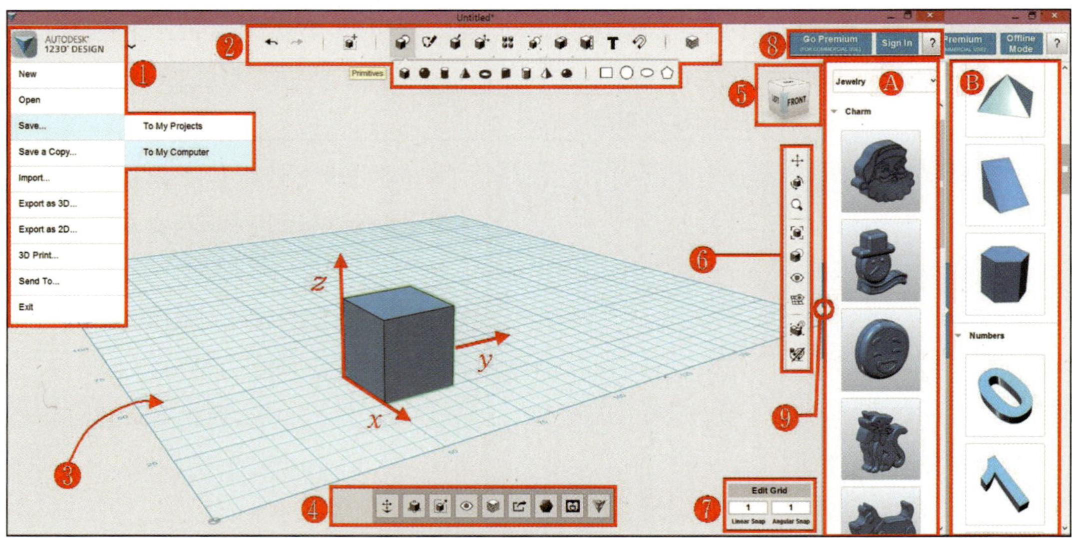

❶ 파일관련 펼침 메뉴 (Application Menu)	로고 [AUTODESK 123D DESIGN] 위에 마우스 커서를 올리면 파일에 관련된 메뉴가 나타난다.	
❷ 메인 툴 메뉴 (Main Toolbar)	모델링에 관한 도구 메뉴로 주 메뉴와 부 메뉴가 있다.	
❸ 그리드 면 (Grid, 모눈종이)	모델링 작업(모눈종이) 영역으로 생성되는 개체의 위치에 따라 증가될 수 있다.	
❹ 연관 메뉴 (Context Menus)	개체를 선택할 때 화면하단 등 근처에 툴 메뉴가 나타난다.	
❺ 뷰-큐브(View Cube, 시점조절상자)	[Home] 버튼과 함께 사용자가 물체를 보는 시점을 변경할 수 있다.	
❻ 화면제어 바 (Navigation bar)	정밀한 화면 제어 및 화면 표시를 위한 툴 메뉴이다.	
❼ [Snap] 선택, 그리드 편집(Edit Grid)	Linear Snap(스냅 거리)·Angular Snap(스냅 각도), 모눈간격의 단위(mm, cm, in), 특정 그리드 등을 설정할 수 있다.	
❽ 로그인(Sign in) 및 [?]	Quick Start Tips(정보 팁), Shortcut Keys(단축키), Video Tutorials(동영상으로 배우기), Language(언어), About(버전 확인) 등을 제공한다.	
❾ 부품함(Parts Bin)	직접 사용하거나 수정할 수 있는 다양한 모델 키트(kits)의 라이브러리를 제공한다. (Ⓐ Online Mode, Ⓑ Offline Mode)	

SECTION 03

123D Design의 화면 제어

화면 제어는 모델링의 출발이자 기본이다. 마우스 및 뷰-큐브로 화면을 자유자재로 제어할 수 있을 때까지 연습, 또 연습이 필요하다.

3.1 마우스로 화면 제어하기

1 시점 평행이동	마우스 **휠버튼을 누른 채 드래그**하면 화면이 평행 이동함	
2 화면 회전	마우스 **우측 버튼을 누른 채 드래그**하면 화면이 회전함 ❖ 다른 방법 : Shift + 마우스 휠버튼 드래그함	
3 점진적 확대/축소	마우스 휠을 위로 굴리면 점점 화면이 확대되고, 아래로 굴리면 점점 축소됨. ❖ 마우스 커서가 있는 위치를 중심으로 확대/축소됨	
4 전체 확대	마우스 휠 버튼을 더블 클릭할 때, 개체가 확대됨 ❖ 단축키 : 개체 선택 + F 키	

3.2 뷰-큐브(View-Cube)로 시점 전환하기

1 [Home]과 [투영법] 버튼 : 어떤 시점에서든지 [뷰-큐브]에 마우스 커서를 근접시키면 Home 버튼 🏠 과 투영법 버튼[▽]이 나타난다.

Home(홈) 버튼

[뷰-큐브]의 옥색 부분은 현재 화면의 시점을 나타냄

투영법 버튼 클릭 ⇨ 펼침 메뉴가 나타남
(Orthographic/Perspective)

2 [뷰-큐브]의 육면 전개도 : 뷰-큐브의 <u>면을 클릭</u>하면 평면 시점으로 변경되며, 회전 삼각버튼과 회전 화살표버튼이 생성된다.

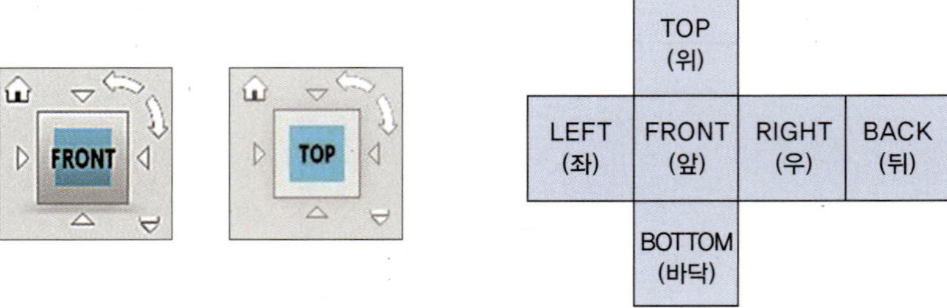

3 시점 및 시점 전환 : 뷰-큐브의 <u>면, 모서리, 꼭짓점</u>을 클릭/드래그하거나, 주변의 버튼을 클릭하여 시점을 전환한다.

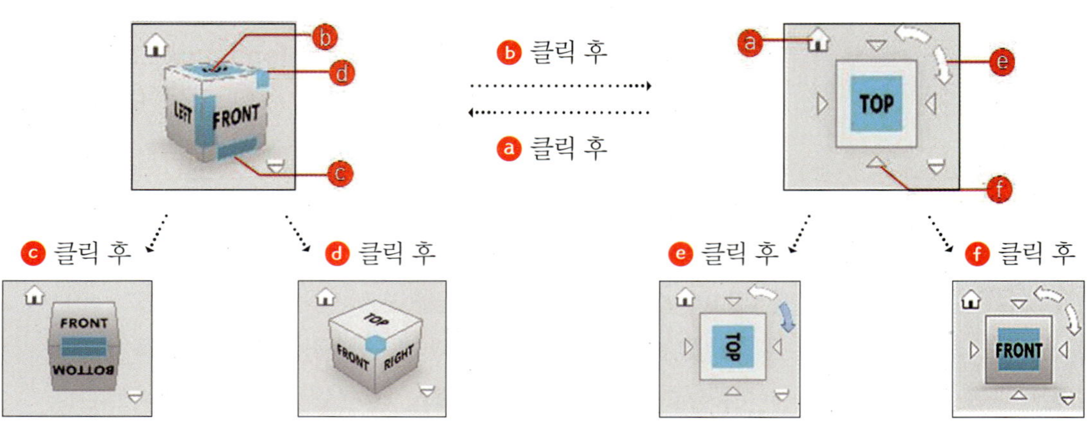

a Home(홈) 클릭		홈으로 시점이 전환됨
View-Cube (뷰-큐브)	**b** 면 클릭/ 드래그	• 클릭한 면으로 시점 변경(화면 전환)됨 • 기울어진 면을 더블클릭하면 바르게 세워짐
	c 모서리 클릭/ 드래그	클릭한 모서리로 시점 변경(화면전환)됨
	d 꼭짓점 클릭/ 드래그	클릭한 꼭짓점으로 시점 변경(화면전환)됨
e 회전 화살표 버튼(↰ ↳) 클릭		시계/ 반시계방향으로 화면이 회전함
f 회전 삼각버튼(▷◁△▽) 클릭		한 면에서 다른 면으로 시점이 전환됨
투영법 (33쪽 참고)	Orthographic (정투영법)	거리에 관계없이 같은 길이의 선은 같은 길이로 표시됨 (물체의 상대적 크기를 파악하려고 할 때 사용함)
	Perspective (원근법)	시점 그대로 가까이 있는 것은 크게, 멀리 있는 것은 작게 표시됨 (물체의 거리감을 그대로 나타내려고 할 때 사용함)

  다음과 같이 [뷰-큐브]를 이용한 시점 전환에 대하여 5문제를 풀어보자.

(1) 마우스로 화면을 제어하다가 시점이 뒤엉켰다. 어떻게 하는 것이 가장 좋을까?

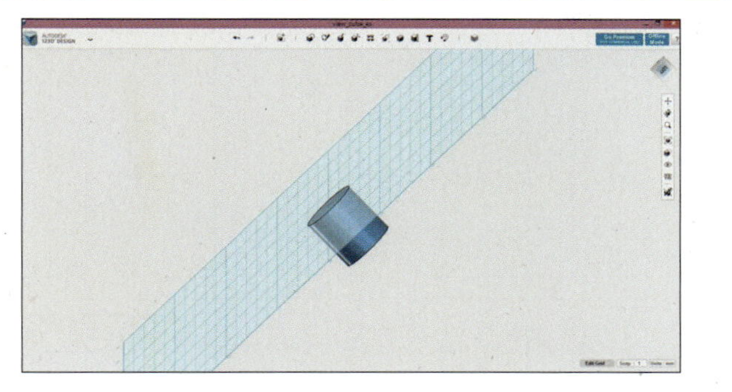

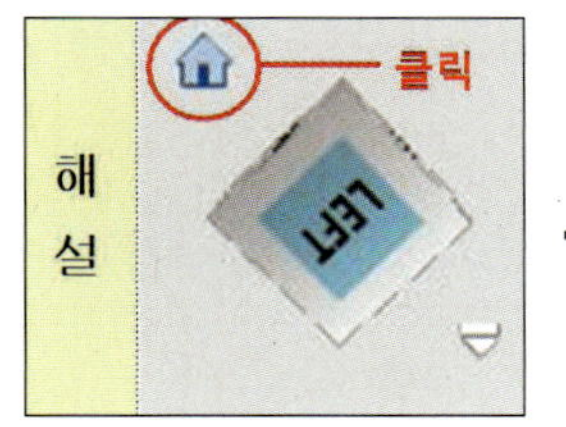

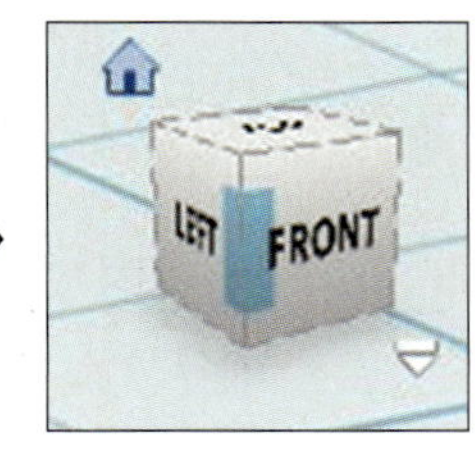

[Home] 버튼[⌂]을 클릭한 후,
마우스 우측버튼 등을 이용하여 처음부터 다시 원하는 시점 전환을 시도한다.

❖ [Home] 시점은 '[LEFT]-[FRONT]-[TOP] 사이'의 꼭짓점을 클릭했을 때의 시점과 비슷하다.

(2) 그림은 [Home] 시점이다. [Home]에서 [TOP]으로의 시점 전환은 어떻게 하는 것이 좋을까?

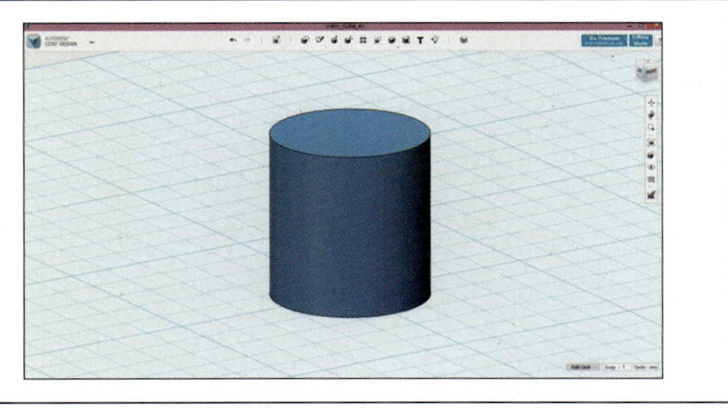

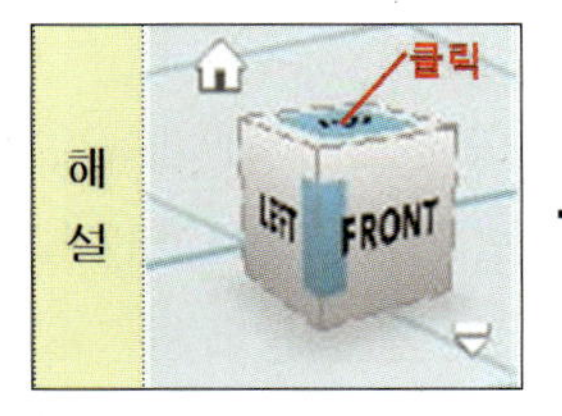

[Home] 시점에서 [뷰-큐브]의 윗면 [TOP]에 마우스 커서를 올려 윗면이 **옥색으로 변할 때** 클릭한다.

(3) [뷰-큐브]-[FRONT] 시점이 약간 기울어져 있다. 바르게 정렬하려면 어떻게 해야 할까?

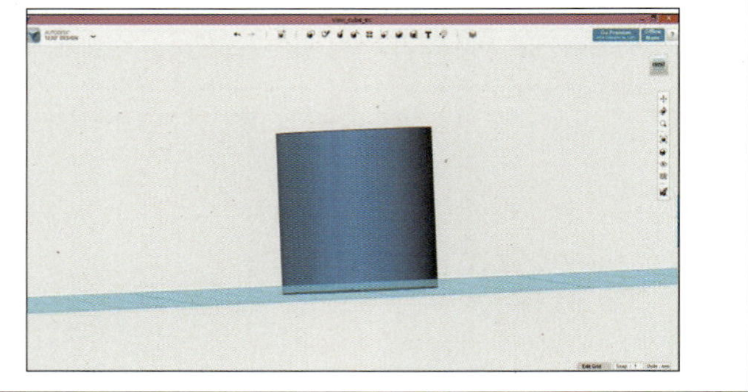

[뷰-큐브]-[FRONT] 면을 클릭하면 바르게 정렬
된다.

(4) [뷰-큐브]-[FRONT]에서 [LEFT]로의 시점 전환은 어떻게 하는 것이 좋을까?

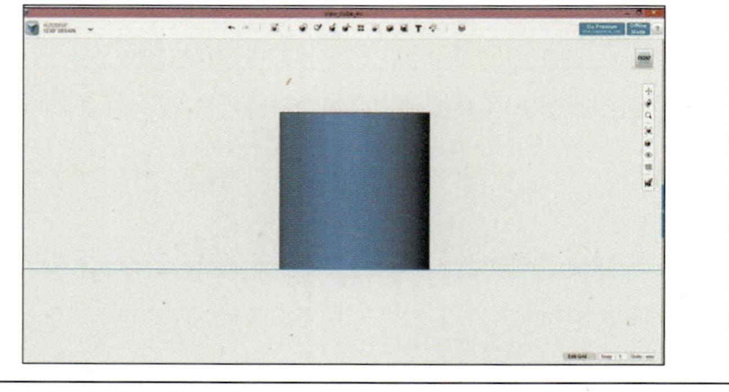

[뷰-큐브] 주변의 왼쪽 삼각형[▷] 버튼을 클릭한
다. [뷰-큐브]의 전개도를 숙지하면 편리하다.

❖ 회전 화살표버튼( )은 클릭하면 화면을 90° 회전시킬 수 있다.

(5) [Home]시점에서 '[TOP]과 [FRONT] 사이'로의 시점 전환은 어떻게 하는 것이 좋을까?

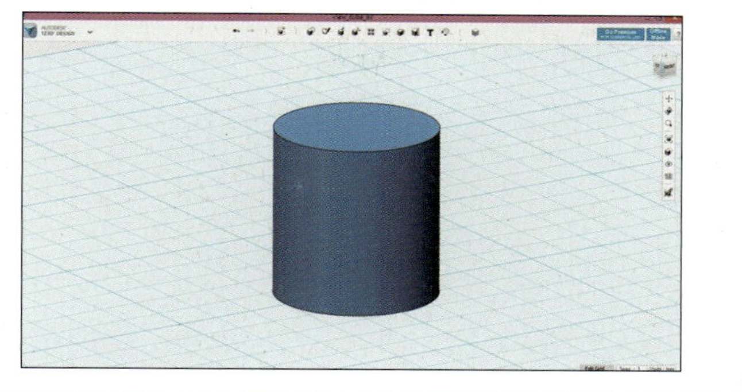

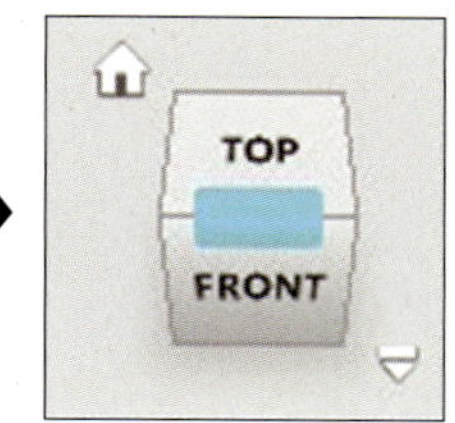

'[TOP]과 [FRONT] 사이'의 **모서리 부분에 마우스 커서를 올리면** 모서리 부분이 **옥색으로** 변한다. 이때 클릭하면 된다.

❖ 꼭짓점 부분도 마우스 커서를 올려 꼭짓점 부분이 옥색으로 변할 때 클릭하면, 그 **꼭짓점 시점**으로 시점 전환할 수 있다.

[투영법 – Orthographic(정투영법)과 Perspective(원근법)] 파헤치기

[TOP] 시점 등에서 정확한 형상을 그릴 때는 원근에 상관없이 모눈간격이 일정하게 보이는 **Orthographic**(정투영법)이 필요하다. 그러나 물체가 실제 보이는 그대로 나타내는 **Perspective**(원근법)가 필요할 때도 있다. 따라서, 모델링 과정에서 **Orthographic**과 **Perspective**를 상황에 따라 번갈아 사용하는 것이 편리하다.

Orthographic(정투영법–직교모드)	Perspective(원근법)
원근에 관계없이 모눈 간격이 일정하게 보인다. (가까이 있는 물체와 멀리 있는 물체가 같은 크기로 보임)	모눈 간격은 멀어질수록 점점 좁게 보인다. (가까이 있는 물체는 크게 보이고, 멀리 있는 물체는 작게 보임)

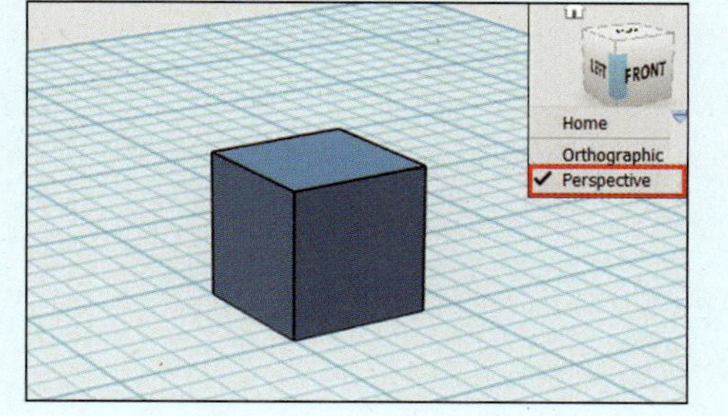

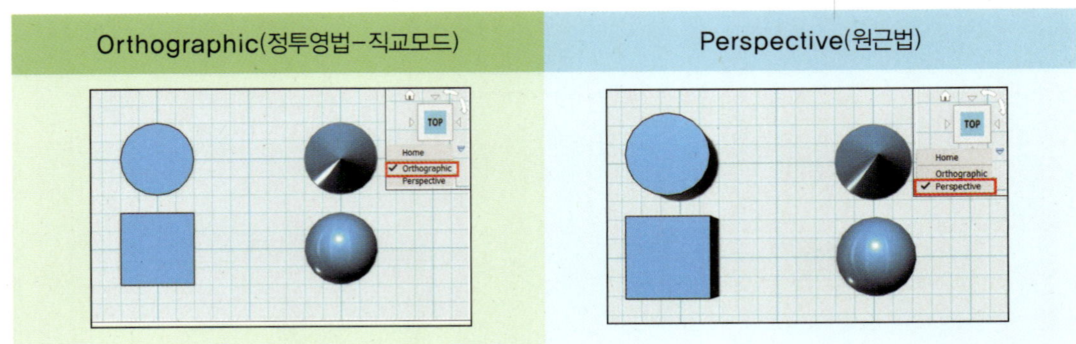

❖ 일반적으로 모델링 작업과정에서는 Orthographic(정투영법-직교모드)으로 설정하고, 모델링 완료 후에는 실제 형상으로 보이는 Perspective(원근법)로 설정하는 것이 좋다.

3.3 화면 제어 바(Navigation bar)

화면 우측에는 개체를 표시하고 제어할 수 있는 화면제어 바가 있다. 이 화면제어 바의 아이콘들을 클릭해 보면서 화면 표시 및 제어 기능을 학습해 보자.

❶ Pan(시점 평행이동)		화면을 드래그하면 시점이 평행이동함 (마우스 휠 드래그와 같은 기능)
❷ Orbit(화면 회전)		화면 중앙의 좌표 기준선(부근) 드래그를 이용한 화면 회전
❸ Zoom(화면 확대/ 축소)		화면을 **위/아래**로 드래그하면, 화면이 **축소/확대**됨(마우스 휠 굴리기와 같은 기능)
❹ Fit(화면 배치)		개체 중심으로의 화면 조정 ❖ 단축키 : F 키 (개체 선택 + F 키 : 선택된 개체 중심으로의 화면 조정)
❺	Materials & Outlines	질감과 외곽선 둘 다 표시
	Materials only	질감만 표시
	Outlines only	외곽선만 표시
❻	Show Solids/Meshes	숨겨진 솔리드/메시 보이기
	Hide Solids/Meshes	솔리드/메시 숨기기
	Show Sketches	숨겨진 스케치 보이기
	Hide Sketches	스케치 숨기기
❼ Grid Visibility On/Off		그리드 면(모눈종이) 표시/숨김
❽ Grouping While Snapping On/Off		[Snap] 툴을 사용할 때, 자동으로 그룹 적용/해제
❾ Toggle Snapping		기존 솔리드를 드래그하여 다른 솔리드 표면에 부착하기(토글 스위치)...............(202쪽 참고)

화면제어 메뉴 바의 각 아이콘 위에 마우스 커서를 올리면 각각의 명령어들이 나타난다.

❺ Visual Style ..... Material(질감)과 Outline(외곽선)의 보이기/ 숨기기

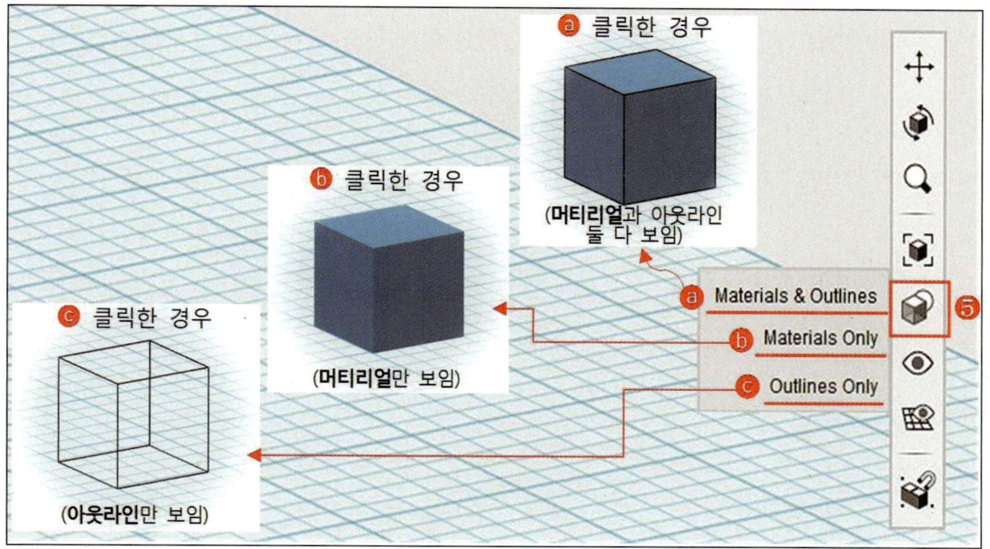

❻ Visibility ..... 솔리드(Solid)와 스케치(Sketch)의 보이기/ 숨기기

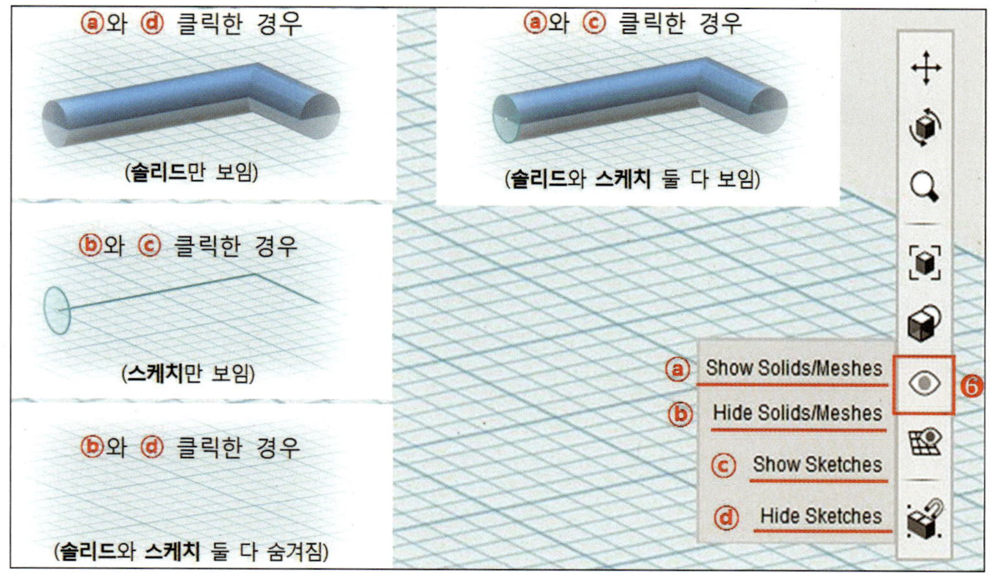

3.4 스냅 변경 및 그리드 편집

1 스냅 변경 : 화면 우측 하단의 <u>Linear Snap(선형 스냅)</u> 또는 <u>Angular Snap(각도 스냅)</u>의 ⓐ숫자 부분에 <u>마우스커서를 올리면</u>, 그림과 같이 숫자들이 나타난다. 이때, 원하는 수치를 선택하여 스냅 거리 또는 스냅 각도를 변경한다.

❶ **스냅 거리 변경(ⓐ→ⓑ)** : [**Move/Rotate**] 툴의 ⓑ[흰 화살표]로 드래그하여 개체를 직선 이동시키는 과정에서 생기는 개체의 Snap 간격

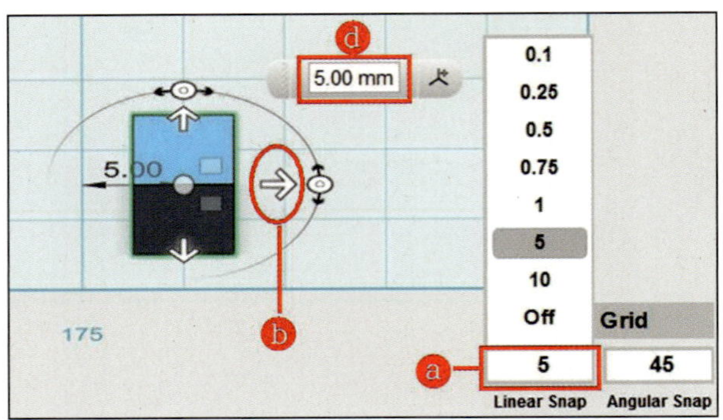

예) [**Linear Snap** : ⓐ 5]을 선택하면, 5 간격마다 Snap(붙이기)하며 이동하므로 개체의 가능한 <u>이동거리는 5의 배수(5, 10, 15…)가</u> 된다.

❷ **스냅 각도 변경(ⓐ→ⓒ)** : [**Move/Rotate**] 툴의 ⓒ[검은 화살표]로 회전 드래그하여 개체를 회전시키는 과정에서 생기는 개체의 Snap 각도

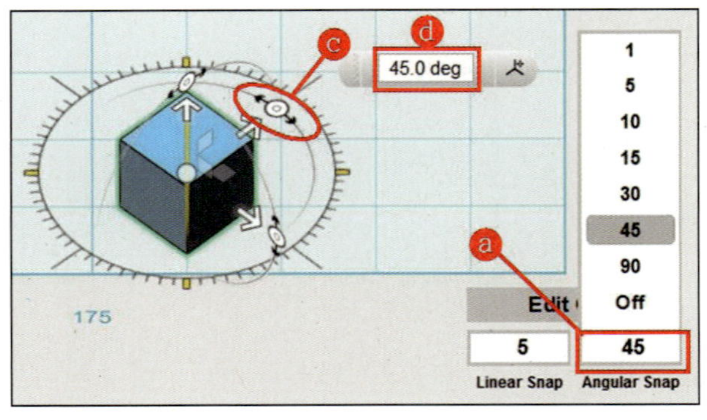

예) [**Angular Snap** : ⓐ 45]을 선택하면, 45°마다 Snap(붙이기)하며 회전하므로 개체의 가능한 <u>회전각도는 45°의 배수(45°, 90°, 135°…)가</u> 된다.

❖ ⓓ입력칸에 수치를 입력하면 연속적인 값으로 '스냅 거리/스냅 각도'를 변경할 수 있다.

❸ [**Snap : Off**] 선택 : 스냅 기능이 해제되므로 개체의 '이동 거리/회전 각도'는 **연속적인 값**을 가지게 된다. 따라서 화면을 확대하여 <u>세밀한 작업</u>이 필요 할 때, [Snap : Off]를 선택하는 것이 좋다.

② 단위 변경(Units) 등의 그리드 편집(Edit Grid)

화면 우측하단의 ⓐ **Edit Grid** 버튼을 클릭하면 새 창(Grid Properties)이 나타난다.

❶ 단위 변경(ⓐ→ⓑ) : 새 창의 [Units] ⓑ드롭다운 버튼에서 원하는 <u>단위(mm, cm, in)</u>를 클릭하여 모눈 간격의 단위(Unit)를 변경한다.

❷ 그리드 편집(ⓐ→ⓒ) : 새 창의 [Use a Preset] ⓒ드롭다운 버튼에서 해당 <u>3D 프린터를 선택</u>하여 특정 그리드를 사전 설정할 수 있다. (Custom을 선택하면 그리드를 임의 값으로 설정 가능함)

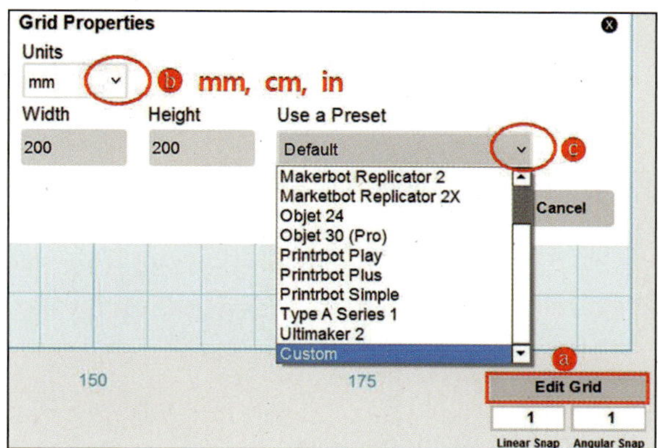

❖ 새 창에서 [Update Grid] 버튼을 클릭하면 최신 프린터의 그리드로 설정 가능함

예제02 그림과 같이 설정된 화면에서 육면체 솔리드에 대하여 [Move] 툴의 [흰 화살표]를 오른쪽으로 드래그할 때, 육면체를 이동시킬 수 있는 점은? (정답이 2개 이상이라면 모두 고르시오)

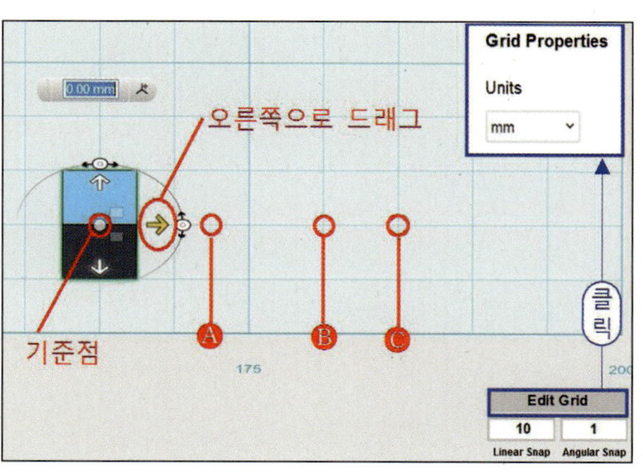

① Ⓐ   ② Ⓑ   ③ Ⓒ

정답 : ③, 해설 : 277쪽

SECTION 04

123D Design의 파일관련 펼침 메뉴
[Application Menu]

4.1 파일관련 펼침 메뉴 소개

[AUTODESK 123D DESIGN] 로고 위에 마우스커서를 올리면 파일관련 메뉴가 펼쳐진다.

	❶ New (새 파일)	새로 파일 만들기
	❷ Open (열기)	123D Design 파일(*.123dx) 열기 ❖열 수 있는 파일형식 : dwg, dxf, obj, sat/smb, stp/step, stl
	❸ Save... (저장)	123D Design 파일(*.123dx) 저장
	❹ Save a copy... (다른 이름으로 저장)	작성한 파일을 다른 이름으로 사본 저장
	❺ Import... (불러오기)	외부파일(3D 모델, 스케치 SVG, 솔리드 SVG) 불러오기
	❻ Export as 3D... (3D로 내보내기)	**출력용 파일(*.stl)** / DWG/DXF, SAT/STEP, X3D, VRML 파일로 저장하기
	❼ Export as 2D... (2D로 내보내기)	– 스케치 SVG, 2D벡터 DWG, DXF 파일 저장하기 – 2D Layout으로 DWG 파일 만들기
	❽ 3D Print...(3D 출력)	3D Print 웹서비스(온라인 주문) 등
	❾ Send To... (전송)	Meshmixer, 123D Make로 파일 전송하기
	❿ Exit (종료)	프로그램 나가기

 파일관련 메뉴 살펴보기

■ 파일 저장(Save)

❸ Save...	To My Projects	클라우드(Cloud)에 저장하기
	To My Computer	내 컴퓨터에 저장하기
❹ Save a Copy...	To My Projects	클라우드(Cloud)에 다른 이름으로 저장하기
	To My Computer	내 컴퓨터에 다른 이름으로 저장하기

❸ [Save] → [To My Computer]를 클릭하는 경우	(한 번도 저장하지 않았던) 새 파일은 '파일이름'을 입력하는 새 창이 나타난다. 그러나 ('파일이름'이 있었던) 기존의 파일은 원래의 파일이름으로 다시 저장된다.
❹ [Save a Copy] → [To My Computer]를 클릭하는 경우	새 파일과 기존의 파일은 둘 다 새 창(다른 이름으로 저장)이 나타나므로 새 '파일이름'을 입력하여 다른 이름으로 저장한다.
❸ [Save], ❹ [Save a Copy]→ [To My Projects]를 클릭하는 경우	오토데스크 클라우드의 내 프로젝트에 저장할 수 있는 팝업창(Save Project)이 나타난다. ❖ (219쪽 클라우드에 파일 저장하기 참고)

■ ❺파일 불러오기(Import) ....(228쪽 참고)

Import...	3D Model	현재 파일에 외부 3D모델 파일(*.123dx) 삽입
	SVG as Sketch	현재 파일에 외부 스케치 SVG파일 삽입
	SVG as Solid	현재 파일에 외부 솔리드 SVG파일 삽입

■ ❻3D 파일 내보내기(Export)

Export as 3D...	STL	**출력용 파일**(*.stl)로 변환하여 저장하기
	DWG/DXF	오토캐드 솔리드 파일(*.dwg, *.dxf)로 변환하여 저장하기
	SAT/STEP	STEP파일(*.step, *.stp), SAT파일(*.sat)로 변환하여 저장하기
	X3D	X3D파일(*.x3d)로 변환하여 저장하기
	VRML	VRML파일(*.wrl)로 변환하여 저장하기

■ ❼2D 파일 내보내기(Export) ....(225쪽 참고)

Export as 2D...	SVG	스케치 SVG파일(*.svg)로 변환하여 저장하기
	DWG/DXF	오토캐드 2D 벡터 파일(*.dwg, *.dxf)로 변환하여 저장하기
	Create 2D Layout	2D Layout으로 DWG 파일 만들기

■ ❽3D 출력

3D Print...	Order Online	3D Print 웹서비스(온라인 주문)	
	Desktop 3D Printer	데스크탑 3D 프린터	

■ ❾파일 전송

Send To...	Meshmixer	Meshmixer로 파일 전송하기
	123D Make	123D Make로 파일 전송하기

4.2 파일의 생성 - 파일 저장(Save)

어떤 컴퓨터 프로그램을 사용하든지 파일의 생성 및 저장은 기본 필수사항이다. 간단한 파일을 만들고
저장하는 방법을 알아보자.

1 메뉴 [Primitives-Cylinder]를 선택한다.

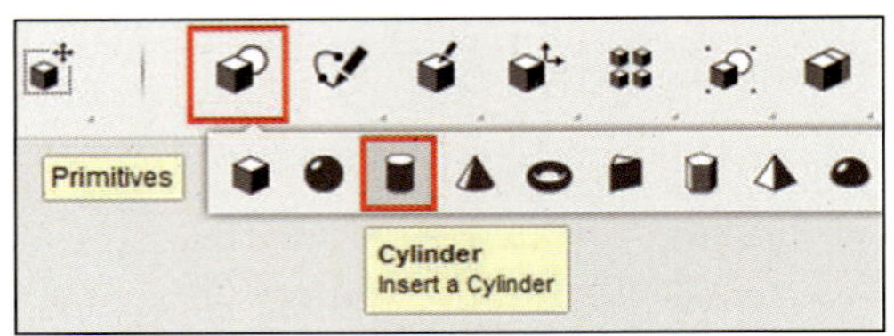

2 마우스커서를 따라다니는 원기둥이 나타나면 그
리드 면의 적당한 위치에서 클릭하여 배치한다.

❖ 원기둥의 크기를 조절하는 입력칸 수치는 기본값을
그대로 둔다.

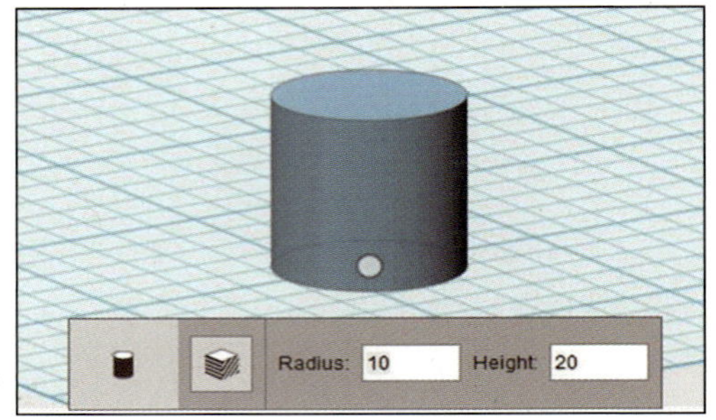

3 파일 저장 **ⓐ**로고 위에 마우스
커서를 올린 후 나타나는 **ⓑ**[Save-To My
Computer]를 클릭하여 내 컴퓨터에 파일 저장
을 한다.

❖ [Save-To My Projects]는 217쪽 참고!

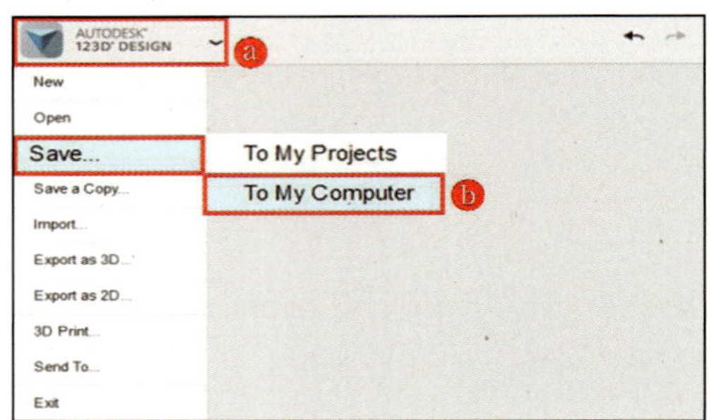

4 새 창(다른 이름으로 저장)에서 **ⓐ**
폴더를 지정하고 **ⓑ**[파일 이름(N) :
cylinder 또는 원하는 이름]을 입
력, **ⓒ**[파일 형식(T) : *.123dx]
라는 확장자는 그대로 두고 **ⓓ**[저장
(S)]버튼을 클릭한다.

❖ 파일 이름은 **영문**으로 해야 3D프린팅
과정에서 프로그램에 따른 오류를 막을
수 있다.

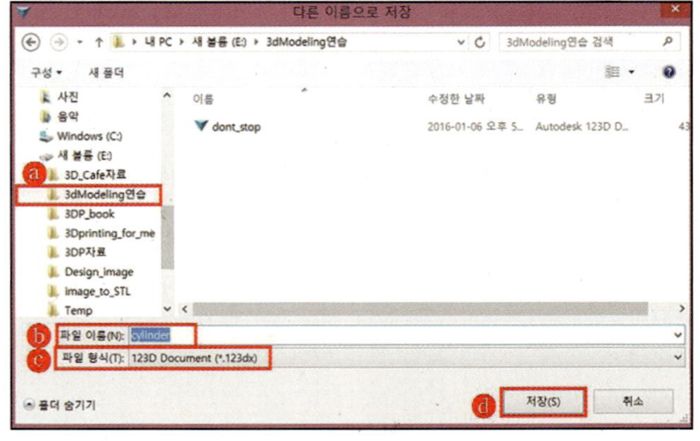

5 파일(cylinder.123dx) 저장 완료!

❖ 화면 상단 중앙에 파일명 'cylinder'가 나타난다. 모
  델링 과정에서 'cylinder*'로 표시되면 현재의 파일
  상태가 저장되지 않았음을 의미한다.

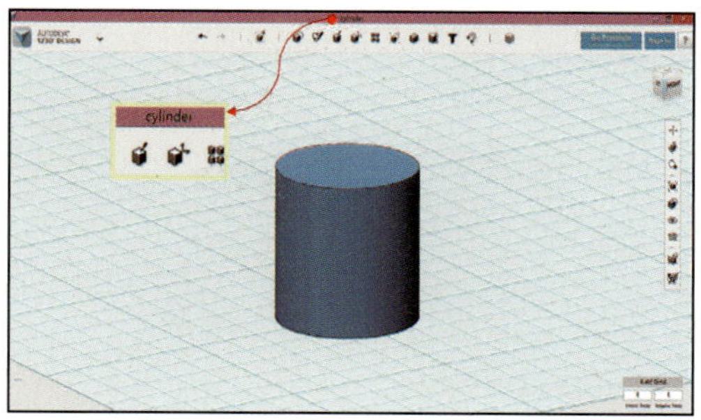

4.3 새 파일(New) 및 파일 열기(Open)

앞에서 만든 파일(cylinder.123dx)을 '닫기'하고 다시 열어 보자.

1 새 파일 [파일펼침 메뉴]-[New]를 선택하면,
  현재 파일(cylinder.123dx)은 닫히고 새로운
  그리드 면(Untitled*)이 나타난다.

❖ 로고 위에 마우스커서를 올리면 [파일
  펼침 메뉴]가 나타난다.

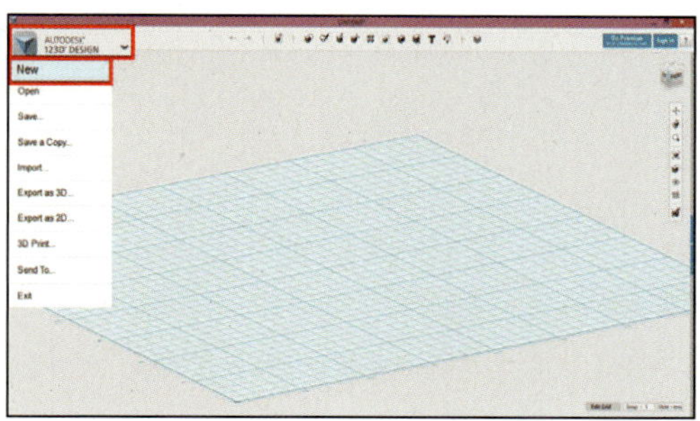

2 파일 열기 내 컴퓨터에 저장되어 있는 파일
  (cylinder.123dx)을 다시 열기 위하여 [파일
  펼침 메뉴]-[Open]을 선택한다.

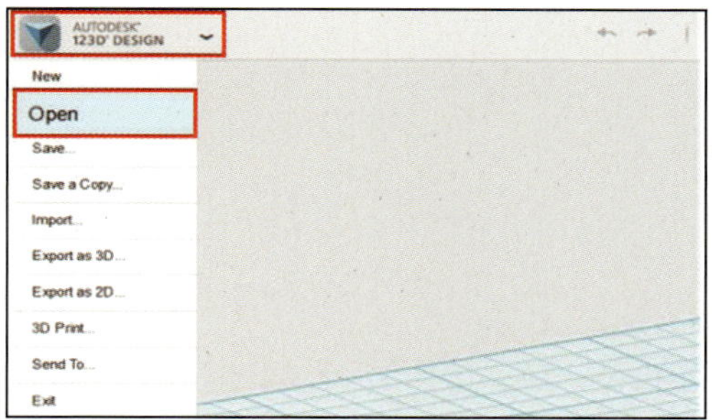

3 새 창(Open Project)에서 두 번째 탭
  ⓐ[Browse My Computer]를 선택한 후,
  ⓑ[Browse...] 버튼을 클릭한다.

❖ 탭 [My Projects], [Open From Gallery],
  [Open an Examples] 사용은 221쪽 참고!

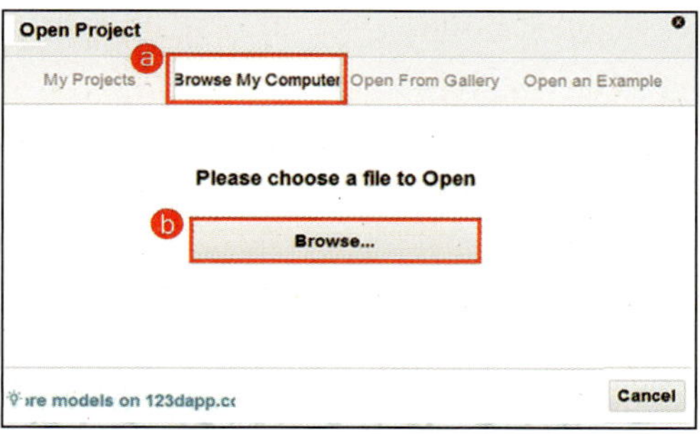

4 새 창(열기)에서 파일이 저장되어 있는 **ⓐ**폴더를 찾아 **ⓑ**해당 파일(cylinder.123dx)을 클릭하고 **ⓒ**[열기(O)] 버튼을 클릭한다.

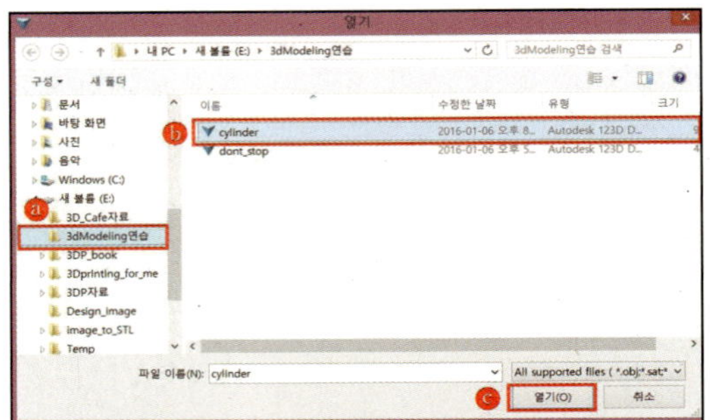

5 저장되어 있던 파일(cylinder.123dx)이 열린다.

❖ 화면 상단 중앙에 파일명 'cylinder'가 나타남

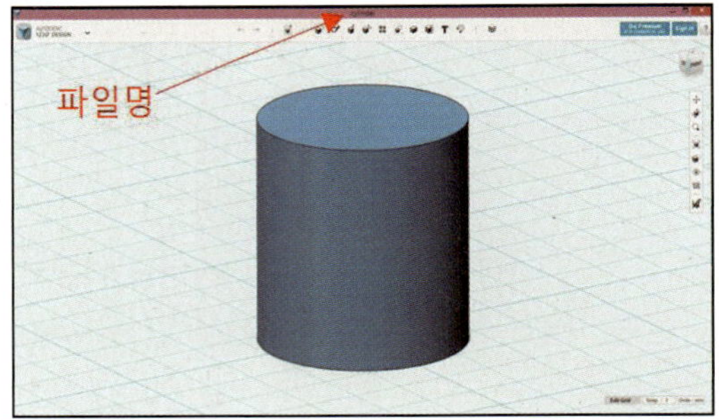

6 프로그램 나가기 프로그램 종료를 위해 [파일 펼침 메뉴] 위에 마우스 커서를 올려서 [Exit]를 클릭한다.

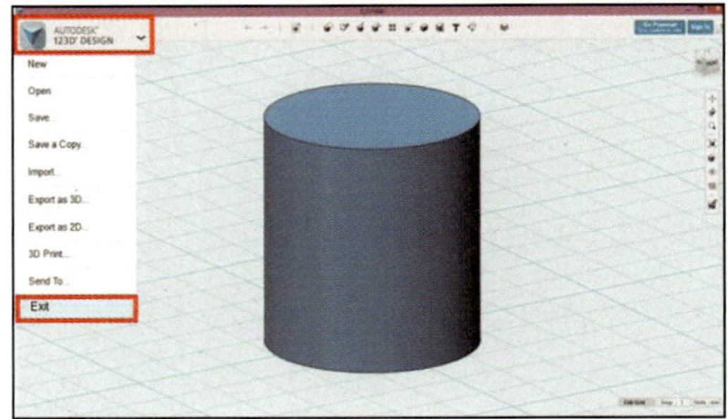

· CHAPTER ·

상상을 현실로!
기본 기능 툴 익히기

02

개체의 복제 및 실행취소

모델링 과정에서 개체를 복제하거나 모델 작성을 실행취소/재실행하는 경우는 빈번하게 사용된다. 이러한 기능은 윤활유처럼 작업의 속도와 편리성을 제공해 줄 것이다. 다음 과정을 통하여 알아보자.

1.1 단축키로 복사하여 붙여넣기 (Ctrl +C ➡ Ctrl +V)

하나의 개체를 '복사하여 붙여넣기'해 보자. 복사한 개체를 '붙여넣기'하면 항상 복사본이 원본과 포개져서 생성되므로 [흰 화살표]를 드래그하여 이동, 분리시킨다. 여기서는 자주 쓰이는 '복사하여 붙여넣기'의 단축키에 대해 알아보자. (여러 가지 단축키: 209쪽 참고)

1 메뉴 [Primitives-Box]를 선택한 후, 마우스커서를 따라다니는 육면체를 클릭하여 솔리드(육면체)를 만든다.

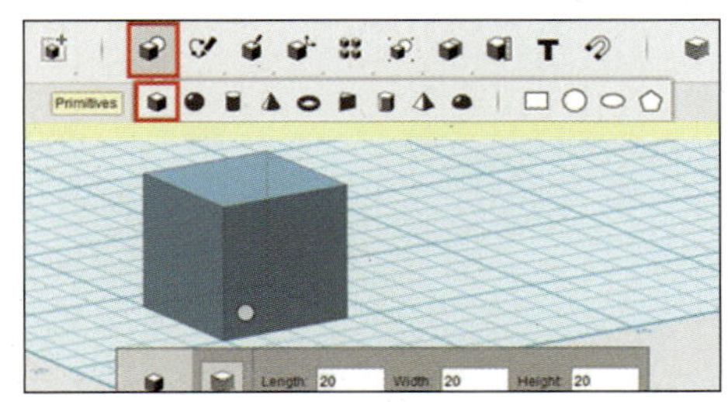

2 솔리드(육면체)를 선택한 후, Ctrl +C(복사) ⇨ Ctrl +V(붙여넣기)하면 원본과 똑같은 솔리드(육면체)가 포개져 생긴다. (이동-회전 화살표 버튼이 표시됨)

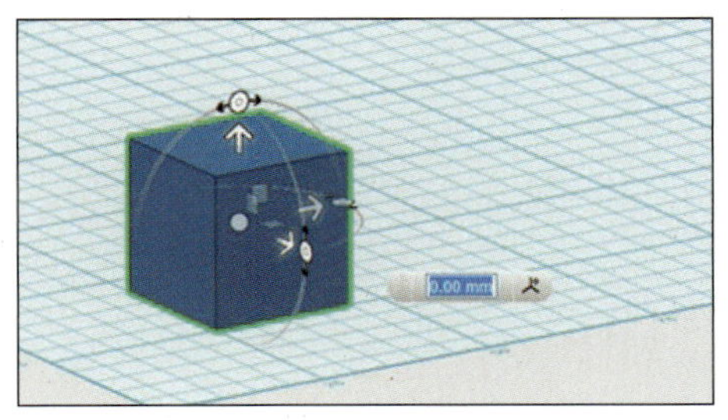

3 [흰 화살표]를 드래그하여 이동(y방향)시키면 포개져서 가려져 있던 원본 솔리드(육면체)가 보인다.

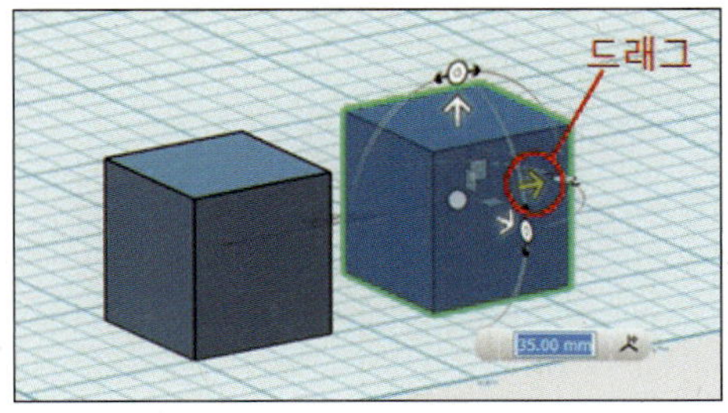

4 화면 빈 곳을 클릭하여 완료! (사본 육면체 생성됨)

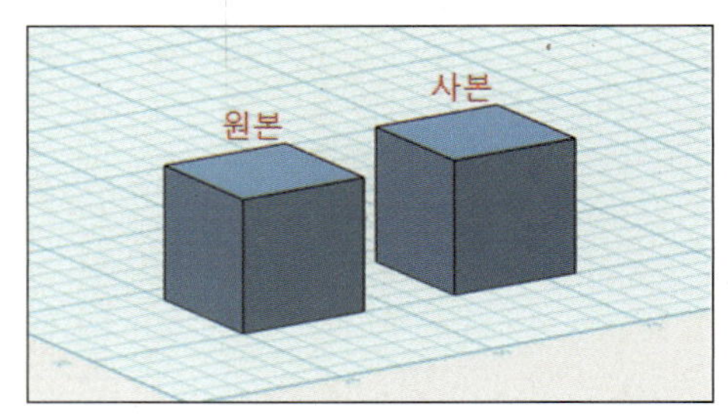

1.2 Undo/Redo (언두/리두) : 실행 취소/재실행.........(Ctrl +Z / Ctrl +Y)

1 (과정4 계속) 메뉴 ⓐ[Undo]를 클릭하면 전 단계의 실행이 취소되어 육면체 하나가 사라진다.

2 메뉴 ⓑ[Redo]를 클릭하면 사라졌던 육면체가 다시 나타난다.

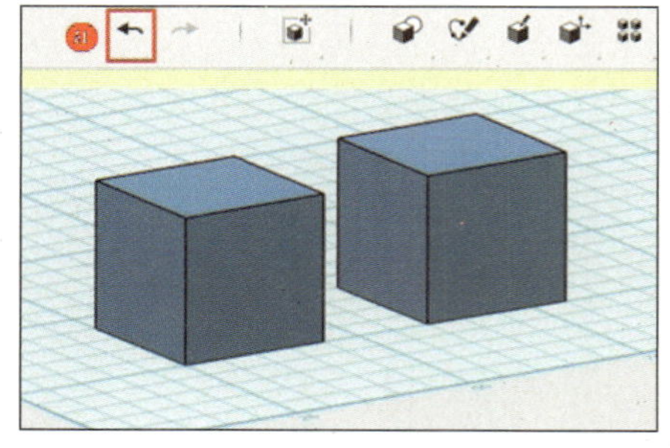

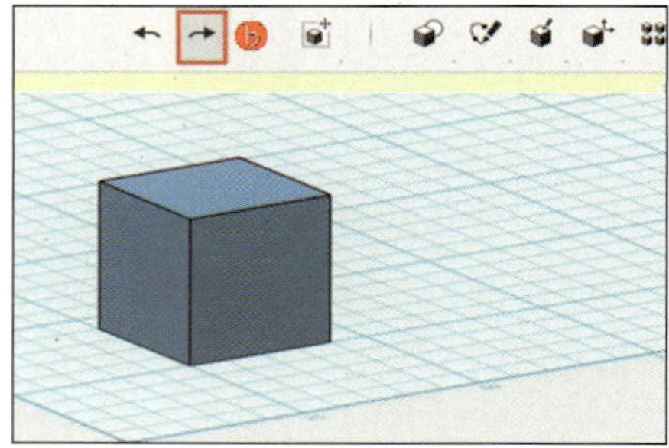

❖ (과정1에서) 정육면체 하나를 선택한 후, 키보드의 [Del]키를 눌러 삭제하였다가 메뉴 [Undo], [Redo]를 클릭해 보자.

예제03   열린 곡선, 직선 등을 단축키로 '**복사하여 붙여넣기**'하는 방법 중에서 옳은 것은?

① 스케치 선은 '복사하여 붙여넣기'를 할 수 없다.

② 해당 스케치 선을 클릭하여 선택한 후, Ctrl +C(복사) ⇨ Ctrl +V(붙여넣기)한다.

③ 화면 빈 곳에서 드래그하기 시작하여 해당 스케치 선을 선택한 후, Ctrl +C(복사) ⇨ Ctrl +V(붙여넣기)한다.

정답 : ③, 해설 : 277쪽

1 솔리드와 프로파일(스케치 면)은 무엇을 지칭하는 것일까?

- 개체(Entity) : 전체나 집단에 상대하여 하나하나의 낱개를 이르는 말

개체	❶ 솔리드 (Solid)	3차원 형상 즉, **입체 덩어리**를 이르는 말 (3차원 형상을 수학적으로 정의된 관계 위치 정보로 표현하는 방식. 컴퓨터 내의 가상 입체)	
		❖ 입체(공간) 도형 : **3차원 덩어리**(표면적과 부피가 있음) 예) 육면체, 구, 원기둥, 원뿔 등	
	❷ 스케치 면 또는 프로파일 (Profile)	**폐곡선(닫힌 곡선)**을 일컫는 말 ❖ 평면도형 : 평면(2차원)에 그려진 폐곡선(넓이는 있지만 부피는 없음)	
		예) 원, 삼각형, 사각형, 오각형 등	
	❸ 선	열린 곡선, 직선 등	
	❹ 점		

2 개체를 선택하는 방법

(1) 솔리드 선택하기	(2) 솔리드의 면 선택하기
솔리드 표면을 클릭한다. (솔리드 주위에 초록 테두리선이 나타남)	❶솔리드를 클릭하였다가 뗀 후, 원하는 ❷면을 클릭한다.

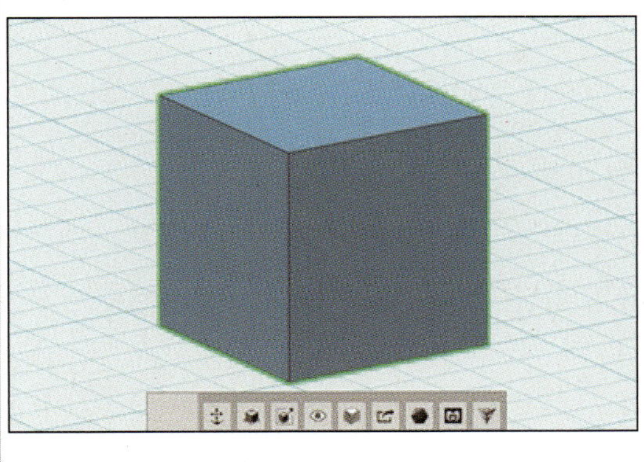

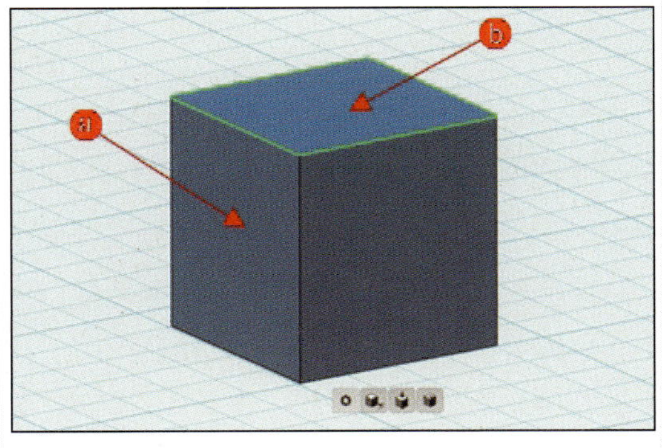

(3) 솔리드의 <u>모서리 선택하기</u>	(4) 개체 다중 선택하기
ⓐ솔리드를 클릭하였다가 뗀 후, 원하는 ⓑ모서리를 클릭한다.	ⓐ첫 번째 개체를 클릭하고, Ctrl 키 또는 Shift 키를 누른 상태에서 나머지 개체(ⓑ, ⓒ)를 하나씩 선택한다. ❖ 선택 해제 방법 : 이미 선택된 개체를 'Ctrl +개체 클릭'하여 선택 해제한다.

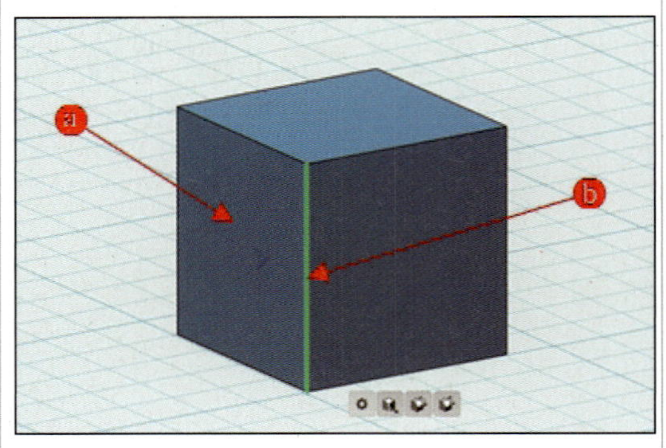 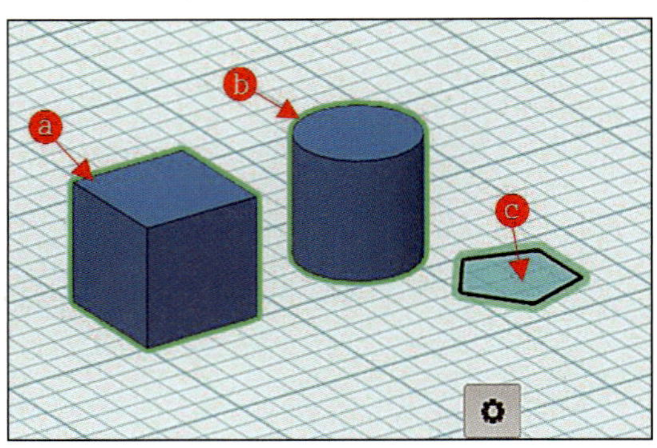

(5) 한꺼번에 선택하는 드래그(drag)의 위력!

❶ 15개의 원통 솔리드들을 한꺼번에 선택하는 방법

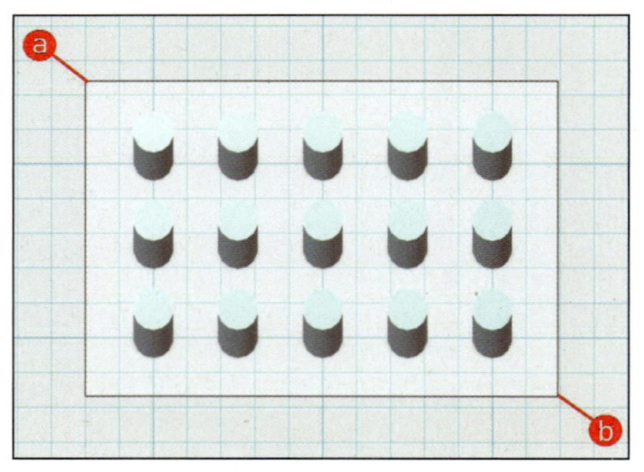

마우스 커서를 좌측의 빈 곳 ⓐ에서 시작하여 우측 방향으로 ⓑ까지 드래그하면 모든 개체를 한꺼번에 선택할 수 있다. (솔리드, 스케치 면, 선 모두 해당됨)

❷ 드래그(drag)로 도형의 일부분이 포함될 때의 선택 여부

[좌⇨우]로 드래그할 때는 일부분만 포함된 개체는 선택되지 않으나, [우⇨좌]로 드래그할 때는 일부분만 포함된 개체도 모두 선택된다. (단, **육면체, 사각형** 등 각진 도형과 **선(line)**은 드래그 방향에 관계없<u>이</u> 일부분만 포함된 개체들도 모두 선택됨)

■ **[좌⇨우]**로 드래그할 때, 솔리드의 일부분을
포함시키는 경우(**a** ⇨ **b**)

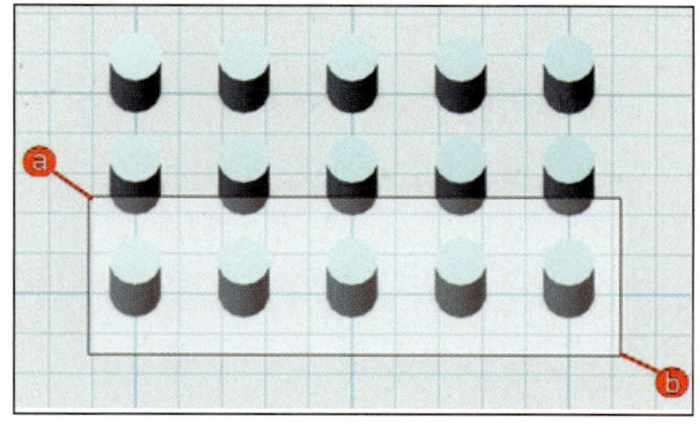

↓

(결과) : 5개만 선택됨

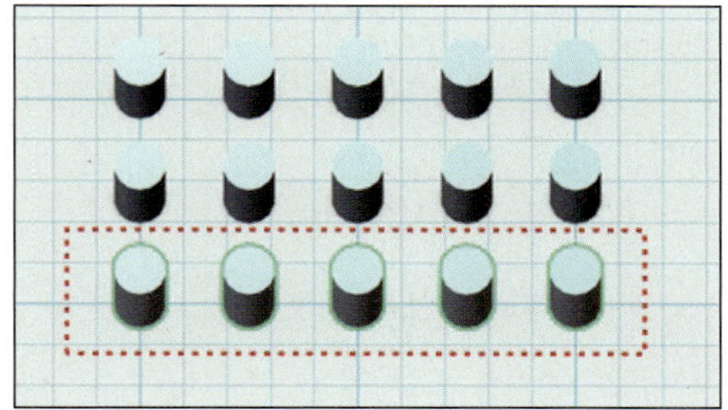

■ **[우⇨좌]**로 드래그할 때, 솔리드의 일부분을
포함시키는 경우(**a** ⇨ **b**)

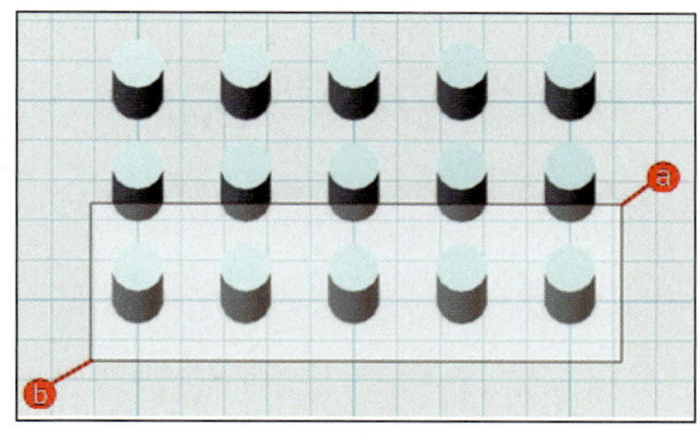

↓

(결과) : 10개 선택됨

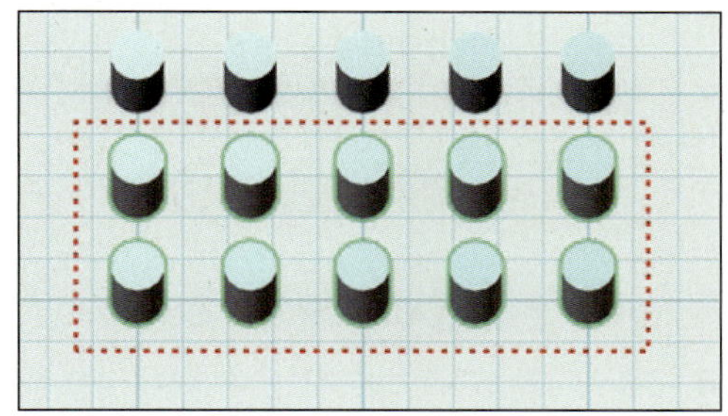

❸ 연관 메뉴(Context Menus)란? (206쪽 참고)

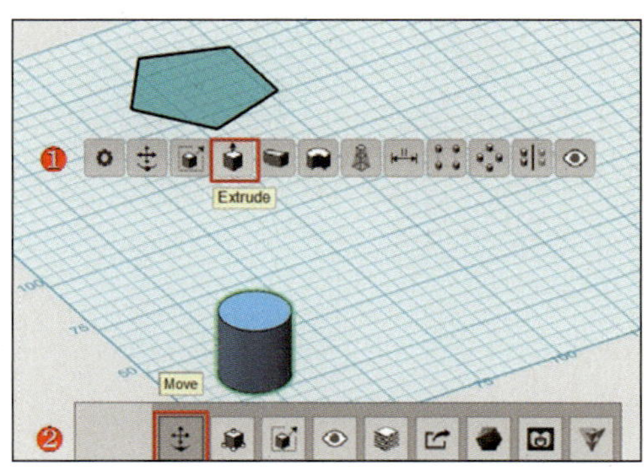

❶ 스케치 면(Profile)의 [연관 메뉴]

❷ 솔리드의 [연관 메뉴]

작성된 개체(선, 면, 입체, 입체의 면, 입체의 모서
리)를 클릭하면, 그 개체에 따라 툴 적용을 빠르게 수
행할 수 있는 **연관 메뉴(Context Menu)**가 개체 근처
나 화면 하단에 나타난다.

4 툴 메뉴를 실행한 후 (또는 실행 도중에) 종료시키는 다양한 방법

❶ 종료(Exit Mode ✔) 버튼을 클릭하여 완료!	종료(Exit Mode ✔) 버튼이 있는 툴의 경우
❷ 화면 빈 곳을 클릭하여 완료!	[Move/Rotate], [Extrude], [Sweep], [Revolve], [Loft], [Press Pull], [Split Solid], [Shell], [Pattern], [Combine] 툴 등 종료(✔) 버튼이 없는 경우
❸ Enter↵ 키를 눌러 완료!	모든 툴에서 사용 가능하며, 특히 입력칸에 수치를 입력한 후 종료시킬 때 사용하면 편리함
❹ Esc 키를 눌러 완료!	모든 툴 명령 수행 도중에 **처음부터 다시 시작하려고 할 때** 사용하면 편리함(처음 상태로 되돌아감)

❖ 입력칸 이동 방법 : 메뉴 실행 과정에서 입력칸이 2개 이상일 때, [Tab]키를 눌러 입력칸을 이동시키는 방법으로 수치를 입력함

5 스케치 면, 선은 3D프린터로 출력되지 않는다.

■ 모델링 개체(①솔리드 ②스케치면 ③선) 중에서 출력 가능한 것은?

해설	출력 가능한 것은 ①솔리드뿐이다. 3D프린터는 3차원 입체 물체(솔리드)를 출력하는 기계이다. ②스케치면(Profile) ③선 등의 도형들은 **두께가 없으므로** 모델링 파일에 포함되어 있더라도 3D프린터로 출력되지 않는다. 모델링 작업 중에 솔리드와 함께 스케치 면, 선 모양도 표현하고 싶다면, 그 부분들을 아주 가늘게(약 0.2mm 이상의 두께 필요)라도 모델링되어야 출력물로 표현이 된다.

123D Design의 기본 툴(Tool)은 얼마나 많을까? 다음과 같이 기본 메뉴는 총 58개가 있다. 지금부터 기본 툴에 대한 기능을 충분히 익히고 신나는 3D 모델링에 도전해 보자.

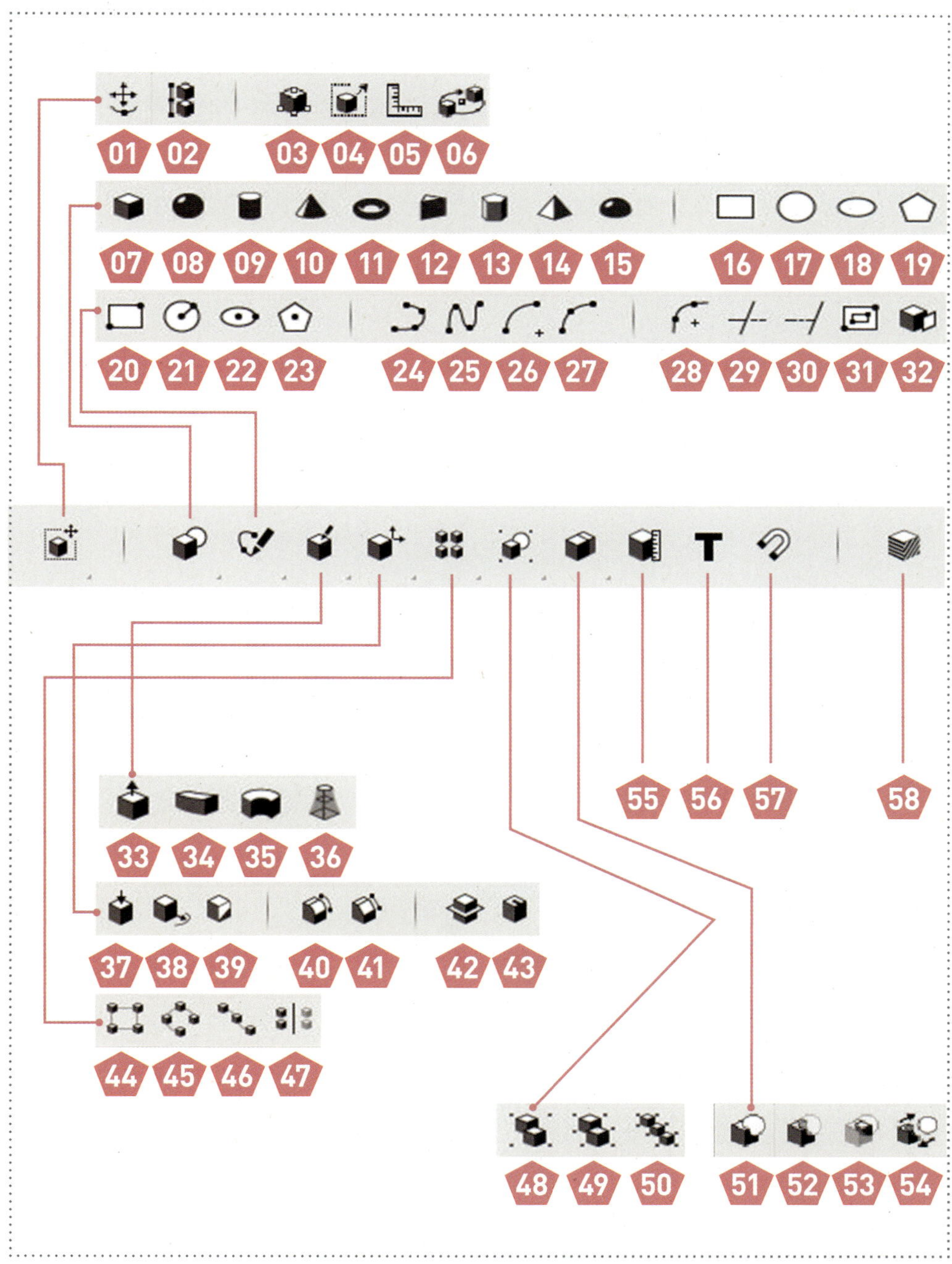

메인 툴바(Main Toolbar)

		[Transform] 변형	쪽수			Offset(옵셋 이중선 만들기)	106
	01	Move/Rotate(이동/회전)	53		32	Project(투영시키기)	107
	02	Align(나란히 정렬)	58			[Construct] 입체 제작	
	03	Smart Scale(스마트 확대/축소)	60		33	Extrude(돌출)	111
	04	Scale(확대/축소)	63		34	Sweep(단면으로 입체 만들기)	118
	05	Ruler(자)	65		35	Revolve(축 회전)	123
	06	Smart Rotate(원주 회전)	67		36	Loft(면과 면을 연결하는 입체)	131
		[Primitives] 기본도형				[Modify] 수정	
	07	Box(육면체 만들기)	68		37	Press/Pull(누르기/당기기)	137
	08	Sphere(공 만들기)	69		38	Tweak(비틀기)	142
	09	Cylinder(원기둥 만들기)	70		39	Split Face(면 나누기)	145
	10	Cone(원뿔 만들기)	70		40	Fillet(모깎기)	147
	11	Torus(원환체 만들기)	71		41	Chamfer(모따기)	148
	12	Wedge(쐐기꼴 만들기)	71		42	Split Solid(솔리드 나누기)	150
	13	Prism(각기둥 만들기)	72		43	Shell(껍데기, 속 비우기)	159
	14	Pyramid(피라미드 만들기)	72			[Pattern] 패턴	
	15	Hemisphere(반구 만들기)	73		44	Rectangular Pattern(사각 패턴)	164
	16	Rectangle(사각형 그리기)	74		45	Circular Pattern(원형 패턴)	166
	17	Circle(원 그리기)	75		46	Path Pattern(경로 패턴)	173
	18	Ellipse(타원 그리기)	75		47	Mirror(거울 패턴)	175
	19	Polygon(다각형 그리기)	76			[Grouping] 솔리드 묶기	
		[Sketch] 스케치			48	Group(묶기)	180
	20	Sketch Rectangle(사각형 스케치)	77		49	Ungroup(그룹해제, 풀기)	181
	21	Sketch Circle(원 스케치)	78		50	Ungroup All(모두 풀기,모든 그룹해제)	182
	22	Sketch Ellipse(타원 스케치)	78			[Combine] 솔리드 결합	
	23	Sketch Polygon(다각형 스케치)	79		51	Merge(솔리드 합병, 합집합, 더하기)	184
	24	Polyline(직선 그리기)	86		52	Subtract(솔리드 차집합, 빼기)	185
	25	Spline(곡선 그리기)	87		53	Intersect(솔리드 교집합)	186
	26	Two Point Arc(2점원호 그리기)	93		54	Separate(솔리드 합병해제)	187
	27	Three Point Arc(3점원호 그리기)	94		55	Measure(측정)	191
	28	Sketch Fillet(스케치면 모깎기)	101		56	Text(입체 문자)	193
	29	Trim(선 다듬기)	102		57	Snap(면대면 부착)	200
	30	Extend(선 연장하기)	104		58	Material(색상 및 질감)	204

개체의 이동/회전, 정렬, 확대/축소
[Transform(변형)]

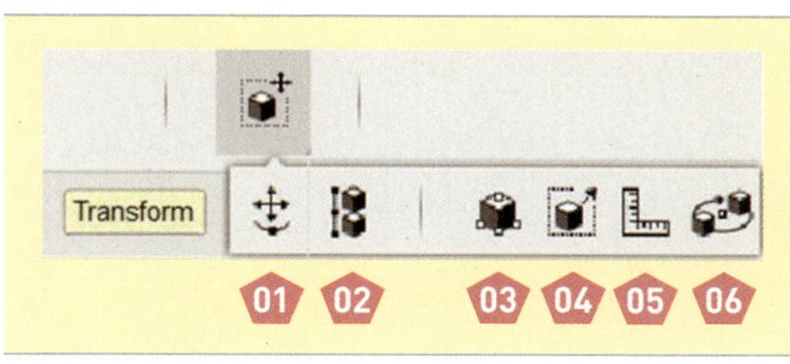

[01 : Move/Rotate]

[02 : Align]

[03 : Smart Scale]

[04 : Scale]　　　　　[05 : Ruler]

[06 : Smart Rotate]

메인 툴 [**Transform**](변형, 탈바꿈)에는 개체를 이동/회전(Move/Rotate), 상하 전후 좌우로 정렬 (Align), 확대/축소(Smart Scale, Scale), 거리 측정 및 치수 조정할 수 있는 자(Ruler), 원주 회전(Smart Rotate) 등의 부메뉴들이 있다. 이들의 대부분은 모델링 과정에서 자주 사용하는 기본 기능이므로 익숙 해지도록 연습을 하자.

01 Move/Rotate(무브/로테이트)
: 이동/회전

2 메뉴 **01** [Transform–Move/Rotate] 를 선택한 후, 솔리드(정육면체)를 클릭한 다. (이동–회전 화살표 버튼이 나타남)

1 메뉴 [Primitives–Box]를 선택한 후, 마 우스커서를 따라다니는 육면체를 클릭하여 솔 리드(육면체)를 만든다.

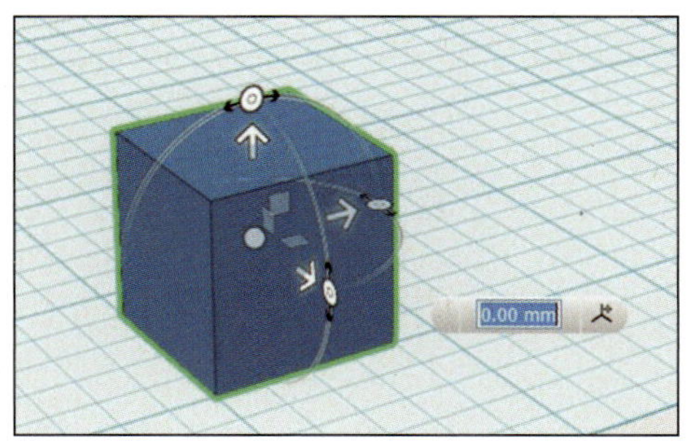

❸ 이동(Move) [흰 화살표]를 드래그하여, 솔리드(육면체)를 원하는 방향(x, y, z방향)으로 이동시킨다. 화면 빈 곳 클릭하여 완료!

❖ [흰 화살표]는 반대방향으로도 드래그할 수 있다. 이때 입력칸 Distance(거리)는 −값으로 나타난다.

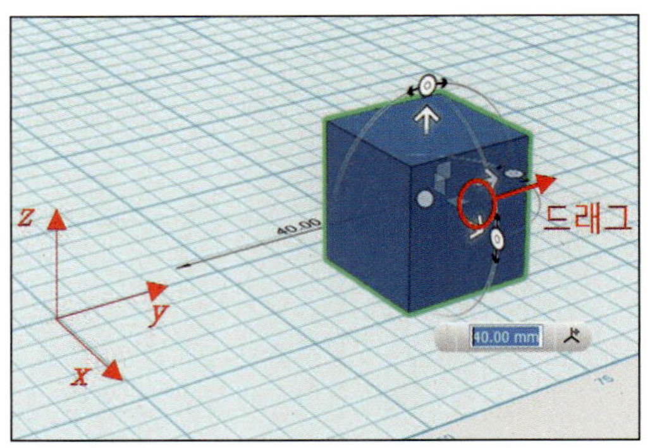

❹ 회전(Rotate) [검은 화살표]를 회전 드래그하여, 솔리드(육면체)를 원하는 방향(x, y, z방향)으로 회전시킨다. 화면 빈 곳을 클릭하여 회전 완료!

❖ [검은 화살표]에 마우스를 올리면 원이 나타나므로 회전축을 예측하기에 편리하다.

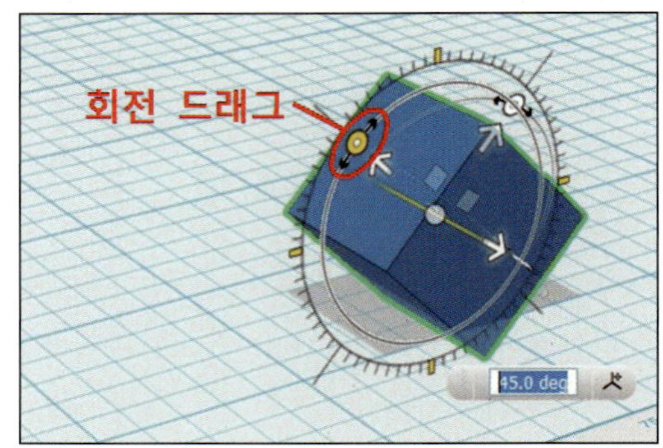

🔍 [Move/Rotate] 툴 파헤치기

가 개체의 이동 : 이동(Move) 가능한 방향

(1) 축방향 이동	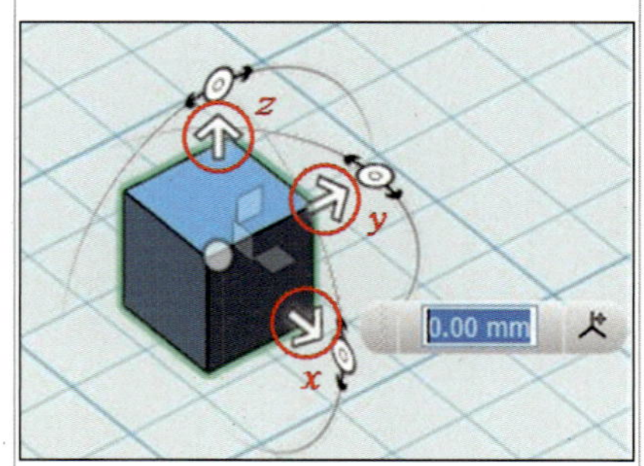 [흰 화살표]를 드래그하면, 세 축(x, y, z) 방향 중에서 한 방향으로 직선 이동시킬 수 있다.

| (2) 평면 자유이동
(사용 권장) | 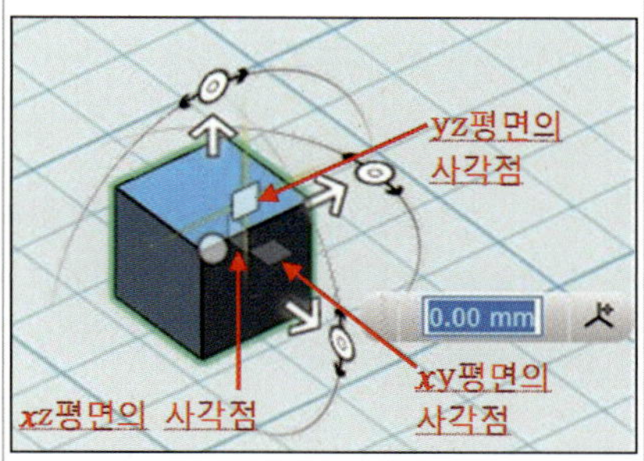 | [이동 사각점]을 드래그하면, 해당 평면 (x,y) (y,z) (x,z)내에서 자유롭게 직접 이동시킬 수 있다. |
| (3) 공간 자유이동 | 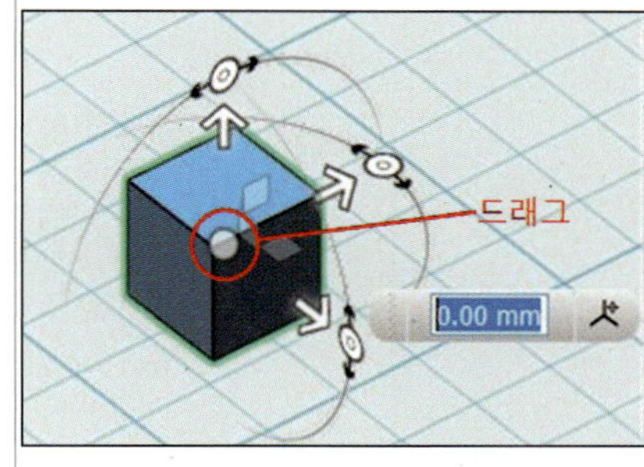 | [이동 중심점]을 드래그하면 3차원 공간을 자유롭게 이동시킬 수 있다. |

나 입력칸의 이용 : 거리 및 회전각의 입력칸 만들기

| (1) 거리 입력칸
만들기 | 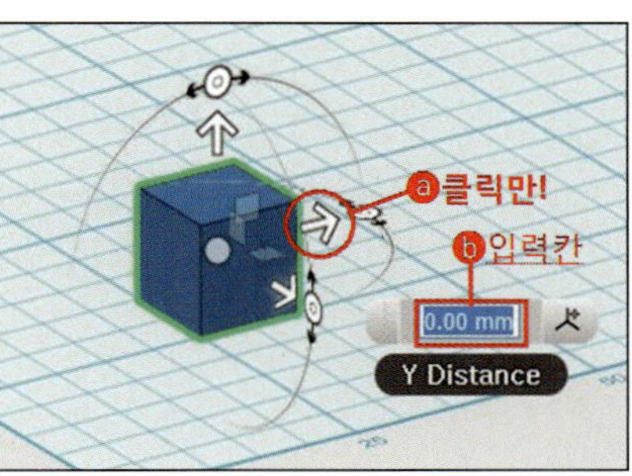 | 1. x, y, z방향 중에서 원하는 **ⓐ(y)방향**의 [흰 화살표]를 클릭만 한다.

2. 입력칸이 **ⓑ해당 (y)방향의 거리 값**으로 변경되므로 원하는 수치를 입력한다.

3. [Enter↵]키 또는 화면 빈 곳 클릭하여 완료! |
| (2) 회전각 입력칸
만들기 | 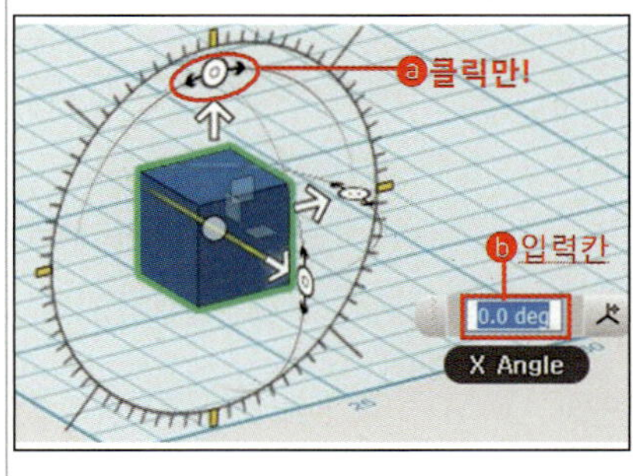 | 1. x, y, z방향 중에서 원하는 **ⓐ(x)회전축**의 [검은 화살표]를 클릭만 한다.

2. 입력칸이 **ⓑ해당 (x)축의 회전각도 값**으로 변경되므로 원하는 수치를 입력한다.

3. [Enter↵]키 또는 화면 빈 곳 클릭하여 완료! |

<table>
<tr>
<td>(3) 평면이동
입력칸 만들기</td>
<td>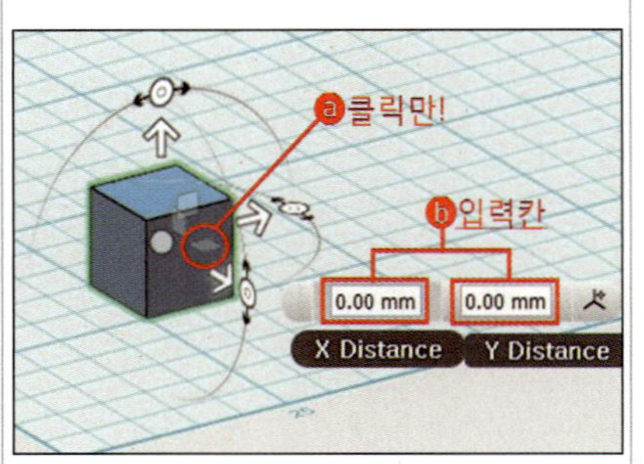</td>
<td>1. (x,y) (y,z) (x,z)평면 중에서 원하는 ⓐ[이동 사각점](x,y)을 클릭만 한다.

2. 해당 (x,y)평면의 Distance(거리) ⓑ 입력칸(x,y 2개)이 나타나므로 원하는 수치를 각각 입력한다.

3. Enter↵키 또는 화면 빈 곳 클릭하여 완료!</td>
</tr>
<tr>
<td>(4) 공간이동
입력칸 만들기</td>
<td>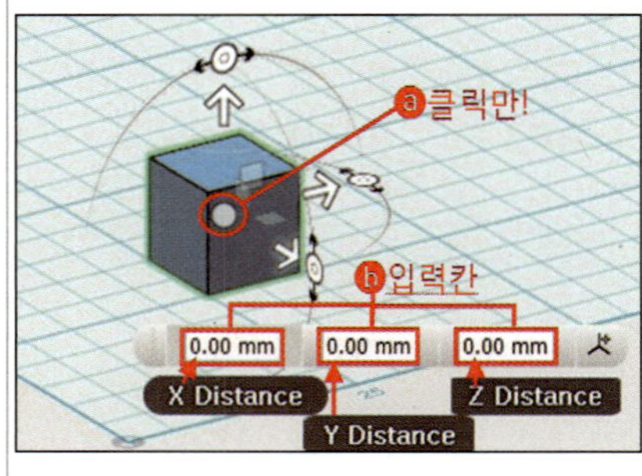</td>
<td>1. ⓐ[이동 중심점]을 클릭만 한다.

2. 세 방향(x, y, z방향)의 Distance(거리) ⓑ입력칸(3개)이 나타나므로 원하는 수치를 각각 입력한다.

3. Enter↵키 또는 화면 빈 곳 클릭하여 완료!</td>
</tr>
</table>

다 개체 [이동 중심점]의 위치 변경

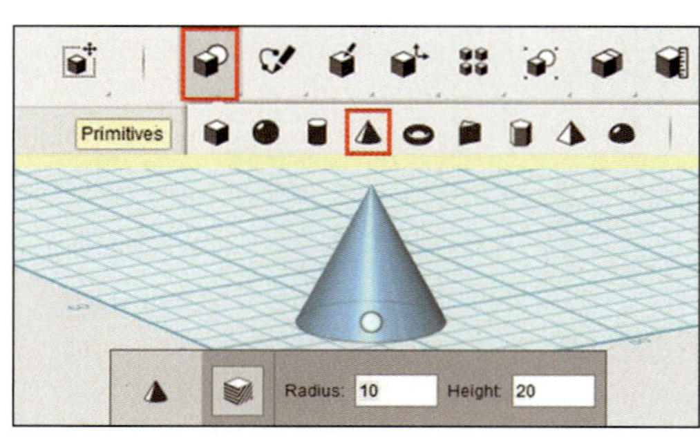

1. 메뉴 [Primitives-Cone]을 선택한 후, 마우스커서를 따라다니는 원뿔을 클릭하여 솔리드(원뿔)를 만든다.

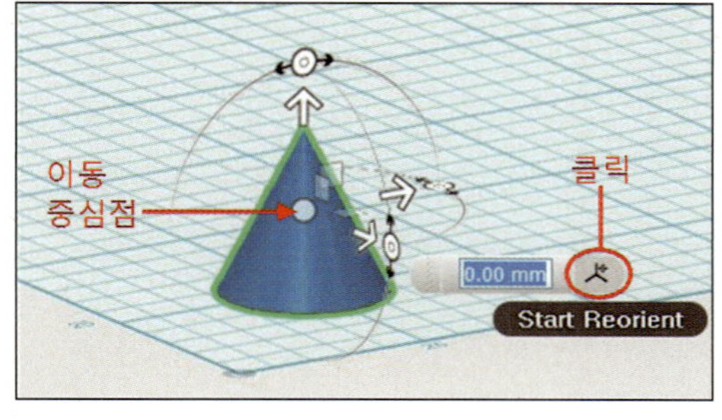

2. 메뉴[Transform-Move/Rotate]를 선택한 후, 원뿔 솔리드를 클릭한다. 이때, 입력칸의 우측 버튼(Start Reorient)을 클릭하여 [이동 중심점]의 위치 변경을 시작한다.

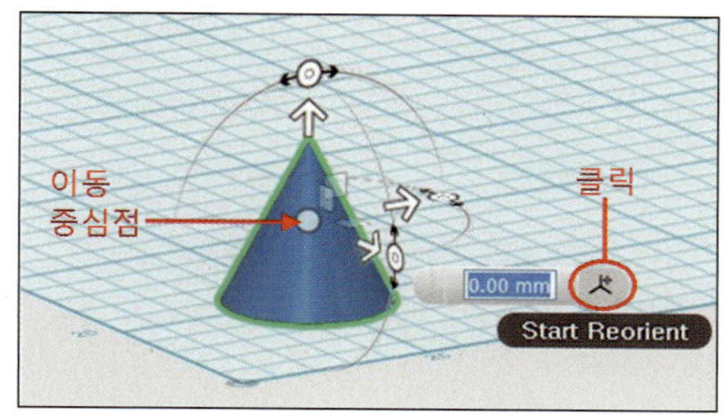

3. 다시 솔리드(원뿔)를 클릭하면, [흰 화살표],
   [이동 사각면], [이동 중심점] 등을 드래그하여
   중심점의 위치를 변경시킬 수 있다. 여기서는
   z방향의 [흰 화살표]를 위로 드래그하여 원뿔
   의 꼭짓점으로 중심점의 위치를 이동시킨다.

❖ [이동 중심점]의 위치는 개체(원뿔) 밖으로 이동시켜
   고정할 수 있다.

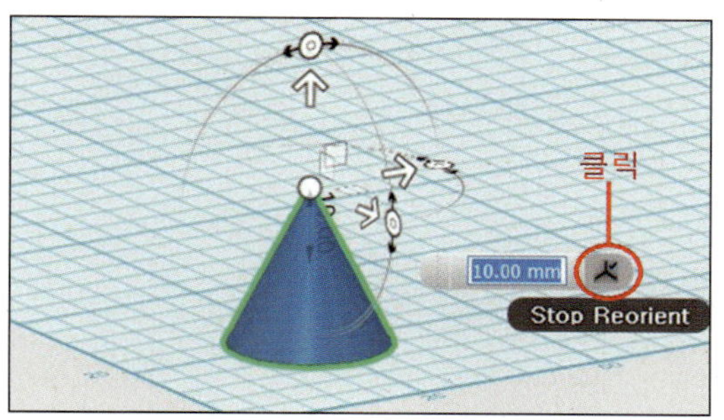

4. 변경된 [이동 중심점]의 위치를 고정하기 위
   해 입력칸의 우측버튼(Stop Reorient)을 클
   릭한다.

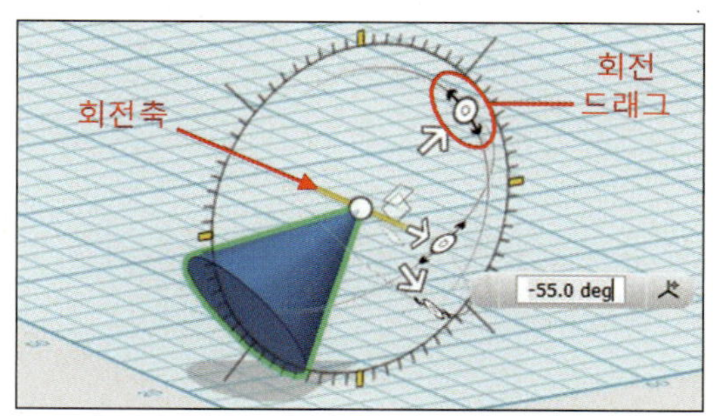

5. [검은 화살표]를 회전 드래그하면, 변경된 [이
   동 중심점]을 회전축으로 원뿔 솔리드를 회전
   시킬 수 있다.

예제04 그림과 같이 육면체 솔리
드를 [Move]툴의 입력칸을 이용
하여 x방향으로 38㎜, y방향으로
52.5㎜ 이동시키시오.

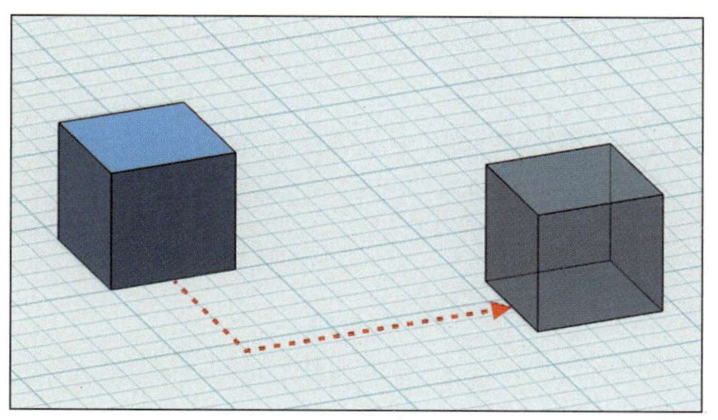

해설 : 277쪽

02 Align (얼라인)
  : 나란히 정렬

1 메뉴 [Primitives-Cylinder], [Torus]를 선택하여 기본 값의 원통, 원환체를 각각 만든다.

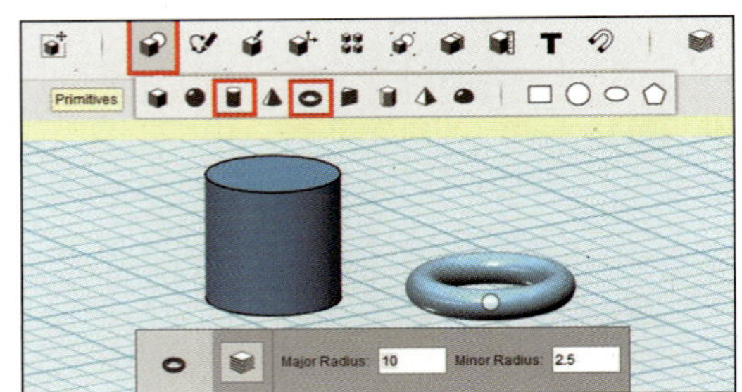

2 메뉴 **02** [Transform-Align]을 선택한 후, **ⓐ**원통을 클릭하고 **ⓑ** Ctrl +도넛모양을 클릭하여 원통과 도넛모양의 솔리드를 함께 선택한다. 이때, 둥근 검정 핸들 9개(x, y, z축)가 나타난다.

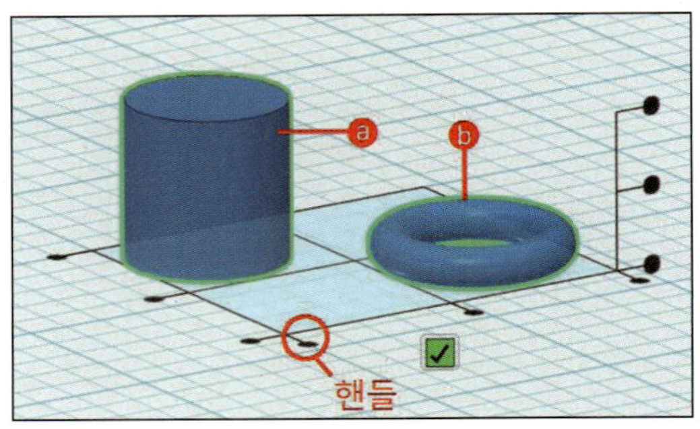

3 정렬 위치 점검 둥근 핸들 위에 마우스 커서를 올리면, 솔리드의 정렬 위치(진황색 형상)를 미리 확인할 수 있다. (둥근 핸들 위에 마우스 커서를 올리면, 기준선과 핸들은 빨간 색으로 변함)

❖ [뷰-큐브]-[TOP]과 [FRONT] 사이 모서리를 클릭하여 시점을 전환한다.

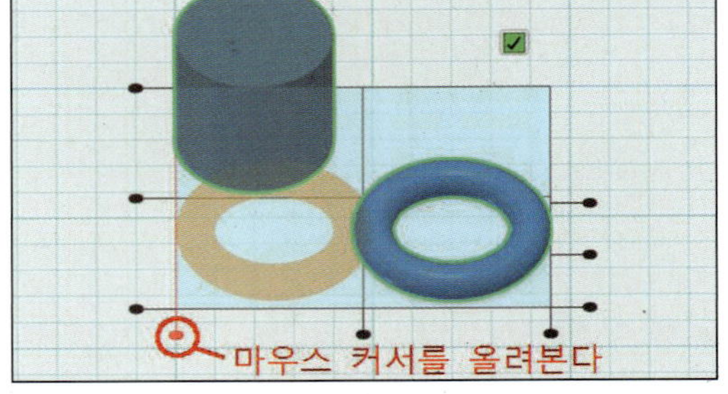

4 솔리드 중심점 정렬 y축 **ⓐ**중앙의 둥근 핸들을 클릭하여 해당 솔리드를 정렬시킨다.

❖ 핸들에 따른 정렬 위치

ⓐ중앙 핸들	솔리드의 중심점이 기준선에 정렬
ⓑ가장자리 핸들	솔리드의 가장자리가 기준선에 정렬

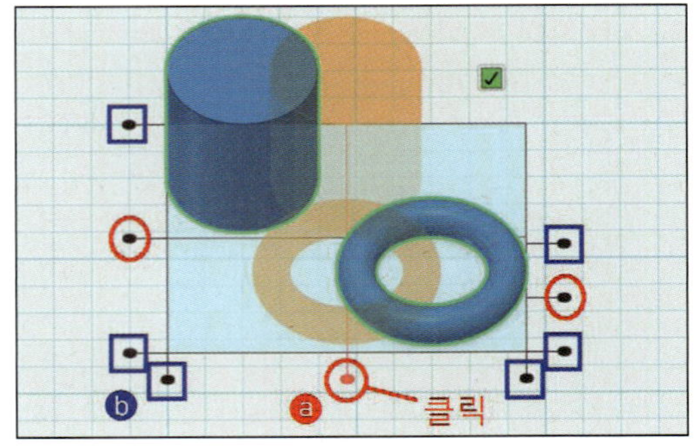

5 x축 중앙의 둥근 핸들을 클릭하여 해당 솔리드를 정렬시킨다.

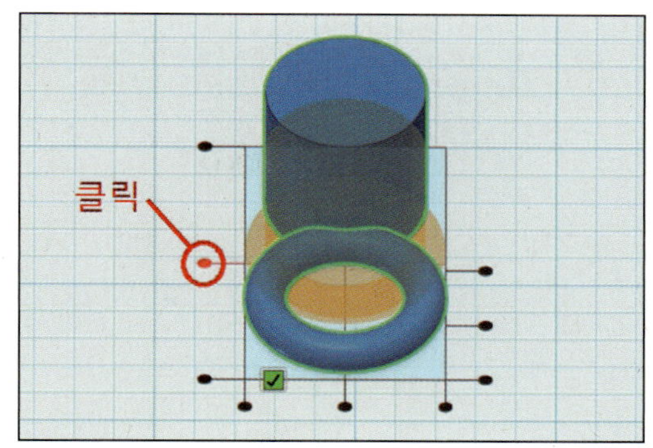

6 원통과 도넛모양의 솔리드 중심이 x, y평면 상에 정확히 일치되어 정렬된다. 종료(Exit Mode ✔) 버튼 클릭하여 완료!

❖ [Align] 툴은 솔리드에만 사용 가능함(스케치 면, 선에는 사용 불가)

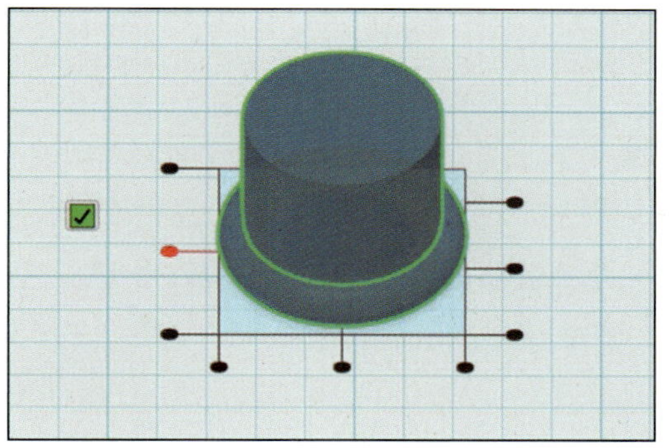

예제05 그림과 같이 원뿔(기본값), 원기둥(Radius : 2, Height : 50), 구(Radius : 5)의 중심점을 일치시키려고 한다. [Align] 툴을 이용하여 정렬시키시오.

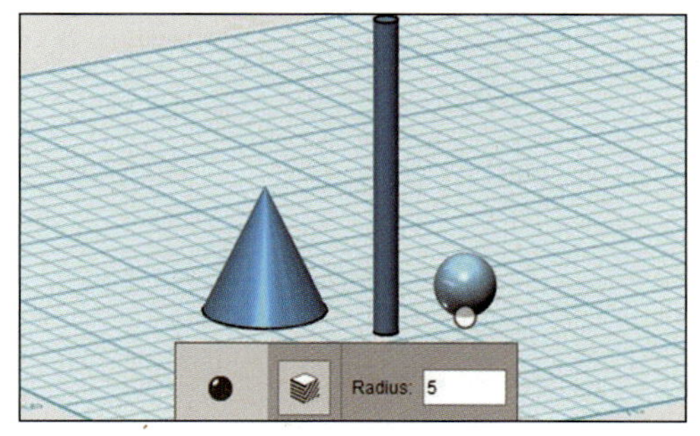

→

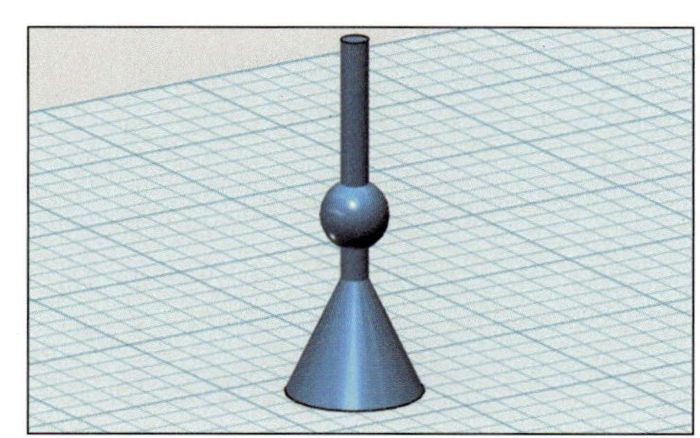

해설 : 278쪽

03 Smart Scale (스마트 스케일)
: 스마트 확대/축소

2 메뉴 **03** [Transform–Smart Scale]을 선택한 후 원통을 클릭하면, 원통 주위에 10개의 사각 **조절점**(그리드 바닥면에 9개, 윗면에 1개)과 **경계 상자(Bounding Box)**가 나타난다.

3 전후 좌우 확대/축소 **조절점 ⓐ**를 원하는 화살표(±x, ±y) 방향으로 **드래그**하여, 원통 솔리드를 확대/축소시킨다.

4 상하 확대/축소 **조절점 ⓑ**를 원하는 화살표(±z) 방향으로 **드래그**하여, 원통 솔리드를 확대/축소시킨다. 종료(Exit Mode ✓) 버튼을 클릭하여 완료!

1 메뉴 [Primitives–Cylinder]를 선택한 후, 마우스 커서를 따라다니는 원통을 클릭하여 원통 솔리드(기본값)를 만든다.

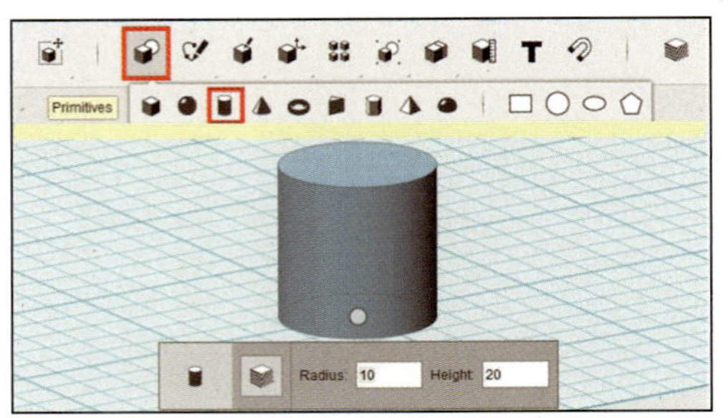

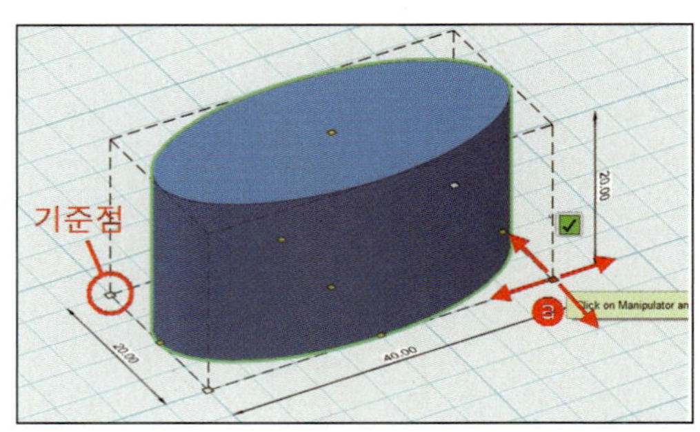

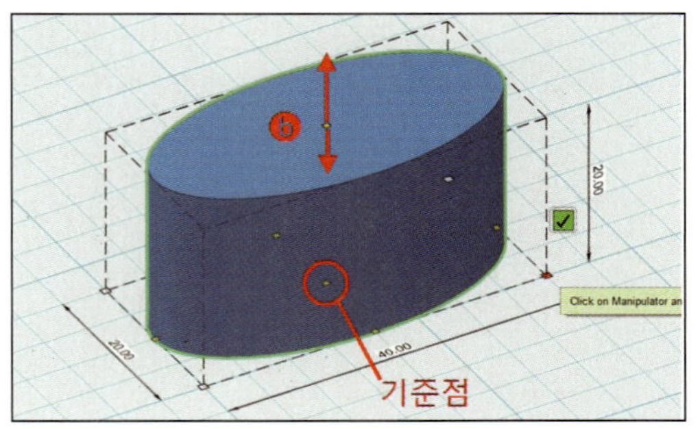

가 솔리드의 확대/축소

불균일한 변형	균일한 변형
❶ 모서리 조절점 **a**를 좌우(±x, ±y방향)로 드래그한다. ❷ 윗면 조절점 **d**를 상하(±z방향)로 드래그한다. ❖ 고정 기준점 : **a**점을 드래그⇨ **e**점이 고정되고, [Alt]+**a**/**d**점을 드래그⇨ **f**/**g**점이 고정됨	❶ [Shift]+[조절점**a**]를 드래그(±x, ±y방향)한다. ('가로×세로×높이'가 일정비율로 확대/축소됨) ❖ [Alt]+[Shift]+[조절점**a**]을 드래그하면, 고정 기준점이 **e**→**f**(중앙점)로 변경됨
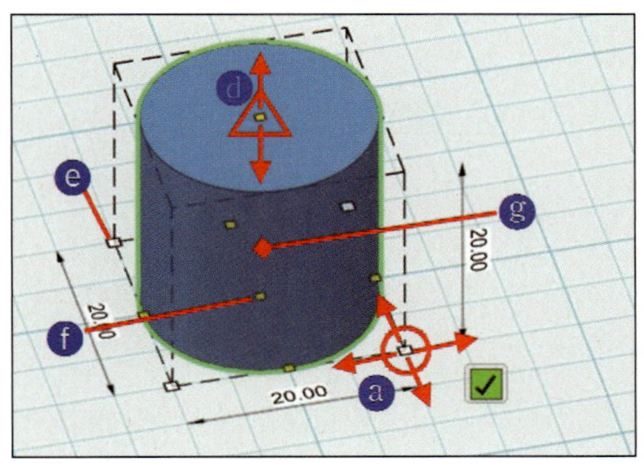	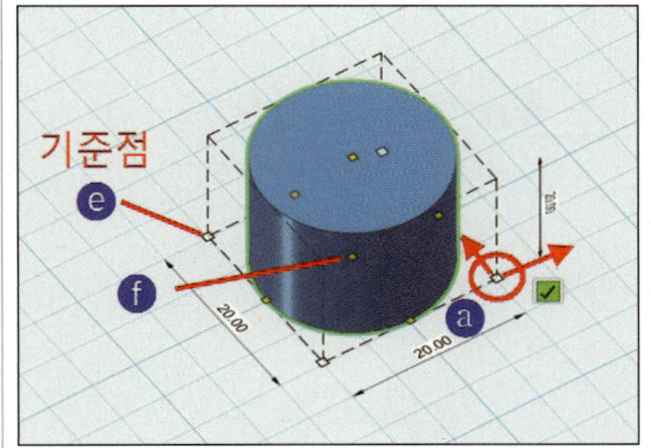
↓	↓
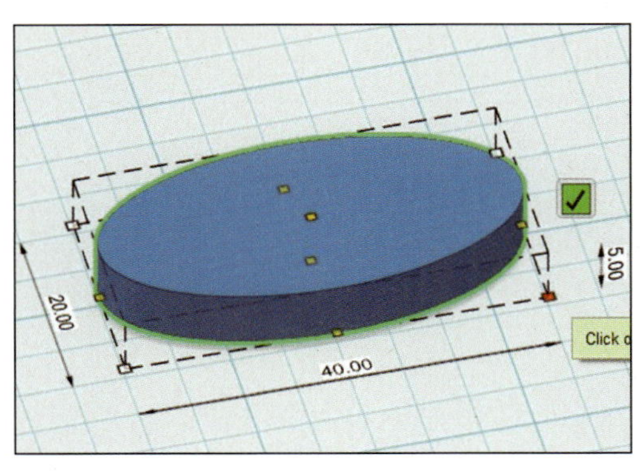	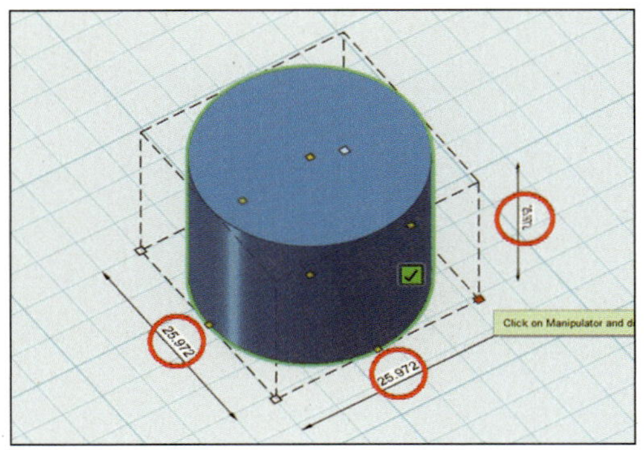

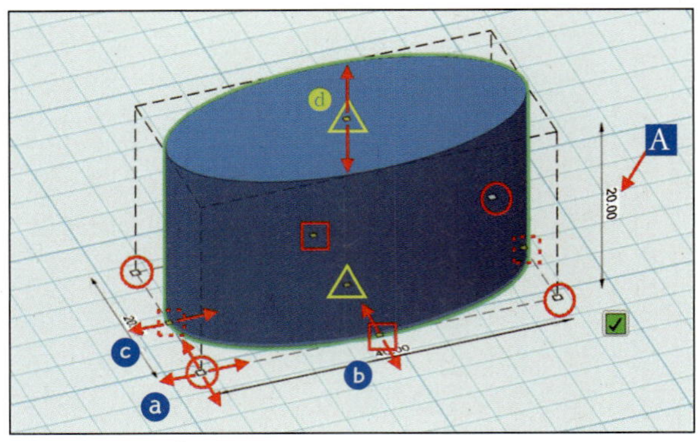

• 조절점은 **빨간 화살표** 방향으로 드래그 할 수 있다.

조절점 기호	가능한 드래그 방향
◯ ⓐ	±x, ±y
☐ ⓑ	±x
⬚ ⓒ	±y
△ ⓓ	±z (상하)

❖ 치수 편집 : **A 치수 보조선** 또는 **수치**를 클릭하여 나타나는 입력칸(Dimension Value)에 원하는 수치를 입력한다. (→입력 후 Enter↵ 키 이용!)

예제06 다음과 같이 메뉴 [Primitives-Torus]로 만든 원환체(기본값)를 [Smart Scale] 툴을 이용하여 변형시키시오.

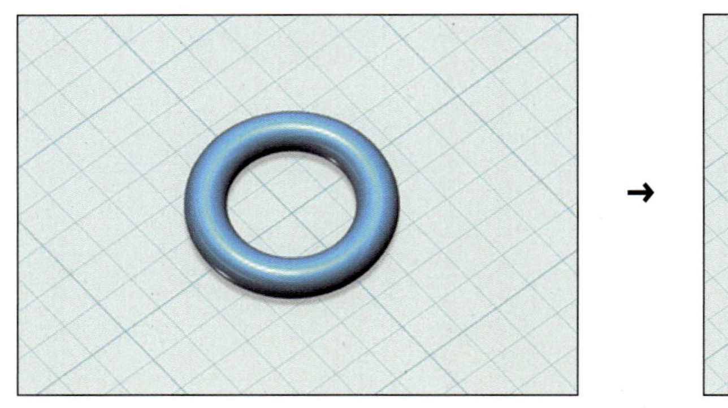

→

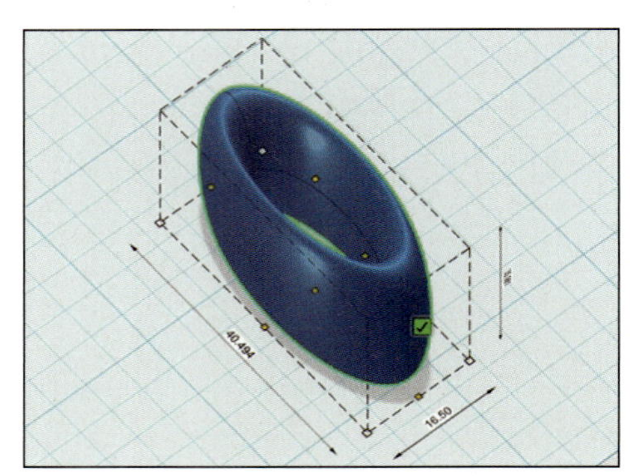

해설 : 279쪽

04 Scale (스케일)
: 확대/축소

2 메뉴 **04** [Transform-Scale]을 선택한 후 구 솔리드를 클릭한다.

3 균일 확대/축소 [흰 화살표]를 드래그하거나 입력 칸 [Factor(증감비율)]에 수치를 입력하여 구 솔리드를 확대/축소시킨다. (예 : 입력칸 Factor에 1.2 를 입력하면 **1.2배**로 확대되고, **0.8**을 입력하면 **0.8배**로 축소된다) 화면 빈 곳을 클릭하여 완료!

❖ [흰 화살표]는 화살표 방향으로 드래그하면 확대, 반대 방향으로 드래그하면 축소된다.

4-① 불균일 확대/축소 (과정2에서) 하단 입력창의 [Scale] 드롭다운 버튼에서 [Non Uniform(불균일)]을 선택하면, 입력칸(Factor)이 축 방향별로 3개 나타난다.

1 메뉴 [Primitives-Sphere]를 선택한 후, 마우스 커서를 따라다니는 구를 클릭하여 구 솔리드(기본값)를 만든다.

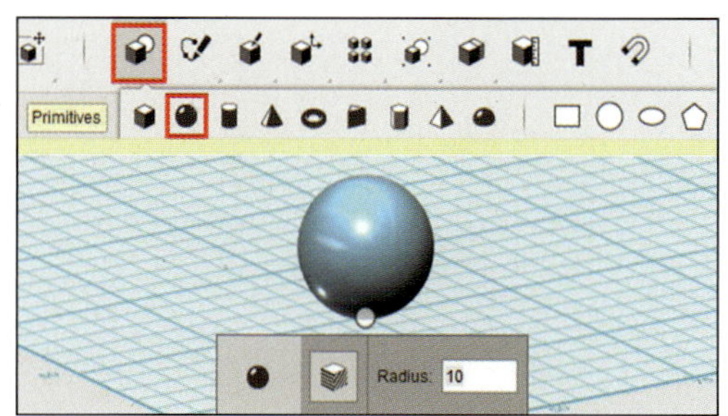

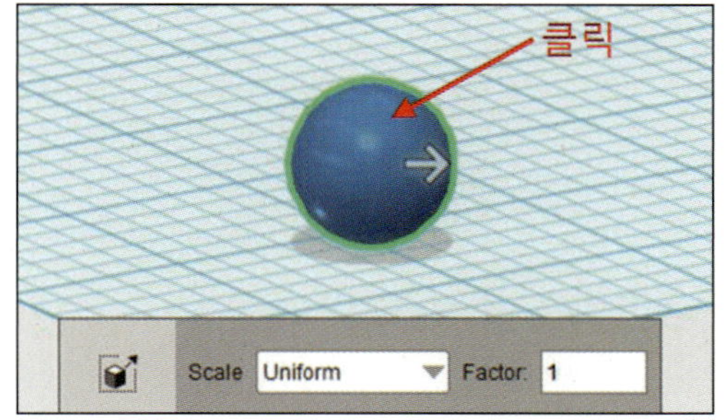

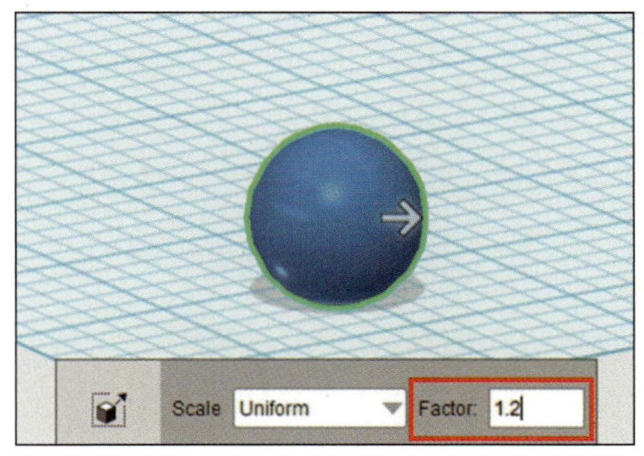

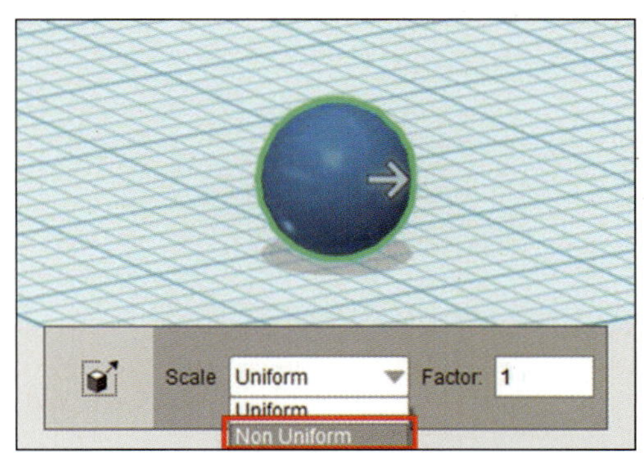

4–② 세 축방향의 [흰 화살표]를 각각 드래그하여 방향별로 증감시키거나 세 입력칸에 수치를 각각 입력하여 축방향 별로 증감 비율을 정한다. (입력칸 Factor X : 3.5, Y : 1.6, Z : 1을 각각 입력해 보자) 화면 빈 곳을 클릭하여 완료!

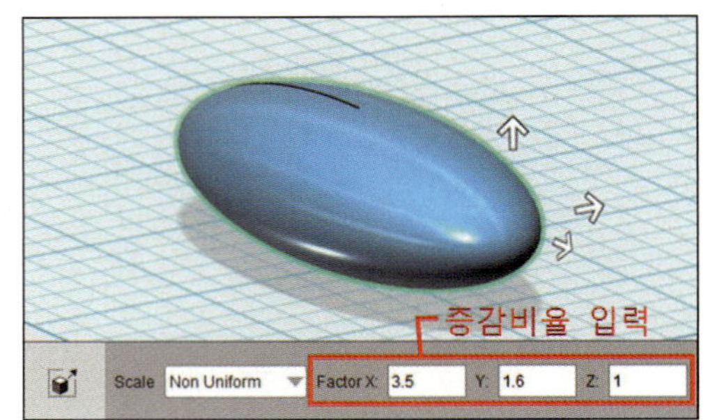

 ## [Smart Scale]과 [Scale] 툴의 비교

변형(확대/축소) 메뉴		스케치 면(Profile)에 적용 가능	솔리드(Solid)에 적용 가능
[Transform]	[Smart Scale]	×	○
	[Scale]	○	○

 예제07  다음과 같이 정육면체를 [Scale] 툴을 이용하여 변형시키시오.

해설 : 279쪽

1 메뉴 [Primitives-Box]를 선택한 후, 마우스커서를 따라다니는 육면체를 클릭하여 솔리드(육면체)를 만든다.

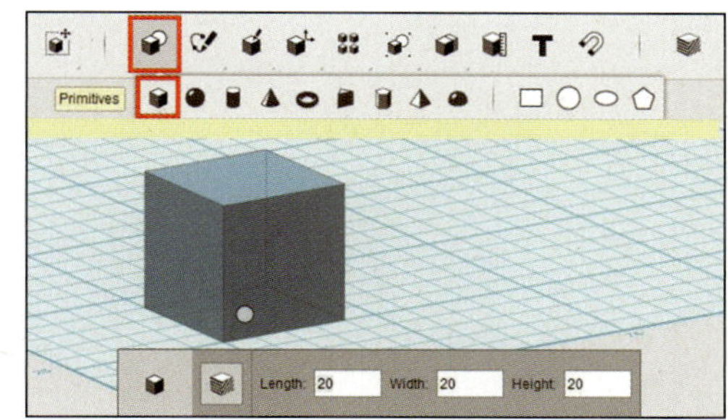

2 메뉴 **05** [Transform-Ruler]을 선택한 후 마우스 커서를 따라다니는 '**자(Ruler)**'의 기준점 (빨간 원)을 클릭하여 고정시킨다.

❖ '**자(Ruler)**'의 기준점은 <u>그리드(모눈종이)</u>면뿐만 아니라 솔리드의 <u>면, 모서리, 꼭짓점</u> 등 클릭 가능한 지점에 모두 고정시킬 수 있다.

3 육면체 솔리드를 클릭하면, x · y · z방향으로 이동시킬 수 있는 [**흰 화살표**] 3개가 나타난다.

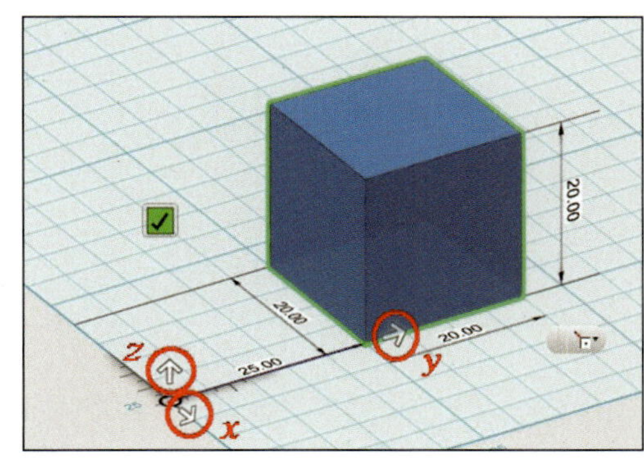

4 Z방향(위쪽) [흰 화살표]를 드래그하여 10.00mm 이동시킨다. (→솔리드는 기준점으로부터 y방향으로 25, z방향으로 10 떨어져 있음을 알 수 있음) 종료(Exit Mode ✔) 버튼 클릭 또는 Esc 키를 눌러 측정 해제!

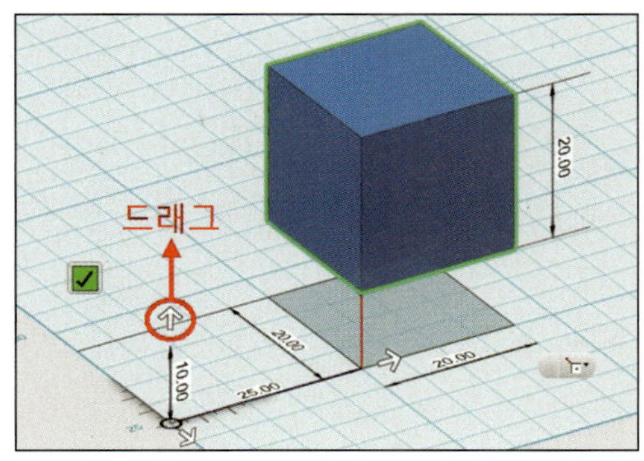

가 자(Ruler)에서 개체의 기준점 옵션

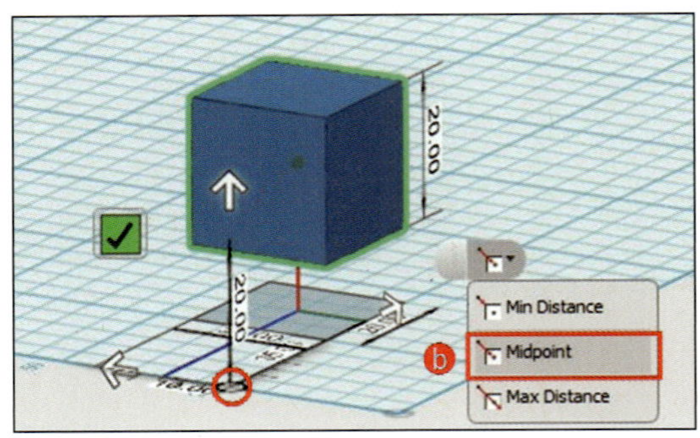
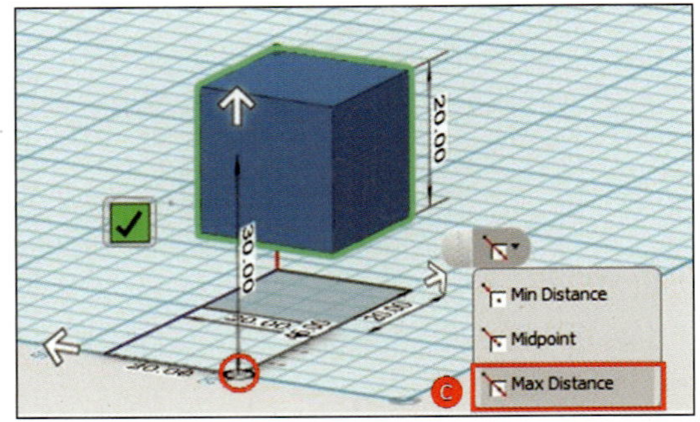

자(Ruler)로부터 개체(육면체)까지 거리를 측정하기 위한 개체(육면체)의 기준점 유형은 3가지 ⓐMin Distance(최소점 기준), ⓑMidpoint(중점 기준), ⓒMax Distance(최대점 기준)가 있다.

나 자 및 솔리드의 치수를 수정하기(Editing Dimensions)

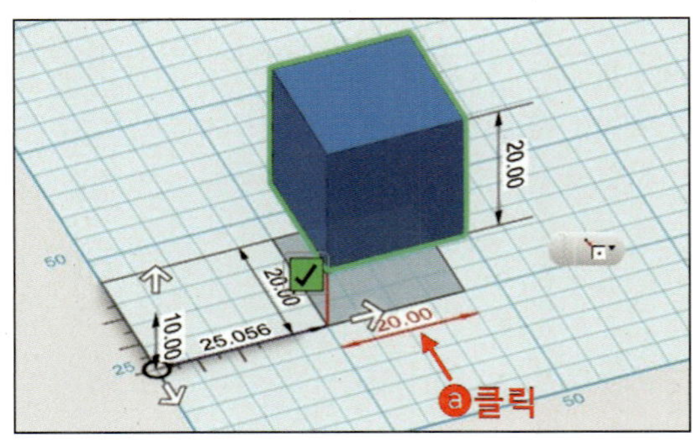
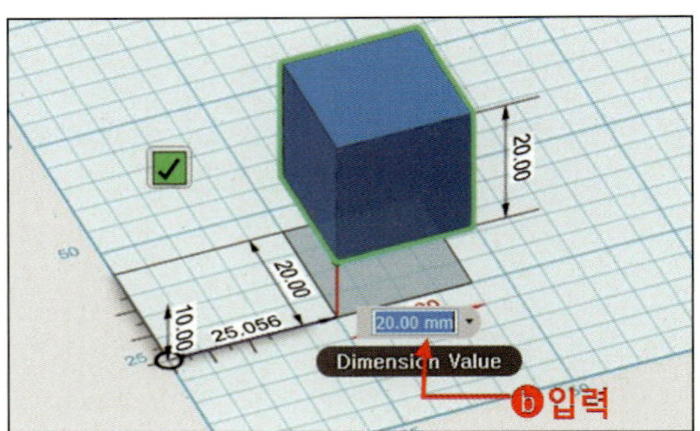

① ⓐ치수 또는 치수 보조선을 클릭하면 ⓑ입력칸이 나타난다. (치수나 보조선 위에 마우스 커서를 올리면 붉은색으로 변한다. 자와 솔리드의 치수를 모두 수정할 수 있음)

② ⓑ입력칸에 원하는 값을 입력한 후 Enter↵ 키나 화면 빈 곳을 클릭하여 치수 수정을 완료한다.

다 다중 개체에 [Ruler] 툴 적용하기

[Ruler] 툴을 선택한 후, 'Ctrl + 개체 선택'하는 방법으로 2개 이상의 개체를 선택하여 자(Ruler)의 기능을 한 번에 적용할 수 있다. (스케치 면의 크기는 수정할 수 없음)

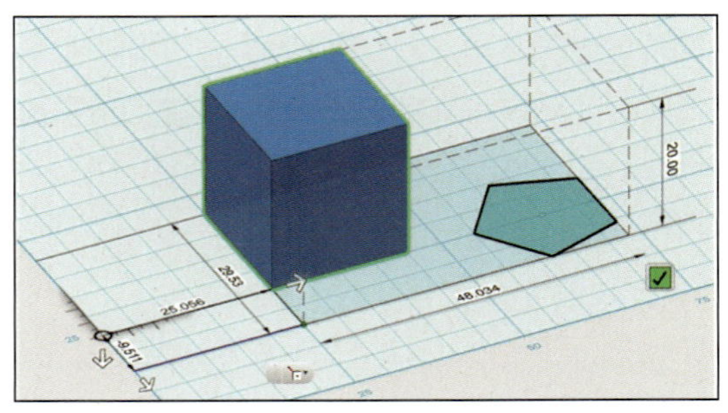

06 Smart Rotate (스마트 로테이트)
: 원주 회전

❶ 메뉴 [Primitives-Cylinder, Box]로 원기둥(반지름10, 높이5)과 육면체(50×5×5)를 각각 만들어 배치한다.

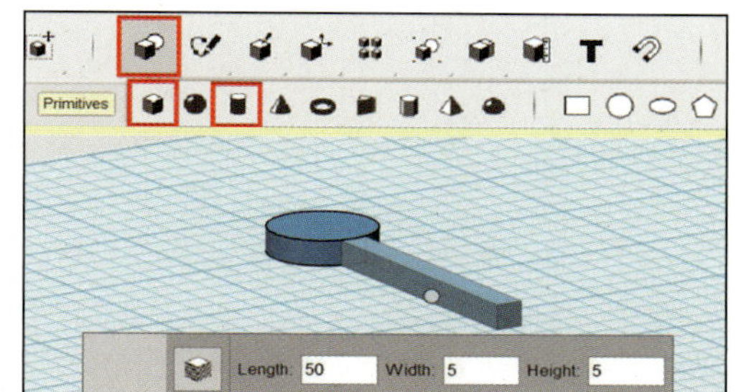

❷ 메뉴 [Primitives-Box]를 이용하여 정육면체(기본값)를 만든다. 메뉴 **06** [Transform-Smart Rotate]를 선택한 후, [Face]-솔리드(정육면체)의 **ⓐ**평면 하나를 클릭한다. (←원주 회전의 기준면)

❸ [Solid/s/Mesh/es] 클릭-**ⓑ**원기둥과 긴 육면체를 하나씩 클릭한다.

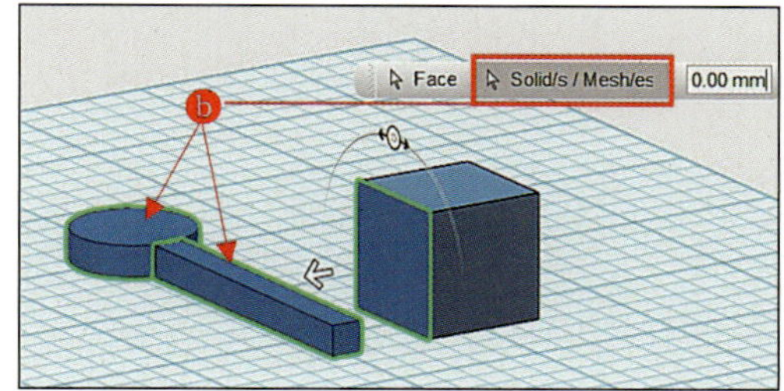

❹ 원주 회전 및 이동 **ⓐ**[검은 화살표]를 회전 드래그하거나 입력칸에 90을 입력하여 원기둥과 긴 막대모양을 원주 회전시킨다.
화면 빈 곳을 클릭하여 완료!

❖ **ⓐ**[검은 화살표]를 회전 드래그하면 솔리드는 원주를 따라 움직인다.(입력칸에 각도값 입력 가능함)

❖ **ⓑ**[흰 화살표]의 드래그 방향(화살표의 방향 또는 반대 방향)에 따라 솔리드를 이동시킬 수 있다. (입력칸에 거리값 입력 가능함)

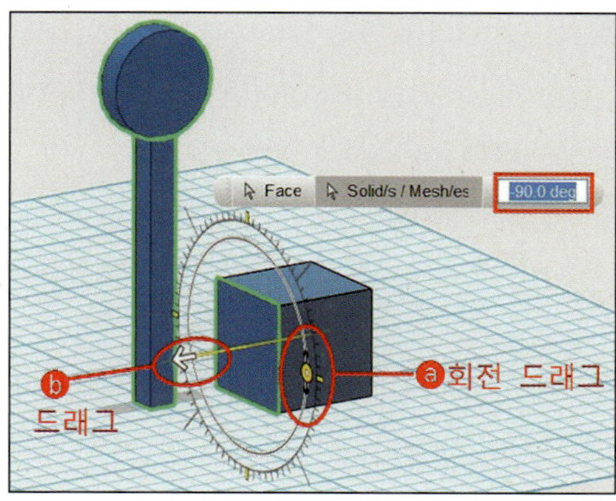

3D 기본도형 만들기
[Primitives-1]

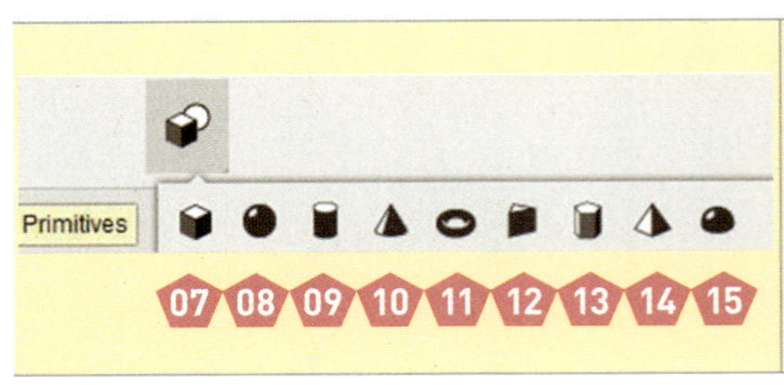

[07: Box]	[08: Sphere]
[09: Cylinder]	[10: Cone]
[11: Torus]	[12: Wedge]
[13: Prism]	[14: Pyramid]
[15: Hemisphere]	

메인 툴 [**Primitives-1**](기본도형-1)에는 부메뉴로 육면체, 구, 원기둥, 원뿔, 원환체, 쐐기꼴(삼각기둥), 각기둥(5각 이상), 피라미드, 반구 등의 입체 도형들을 만들 수 있다. **07**~**19** 기본도형(Primitives) 만들기 과정들은 거의 비슷하다. 다음 툴의 과정 설명 에 따라 각각의 도형을 만들어 보자.

07 Box (박스)
: **육면체 만들기**

1 메뉴 [Primitives-Box]를 선택한다.

2 화면 하단의 **입력칸** ⓐLength(길이), ⓑWidth(너비·폭), ⓒHeight(높이)에 원하는 수치를 각각 입력하여 도형의 크기를 정한다.

❖ 여기서는 (20×40×20)을 입력하여 직육면체를 만들었다. 세 값의 길이가 모두 같으면 정육면체가 된다.

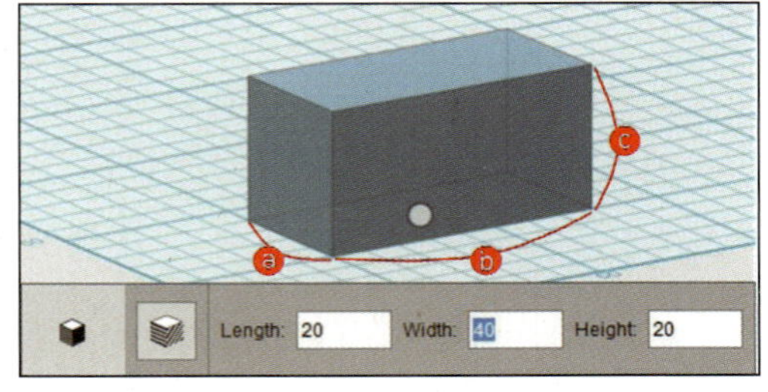

3 배치하고 싶은 지점에서 도형 개체를 클릭하거나 Enter↵ 키를 눌러 완료한다.

 ## 메뉴 [Primitives]로 기본도형 만들 때 유용한 정보

❶ **도형 크기 조절** : 원하는 크기의 도형을 만들려면, (개체가 마우스 커서를 따라 다니지만) 화면을 클릭하기 전 입력칸에 수치를 입력해야 한다.

❷ **[Tab]키 이용** : 입력칸을 클릭하여 수치를 입력할 수 있으나, 입력칸이 2개 이상이면 [**Tab**]키를 눌러 입력칸을 이동하며 수치를 입력한다.

❸ **Material(색상-질감) 입히기** : 메뉴 [Primitives]를 이용하여 입체도형을 만들 때, 하단의 입력창에는 [**Material**] 툴과 [입력칸]이 나타난다.

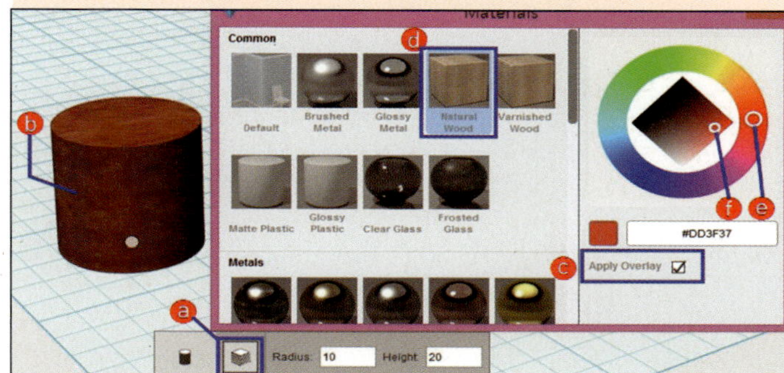

[색상-질감] 적용 방법 (자세한 설명은 204쪽 참고)

1. ⓐ[Material] 아이콘을 클릭하면 새 창이 나타난다.
2. 생략 : ⓑ도형 개체를 선택한다.
3. 새 창에서 ⓒ[Apply Overlay ▢]를 체크☑한다.
4. 원하는 ⓓ재질, 링영역에서 ⓔ색상, 마름모영역에서 ⓕ명도를 선택한다.

❖ 단축키 : 키보드의 [`,]키를 누르면 새 창(Material)이 나타난다.

08 **Sphere** (스피어)
: **공(구) 만들기**

❶ 메뉴 [Primitives-Sphere]를 선택한다.

❷ 화면 하단의 **입력칸** Radius(반지름)에 원하는 수치를 입력하여 도형의 크기를 정한다.

❸ 배치하고 싶은 지점에서 도형 개체를 클릭하거나 [Enter↵]키를 눌러 완료한다.

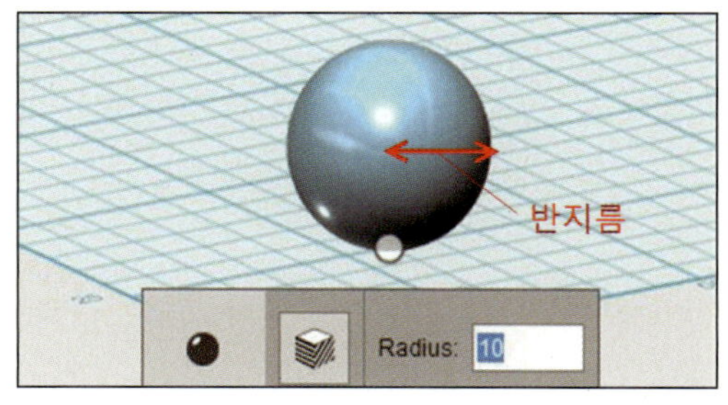

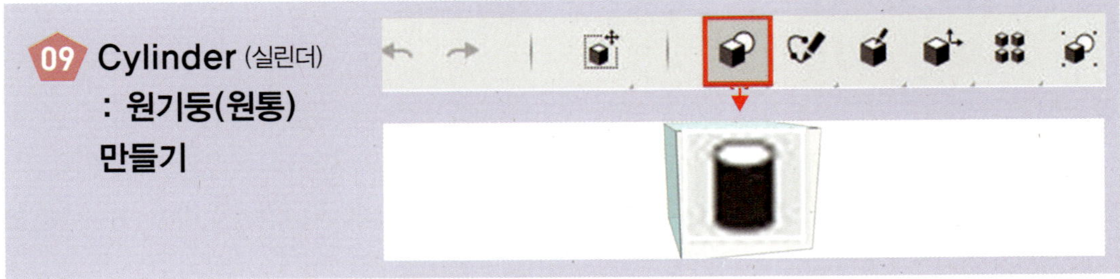

1 메뉴 [Primitives-Cylinder]를 선택한다.

2 화면 하단의 **입력칸** ⓐRadius(밑면 반지름),
ⓑHeight(높이)에 원하는 수치를 각각 입력하여
도형의 크기를 정한다.

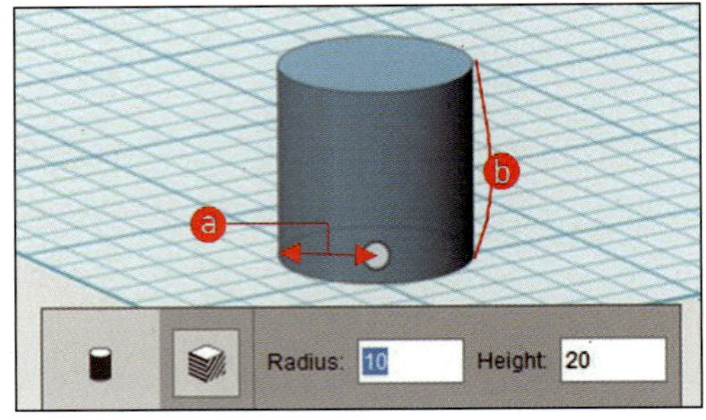

3 배치하고 싶은 지점에서 도형 개체를 클릭하거나 Enter⏎ 키를 눌러 완료한다.

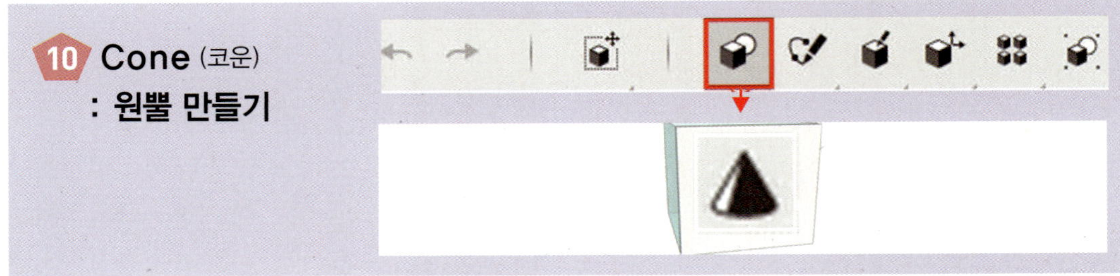

1 메뉴 [Primitives-Cone]을 선택한다.

2 화면 하단의 **입력칸** ⓐRadius(밑면 반지름),
ⓑHeight(높이)에 원하는 수치를 각각 입력하여
도형의 크기를 정한다.

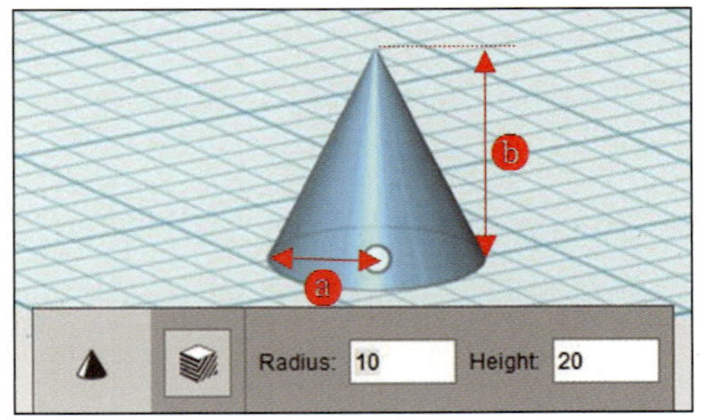

3 배치하고 싶은 지점에서 도형 개체를 클릭하거나 Enter⏎ 키를 눌러 완료한다.

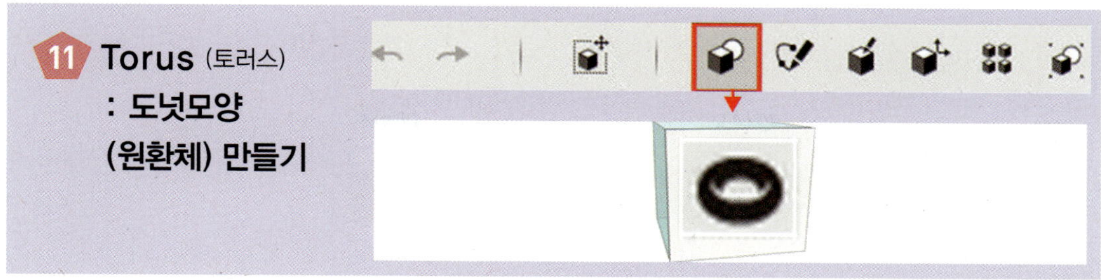

1 메뉴 [Primitives-Torus]를 선택한다.

2 화면 하단의 **입력칸 ⓐ**Major Radius(큰 반지름)
과 **ⓑ**Minor Radius(굵기 단면 반지름)에 원하는
수치를 각각 입력하여 원환체의 크기를 정한다.

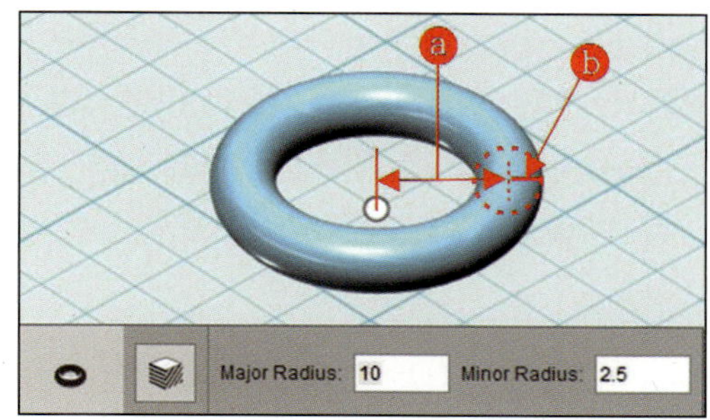

3 배치하고 싶은 지점에서 도형 개체를 클릭하거나 Enter↵ 키를 눌러 완료한다.

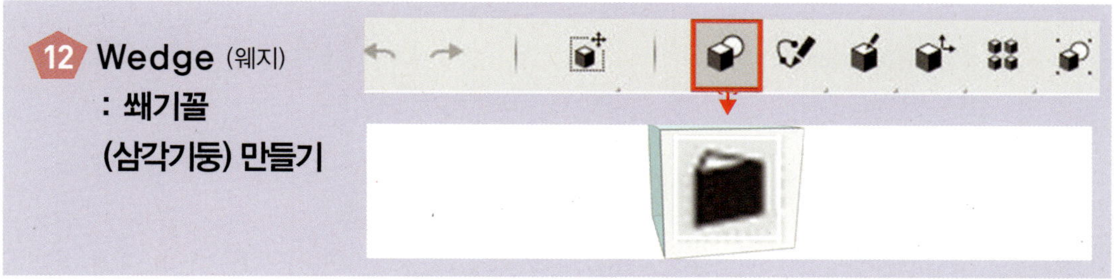

1 메뉴 [Primitives-Wedge]를 선택한다.

2 화면 하단의 **입력칸 ⓐ**Radius(밑면 반지름),
ⓑHeight(높이)에 원하는 수치를 각각 입력하여
도형의 크기를 정한다.

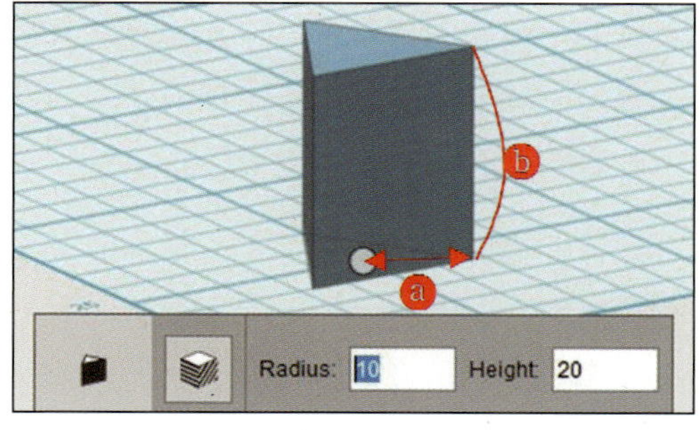

3 배치하고 싶은 지점에서 도형 개체를 클릭하거나 Enter↵ 키를 눌러 완료한다.

13 Prism (프리즘)
: 각기둥 만들기

1 메뉴 [Primitives-Prism]을 선택한다.

2 화면 하단의 **입력칸** **ⓐ**Radius(밑면 반지름),
ⓑHeight(높이), **ⓒ**Sides(변의 개수, **5이상**)
에 원하는 수치를 각각 입력하여 도형의 크기를
정한다.

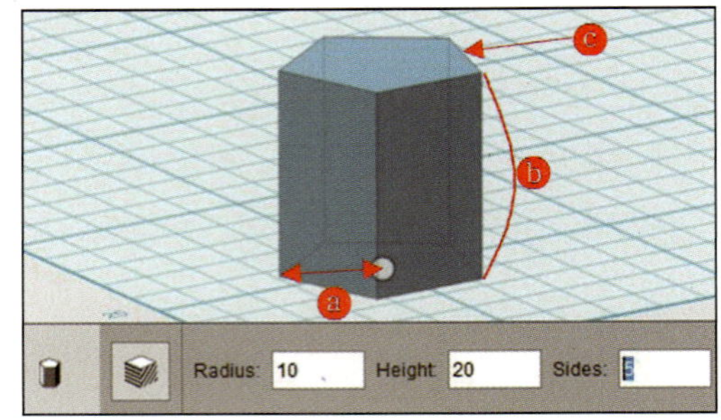

3 배치하고 싶은 지점에서 도형 개체를 클릭하거나 [Enter↵] 키를 눌러 완료한다.

14 Pyramid (피라미드)
: 피라미드(각뿔)
　　만들기

1 메뉴 [Primitives-Pyramid]를 선택한다.

2 화면 하단의 **입력칸** **ⓐ**Radius(밑면 반지름),
ⓑHeight(높이), **ⓒ**Sides(변의 개수, **4이상**)
에 원하는 수치를 각각 입력하여 도형의 크기를
정한다.

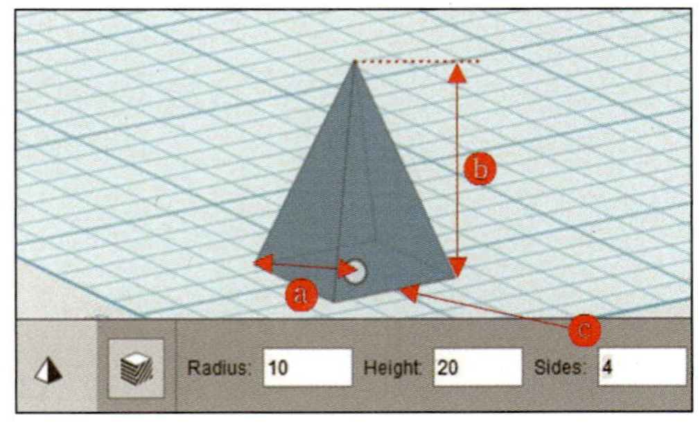

3 배치하고 싶은 지점에서 도형 개체를 클릭하거나 [Enter↵] 키를 눌러 완료한다.

15 Hemisphere

(헤미스피어)

: 반구 만들기

1 메뉴 [Primitives−Hemisphere]를 선택한다.

2 화면 하단의 **입력칸** Radius(밑면 반지름)에
원하는 수치를 각각 입력하여 도형의 크기를 정
한다.

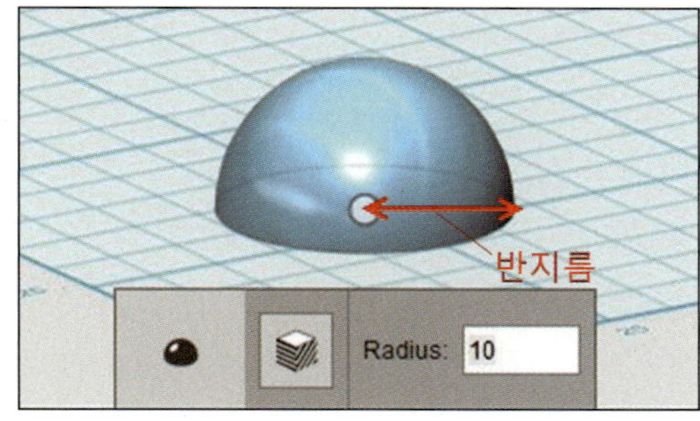

3 배치하고 싶은 지점에서 도형 개체를 클릭하거나 Enter↵ 키를 눌러 완료한다.

 다음과 같은 10각기둥, 6각뿔을 [Prism], [Pyramid] 툴을 이용하여 각각 만드시오.

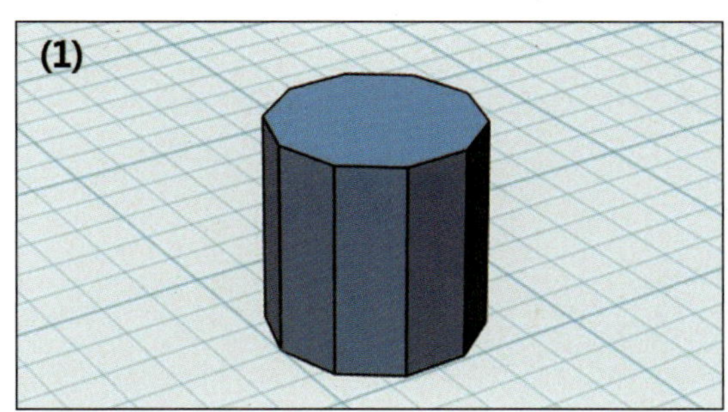

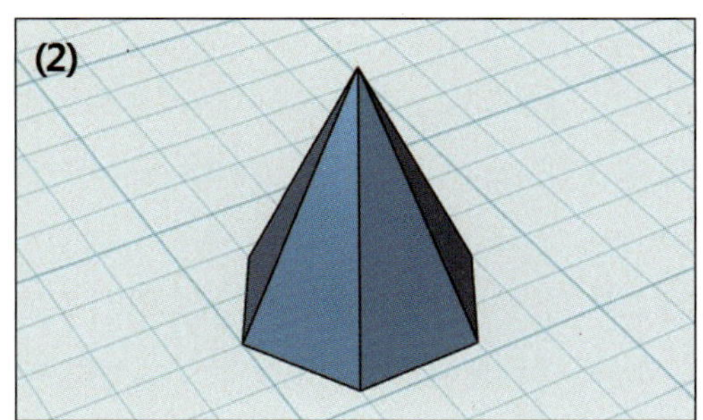

해설 : 280쪽

2D 기본도형 그리기
[Primitives-2] + [Sketch-1]

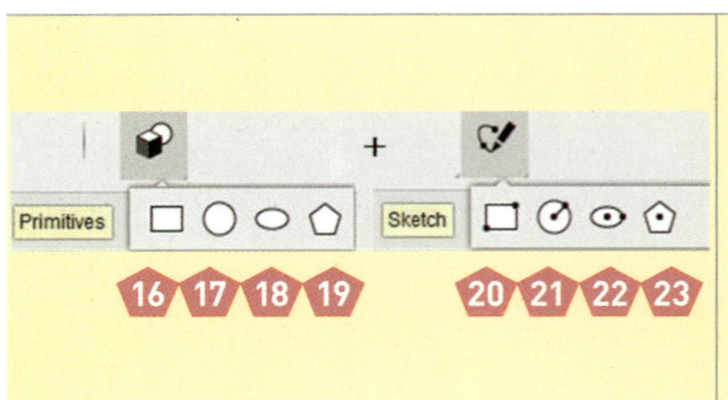

[16: Rectangle]	[17: Circle]
[18: Ellipse]	[19: Polygon]
[20: Sketch Rectangle]	
[21: Sketch Circle]	
[22: Sketch Ellipse]	
[23: Sketch Polygon]	

메인 툴 [**Primitives-2**]와 [**Sketch-1**]의 부메뉴를 각각 이용하면, 결과적으로 둘 다 같은 평면 도형(사각형, 원, 타원, 다각형 등)이 만들어진다. 그러나 이 부메뉴들은 외형상 동일한 기능인 것 같지만 과정이 다르게 그려진 평면도형들은 각각 중요한 차이가 있다. 다음의 실습을 통해서 그 차이점을 알아보자.

Primitives-2(기본평면도형)

16 Rectangle (렉탱글)
: 사각형 그리기

1 메뉴 [Primitives-Rectangle]을 선택한다.

2 화면 하단의 **입력칸** ⓐLength(길이), ⓑWidth (너비 · 폭)에 원하는 수치를 각각 입력하여 도형의 크기를 정한다.

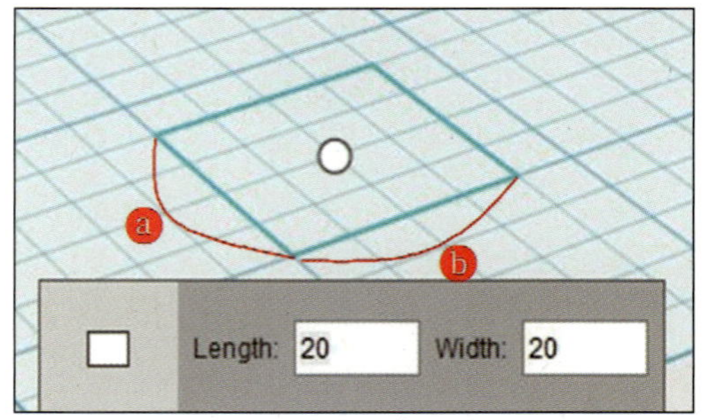

3 배치하고 싶은 지점에서 도형 개체를 클릭하거나 Enter↵ 키를 눌러 완료한다.

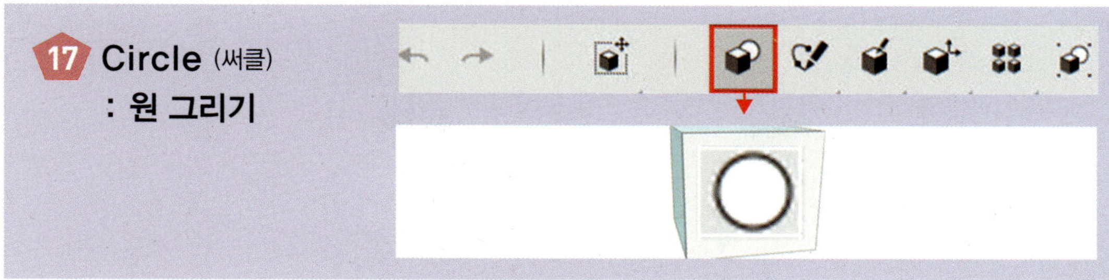

1 메뉴 [Primitives-Circle]을 선택한다.

2 화면 하단의 **입력칸** Radius(반지름)에 원하는 수치를 입력하여 도형의 크기를 정한다.

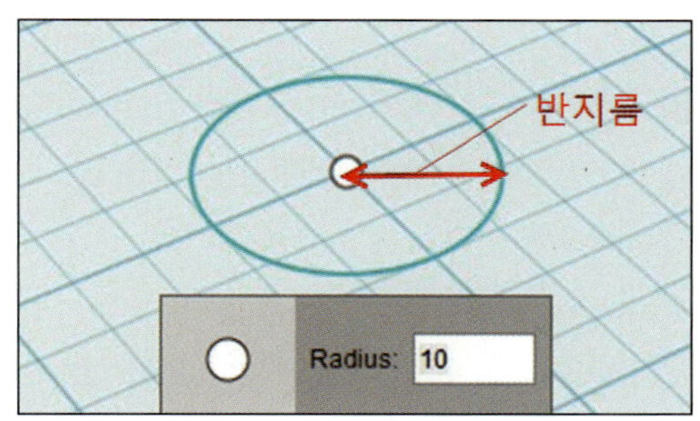

3 배치하고 싶은 지점에서 도형 개체를 클릭하거나 [Enter↵] 키를 눌러 완료한다.

1 메뉴 [Primitives-Ellipse]를 선택한다.

2 화면 하단의 **입력칸** ⓐMajor Axis(긴 반지름), ⓑMinor Axis(짧은 반지름)에 원하는 수치를 각각 입력하여 도형의 크기를 정한다.

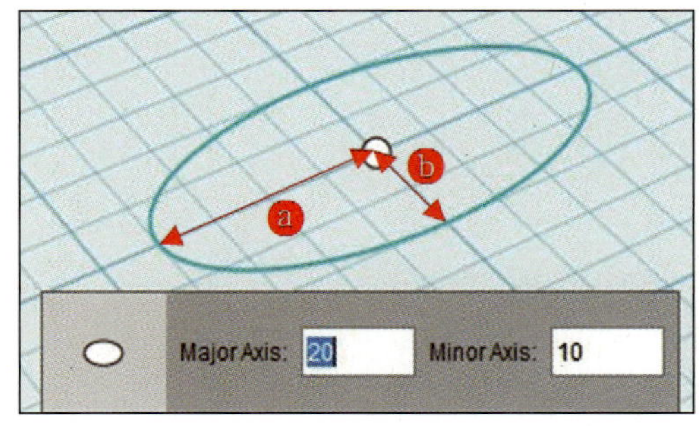

3 배치하고 싶은 지점에서 도형 개체를 클릭하거나 [Enter↵] 키를 눌러 완료한다.

1 메뉴 [Primitives-Polygon]을 선택한다.

2 화면 하단의 **입력칸** ⓐRadius(반지름),
ⓑSides(변의 개수)에 원하는 수치를 각각 입력
하여 도형의 크기 및 종류를 정한다.

❖ Sides(변의 개수)는 기본값이 5이며, 입력칸
[Sides]에 3(삼각형), 4(사각형), 6(육각형) 등 3이
상의 수치만 입력 가능하다.

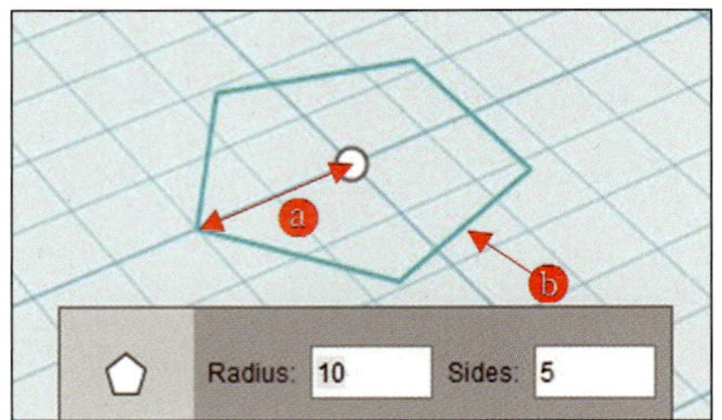

3 배치하고 싶은 지점에서 도형 개체를 클릭하거나 [Enter↵] 키를 눌러 완료한다.

Sketch-1(스케치)

 메뉴 [Sketch]를 이용하여 스케치(선, 면 그리기) 작업할 때는?

- [뷰-큐브]-[TOP]으로 시점 전환해 놓고 작업하는 것이 편리하다.

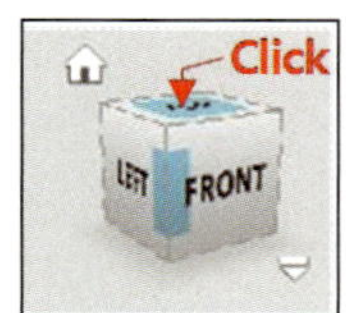

[TOP]으로
→
시점 전환

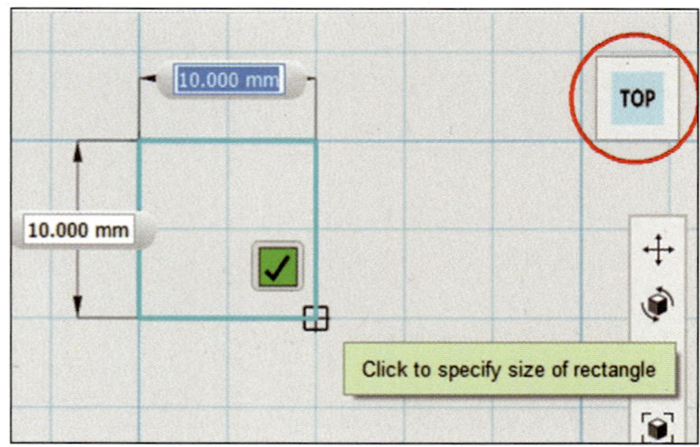

⑳ Sketch Rectangle
(스케치 렉탱글)

: 사각형 스케치

❶ 메뉴 [Sketch-Sketch Rectangle]을 선택한 후, 우선 <u>화면(모눈종이) 빈 곳을 클릭</u>하여 스케치 준비를 한다.

❷ 배치하고 싶은 지점에 **ⓐ**기준점(시작점)을 클릭하여 스케치를 시작한다.

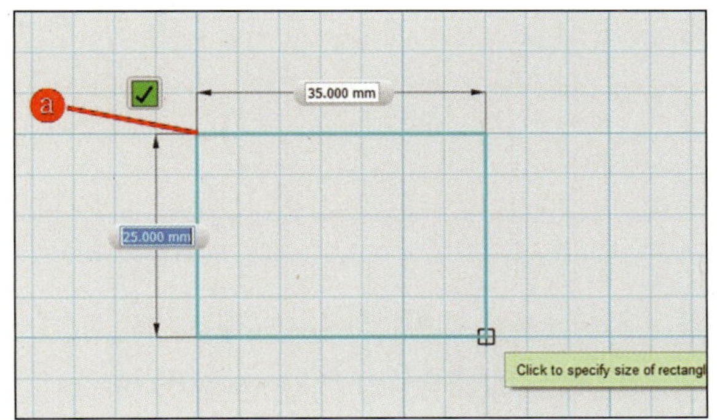

❸ 마우스 커서를 이동시키면서 <u>도형크기를 정하는</u> **ⓑ**종료지점을 클릭한다. 또는 입력칸에 수치를 입력한 후 Enter↵ 키를 누른다.

❖ [Tab]키를 누르면 <u>입력칸 이동</u>이 가능하며, 수치 입력 후 Enter↵ 키를 누르면 입력 수치가 고정된다. (**자물쇠 그림**이 나타남)

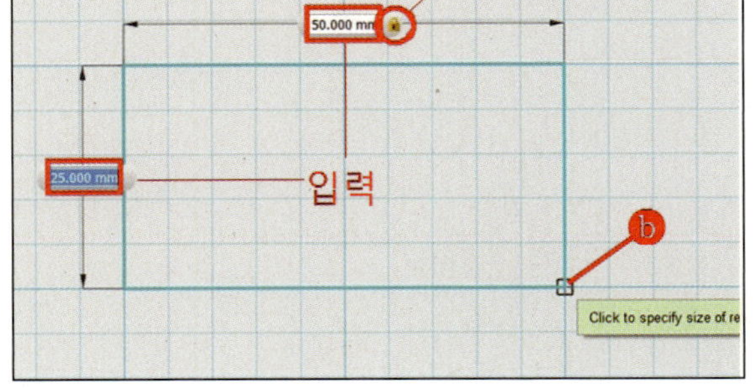

❹ 종료(Exit Mode ✅) 버튼 클릭 또는 Enter↵ 하거나 Esc 키를 누름!

❖ 만일, 같은 종류의 도형을 추가하려면 종료 전에 위의 **❷**, **❸**과정을 반복한다.

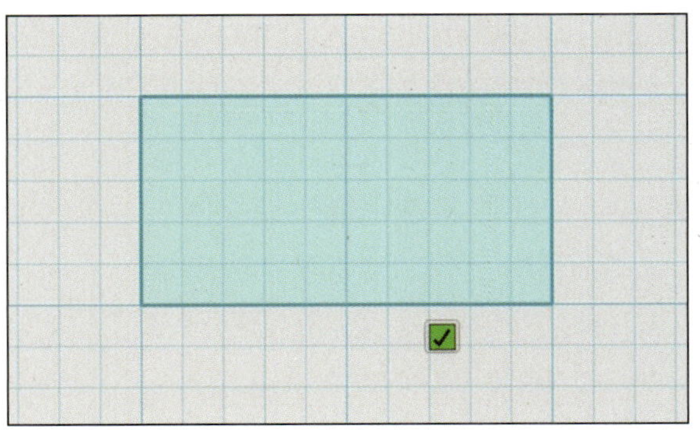

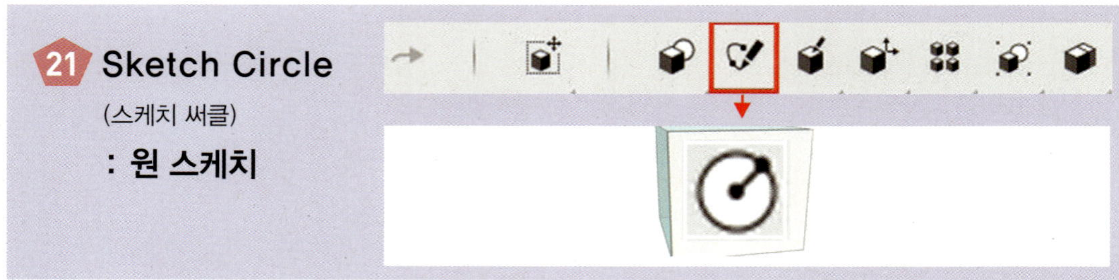

21 Sketch Circle
(스케치 써클)

: 원 스케치

1 메뉴 [Sketch-Sketch Circle]을 선택한 후 우선, 화면(모눈종이) 빈 곳을 클릭하여 스케치 준비를 한다.

2 배치하고 싶은 지점에 ⓐ시작점(원의 중심)을 클릭하여 스케치를 시작한다.

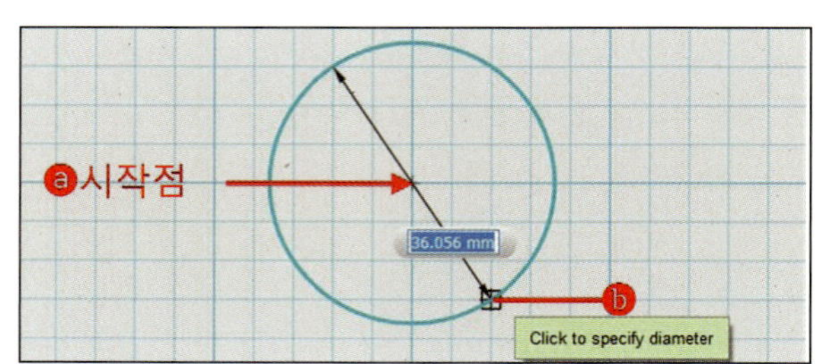

3 마우스 커서를 이동시키면서 도형크기를 정하는 ⓑ종료지점을 클릭한다. 또는 입력칸에 **지름(diameter)값**를 입력한 후 [Enter↵]키를 누른다.

4 종료(Exit Mode ✅) 버튼 클릭 또는 [Enter↵]하거나 [Esc] 키를 누름!

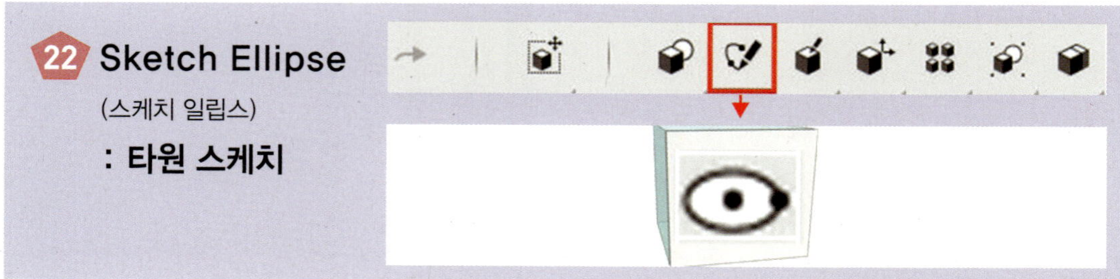

22 Sketch Ellipse
(스케치 일립스)

: 타원 스케치

1 메뉴 [Sketch-Sketch Ellipse]를 선택한 후 우선, 화면(모눈종이) 빈 곳을 클릭하여 스케치 준비를 한다.

2 배치하고 싶은 지점에 ⓐ기준점(시작점)을 클릭한 후, 마우스 커서를 이동시키면서 ⓑ첫 번째 반지름 종료지점을 클릭한다. (입력칸에 수치 입력 후 [Enter↵]키 사용도 가능함)

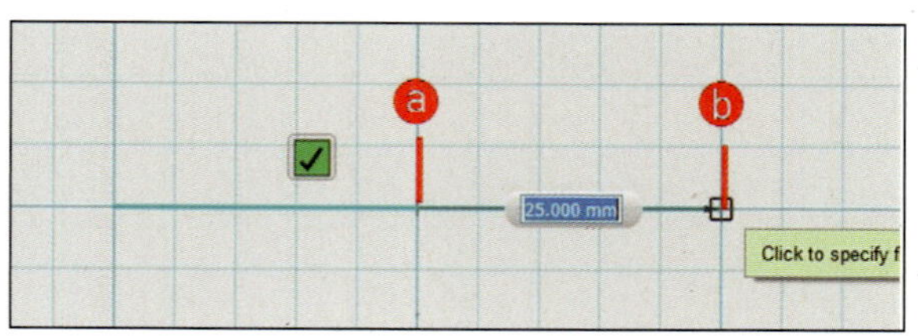

3 마우스 커서를 이동시키면서 **ⓒ**두번째 반
  지름 종료지점을 클릭한다. 또는 입력칸에
  수치를 입력한 후 Enter↵ 키를 누른다.

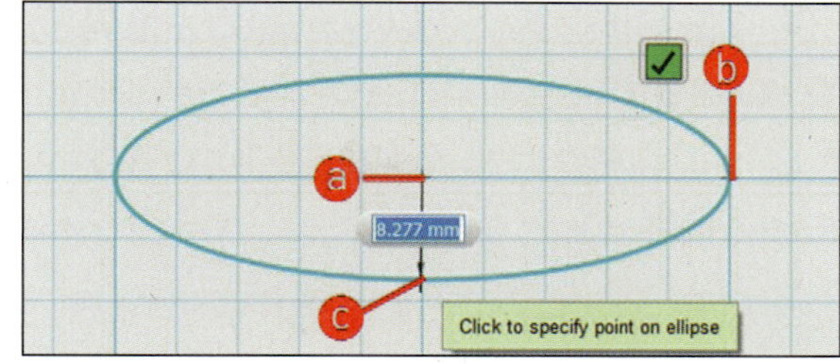

4 종료(Exit Mode ✔) 버튼 클릭 또는 Enter↵ 하거나 Esc 키를 누름!

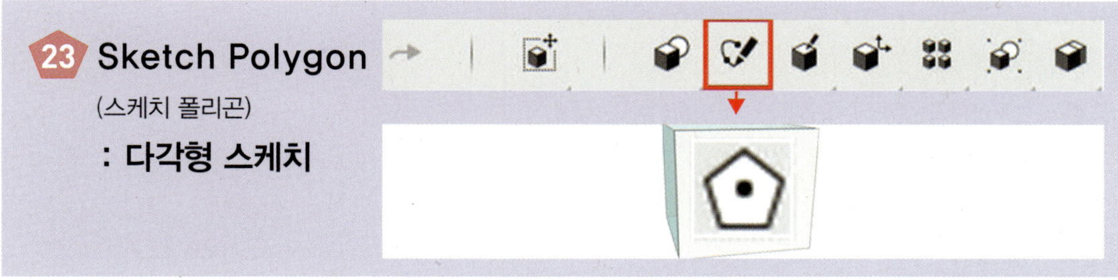

㉓ Sketch Polygon
(스케치 폴리곤)

: 다각형 스케치

1 메뉴 [Sketch—Sketch Polygon]을 선택한 후 우선, 화면(모눈종이) 빈 곳을 클릭하여 스케치
  준비를 한다.

2 배치하고 싶은 지점에 **ⓐ**기준점(시작점)을
  클릭하여 스케치를 시작한다.

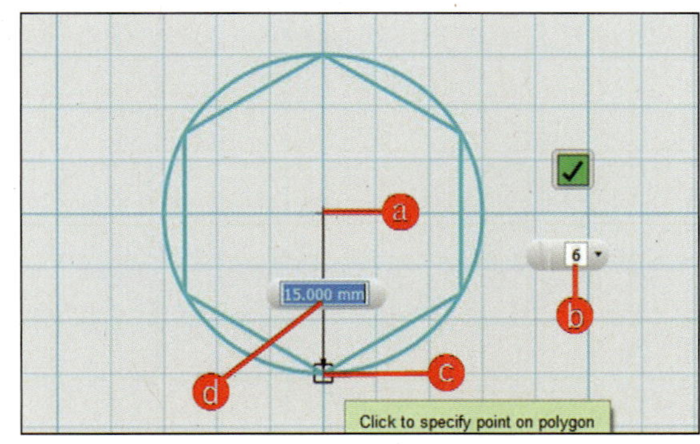

3 변의 개수 **ⓑ**입력칸(Edge Number)에 수치를 입력하여 원하는 다각형을 정한 후, 마우스 커서
  를 이동시키면서 도형크기를 정하는 **ⓒ**종료지점을 클릭한다. 또는 반지름 **ⓓ**입력칸(Demension
  Value)에 수치를 입력한 후 Enter↵ 키를 누른다. ([Tab]키를 누르면 입력칸 이동이 가능함)

❖ 변의 개수(Edge Number)는 기본값이 6(육각형)이며, 3(삼각형), 4(사각형), 5(오각형) 등 3이상의 수치
  만 입력 가능하다.

4 종료(Exit Mode ✔) 버튼 클릭 또는 Enter↵ 하거나 Esc 키를 누름!

 ## 그리드(모눈종이) 면의 기능을 하는 솔리드 표면

❶ 솔리드의 표면 위에 부착(스냅 기능)되는 [Primitives] 툴

[Primitives]의 부메뉴들은 적용과정에서 **솔리드의 표면 위에 부착(스냅)**된다. (그림에서 구 표면위에 사각형(Rectangle), 육면체 표면 위에 오각형(Polygon), 도넛모양(Torus), 원뿔(Cone)이 부착됨)

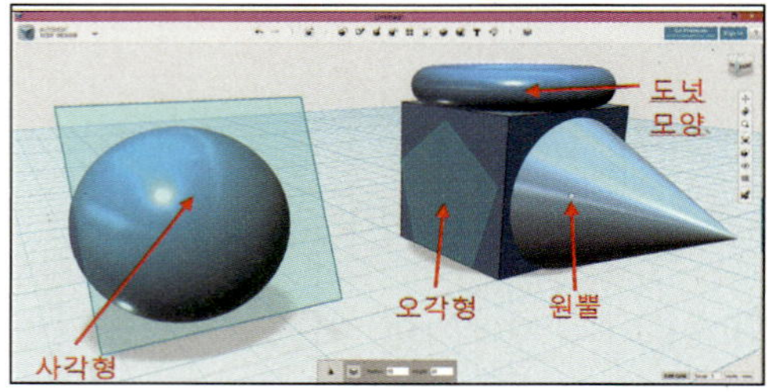

❷ 그리드(모눈종이) 면을 변경하는 방법 (허공에 스케치하는 방법)

1. 메뉴 [Primitives-Box]를 선택한 후 적당한 위치에 육면체를 배치한다.

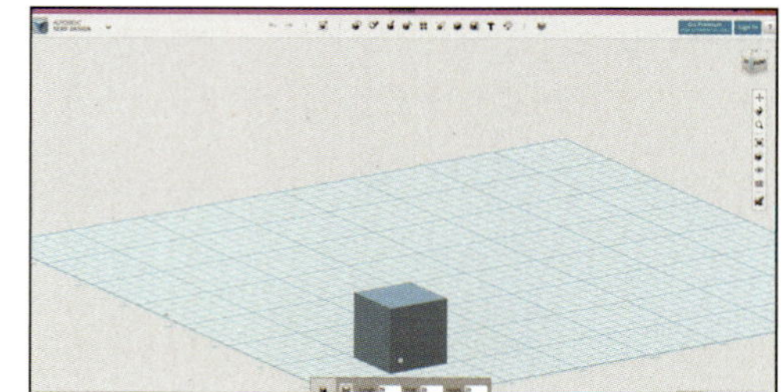

2. 메뉴 [Sketch]의 부메뉴(Polygon, Polyline 등)를 선택한 후, 그리드(모눈종이)면으로 사용할 육면체의 한 면(앞면)을 클릭한다. 이때, 클릭한 면(yz평면)을 기준으로 모눈종이가 펼쳐진다.

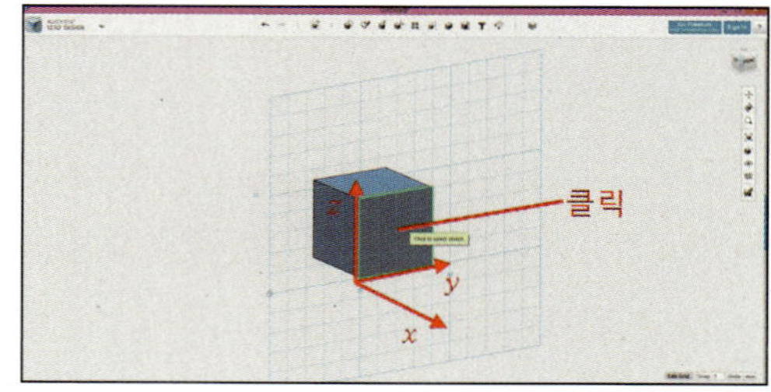

3. yz평면으로 생성된 그리드(모눈종이)면 위에 원하는 도형(사각형, 직선, 6각형 등)을 그린다.

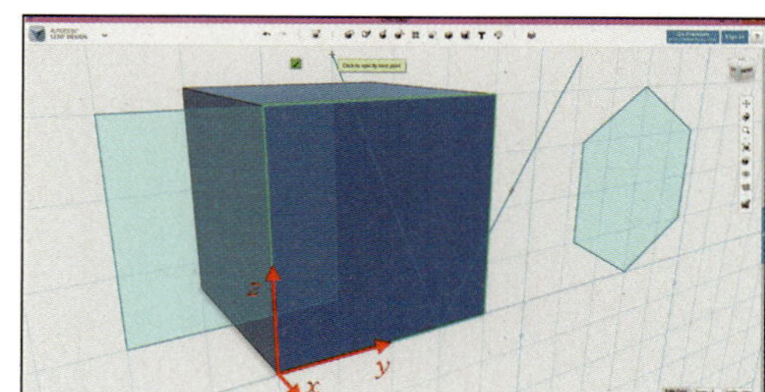

4. 종료(✔) 버튼 클릭 또는 Esc 키를 눌러 완료!
(→그리드 면이 원래의 xy평면으로 되돌아감)

❖ 불필요해진 육면체는 선택 삭제(Del키)함

❖ [Sketch] 툴을 선택하고, 이미 그려진 스케치 면·선을 클릭(그리드 생성)해도 허공에 스케치 가능함

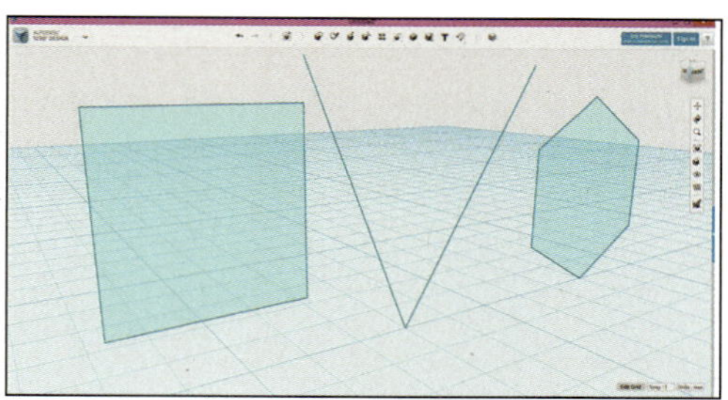

2개 이상의 2D 도형을 그릴 때, 어떤 과정을 거치느냐에 따라 적용 가능한 툴 메뉴와 불가능한 툴 메뉴가 있다. 표와 같이 과정 **A**, **B**, **C**, **D**로 큰 원과 작은 원을 겹치게 그렸을 때, 두 원이 분리된 [**독립형 관계**]인지, 연결된 [**일체형 관계**]인지에 대하여 알아보자.

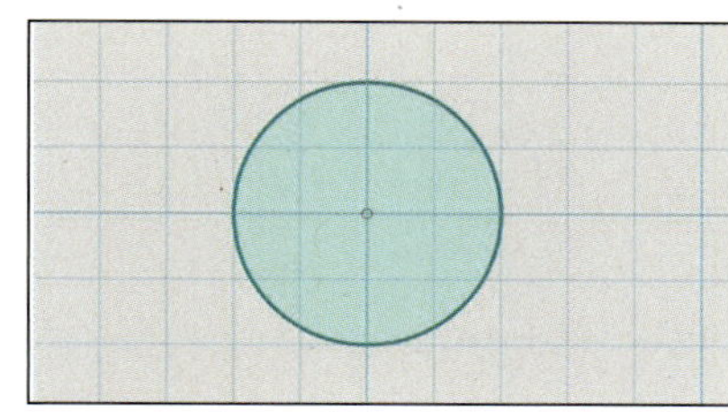

과정1

메뉴 [Primitives-Circle] 또는 [Sketch-Sketch Circle]을 선택하여 **큰 원**을 그린다.

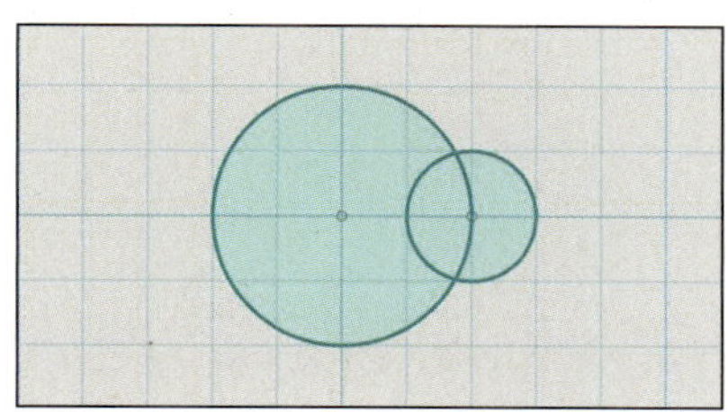

과정2

메뉴 [Primitives-Circle] 또는 [Sketch-Sketch Circle]을 선택하여 **작은 원**을 큰 원에 겹쳐서 그린다.

■ 큰 원과 작은 원의 관계 유형

도형 관계	과정1 큰 원 그리기	과정2 작은 원 그리기	분리 Move/ Rotate 적용	다듬기 Trim 툴 적용	패턴 Pattern 툴 적용
A 독립형	❶ 메뉴 [Primitives-Circle] 또는 [Sketch-Sketch Circle]을 선택하여 큰 원을 그린다.	❷ 메뉴 [Primitives-Circle]을 선택하여 작은 원을 그린다.	○	×	×
B 독립형		❷ 메뉴 [Sketch-Sketch Circle]을 선택하고, 큰 원의 외부를 클릭한 후 작은 원을 그린다.	○	×	×
C 일체형		❷ 메뉴 [Sketch-Sketch Circle]을 선택하고, 큰 원의 내부를 클릭한 후 작은 원을 그린다.	×	○	○
D 일체형	❶ 메뉴 [Sketch-Sketch Circle]을 1회 수행하여 큰 원과 ❷작은 원을 차례로 그린다.		×	○	○

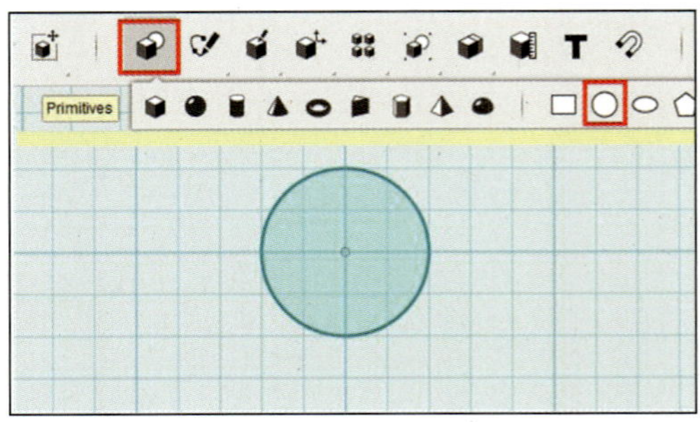

1. 메뉴 [Primitives-Circle]을 선택하여 반지름(Radius) 10인 원을 그린다.

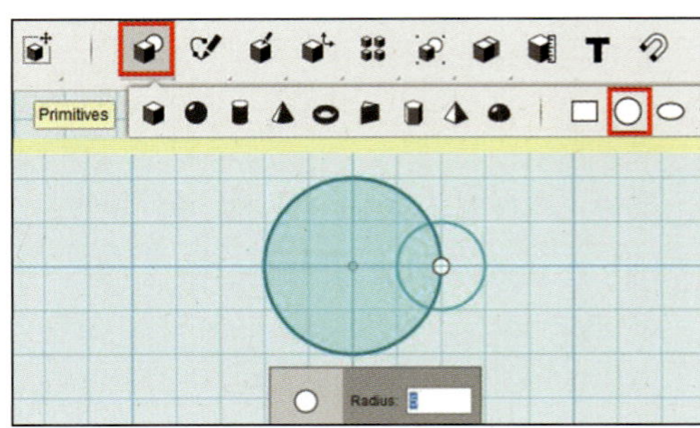

2. 다시, 메뉴 [Primitives-Circle]을 선택하여 반지름(Radius) 5인 원을 큰 원에 일부 겹쳐서 그린다.

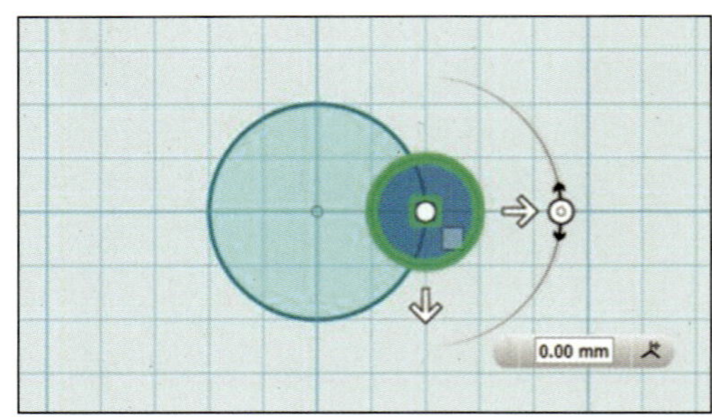

3. 분리 가능 : [Move/Rotate] 적용 메뉴 [Move/Rotate]를 선택하고, 작은 원을 클릭한 후 [흰 화살표]를 드래그하여 작은 원을 이동시킬 수 있다.

❖ 여기서, 큰 원은 남기고 작은 원만을 선택하여 삭제(Del키)할 수도 있다.

Ⓐ, **Ⓑ** **독립형** (두 원이 분리 되어 있음)	분리(Move/Rotate) 및 삭제(Del키)가능	1. [Move/Rotate]를 이용하면 큰 원과 작은 원 사이 거리를 증감시키거나 하나의 원만 회전시킬 수 있다. (하나의 원만을 선택하여 [Del]키로 삭제 가능함)
	Trim(다듬기) 적용 불가능	2. [Trim] 툴을 이용하여 두 원의 겹쳐진 부분을 다듬기할 수 없다.
	Pattern(패턴) 적용 불가능	3. [Pattern] 툴을 이용하여 작은 원을 패턴 적용할 수 없다.

❖ 해당 툴 사용법은 [Trim] : 102쪽, [Pattern] :166쪽 참고

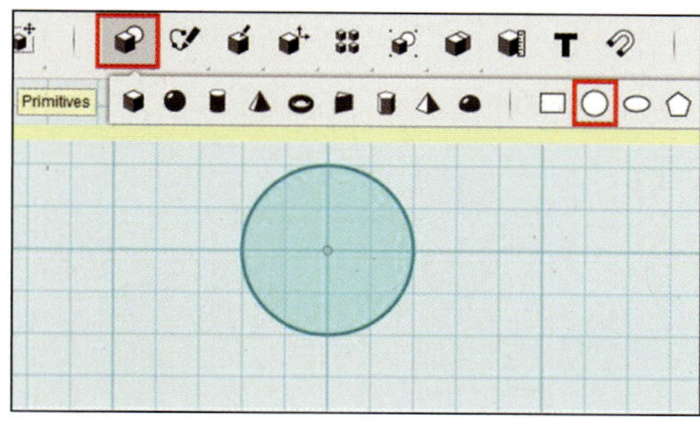

1. 메뉴 [Primitives-Circle]을 선택하여 반지름(Radius) 10인 원을 그린다.

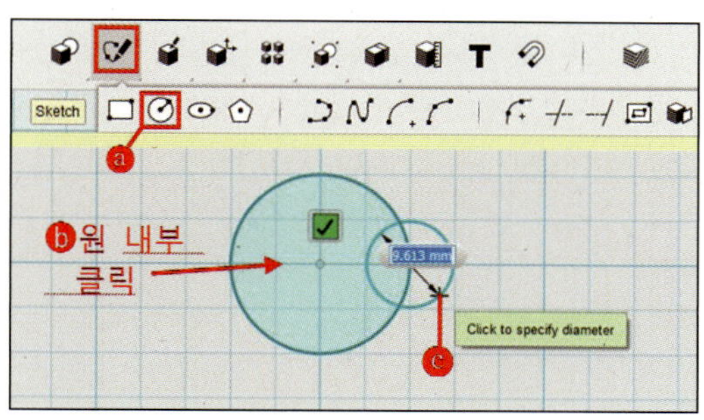

2. 메뉴 ⓐ[Sketch-Sketch Circle]을 선택하고, ⓑ큰 원의 **내부를 클릭**한 후 ⓒ작은 원을 그린다. 종료(Exit Mode ✔) 버튼 클릭하여 완료!

❖ ⓑ에서 큰 원의 **외부를 클릭**한 후 작은 원을 그리면, 두 원은 독립형 관계가 된다.

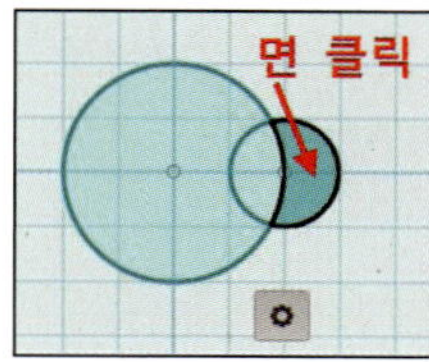

3-1. 하나의 원 삭제 불가 한 <u>원의 면을 클릭</u>한 후, Del키를 눌러 삭제하면 **두 원은 모두 삭제**된다.

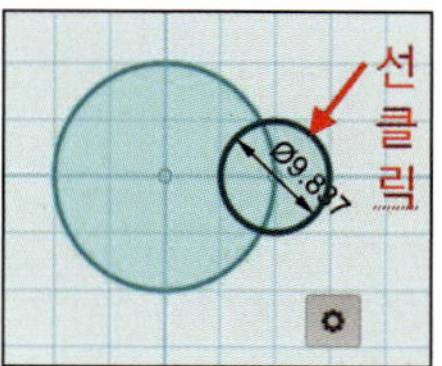

3-2. 하나의 원 삭제 가능 한 <u>원의 선을 클릭</u>한 후, Del키를 눌러 삭제하면 **하나의 원만 삭제**할 수 있다.

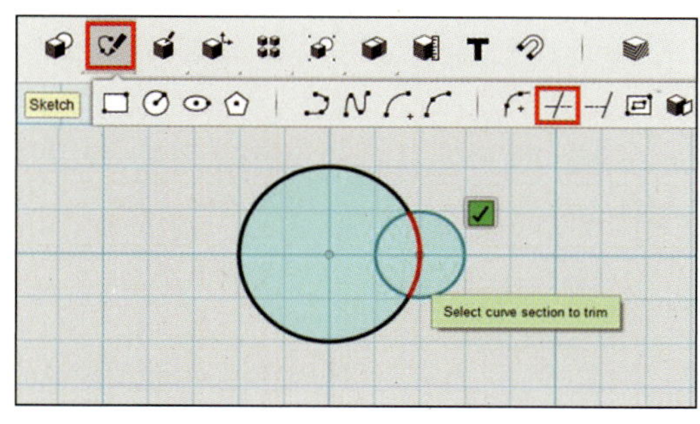

4-1. [Trim] 적용 메뉴 [Sketch-Trim]을 선택하고, 원의 내부를 클릭하였다가 뗀 후, 삭제하려는 선 위에 마우스 커서를 올리면 빨간색으로 변한다. 이때, 빨간 선을 클릭하여 삭제한다.

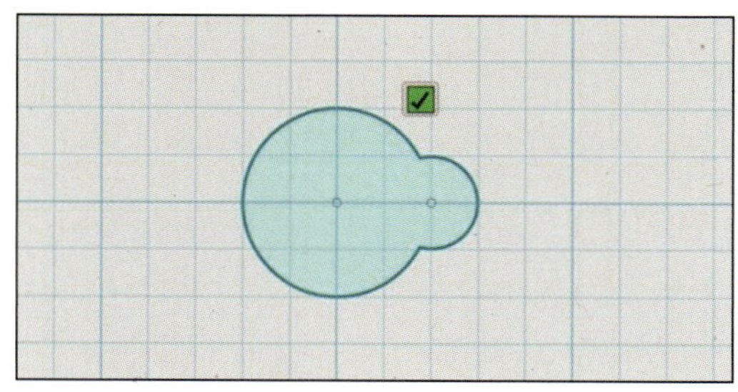

4-2. 다듬기(Trim) 완료되면, 종료(Exit Mode ✔) 버튼 클릭하여 완료!

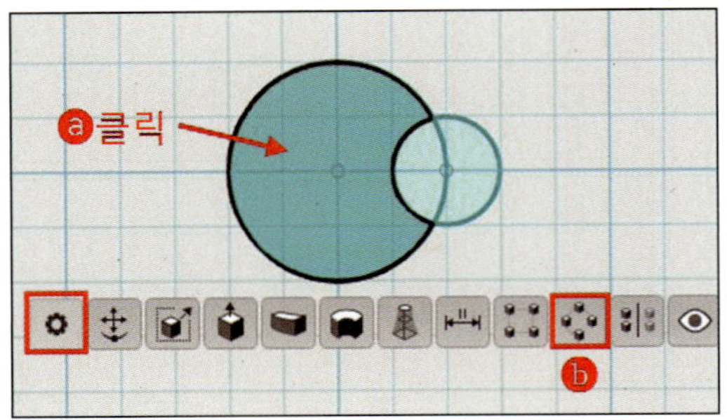

5-1. [Pattern] 적용 ⓐ원을 클릭하고 연관메뉴에서 ⓑ[Circular Pattern]을 선택한다.

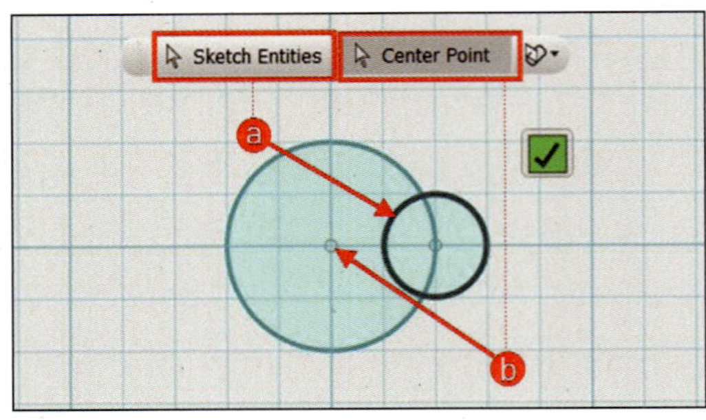

5-2. 원형패턴 : [Sketch Entities]-ⓐ작은 원(선)을 클릭하고, [Center Point]-ⓑ큰 원의 중심을 클릭한다.

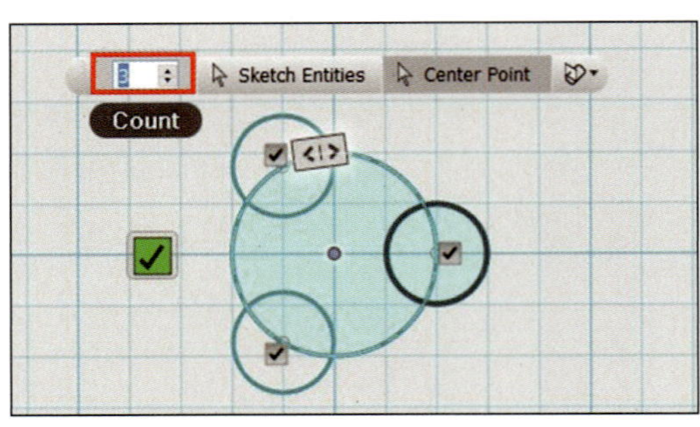

5-3. 원형패턴 : 입력칸에 원하는 수치(기본값 3)를 입력하여 원형패턴을 정한다. 종료(Exit Mode ☑) 버튼 클릭하여 완료!

	분리(Move/Rotate) 불가능	1. [Move/Rotate]를 이용하여 큰 원과 작은 원 사이 거리를 증감시킬 수 없다.
ⓒ, ⓓ **일체형** (두 원이 연결되어 있음)	Trim(다듬기) 적용 가능	2. [Trim] 툴을 이용하면 두 원의 겹쳐진 부분을 다듬기할 수 있다.
	Pattern(패턴) 적용 가능	3. [Pattern] 툴을 이용하면 작은 원을 패턴 적용할 수 있다.

❖ 해당 툴 사용법은 [Trim] : 102쪽, [Pattern] : 166쪽 참고

 그림과 같이 먼저 ⓐ큰 원을 그리고, 동심원의 ⓑ작은 원을 그린 후, 작은 원에만 [Move/Rotate] 툴을 적용하려고 한다. **두 번째** ⓑ**작은 원**을 그리는 방법으로 옳은 것은? (정답이 2개 이상이라면 모두 고르시오)

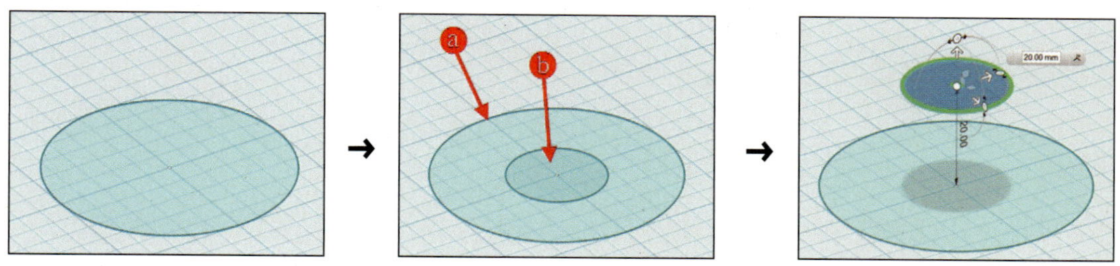

① 메뉴 [Primitives-Circle]을 선택한 후 첫 번째 원의 내부를 클릭하여 두 번째 원을 그린다.

② 메뉴 [Sketch-Sketch Circle]을 선택한 후 첫 번째 원의 내부를 클릭하였다가 두 번째 원을 그린다.

③ 메뉴 [Sketch-Sketch Circle]을 선택한 후 첫 번째 원의 외부를 클릭하였다가 두 번째 원을 그린다.

정답 : ①③, 해설 : 280쪽

예제10 그림은 먼저 **사각형**을 그리고, 그 위에 작은 원을 그린 후, [Extrude] 툴을 적용한 과정이다. 여기서, 작은 원의 작성 방법에 해당되는 것은? (정답이 2개 이상이라면 모두 고르시오)

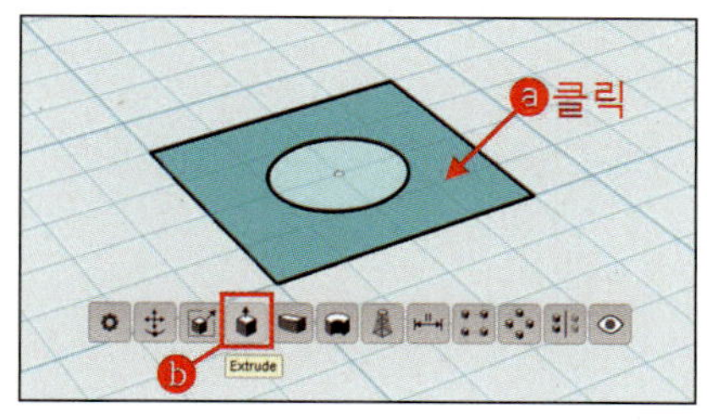

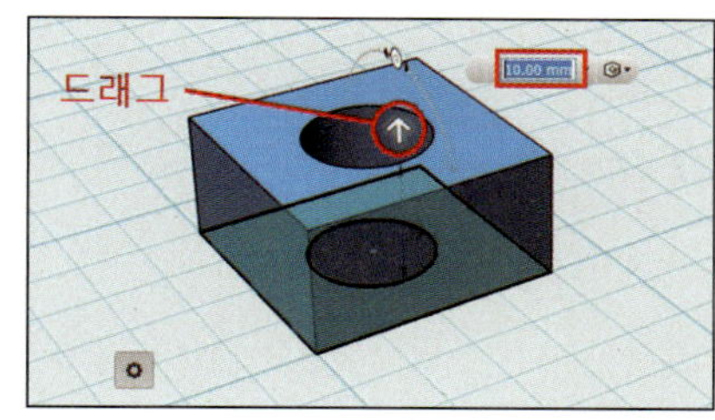

과정1 원의 여집합과 사각형의 ⓐ교집합 부분(그림의 진초록 면)을 클릭하고 연관 메뉴에서 ⓑ[Extrude]를 선택한다.

과정2 [흰 화살표]를 위로 드래그하거나 입력칸에 10을 입력하여 솔리드를 만든다.

① 메뉴 [Primitives-Circle]을 선택하여 작은 원을 그린다.

② 메뉴 [Sketch-Sketch Circle]을 선택하고, 사각형의 **내부를 클릭**한 후 작은 원을 그린다.

③ 메뉴 [Sketch-Sketch Circle]을 선택하고, 사각형의 **외부를 클릭**한 후 작은 원을 그린다.

정답 : ②, 해설 : 280쪽

선 그리기(2+2 툴)
[Sketch-2]

[24: Polyline]
[25: Spline]
[26: Two Point Arc]
[27: Three Point Arc]

메인 툴 [Sketch-2]의 부메뉴에는 Polyline(직선), Spline(자유 곡선), Two Point Arc(2점 원호), Three Point Arc(3점 원호) 등이 있다. 이 툴들을 이용하면 여러 가지 평면도형을 다양하게 표현할 수 있다. 다음의 과정을 통해서 익숙해지도록 연습하자.

24 Polyline (폴리라인)
: 직선 그리기

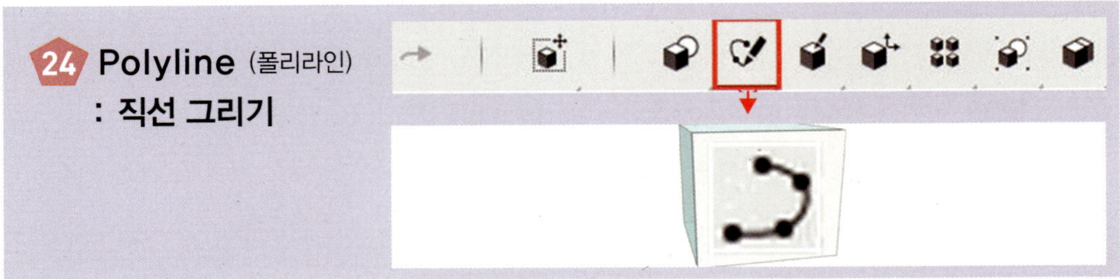

1 메뉴 [Sketch-Polyline]을 선택한 후 우선, 화면(모눈종이) 빈 곳을 클릭하여 스케치 준비를 한다.

2 배치하고 싶은 지점에 ⓐ기준점(시작점)을 클릭하여 별모양 스케치를 시작한다.
클릭하는 점이 직선의 방향을 바꾸는 지점이므로 ⓑ, ⓒ, ⓓ의 순서로 클릭한다.

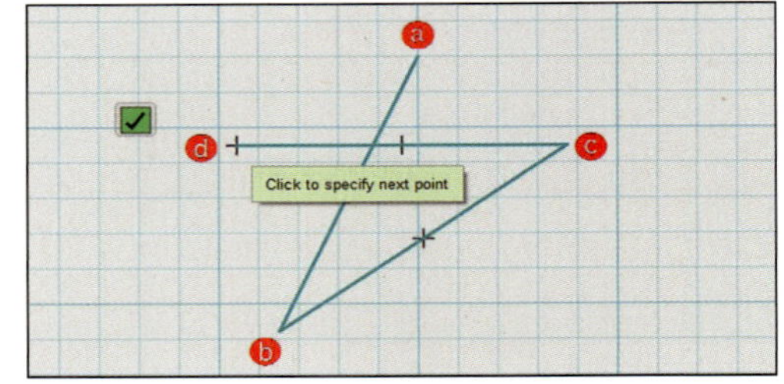

3 ⓓ점에 이어서 ⓔ점을 클릭하고, 다시 ⓐ시작점으로 되돌아와서 클릭하여 별 모양을 완성한다.

❖ **별 모양** 정확하게 그리는 방법 (240쪽 참고)

4 종료(Exit Mode ☑) 버튼 클릭 또는 Enter↵ 하거나 Esc 키를 누름!

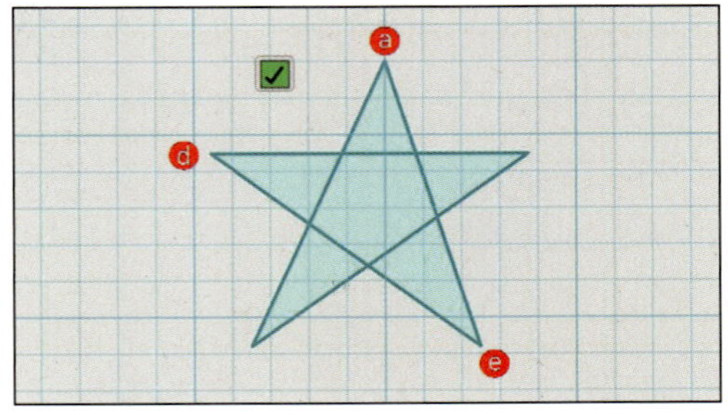

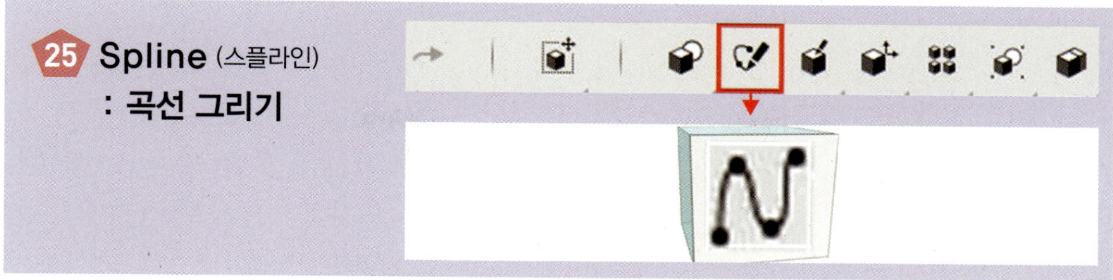

25 Spline (스플라인)
: 곡선 그리기

1 메뉴 [Sketch–Spline]을 선택한 후 우선, <u>화면(모눈종이) 빈 곳을 클릭</u>하여 스케치 준비를 한다.

2 배치하고 싶은 지점에 **a**<u>기준점(시작점)</u>을 클릭하여 곡선 스케치를 시작한다.

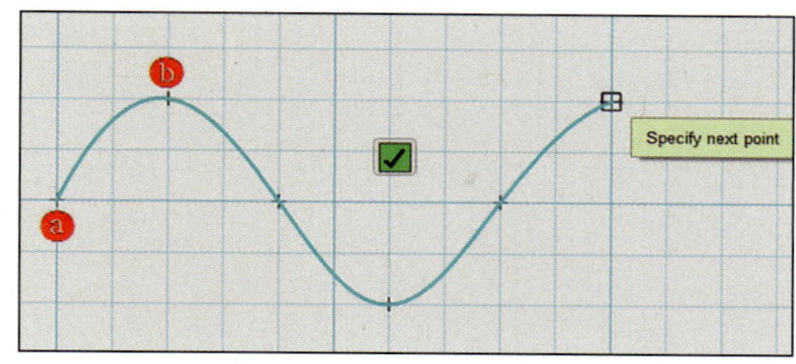

3 **b**클릭하는 점의 위치에 따라 방향이 바뀌고 곡률이 정해지면서 곡선(Curve)이 그려진다.

4 종료(Exit Mode ✅) 버튼 클릭 또는 Enter↵하거나 Esc 키를 누름!

🔍 [Polyline]과 [Spline] 툴 파헤치기

가 직선에 곡선을 연결하여 그리는 3가지 방법

직선과 곡선을 연결하여 그리는 방법에는 3가지가 있다. 첫째는 [Polyline] 툴로 직선을 그린 후, 이 직선에 이어 [Spline] 툴로 곡선을 연결하여 그린다. 둘째는 [Spline] 툴만으로 직선과 곡선을 연결하여 그린다. 셋째는 [Polyline] 툴만으로 직선과 곡선을 연결하여 그린다. 다음의 과정을 통하여 학습하자.

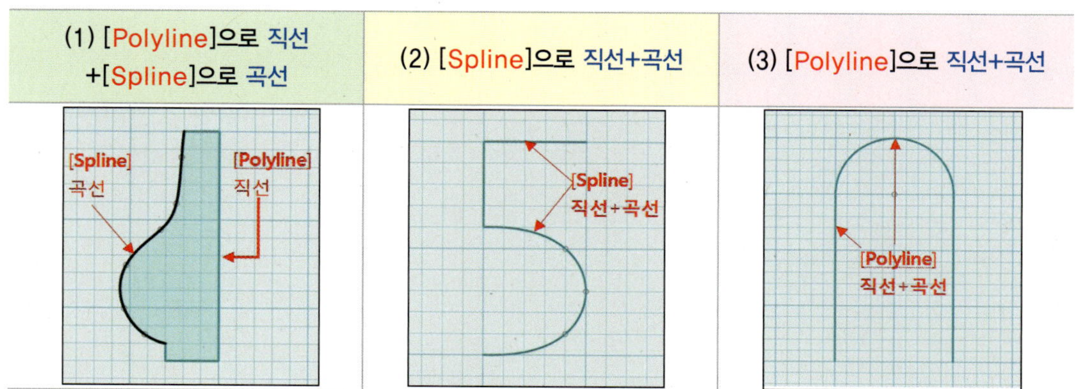

❖ [Spline]은 <u>자유곡선</u> 그리기가 가능하지만, [Polyline]은 반지름이 일정한 곡선 그리기만 가능하다.

(1) [Polyline] 직선에 [Spline] 곡선 연결하기

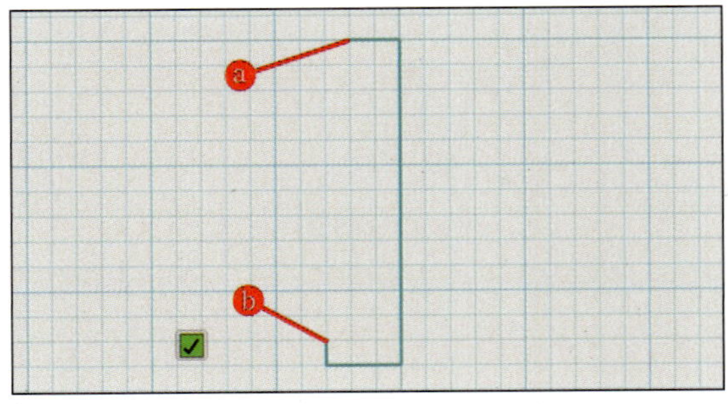

1. 메뉴 [Sketch-Polyline]을 선택한 후, 먼저, 화면 빈 곳을 클릭하여 스케치 준비한다. ⓐ시작점부터 모서리 지점(중간지점 3곳), ⓑ종료점의 순서로 클릭하여 원하는 직선 모양을 그린다. 종료(Exit Mode ✔) 버튼 클릭 또는 Esc 키를 누름!

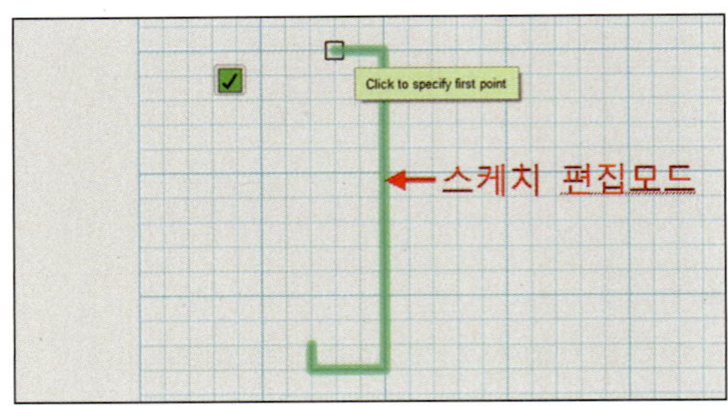

2. **직선과 곡선의 연결 방법** 메뉴 [Sketch-Spline]을 선택한 후, 마우스 커서를 직선 위에 올리면 직선 주위에 초록색이 나타난다. 이때, 직선을 한 번 클릭하여 스케치 편집모드(굵은 초록선)로 전환한다.

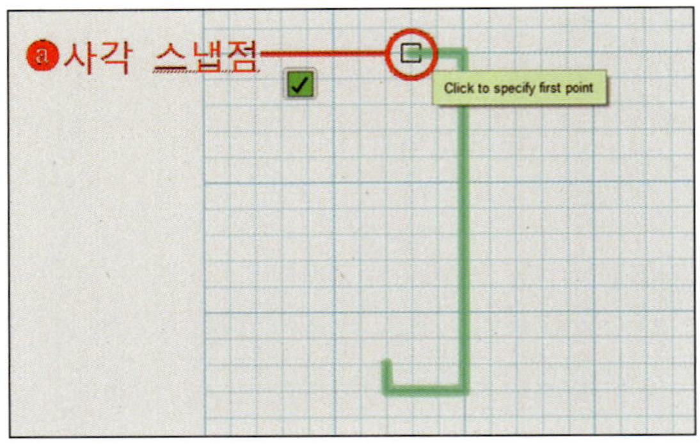

3. 스케치 편집모드(굵은 초록선)에서 ⓐ직선 끝부분(사각 스냅점)을 다시 클릭하여 곡선을 그리기 시작한다.

❖ 선과 선의 연결 방법 : 먼저 그린 선을 **스케치 편집모드**로 전환한 상태에서 사각 **스냅점**이 생기는 지점(연결점)을 클릭하여 선을 연결한다.

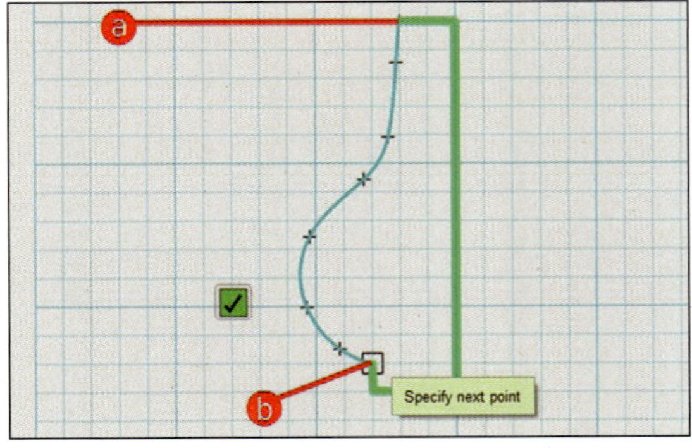

4. ⓐ곡선 시작점(직선 끝부분)부터 방향을 변경할 **중간 지점들을 클릭**하여 원하는 곡률을 정하며 그린다. 스케치 면(Profile) 완성을 위해 ⓑ곡선의 종료점(직선의 종료점)을 클릭한다.

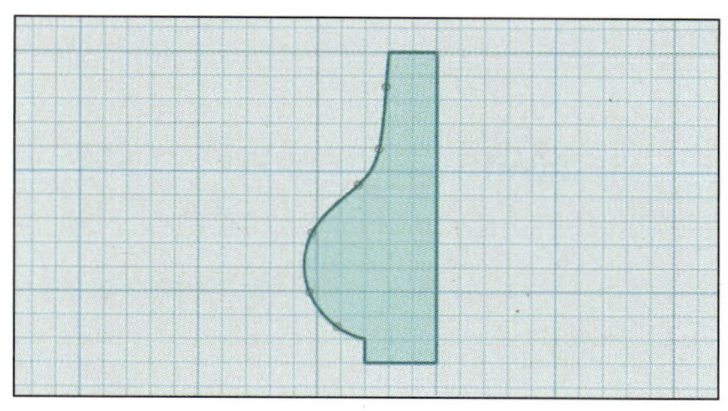

5. 종료(Exit Mode ✅) 버튼 클릭 또는 Esc
   키를 누름!!

(2) [Spline]의 한번 선택으로 직선과 곡선 연결하기

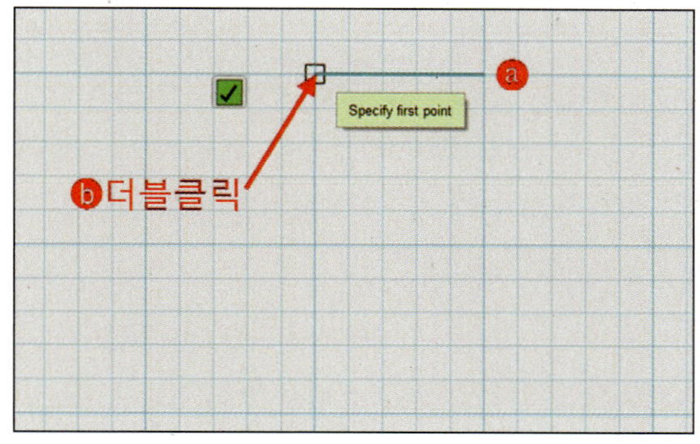

1. 메뉴 [Sketch-Spline]을 선택한 후, 화
   면 빈 곳을 클릭하여 스케치 준비를 한다.
   ⓐ시작점을 클릭하고 ⓑ모서리 지점에서는
   더블클릭하여 일단 끊어주었다가 다시 연결
   하여 직선을 그린다.

❖ [Spline] 툴로 모서리 만들기 : 모서리 지점에서
   는 더블클릭하여 일단 끊어준 후에 다시 연결해야
   한다.

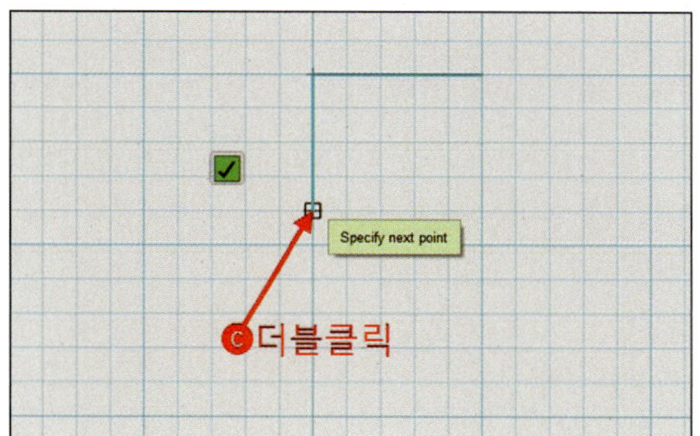

2. ⓒ모서리 지점(직선의 끝부분)에서는 더블
   클릭하여 일단 끊어주었다가 다시 연결하여
   곡선을 그리기 시작한다.

❖ 선과 선의 연결 방법 : 먼저 그려진 선의 끝부분
   에 사각 스냅점이 생기는 지점(연결점)을 클릭하
   여 선을 그린다.

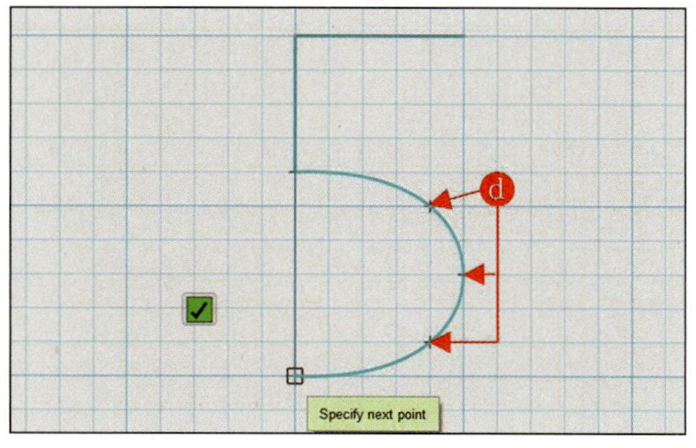

3. 방향을 변경할 ⓓ중간 지점들을 클릭하여
   원하는 곡률을 정하며 원하는 곡선을 그린
   다. 종료(Exit Mode ✅) 버튼 클릭 또는
   Esc키를 누름!

(3) [Polyline]의 한번 선택으로 직선과 곡선 연결하기

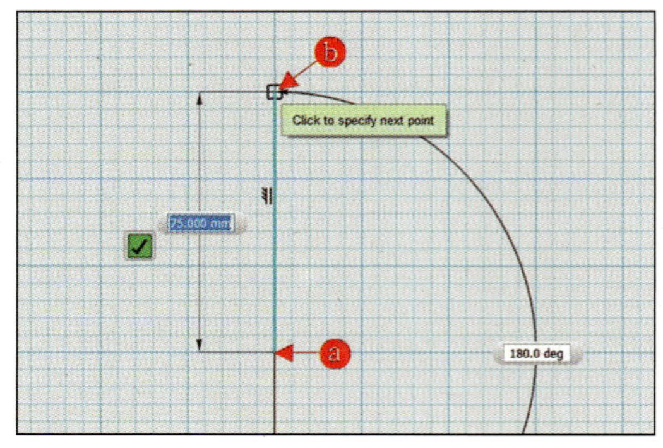

1. 메뉴 [Sketch-Polyline]을 선택한 후, 화면 빈 곳을 클릭하여 스케치 준비한다. ⓐ시작점을 클릭하고 ⓑ두 번째 점을 클릭하여 직선을 그린다.

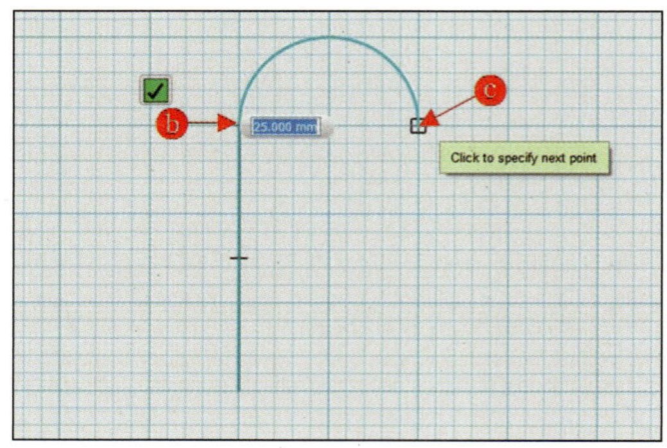

2. 다시 ⓑ두 번째 점에서 (마우스왼쪽 버튼을 누른 채) **드래그**하여 ⓒ세 번째 점에서 마우스왼쪽 버튼을 놓는다. (→반지름이 일정한 원호가 그려진다)

❖ [Polyline]으로 반지름이 일정한 원호(**곡선**)는 그릴 수 있으나 **자유 곡선**은 그릴 수 **없다**.

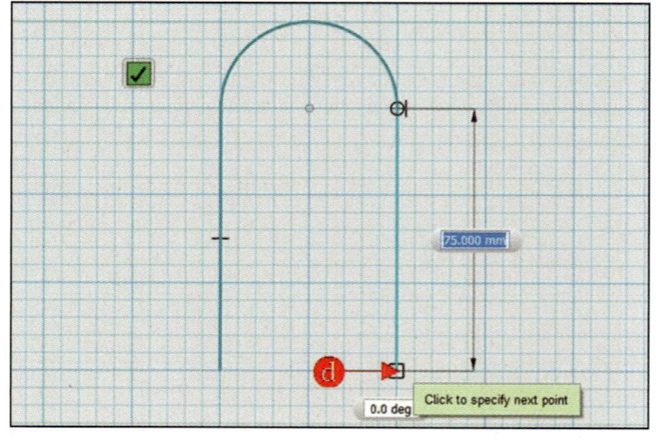

3. 이어서 ⓓ네 번째 점을 클릭하여 직선을 그린다. 종료(Exit Mode ✅) 버튼 클릭 또는 Esc 키를 누름!

🔲 2D 도형의 수정 방법

[**Sketch**] 툴로 선이나 2D 도형을 그릴 때, 중간지점들을 클릭하면서 도형을 완성한다. 특히, [Spline] 툴로 곡률 도형을 그리는 것은 초보자에게 어렵기만 하다. [Polyline, Spline] 툴로 그려 놓은 도형이 만족스럽지 않다면, 삭제하고 다시 처음부터 그려야 할까? 그럴 필요가 없다. 다음과 같이 **제어점**을 드래그하면 마법사처럼 그림의 모양을 변형시킬 수 있다.

(1) [Spline]으로 그린 2D도형의 변형

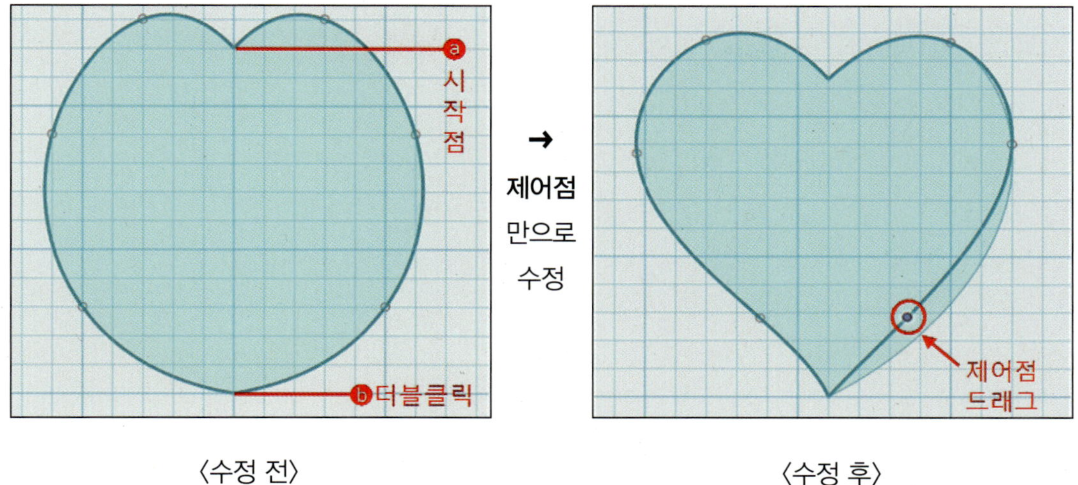

〈수정 전〉　　　　　　　　　　　　　〈수정 후〉

❶ **하트 스케치 면 그리기** 메뉴 [Sketch−Spline]을 선택하여 하트 모양을 대략 그린다.

ⓑ 꺾이는 모서리 만들기	**방법 1** [Spline] 툴 1회 선택 : [Spline] 툴로 ⓐ시작점을 클릭하고 중간지점들을 클릭하여 곡선을 그리다가 ⓑ꺾이는 지점에서 **더블클릭**한 후 일단 끊어 준다. ➜ 다시 ⓑ 꺾이는 지점(사각 스냅점)을 클릭하여 나머지 곡선을 ⓐ시작점까지 그려서 연결한다. **방법 2** [Spline] 툴 2회 선택 : [Spline] 툴로 ⓐ시작점을 클릭하고 중간지점들을 클릭하여 ⓑ꺾이는 지점까지 그린 후 종료버튼(☑)이나 Esc키를 눌러 종료한다. ➜ 다시 [Spline] 툴을 선택한 후, 먼저 그려진 선을 클릭하면 **스케치 편집모드 (굵은 초록선)**로 전환된다. ➜ 이때, 선의 끝부분의 ⓑ사각 **스냅점**이 생기는 지점(연결점)을 클릭하여 나머지 곡선을 ⓐ시작점까지 그려서 연결한다.

❷ **하트 스케치 면 수정하기** [Spline]으로 선을 그리면서 **클릭했던 점(제어점)**을 **드래그**하여 원하는 모양과 크기로 도형을 변형시킨다.

❖ 도형의 변형 자유도는 제어점의 개수에 의해 좌우된다. 도형을 그릴 때, 제어점이 적당히 생기도록 중간점들을 여러 번 클릭해야 한다.

(2) 기타 2D도형들의 변형

❶ **선 드래그로 수정하기** [Primitives] 또는 [Sketch] 툴로 그린 원, 사다리꼴 등은 선 부분을 드래 그하면 모양 또는 크기를 변경할 수 있다.

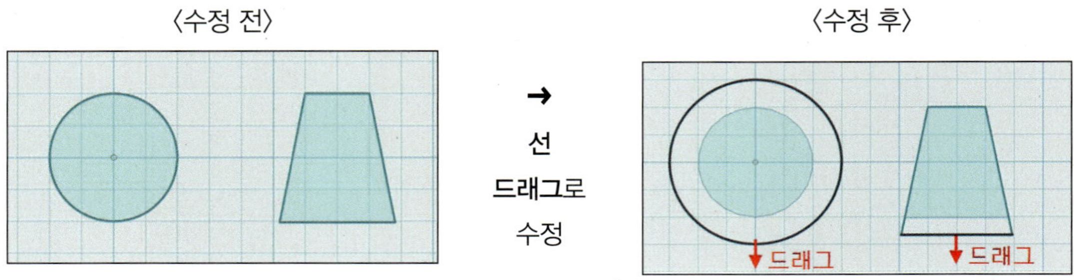

❷ **제어점 드래그로 수정하기** [Primitives] 또는 [Sketch] 툴로 그린 다각형, 사각형 등은 모리서 부 분의 제어점을 드래그하면 모양 또는 크기를 변경할 수 있다. (단, [Sketch-Rectangle]로 그린 사 각형에서 모서리 제어점을 드래그하면 크기만 변경 가능하다. 사각형이 사다리꼴로 변경 불가능함)

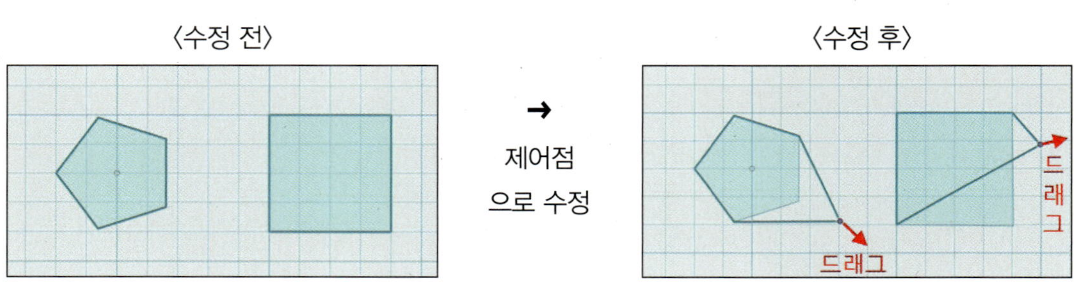

예제11 그림과 같이 [Spline] 툴만을 이용하거나 [Spline], [Polyline] 툴을 이용하여 스 케치 면을 대략 그린 후, 소품용 **튤립**의 스케치 면을 완성하시오.

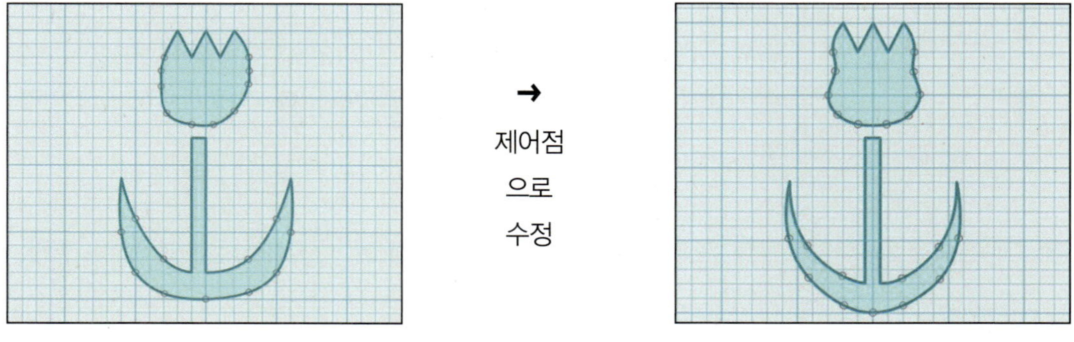

❖ 튤립 스케치 면에 [Extrude], [Material] 툴을 적용해 보자.

해설 : 281쪽

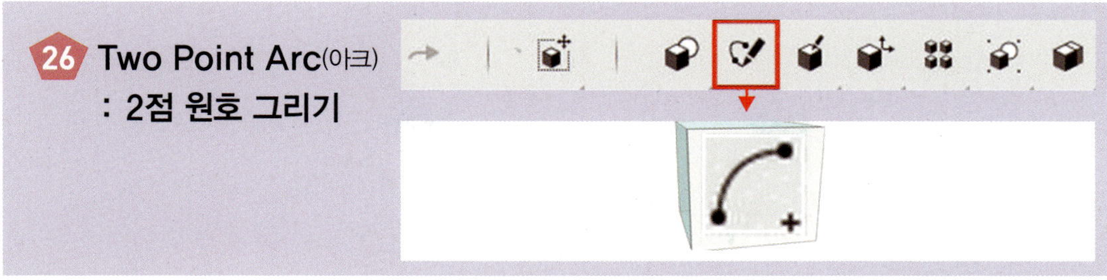

1 메뉴 [Sketch–Two Point Arc]를 선택한 후 우선, <u>화면(모눈종이) 빈 곳을 클릭하여 스케치</u> 준비를 한다.

2 배치하고 싶은 지점에 ⓐ시작점(원호의 **중심점**)을 클릭하여 원호 그리기를 시작한다.

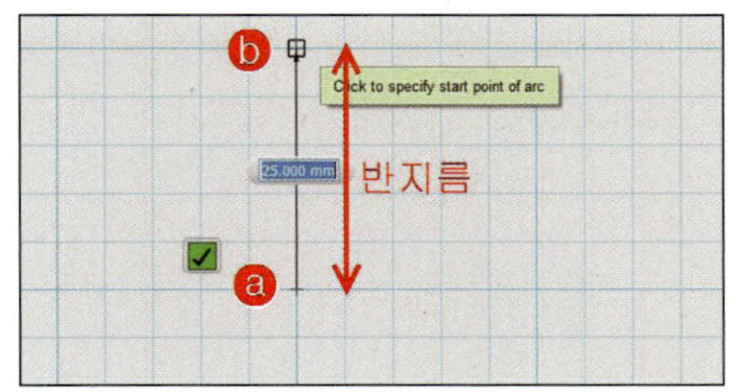

3 ⓑ두 번째 클릭한 지점부터 ⓒ세 번째 클릭하는 점까지 원호가 그려진다.

❖ ⓐ부터 ⓑ까지의 길이가 **원호의 반지름**이 되고, ⓑ부터 ⓒ까지는 **회전 중심각(deg)**이 표시된다. (입력칸에 원하는 각도의 수치를 입력한 후, Enter↵ 키를 누르면 각도값이 고정됨)

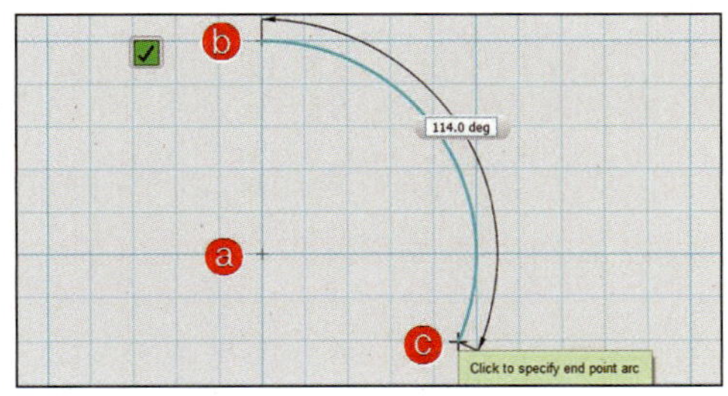

4 종료(Exit Mode ✔) 버튼 클릭 또는 Enter↵ 하거나 Esc 키를 누름!

예제12 그림과 같이 [Two Point Arc], [Polyline] 툴을 이용하여 무지개 형태의 스케치 면을 그리시오.

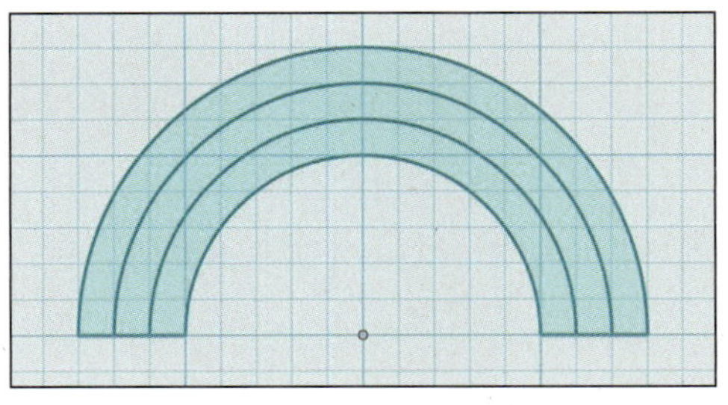

해설 : 281쪽

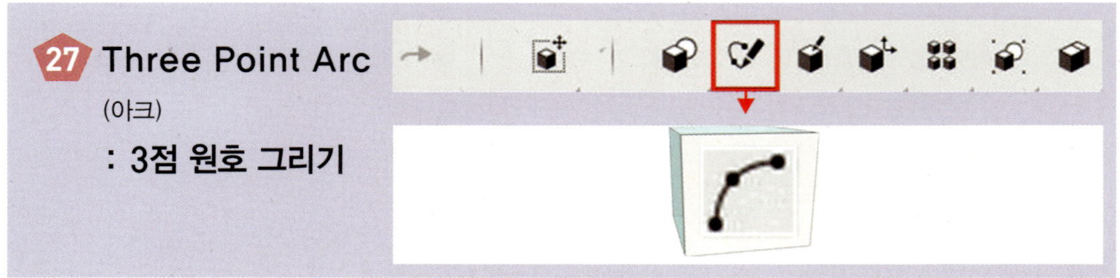

1 메뉴 [Sketch-Three Point Arc]를 선택한 후 우선, 화면(모눈종이) 빈 곳을 클릭하여 스케치 준비를 한다.

2 배치하고 싶은 지점에 **a** 원호의 **시작점**을 클릭하여 원호 그리기를 시작한다.

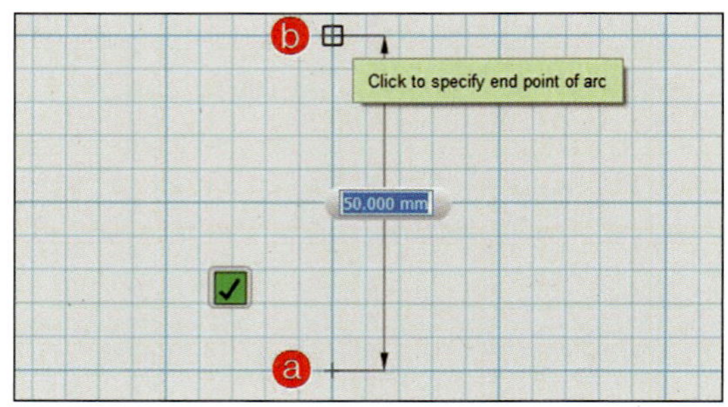

3 **b** 두번째 점(원호의 **끝점**)을 클릭하면 원호가 나타나며, 클릭할 **c** 세 번째 점 위치에 따라 호의 길이(곡률)가 결정된다.

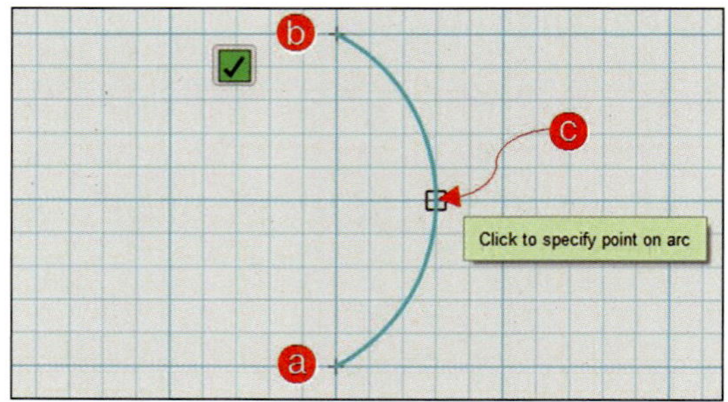

4 종료(Exit Mode ✓) 버튼 클릭 또는 Enter↵ 하거나 Esc 키를 누름!

[Two Point Arc]와 [Three Point Arc] 툴 파헤치기

가 [Three Point Arc] 툴의 유용한 상황

3점 원호 그리기(**Three Point Arc**)는 교점을 지나거나 다른 도형에 접하는 호를 그릴 때 매우 편리하다. 다음의 2가지 2D도형을 그려 보면서 '3점 원호 그리기'의 편리함을 생각해 보자.

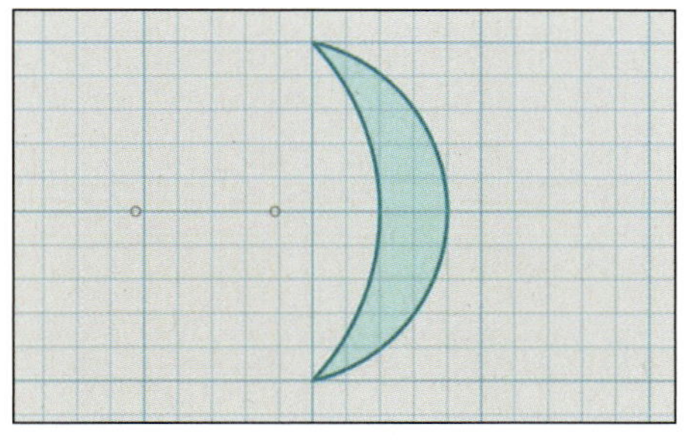

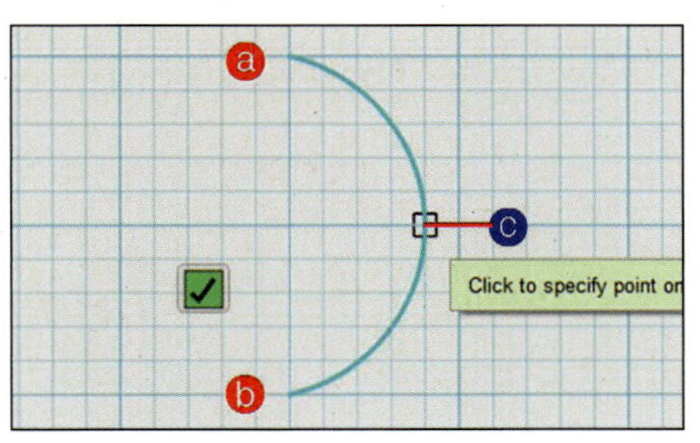

① 메뉴 [Sketch−Three Point Arc]를 이용하여, 세 점 ⓐ→ⓑ→ⓒ를 순서대로 클릭한다.

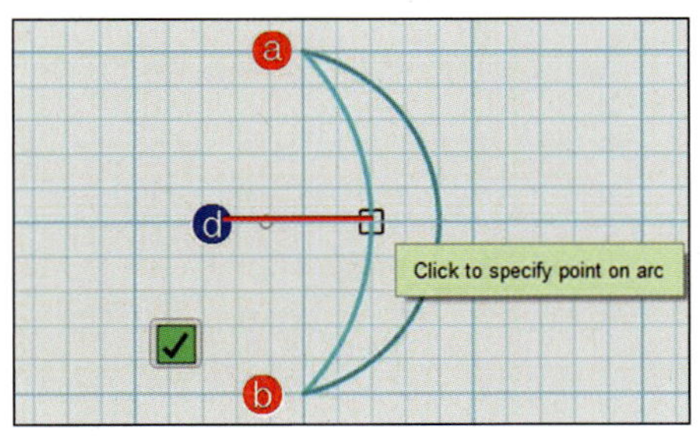

② 이어서, 세 점 ⓐ→ⓑ→ⓓ를 순서대로 클릭한다. 종료(Exit Mode ✅) 버튼 클릭 또는 Esc 키를 누름!

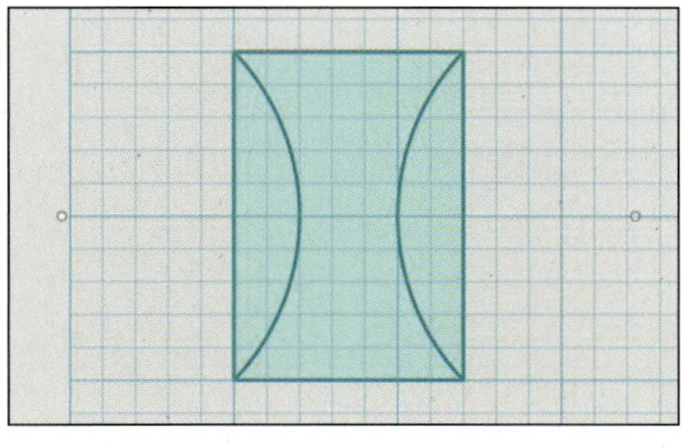

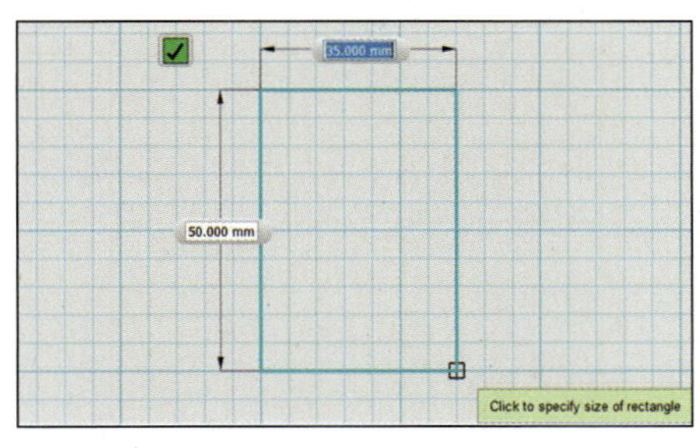

① 먼저, 메뉴 [Sketch−Sketch Rectangle]를 이용하여 직사각형을 그린다.

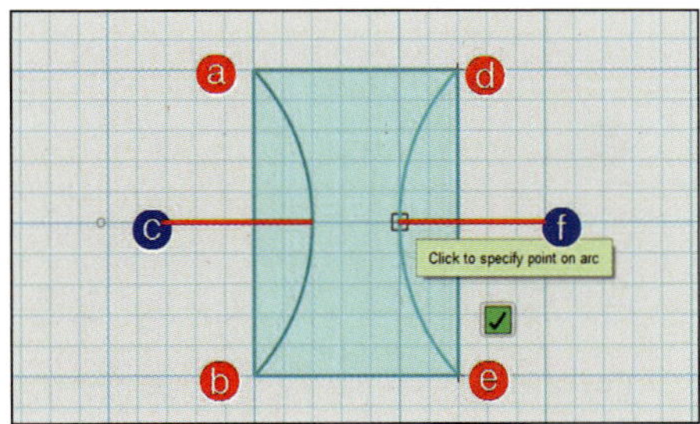

② 메뉴 [Sketch−Three Point Arc]를 이용하여 직사각형의 한 꼭짓점부터 세 점 ⓐ→ⓑ→ⓒ를 순서대로 클릭한 후, 이어서 ⓓ→ⓔ→ⓕ를 순서대로 클릭한다. 종료(Exit Mode ✅) 버튼 클릭!

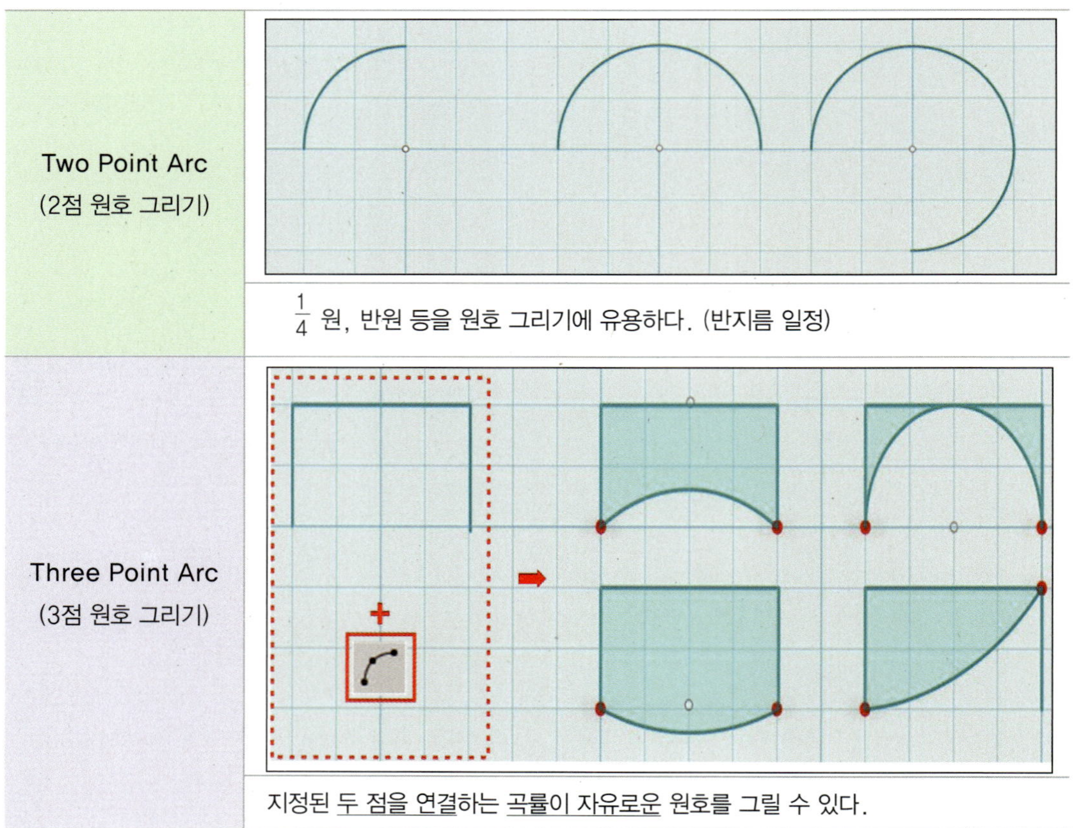

Two Point Arc (2점 원호 그리기)	$\frac{1}{4}$ 원, 반원 등을 원호 그리기에 유용하다. (반지름 일정)
Three Point Arc (3점 원호 그리기)	지정된 두 점을 연결하는 곡률이 자유로운 원호를 그릴 수 있다.

예제13 🌳 그림과 같이 x, y평면 좌표의 세 점 ⓐ(0, 5), ⓑ(0, 0), ⓒ(3, 0)을 지나는 원호 (곡선)를 [Three Point Arc] 툴을 이용하여 그리려고 한다. 세 점을 클릭하는 순서가 옳은 것은?(단, ⓐ,ⓑ,ⓒ의 순서로 원호 곡선이 지날 것)

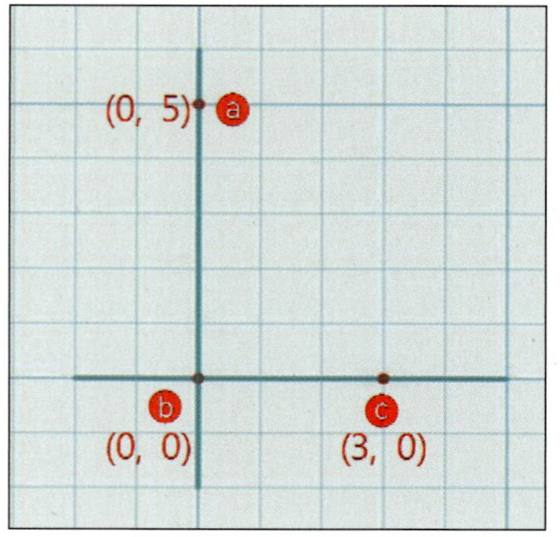

정답 : ②, 해설 : 282쪽

 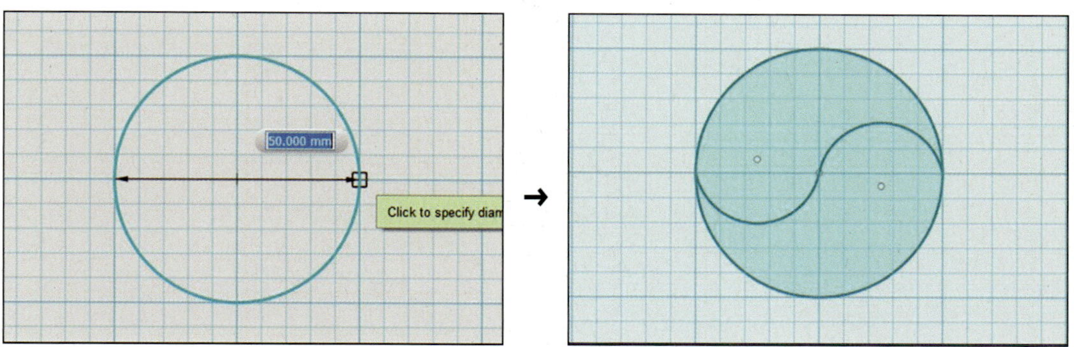 그림과 같이 [Sketch Circle], [Three Point Arc] 툴을 이용하여, 태극 문양을
그리시오.

❖ 태극문양 스케치 면에 [Extrude], [Material] 툴을 적용해 보자.

해설 : 282쪽

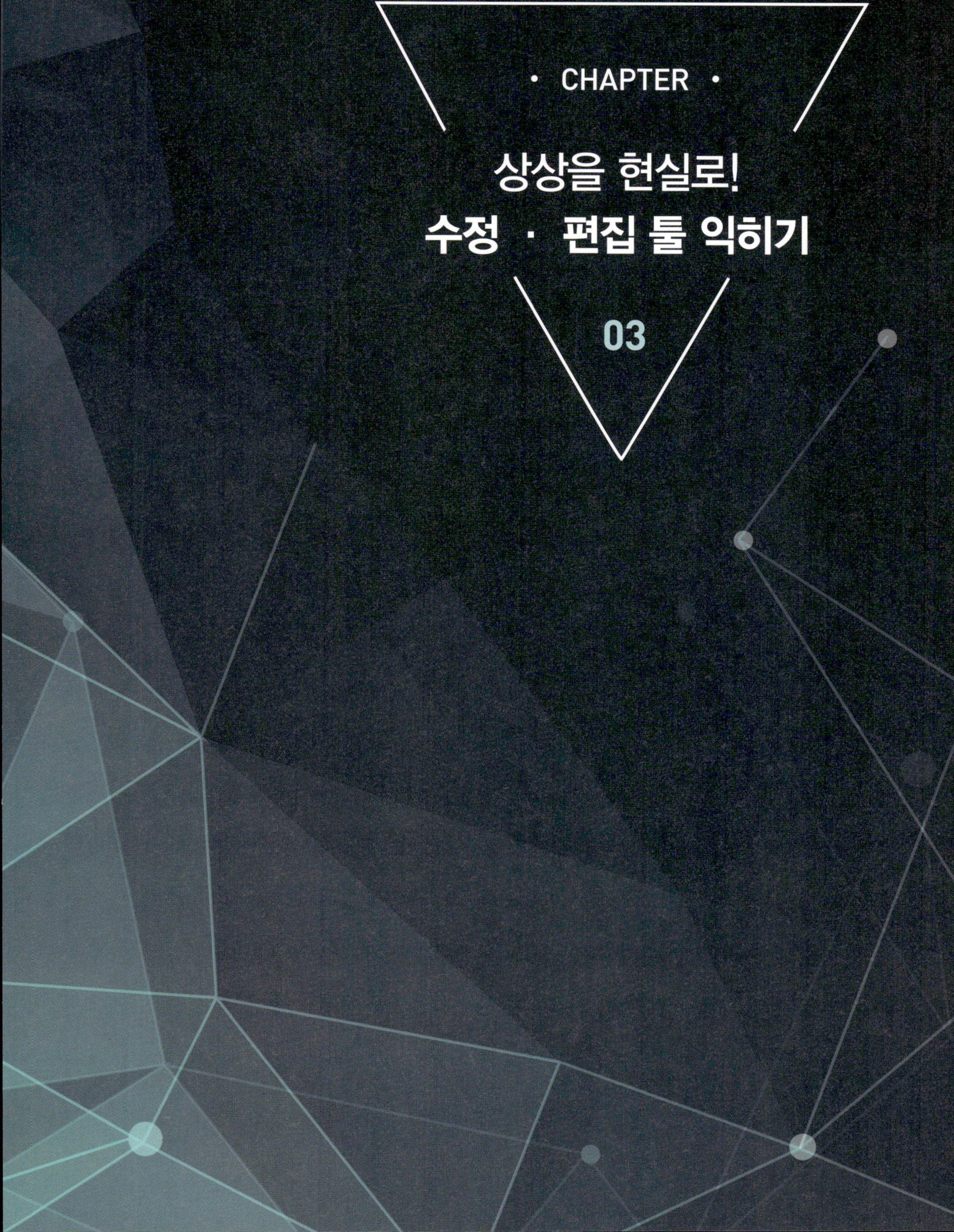
CHAPTER

상상을 현실로!
수정 · 편집 툴 익히기

03

스케치 2D도형의 변형과 이용
[Sketch-3]

	[28: Sketch Fillet]
Sketch	[29: Trim]　　　[30: Extend]
28 29 30 31 32	[31: Offset]
	[32: Project]

메인 툴 [Sketch-3]의 부메뉴에는 Sketch Fillet(스케치 면의 모서리 깎기), Trim(스케치 선 다듬기), Extend(스케치 선 연장하기), Offset(선 등간격으로 띄우기), Project(투영시키기) 등이 있다. 이 툴들을 이용하면 평면도형의 변형 등 세부적인 작업을 할 수 있다. 다음의 과정을 통해서 익숙해지도록 연습하자.

28 Sketch Fillet (스케치 필렛)
: 스케치 면 모깎기

1 메뉴 [Primitives-Rectangle]을 선택하여 사각형을 그린다. (하단 입력칸의 Length(길이), Width(폭)에 수치 입력함)

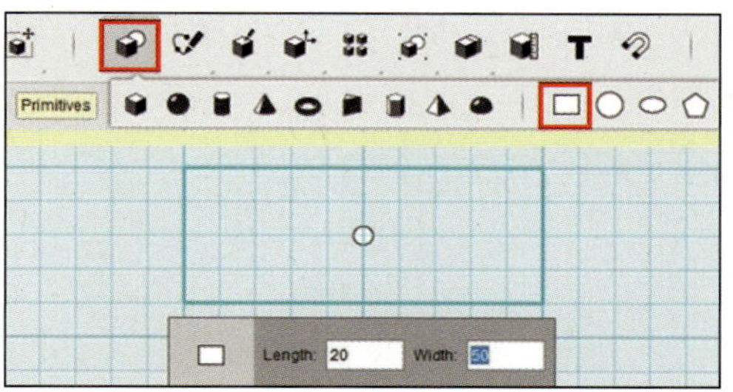

2 메뉴 **28** [Sketch-Sketch Fillet]을 선택하고, ⓐ사각형 면을 클릭한 후, ⓑ사각형 모서리 위에 마우스 커서를 올렸을 때 나타나는 빨간 선을 클릭한다.

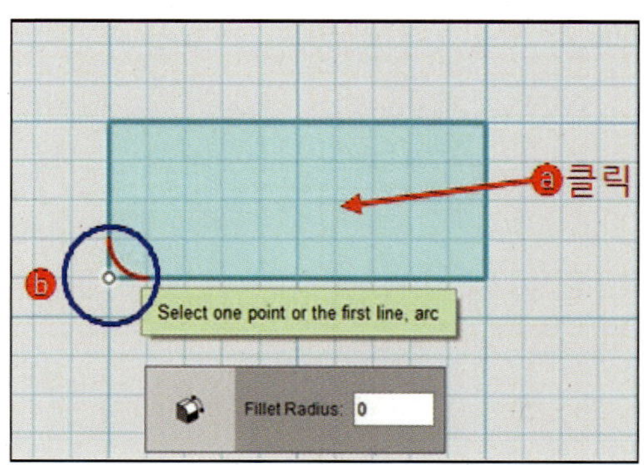

❸ [흰 화살표]를 드래그하여 모서리를 부드럽
게 곡선 처리한다. 또는 하단의 입력칸 [Fillet
Radius(모깎기 반지름)]에 수치를 입력한다.

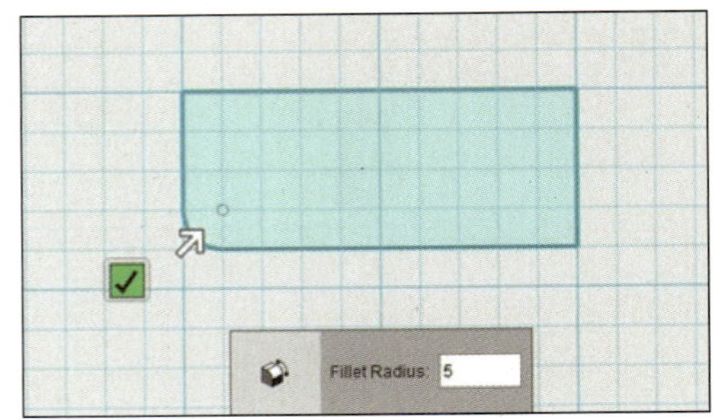

❹ 종료(Exit Mode ✅) 버튼 클릭 또는 화면 빈곳
을 클릭하여 완료!

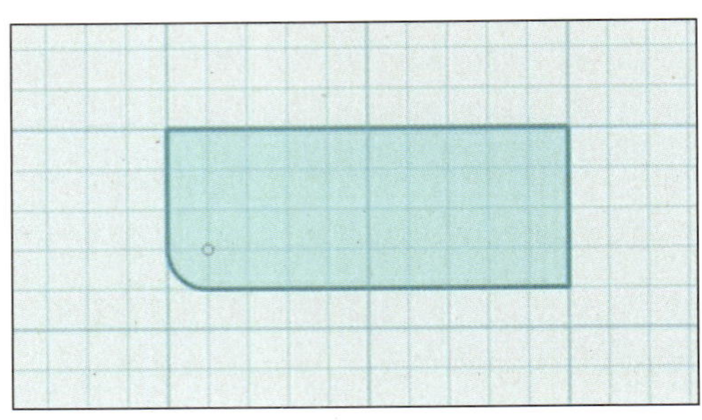

㉙ Trim (트림)

: 선 다듬기

❶ 메뉴 [Sketch-Sketch Polygon]으로 오
각형을 그린다(입력칸 Edge Number에 숫
자 5입력함). 종료(Exit Mode ✅) 버튼 클릭
또는 Esc 키를 누름!

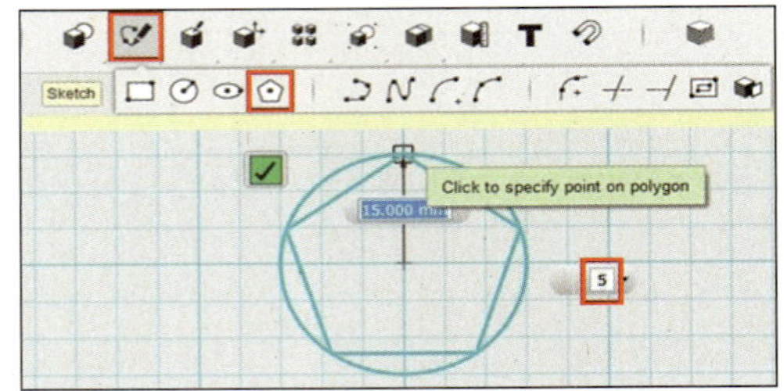

❷ 메뉴 ㉙ [Sketch-polyline]을 선택한 후,
오각형의 외부를 클릭하였다가 오각형의 꼭짓점
들을 하나씩 클릭하면서 직선으로 연결한다(클릭
하는 점의 순서 : ⓐⓑⓒⓓⓔ→ⓐ). 종료(Exit
Mode ✅) 버튼 클릭 또는 Esc 키를 누름!

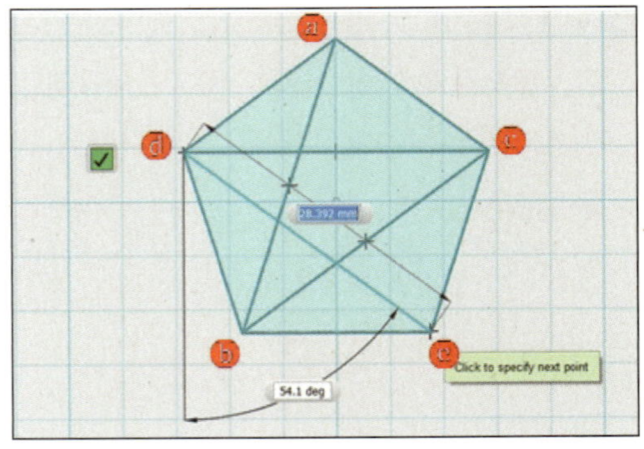

③ 불필요해진 오각형은 클릭하여 삭제(Del키)한다.

❖ (과정2)에서 메뉴[Sketch-Polyline] 선택→ **오각형 내부 클릭**(일체형 관계)→ 직선을 연결 작성하였다면, 오각형을 포함한 불필요한 선들은 메뉴 [Sketch-Trim]으로 지울 수 있다.

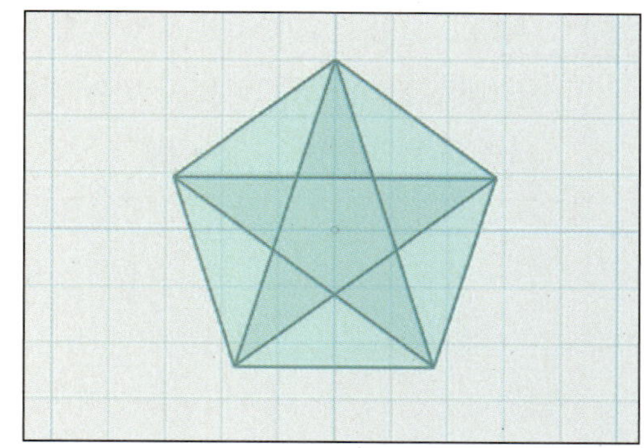

④ 메뉴 [Sketch-Trim]을 선택한 후 도형(별) 면을 클릭한다.

❖ 별모양의 면 일부분을 클릭하면 된다.

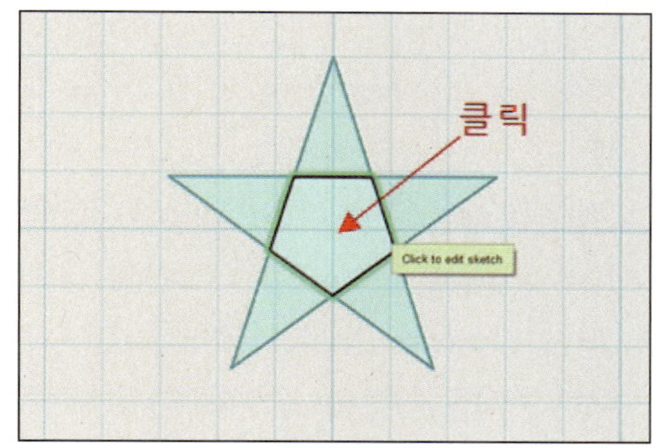

⑤ 다시 삭제하려는 선 위에 마우스 커서를 올리면 빨간 선으로 변한다. 이때, 빨간 선을 클릭하여 삭제한다. 이러한 방식으로 불필요한 선은 모두 삭제한다.

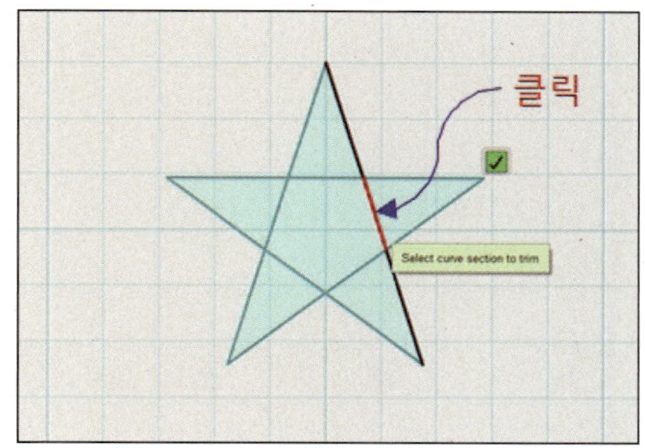

⑥ 종료(Exit Mode ✓) 버튼 클릭 또는 Esc 키를 누름! (별 모양 완성)

❖ **별모양 그리는 또 다른 방법** : 오각형을 그린 후, 메뉴 [Sketch-Extend]로 오각형 외곽 연장선을 그리면 별모양의 도형이 된다. (240쪽 참고)

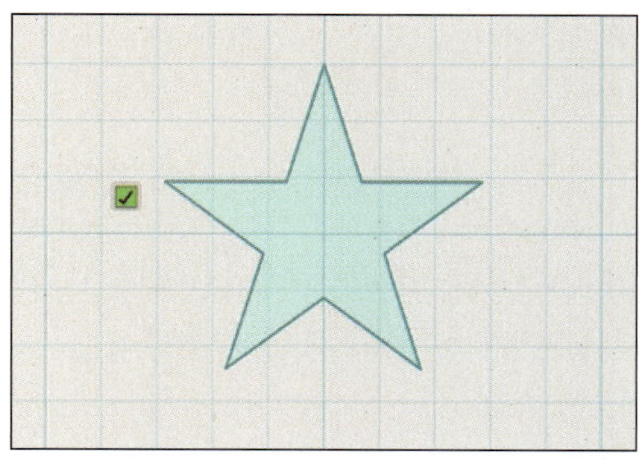

 그림과 같이 타원과 삼각형 일부가 겹쳐져 있을 때, [Trim] 툴로 하나의 **스케치면** (Profile)을 만들려고 한다. 이때, [Trim] 툴이 적용될 수 있는 경우는? (정답이 2개 이상이라면 모두 고르시오)

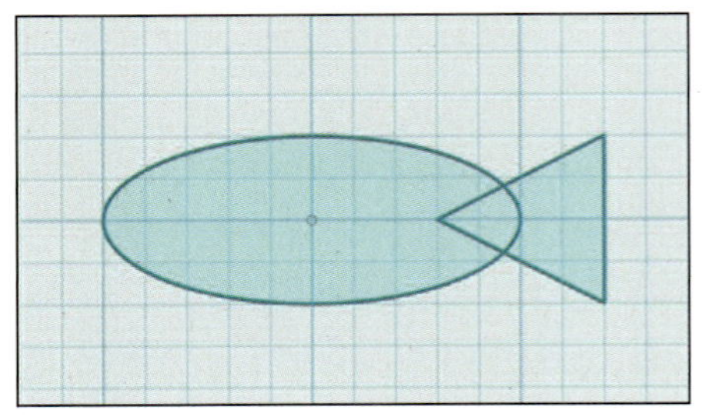

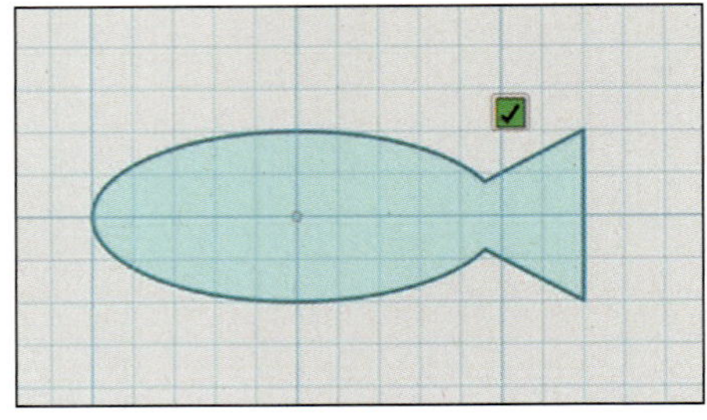

① 메뉴 [Primitives-Ellipse]로 타원을 그리고, 메뉴 [Primitives-Polygon]으로 삼각형을 그렸다.

② 메뉴 [Sketch-Sketch Ellipse]로 타원을 그리고, 메뉴 [Sketch-Polyline]을 선택한 후 **타원의 외부**를 클릭하였다가 삼각형을 그렸다.

③ 메뉴 [Sketch-Sketch Ellipse]로 타원을 그리고, 메뉴 [Sketch-Sketch Polygon]을 선택한 후 **타원의 내부**를 클릭하였다가 삼각형을 그렸다.

정답 : ③, 해설 : 283쪽

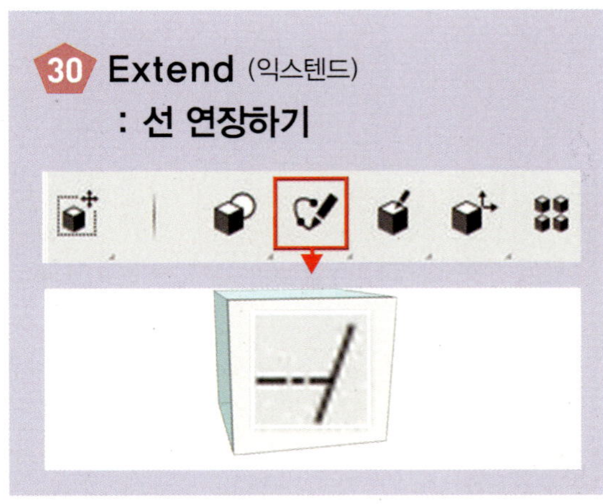

1 메뉴 [Sketch-Two Point Arc]로 한쪽이 열린 원을 그린다. 종료(Exit Mode ✔) 버튼 클릭 또는 Esc 키를 누름!

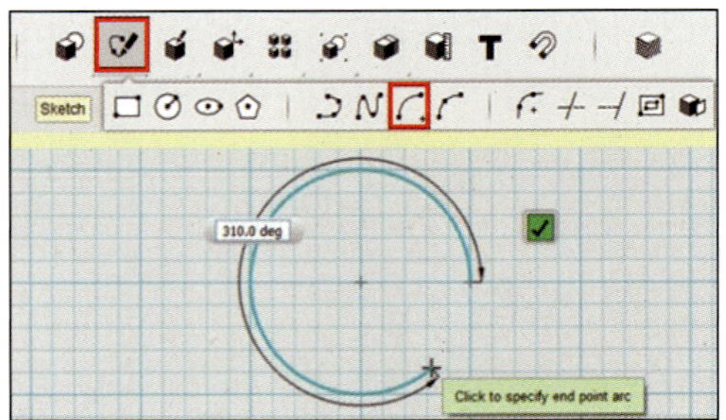

2 메뉴 30 [Sketch-Extend]를 선택한 후, 열린 원의 선을 클릭하였다가 뗀다.

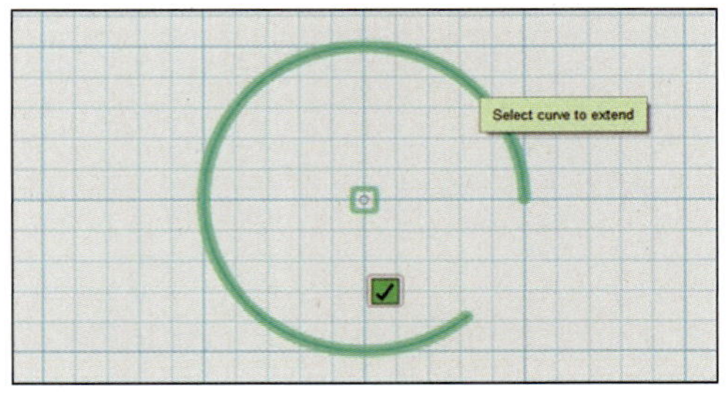

❸ 다시 열린 원의 선 위에 마우스 커서를 올리면,
빨간색의 연장선이 나타난다. 이때, 검은 선을 클
릭하여 선을 연장한다.

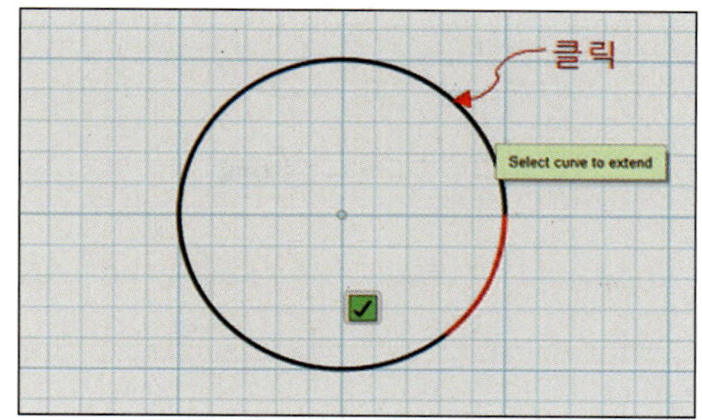

❹ 종료(Exit Mode ✔) 버튼 클릭 또는 [Esc]키를 누
름! 스케치 면(Profile) 완성!

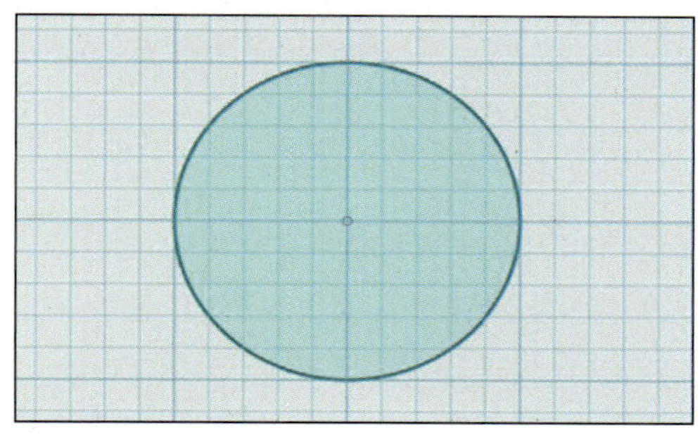

예제16 🌳 그림과 같이 오각형을 그린 후, [Extend] 툴을 이용하여 정확한 별 모양을 그리시오.

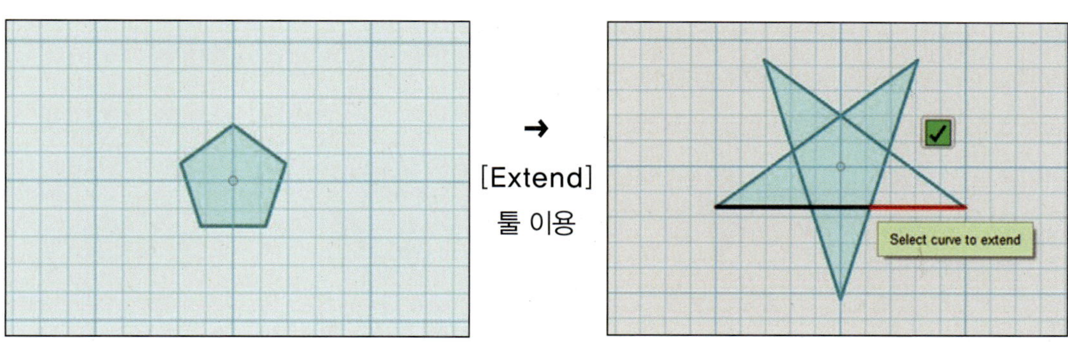

❖ 별 모양의 스케치 면에 [Extrude], [Material] 툴을 적용해 보자.

해설 : 240쪽

31 Offset (옵셋)

: 옵셋 이중선 만들기

1 메뉴 [Sketch–Spline]으로 폐곡선을 그린다. 종료(Exit Mode ✔) 버튼 클릭 또는 Esc 키를 누름!

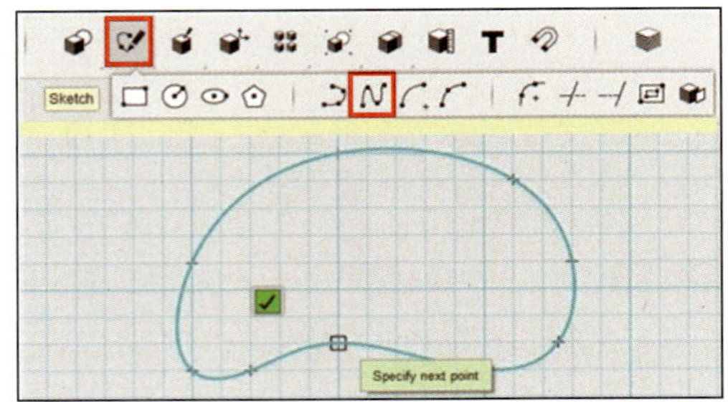

2 메뉴 **31** [Sketch–Offset]을 선택한 후, 폐곡선의 <u>선이나 면을 클릭</u>하였다가 뗀다.

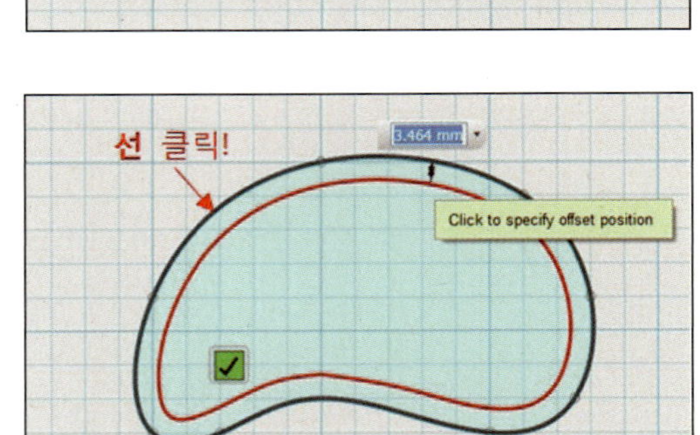

3 다시 곡선을 클릭하였다가 떼면, 마우스 커서를 따라다니는 빨간 선이 원본 곡선과 동일한 간격으로 생성된다. 이때, 원하는 간격의 빨간선 위치에서 클릭하여 옵셋 이중선을 만든다. 또는 입력칸에 원하는 간격의 수치를 입력하여 Enter↵ 키를 누른다.

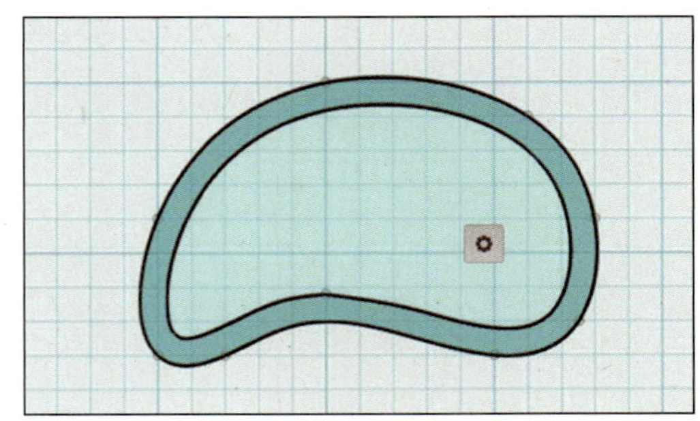

4 종료(Exit Mode ✔) 버튼 클릭 또는 Esc 키를 누름! (원본 곡선으로부터 동일한 간격으로 사본 곡선이 그려짐)

❖ [Offset] 툴로 만들어진 이중선은 그 **사이 면을 선택** 가능함 (**스케치 면(Profile)**으로 인식함)

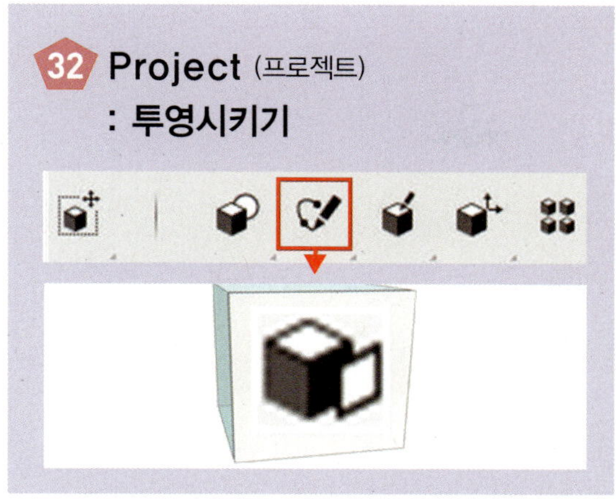

32 **Project** (프로젝트)

: 투영시키기

1 메뉴 [Primitives-Box, Cylinder]를 이용하여 육면체(기본값)와 원기둥(반지름 10, 높이 10)을 각각 만든다.

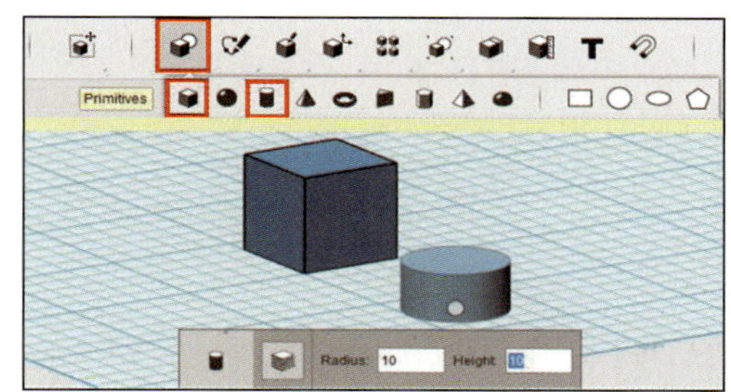

2 메뉴 [Transform-Move/Rotate]를 선택한 후, 원기둥을 클릭하여 30°회전(**y축 회전**)시킨다. 화면 빈 곳을 클릭하여 완료!

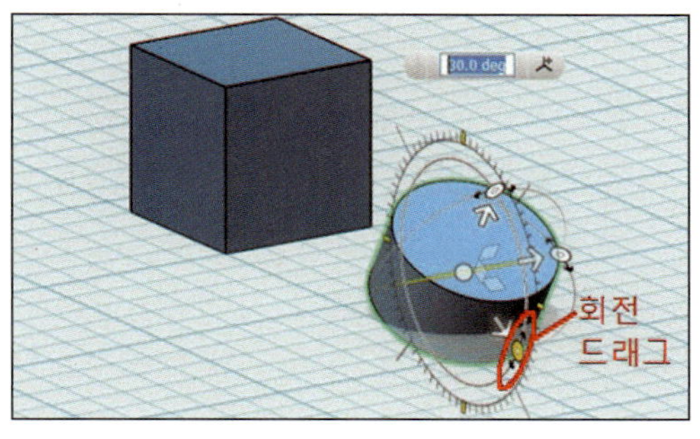

3-Ⅰ ❶**솔리드 면의 투영** 메뉴 **32**[Sketch-Project]를 선택한 후, 먼저 육면체의 ⓐ한 면(스크린 역할)을 클릭하여 투영시킬 면을 지정한다. (육면체의 앞면을 기준으로 모눈종이가 펼쳐짐)

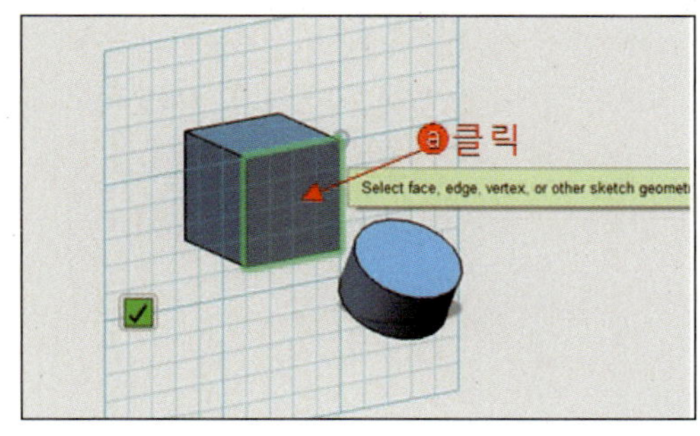

3-② 원기둥의 ⓑ윗면(원)에 마우스 커서를 올리면 빨간 선의 타원이 투영면(육면체의 앞면) 위에 나타난다.

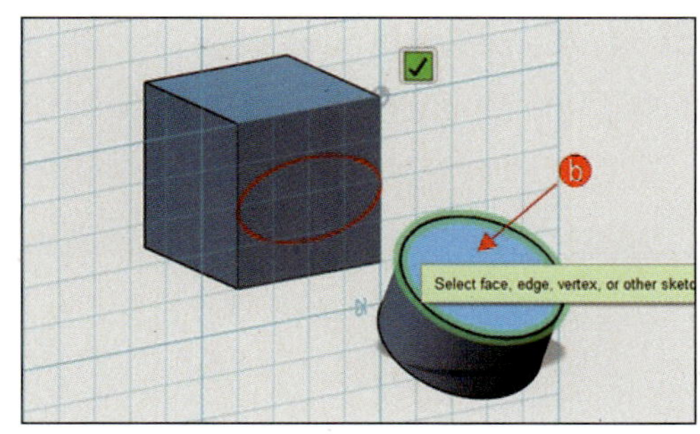

❸−③ 이때, 원기둥의 윗면(원)을 클릭하면 투영면(육면체의 앞면) 위에 초록 선의 타원이 투영된다. 종료(Exit Mode ✔) 버튼을 클릭하여 **투영 완료!**

❖ 원기둥의 윗면은 원이지만 육면체의 면 위에 투영된 모습은 <u>타원 모양</u>이 된다.

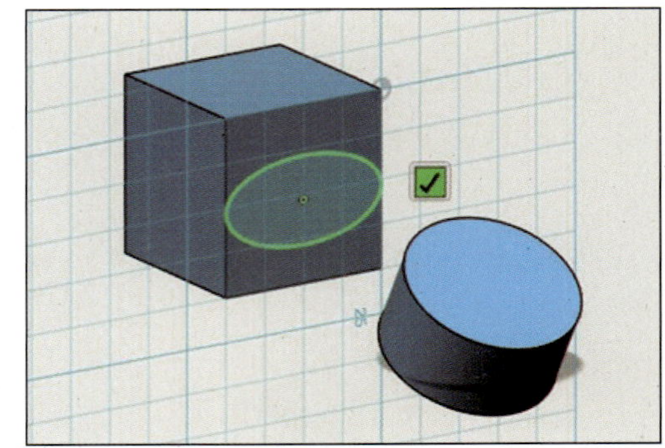

❹−① ❷스케치 면(Profile)의 투영 메뉴 [Sketch −Sketch Polygon]을 선택하고, 원기둥의 윗면을 클릭한 후(원기둥의 윗면 위에 모눈종이가 펼쳐짐), 그 위에 작은 육각형을 그린다. 종료(Exit Mode ✔) 버튼 클릭 또는 Esc 키를 눌러 완료!

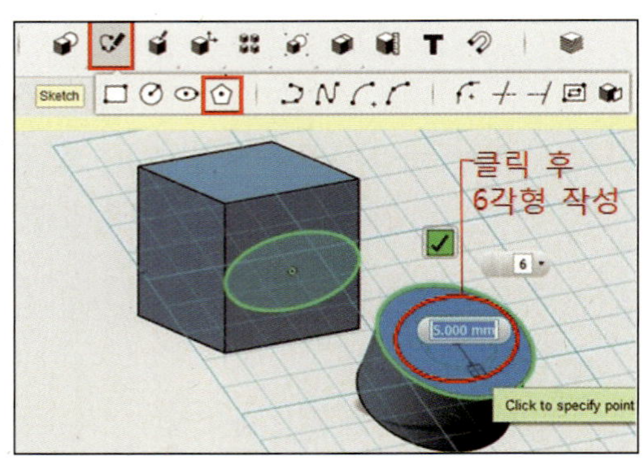

❹−② 메뉴 **32** [Sketch−Project]를 선택한 후, 먼저 육면체의 ❷한 면(스크린 역할)을 클릭하여 투영시킬 면을 지정한다. (육면체의 앞면을 기준으로 모눈종이가 펼쳐짐)

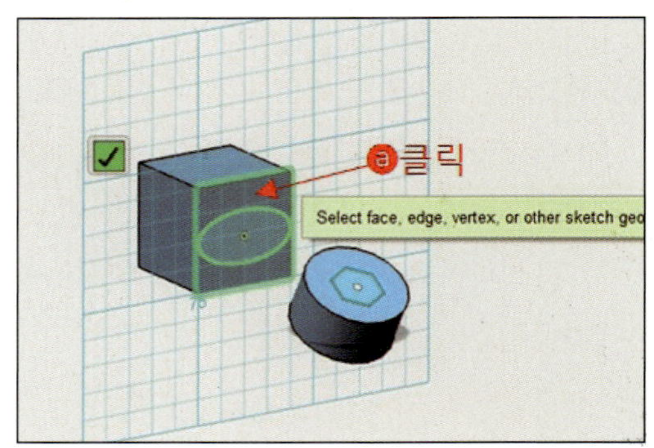

❹−③ 육각형의 ❺한 변에 마우스 커서를 올리면 빨간 선이 투영면(육면체 앞면) 위에 나타난다. 이때, 육각형의 변을 하나씩 모두 클릭하면 투영면에 초록선의 육각형이 투영된다. 종료(Exit Mode ✔) 버튼 클릭하여 **투영 완료!**

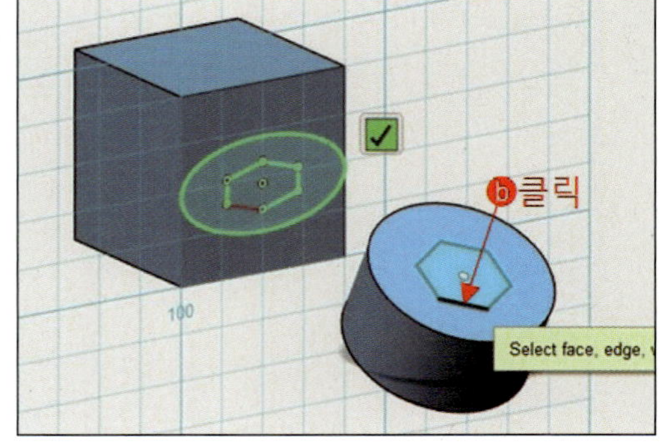

정리	[Project] 기능	❶ 솔리드의 평면 또는 모서리 투영시키기 ❷ 스케치 면의 선, 열린 곡선·직선 투영시키기 ❸ 솔리드 평면을 복제하여 <u>스케치 면</u> 만들기	투영면 (스크린 역할)	❶ 솔리드 평면 (○) ❷ 스케치 면 (○) ❸ 그리드 면 (○) ❹ 솔리드 <u>곡면</u> (×)

■ 솔리드 면 본뜨기(솔리드 면을 복제하여 '스케치 면'으로 만들기)

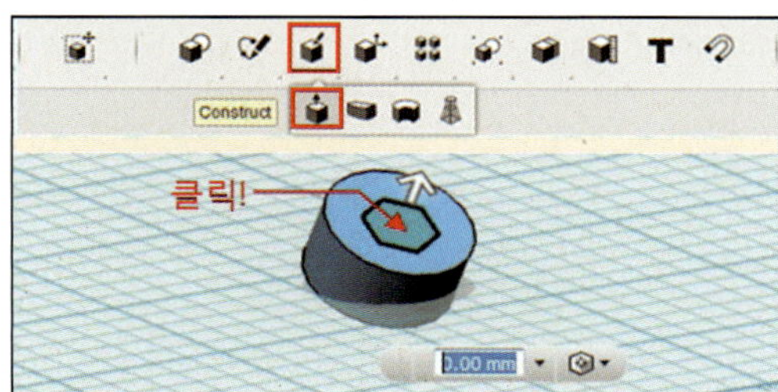

1. (과정4-3 계속) 메뉴 [Construct- Extrude]를 선택한 후, 원기둥의 윗면에 그려진 육각형(면)을 클릭한다.

❖ [Extrude] 툴 사용법 (111쪽 참고)

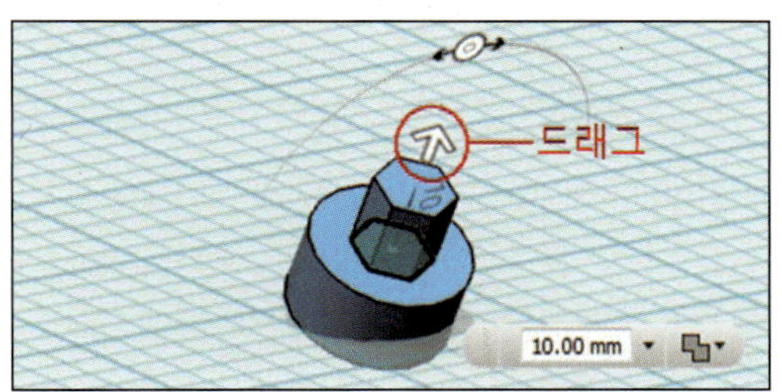

2. [흰 화살표]를 위로 드래그하거나 입력칸에 숫자(10)를 입력하여 육각기둥을 돌출시킨다. 화면 빈 곳을 클릭하여 완료!

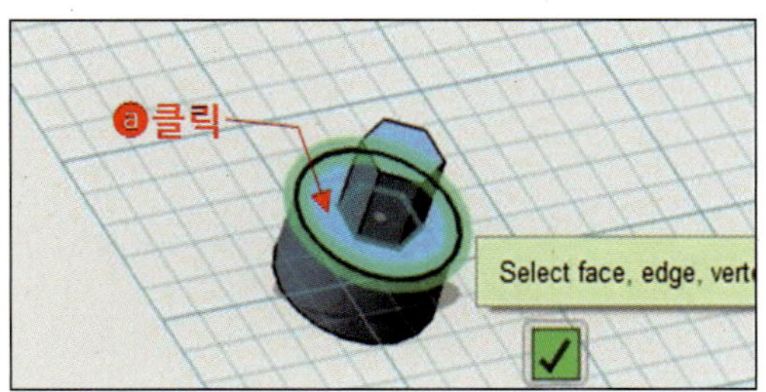

3. ❸솔리드 면의 복제 메뉴 ③②[Sketch-Project]를 선택하고, 원기둥 ⓐ윗면을 클릭하여 투영면(원기둥 윗면)을 지정한다. (원기둥의 윗면 위에 모눈종이가 펼쳐짐)

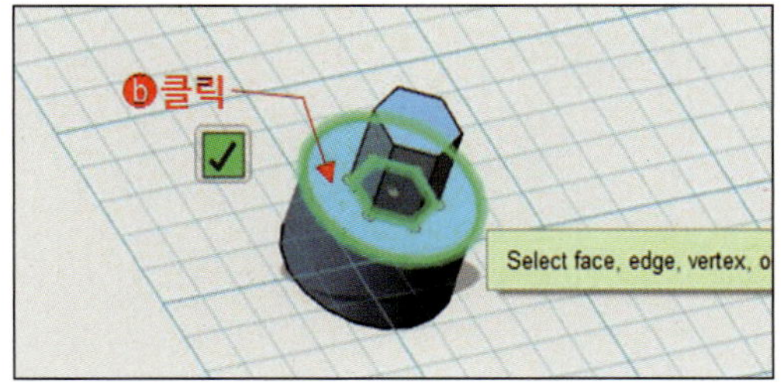

4. 다시 원기둥의 ⓑ윗면을 클릭하면 스케치 면(Profile)이 생성된다. 종료(Exit Mode✔) 버튼 클릭 또는 Esc키를 눌러 완료!

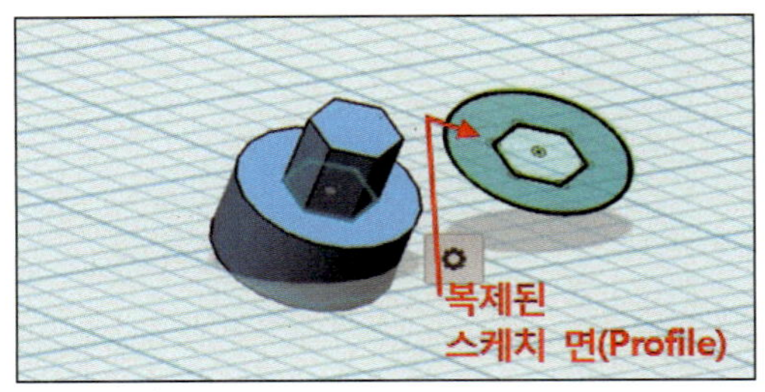

5. 메뉴 [Transform-Move/Rotate]를 선택한 후, 원기둥의 윗면을 클릭하고 [흰 화살표]를 드래그하여 원기둥 윗면과 겹쳐있는 **스케치 면(Prifile)**을 이동, 분리시킨다. 화면 빈 곳을 클릭하여 완료!

예제17 그림은 [Project] 툴을 이용하여 **투영 면(스크린 역할)**으로 솔리드의 밑면을 지정하고 솔리드의 윗면 하트모양을 밑면에 투영시킨 것이다.

→
[Project]
툴 이용

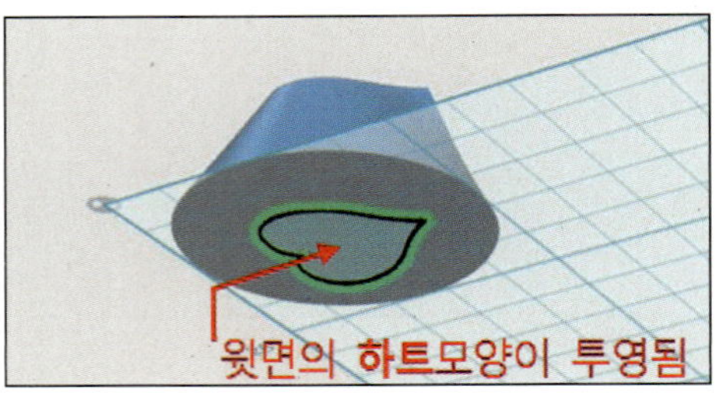

다음 중에서 ⓐ**하트 도형(스케치 면)**을 투영면에 투영시키려고 할 때, **투영면**으로 지정할 수 없는 것은? (단, 하트 도형과 개체(투영면)의 z방향 중심축은 일치됨)

(정답이 2개 이상이라면 모두 고르시오)

① 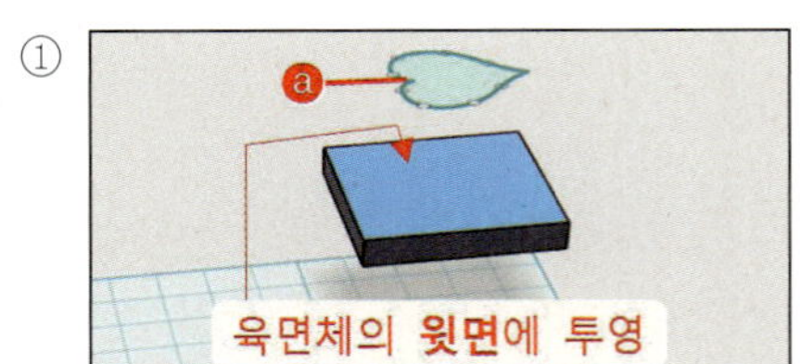

② 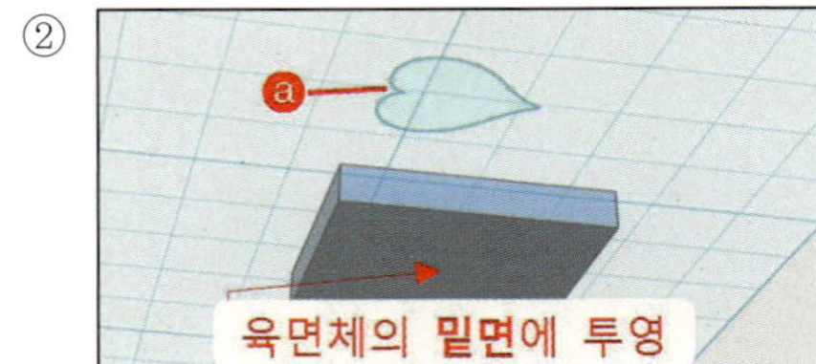

③ 

④ 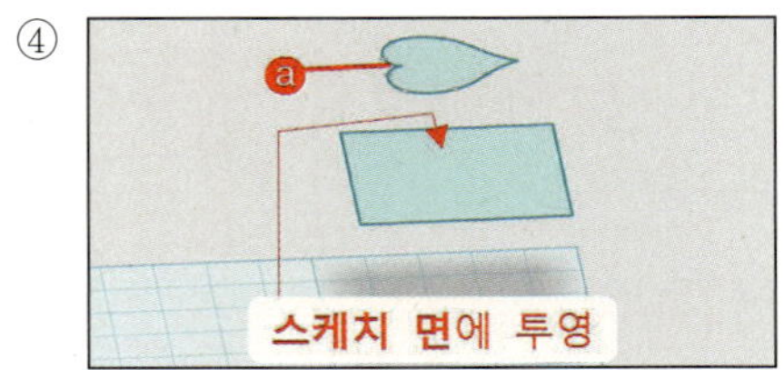

⑤ 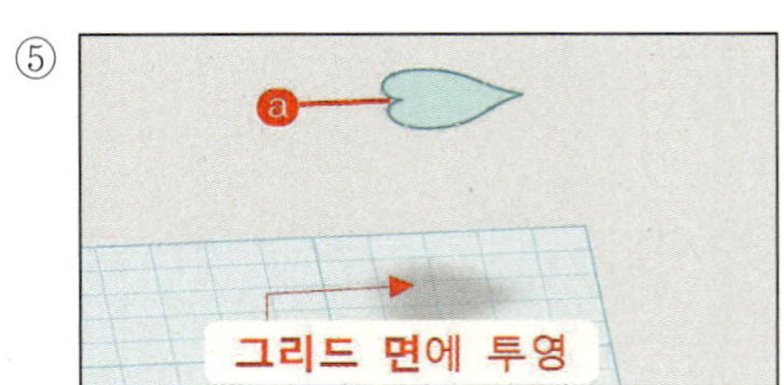

정답 : ③, 해설 : 283쪽

3D를 위해 2D가 만들어졌다!
[Construct(입체제작)]

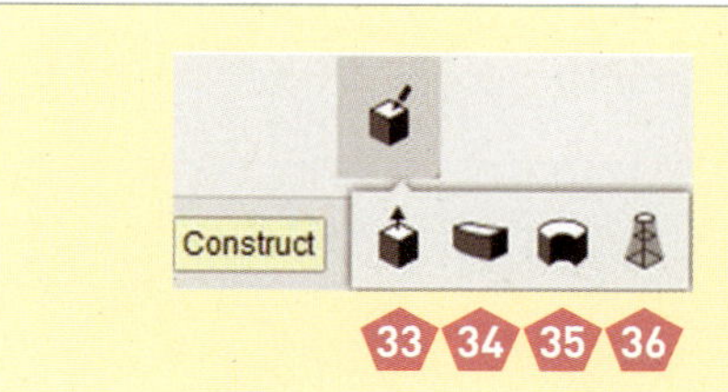

[32 : Extrude]
[33 : Sweep]
[34 : Revolve]
[35 : Loft]

메인 툴 [Construct]의 부메뉴에는 Extrude(돌출), Sweep(하나의 단면으로 경로를 따라 만드는 입체), Revolve(축 회전), Loft(2이상의 2D도형을 연결하여 만드는 입체) 등이 있다. 이들은 2D도형을 이용하여 3D 입체도형으로 만드는 과정이므로 흥미진진하고 '모델링 과정의 꽃'이라 할 만큼 활용도가 높은 툴이다. 다음의 과정을 통해서 익숙해지도록 연습하자.

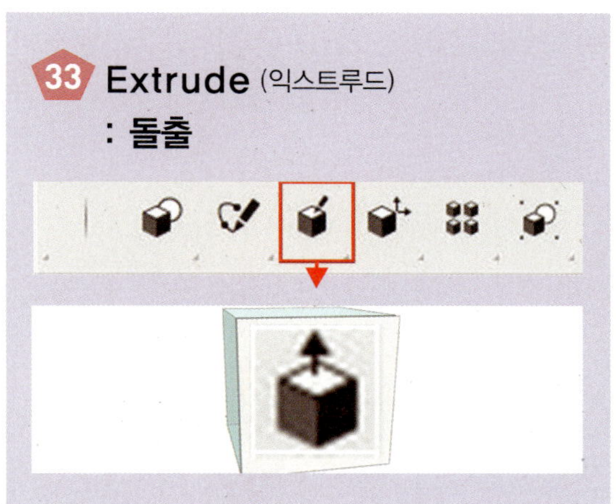

33 Extrude (익스트루드)
: 돌출

1 **①스케치 면(Profile)의 돌출** 메뉴 [Sketch-Sketch Polygon]을 선택하여 8각형(반지름 25㎜)을 그린다. 종료(Exit Mode ✓) 버튼 클릭 또는 Esc 키를 눌러 완료!

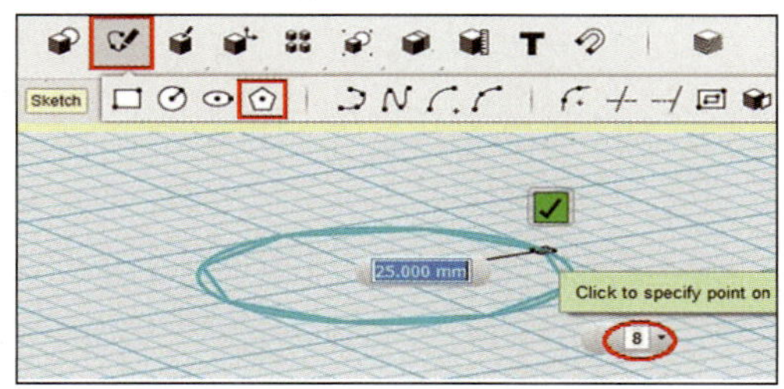

2 메뉴 33 [Construct-Extrude]를 선택한 후, 스케치 면(8각형)을 클릭하여 나타나는 [**휜 화살표**]를 드래그하거나 입력칸에 수치10을 입력한다.

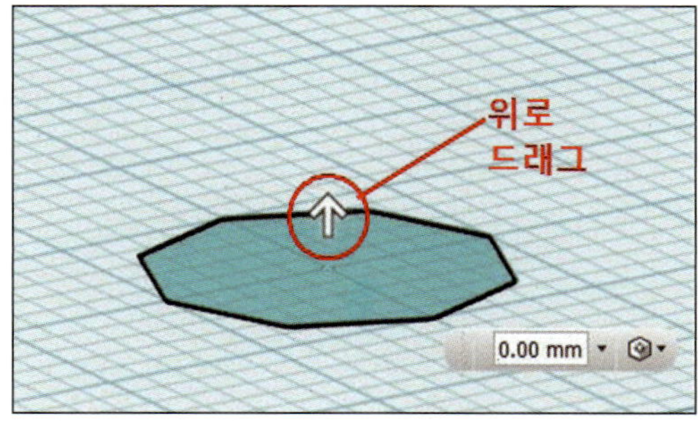

3 화면 빈 곳을 클릭하여 완료! 스케치 면(Profile, 육각형)이 솔리드(8각기둥)로 제작 완성!

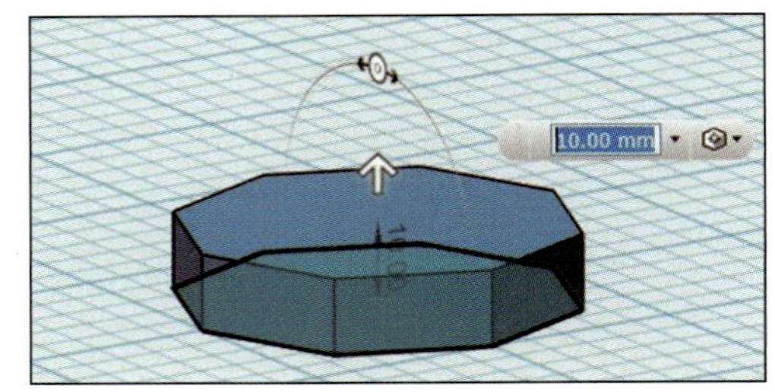

4 ❷**솔리드 면의 돌출** 다시, 메뉴 **33** [Construct-Extrude]를 선택한 후, 8각기둥의 윗면을 클릭한다. (흰 화살표와 입력칸이 나타남)

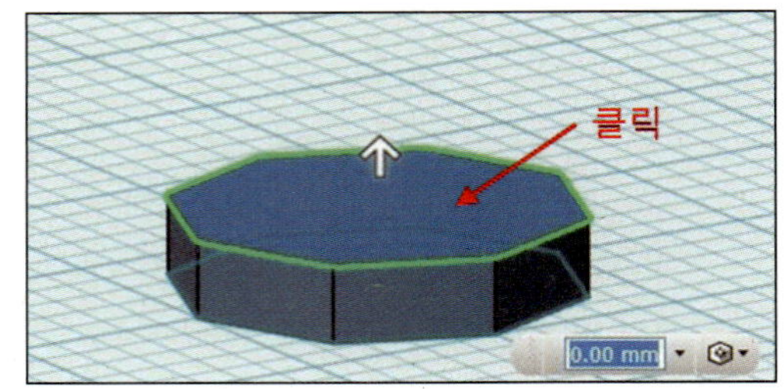

5 [흰 화살표]를 위로 드래그하거나 입력칸에 수치 60을 입력하여 솔리드 면을 돌출시킨다.

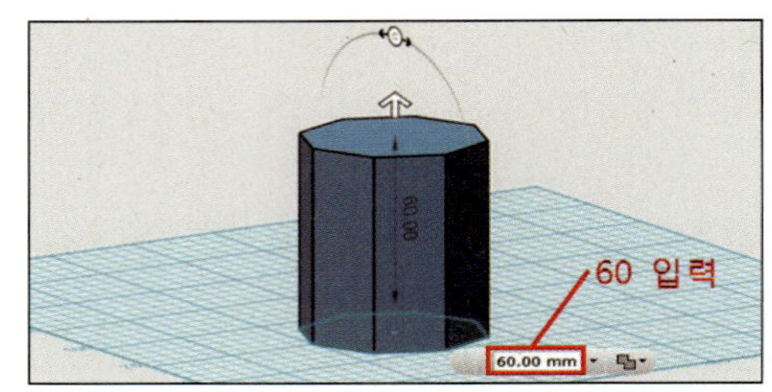

6 ❸**돌출 면의 늘이기 및 오므리기** [검은 화살표]를 회전 드래그하거나 입력칸에 각도 **20**을 입력하여 돌출 면을 늘인다. 화면 빈 곳을 클릭하여 완료!

❖ [검은 화살표]를 **회전 드래그**하면, 돌출 면을 **늘이거나 오므릴 수 있다**. 또한 [검은 화살표]를 클릭만하면, 입력칸이 거리(Distance)값에서 **각도(Taper Angle)값**으로 변경된다.

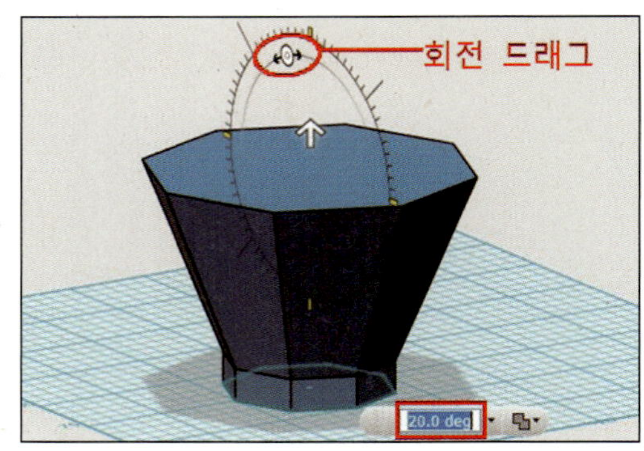

7 **솔리드 면의 돌출** 다시, 메뉴 **33** [Construct-Extrude]를 선택한 후, 늘여진 윗면을 클릭하고 [흰 화살표]를 위로 드래그하거나 입력칸에 수치 30을 입력하여 솔리드 면을 돌출시킨다. 화면 빈 곳을 클릭하여 완료!

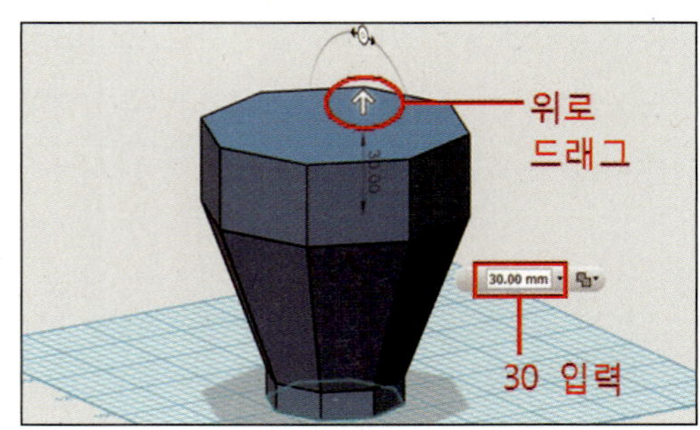

8 [Shell] 툴 : 속 비우기 메뉴 [Modify-Shell]
을 선택하고, 솔리드의 윗면을 선택한 후, 하단의
입력칸 [Thickness Insides : 2]를 입력한다.
화면 빈 곳을 클릭하여 완료!

❖ [Shell] 툴 사용법 : 159쪽 참고

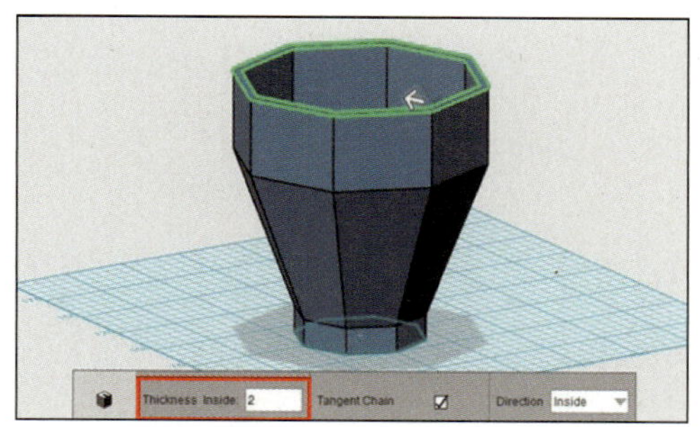

[Extrude] 툴 파헤치기

정리	[Extrude] 기능	❶ 스케치 면(Profile)의 돌출 ❷ 솔리드 평면의 돌출 (곡면 적용은 불가능함) ❸ 돌출 면(면적)의 늘이기 및 오므리기

■ [Extrude] 툴의 4가지 옵션

[**Extrude**] 툴을 적용할 때, (두 솔리드가 겹치는 경우) 입력창의 드롭다운 버튼을 클릭하면 4가지 옵션 툴이
나타난다. 이때, 모델링 상황에 따라 필요한 옵션 툴을 선택하면 된다.

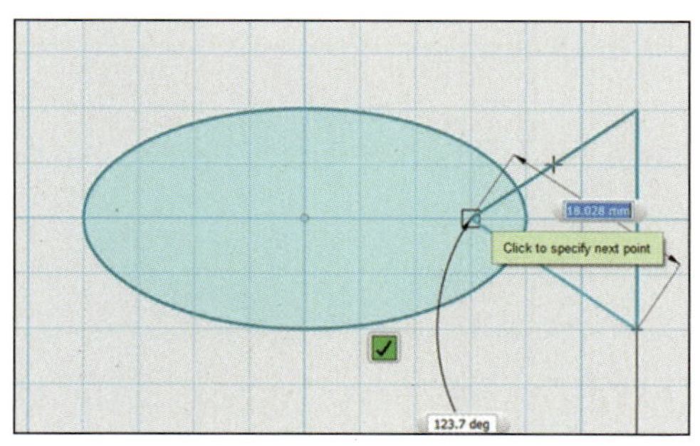

1. 메뉴 [Primitives-Ellipse]를 선택하여 타원
   을 그린다. 이어서, 메뉴 [Sketch-Polyline]
   을 선택한 후, 타원의 **내부를 클릭하였다가** 삼각
   형을 그린다. 종료(Exit Mode ✓) 버튼 클릭 또
   는 Esc 키를 눌러 완료!

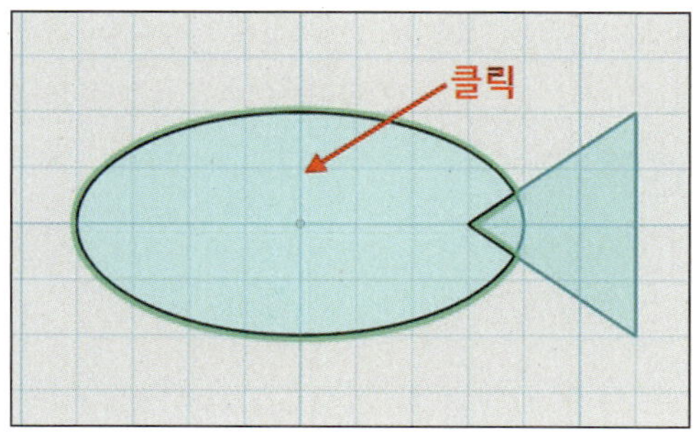

2. 메뉴 [Sketch-Trim]을 선택하고, 스케치 면(타
   원, 삼각형)의 일부분을 클릭하였다가 뗀다.

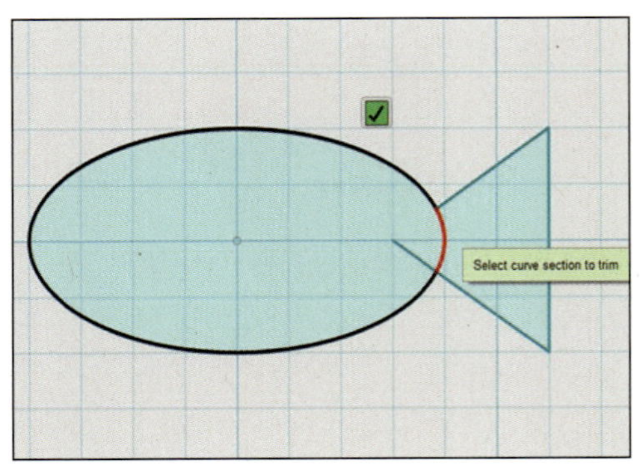

3. 다시 삭제하려는 선 위에 마우스 커서를 올리면 빨간 선이 나타난다. 이때, 빨간 선을 클릭하여 삭제한다. 이러한 방식으로 불필요한 선은 모두 제거한다. 종료(Exit Mode ✔) 버튼 클릭 또는 Esc 키를 눌러 완료!

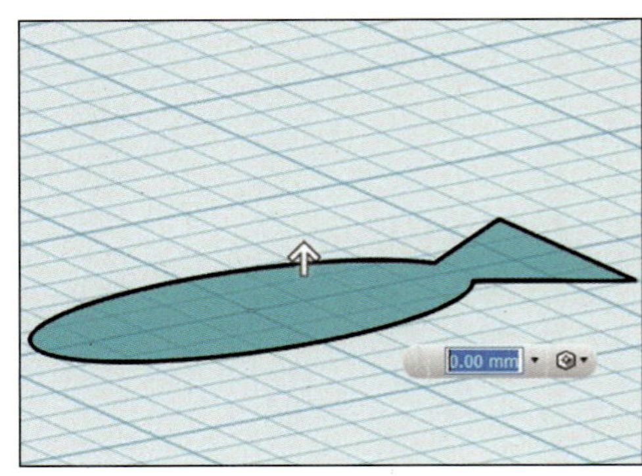

4. [Home]으로 시점 전환한다. 메뉴 [Construct-Extrude]를 선택한 후, 스케치 면(물고기 모양)을 클릭한다. (흰 화살표와 입력칸이 나타남)

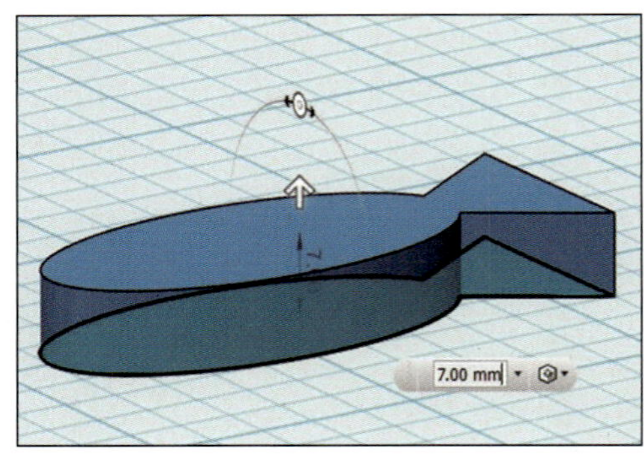

5. [흰 화살표]를 위로 드래그하거나 입력칸에 수치 7을 입력하여 스케치 면을 돌출시킨다. 화면 빈 곳 클릭하여 완료!

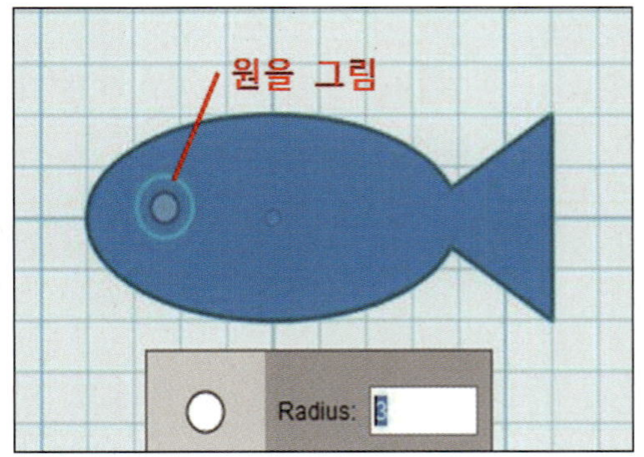

6. [뷰-큐브]-[TOP]으로 시점 전환한다. 메뉴 [Primitives-Circle]를 선택한 후, 솔리드 위에 원(Radius : 3, 물고기 눈)을 그린다. **화어점정** (畵魚點睛)!

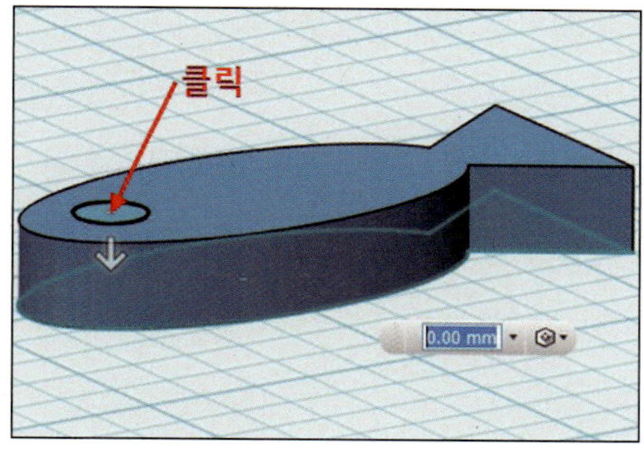

7. [Home]으로 시점 전환한다. 메뉴 [Construct-
Extrude]를 선택한 후, 원(물고기 눈)을 클릭한
다. (흰 화살표와 입력칸이 나타남)

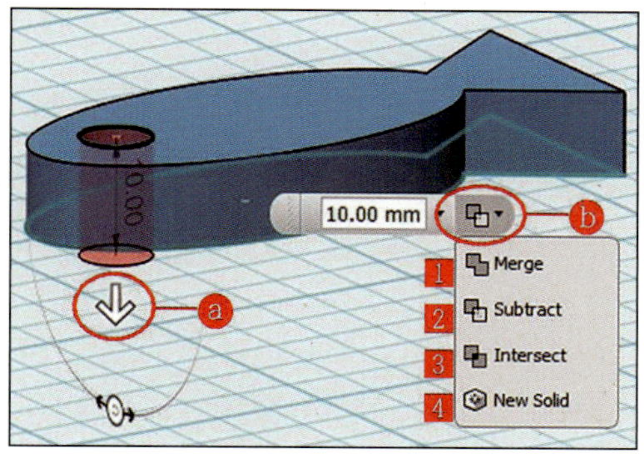

8. ⓐ[흰 화살표]를 아래로(또는 위로) 드래그하거나
입력칸에 수치 10를 입력한 후, 입력창의 ⓑ드롭다
운 버튼을 클릭하면, 4가지 옵션 툴(1, 2, 3, 4)
이 나타난다. (기본 값은 [Subtract]임)

❖ (솔리드 밖인) 위로 드래그할 때의 기본 값은 [Merge],
(솔리드 안인) 아래로 드래그할 때의 기본 값은
[Subtract]임

9-1 [Merge]를 선택한 경우 (위로 드래그한 후, 화면 빈 곳 클릭하여 완료!)

❖ **합병(합집합)** : 돌출된 솔리드(물고기 눈)가 이전 솔리드(물고기)와 합병되어 하나의 솔리드가 되는 것

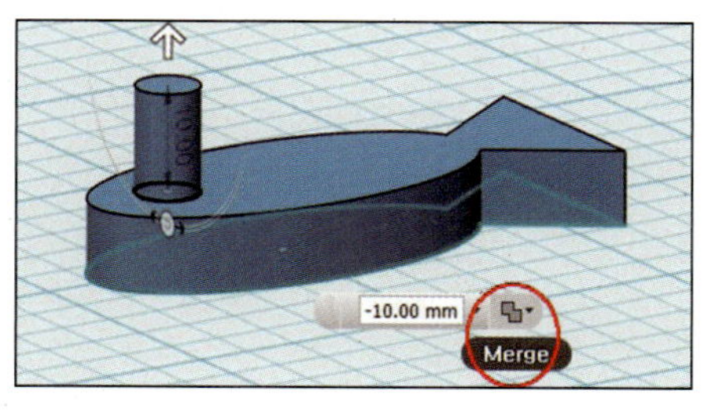

→

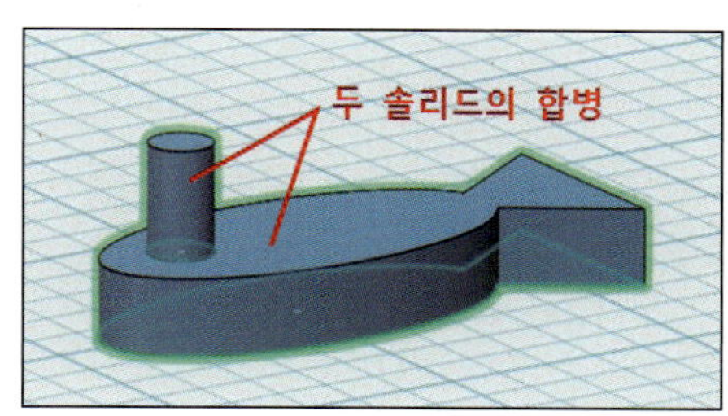

9-2 [Subtract]를 선택한 경우 (아래로 드래그한 후, 화면 빈 곳 클릭하여 완료!)

❖ **차집합(빼기)** : 돌출된 솔리드가 이전 솔리드의 형상을 제거하는 형태로 되는 것

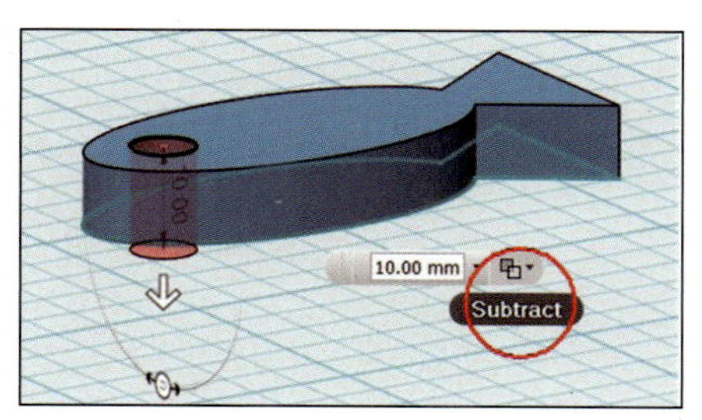

→

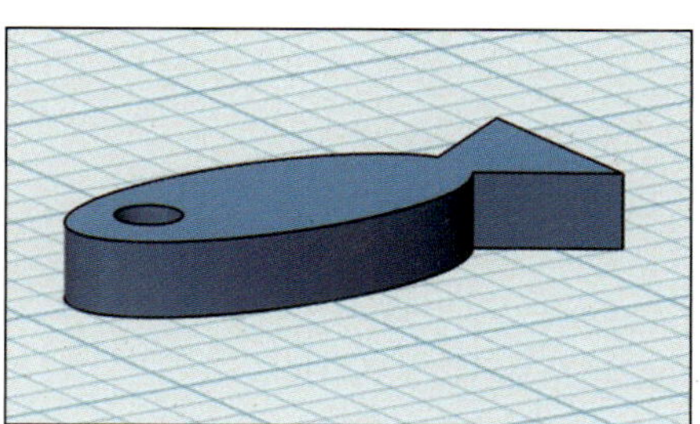

9-③ [Intersect]를 선택한 경우 (아래로 드래그한 후, 화면 빈 곳 클릭하여 완료!)

❖ 교집합 : 돌출된 솔리드가 이전 솔리드와 겹쳐지는 부분만 남겨 두는 것

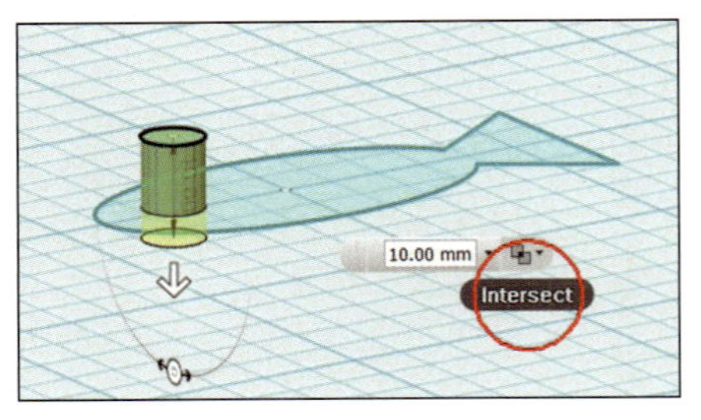
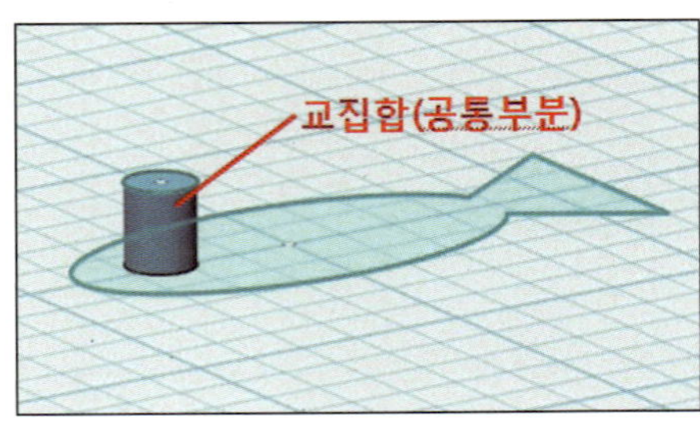

9-④ [New Solid]를 선택한 경우 (위로 드래그한 후, 화면 빈 곳 클릭하여 완료!)

❖ 새 솔리드 : 돌출된 솔리드가 이전 솔리드와 관계없이 새로운 솔리드로 만들어지는 것

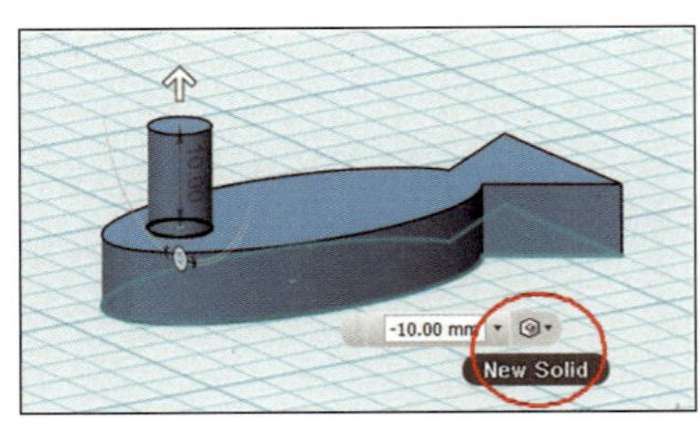

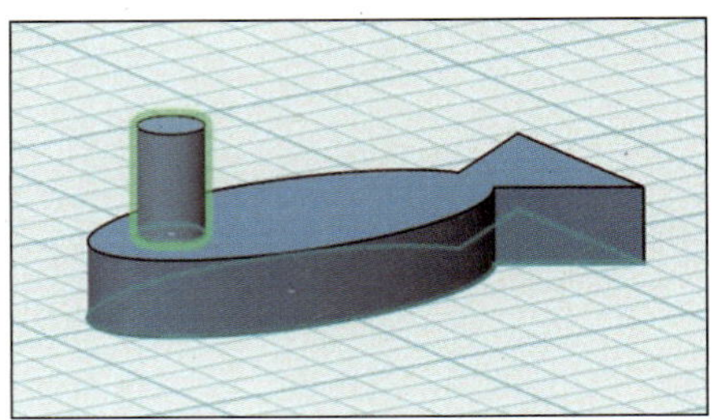

💡 9-① [Merge]와 9-④ [New Solid]의 차이점

[Extrude] 툴의 옵션 중에서 [Merge]의 결과는 원기둥(눈)과 물고기 몸통이 합병된 하나의 솔리드이지만, [New Solid]의 결과는 원기둥(눈)과 물고기 몸통이 각각 별개의 솔리드이므로 다음과 같은 차이점이 있다.

차이점	9-① [Merge]	9-④ [New Solid]	
원기둥(눈)과 물고기 몸통의 **이동-분리** ([Move/Rotate] 툴 적용)	불가	가능	
원기둥(눈)과 물고기 몸통의 **색상-질감의 별도 적용** ([Material] 툴의 별도 적용)	불가	가능	

 다음 모델링 과정의 대부분은 [Extrude] 툴을 이용하였다. 그림의 몽당연필을 모델
링하시오.

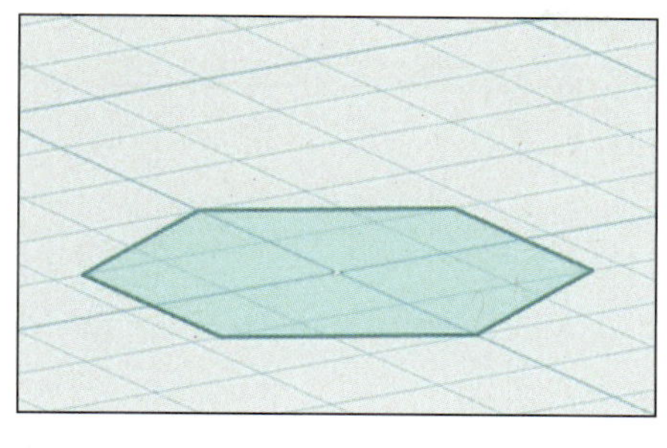

→
[Extrde]
툴 이용

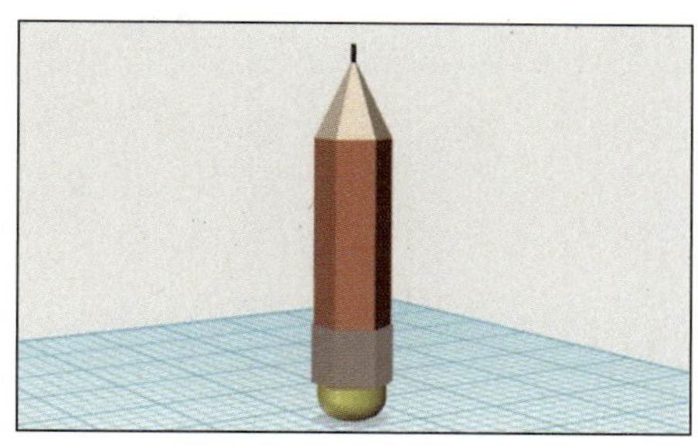

[Sketch Polygon]
툴로 6각형을 그린다.

[Extrude(5회)], [Fillet]으로
연필 모양을 모델링한다.

해설 : 285쪽

 그림은 솔리드 구의 상부에 위치한 별 모양의 스케치 면(Profile)에 대하여
[Extrude] 툴의 옵션을 각각 적용한 것이다. [Extrude] 툴의 옵션을 이용하여 (1) , (2)의
솔리드를 각각 작성하시오.

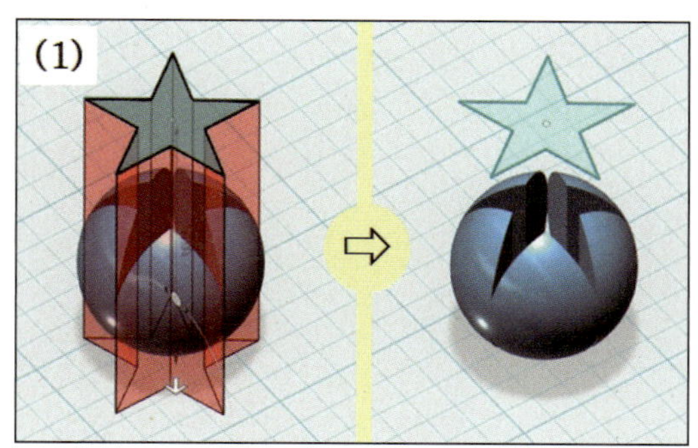

(1)

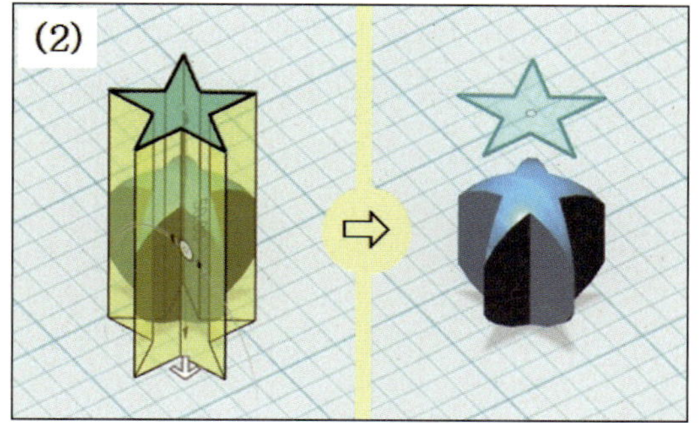

(2)

❖ 별 모양 **스케치 면** 작도법 (102쪽 참고)

해설 : 286쪽

1 [뷰-큐브]-[TOP]으로 시점 전환한다. 메뉴 [Sketch-Spline]을 이용하여, 자유 곡선을 그린다. 종료(Exit Mode ✔) 버튼 클릭 또는 Esc 키를 누름!

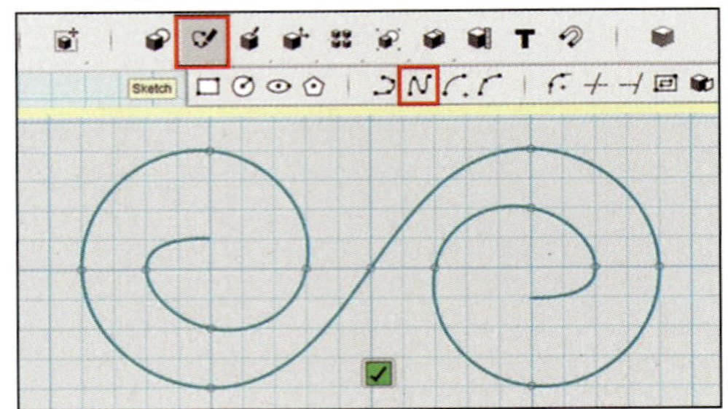

2 메뉴 [Primitives-Circle]을 선택한 후, 자유 곡선의 끝 지점에 단면용으로 원(Radius : 3)을 그린다.

❖ 단면용 원이 너무 커서 단면 솔리드가 이웃 경로의 솔리드와 중첩될 경우 오류가 발생한다.

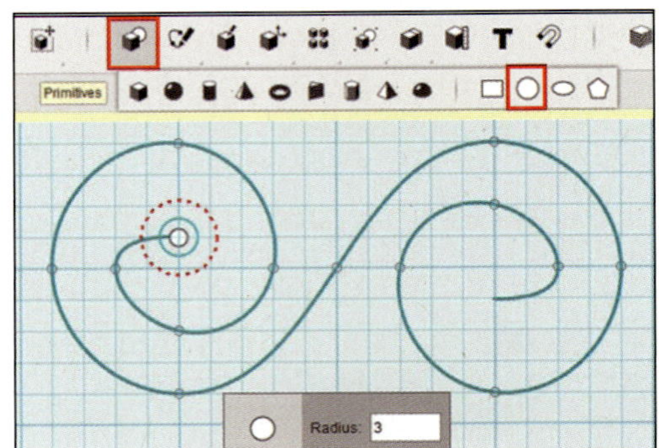

3 [Home]으로 시점 전환한다. 메뉴 [Transform-Move/Rotate]를 이용하여 단면용 원을 경로(선)의 끝 지점에 수직(90°회전)하게 배치한다. 화면 빈 곳 클릭하여 완료!

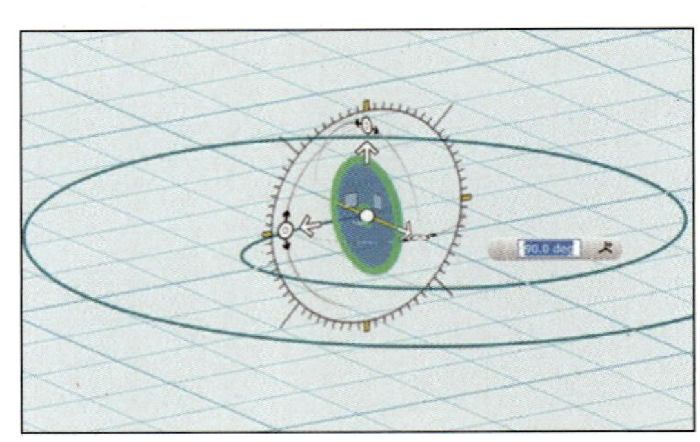

4 메뉴 34 [Construct-Sweep]를 선택한 후, [Profile]-ⓐ'단면용 원'을 클릭하고, [Path] 클릭-ⓑ'경로(선)'를 클릭한다.

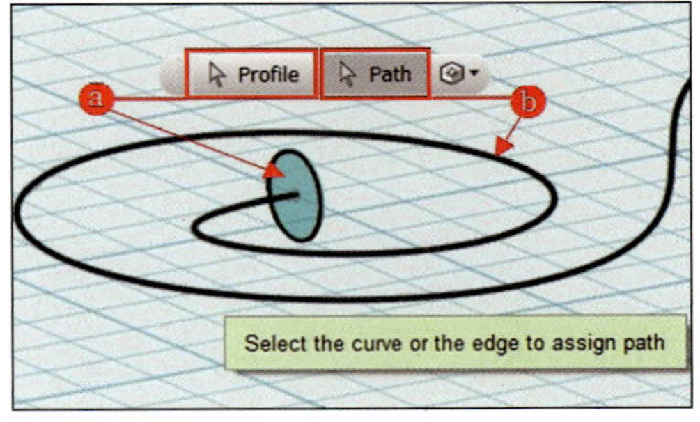

5 화면 빈 곳을 클릭하여 완료! 골뱅이 모양의 곡선 솔리드 완성!

❖ 스윕(Sweep) 경로 끝부분에 나타난 [흰 화살표]를 (경로 선이 존재하는 구간에서) 앞뒤로 드래그하거나 입력칸에 수치를 입력하여 입체의 길이를 조절할 수 있다. (입력칸의 예 : 0.8이면, 총 길이의 8할이 입체 길이로 나타남)

🔍 [Sweep] 툴 파헤치기

정리	[Sweep] 기능	[Profile] 탭	❶ 폐곡선 ❷ 솔리드 평면	
		[Path] 탭	❶ 직선 또는 열린 곡선 ❷ 닫힌 경로(폐곡선) ❸ 솔리드의 모서리	…… **나** 참고

가 [Sweep] 툴을 적용할 때, 발생하는 오류들

경로(Path)가 직선, 열린 곡선, 폐곡선 등에서 [Sweep] 툴은 모두 적용된다. 그러나 다음의 3가지 경우는 오류 발생에 주의해야 한다.

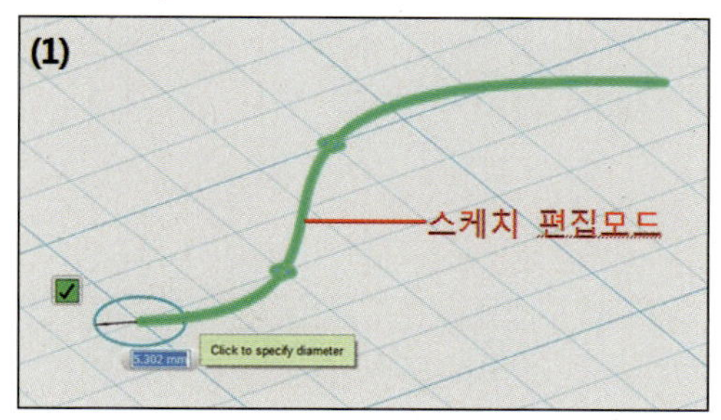

(1) 메뉴 [Sketch−Rectangle, Circle….]을 선택하고, 먼저 그려 놓은 **경로(Path) 선**을 클릭하여 **스케치 편집모드**(굵은 초록선) 상태에서 **단면(Profile)**을 그릴 때 (→단면을 경로에 수직으로 회전시키려 할 때, 단면과 경로는 함께 선택되므로 [Sweep] 툴의 적용이 불가능함)

(1)에서의 오류 해결 방법 (**스케치 편집모드**를 피하는 2가지 방법)

❶ 메뉴 [Primitives−Rectangle, Circle….]을 선택하고, 경로(Path)의 끝부분에 **단면(Profile)**을 그린다.

❷ 메뉴 [Sketch−Rectangle, Circle….]을 선택하고, 화면 빈 곳 클릭한 후, 경로(Path)의 끝부분에 **단면(Profile)**을 그린다.

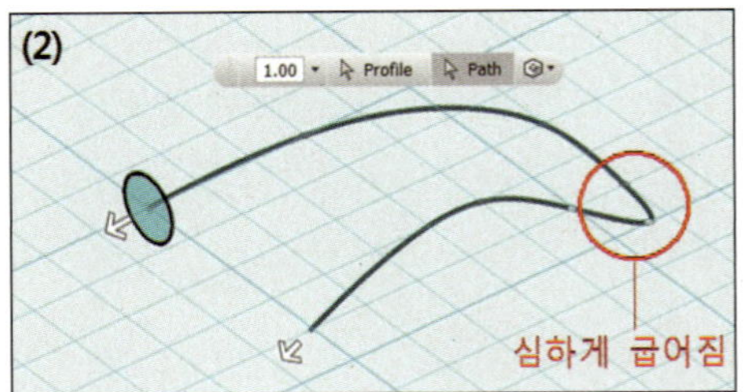

(2) 단면에 비해 **곡률이 큰 경로(심하게 굽어진** 곡선)일 때

❖ 하나의 경로(Path)에서 단면이 상대적으로 큰 경우, 이웃 경로끼리 너무 가까우면(이웃 솔리드와 겹치면) [Sweep] 툴의 적용이 불가능하다.

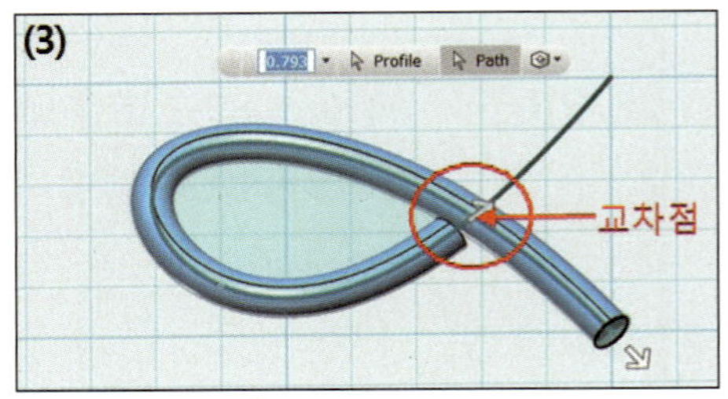

(3) 경로(Path)가 **교차할 때**

(입력칸에 0.5, 0.6 등 1보다 작은 값을 입력하면, 교차점 직전까지 [Sweep] 툴의 적용이 가능함)

나 [Sweep] 기능 : 경로(Path)로 사용 가능한 것들

(1) 닫힌 경로(폐곡선)

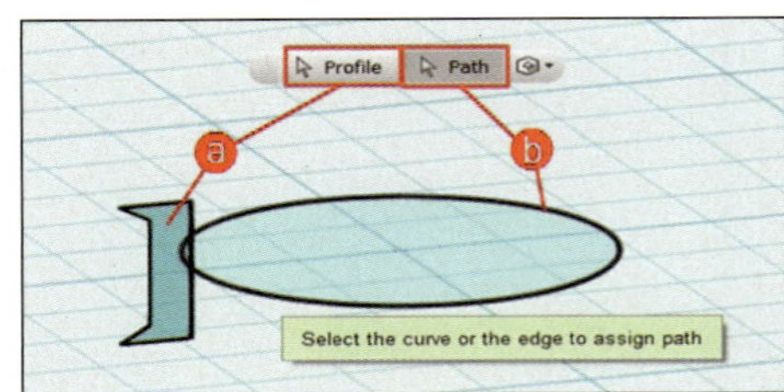

→

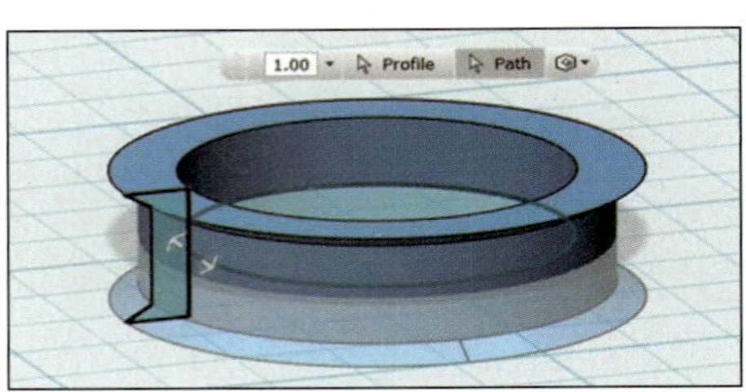

[Polyline]으로 그린 다각형 스케치 면을 메뉴 [Primitives-Circle]로 그린 원에 배치한다. → 메뉴 [Construct-**Sweep**]을 선택한 후, [**Profile**]탭-ⓐ'단면용 다각형'을 클릭하고, [**Path**] 클릭-ⓑ'폐곡선 경로(선)'를 클릭한다. 화면 빈 곳 클릭하여 완료!

(2) 솔리드의 모서리 경로

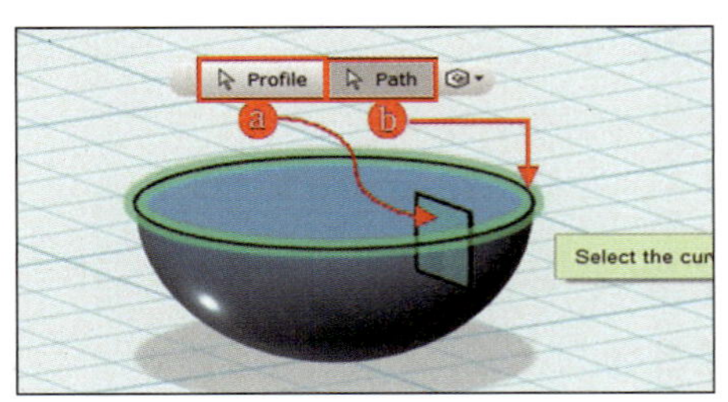

→

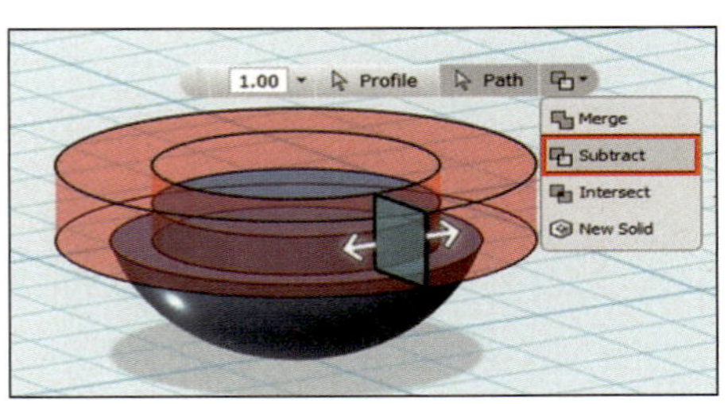

메뉴 [Primitives-**Hemisphere**]로 그린 반구와 메뉴 [Primitives-**Rectangle**]로 그린 사각형을 배치한다. → 메뉴 [Construct-**Sweep**]을 선택한 후, [**Profile**]-ⓐ'사각형'을 클릭하고, [**Path**] 클릭-ⓑ'반구 솔리드의 모서리'를 클릭한다. 화면 빈 곳 클릭하여 완료!

다 [Sweep] 툴의 적용을 위한 〈직선+곡선〉으로 연결된 경로(Path) 그리기

(1) [Sweep] 툴 적용이 <u>가능한</u> 경우	(2) [Sweep] 툴 적용이 <u>불가능한</u> 경우
올바른 경로(Path) 그리기	오류를 일으키는 경로(Path) 그리기

가능❶ [Polyline]으로 직선 부분을 그린다. ➜ [Spline]을 선택하고, 직선을 클릭하여 **스케치 편집모드**로 전환한 후, 직선에 곡선을 이어 그린다.

불가능❶ [Polyline]으로 직선 부분을 그린다. ➜ [Spline]을 선택하고, **화면 빈 곳을 클릭**한 후 직선에 곡선을 이어 그린다.

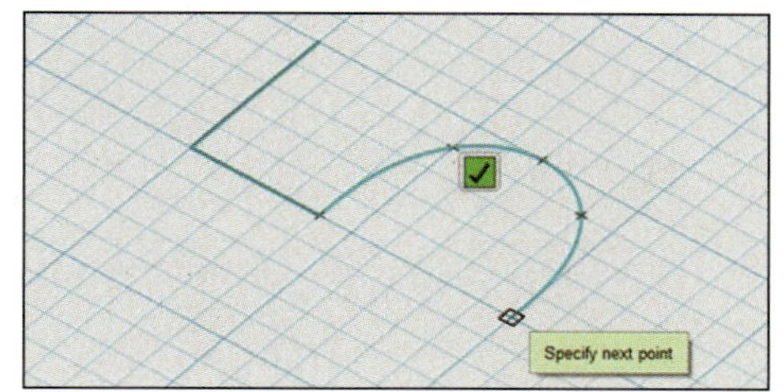

가능❷ [Spline]을 선택하여 직선 부분을 그린다. ➜ 직선의 끝 지점에서 **더블클릭**하여 일단 끊었다가 다시 직선에 곡선을 이어 그린다.

불가능❷ [Spline]으로 직선을 그린다 ➜ 다시 [Spline]을 선택하고, **화면 빈 곳을 클릭**한 후 직선에 곡선을 이어 그린다.

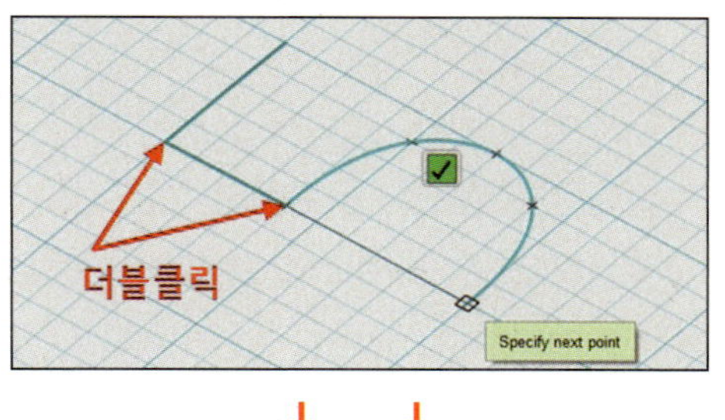

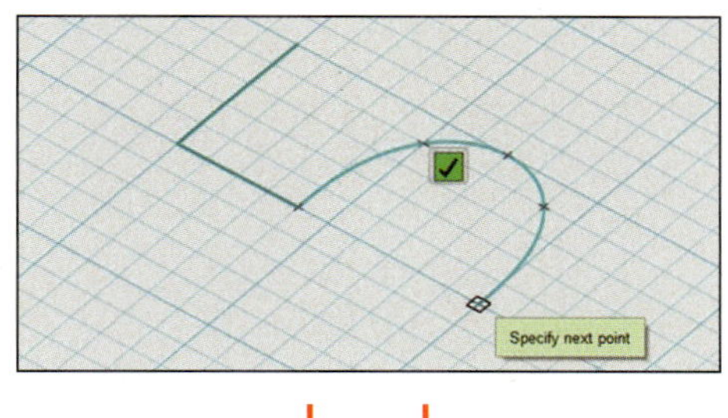

↓ ↓	↓ ↓
[Sweep] 툴 적용 결과	[Sweep] 툴 적용 결과

❖ [Primitives-Circle]로 원(단면)을 그린 후 경로에 수직 배치함
- [Profile]탭-원 클릭!
- [Path]탭 클릭-경로 선 클릭!

❖ [Primitives-Circle]로 원(단면)을 그린 후 경로에 수직 배치함
- [Profile]탭-원 클릭!
- [Path]탭 클릭-경로 선 클릭!

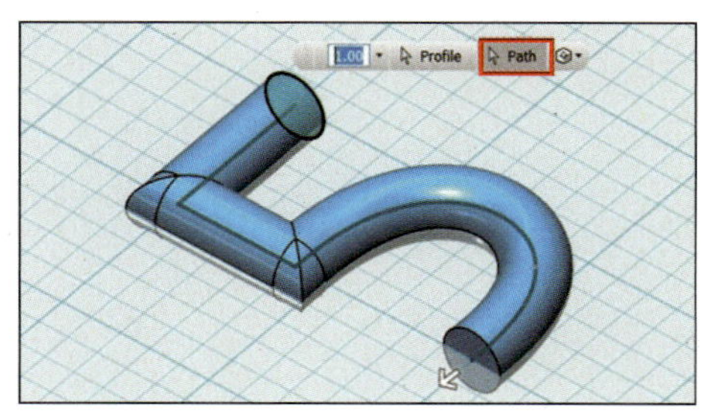

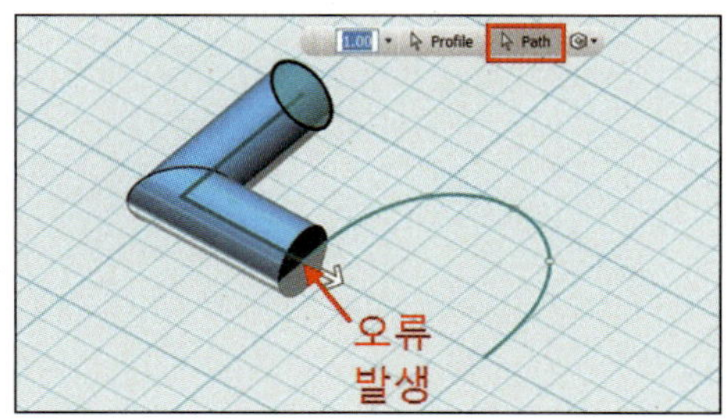

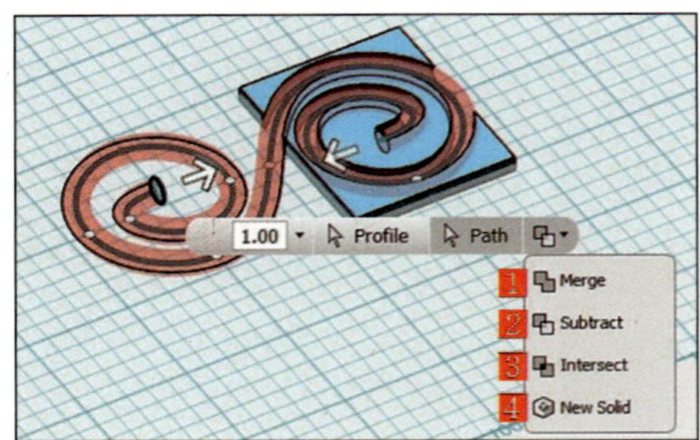

라 [Sweep] 툴의 4가지 옵션

[Sweep] 툴을 적용할 때, 입력창의 드롭다운 버튼을 클릭하면, **4가지 옵션**(**1**Merge, **2**Subtract, **3**Intersect, **4**New solid)이 나타난다. (**기본 값은** [Subtract]임) (115쪽 참고)

예제20　　다음과 같이 [Polyline] 툴과 [Three Point Arc] 툴로 경로를 그린 후, 사각형(Rectangle) 단면에 대하여 [Sweep] 툴을 적용한 말굽자석을 모델링하시오.

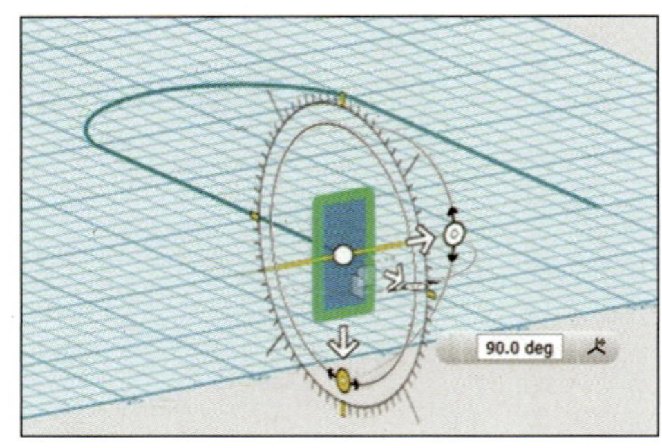

→

[Sweep] 툴 이용

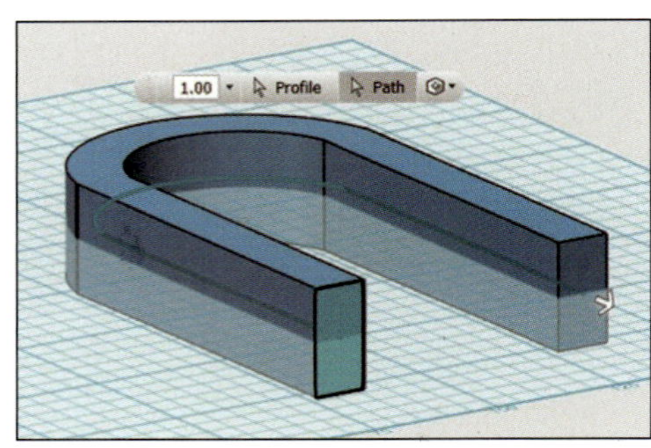

해설 : 287쪽

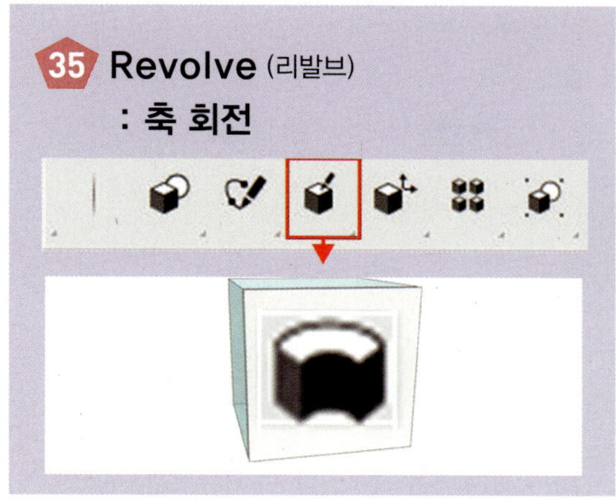

35 Revolve (리발브)
: 축 회전

1 메뉴 [Primitives-Polygon]을 선택하여 오각형을 그린다.

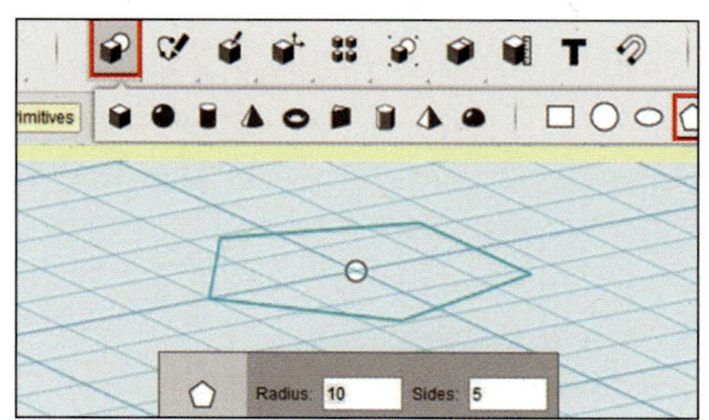

2 메뉴 35 [Construct-Revolve]를 선택한 후, [Profile]-ⓐ'오각형 면'을 선택한다.

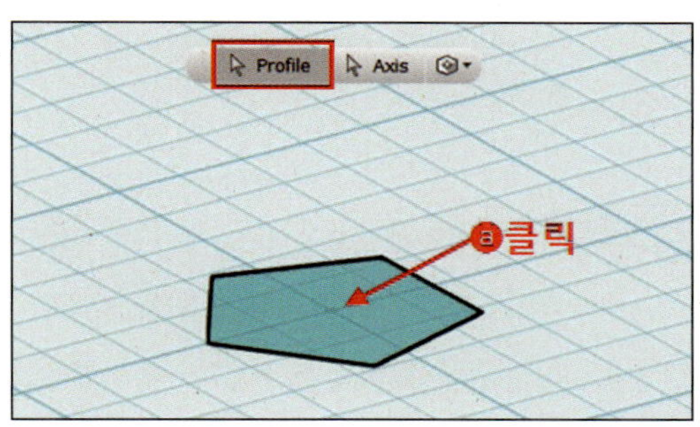

3 [Axis] 클릭-ⓑ'오각형의 한 변'(회전축)을 클릭한다.

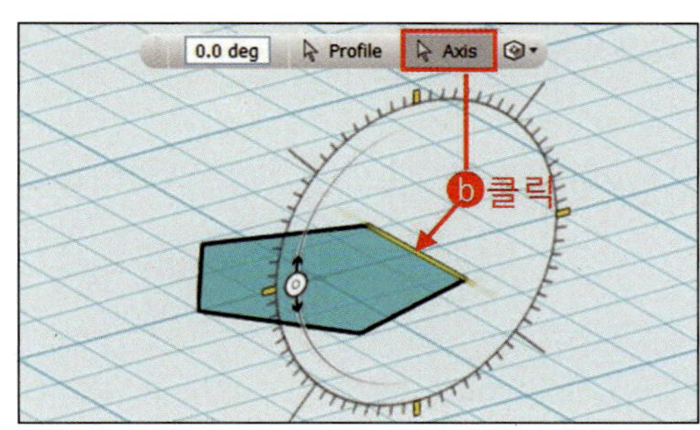

4 입력칸 Angle에 **원하는 각도(360)**를 입력하면 입체 솔리드 완성! 화면 빈 곳 클릭하여 완료!

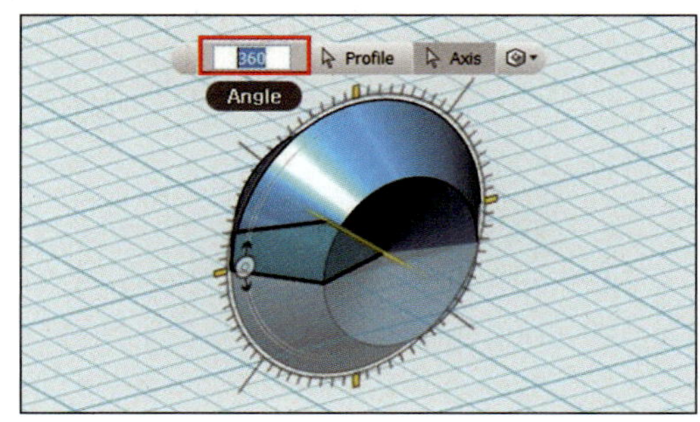

| 정리 | [Revolve] 기능 | [Profile] 탭 | ❶ 스케치 면
❖ [Polyline] 직선과 [Spline] 곡선을 연결할 때, <u>스케치 편집모드</u>에서 연결해야 스케치 면이 된다.
❷ 솔리드의 <u>평면</u> |
| | | [Axis] 탭 | ❶ [Polyline]으로 그린 직선(○)
❷ [Spline]으로 그린 **직선** (×)
❸ 폐곡선의 직선 변(○)
❹ 솔리드의 직선 모서리(○) |

❖ [Mirror] 툴에서도 [Mirror Plane]으로 사용하려는 직선은 [Spline]이 아닌 [Polyline]으로 그려야 한다. (176쪽 참고)

가 [Revolve] 툴 적용의 가능과 불가능 사이

[**Revolve**] 툴을 적용하려면, [**Profile**]로 사용할 <u>스케치</u> 면과 [**Axis**]로 사용할 <u>직선</u>(회전 축)이 있어야 한다. (1) 스케치 면(Profile)을 만들기 위한 [**Polyline**] 툴(직선 부분)과 [**Spline**] 툴(곡선 부분)로 연결하는 과정은 특히 주의해야 한다. (2) [**Axis**]로 사용할 <u>직선</u>은 [**Spline**] 툴이 아닌 [**Polyline**] 툴로 그려야 된다. 다음의 과정을 통해서 알아보자.

(1) [Polyline]과 [Spline] 툴로 그리는 스케치 면(Profile)

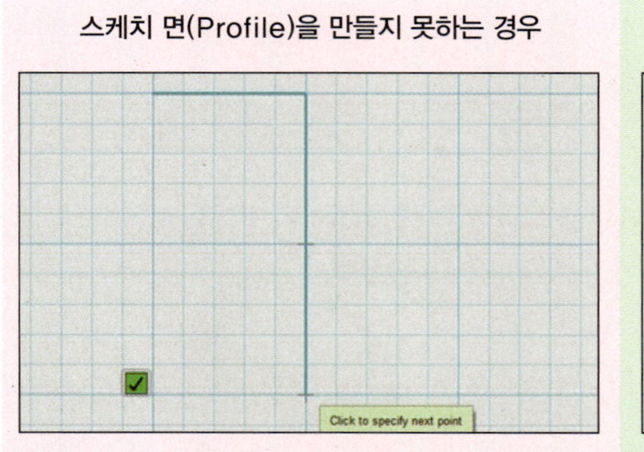

1. [Polyline]으로 직선 부분을 그린다. 종료(Exit Mode ✔) 버튼 클릭!

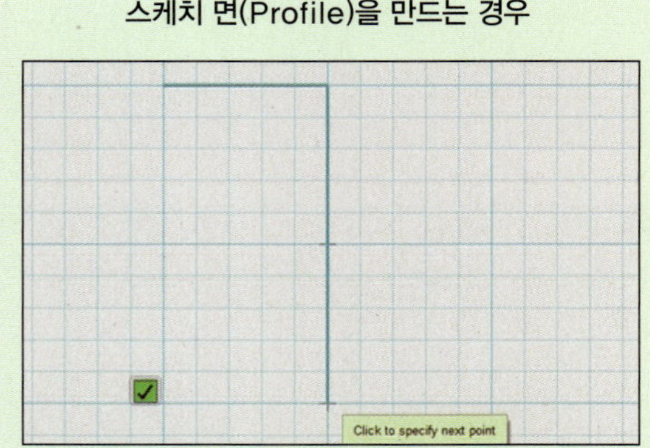

1. [Polyline]으로 직선 부분을 그린다. 종료(Exit Mode ✔) 버튼 클릭!

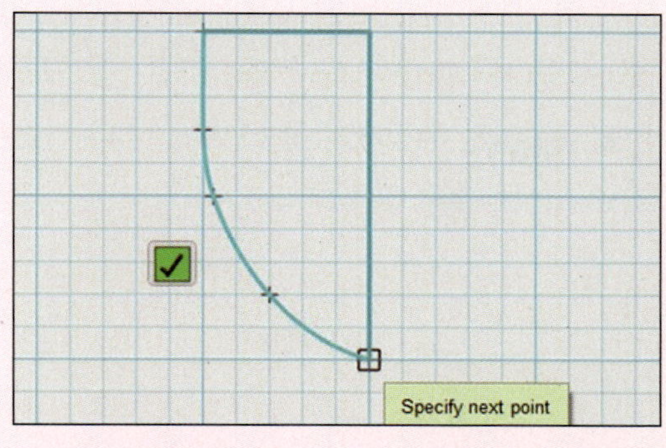

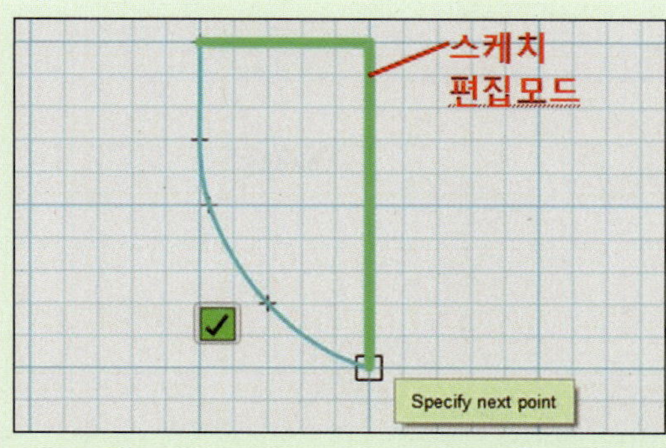

2. [Spline]을 선택하고, **화면 빈 곳을 클릭한 후** 직선에 곡선을 이어 그린다.

2. [Spline]을 선택하고, 직선을 클릭하여 스케치 편집모드(굵은 초록선)로 전환한 후, 직선 끝부분(사각 스냅점)을 다시 클릭하여 곡선을 그린다.

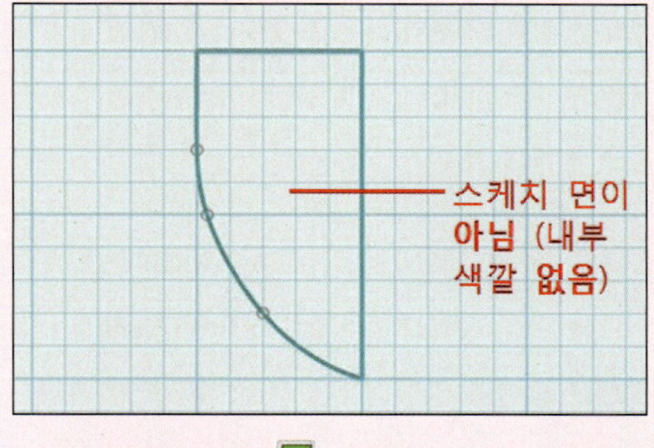

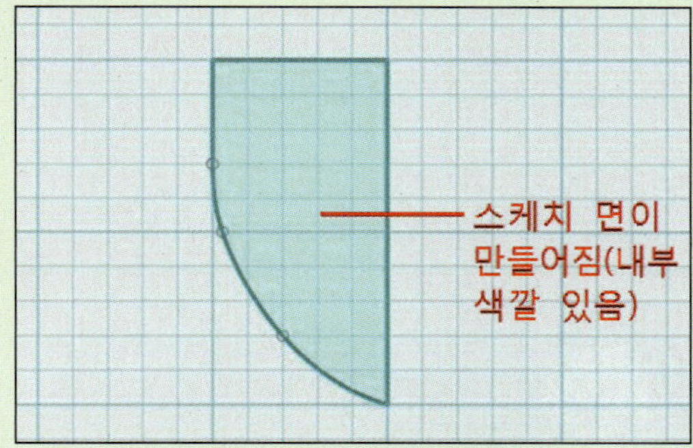

3. 종료(Exit Mode ✔) 버튼 클릭! (→스케치 면을 만들지 못함)

3. 종료(Exit Mode ✔) 버튼 클릭! (→스케치 면을 만듦)

❖ 직선과 곡선의 연결 지점이 정확하게 연결되지 않으면(끊어져 있으면), **스케치 면(Profile)**을 만들 수 없다.

(2) [Spline]으로 그린 직선은 회전축(Axis)으로 사용할 수 없다.

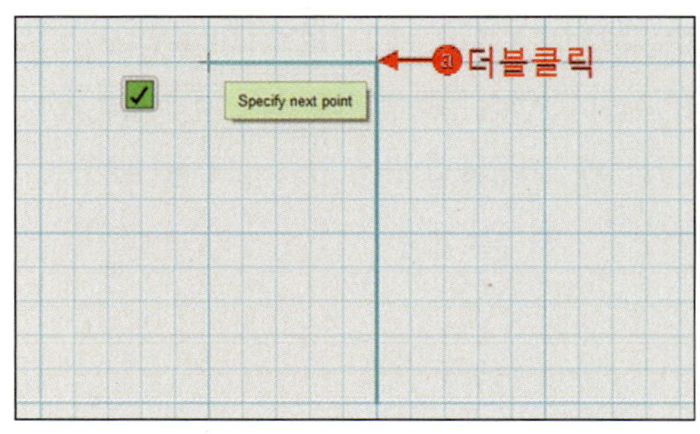

1. 메뉴 [Sketch–Spline]을 선택한 후, 직선부분을 그린다.

❖ ⓐ꺾이는 지점에서는 더블클릭하여 일단 끊어 주었다가 다시 선의 끝지점을 클릭하여 연결한다.

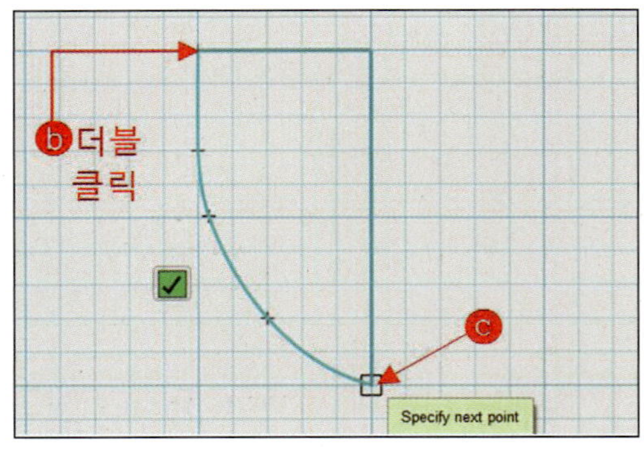

2. 직선이 끝난 지점 ⓑ에서도 더블클릭하여 일단 끊어주었다가 ⓑ점을 다시 클릭하고, 중간지점들을 클릭하여 ⓒ점까지 곡선으로 그린다. 종료 (Exit Mode ✓) 버튼 클릭 또는 Esc 키를 누름!

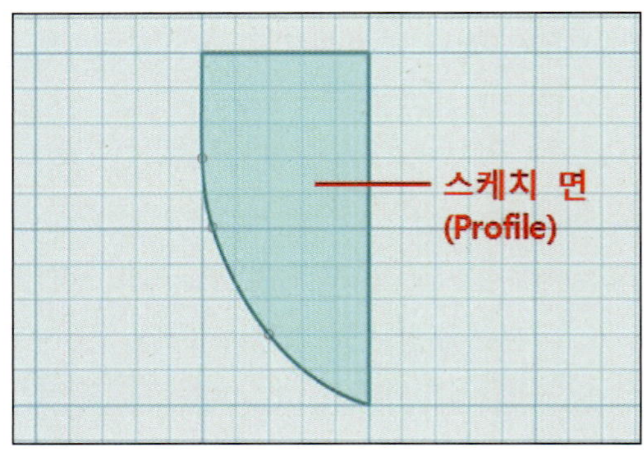

3. [Spline] 툴만을 이용한 스케치 면(Profile)이 완성된다.

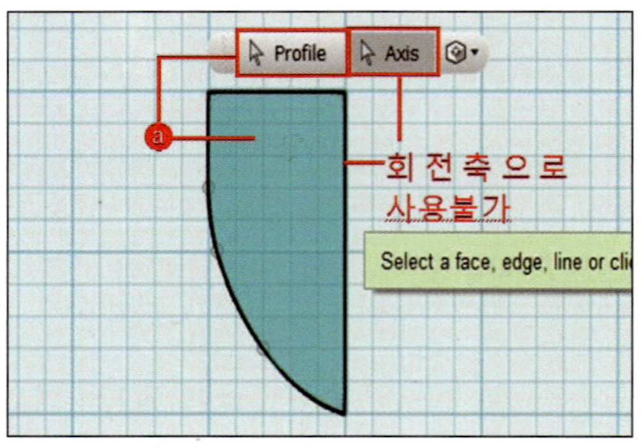

4. [Revolve] 툴 적용 불가 메뉴 [Construct-Revolve]를 선택한 후, [Profile]-ⓐ면을 클릭하고, [Axis] 클릭-직선 부분을 클릭해야 하지만 선택되지 않는다.

❖ [Spline]으로 그린 직선은 회전축(Axis)으로 사용 불가능하므로, [Polyline]으로 직선을 그려야 한다.

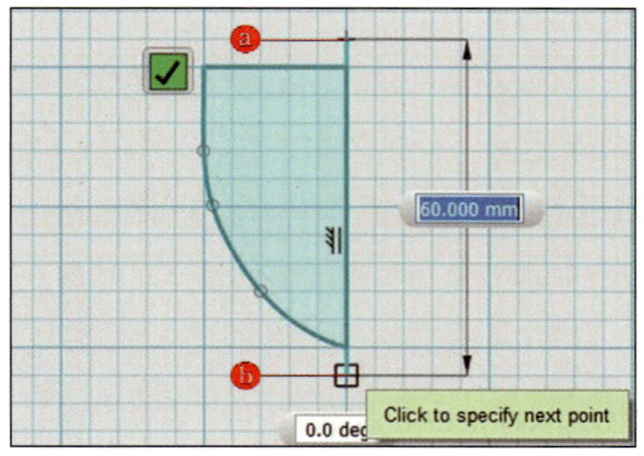

5-1. [Revolve] 툴 적용 가능 메뉴 [Primitives-Polyline]을 선택한 후, 회전축(Axis)으로 사용하기 위하여 직선(ⓐ~ⓑ)을 그린다. 종료(Exit Mode ✓) 버튼 클릭 또는 Esc 키를 누름!

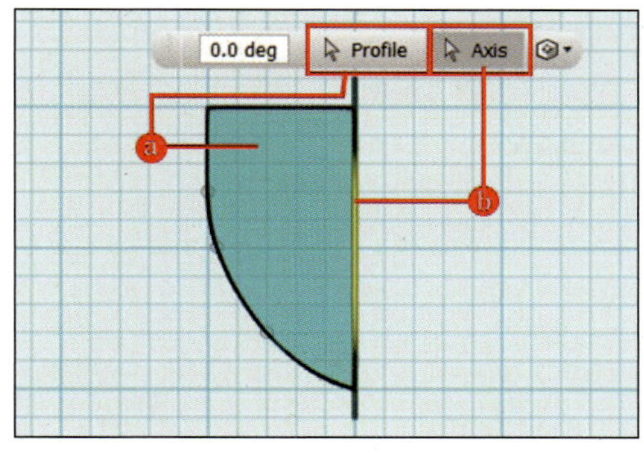

5-2. 메뉴[Construct-Revolve]를 선택한 후, [Profile]-ⓐ면을 클릭하고, [Axis] 클릭-ⓑ직선을 클릭한다.

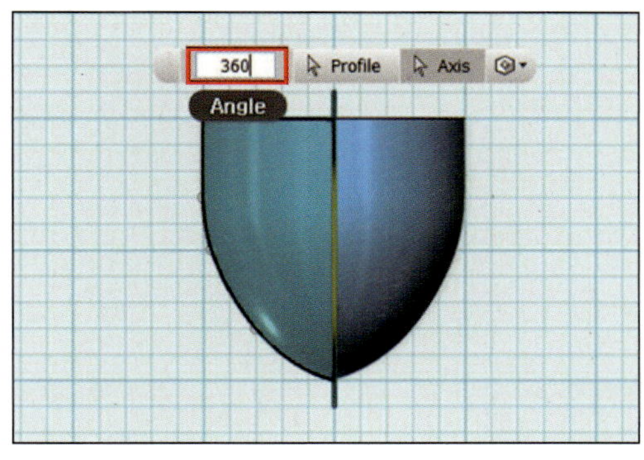

5-3. 입력칸(Angle)에 360을 입력하여 회전입체를 만든다. 화면 빈 곳 클릭하여 완료! 팽이 모양의 솔리드 완성!

나 [Revolve] 툴의 4가지 옵션

[Revolve] 툴을 적용할 때 (두 솔리드가 겹치는 경우) 입력창의 드롭다운 버튼을 클릭하면 4가지 옵션이 나타난다. 상황에 따라 필요한 옵션을 선택하면 된다.

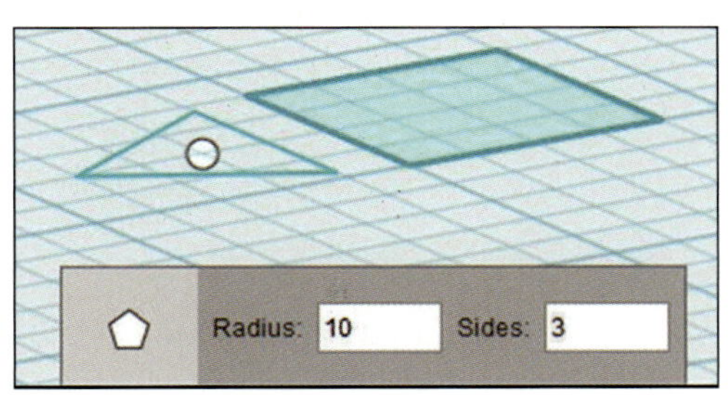

1. 메뉴 [Primitives-Rectangle]로 사각형을 그린 후, 메뉴 [Primitives-Polygon]을 선택하고 입력칸 [Sides : 3]을 입력하여 삼각형을 그린다.

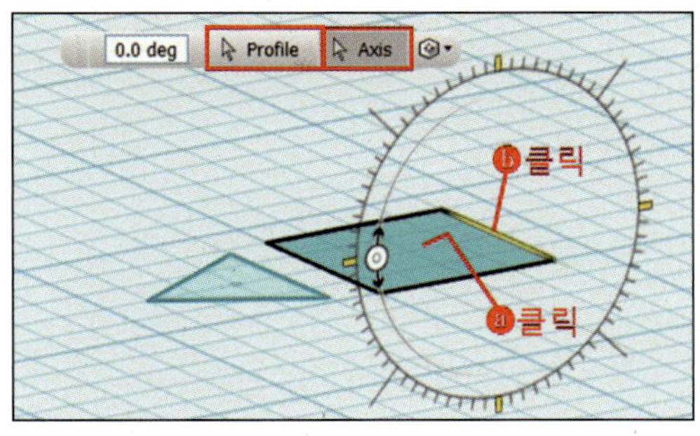

2. 메뉴 [Construct-Revolve]를 선택한 후, [Profile]-ⓐ사각형 면을 클릭하고, [Axis] 클릭-사각형의 ⓑ오른쪽 변(선)을 클릭한다.

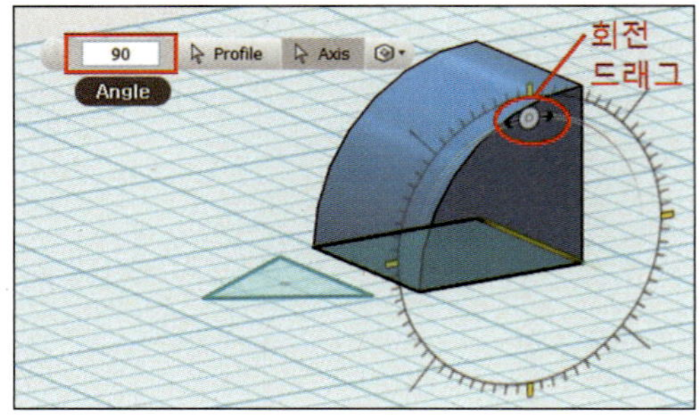

3. [검은 화살표]를 회전 드래그하거나 입력칸 Angle에 90을 입력한다. 화면 빈 곳을 클릭하여 완료!

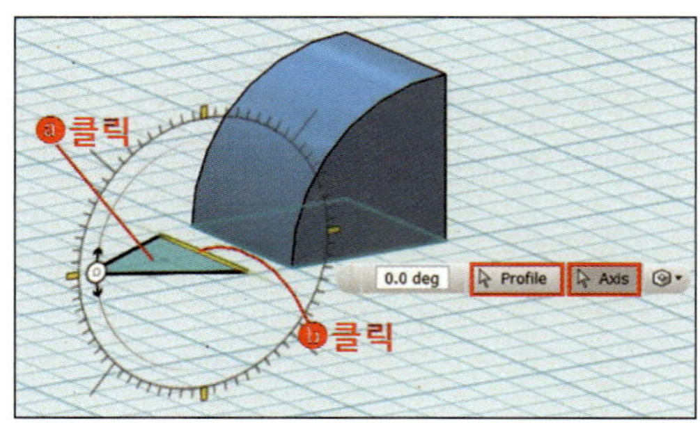

4. 메뉴 [Construct-**Revolve**]를 선택한 후, [Profile]-ⓐ삼각형 면을 클릭하고, [Axis] 클릭-삼각형의 ⓑ오른쪽 변(선)을 클릭한다.

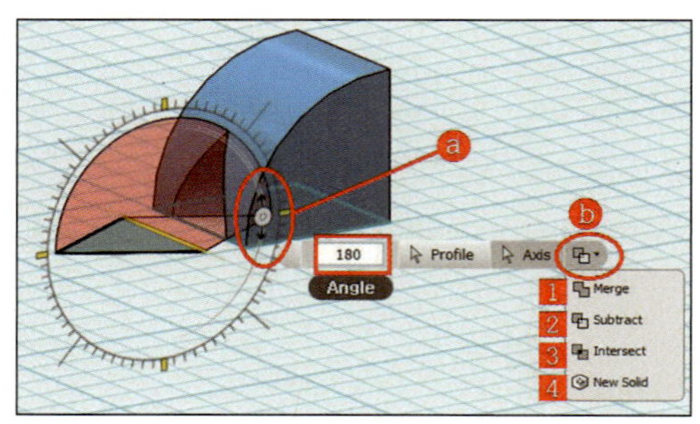

5. ⓐ[검은 화살표]를 회전 드래그하거나 입력칸 Angle에 180을 입력한다. 입력창의 ⓑ드롭다운 버튼을 클릭하면, **4가지 옵션(1, 2, 3, 4)이 나타난다. (기본 값은 [Subtract]임)**

6-1 [Merge]를 선택한 경우 (화면 빈 곳 클릭하여 완료!)

❖ **합병(합집합)** : 삼각 회전 솔리드가 이전의 사각 회전 솔리드와 합병되어 하나의 솔리드가 되는 것

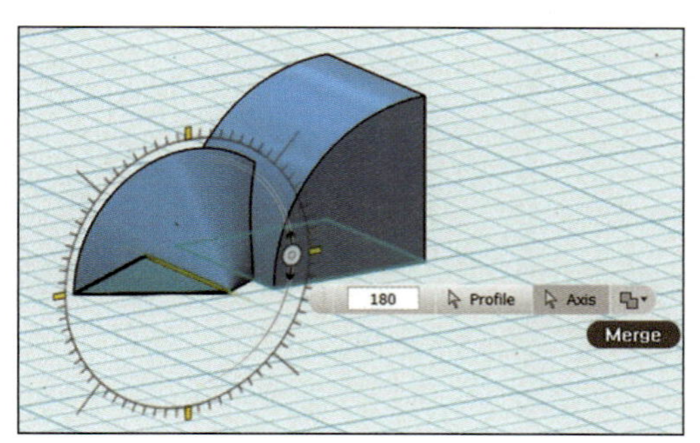

→

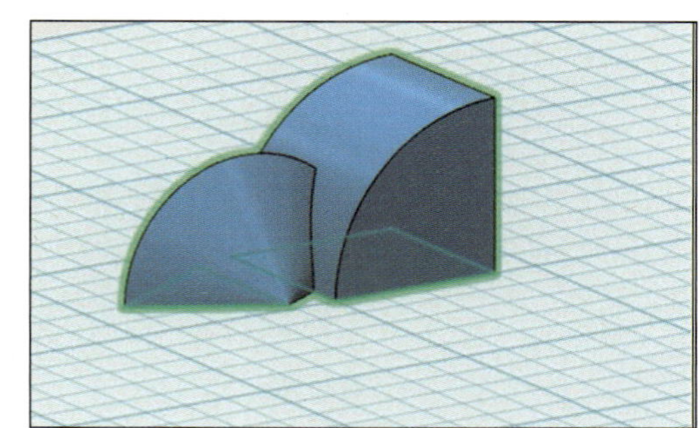

6-**2** [Subtract]를 선택한 경우 (화면 빈 곳 클릭하여 완료!)

❖ **차집합(빼기)** : 삼각 회전 솔리드가 이전의 사각 회전 솔리드의 형상을 제거하는 형태로 되는 것

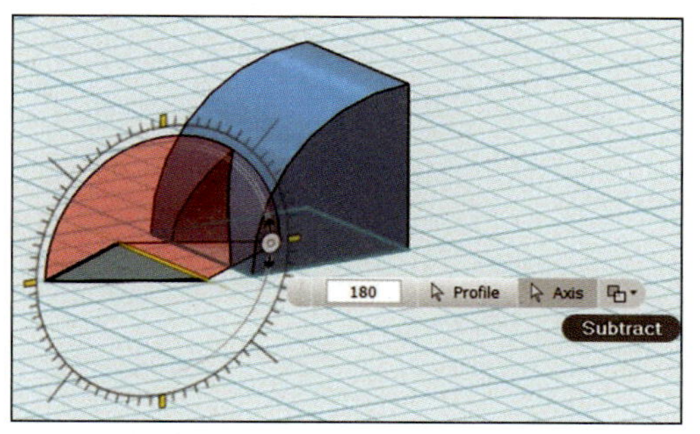
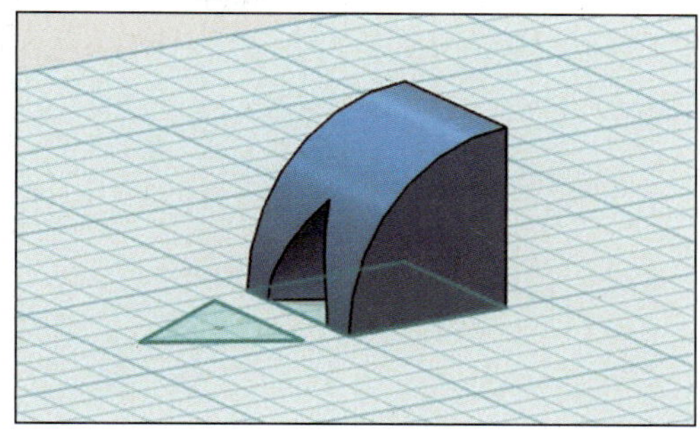

6-**3** [Intersect]를 선택한 경우 (화면 빈 곳 클릭하여 완료!)

❖ 교집합 : 삼각 회전 솔리드가 이전의 사각 회전 솔리드와 겹쳐지는 부분만 남겨 두는 것

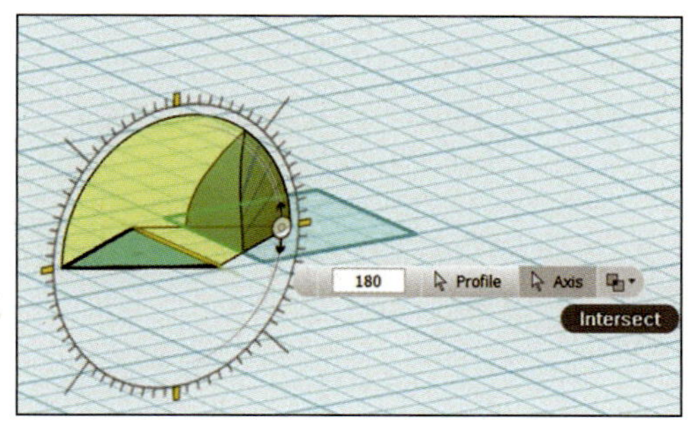
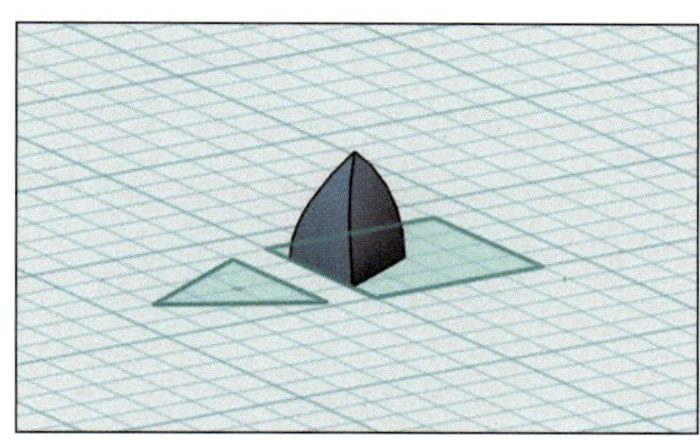

6-**4** [New Solid]를 선택한 경우 (화면 빈 곳 클릭하여 완료!)

❖ **새 솔리드** : 삼각 회전 솔리드가 이전의 사각 회전 솔리드와 관계없이 새로운 솔리드로 만들어지는 것

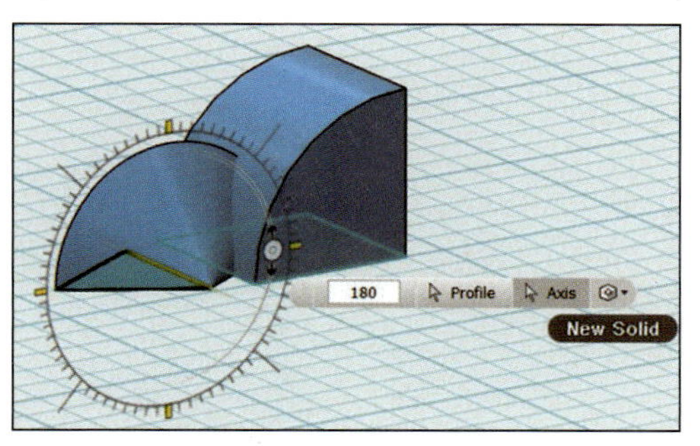
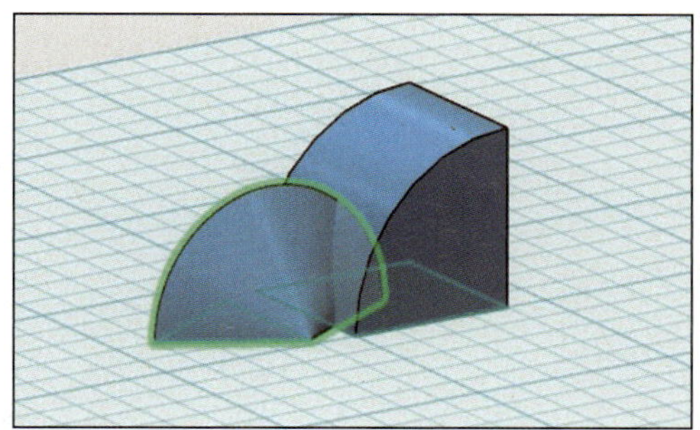

 다음의 도형 중에서 ⓐ[Profile]과 ⓑ[Axis]를 각각 선택하여 [Revolve] 툴을 적용
할 수 있는 것은? (정답이 2개 이상이라면 모두 고르시오)

① 그림은 [Polyline] 툴로 직선, [Spline]
   툴로 곡선을 그려서 완성한 도형이다. 이
   도형에 [Revolve] 툴을 적용한다.

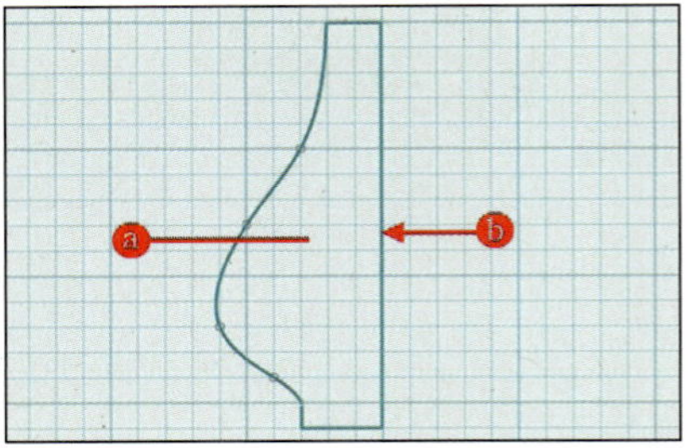

② 그림은 [Spline] 툴만으로 직선과 곡선
   을 그려서 완성한 도형이다. 이 도형에
   [Revolve] 툴을 적용한다.

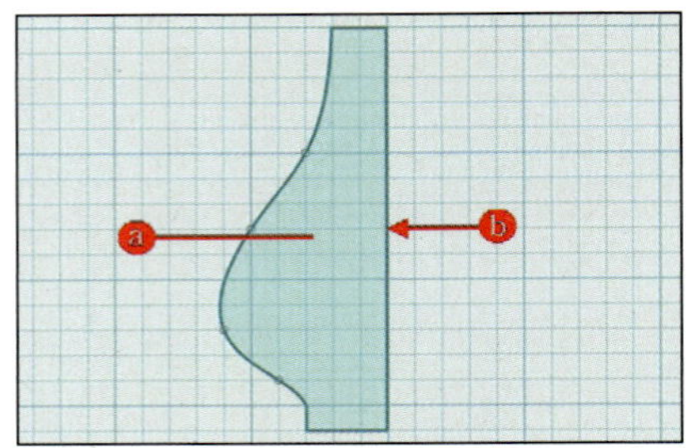

③ 육면체 솔리드 ⓐ윗면, ⓑ모서리를 선택하
   여 [Revolve] 툴을 적용한다.

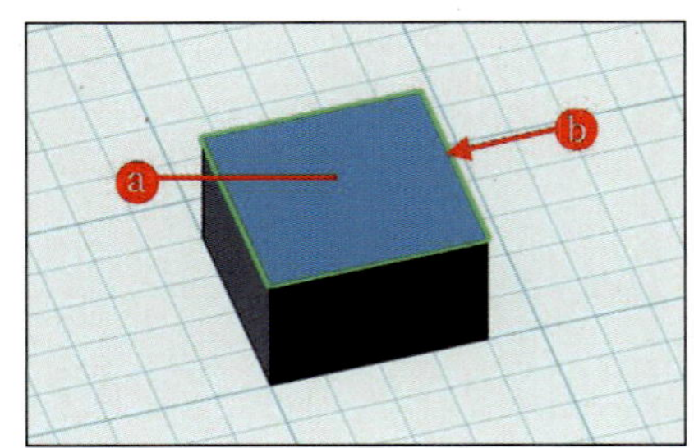

정답 : ③, 해설 : 288쪽

 다음과 같이 스케치 면(Profile)을 그린 후, [Revolve] 툴을 적용하여 도자기 병 모
양을 모델링하시오.

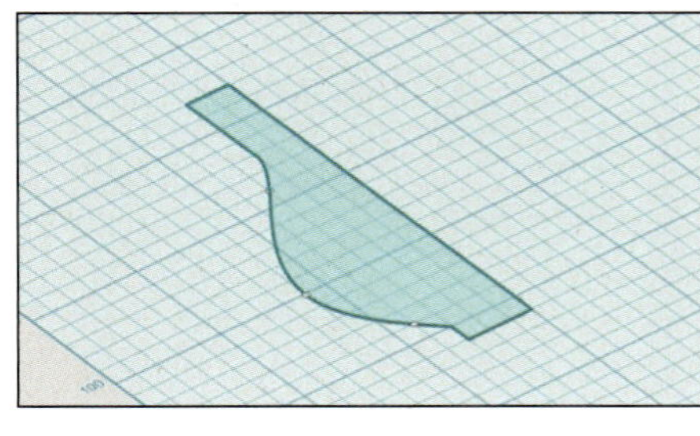

→

[Revolve]
툴 이용

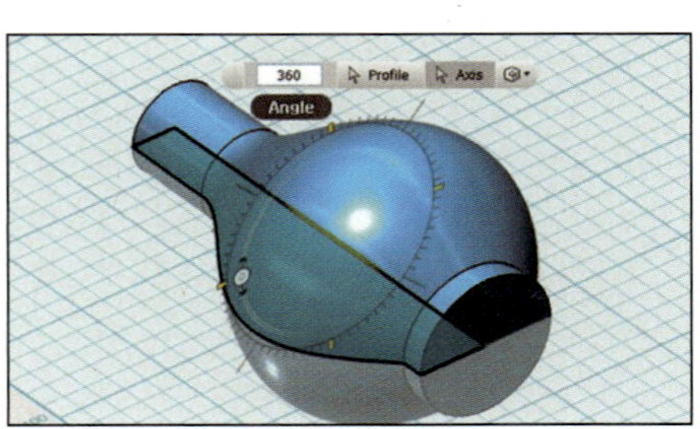

해설 : 289쪽

1 메뉴 [Sketch-Sketch Circle, Sketch Polygon]을 선택하여 원(지름 : 20)과 육각형(반지름 : 25)을 각각 그린다. 종료(Exit Mode ✓) 버튼 클릭 또는 Esc 키를 누름!

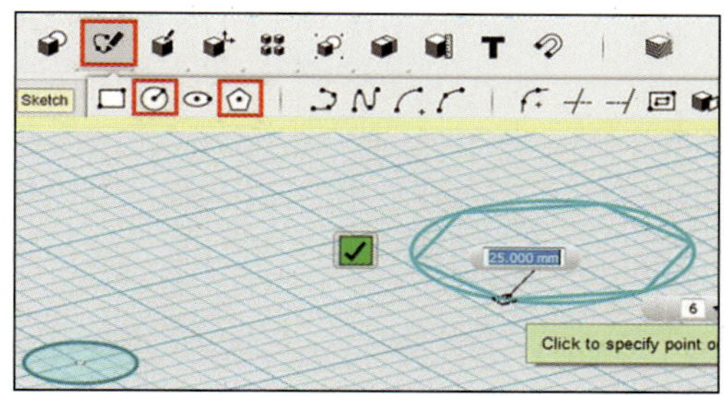

2 [Transform-Move/Rotate] 툴을 이용하여, 원과 육각형을 각각 90°씩 회전시켜 면과 면이 서로 마주 보게 한다.

3 메뉴 36 [Construct-Loft]를 선택한 후, ⓐ 원(면)과 ⓑ육각형의 면을 차례로 클릭한다.

❖ 원과 육각형을 선택할 때, <u>선을 클릭하면 오류가 발생</u>하므로 반드시 **면을 클릭**해야한다.

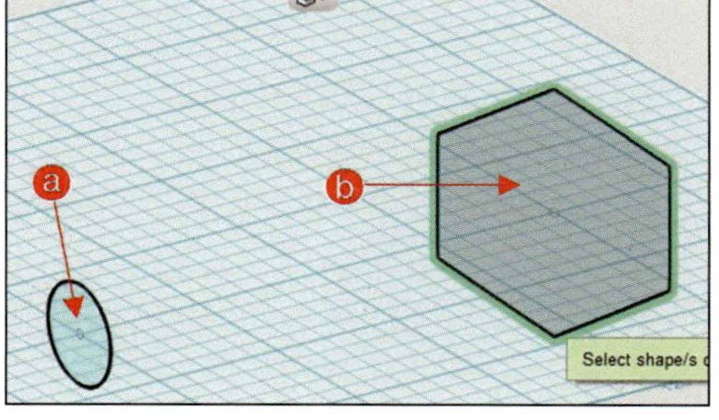

4 원과 육각형을 단면으로 연결하는 솔리드가 만들어진다. 화면 빈 곳을 클릭하여 완료!

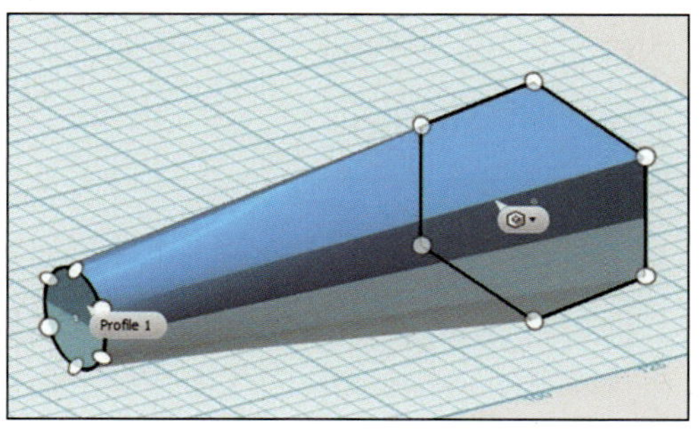

정 리	[Loft] 기능	❶ 스케치 면과 스케치 면의 연결 입체 ❷ 스케치 면과 솔리드 평면의 연결 입체 ❸ 솔리드 평면과 솔리드 평면의 연결 입체

가 [Loft] 툴과 스케치 면(Profile)의 우선 선택 차이점

스케치 면(Profile)이 3개 이상일 경우, A [Loft] 툴을 먼저 선택하느냐, B 스케치 면(Profile)들을 먼저 선택하느냐는 편리함보다도 솔리드의 형상이 달라지는 데 주목해야 한다. 다음 과정을 통해 차이점을 알아보자.

A [Loft] 툴을 선택한 후 ⇨ B 스케치 면(Profile)들을 선택한 경우	B 스케치 면(Profile)들을 선택한 후 ⇨ A [Loft] 툴을 선택한 경우
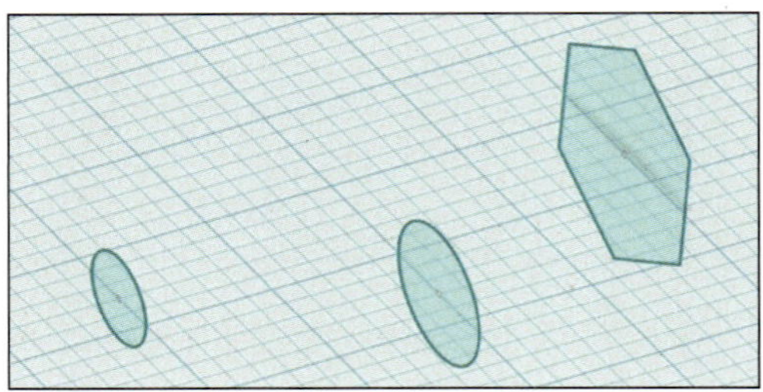	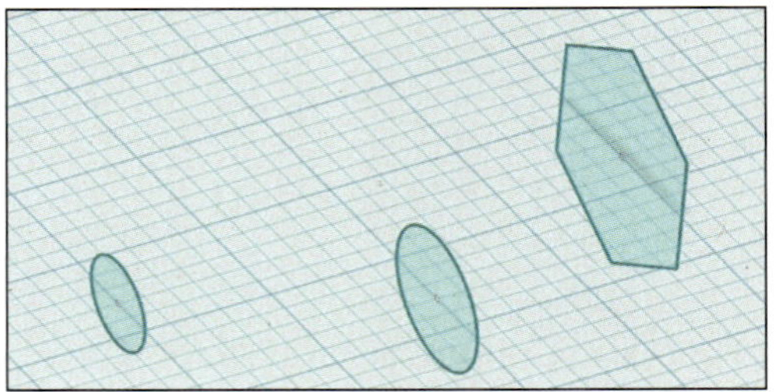
1. 메뉴 [Sketch-Sketch Circle]과 [Sketch-Sketch Polygon]을 각각 선택하여 두 개의 원(지름 : 20, 30)과 육각형(반지름 : 25)을 그린 후, ➡ [Move/Rotate] 툴을 이용하여, 두 개의 원과 육각형을 각각 90°씩 회전시켜 면과 면이 서로 마주 보게 한다.	1. 메뉴 [Sketch-Sketch Circle]과 [Sketch-Sketch Polygon]을 각각 선택하여 두 개의 원(지름 : 20, 30)과 육각형(반지름 : 25)을 그린 후, ➡ [Move/Rotate] 툴을 이용하여, 두 개의 원과 육각형을 각각 90°씩 회전시켜 면과 면이 서로 마주 보게 한다.
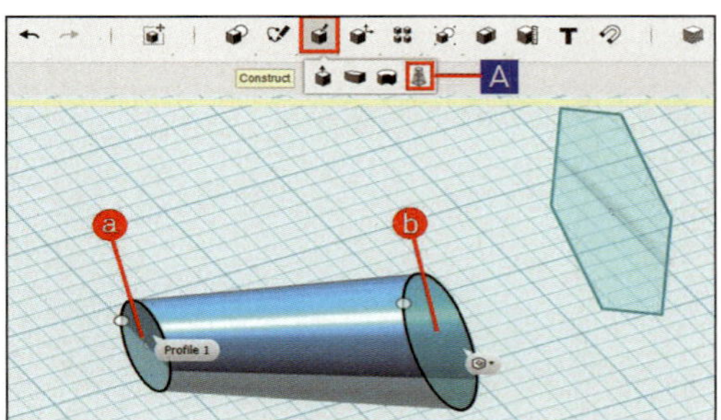	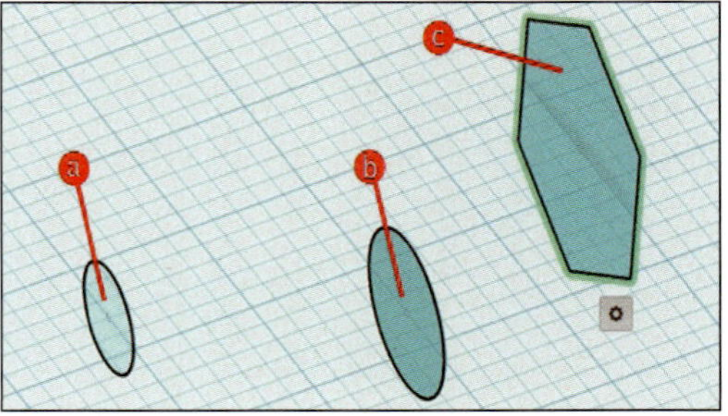
2. 메뉴 A [Construct-Loft]를 선택한 후, ⓐ원(면)과 ⓑ원(면)을 차례로 클릭하면, 솔리드가 만들어진다. 화면 빈 곳을 클릭하여 완료!	2. 'Ctrl+개체선택'방식으로 ⓐ첫 번째 원(면), ⓑ두 번째 원(면), ⓒ육각형(면)을 차례로 클릭한다. ❖ ⓐ→ⓑ→ⓒ의 클릭 순서가 바뀌면 다른 형태의 솔리드가 만들어진다.

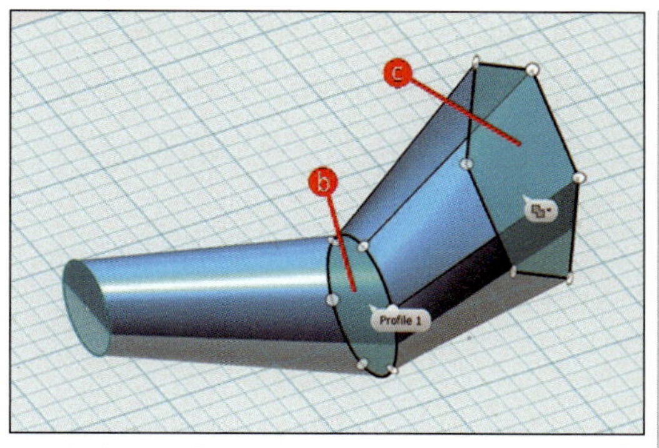

3. 다시, 메뉴 [Construct-Loft]를 선택한 후, **b** 원(면)과 **c** 육각형(면)을 차례로 클릭한다.

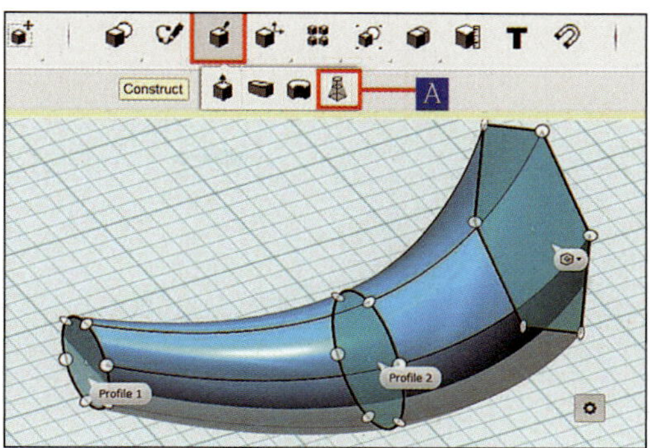

3. 메뉴 **A** [Construct-Loft]를 선택한다.

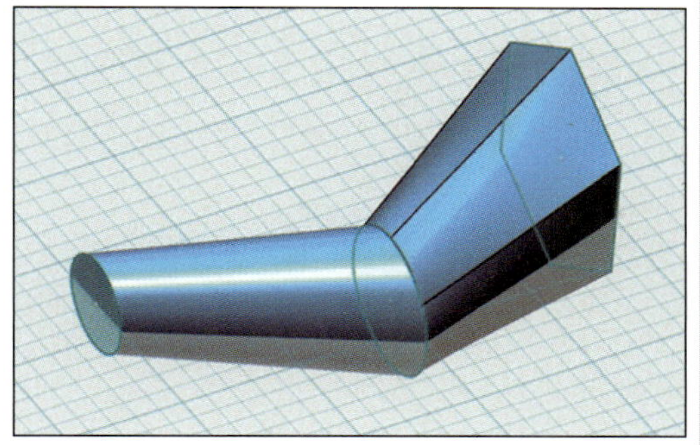

4. **완성된 솔리드 형상** 화면 빈 곳을 클릭하여 완료!

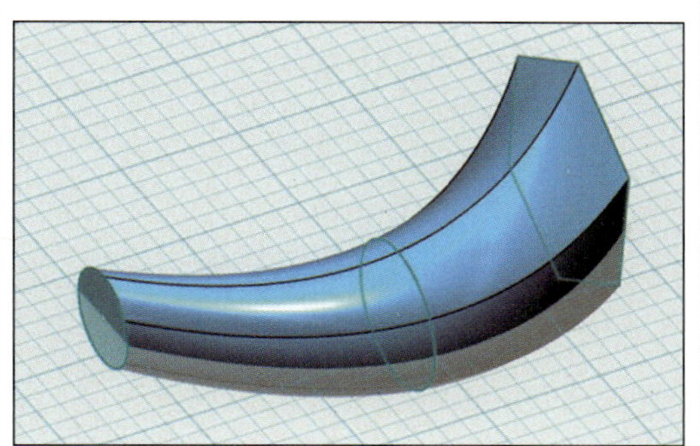

4. **완성된 솔리드 형상** 화면 빈 곳을 클릭하여 완료! [Loft] 적용 결과를 왼쪽 솔리드와 비교해 보자.(세 단면이 <u>유선형</u>으로 부드럽게 연결됨)

나 [Loft] 툴의 적용과정에서 둥근 핸들을 이용한 변형

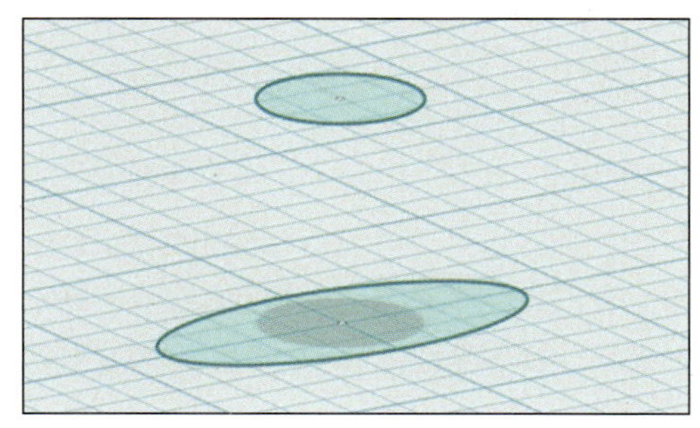

1. 메뉴 [Sketch-Sketch Ellipse]와 [Sketch-Sketch Circle]을 각각 선택하여 타원과 원을 그린 후 연직으로 마주 보게 이동 배치한다.

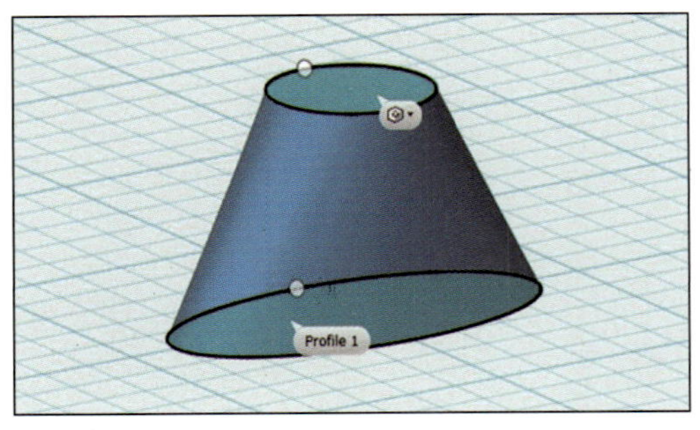

2. 메뉴 [Construct-Loft]를 선택한 후, 타원(면)과 원(면)을 차례로 클릭하여 솔리드를 만든다.

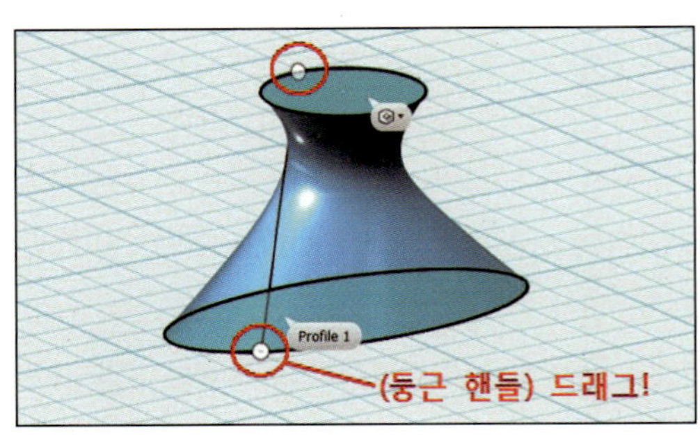

3. 둥근 핸들을 타원 또는 원의 선을 따라 드래그하여 솔리드를 변형시킨다.

다 [Loft] 툴의 4가지 옵션

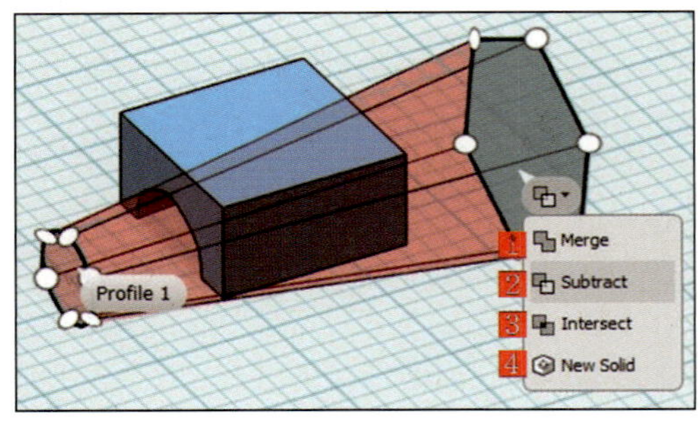

[Loft] 툴을 적용할 때, 입력창의 드롭다운 버튼을 클릭하면, **4가지 옵션(1 Merge, 2 Subtract, 3 Intersect, 4 New solid)이 나타난다. (기본값은 [Subtract] 또는 [Merge]임)**

  다음 중에서 ⓐ면과 ⓑ면을 하나씩 클릭하여 [Loft] 툴을 적용할 수 없는 것은? (정답이 2개 이상이라면 모두 고르시오)

① 두 스케치 면(Profile)이 마주보지 않고 같은 평면상에 놓여 있을 때

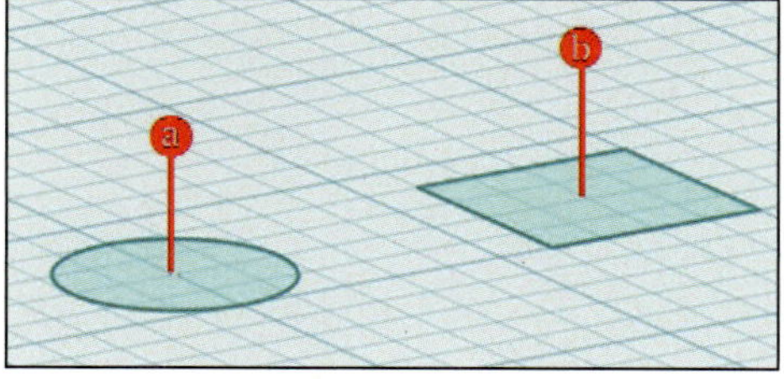

② 두 스케치 면(Profile)이 수직을 이루고 있을 때

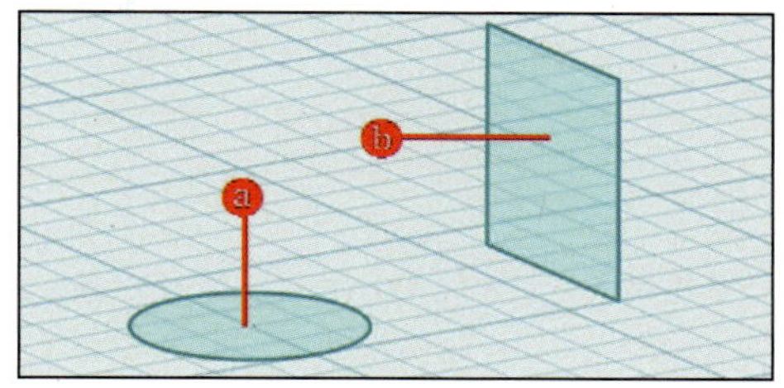

③ 두 스케치 면(Profile)끼리 서로 마주 보고 있을 때

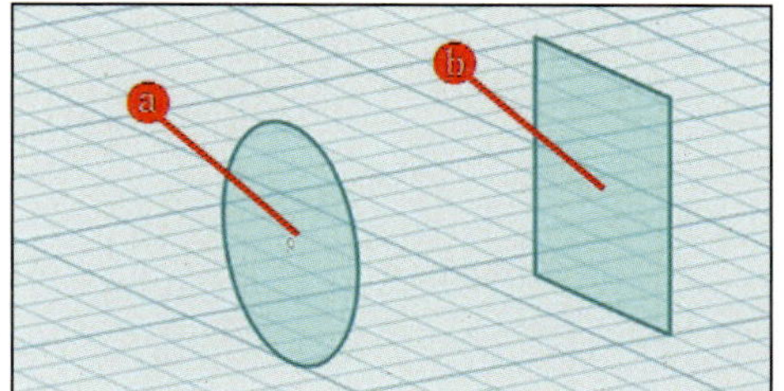

④ 두 솔리드의 평면끼리 서로 마주 보고 있을 때

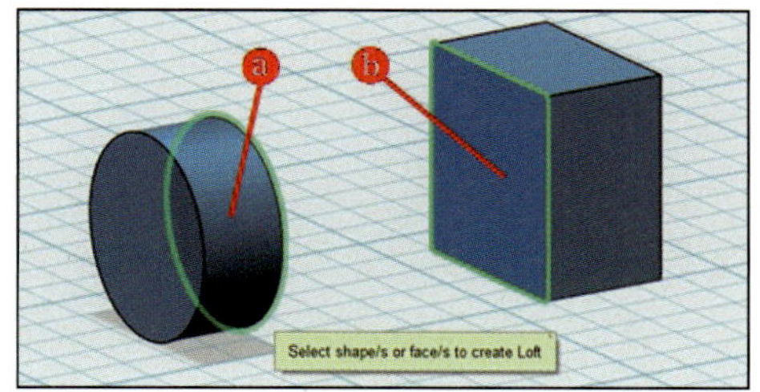

정답 : ①, 해설 : 290쪽

  다음과 같이 3개의 원과 육각형 **스케치 면(Profile)**을 그려서 연직으로 이동 배치한 후, [Loft] 툴을 적용하여 도자기 병 모양을 모델링하시오.

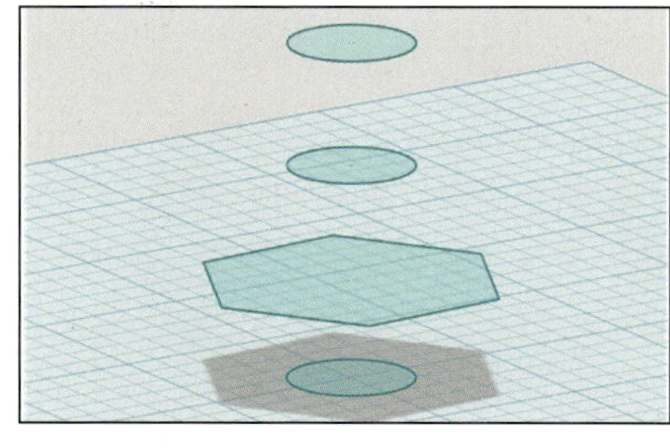

→

[Loft]
툴 이용

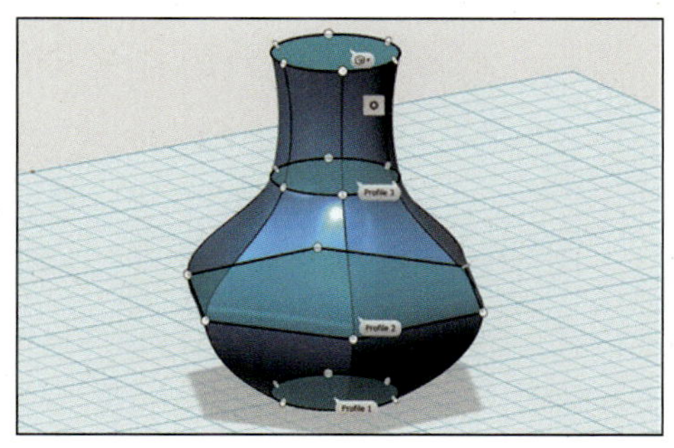

해설 : 290쪽

 **병 모양을 모델링하는 다양한 방법**

| [Revolve] & [Shell] 툴 이용법 | [Loft] & [Shell] 툴 이용법 | [Offset] & [Revolve] 툴 이용법 |

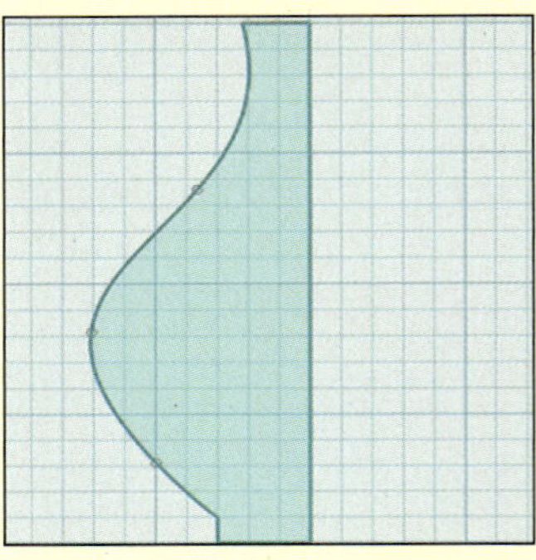

1. 메뉴 [Sketch-Polyline, Spline]으로 병의 단면을 그린다.

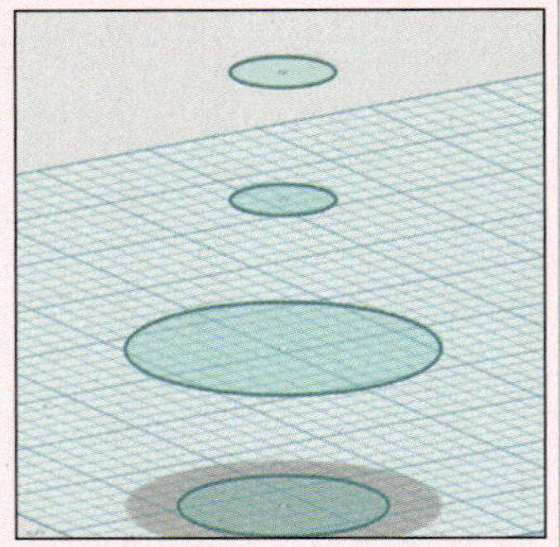

1. 메뉴 [Primitives-Circle]로 4개의 원을 그려서 연직으로 이동 배치한다.

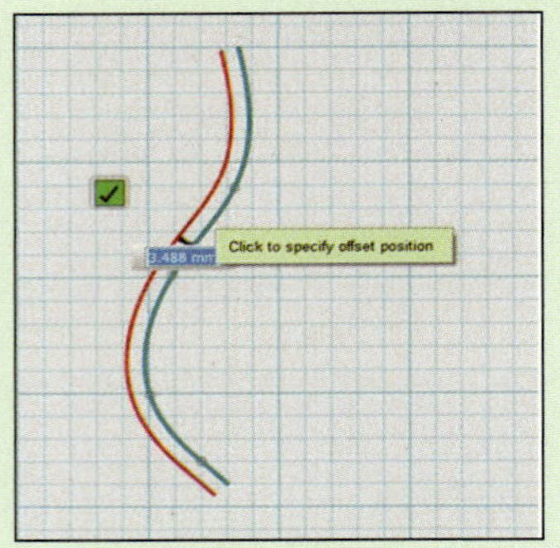

1. [Spline]으로 그린 곡선을 메뉴 [Sketch-Offset]을 이용하여 이중선을 만든다.

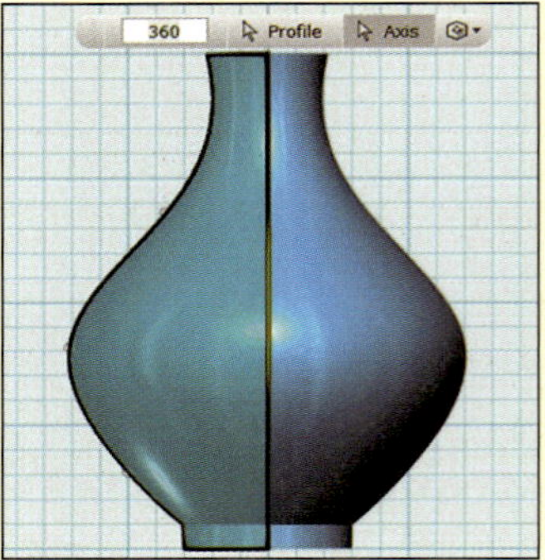

2. 메뉴 [Construct-Revolve]로 회전시켜 솔리드를 만든다.

2. 메뉴 [Construct-Loft]로 솔리드를 만든다.

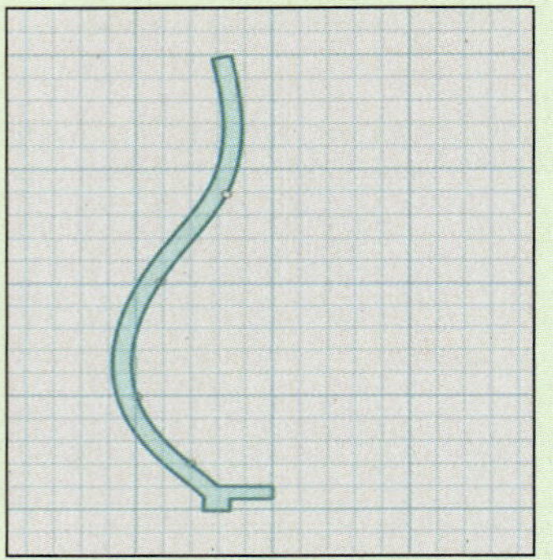

2. [Polyline]으로 곡선에 직선을 연결하여 스케치 면을 만든다.

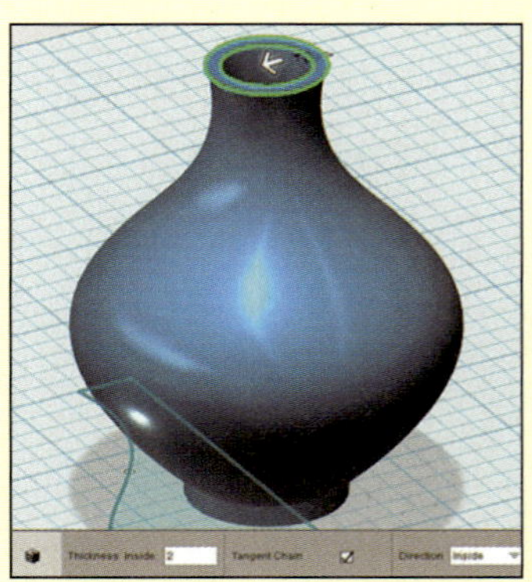

3. 메뉴 [Modify-Shell]로 속 비우기를 한다.

3. 메뉴 [Modify-Shell]로 속 비우기를 한다.

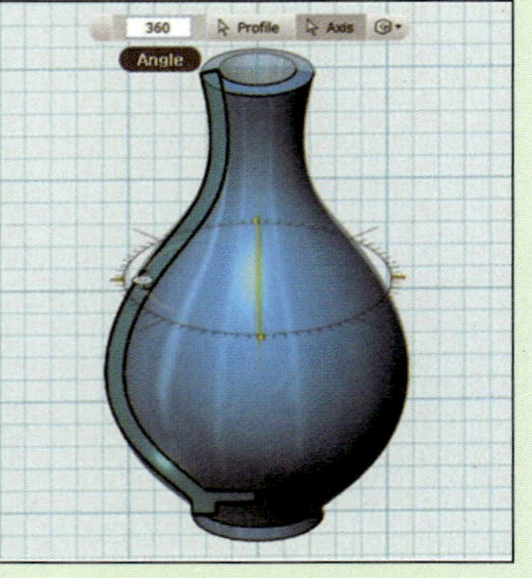

3. 메뉴 [Construct-Revolve]로 회전시켜 솔리드를 만든다.

SECTION 03

[37 : Press Pull]	[38 : Tweak]
[39 : Split Face]	[40 : Fillet]
[41 : Chamfer]	[42 : Split Solid]
[43 : Shell]	

메인 툴 [**Modify**]의 부메뉴에는 '누르기/당기기'(Press/Pull), 비틀기(Tweak), 면 분할(Split Face), 모깎기 (Fillet), 모따기(Chamfer), 솔리드 분할(Split Solid), 속 비우기(Shell) 등이 있다. 이러한 툴들은 의도에 맞게 모델을 수정하거나 마무리하여 완성도를 높이는 데 유용하다. 다음의 과정을 통해서 익숙해지도록 연습하자.

37 Press Pull (프레스 풀)
: 누르기 당기기

1 메뉴 [Primitives-**Cone, Circle**]을 선택하여 기본 값의 원뿔과 원을 각각 만든다.

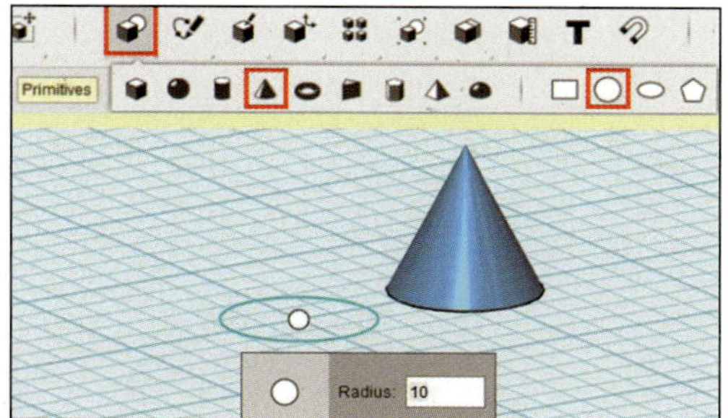

2 [뷰-큐브]-'FRONT와 BOTTOM 사이의 모서리'를 클릭하여 시점 전환한다.

❖ [뷰-큐브]-[FRONT와 BOTTOM 사이]로의 시점 전환

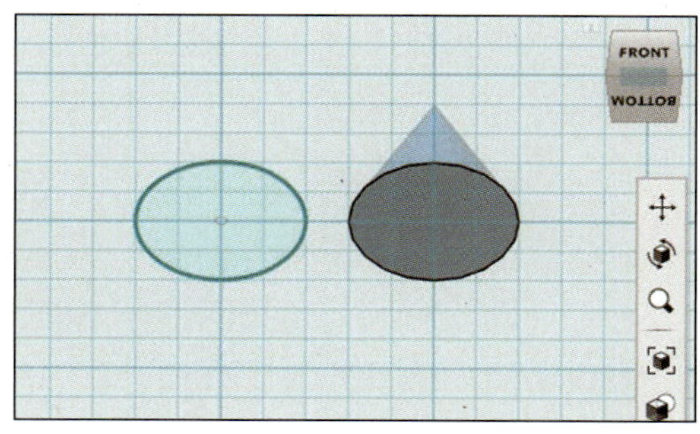

3. 메뉴 **37** [Modify-Press Pull]을 선택한
   후, ⓐ원뿔의 밑면(초록색 원)을 클릭한다. (흰
   화살표가 나타남)

❖ 원뿔의 곡면(옆면)도 [Press Pull] 툴을 적용할 수
   있다.

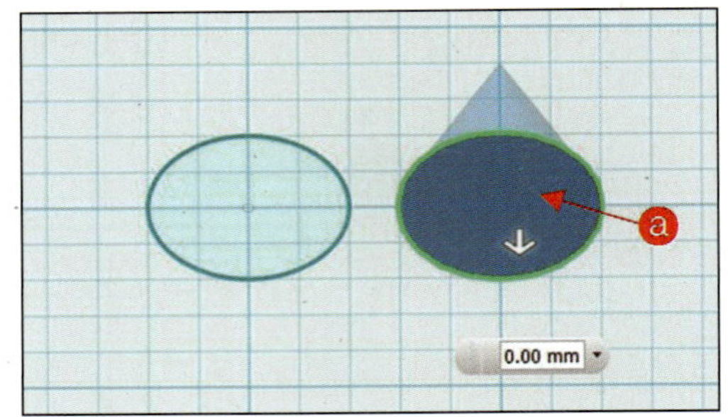

4. **원뿔의 [Press Pull] 적용** [흰 화살표]를 아래
   로(또는 위로) 드래그하거나 입력칸에 수치를 입
   력한다.(⇨원뿔모양 유지) 화면 빈 곳 클릭하여
   완료!

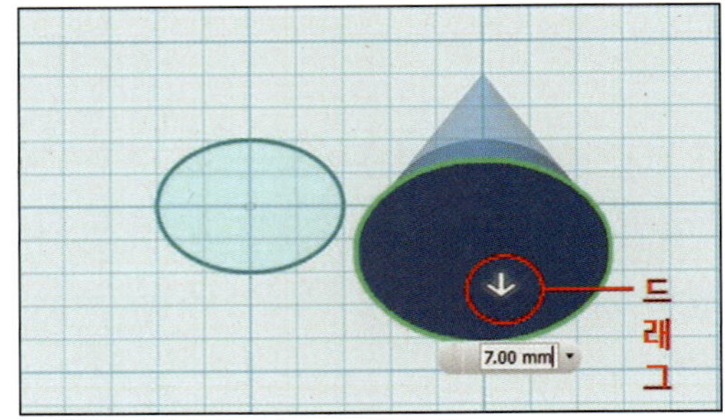

5. **원의 [Press Pull] 적용** 다시, 메뉴 **37**
   [Modify-Press Pull]를 선택하고 ⓑ원(면)
   을 클릭한 후, [흰 화살표]를 아래로(또는 위로)
   드래그하거나 입력칸에 수치를 입력한다.(⇨원
   기둥 솔리드 생성) 화면 빈 곳 클릭하여 완료!

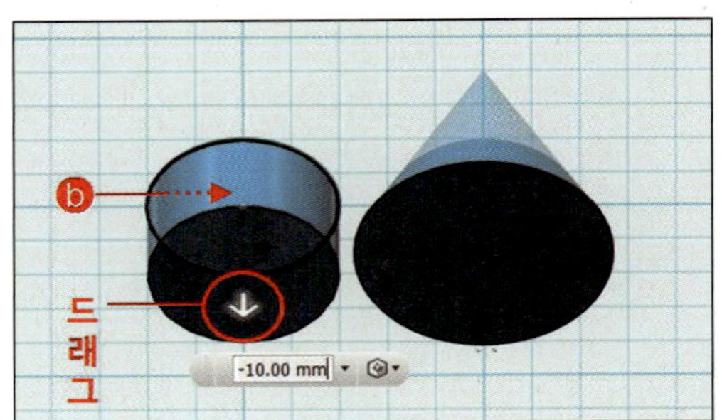

🔍 [Press Pull] 툴 파헤치기

■ [Press Pull]과 [Extrude] 툴의 차이점

[Extrude]와 [Press/Pull] 툴은 평면(스케치 면, 육면체의 한 면)에 각각 적용했을 때, 결과는 똑같은 기
능처럼 나타난다. 그러나 이들의 기능에는 다음과 같이 중요한 차이점이 있다.

툴	평면에 적용	솔리드 곡면에 적용	솔리드 도형의 복원 기능
[Extrude]	○	×	×
[Press/Pull]	○	○	○

(1) **평면**에 적용한 [Extrude]와 [Press Pull]

❶ 원뿔의 평면

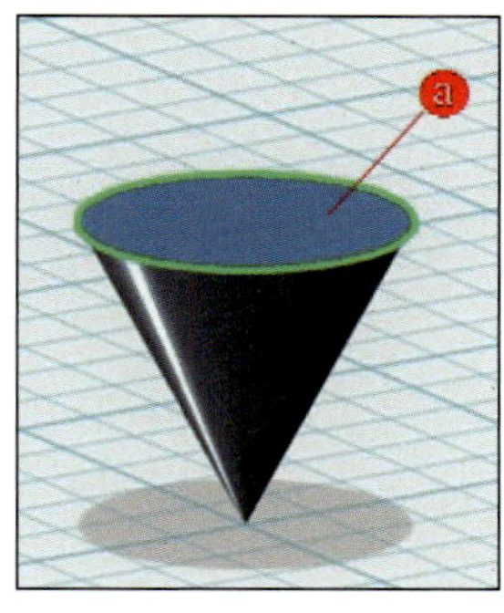

[Extrude]

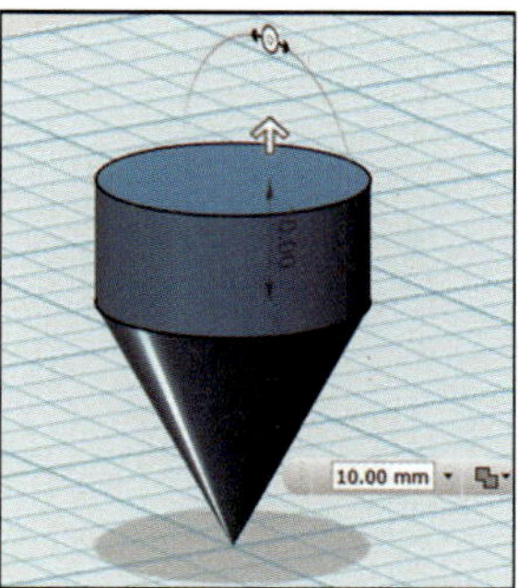

← [Extrude] 툴을 이용하
여 원뿔의 ⓐ윗면을 위로 드
래그 한다.

[Press Pull]

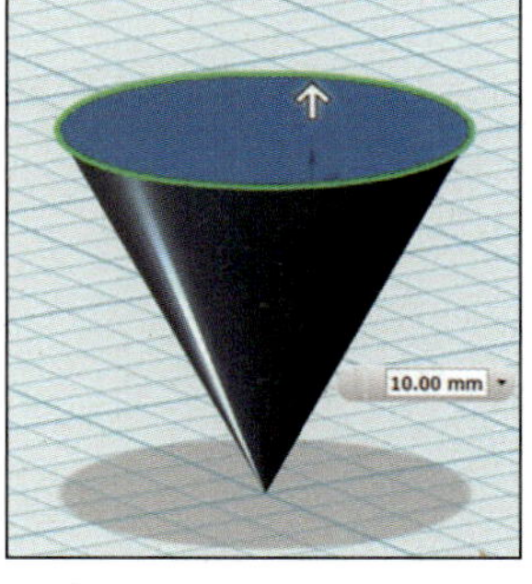

← [Press Pull] 툴을 이용
하여 원뿔의 ⓐ윗면을 위로
드래그 한다.
〈**원뿔모양 유지**〉

❷ 반구의 평면

[Extrude]

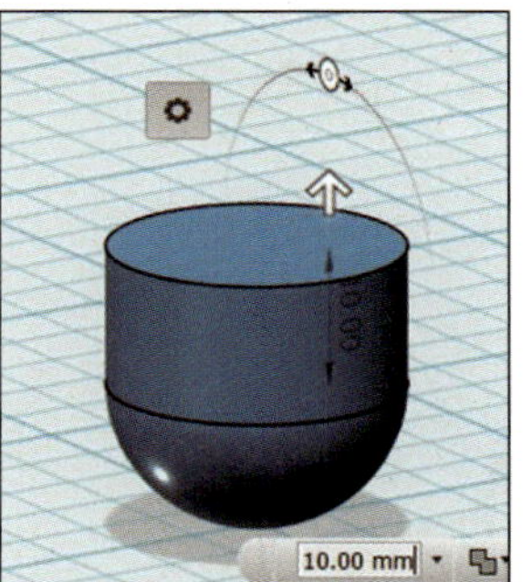

← [Extrude] 툴을 이용하
여 반구의 ⓐ윗면을 위로 드
래그 한다.

[Press Pull]

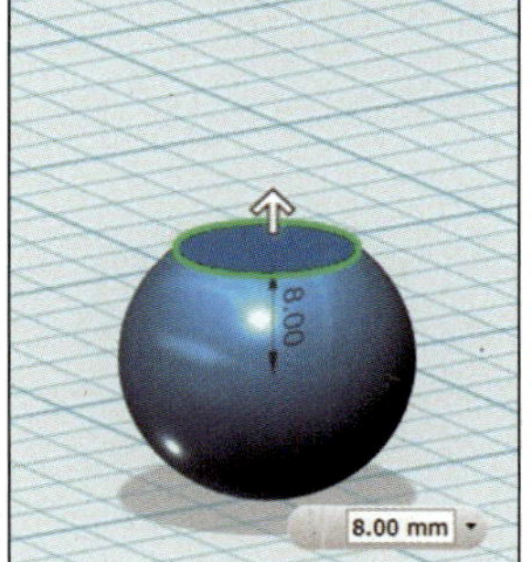

← [Press Pull] 툴을 이용
하여 반구의 ⓐ윗면을 위로
드래그 한다. (반구→**구**로
복원됨)

(2) **곡면에 적용한 [Press Pull]**……([Extrude] 툴은 **곡면**에 적용 불가능함)

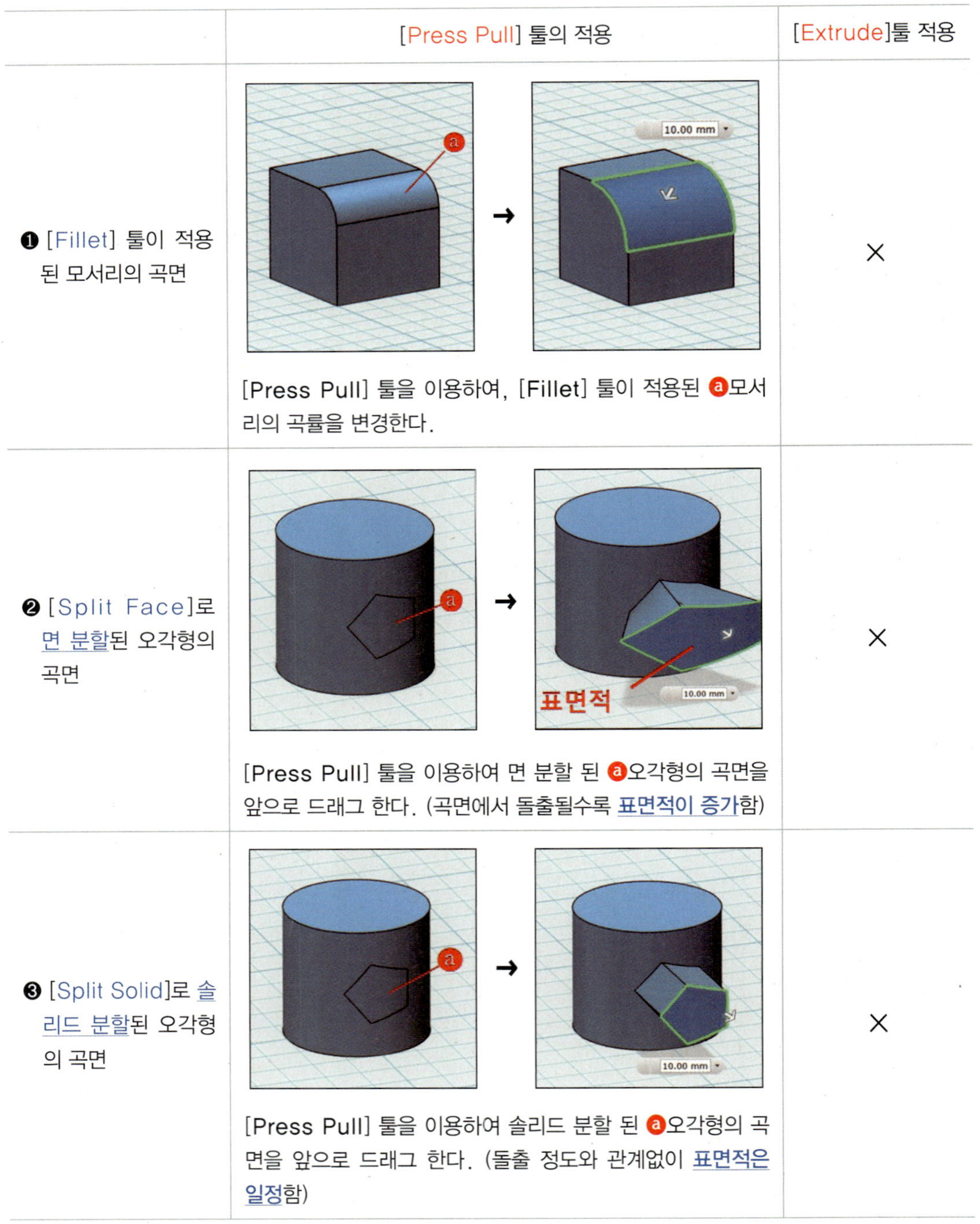

	[Press Pull] 툴의 적용	[Extrude]툴 적용
❶ [Fillet] 툴이 적용된 모서리의 곡면	[Press Pull] 툴을 이용하여, [Fillet] 툴이 적용된 ⓐ모서리의 곡률을 변경한다.	×
❷ [Split Face]로 면 분할된 오각형의 곡면	[Press Pull] 툴을 이용하여 면 분할 된 ⓐ오각형의 곡면을 앞으로 드래그 한다. (곡면에서 돌출될수록 표면적이 증가함)	×
❸ [Split Solid]로 솔리드 분할된 오각형의 곡면	[Press Pull] 툴을 이용하여 솔리드 분할 된 ⓐ오각형의 곡면을 앞으로 드래그 한다. (돌출 정도와 관계없이 표면적은 일정함)	×

❖ 해당 툴 사용법은 [Fillet] : 147쪽, [Split Face] : 145쪽, [Split Solid] : 150쪽 참고

예제25 　　　그림과 같이 솔리드의 사각 구멍과 원형 구멍의 크기를 각각 변경하려고 한다. 각각의 구멍에 [Extrude] 툴 또는 [Press Pull] 툴을 적용한 것이 옳은 것은? (정답이 2개 이상이라면 모두 고르시오)

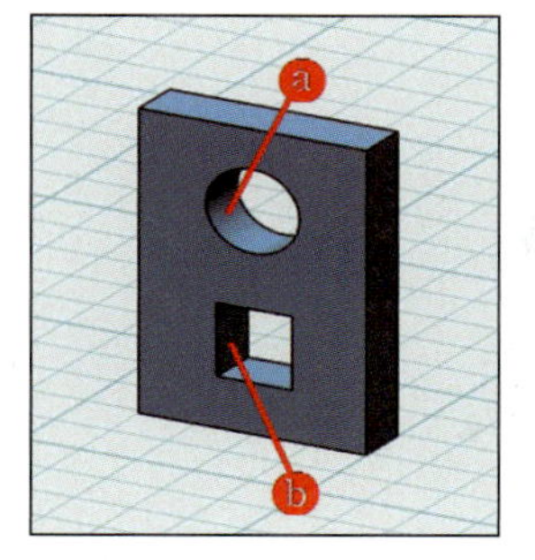
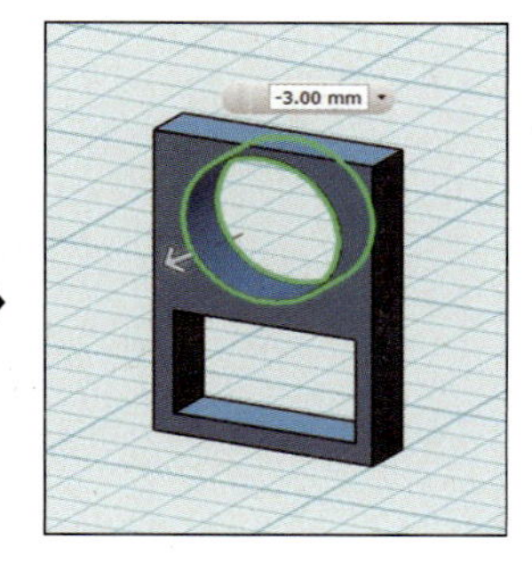

	①	②	③	④
ⓐ 원형 구멍에 적용한 툴	[Extrude]	[Press Pull]	[Extrude]	[Press Pull]
ⓑ 사각 구멍에 적용한 툴	[Press Pull]	[Extrude]	[Extrude]	[Press Pull]

정답 : ②④, 해설 : 291쪽

예제26 　　다음은 [Extrude] 툴을 이용하여 육면체의 윗면을 오므리는 과정이다. 이때, [Press Pull] 툴을 선택 한 후, ⓓ의 윗면을 클릭하여 나타나는 [흰 화살표]를 위(Z방향)로 드래그한 것은? (정답이 2개 이상이라면 모두 고르시오)

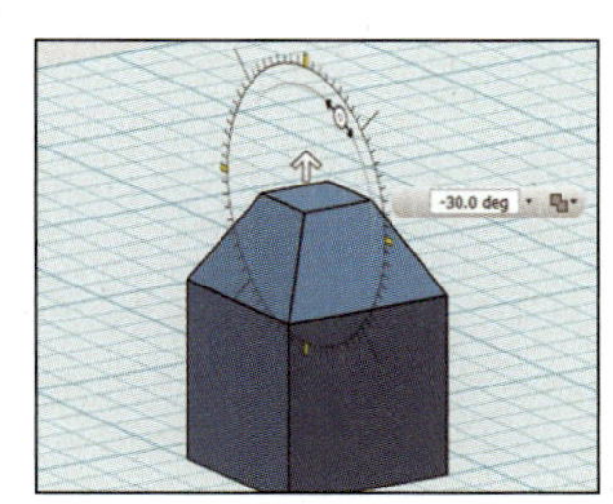
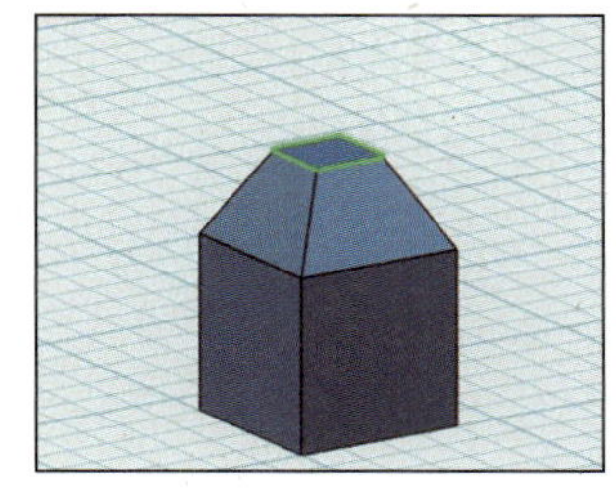

ⓐ 메뉴 [Primitive-Box]로 육면체를 만든다.

ⓑ [Extrude] 툴로 육면체의 윗면을 오므린다.

ⓒ 화면 빈 곳을 클릭하여 완료!

① 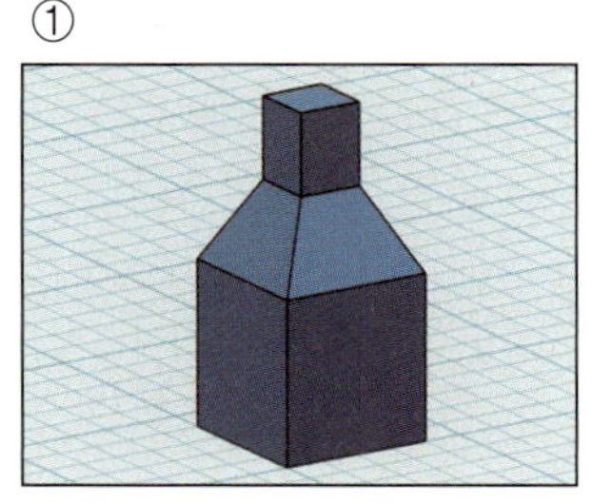

② 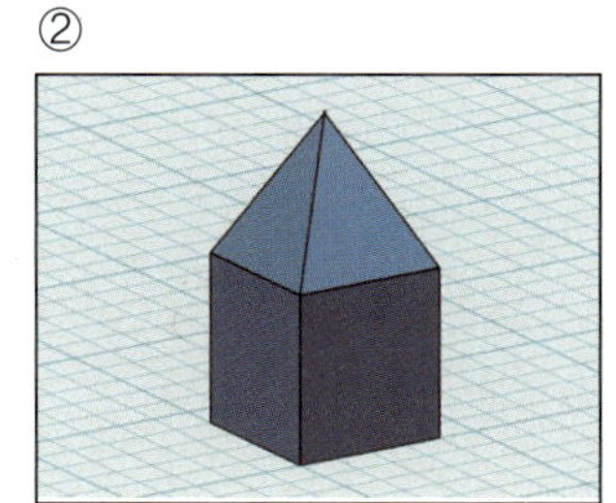

③ 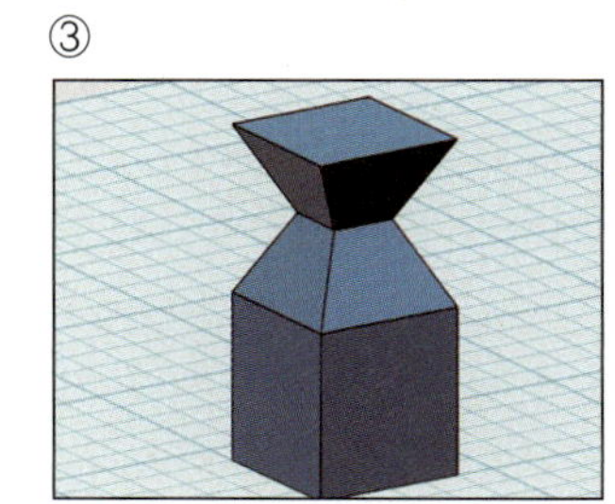

정답 : ②, 해설 : 292쪽

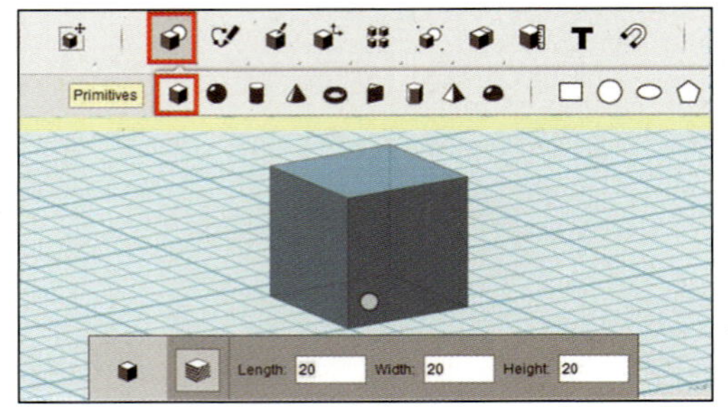

1 메뉴 [Primitives-Box]로 육면체를 만든다.

2 메뉴 38 [Modify-Tweak]을 선택한 후, 육면체의 한 면을 클릭(초록선 사각형)한다.

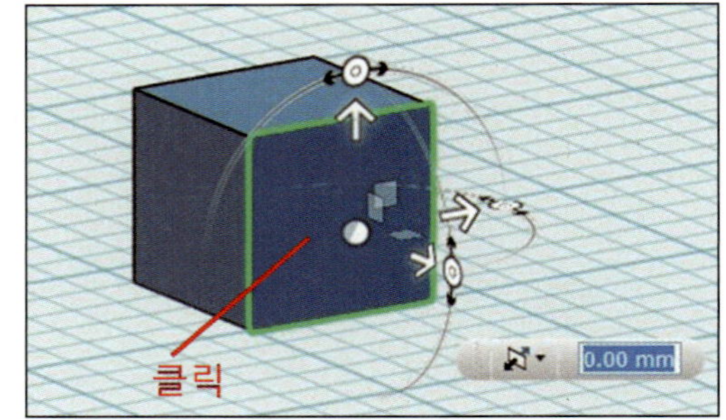

3 **면(face) 비틀기** [흰 화살표/검은 화살표]를 드래그하여 이동/회전시키면서 '**면 비틀기**'를 하거나 입력칸에 수치를 입력한다. 화면 빈 곳을 클릭하여 완료!

❖ [흰 화살표/검은 화살표]를 클릭하면, 입력칸은 [이동 거리 값/회전 각도 값]으로 전환됨

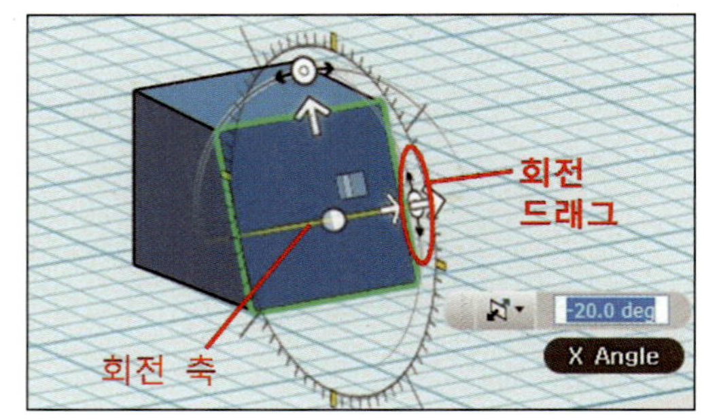

🔍 [Tweak] 툴 파헤치기

가 솔리드에서 [Tweak] 툴의 적용 대상

[Tweak] 툴의 적용 과정에서 '비틀기' 대상은 면(Face)뿐만 아니라 모서리(Edge), 꼭짓점(Vertex), 모서리(Edge)→면(Face) 등이 있다. 다음 과정을 통해서 알아보자.

(1) <u>모서리(Edge)</u> 클릭하여 비틀기

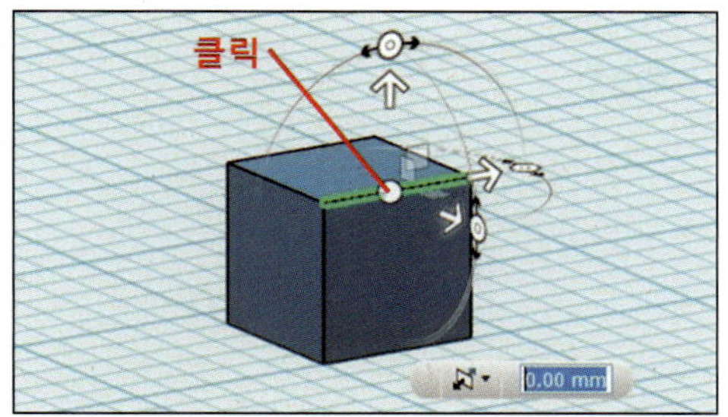

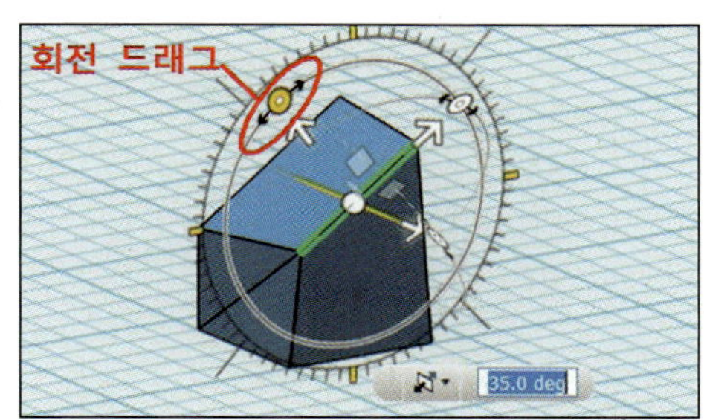

1. 메뉴 [Modify-Tweak]을 선택한 후, 육면체의 한 모서리를 클릭한다.

2. [검은 화살표/흰 화살표]를 드래그 하여 육면체를 비틀기 한다.

(2) <u>꼭짓점(Vertex)</u> 클릭하여 비틀기

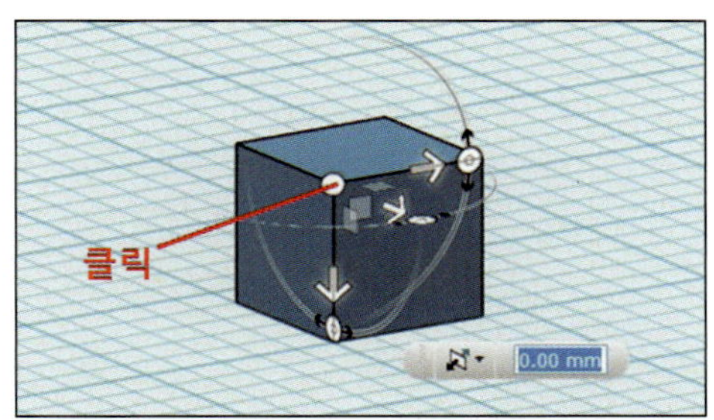

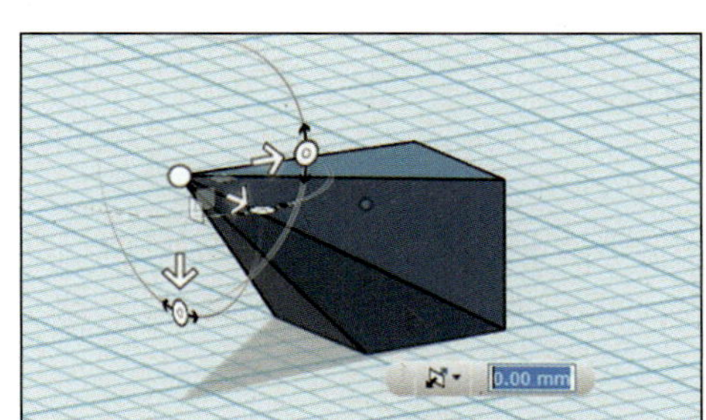

1. 메뉴 [Modify-Tweak]을 선택한 후, 육면체의 한 꼭짓점을 클릭한다.

2. [흰 화살표/검은 화살표]를 드래그 하여 육면체를 비틀기 한다.

(3) <u>[모서리(Edge)→면(Face)]</u> 순서로 클릭하여 비틀기

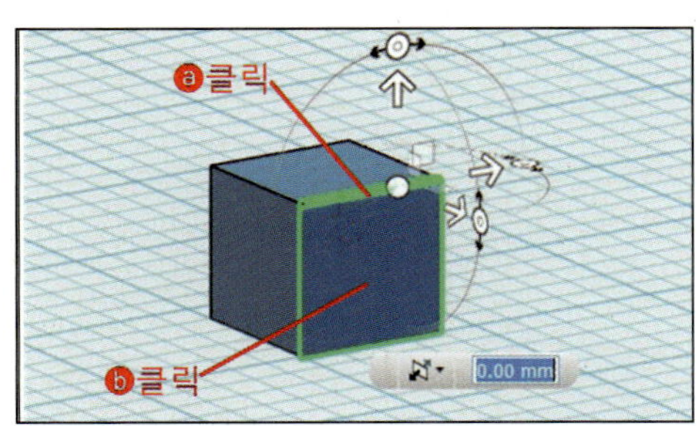

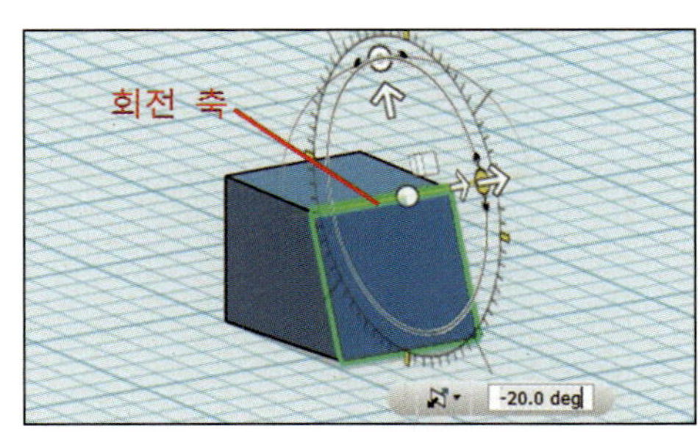

1. 메뉴 [Modify-Tweak]을 선택하고, 먼저 육면체의 한 ⓐ모서리를 클릭한 후, ⓑ면을 클릭한다.

2. [검은 화살표/흰 화살표]를 드래그 하여 육면체를 비틀기 한다.

❖ **면(Face) 비틀기의 회전축(노란 선)** 생성 위치 : 면 클릭한 경우는 <u>면 중앙</u>에, [모서리→면] 순서로 클릭한 경우는 모서리에 생성된다.

[Tweak] 툴로 변형시킨 도형

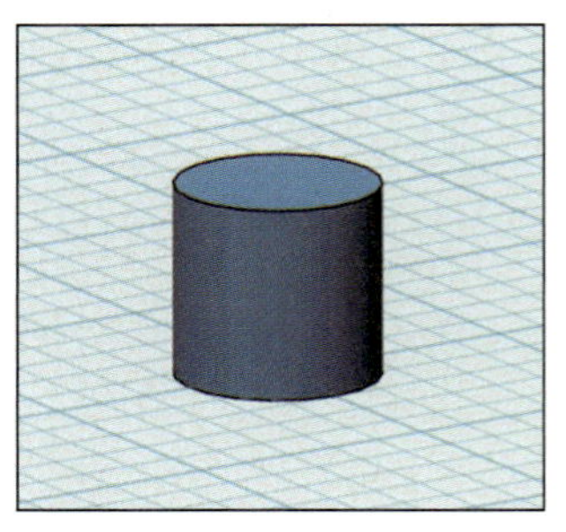

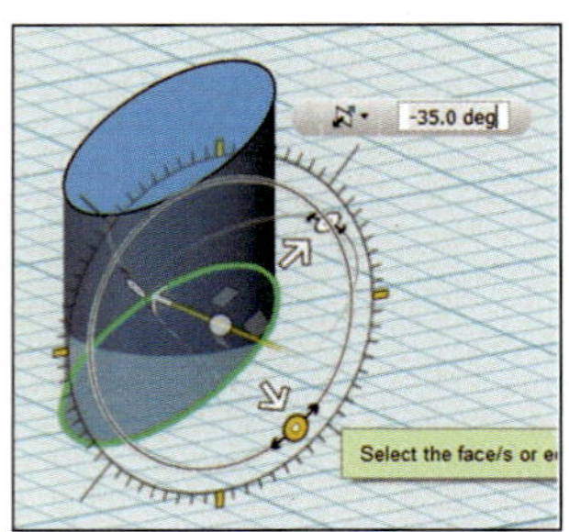

1. 메뉴[Primitive-Cylinder]로 원기둥을 만든다.

2. 메뉴 [Modify-Tweak]을 선택한 후, 원기둥의 윗면을 클릭하여 면 비틀기를 한다. 화면 빈 곳 클릭하여 완료!

3. 메뉴 [Modify-Tweak]을 선택한 후, 원기둥의 밑면을 클릭하여 면 비틀기를 한다. 화면 빈 곳 클릭하여 완료!

나 [Tweak] 툴의 3가지 옵션

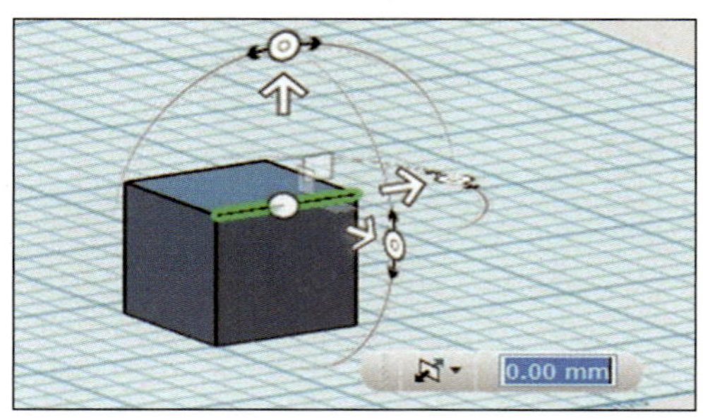

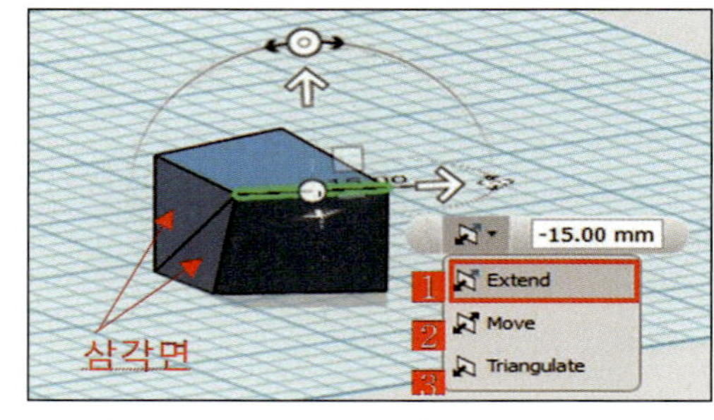

1. 메뉴 [Modify-Tweak]을 선택한 후, 육면체의 한 모서리를 클릭한다.

2. ❶ Extend 선택한 경우 [흰 화살표/검은 화살표]를 드래그 하여 육면체를 비틀기 한 후, 입력창의 드롭다운 버튼을 클릭하면, 3가지 옵션이 나타난다.(기본값 : Extend)

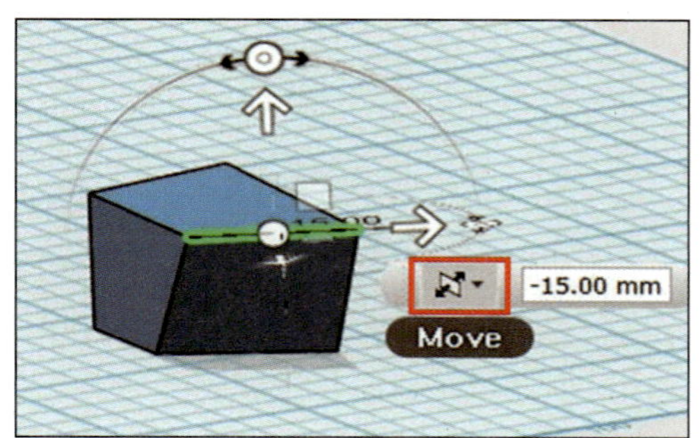

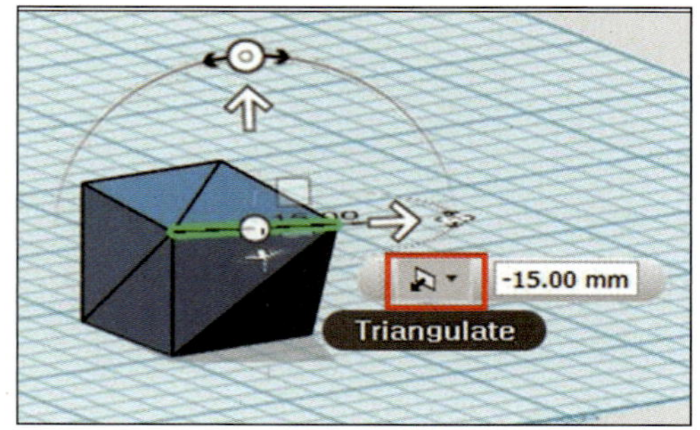

3. ❷ Move 선택한 경우 입력창의 드롭다운 버튼을 클릭하여 [Move]를 선택한다.(옆면에 있던 삼각 면이 사라짐)

4. ❸ Triangulate 선택한 경우 입력창의 드롭다운 버튼을 클릭하여 [Triangulate]를 선택한다.(앞면과 윗면 등이 삼각 면으로 나누어짐)

1 메뉴 [Primitives-Box]로 육면체를 만든다.

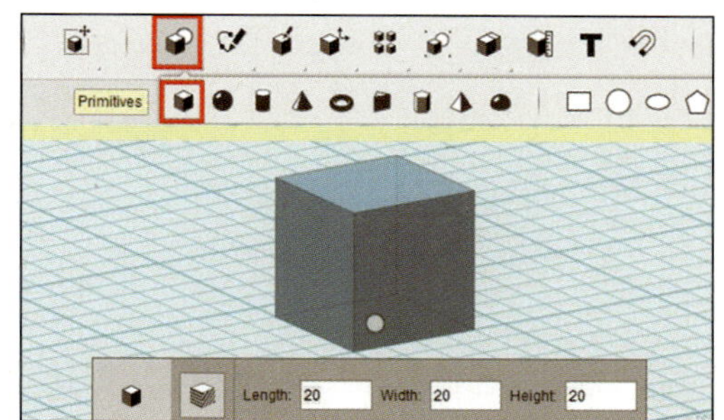

2 메뉴 [Sketch-Polyline]을 선택한 후 나누기 할 육면체의 ⓐ한 면을 클릭(스케치할 면 을 기준으로 모눈종이가 펼쳐짐)하고, ⓑ나누기할 모양의 선이나 면을 그린다.

❖ 스케치 선이나 면은 투영되므로 투영면(육면체의 면)으로부터 떨어져 있어도 된다. 또한 수직 그리드 면 외부의 어떤 곳이라도 클릭하면 스케치를 시작할 수 있다.

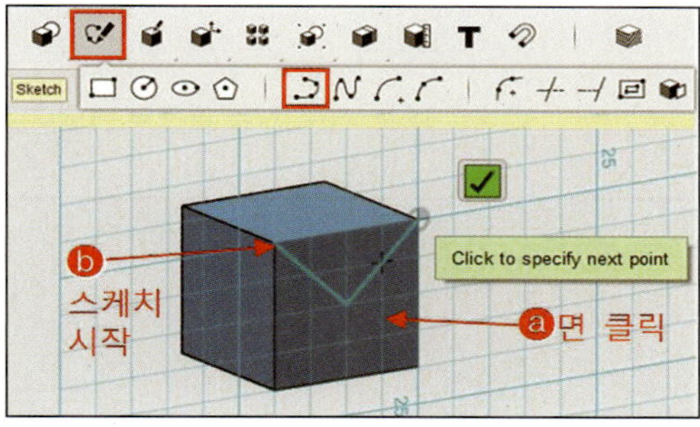

3 메뉴 39 [Modify-Split Face]를 선택한 후, [Faces to split]-나누기 할 육면체의 ⓐ 한 면(초록선 사각형)을 선택한다.

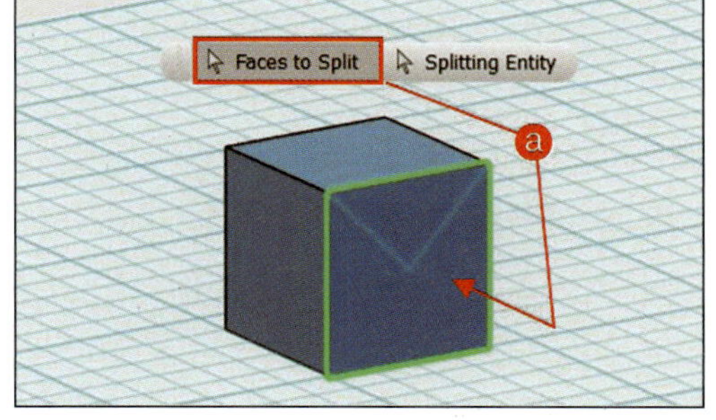

4 면 나누기 : [Splitting Entity] 클릭-그려 놓은 ⓑ선(V자 모양)을 클릭하면, 붉은 색의 자르는 면이 나타난다.

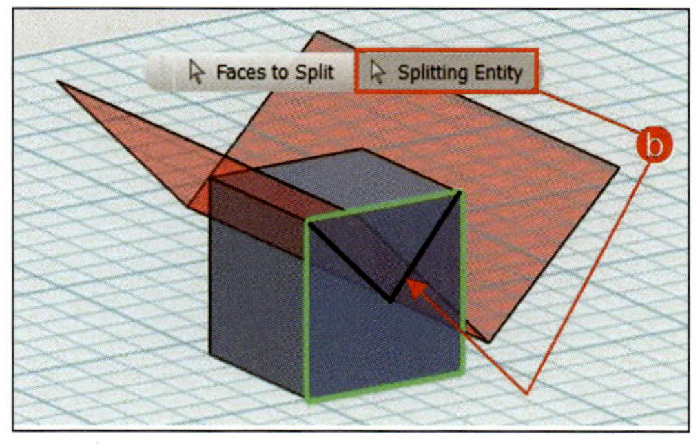

5 화면 빈 곳 클릭하여 완료! (육면체의 **앞면 분할** 완성)

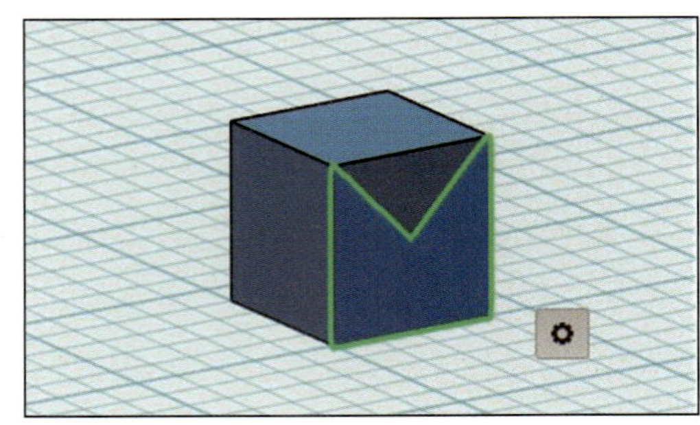

 분할된 면을 [Extrude]나 [Press/Pull] 툴로 당기기/누르기

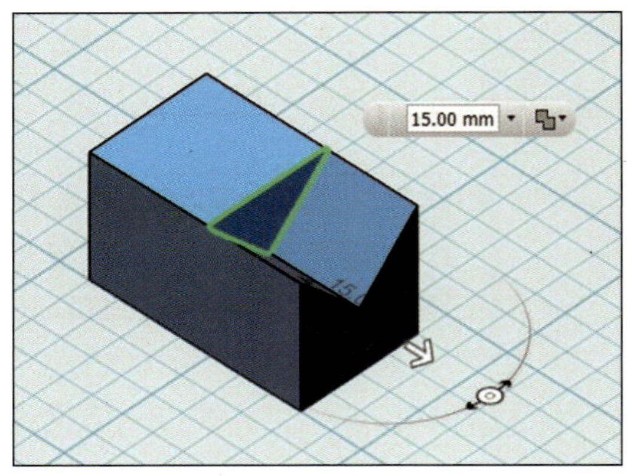

❶ [Extrude] 툴로 [흰 화살표]를 앞쪽으로 드래그하여 돌출시킨 경우

❷ [Extrude] 툴로 [흰 화살표]를 뒤쪽으로 드래그 한 경우([Subtract]가 기본 값임)
(화면 빈 곳 클릭하면 붉은 색 도형은 사라지고 파란색 솔리드만 남음)

❖ [Extrude] 툴의 옵션 : 115쪽 참고

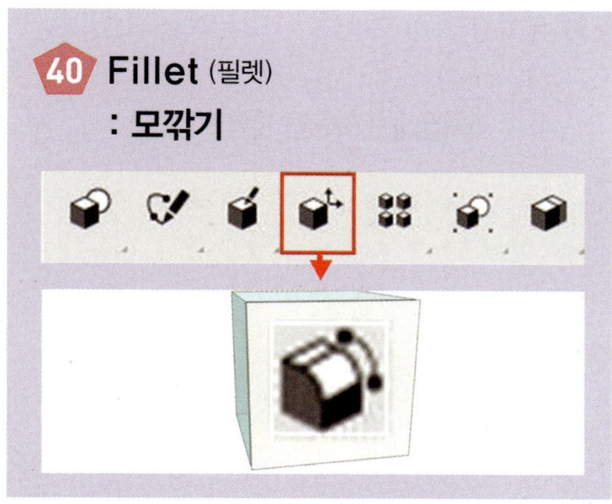

40 Fillet (필렛)
: 모깎기

1 메뉴 [Primitives–Box]로 육면체를 만든다.

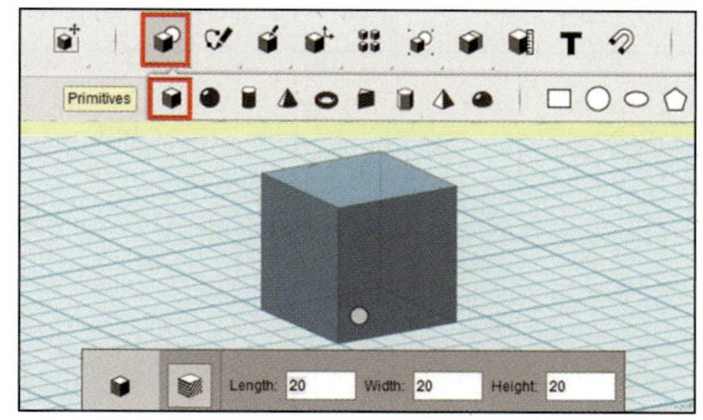

2 메뉴 40 [Modify–Fillet]을 선택한 후, 모깎기 할 육면체의 모서리들을 하나씩 클릭한다.

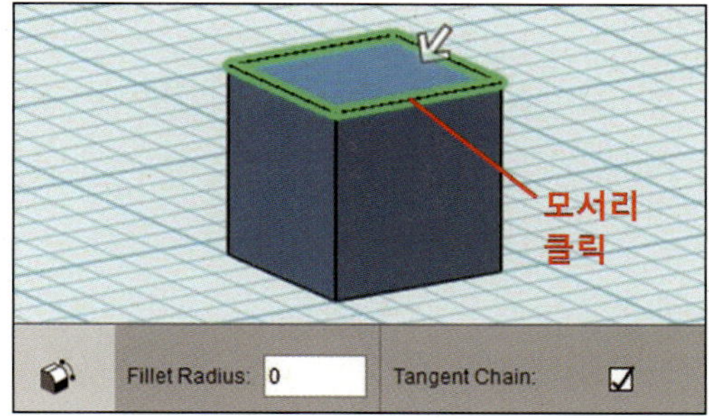

3 [흰 화살표]를 드래그하거나 입력칸 [Fillet Radius(반지름)]에 수치를 입력하여 모서리를 부드럽게 처리한다.

❖ **다수의 모서리를 한꺼번에 모깎기(Fillet)하기** : 먼저 원하는 모서리들을 하나씩 모두 클릭한 후, [흰 화살표]를 드래그하거나 입력칸에 수치를 입력한다.

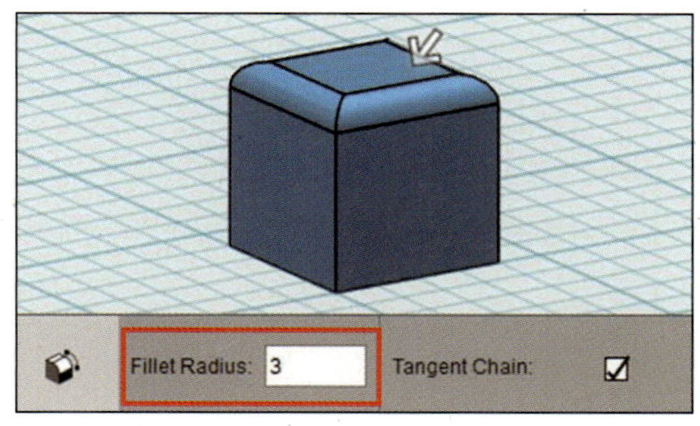

4 화면 빈 곳을 클릭하여 완료! (모서리를 부드럽게 깎았음)

1 메뉴 [Primitives-Box]로 육면체를 만든다.

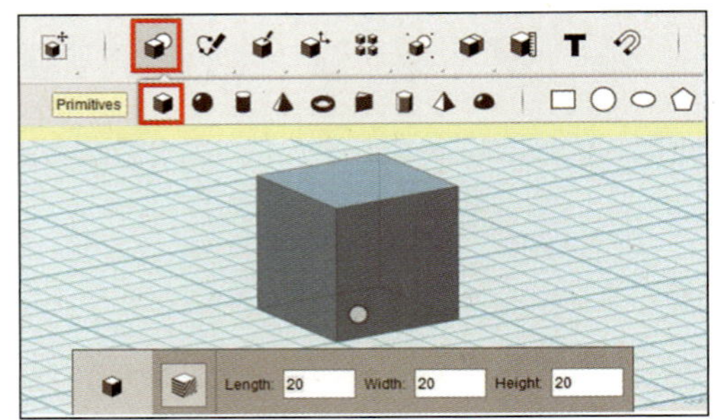

2 메뉴 41 [Modify-Chamfer]를 선택한 후, 모따기 할 육면체의 모서리들을 하나씩 클릭한다.

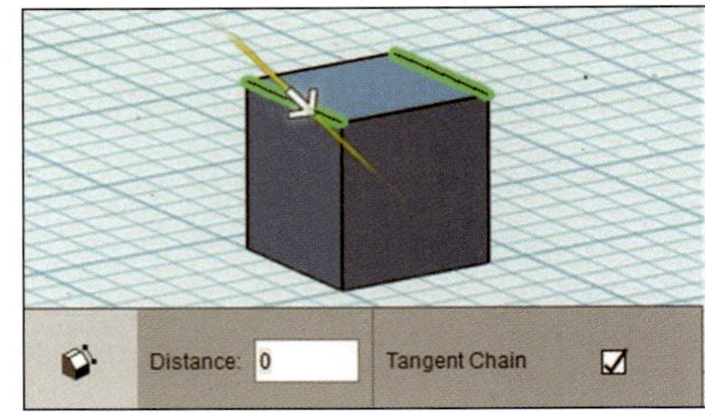

3 [흰 화살표]를 드래그하거나 입력칸 [Distance]에 수치를 입력하여 모서리를 잘라낸다.

❖ **다수의 모서리를 한꺼번에 모따기(Chamfer) 하기 :** 먼저 원하는 모서리들을 하나씩 모두 클릭한 후, [흰 화살표]를 드래그하거나 입력칸에 수치를 입력한다.

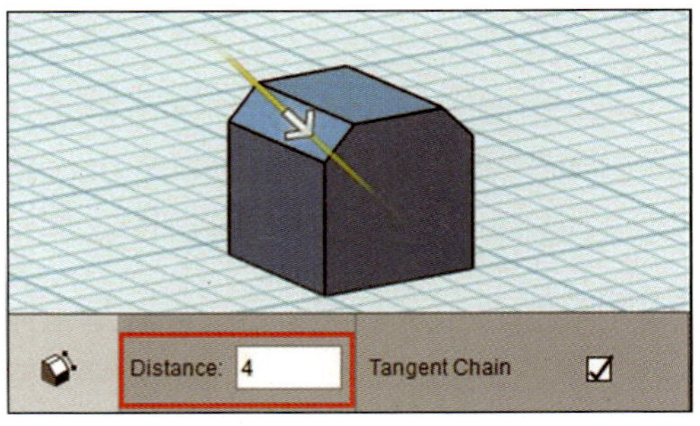

4 화면 빈 곳을 클릭하여 완료! (모서리 자르기 완성!)

 그림과 같은 도형에 [Fillet] 또는 [Chamfer] 툴을 적용하시오.

(1) 메뉴 [Primitives-Cylinder]로 만든 원기둥

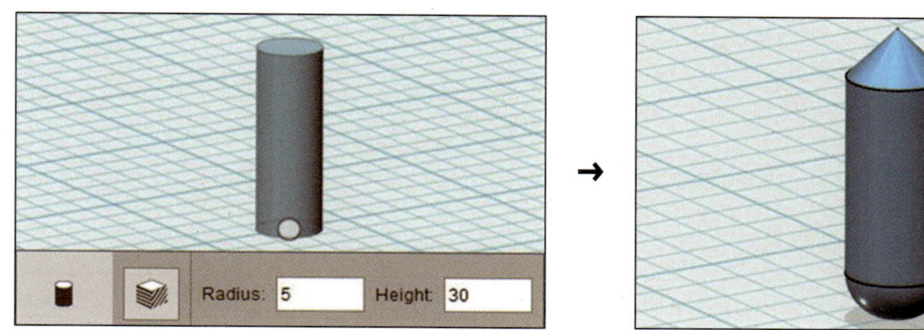

(2) 메뉴 [Primitives-Box]로 만든 육면체들

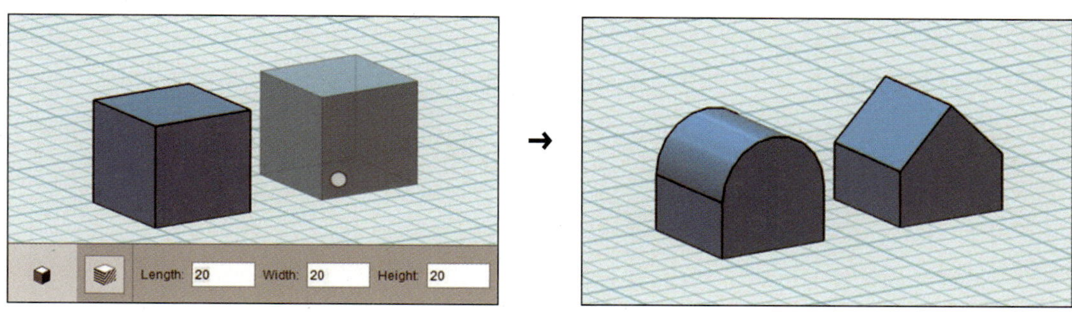

해설 : 292쪽

예제28   왼쪽 그림은 육면체와 도넛모양을 메뉴 [Combine-Merge]로 합병한 것이다. 그림과 같이 솔리드의 모서리 부분에 ⓐ[Fillet], ⓑ[Chamfer] 툴을 각각 적용하시오.

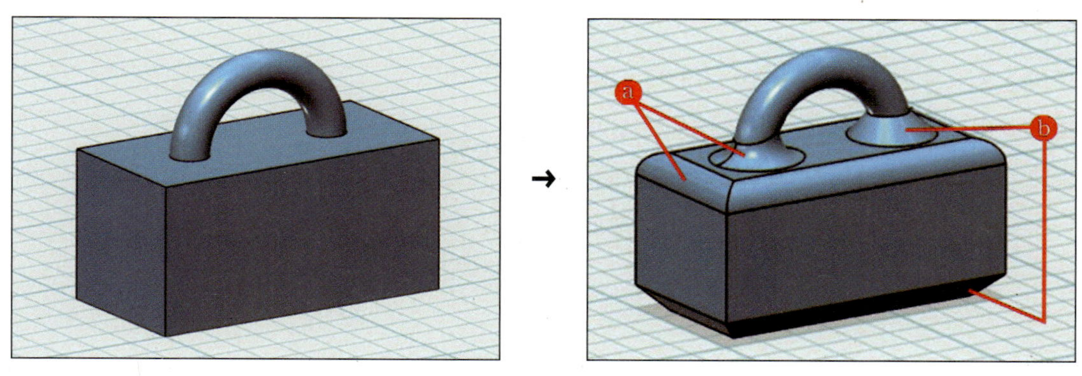

해설 : 293쪽

1 메뉴 [Primitives-Box]로 육면체를 만든다.

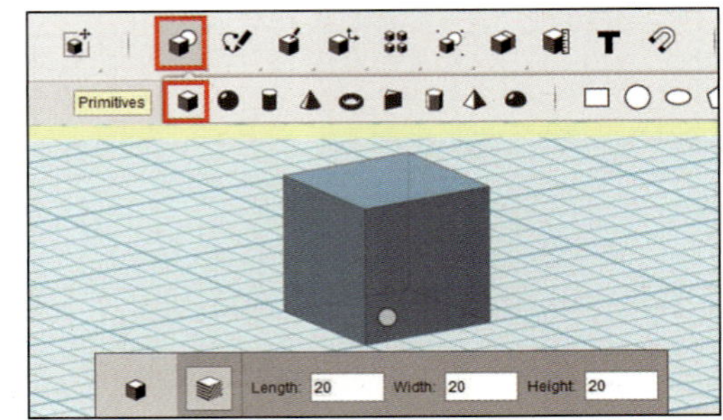

2 메뉴 [Primitives-Polygon]을 선택한 후, 나누기할 육면체의 한 면을 클릭하여 육각형 (Radius : 5, Sides : 6)을 그린다.

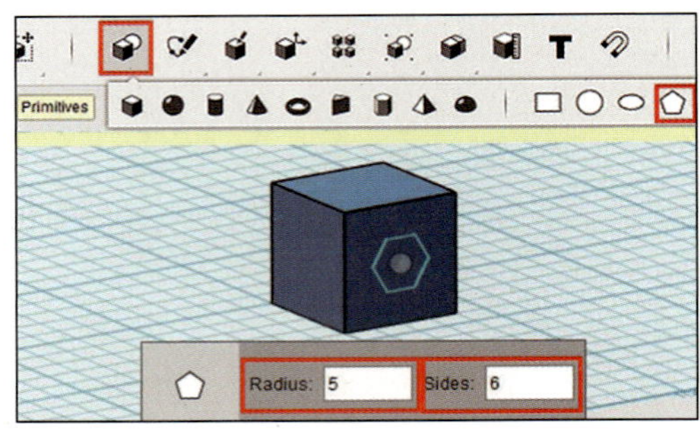

3 메뉴 42 [Modify-Split Solid]를 선택한 후, [Body to Split]탭-ⓐ육면체 솔리드(초록색 테두리)를 클릭한다.

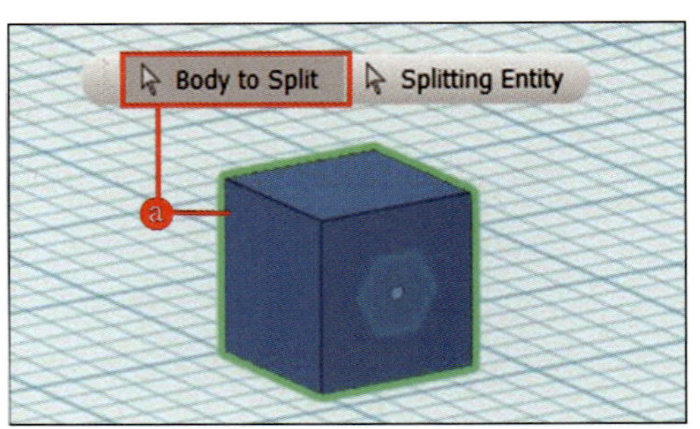

4 스플릿 솔리드 : [Splitting Entity]탭 클릭-ⓑ육각형 선(검은 선)을 클릭한다. 육면체를 관통하는 붉은색 육각기둥(자르기 할 입체)이 나타난다.

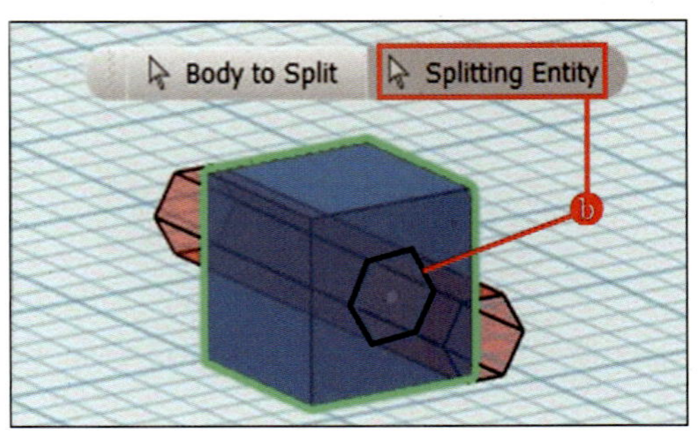

5 화면 빈 곳 클릭하여 완료!

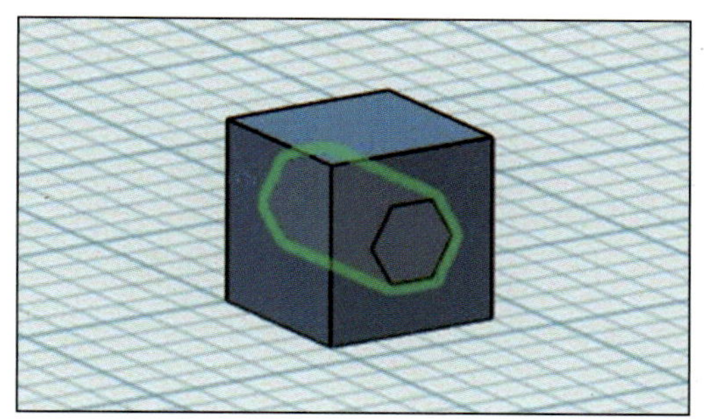

❖ 솔리드의 분할 확인 : [Move] 툴을 이용하여, 육면
체로부터 육각기둥을 이동 분리시킬 수 있다. (육각
형 스케치 면은 클릭하여 삭제(Del키)하거나 [Hide
Sketches]로 숨김)

[Split Solid] 툴 파헤치기

가 스케치 선, 면으로 솔리드 자르기

[Split Face], [Split Solid] 툴에서 발생하는 오류 잡기 다음과 같이 원뿔 솔리드를 가로 방향으로 자르려고 한다. 어떻게 잘라야 쉬울까? [Split Solid] 툴을 적용하여 원뿔 솔리드를 분할시켜 보자.

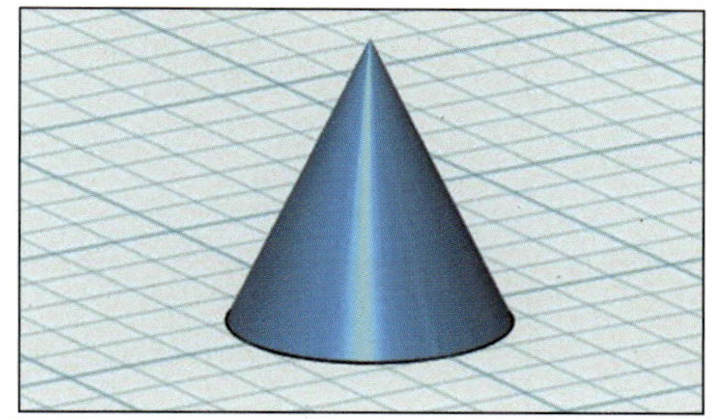

솔리드
분할

→

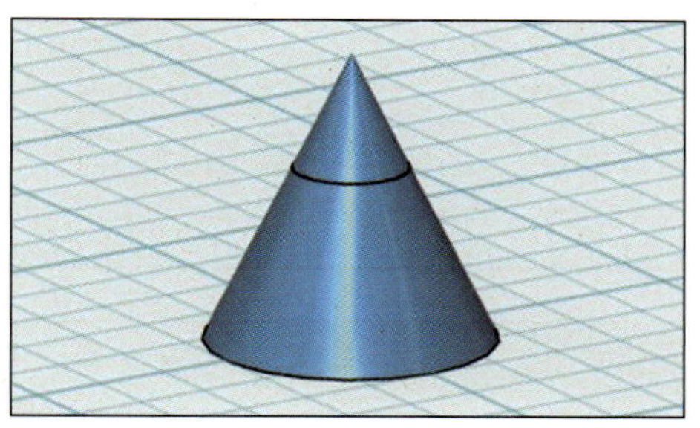

오류 과정

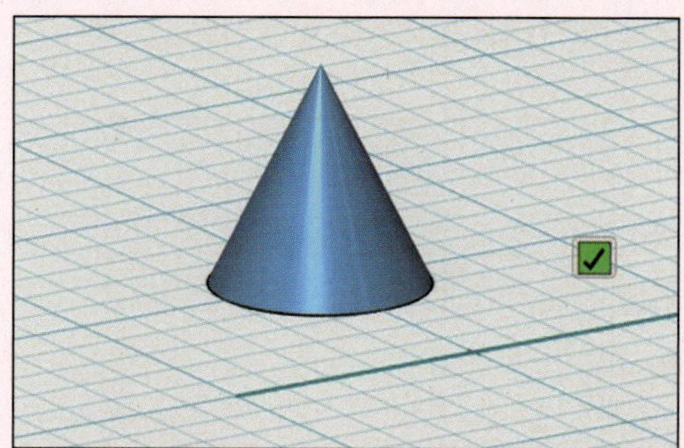

1. 메뉴 [Sketch-Polyline]으로 원뿔 앞 그리드
면에 직선을 그린다. 종료(Exit Mode ✓) 버튼
클릭!

정상 과정

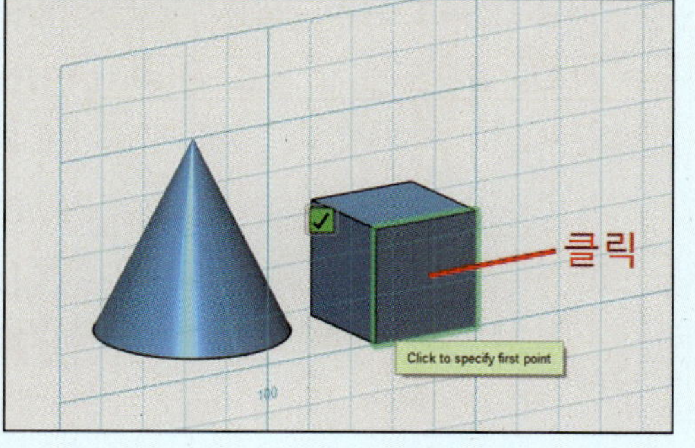

1. 메뉴 [Primitives-Box]로 육면체를 만들어 놓는
다. → 메뉴 [Sketch-Polyline]를 선택하고, 육
면체의 앞면을 클릭하여 스케치할 면을 정한다.

<table>
<tr><td>

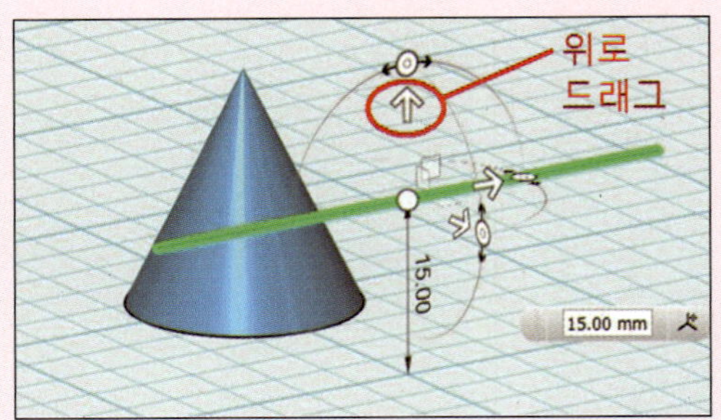

2. 메뉴 [Transform-Move]를 선택하고 직선을 클릭한 후, [흰 화살표]를 위로 드래그하여 원뿔 중앙의 앞쪽으로 이동-배치한다. 화면 빈 곳 클릭하여 완료!

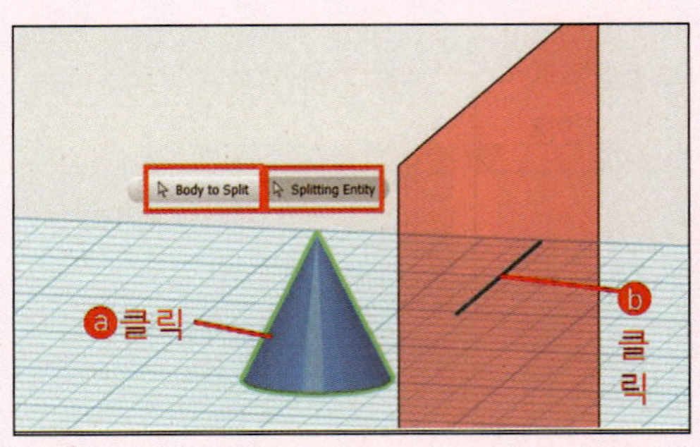

3. 메뉴 [Modify-Split Solid]를 선택한 후, [Body to Split]-ⓐ원뿔을 클릭하고, [Splitting Entity] 클릭-ⓑ직선을 클릭한다. (→자를 면이 수평으로 펼쳐지지 않고 연직으로 생기므로 솔리드 분할 불가능함)

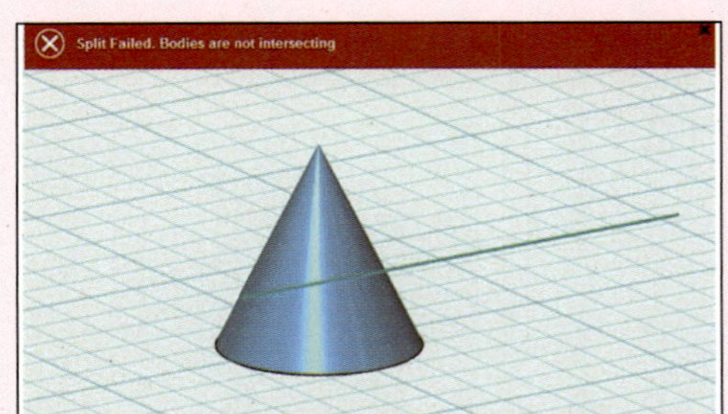

4. 화면 빈 곳 클릭하여 종료! (원뿔 **솔리드 분할에 실패**함)

❖ (과정2)에서 [Move/Rotate] 툴을 이용하여 그림과 같이 직선을 90° 회전시켰다면 솔리드는 분할 가능하다.

</td><td>

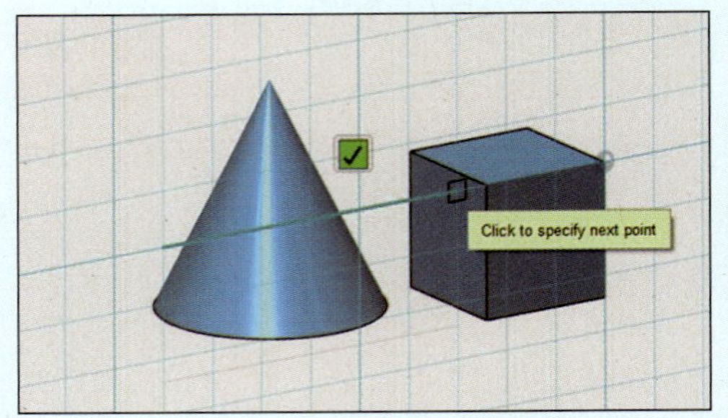

2. 자를 위치인 원뿔 중앙의 앞쪽에 가로 방향으로 직선을 그린다. 종료(Exit Mode ✔) 버튼 클릭!

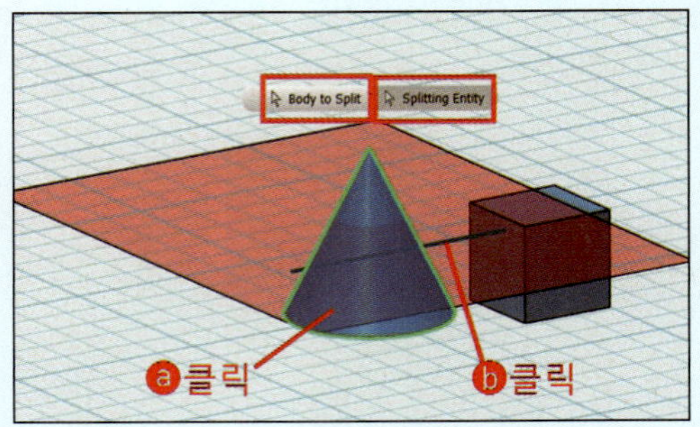

3. 메뉴 [Modify-Split Solid]를 선택한 후, [Body to Split]-ⓐ원뿔을 클릭하고, [Splitting Entity] 클릭-ⓑ직선을 클릭한다. (→자를 면이 수평으로 펼쳐지므로 솔리드 **분할 가능**함)

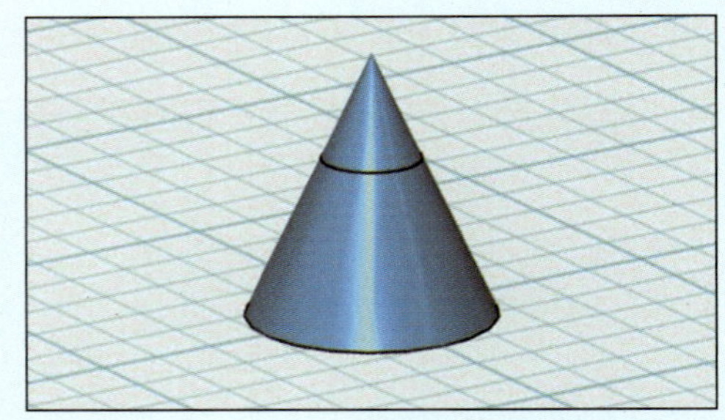

4. 화면 빈 곳 클릭하여 종료! (원뿔 **솔리드 분할에 성공**함)

❖ 불필요한 직선과 육면체는 클릭하여 삭제(Del키)한다.

</td></tr>
</table>

🔳 솔리드의 표면으로 솔리드 자르기

솔리드는 솔리드로도 자를 수 있다. 이것은 분할 대상의 솔리드를 중첩된 솔리드의 표면이 경계가 되어 자르기 하는 방법이다. 따라서 그 결과는 [**Combine**]의 [**Subtract**(차집합)] 툴과 [**Intersect**(교집합)] 툴의 기능을 한꺼번에 적용한 것처럼 나타난다.(185, 186쪽 참고) 다음 과정을 통해서 알아보자.

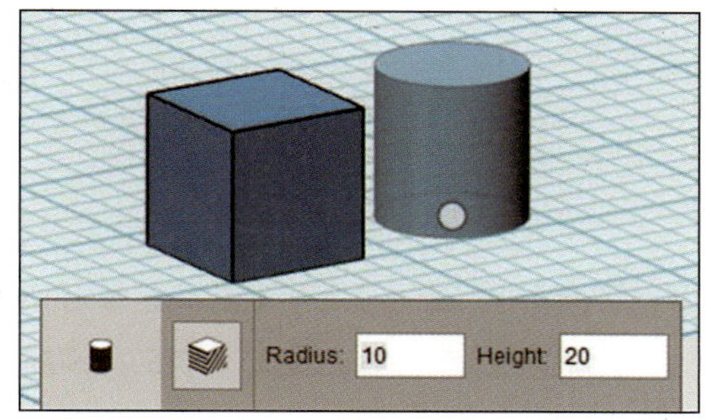

1. 메뉴 [Primitives-Box]로 육면체, [Primitives-Cylinder]로 원기둥을 각각 만든다. (기본값 크기)

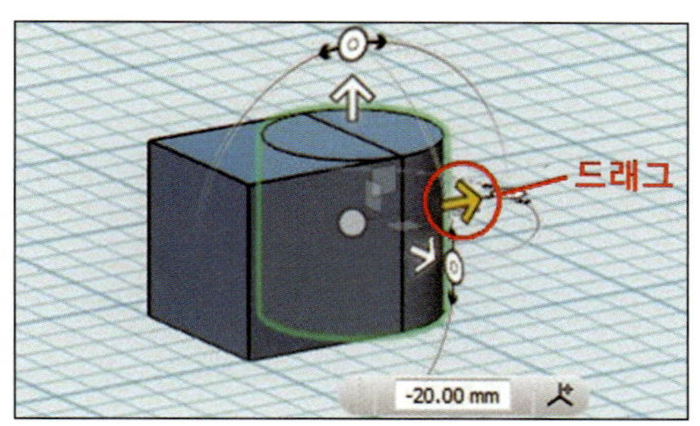

2. [Move] 툴을 이용하여 육면체와 원기둥을 겹치게 배치한다. 화면 빈 곳 클릭하여 완료!

❖ [뷰-큐브]-[FRONT], [TOP] 등으로 시점 전환하면서 [Move] 툴의 [흰 화살표]를 좌우로 드래그하여 원기둥 솔리드를 적정 배치한다.

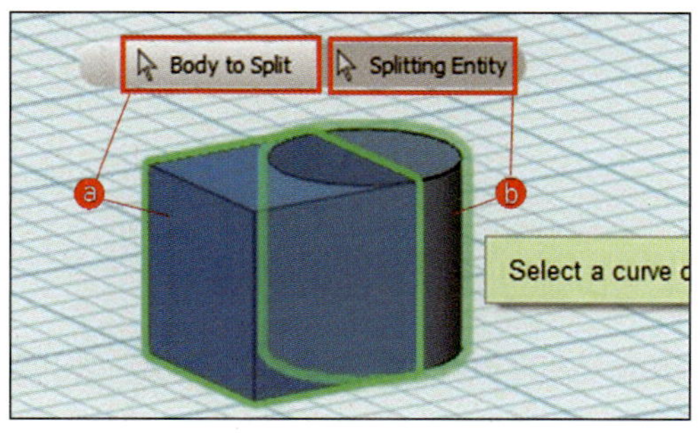

3. 메뉴 [Modify-Split Solid]를 선택한 후, [Body to Split]-ⓐ육면체를 클릭하고, [Splitting Entity] 클릭-ⓑ원기둥을 클릭한다. 화면 빈 곳 클릭하여 완료!

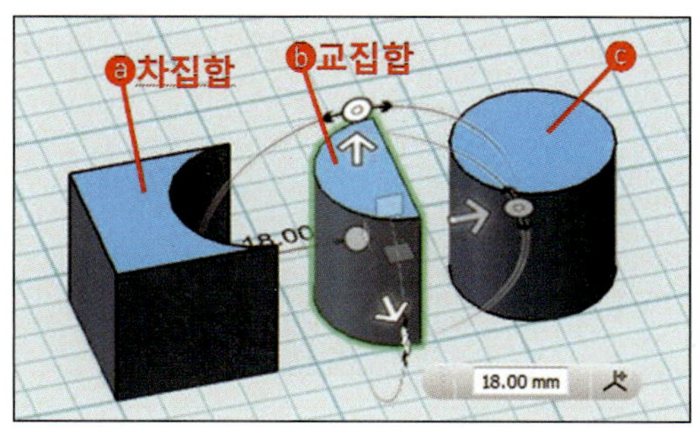

4. **솔리드 분할 확인** [Move] 툴을 이용하여 ⓐ육면체로부터 ⓒ원기둥과 분할된 ⓑ교집합(겹쳐있던 공통부분) 솔리드를 각각 이동-분리시킨다.

다 [Extrude] 툴로 솔리드 자르기

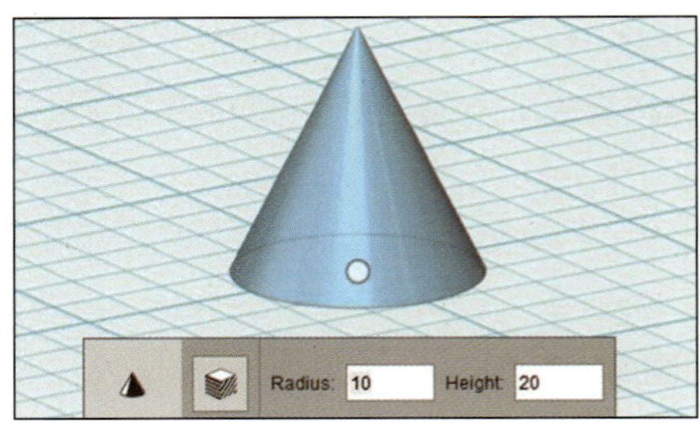

1. 메뉴 [Primitives-**Cone**]으로 원뿔을 만든다

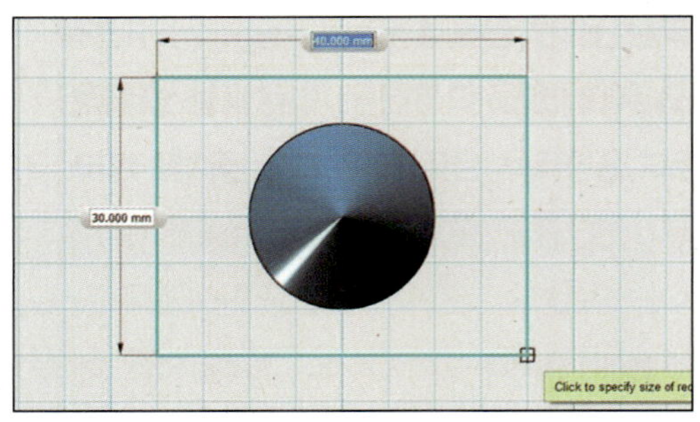

2. [뷰-큐브]-[TOP]으로 시점 전환한 후,
   [Sketch-Sketch Rectangle]로 원뿔 둘
   레에 사각형 스케치 면을 그린다. 종료(Exit
   Mode ✅) 버튼 클릭 또는 Esc 키를 누름!

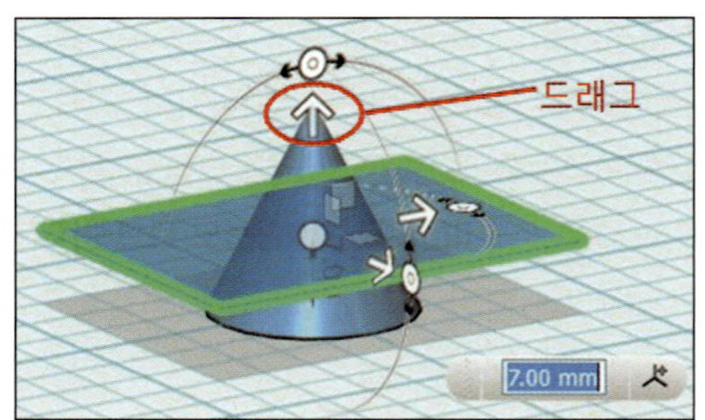

3. [Home]으로 시점 전환한다. [Move] 툴을 이
   용하여, 사각형을 원뿔의 중앙(자를 위치)까지
   이동시킨다. 화면 빈 곳 클릭하여 완료!

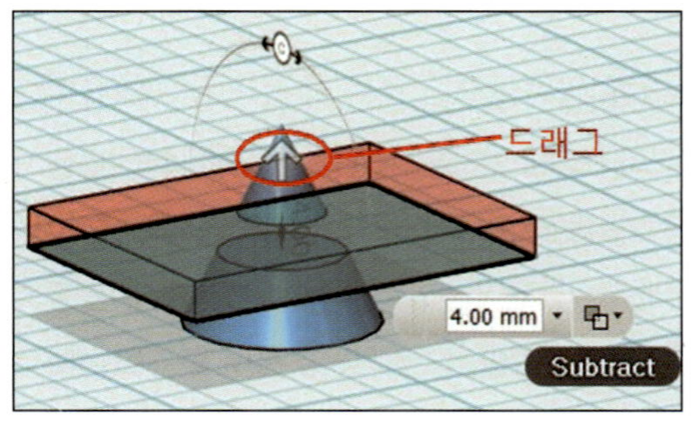

4. 메뉴 [Construct-Extrude]를 선택하고, 사
   각형을 클릭한 후, [흰 화살표]를 드래그하면
   [Extrude]의 옵션 [Subtract](**기본값**)가 실
   행된다.

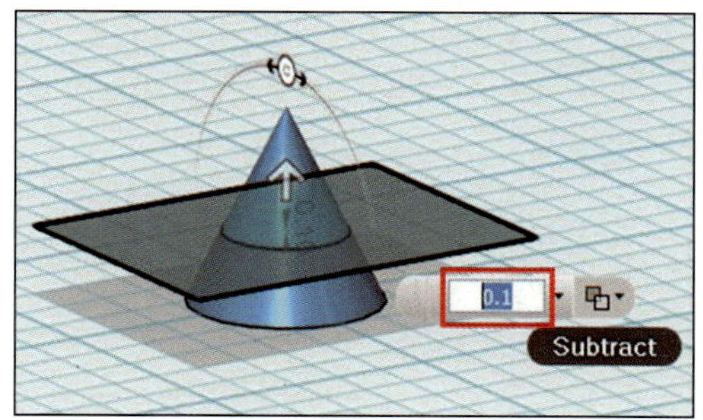

5. [Extrude]의 옵션 [Subtract](기본값)에서 입력칸에 0.1을 입력한다.

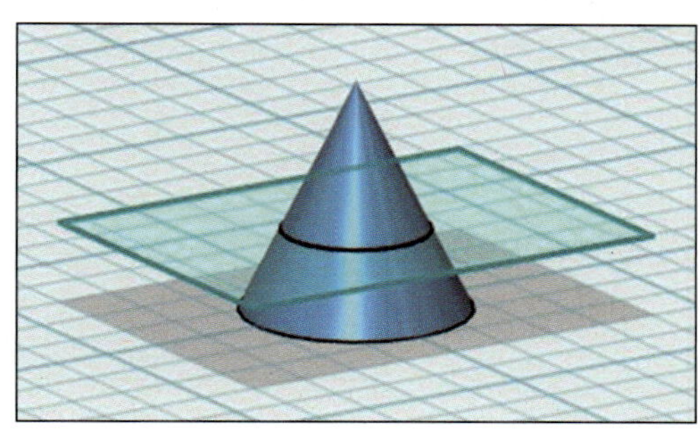

6. 화면 빈 곳 클릭하여 완료! (→원뿔의 중앙 부분 이 '자르기' 되어 분할됨)

라 [Project], [Split Face], [Split Solid] 툴의 기능 비교

솔리드의 표면 일부를 돌출시키는 방법으로는 몇 가지가 있다. 그 방법으로는 먼저 [Project], [Split Face], [Split Solid] 툴을 각각 이용한 후, [Extrude] 또는 [Press Pull] 툴을 이용하면 된다. 그러나 이들 은 평면에 모두 적용 가능하지만, 곡면에 모두 적용할 수 있는 것은 아니다. 다음과 같이 솔리드(육면체 또는 원기둥) 앞에 하트 스케치 면이 배치된 상태에서 각각의 툴을 적용시켜 보자.

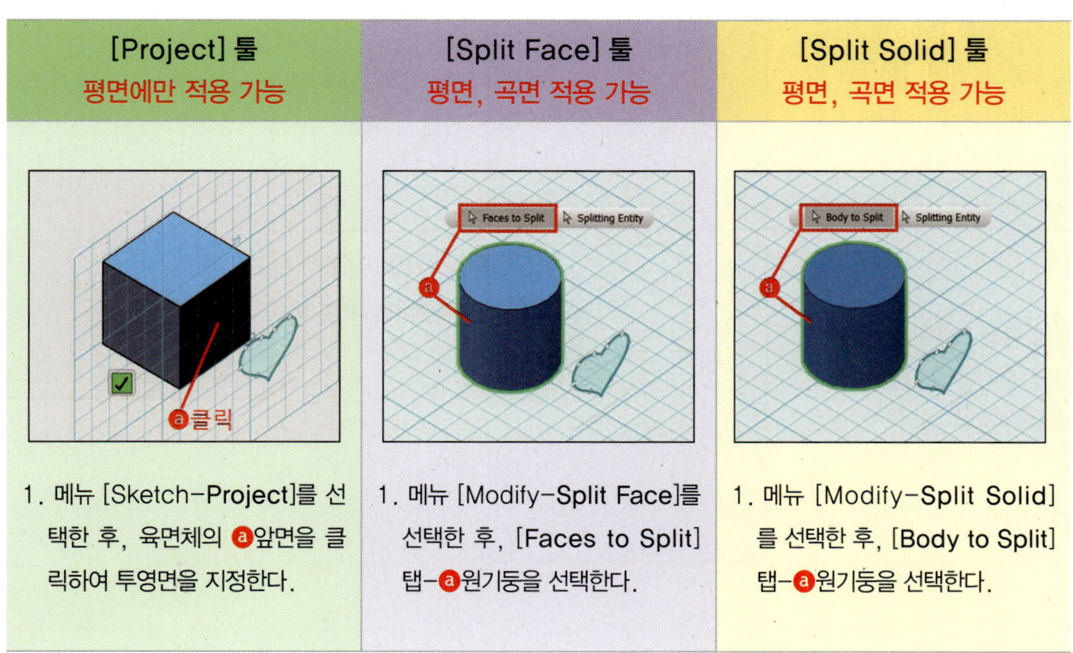

[Project] 툴	[Split Face] 툴	[Split Solid] 툴
1. 메뉴 [Sketch-Project]를 선택한 후, 육면체의 **a**앞면을 클릭하여 투영면을 지정한다.	1. 메뉴 [Modify-Split Face]를 선택한 후, [Faces to Split] 탭-**a**원기둥을 선택한다.	1. 메뉴 [Modify-Split Solid]를 선택한 후, [Body to Split] 탭-**a**원기둥을 선택한다.

[Project] 툴	[Split Face] 툴	[Split Solid] 툴
평면에만 적용 가능	평면, 곡면 적용 가능	평면, 곡면 적용 가능

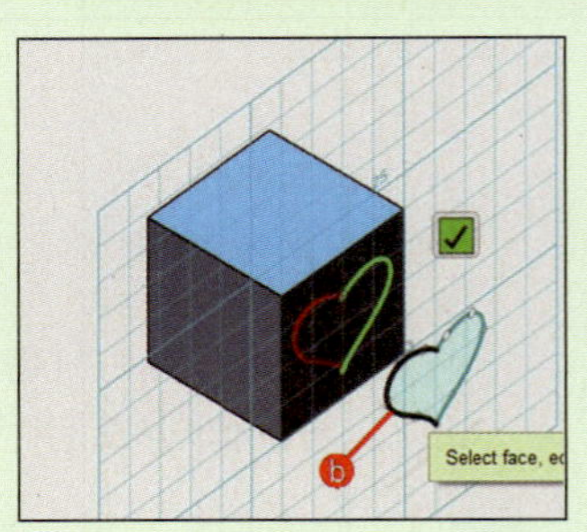

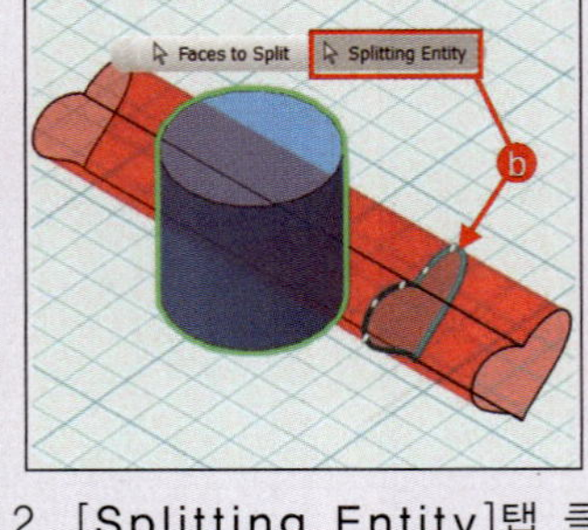

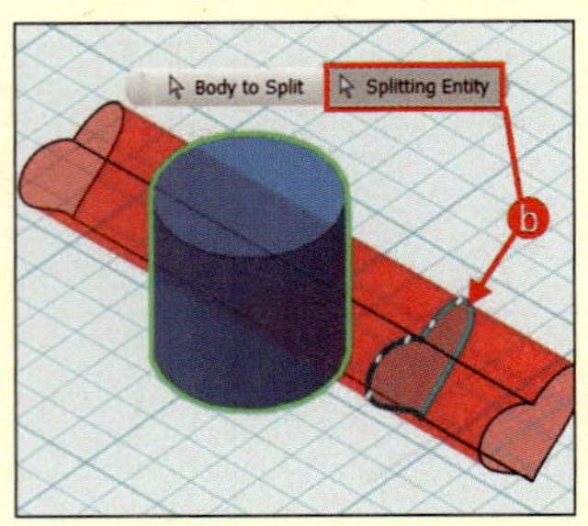

[Project] 툴	[Split Face] 툴	[Split Solid] 툴
2. ⓑ하트 스케치 면(선)을 클릭하여 투영면에 투영시킨다. 종료 (Exit Mode ✓) 버튼 클릭하여 완료!	2. [Splitting Entity]탭 클릭-ⓑ하트 스케치 면(선)을 클릭한다. 화면 빈 곳을 클릭하여 완료!	2. [Splitting Entity]탭 클릭-ⓑ하트 스케치 면(선)을 클릭한다. 화면 빈 곳을 클릭하여 완료!

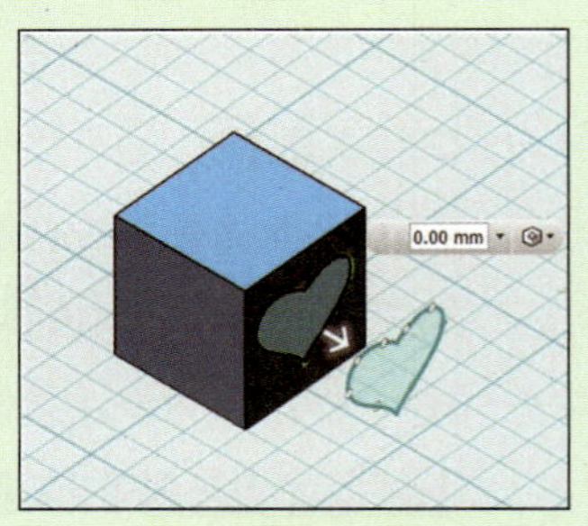

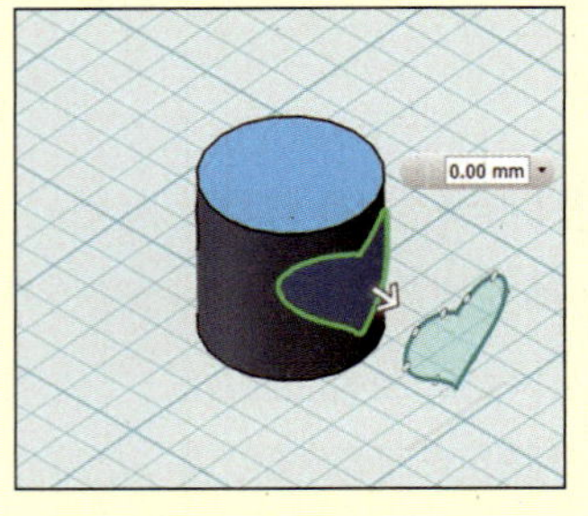

[Project] 툴	[Split Face] 툴	[Split Solid] 툴
3. [Extrude] 툴을 선택한 후, 육면체 표면의 하트를 클릭하여 앞쪽으로 드래그한다. ❖ [Press Pull] 툴을 평면에 적용해도 됨	3. [Press Pull] 툴을 선택한 후, 원기둥 표면의 하트를 클릭하여 앞쪽으로 당긴다. ❖ [Extrude] 툴은 곡면에 적용 불가능함	3. [Press Pull] 툴을 선택한 후, 원기둥 표면의 하트를 클릭하여 앞쪽으로 당긴다. ❖ [Extrude] 툴은 곡면에 적용 불가능함

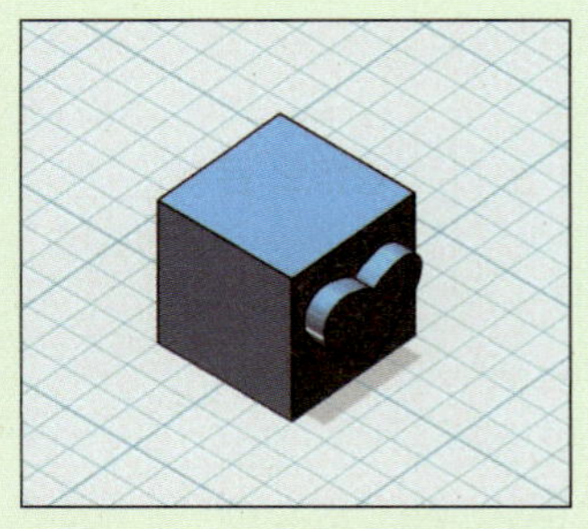

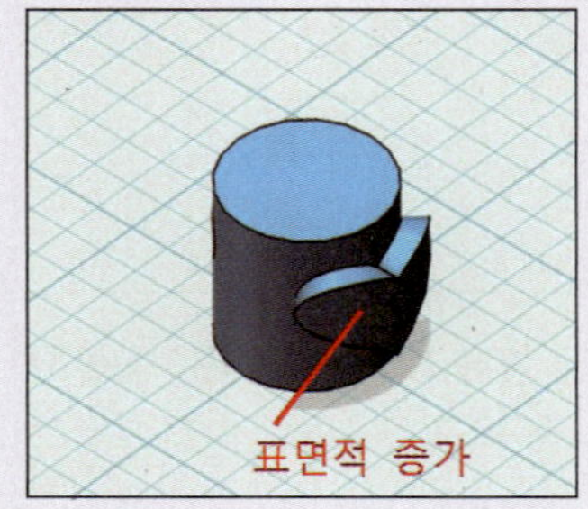

[Project] 툴	[Split Face] 툴	[Split Solid] 툴
4. 화면 빈 곳을 클릭하여 완료!	4. 화면 빈 곳을 클릭하여 완료! (돌출될수록 하트 표면적은 증가함)	4. 화면 빈 곳을 클릭하여 완료! (돌출 정도에 관계없이 표면적은 일정함)

❖ 해당 툴 사용법은 [Project] : 107쪽, [Split Face] : 145쪽 참고

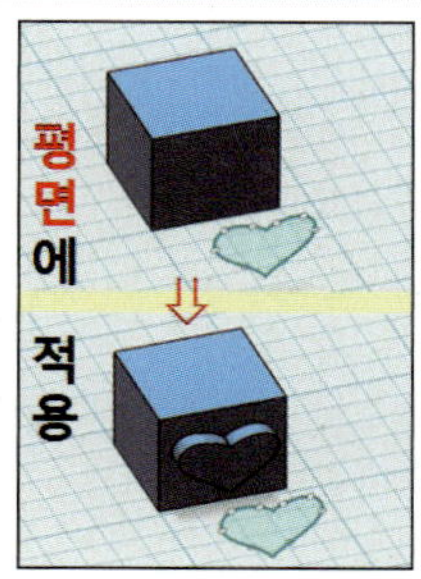

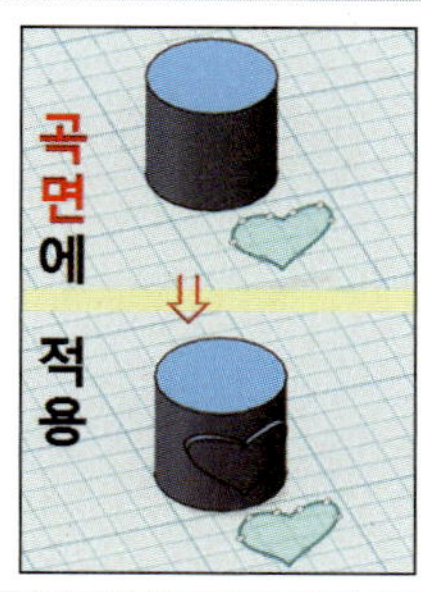

정리 솔리드 표면의 일부분을 돌출시키기 위한 작업		평면에 적용	곡면에 적용
돌출 준비	[Project] 툴	가능	(곡면) 불가능
	[Split Face] 툴	가능	가능
	[Split Solid] 툴	가능	가능
돌출 실행	[Extrude] 툴	가능	(곡면) 불가능
	[Press Pull] 툴	가능	가능

예제29 그림과 같이 원뿔 솔리드(반지름10, 높이20) 앞의 그리드 면 위에 [Polyline] 툴로 그린 직선을 [Move] 툴을 이용하여 원뿔의 중앙부분 가까이 배치하였다. 이 직선의 상태로 메뉴 [Modify–Split Solid]를 적용할 때, 원뿔 솔리드의 단면 모양은?

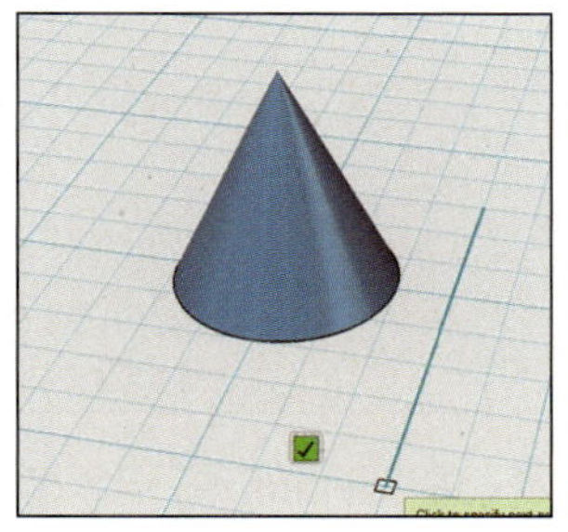

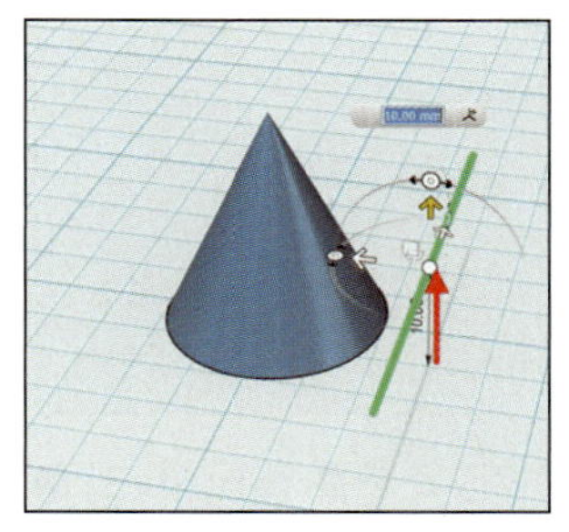

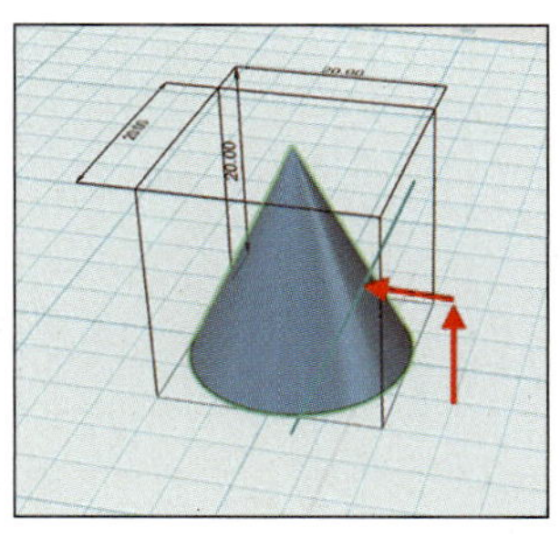

㉮ 메뉴 [Sketch–Polyline]을 이용하여 원뿔 앞의 그리드 면 위에 직선을 그린다. 종료(Exit Mode ✅) 버튼 클릭하여 완료!

㉯ 메뉴 [Transform–Move/Rotate]를 선택하고 직선을 클릭한 후 [흰 화살표]를 위로 10mm 드래그한다.

㉰ 다시, [흰 화살표]를 좌로 8mm 드래그하여 원뿔 가까이 배치한다. 화면 빈 곳을 클릭하여 완료!

① 반원 모양 

② 타원 모양 

③ 원형 

정답 : ①, 해설 : 294쪽

그림과 같이 메뉴 [Primitives-Sphere]를 선택하여 (Radius : 3.9, 10.5, 18.5, 19.2)인 구를 각각 만든 후, [Split Solid] 툴로 지구 내부구조 모형을 완성하시오.

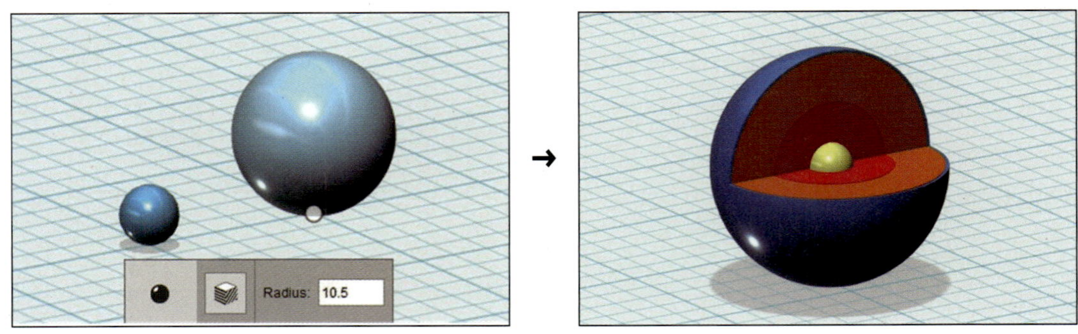

❖ 지진파 연구에 의해 [지각-맨틀-외핵-내핵]의 지구 내부 구조를 알아냄

해설 : 295쪽

그림 ㉮, ㉯는 각각 ⓐ어떤 툴을 이용하여 오각형(스케치 면)을 원기둥의 곡면에 적용한 후, ⓑ곡면의 일부를 돌출시킨 것이다. 이때, 각각 사용한 툴이 옳은 것은? (단, ㉮의 오각형 표면적은 돌출되어도 일정하고, ㉯의 오각형 표면적은 돌출될수록 증가함) (정답이 2개 이상이라면 모두 고르시오)

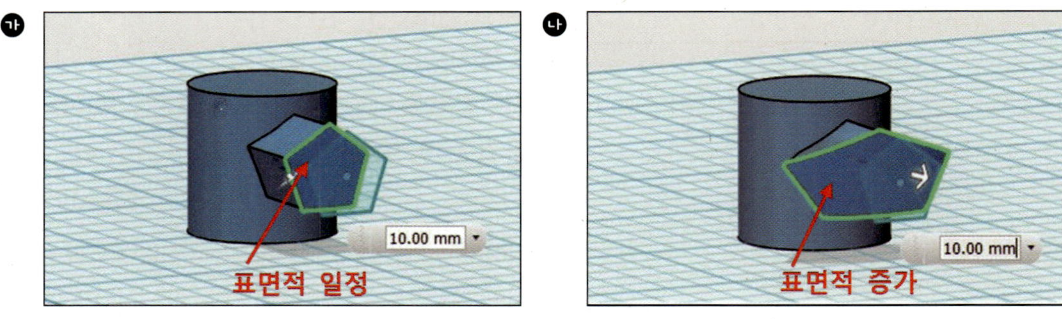

		①	②	③	④
㉮	ⓐ	[Project]	[Split Solid]	[Split Face]	[Split Solid]
	ⓑ	[Press Pull]	[Extrude]	[Press Pull]	[Press Pull]
㉯	ⓐ	[Split Face]	[Split Face]	[Split Solid]	[Split Face]
	ⓑ	[Press Pull]	[Press Pull]	[Press Pull]	[Press Pull]

정답 : ④, 해설 : 296쪽

1 메뉴 [Primitives-Cylinder]를 선택하여 원통을 만든다.

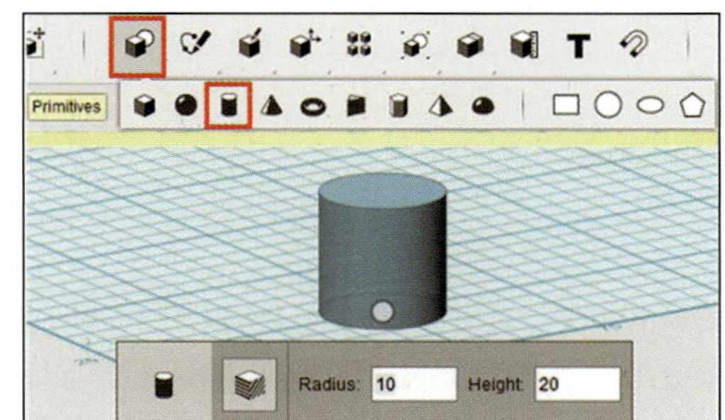

2 메뉴 43 [Modify-Shell]을 선택한 후, 원통의 윗면을 클릭(초록색 원)한다.

❖ [Shell] 툴은 곡면에 도 적용할 수 있다. →

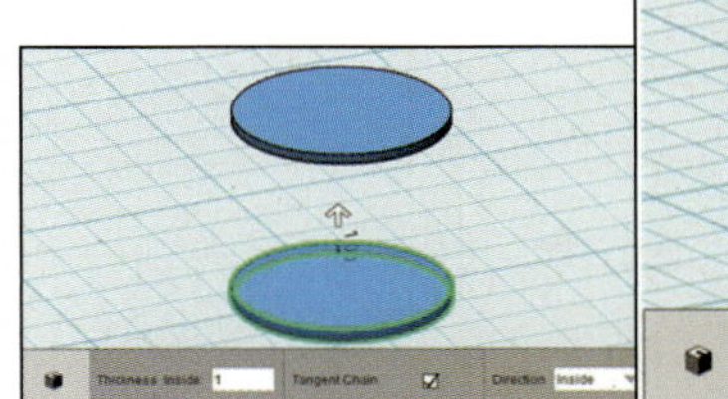

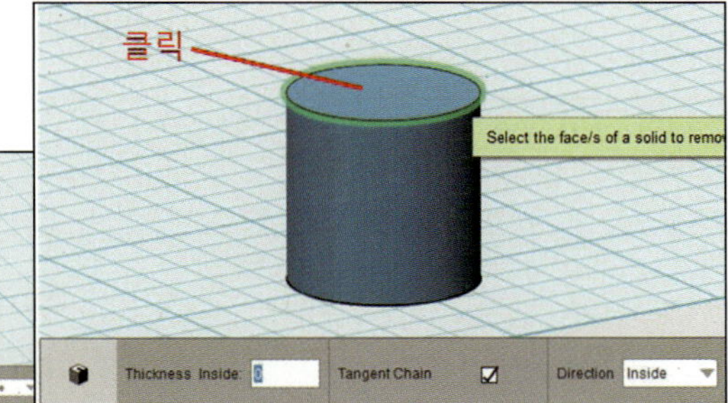

3 [흰 화살표]를 드래그하거나 입력칸 [Thickness Inside(안쪽 두께)]에 ⓐ수치를 입력하여 두께를 정한다.

❖ 입력칸의 ⓑDirection(방향) 옵션 : Inside(안쪽), Outside(바깥쪽), Both(양쪽)

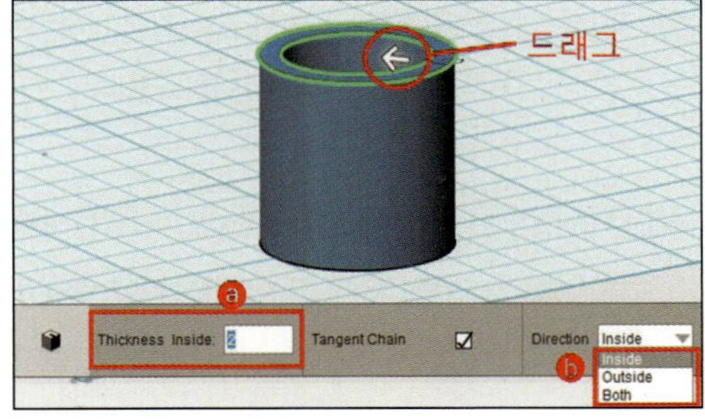

4 화면 빈 곳 클릭하여 완료! (윗면이 제거된 원통 껍데기 완성)

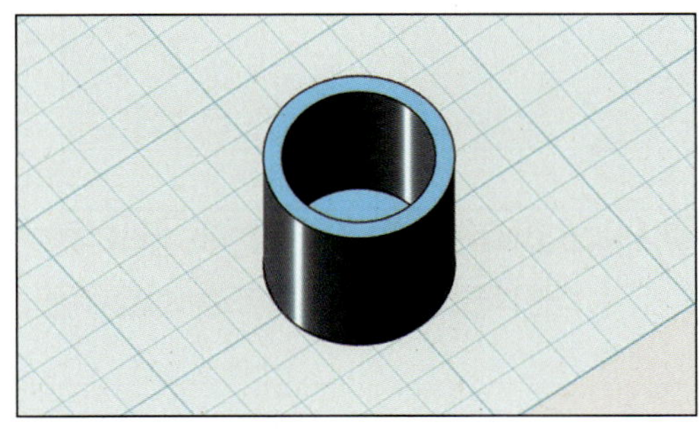

가 [Shell] 툴로 2개 이상의 면 제거하기

[**Shell**] 툴이 <u>한번 적용되었던 솔리드</u>는 나머지 다른 면에 대하여 [**Shell**] 툴이 실행되지 않는다. 하나의 솔리드에서 두 개 이상의 면을 제거하는 방법은 다음과 같다.

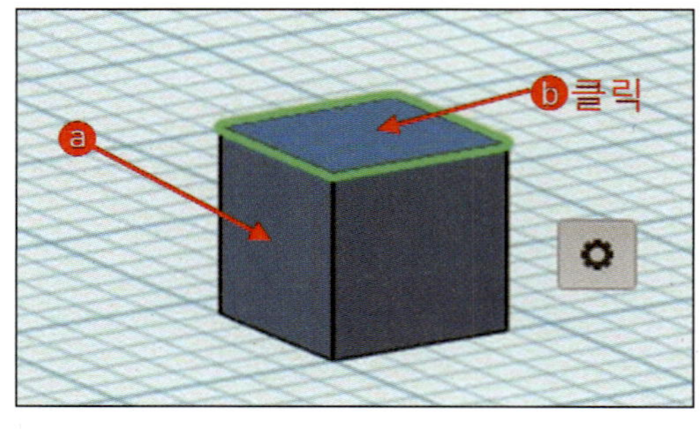

1. **면(Face)1 선택** 먼저 ⓐ육면체 솔리드를 클릭하였다가 뗀 후, ⓑ<u>윗면을 한 번 더 클릭</u>한다. (솔리드 클릭 → 면 클릭)

❖ **솔리드의 면, 선(모서리) 선택하는 방법** : 메뉴(툴)를 선택하지 않은 채 **먼저, 솔리드를 클릭**하였다가 뗀 후, **다시 원하는 면이나 선(모서리)을 클릭**한다.

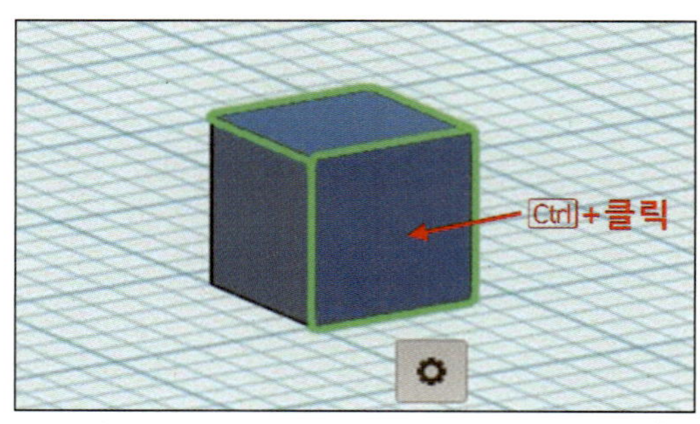

2. **면(Face)2 선택** '[Ctrl]+육면체의 옆면'을 클릭한다.

   (육면체의 윗면과 옆면이 함께 선택됨)

❖ '[Shift]+육면체의 옆면을 클릭해도 된다.

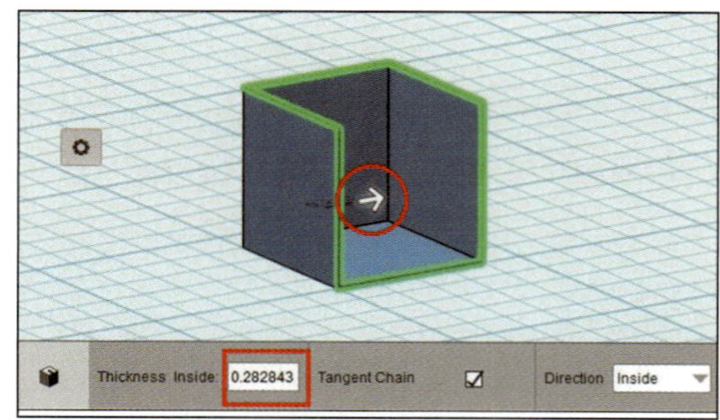

3. 메뉴 [Modify-Shell]을 선택한 후, [흰 화살표]를 드래그하거나 입력칸 [Thickness inside]에 수치를 입력하여 두께를 지정한다.

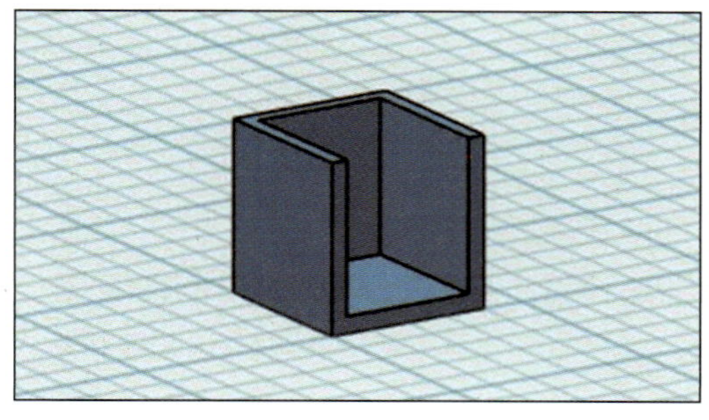

4. 화면 빈 곳 클릭하여 완료! (육면체의 두 개 면이 제거됨)

나 입체 도형의 속 비우기

[Shell] 툴을 이용한 솔리드의 '속 비우기' 방법은 2가지가 있다. 도형에 따른 오류 해결이나 적용 과정에서의 편리성 등을 위하여 "먼저 솔리드를 클릭한 후, [Shell] 툴을 선택 적용"하는 **방법 2**를 권장한다.

[Shell] 툴의 적용 방법		육면체, 원기둥 등 (유평면 입체도형의 속 비우기)	구, 도넛모양(원환체) 등 (무평면 입체도형의 속 비우기)
방법 1	**A** 메뉴 [Modify-Shell]을 선택한 후, ⇨ **B** 솔리드(도형)를 클릭하여 적용한다.	○	×
방법 2	**B** 솔리드(도형)를 클릭한 후, ⇨ **A** 메뉴 [Modify-Shell]을 선택 적용한다.	○	○

방법 1

: 육면체, 원기둥, 원뿔 등에만 적용 가능

방법 2

: 모든 솔리드에 적용 가능

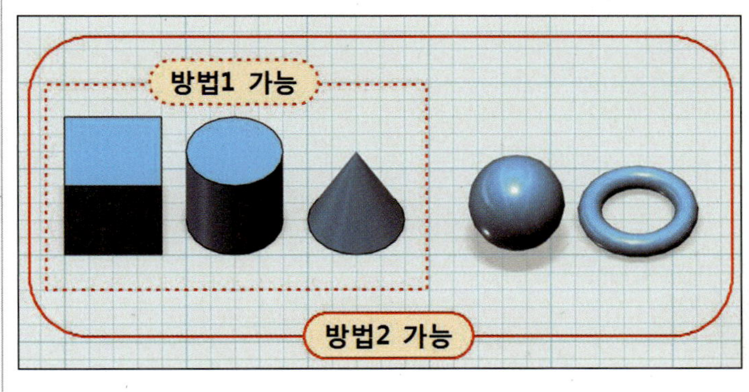

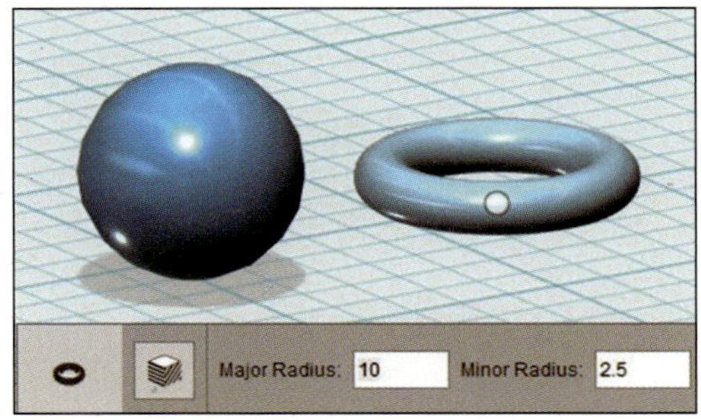

1. 메뉴 [Primitives]의 부메뉴 [Sphere], [Torus]를 이용하여 기본값의 구와 원환체를 각각 만든다.

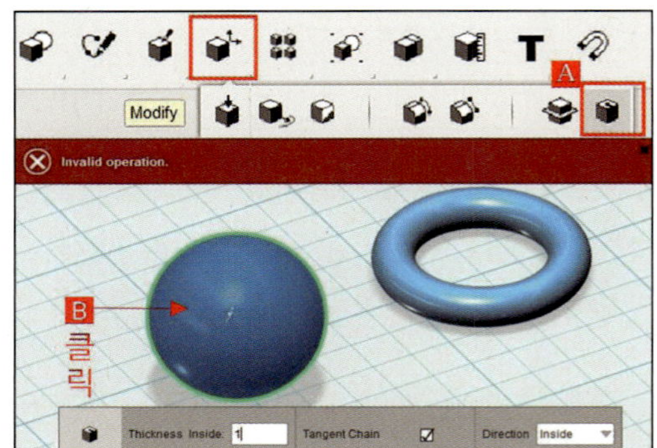

2. **방법1의 실패** 먼저, A메뉴 [Modify-Shell]을 선택한 후, B구 솔리드를 클릭하면 <u>오류가 발생한다.</u> (→방법2를 이용하여 해결!)

❖ 평면이 없는 입체도형은 '방법1'을 적용할 수 없다.

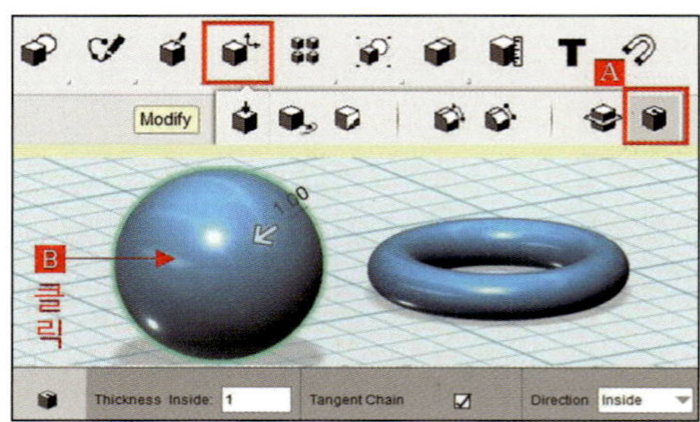

3. **방법2의 성공** B구 솔리드를 클릭한 후, ⇨ A메뉴 [Modify-Shell]을 선택한다. → 하단의 입력칸 [Thickness Inside : 1]을 입력한 후, 화면 빈 곳을 클릭하여 완료! (도넛모양에 대해서도 같은 방법을 적용함)

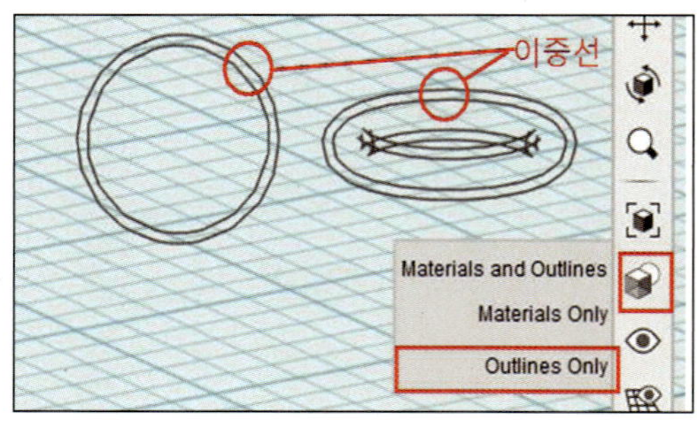

4. [**결과 확인**] : 우측 [화면제어 메뉴바]에서 [Outline Only]를 선택하면, 도형 내부의 '속 비우기'(이중선) 상태를 확인할 수 있다.

 **솔리드 '속 비우기'의 결과를 확인하는 다른 방법**

[Material] 툴을 선택하여 나타나는 새 창에서 재질리스트의 [Common-ⓐClear Glass]나 [Common-ⓑFrosted Glass]를 선택하여 솔리드에 적용한다.

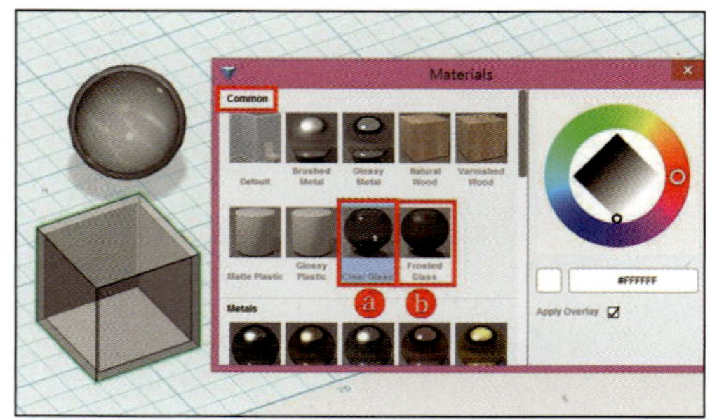

예제32   그림과 같이 육면체(Box)의 앞면에 [Extrude] 툴을 적용하여 오므린 후, [Tweak], [Shell] 툴을 이용한 용기를 완성하시오.

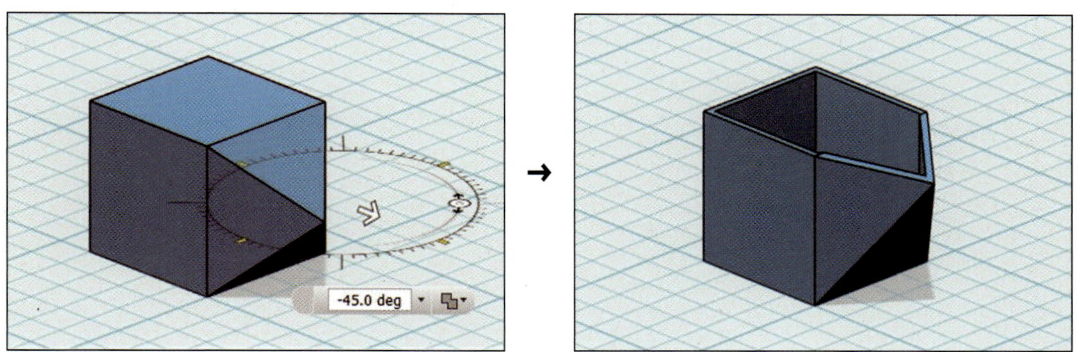

해설 : 297쪽

예제33   그림과 같이 [Sketch Ellipse], [Extrude] 등의 툴을 이용하여 물고기 형상을 만든 후, [Shell] 툴을 적용하여 물고기 저금통을 완성하시오.

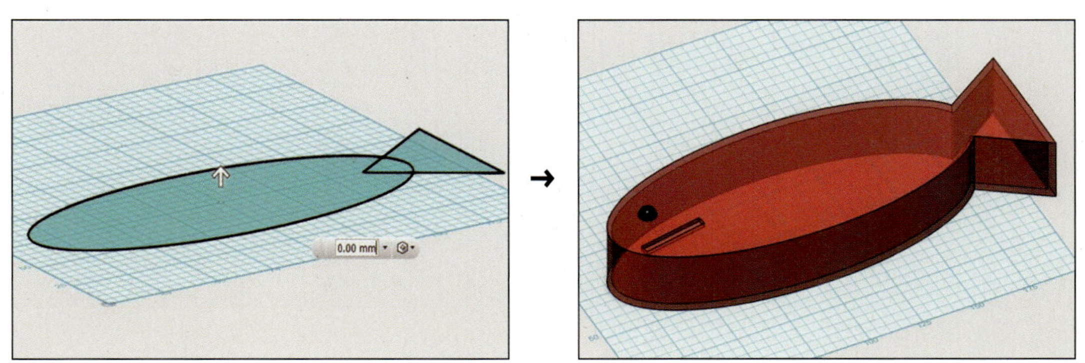

해설 : 298쪽

솔리드의 규칙적 배열
[Pattern]

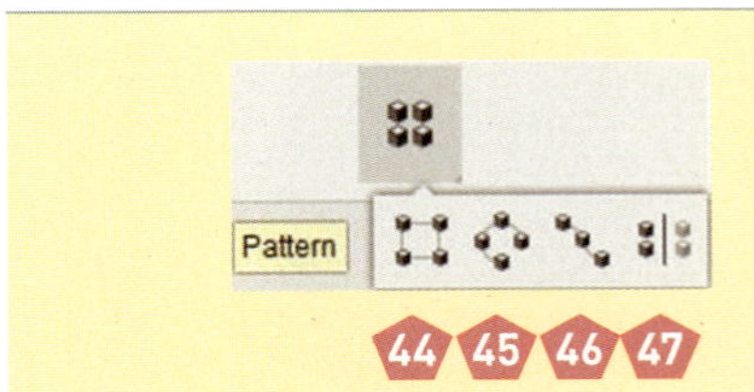

[44 : Rectangular Pattern]
[45 : Circular Pattern]
[46 : Path Pattern]
[47 : Mirror]

메인 툴 [Pattern]의 부메뉴에는 사각 패턴(Rectangular Pattern), 원형 패턴(Circular Pattern), 경로패턴(Path Pattern), 거울 패턴(Mirror) 등 네 가지가 있다. 이러한 [Pattern] 툴들은 적용하는 순간 신기한 배열 기능에 모델링의 고수가 된 기분이 든다. 다음의 과정을 통해서 익숙해지도록 연습하자.

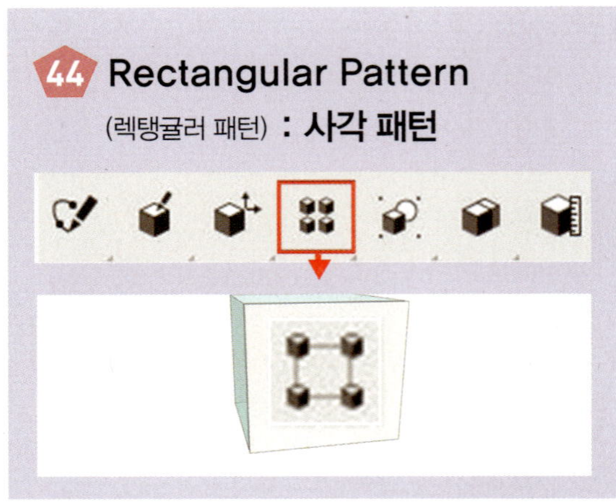

44 Rectangular Pattern
(렉탱귤러 패턴) : **사각 패턴**

1 메뉴 [Primitives-Box]를 선택한 후, 20×40×20의 육면체를 만든다.

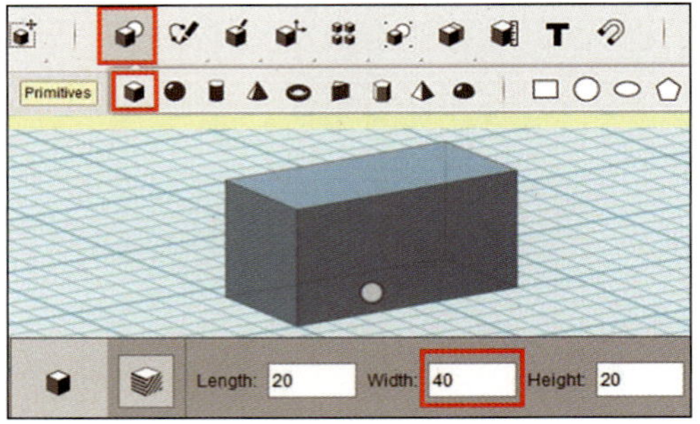

2 메뉴 [Primitives-Cylinder]를 이용하여 작은 원기둥(반지름 : 2, 높이 : 5)을 육면체 앞면에 클릭하여 배치한다.

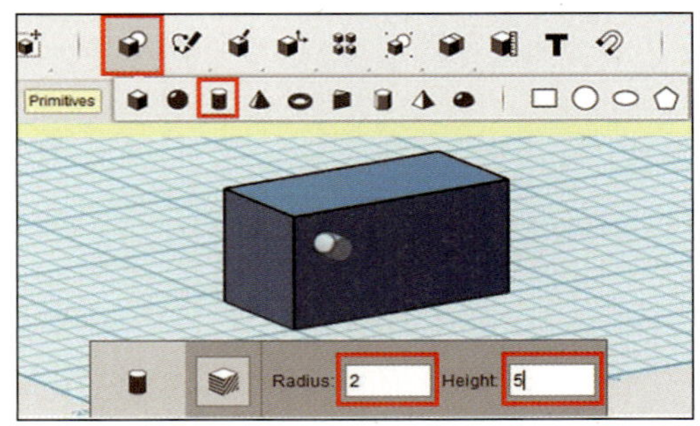

❸ 메뉴 **44** [Pattern-Rectangular Pattern]
을 선택한 후, [Solid/s]-원기둥을 클릭한다.

❖ 원기둥 솔리드 선택하는 방법 : 원기둥의 <u>가장자리(초록 선)</u>를 클릭해야 한다. (원기둥의 곡면이나 윗면을 클릭하면 <u>오류 발생함</u>)

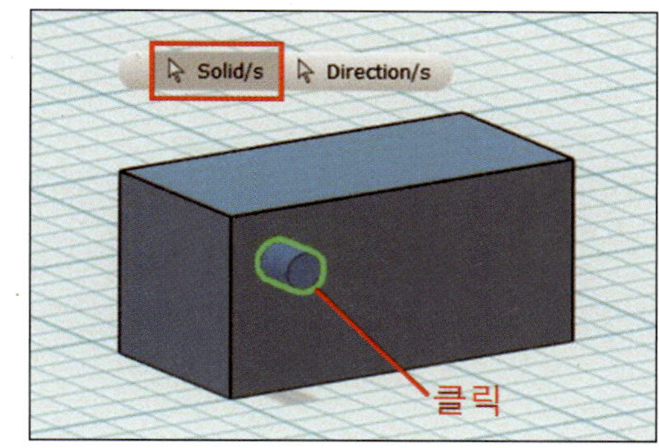

❹ 사각 패턴 : [Direction/s] 클릭-육면체의
모서리 직선(초록선)을 클릭한다. 이때, 사각 패
턴이므로 가로, 세로 방향의 [흰 화살표]가 나타
난다.

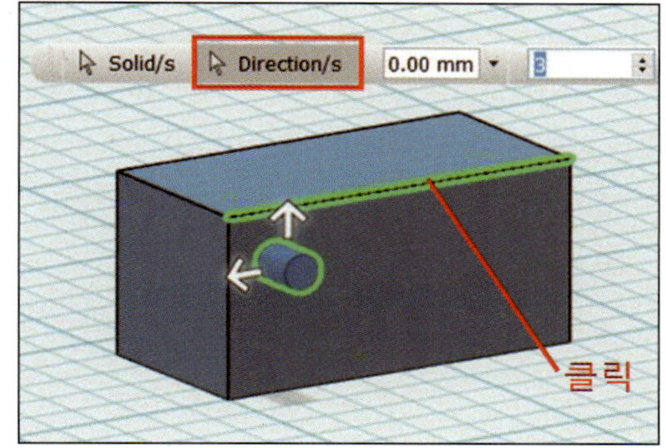

❺ 왼쪽(y)방향의 [흰 화살표]를 ⓐ오른쪽으로 드
래그하면, 원기둥 패턴(기본값 : 3)과 함께 슬라
이더 버튼이 나타난다. 이때, 슬라이더 버튼을
드래그하거나, 입력칸 Quantity에 ⓑ5를 입력
한다.

❖ [흰 화살표]는 화살표 반대방향으로도 드래그할 수
있다.

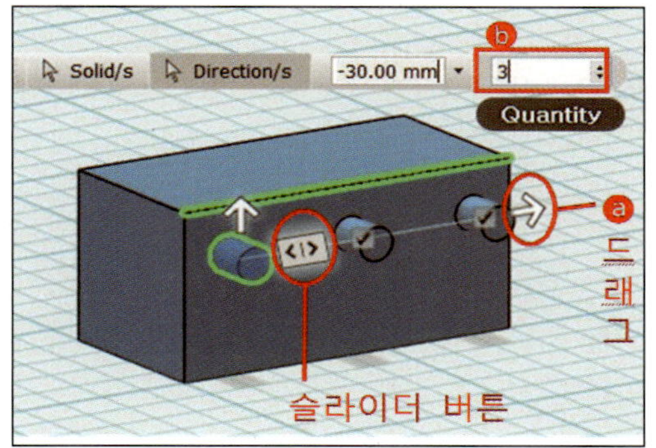

❻ 위쪽(z)방향의 [흰 화살표]를 ⓐ아래로 드래그한
후, 입력칸 Quantity에 ⓑ2를 입력한다. 화면
빈 곳 클릭하여 완료!

❖ [뷰-큐브]-[FRONT]로 시점 전환 후, [흰 화살표]를
드래그하여 작은 원기둥들을 적당한 간격으로 배열한다.

❖ 특정 위치에 있는 작은 원기둥을 제거하고 싶다면,
☑ 를 해제한다.

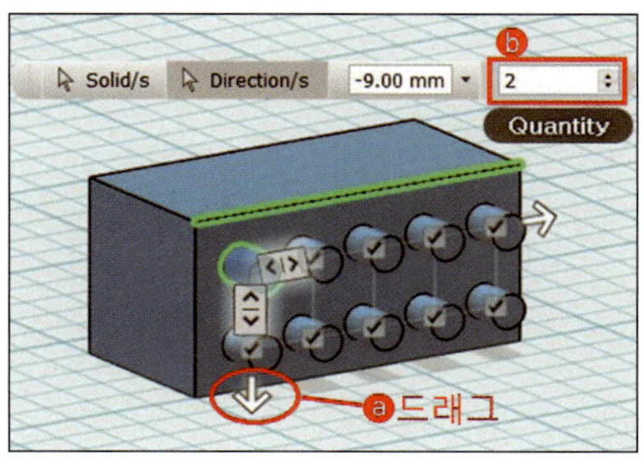

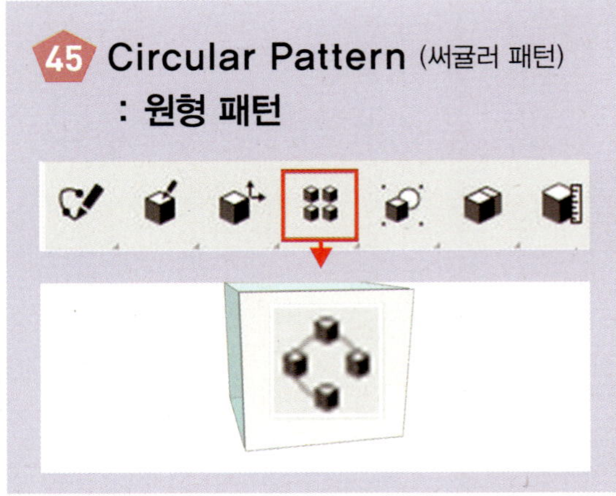

1 메뉴 [Primitives-Cylinder]를 선택한 후, 원기둥을 만든다.

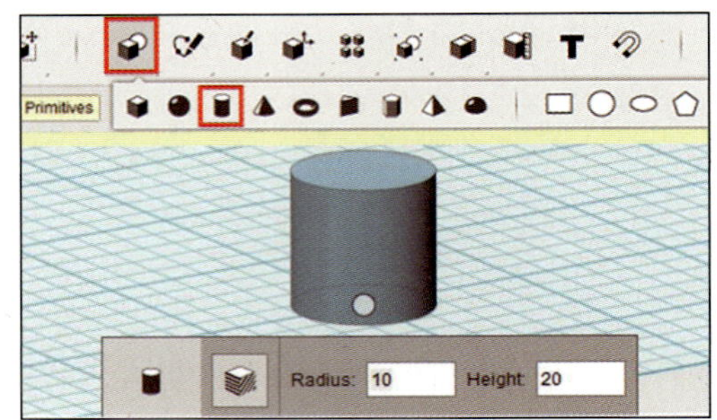

2 다시, 메뉴 [Primitives-Cylinder]를 이용하여 작은 원기둥(반지름 : 2, 높이 : 5)을 원기둥 윗면에 클릭하여 배치한다.

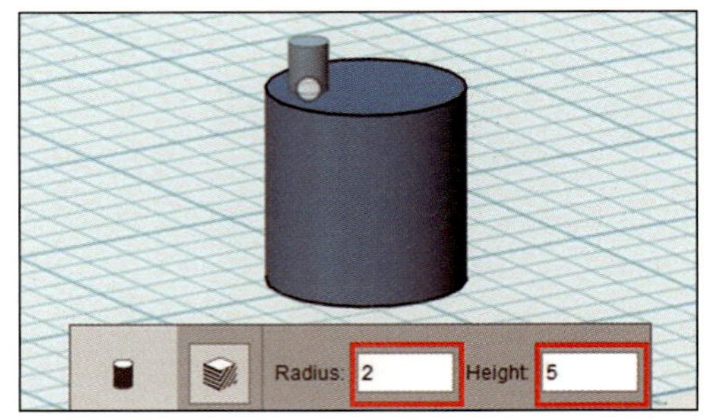

3 ❶솔리드에 [Pattern] 툴 적용하기 메뉴 45 [Pattern-Circular Pattern]을 선택한 후, [Solid/s]−작은 원기둥을 클릭한다.

❖ 원기둥 솔리드 선택하는 방법 : 원기둥의 가장자리(초록 선)를 클릭해야 한다. (원기둥의 곡면이나 윗면을 클릭하면 오류 발생함)

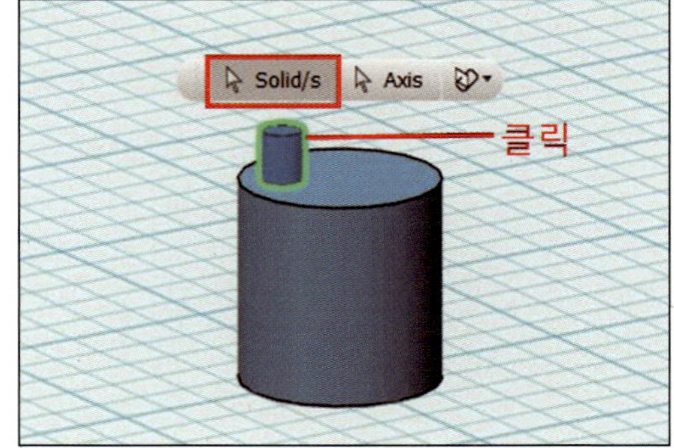

4 원형 패턴 : [Axis] 클릭−큰 원기둥의 원형 모서리(초록선)를 클릭한다.

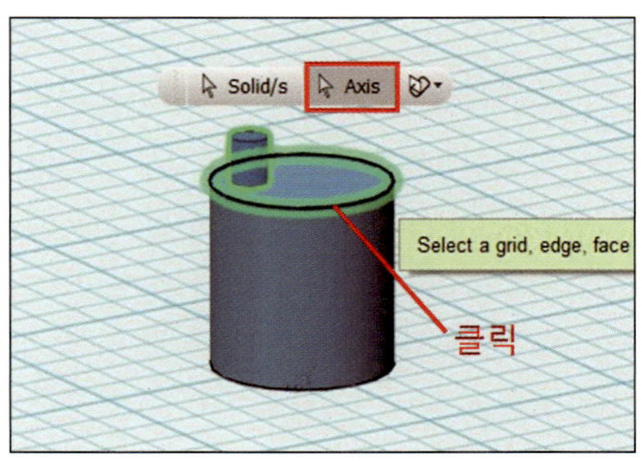

5 패턴으로 작은 원기둥 솔리드가 3개(Count 기본값 3) 나타난다. 입력칸 Count에 6을 입력한다.

❖ [뷰-큐브]-[TOP]으로 시점 전환 후, 작은 원기둥들을 배열 간격을 확인하고 조절한다.

❖ 특정 위치에 있는 작은 원기둥을 제거하고 싶다면, ☑ 를 해제한다.

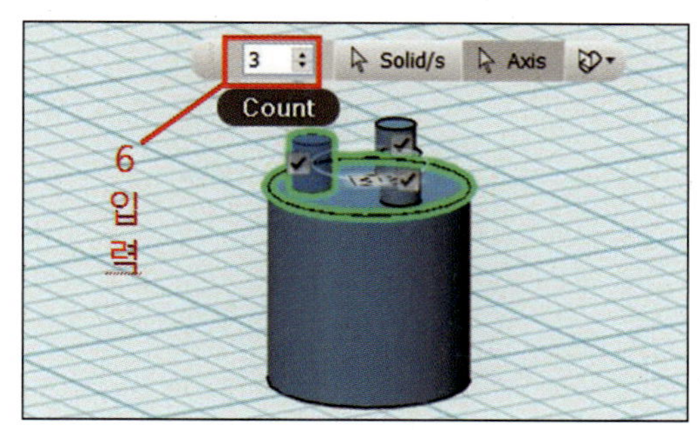

6 화면 빈 곳 클릭하여 완료! (원형 레고 모형 완성!)

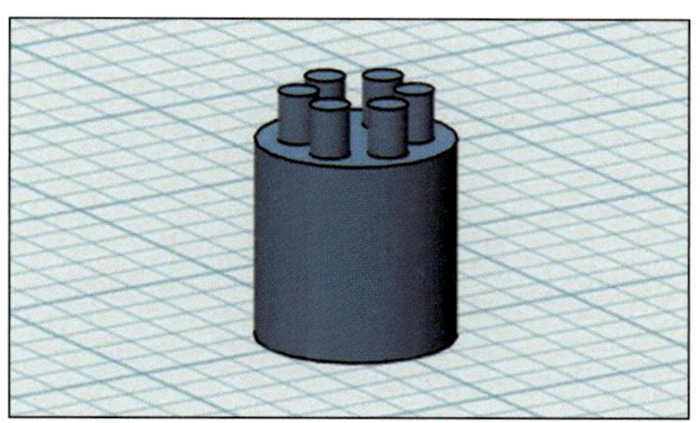

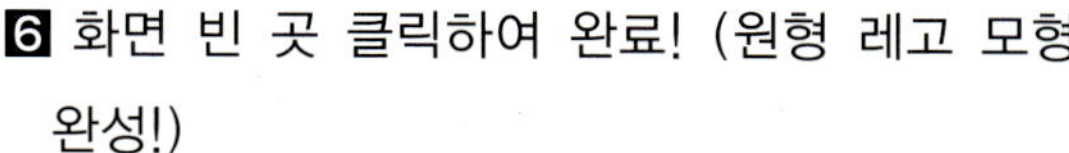

[Rectangular/Circular Pattern] 툴 파헤치기

가 스케치 면(Profile)에 [Pattern] 툴을 적용하는 방법

메인 메뉴 [**Pattern**]을 실행하면, (**Solid/s**)를 선택해야 하는 단계가 있다. 따라서 스케치 면(**Profile**)은 메인 메뉴 [**Pattern**]이 아닌 [**연관 메뉴**(Context Menu)]-[**Pattern**]을 이용해야 한다.

패턴 적용 대상	메인 메뉴 [Pattern- Rectangular Pattern, Circular Pattern, Mirror]	[연관 메뉴]- [Rectangular Pattern, Circular Pattern, Mirror]
솔리드(Solid)일 때	○	X
스케치 면(Profile)일 때	X	○

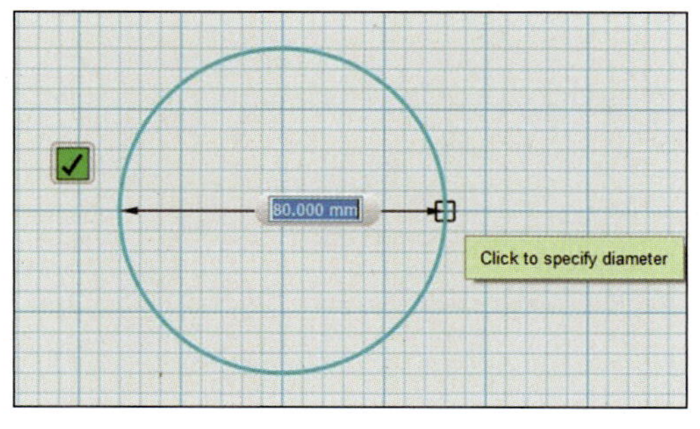

1. [뷰-큐브]-[TOP]으로 시점을 전환한다. 메뉴 [Sketch-Sketch Circle]을 선택하여 원(지름 80)을 그린다. 종료(Exit Mode ☑) 버튼 클릭 또는 Esc 키를 누름!

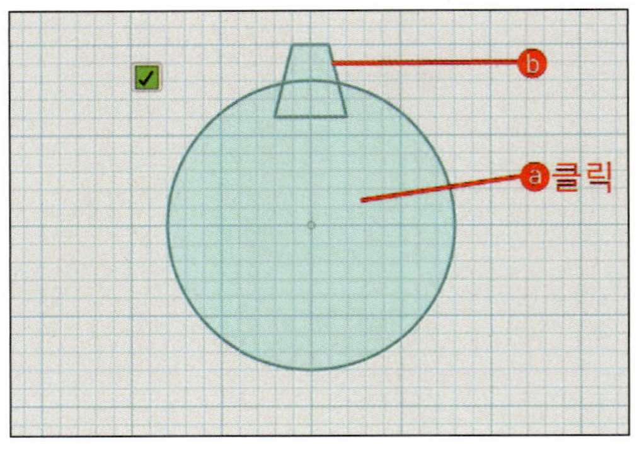

2. 메뉴 [Sketch-Polyline]를 선택하고, ⓐ원의 내부를 클릭한 후 ⓑ사다리꼴을 그린다. 종료 (Exit Mode ✔) 버튼 클릭 또는 Esc 키를 누름!

❖ 원의 외부를 클릭한 후 사다리꼴을 그리면, [Pattern] 툴을 적용할 수 없다. (스케치 면의 일체형, 독립형 81쪽 참고)

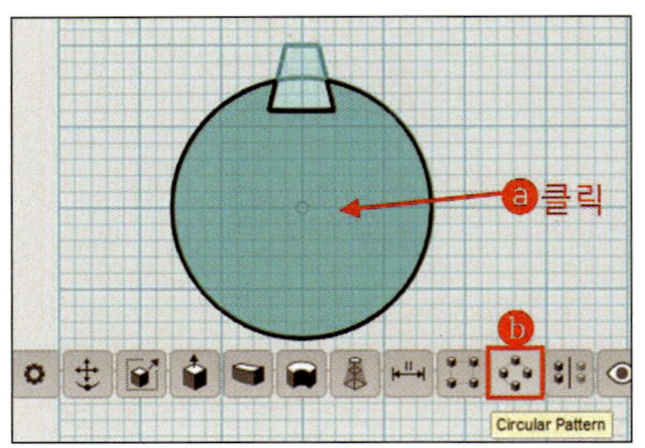

3. ❷스케치 면에 [Pattern] 툴 적용하기 ⓐ 원을 클릭한 후, [연관 메뉴]-ⓑ[Circular Pattern]을 선택한다.

❖ 메인 메뉴 [Pattern-Circular Pattern]으로는 스케치 면(Profile)의 패턴 적용이 불가능하다.

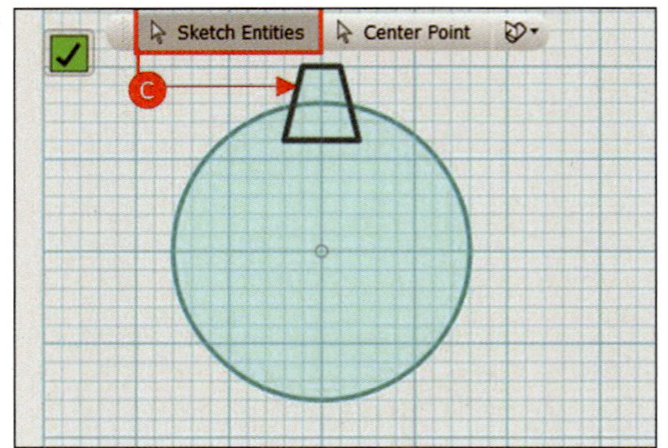

4. 원형패턴 : [Sketch Entities]-ⓑ사다리꼴의 네 변(선)을 하나씩 클릭한다.

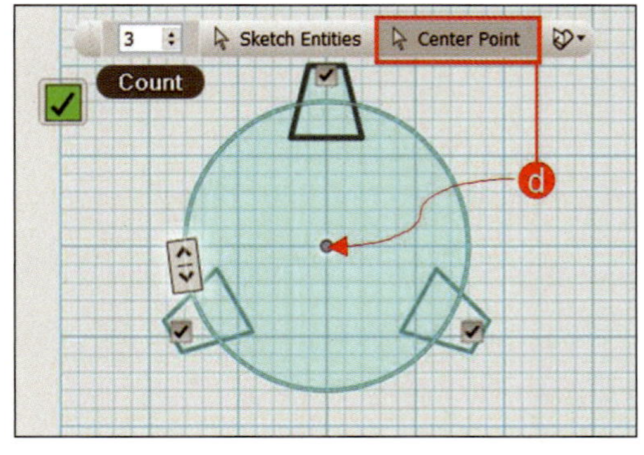

5. 원형패턴 : [Center Point] 클릭-원의 ⓓ중심점을 클릭한다. (Count의 기본값 : 3)

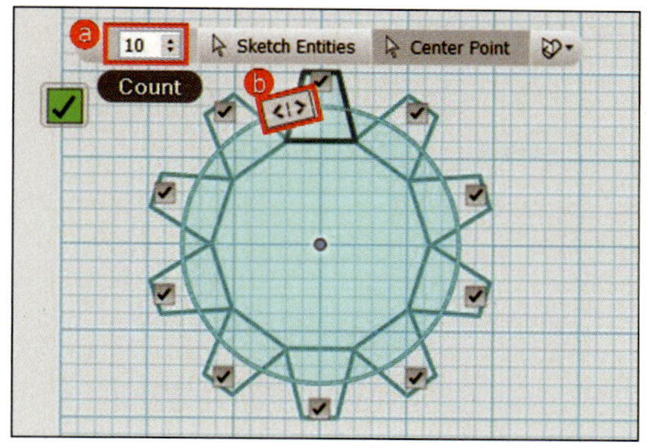

6. 원형패턴 : 입력칸 Count에 **ⓐ**10을 입력하거나 **ⓑ**슬라이더 버튼을 드래그한다. 종료(Exit Mode ✅) 버튼 클릭 또는 Esc 키를 누름!

❖ 특정 위치에 있는 사다리꼴을 제거하고 싶다면, ☑ 를 해제한다.

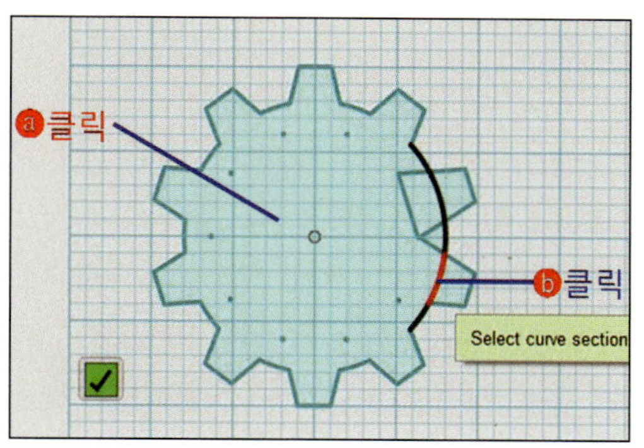

7. 메뉴 [Sketch-Trim]을 선택하고, **ⓐ**원(면)을 클릭하였다가 뗀 후, 다시 삭제하려는 **ⓑ**선(빨간 선)을 하나씩 클릭한다. 종료(Exit Mode ✅) 버튼 클릭 또는 Esc 키를 누름!

❖ [Trim] 툴 사용법 (102쪽 참고)

나 [Circular Pattern] 툴의 옵션

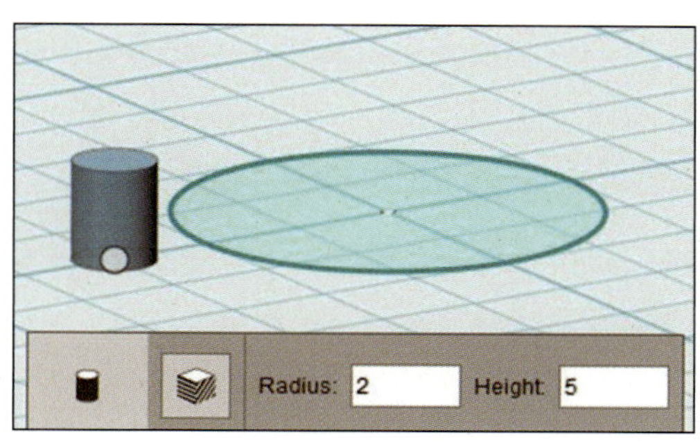

1. 메뉴 [Primitives-Circle]를 선택하여 원을 그리고, 메뉴 [Primitives-Cylinder]를 선택하여 작은 원기둥(반지름 : 2, 높이 : 5)을 만든다.

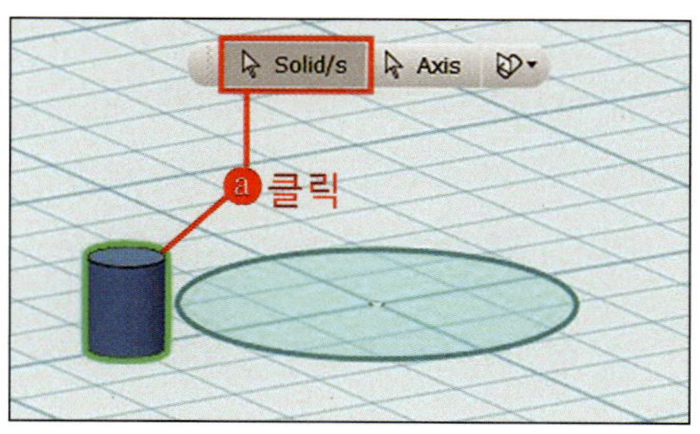

2. 메뉴 [Pattern-Circular Pattern]을 선택한 후, [Solid/s]-**ⓐ**원기둥을 클릭한다.

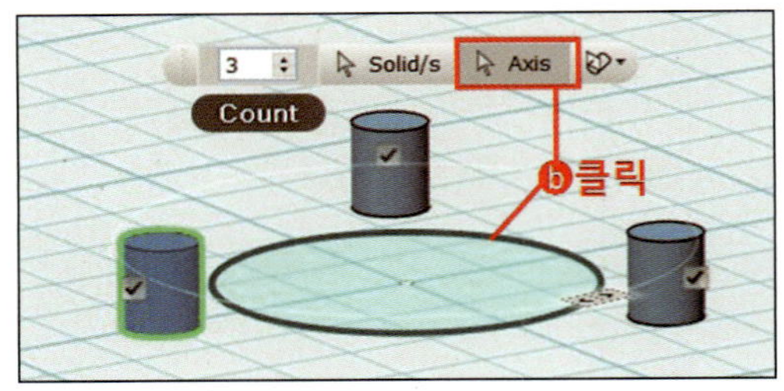

3. 원형패턴 : [Axis] 클릭-❺원(선)을 클릭한
   다. (Count의 기본값 3)

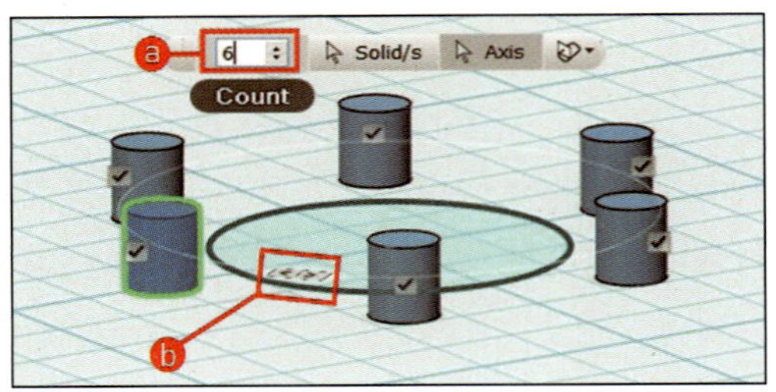

4. 입력칸 Count에 ❶수치(6)를 입력하거나 ❷슬
   라이더 버튼을 드래그하여 솔리드의 패턴 개수
   를 지정한다.

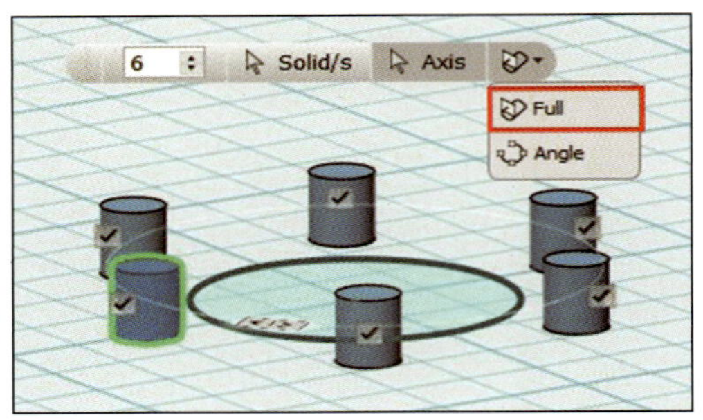

5. 원형 패턴의 옵션 : Full 입력창의 드롭다운
   버튼을 클릭하면 2가지 옵션이 나타난다. 기본
   값은 [Full]-360°로 솔리드가 원형으로 배열
   된다.

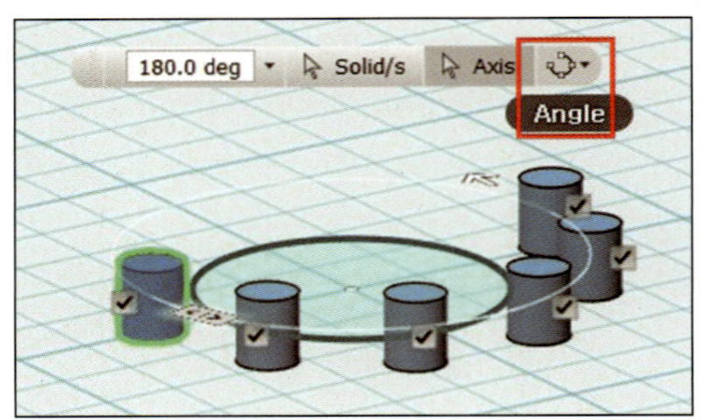

6-1. 원형 패턴의 옵션 : Angle 옵션 [Angle]
     을 선택하면, **지정한 각도 범위에서만** 솔리드
     패턴이 배열된다. (기본 값은 180°)

❖ 특정 위치에 있는 원기둥을 제거하고 싶다면, ☑ 를
   해제한다.

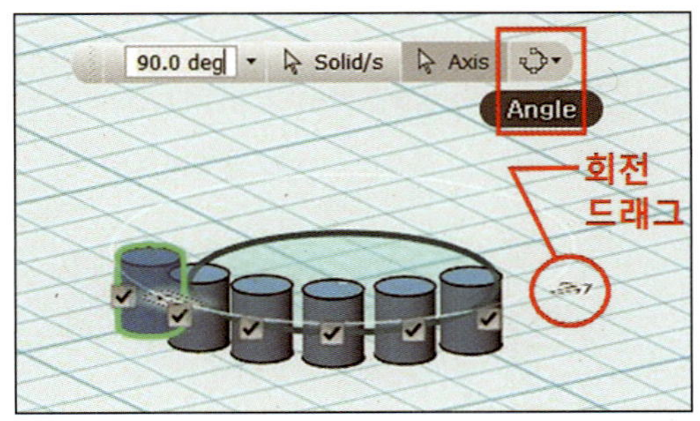

6-2. [흰 화살표]를 회전 드래그하거나 입력칸에 각도
     를 입력하여 패턴 솔리드의 배열 범위를 지정한다.
     화면 빈 곳 클릭하여 완료!

❖ [흰 화살표]는 반대방향으로도 드래그 가능함

다 [Pattern] 툴에서 흔히 발생하는 오류 잡기

(1) [Pattern] 툴의 적용 과정에서 솔리드 클릭하는 방법

① 원기둥 **윗면** 클릭(×)	② 원기둥 **곡면** 클릭(×)	③ 원기둥 **가장자리** 클릭(○)

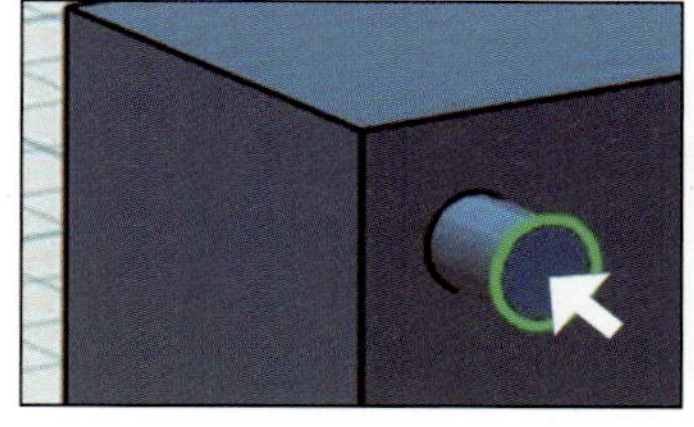  

❖ **[솔리드 클릭하는 다른 방법]** : 먼저 솔리드 전체를 선택(**①원기둥의 윗면이나 ②곡면 클릭**)한 후 ⇨ [Pattern] 툴을 선택하고 ⇨ [Solids] 탭-(원기둥이 이미 선택되어 있으므로 그냥 넘어감) ⇨ 다음 탭 [Direction/s 또는 Axis]를 클릭하여 패턴 툴을 적용하는 것이 더 편리할 수 있다.

(2) [Circular Pattern] 툴의 적용 과정에서 자주 발생하는 오류
[뷰-큐브]-[TOP] 시점에서 패턴 적용할 때, 오류가 자주 발생한다. 그 원인은 솔리드를 선택할 때, 솔리드(전체)를 클릭해야 하는데, 솔리드의 면(윗면)이 클릭되었기 때문이다. 그 해결책으로는 ① [Home]으로 시점 전환한 후, 패턴을 적용한다.(권장사항) ② [뷰-큐브]-[TOP] 시점에서 솔리드의 가장자리(외곽선)를 마우스 커서로 선택한다.(화면 확대 필요)

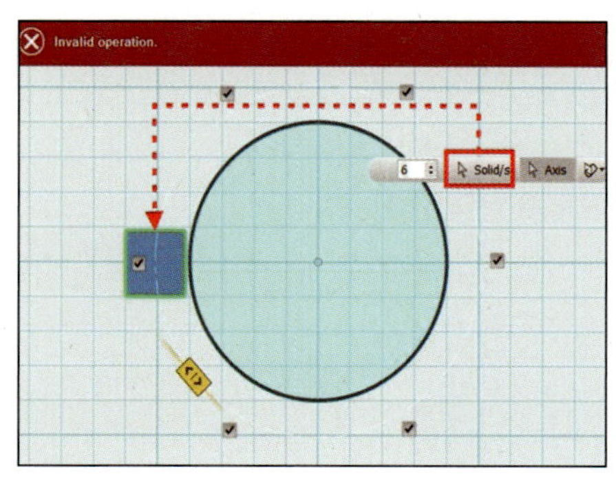

Home
→
시점
전환

[Circular Pattern] 오류 발생
[뷰-큐브]- **[TOP] 시점**에서는 솔리드를 클릭할 때, (솔리드가 선택되지 않고) **솔리드의 면**이 선택되기 쉬우므로 오류가 발생하기 쉽다.

오류 원인 찾기
[Home]으로 시점을 전환해 보면, (솔리드가 선택되어 있지 않고) **솔리드(육면체)의 윗면**이 선택되어 있는 것을 확인할 수 있다.(←오류 발생 원인)

 그림과 같이 원기둥(반지름 5, 높이 2)과 **육면체**(30×3×2, 10×3×2)를 이용하고,
[Circular Pattern] 툴을 적용시켜 간단한 '**눈 결정**'의 형상을 모델링하시오.

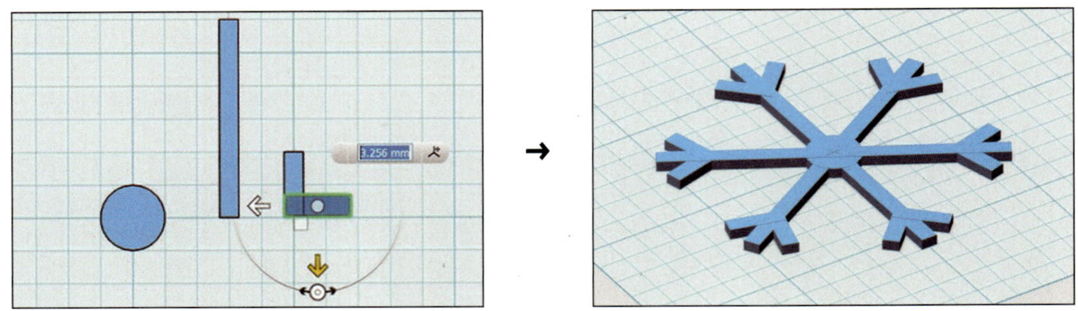

해설 : 300쪽

 그림은 원과 삼각형을 그린 후 스케치 면(Profile)에 대해 원형 패턴[Circular
Pattern]을 적용한 것이다. 아래의 [과정2, 3]에서 빈칸 ㉮, ㉯에 들어갈 알맞은 설명은?
(정답이 2개 이상이라면 모두 고르시오)

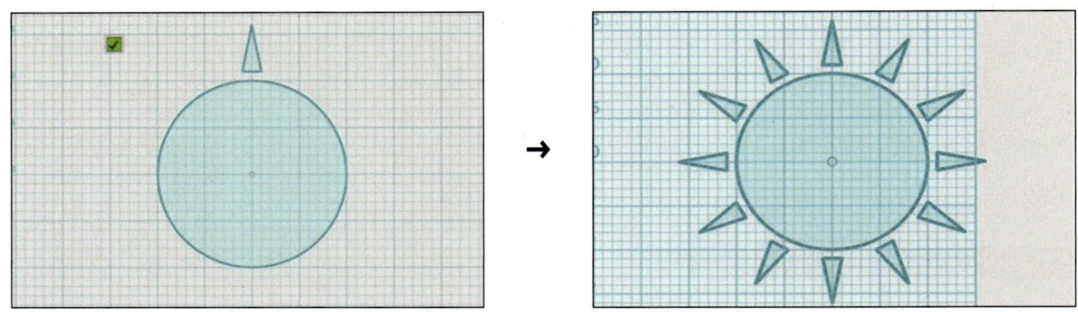

[과정1] 메뉴 [Primitives-Circle] 또는 [Sketch-Sketch Circle]로 원을 그린다.
[과정2] 메뉴 [Sketch-Polyline]을 선택하고 (㉮ :   )를 클릭하였다가 삼각형을 그린다.
[과정3] (㉯ :   )

	㉮	㉯
①	원의 내부	메인 메뉴 [Pattren-Circular Pattern]을 적용한다.
②	원의 내부	스케치 면(Profile)을 클릭하여 [**연관 메뉴**]-[Circular Pattern]을 적용한다.
③	원의 외부	스케치 면(Profile)을 클릭하여 [**연관 메뉴**]-[Circular Pattern]을 적용한다.

정답 : ②, 해설 : 301쪽

46 Path Pattern(패뜨 패턴)
: 경로 패턴

2 [Home]으로 시점 전환 후, 메뉴 [Primitives-Cylinder]를 이용하여 원기둥(반지름 : 2, 높이 : 20)을 폐곡선에 클릭하여 배치한다.

❖ 그려진 스케치 면 모양은 제어점을 드래그하여 변형시킬 수 있다. (91쪽 참고)

3 메뉴 46 [Pattern-Path Pattern]을 선택한 후, [Solid/s]-ⓐ원기둥을 클릭한다.

❖ 원기둥 솔리드 선택하는 방법 : 원기둥의 가장자리(초록 선)를 클릭해야 한다. (원기둥의 곡면이나 윗면을 클릭하면 오류 발생함)

4 경로 패턴 : [Path] 클릭-ⓑ폐곡선의 선을 클릭한다.

1 [뷰-큐브]-[TOP] 시점에서, 메뉴 [Sketch-Spline]을 선택한 후, 스케치 면(profile)을 그린다. 종료(✅) 버튼 클릭 또는 Esc 키를 누름!

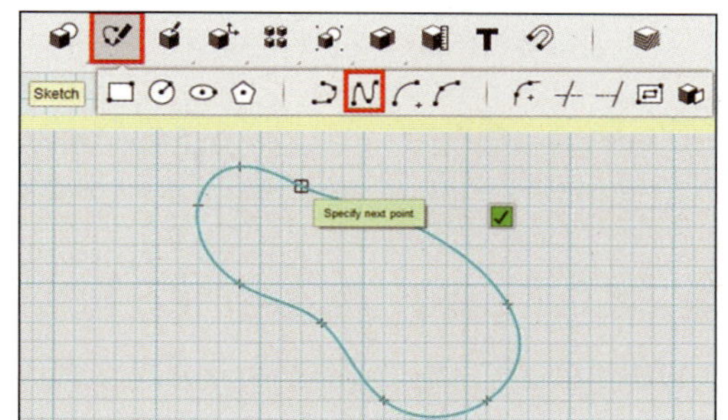

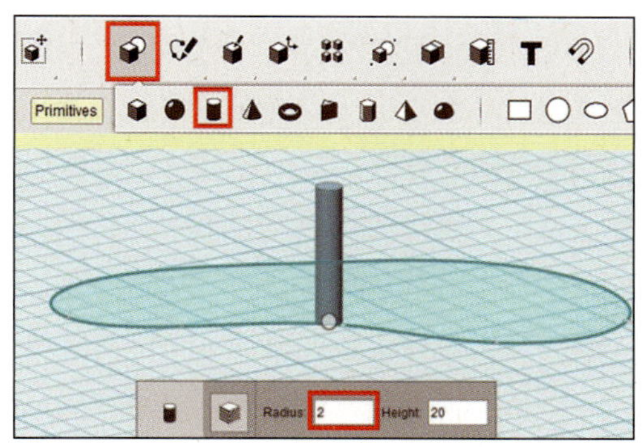

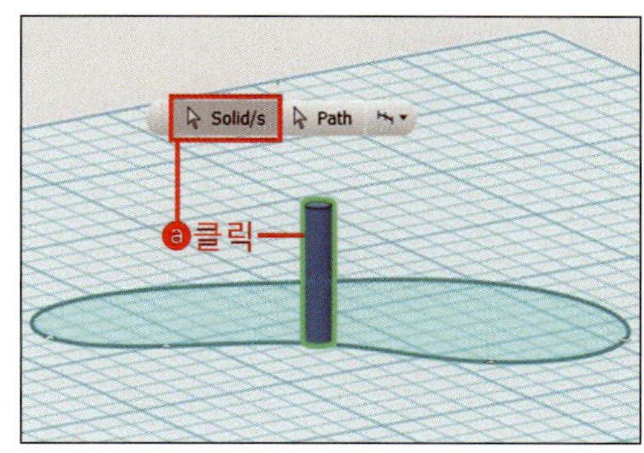

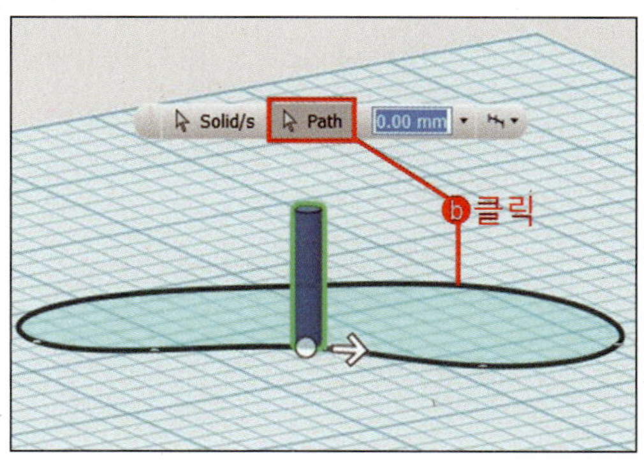

5 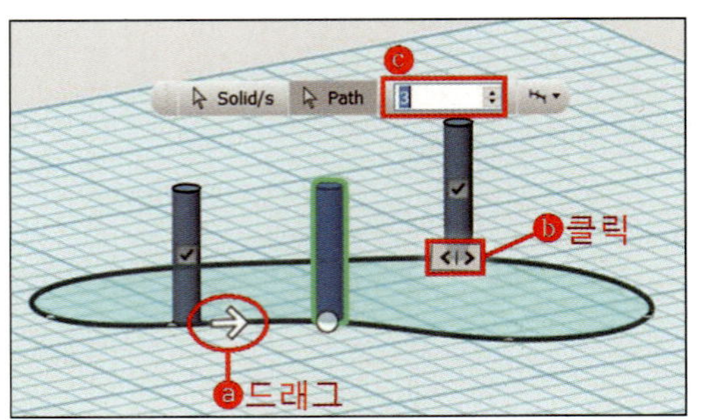ⓐ[흰 화살표]를 패턴의 범위까지 드래그하고, ⓑ슬라이더 버튼을 클릭하여 입력칸을 ⓒQuantity(수량, 기본값 3)로 전환시킨다.

❖ 버튼 클릭에 따른 ⓒ입력칸의 변화

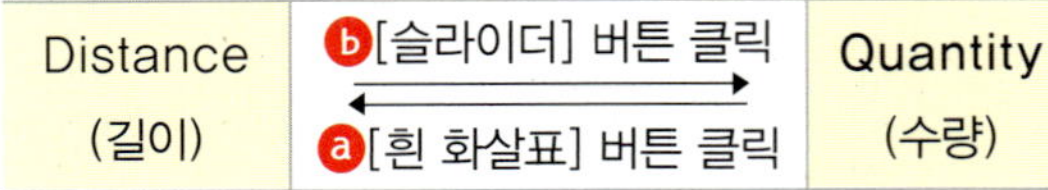

Distance (길이)	ⓑ[슬라이더] 버튼 클릭 → ← ⓐ[흰 화살표] 버튼 클릭	Quantity (수량)

6 슬라이더 버튼을 클릭하면 나타나는 입력칸 Quantity에 30을 입력한 후, [흰 화살표]를 드래그하면서 경로를 따라 원기둥을 적절히 배열시킨다. 화면 빈 곳 클릭하여 완료!

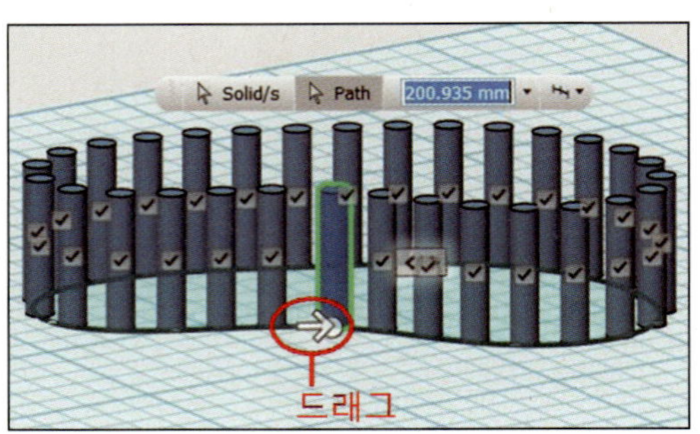

❖ 특정위치에 있는 원기둥을 제거하고 싶다면, ☑ 를 해제한다.

❖ [Path Patern] 툴의 옵션(Identical, Path Direction) 적용은 아래의 [예제36] 참고

예제36 그림과 같이 [Primitives–Box] 툴로 육면체(2×20×2)를 만들고, [Spline], [Offset] 툴을 이용하여 경로(Path)를 그린 후, [Path Pattern] 툴을 적용하여 레일의 침목을 배열하시오.

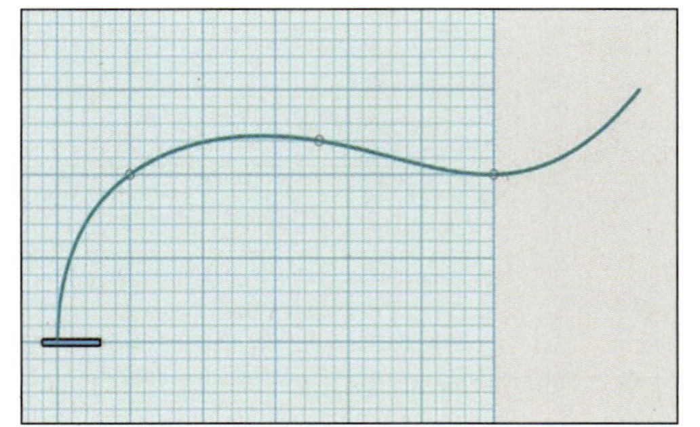

→

해설 : 302쪽

2 메뉴 [Sketch-Polyline]으로 원뿔 앞의 그리드 면 위에 **직선(거울 역할)**을 그린다. 종료(Exit Mode ✔) 버튼 클릭 또는 Esc 키를 누름!

3 [Mirror] 툴의 거울면 : 직선 메뉴 **47** [Pattern-Mirror]를 선택한 후, [Solid/s]-**ⓐ**원뿔을 클릭한다.

❖ 원뿔 솔리드 선택하는 방법 : 원뿔의 **ⓐ**가장자리(초록선)를 클릭해야 한다. (원뿔의 곡면을 클릭하면 오류 발생함)

4 거울 패턴 : [Mirror Plane] 클릭-**ⓑ**직선을 클릭하면, 직선(거울 면)을 기준으로 대칭 지점에 원뿔 솔리드가 복제된다(직선의 연장 면인 가상의 거울 면이 생성됨). 화면 빈 곳 클릭하여 완료!

1 메뉴 [Primitives-Cone]을 선택하여 원뿔을 만든다.

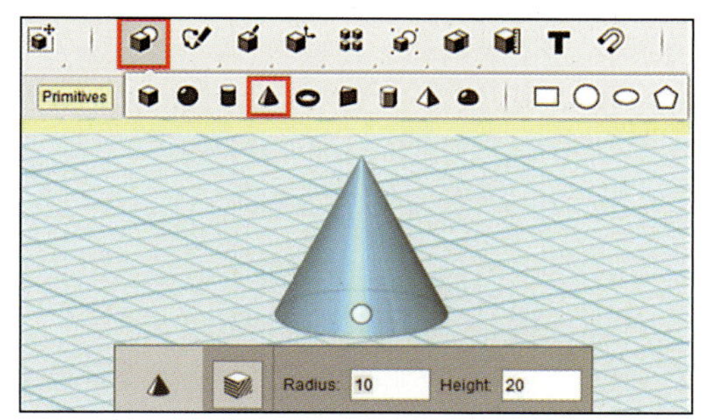

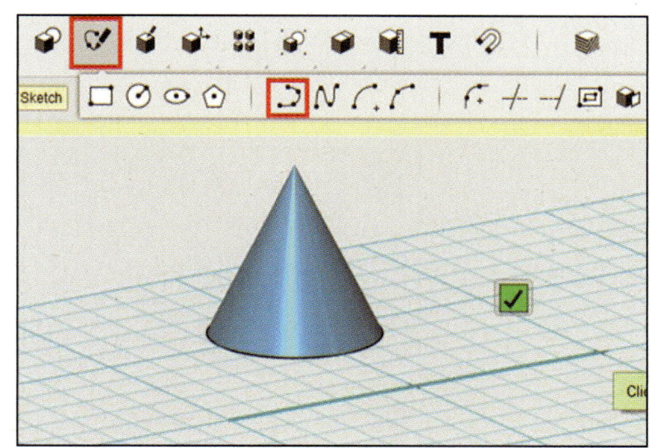

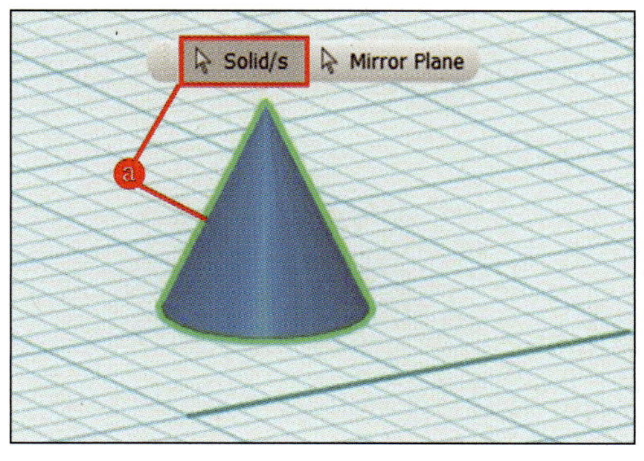

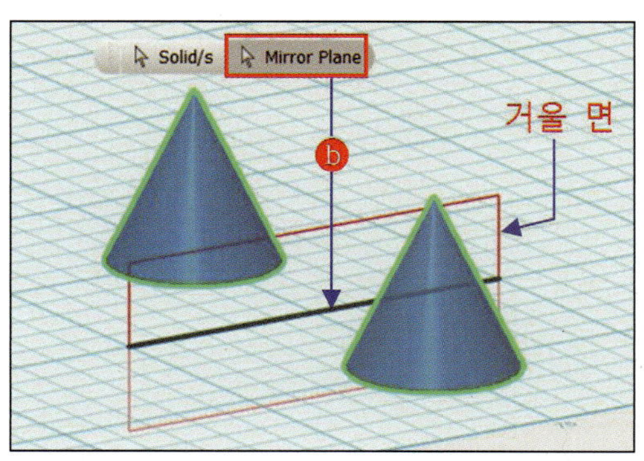

[Mirror] 기능	개체 종류	메인 메뉴 [Pattern-Mirror]	연관 메뉴(Context Menus) [Mirror]
	솔리드 [Solid/s]	○	×
	스케치 면 [Sketch Entities]	×	○

거울 면 으로 사용	솔리드에 메인 메뉴 [Pattern-Mirror] 적용	스케치 면에 연관 메뉴 (Context Menus) [Mirror] 적용	
❶ [Polyline] 으로 그린 직선	가능	가능	불가
❷ 스케치 면의 직선 변	가능	가능	불가
❸ 솔리드의 평면	가능	불가	불가

❹ [Spline]으로 그린 **직선**이나 **곡선**은 거울 면으로 사용할 수 없다.

❖ 스케치 면의 <u>내부</u>, 솔리드의 <u>모서리</u>, 솔리드의 <u>곡면</u> 등도 거울면으로 사용할 수 <u>없다</u>.

■ [Mirror] 툴에서 거울 면(Mirror Plane) 기능을 하는 개체

[Mirror] 툴의 적용 과정에서 거울 면(Mirror Plane)으로 사용할 수 있는 개체는 다음과 같이 제한적이다.

(1) 솔리드에 <u>메인 메뉴</u> [Pattern-Mirror] 적용

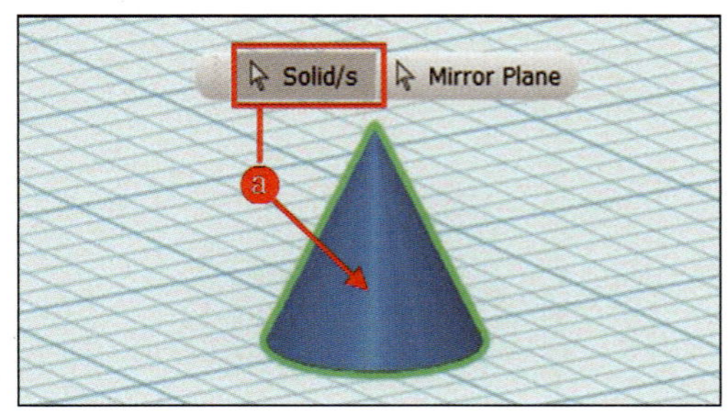

1-1. **[Mirror] 툴의 거울면 : 솔리드 평면1** 메뉴 [Primitives-Cone]으로 원뿔(기본값)을 만든 후, 메뉴 [Pattern-Mirror]를 선택하고, [Solid/s]-ⓐ원뿔을 클릭한다.

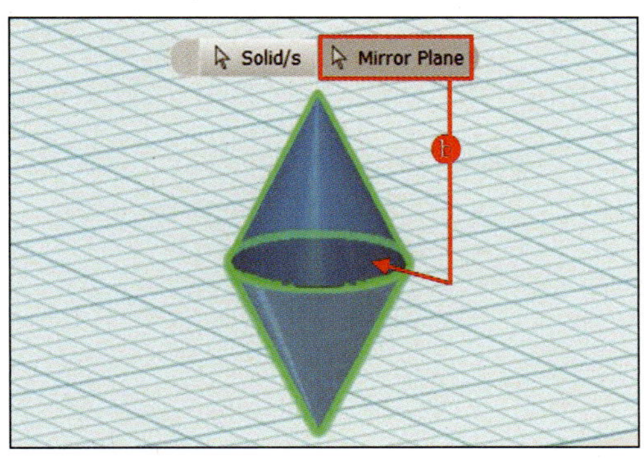

1-2. 거울 패턴 : [Mirror Plane] 클릭-ⓑ원뿔의 밑면을 클릭하면, 밑면(거울 면 역할)을 기준으로 대칭 위치에 원뿔 솔리드가 복제된다. 화면 빈 곳을 클릭하여 완료!

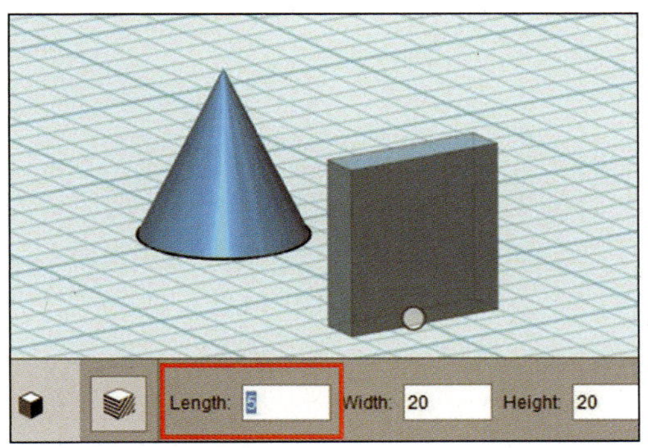

2-1. [Mirror] 툴의 거울면 : 솔리드 평면2 메뉴 [Primitives-Cone]으로 원뿔(기본값)을 만들고, 메뉴 [Primitives-Box]로 육면체(5×20×20)를 만들어 원뿔 앞에 배치한다.

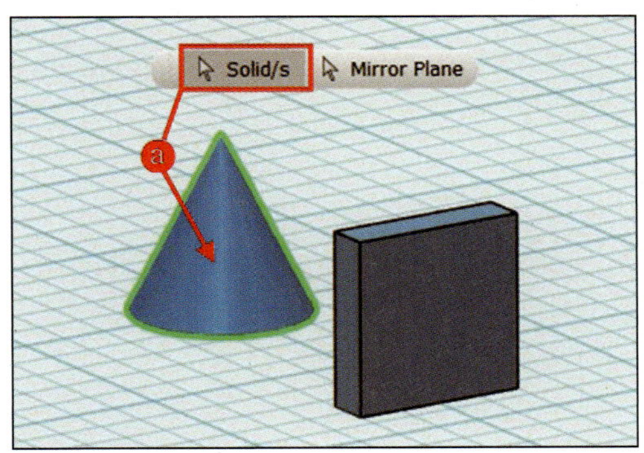

2-2. 메뉴 [Pattern-Mirror]를 선택하고, [Solid/s]-ⓐ원뿔을 클릭한다.

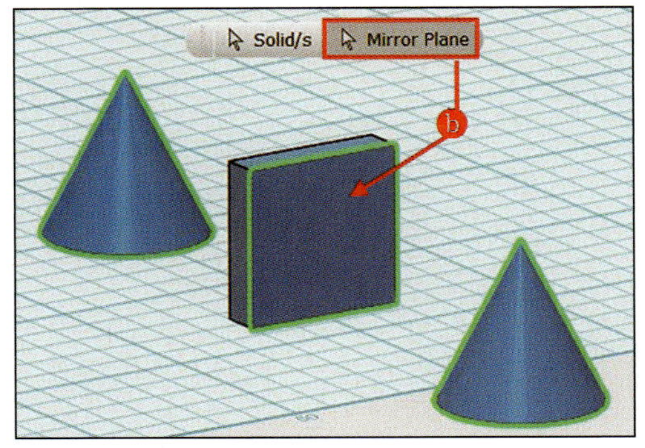

2-3. 거울 패턴 : [Mirror Plane] 클릭-ⓑ육면체의 한 면(거울 면)을 클릭하면, 대칭 지점에 원뿔 솔리드가 복제된다. 화면 빈 곳을 클릭하여 완료!

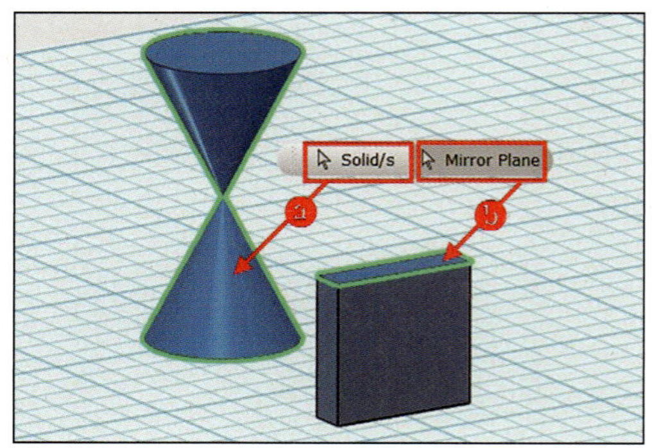

2-4. 다른 [Mirror Plane(거울 면)]을 선택
해 보자. 메뉴 [Pattern-Mirror]를 선택한
후, [Solid/s]-ⓐ원뿔을 클릭하고, [Mirror
Plane] 클릭-ⓑ육면체의 윗면을 클릭하면 대
칭 솔리드 패턴이 나타난다.

(2) 스케치 면에 연관 메뉴 [Mirror]의 적용

❶ 거울 면으로 사용하는 [Polyline] 직선

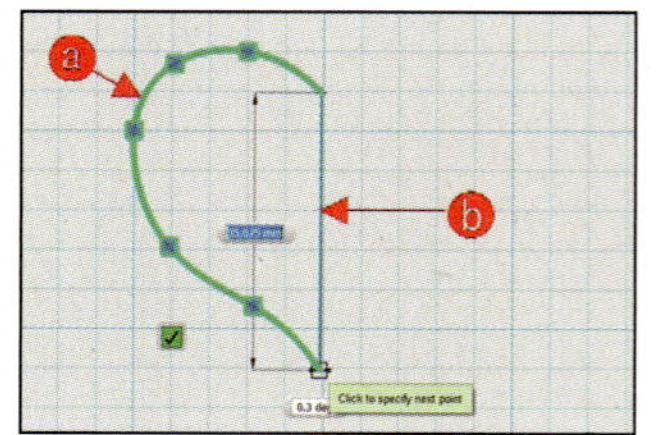 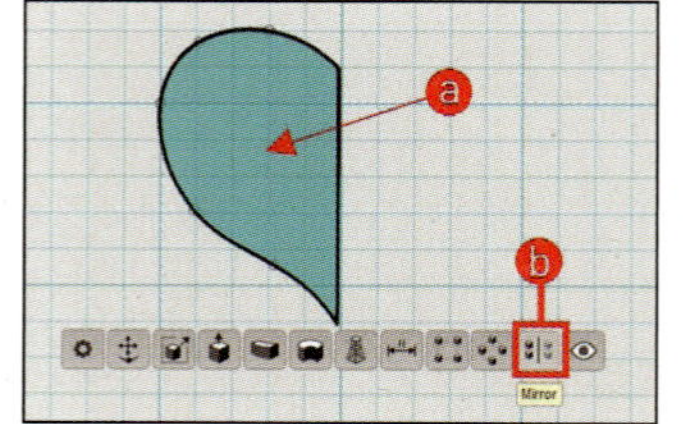 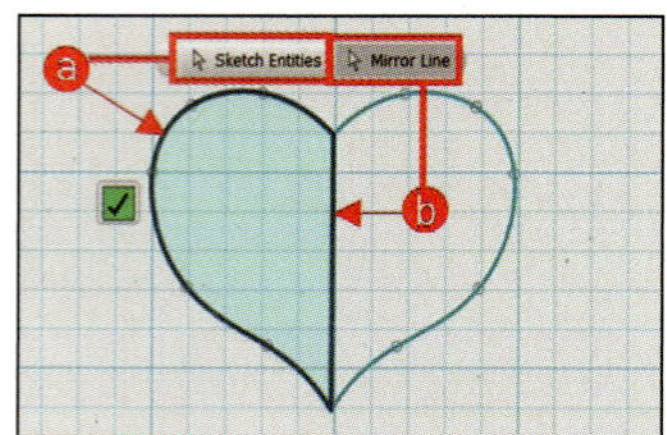

1. ⓐ[Spline]으로 곡선부분을
그린 후, ⓑ[Polyline]으로
직선을 연결하여 그린다. 종
료버튼(☑)을 클릭하여 완료!

2. ⓐ스케치 면을 클릭하고 [연
관 메뉴]-ⓑ[Mirror]를 선택
한다.

3. [Sketch Entities]탭-ⓐ곡
선을 선택하고, [Mirror line]
탭 클릭-ⓑ직선을 선택한다.
종료버튼(☑)을 클릭하여 완
료!(대칭의 하트 완성)

❖ 1-ⓑ에서 직선부분은 거울 면(Mirror line)으로 사용하기 위해, [Polyline]으로 직선을 그려야 한다.(→
[Spline]으로 그린 직선은 거울 면으로 사용할 수 없다.)

❷ 거울 면으로 사용하는 스케치 면의 직선 변

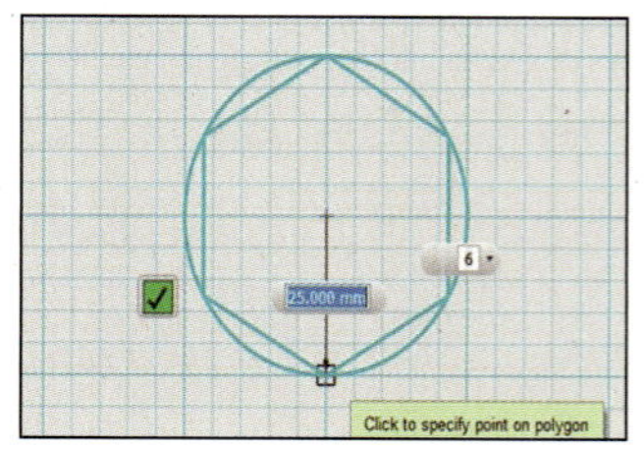 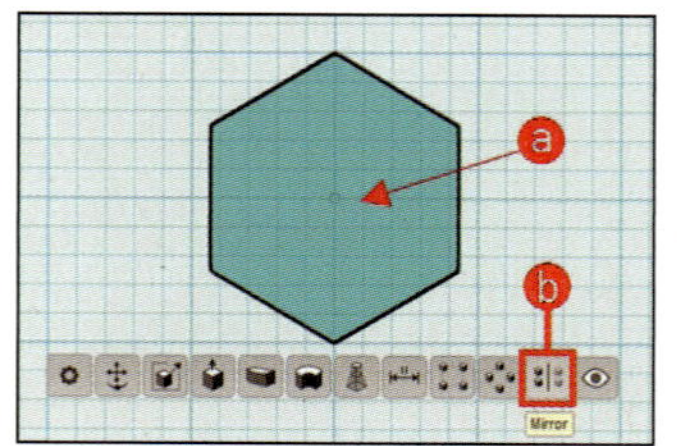 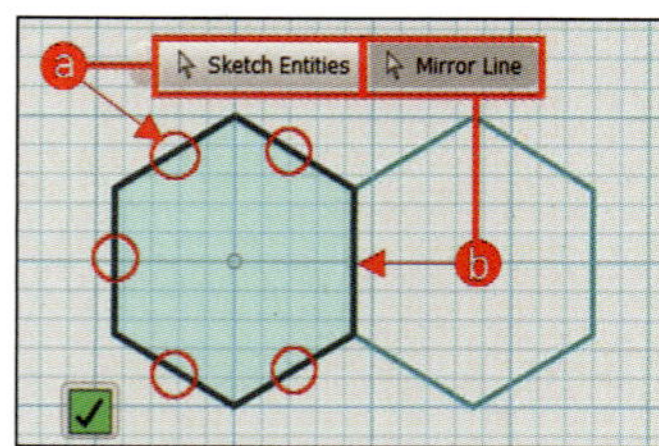

1. [Sketch Polygon] 툴로 6
각형을 그린다. 종료버튼(☑)
을 클릭하여 완료!

2. ⓐ스케치 면을 클릭하고 [연
관 메뉴]-ⓑ[Mirror]를 선택
한다.

3. [Sketch Entities]탭-ⓐ직
선 변 5개를 선택하고, [Mirror
line]탭 클릭-ⓑ직선 변 하나를
선택한다. 종료버튼(☑)을 클릭
하여 완료! (대칭의 6각형 생성)

예제37 그림과 같이 [Spline] 툴을 이용하여 곡선 부분(나비의 왼쪽 날개)을 그린 후, [Mirror] 툴을 적용하여 좌우 대칭의 나비 모양(오른쪽 날개)을 완성하려고 한다. 이때, 거울 면(Mirror Plane, Mirror line)으로 사용할 수 있는 경우는? (정답이 2개 이상이라면 모두 고르시오)

① 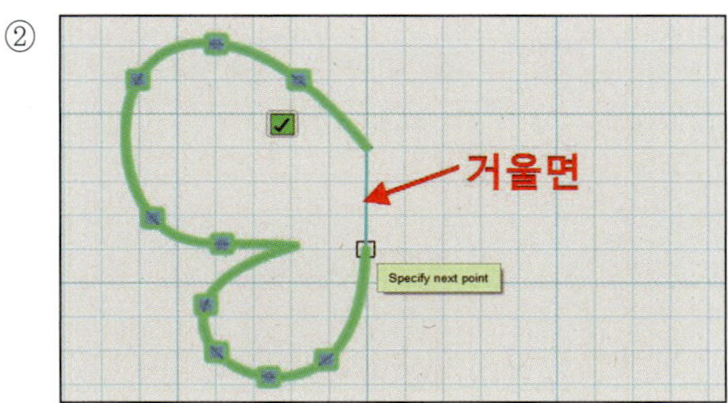

[Polyline] 툴로 그린 직선

[Polyline] 툴을 이용하여 곡선(왼쪽 날개)의 끝 지점을 클릭하여 **스케치 편집모드** 상태에서 곡선에 이어 <u>직선</u>을 그린다. ➜ [Mirror] 툴 적용 시, 직선을 거울 면(Mirror line)으로 사용한다.

② 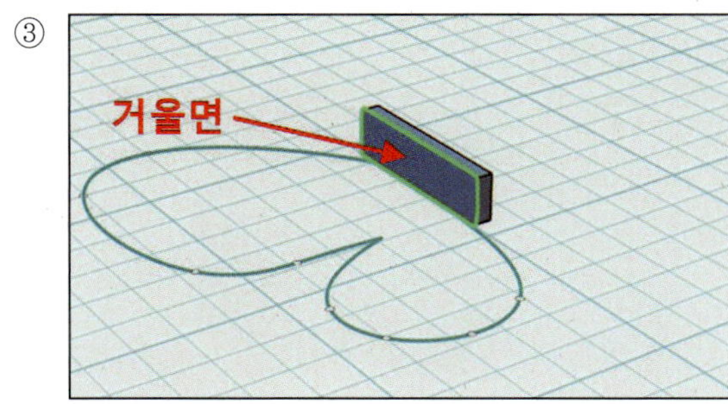

[Spline] 툴로 그린 직선

[Spline] 툴을 이용하여 곡선(왼쪽 날개)의 끝 지점을 클릭하여 **스케치 편집모드** 상태에서 곡선에 이어 직선을 그린다. ➜ [Mirror] 툴 적용 시, 직선을 거울 면(Mirror line)으로 사용한다.

③

[Primitives-Box]툴로 그린 육면체의 한 면

메뉴 [Primitives-Box]를 이용하여 얇은 육면체를 만든다. ➜ [Spline] 또는 [Polyline] 툴로 왼쪽 날개를 폐곡선의 스케치 면으로 만든 후, [Mirror] 툴 적용 시, 육면체의 한 면을 거울 면(Mirror Plane)으로 사용한다.

정답 : ①, 해설 : 303쪽

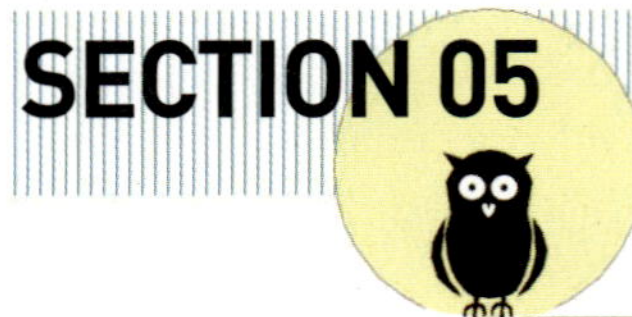

솔리드의 묶기와 결합
[Grouping & Combine]

[48 : Group]		[49 : Ungroup]
[50 : Ungroup All]		
[51 : Merge]		[52 : Subtract]
[53 : Intersect]		[54 : Separate]

솔리드와 솔리드는 [**Group**] 툴로 '묶기'하거나 [Combine-**Merge**] 툴로 '합병'할 수 있다. 물론, 스케치 면 (Profile)이나 선(Line)은 묶기나 합병의 대상이 아니다. 다음의 과정을 통해서 [**Group**] 툴과 [**Merge**] 툴의 차이점을 알아보자. 또한 수작을 모델링하기 위하여 [Combine]의 [Subtract], [Intersect] 툴 등을 창의적으로 이용해 보자.

Grouping

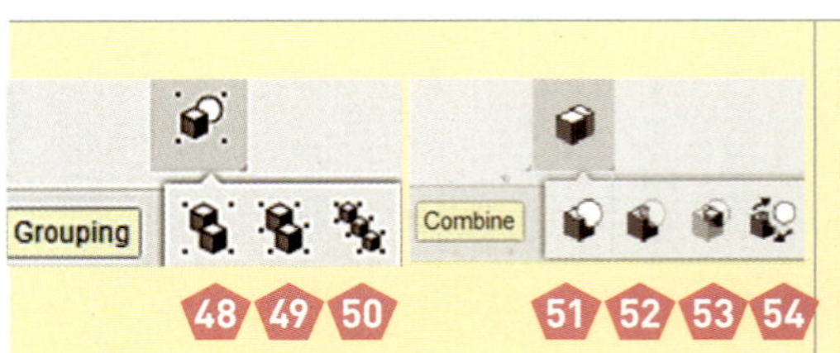

48 Group (그룹)
: 묶기

1 메뉴 [Primitives-Box]를 선택하여 육면체(20 ×40×30)를 만든다. 메뉴 [Primitives-Torus] 를 이용하여 만든 원환체(기본값)를 육면체 위에 배치한다. ([Move/Rotate] 툴을 이용함)

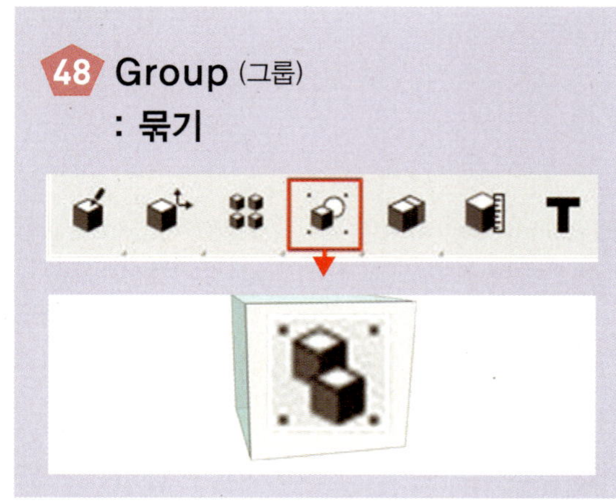

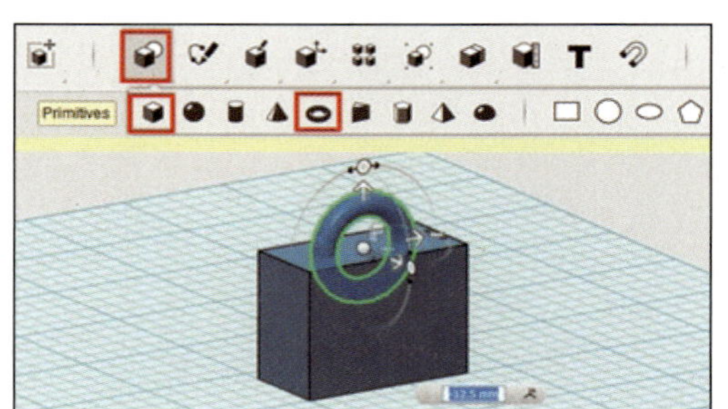

2 메뉴 **48** [Grouping-Group]을 선택한 후, 도넛 모양(초록 테두리)을 클릭한다.

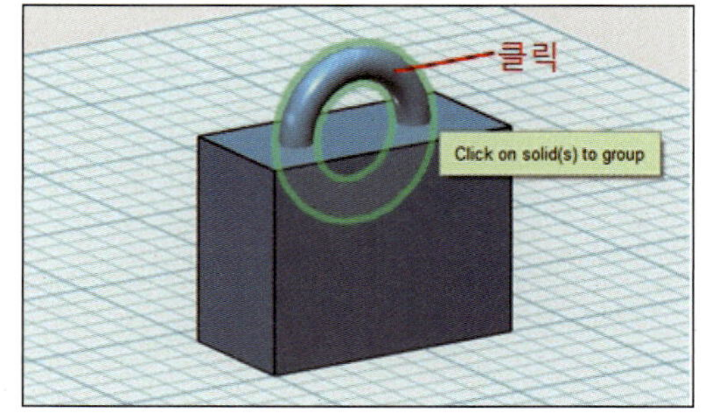

❸ 이어서, 육면체를 클릭한다. 화면 빈 곳을 클릭
  하여 '묶기(그룹)' 완료!

❖ 묶어 줄 솔리드가 많을 때도 하나하나 클릭한 후, 화
  면 빈 곳을 클릭하면 된다.

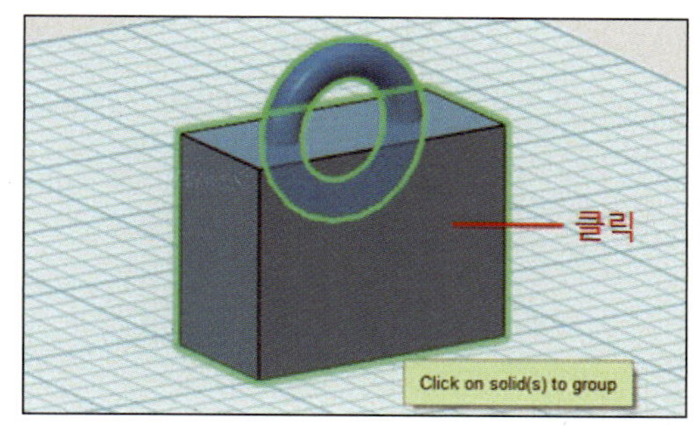

❹ [Group 여부 확인] : 솔리드 위에 마우스 커서
  를 올렸을 때, 묶여진 두 솔리드의 테두리에 초
  록 선이 생기면 묶기(그룹)가 완성된 것이다.

49 Ungroup (언그룹)
: 그룹 해제(풀기)

❷ 화면 빈 곳 클릭하여 그룹 해제 완료!

❶ 메뉴 49[Grouping-Ungroup]을 선택
  한 후, 묶여 있는 솔리드의 한 부분을 클릭한
  다. [Group-(과정 4) 계속]

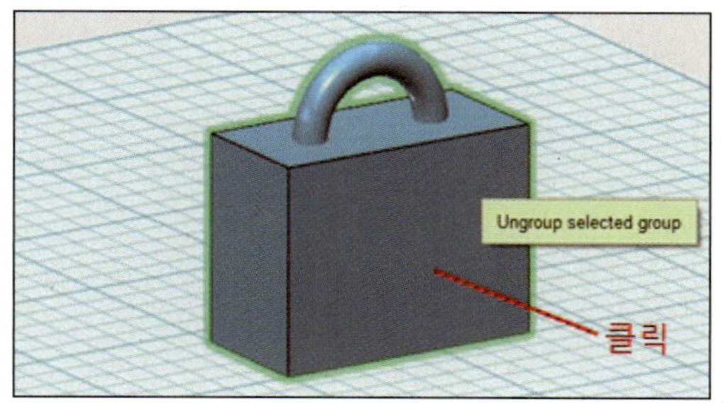

❸ [그룹 해제 확인] : 마우스 커서를 올렸을 때, 초록 테두리가 솔리드별로 나타나면 그룹이 해제된 것이다.

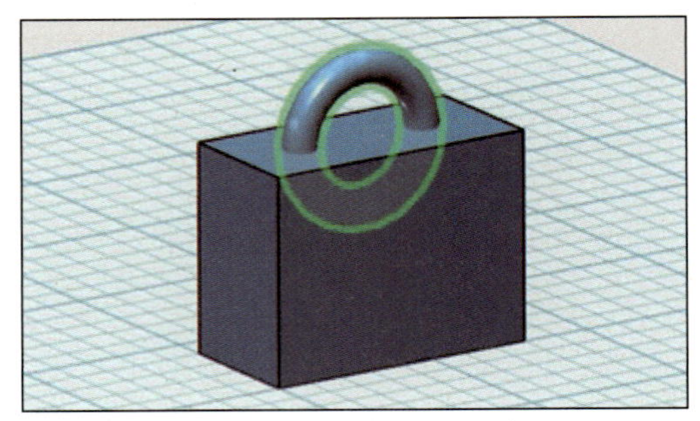

50 **Ungroup All** (언그룹 얼)
: **모두 풀기 (모든 그룹 해제)**

❶ 메뉴 [Primitives-Cylinder, Sphere]를 이용하여 원기둥, 구를 각각 만들어 이동-배치한다.[Ungroup-(과정 3) 계속]

❷ 메뉴 **48** [Grouping-Group]을 선택하고, ⓐ육면체와 ⓑ도넛모양을 하나씩 클릭한 후 화면 빈 곳을 클릭하여 **A그룹**을 완료한다.

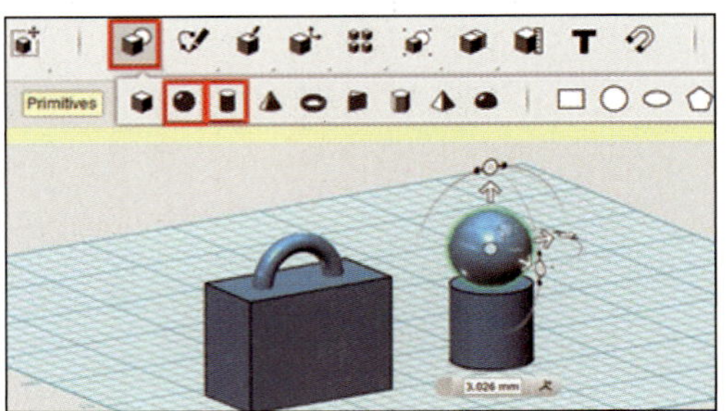

❸ 다시 메뉴 **48** [Grouping-Group]을 선택하고, ⓒ원기둥과 ⓓ구를 하나씩 클릭한 후 화면 빈 곳을 클릭하여 **B그룹**을 완료한다.

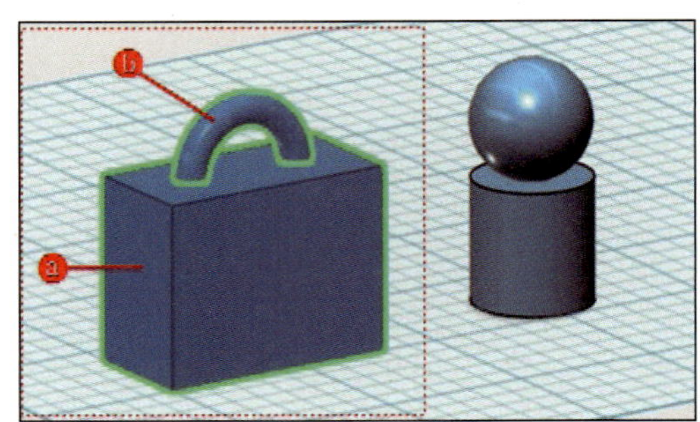

4 메뉴 **48** [Grouping-Group]를 선택하고, 'A그룹'과 'B그룹'을 하나씩 클릭한 후, 화면 빈 곳을 클릭하여 **C그룹**을 완료한다.

❖ 'A그룹'과 'B그룹'이 묶여 'C그룹'이 되었다. 솔리드의 한 부분에 마우스 커서를 올려도 'A그룹'과 'B그룹' 모두 초록 테두리(C그룹)가 생긴다.

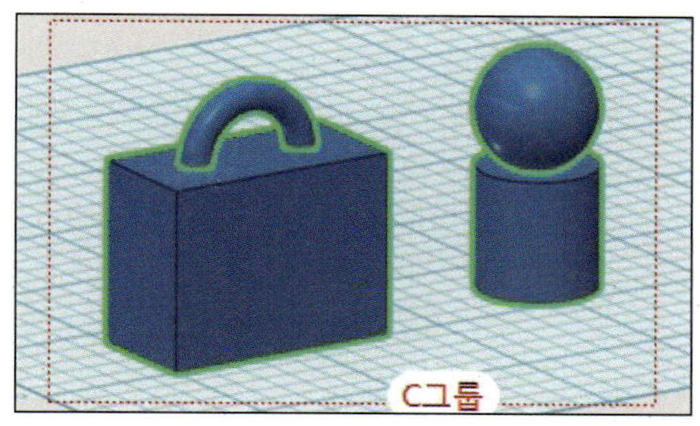

5 메뉴 **50** [Grouping-Ungroup All]을 선택한 후, 그룹의 어느 한 부분을 클릭한다.

6 화면 빈 곳을 클릭하여 완료! 4개의 솔리드(육면체, 도넛, 원기둥, 구) 모두 그룹 해제된다.

 [Ungroup]과 [Ungroup All] 툴의 차이점

C그룹			
A그룹		B그룹	
육면체	원환체	원기둥	구

C그룹 해제	• 메뉴 **49** [Grouping-Ungroup]을 선택한 후, C그룹의 어느 한 부분을 클릭하고 화면 빈 곳을 클릭하면, 'A그룹'과 'B그룹'으로만 분리된다. • 메뉴 **50** [Grouping-Ungroup All]을 선택한 후, C그룹의 어느 한 부분을 클릭하고 화면 빈 곳을 클릭하면, 모든 솔리드(육면체, 도넛, 원기둥, 구)가 분리된다.

51 **Merge**(머지)
: 솔리드 합병(합집합, 더하기)

2 메뉴 **51** [Combine–Merge]를 선택한 후, [Target Solid/Mesh]–ⓐ육면체를 클릭한다.

3 컴바인 머지 : [Source Solid(s)/Mesh(es)] –ⓑ원환체와 구를 하나씩 클릭한다.

4 화면 빈 곳을 클릭하여 완료! (**컴바인 머지–합집합**의 결과 : 중첩(Ⓐ와 Ⓑ)되어있는 솔리드들뿐만 아니라 격리(Ⓒ와 Ⓓ)되어 있는 솔리드들까지 합병 가능함)

❖ 솔리드의 합병 확인 : 구 솔리드 위에 마우스 커서를 올리면, 합병된 솔리드(육면체+원환체+구) 주위에 초록 테두리가 나타난다.

1 메뉴 [Primitives–Box, Sphere, Torus]를 이용하여 육면체(20×40×30), 구(기본값), 원환체(기본값)를 각각 만들어 배치한다.(그림 참고)

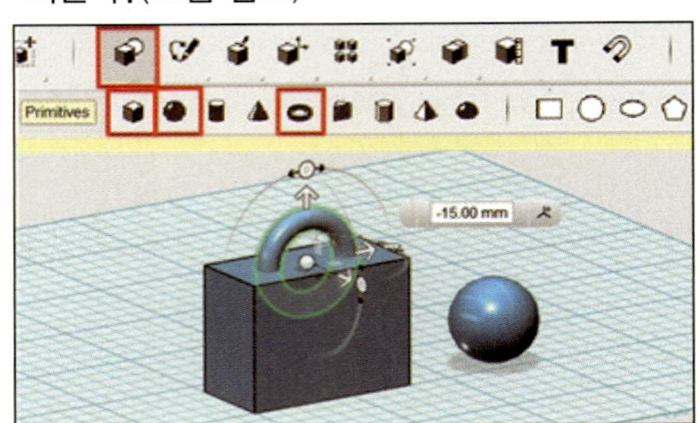

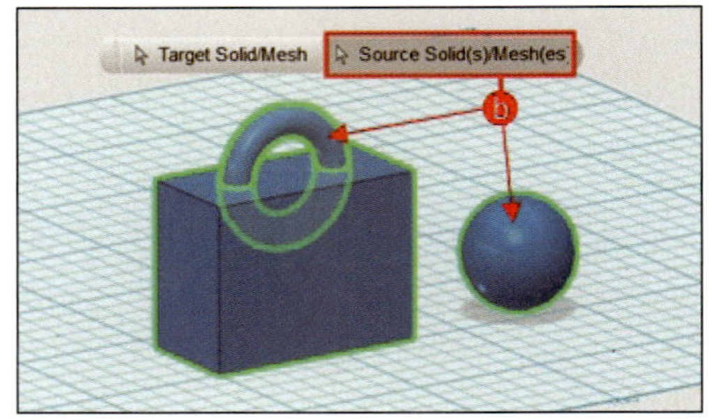

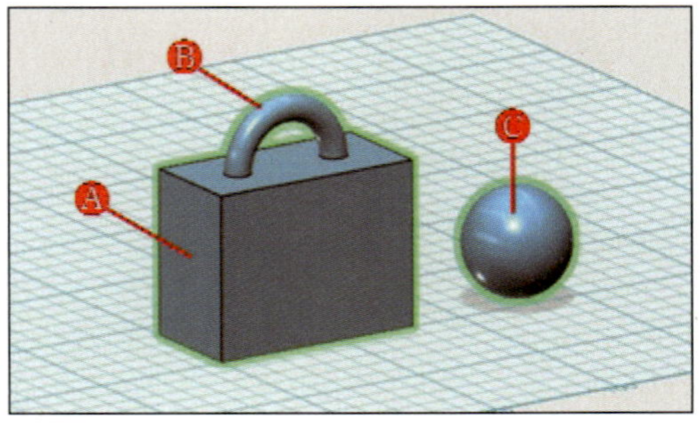

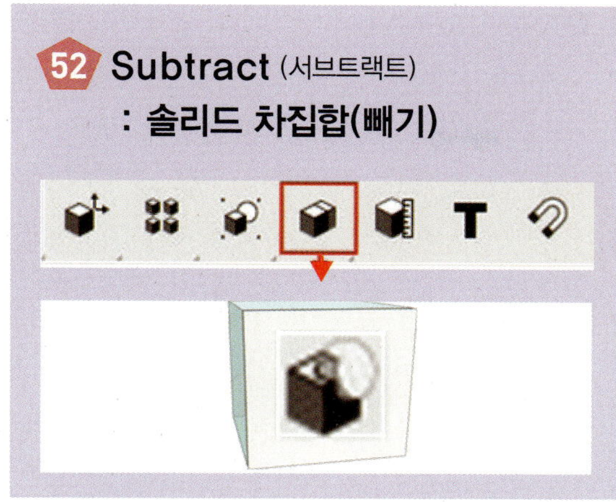

52 Subtract (서브트랙트)
: 솔리드 차집합(빼기)

1 메뉴 [Primitives–Box, Cylinder]를 이용하여 육면체, 원기둥을 각각 만들어 중첩 배치한다. ([Move/Rotate] 툴을 이용함)

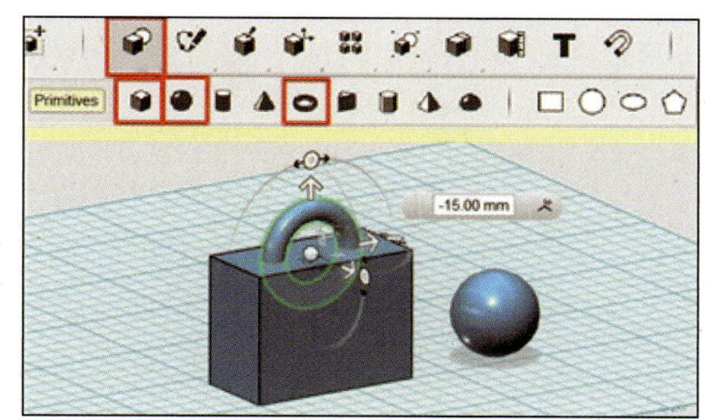

2 메뉴 **52** [Combine–Subtract]를 선택한 후, [Target Solid/Mesh]–ⓐ육면체를 클릭한다.

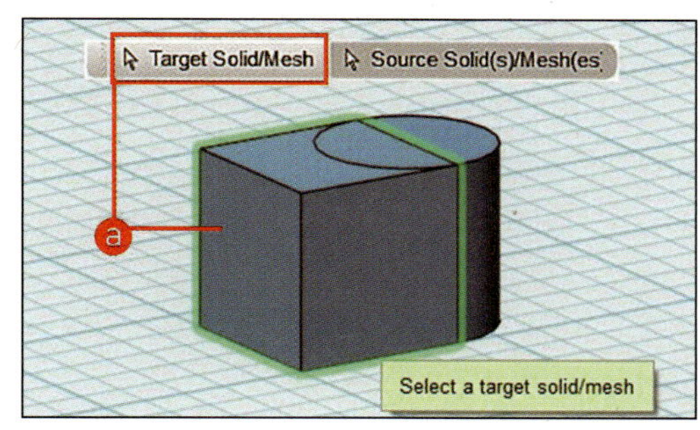

3 컴바인 서브트랙트 : [Source Solid(s)/Mesh(es)]–ⓑ원기둥을 클릭한다.

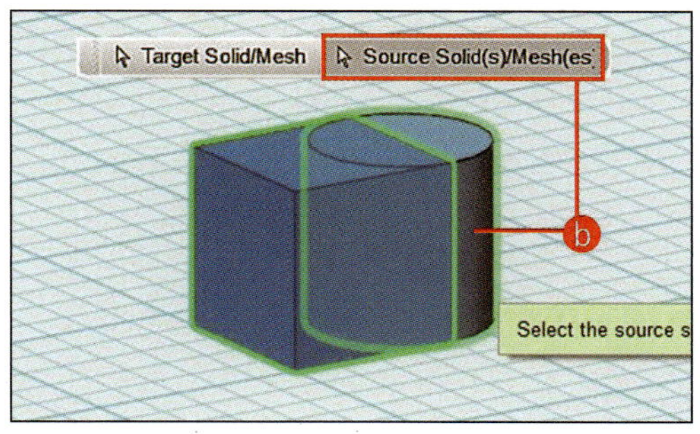

4 화면 빈 곳 클릭하여 완료! (**컴바인 서브트랙트–차집합**의 결과)

❖ 육면체에서 육면체와 겹쳐져 있던 원기둥 부분이 제거된 모습임

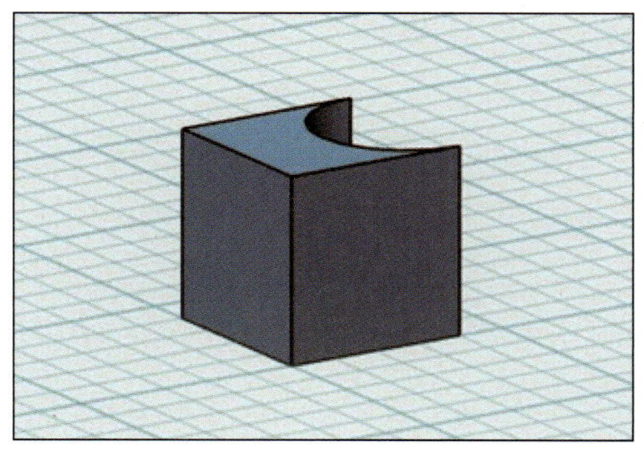

53 Intersect (인터섹트)
: 솔리드 교집합

1 메뉴 [Primitives-Box, Cylinder]를 이용하여 육면체, 원기둥을 각각 만들어 중첩 배치한다. ([Move/Rotate] 툴을 이용함)

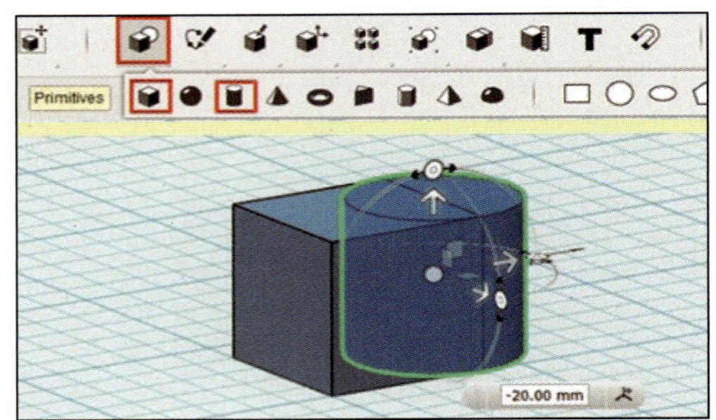

2 메뉴 **53** [Combine-Intersect]를 선택한 후, [Target Solid/Mesh]-ⓐ육면체를 클릭한다.

3 컴바인 인터섹트 : [Source Solid(s)/Mesh(es)]-ⓐ원기둥을 클릭한다.

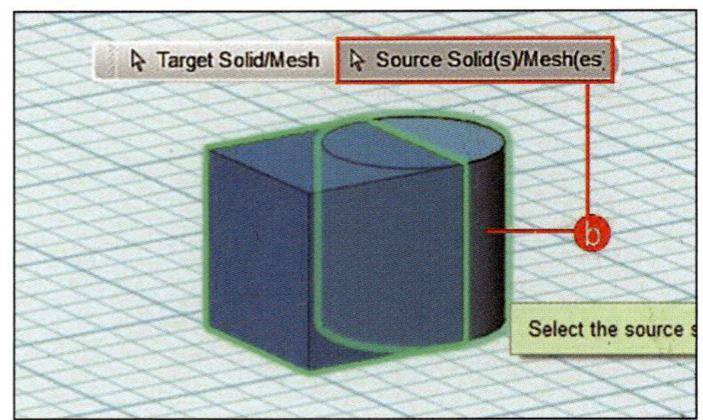

4 화면 빈 곳 클릭하여 완료! (**컴바인 인터섹트-교집합**의 결과)

❖ 육면체와 원기둥의 겹쳐져 있던 공통 부분만 남게 됨

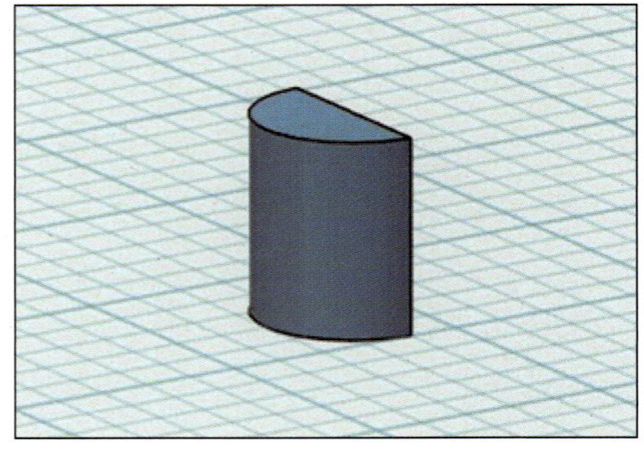

54 Separate(세퍼레이트)
: 솔리드 합병해제

1 메뉴 [Primitives-Box, Sphere, Torus]를 이용하여 육면체(20×40×30), 구(기본값), 원환체(기본값)를 각각 만들어 배치한다.

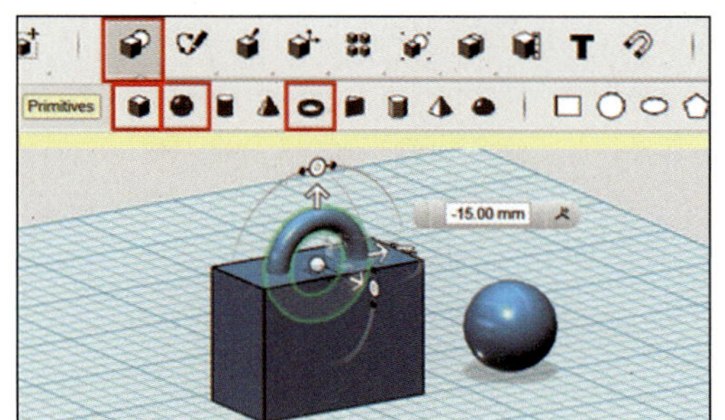

2 솔리드 합병 메뉴 **51** [Combine-Merge]를 선택한 후, [Target Solid/Mesh]-**ⓐ** 육면체를 클릭하고, [Source Solid(s)/Mesh(es)]-**ⓑ** 원환체와 구를 하나씩 클릭한다.

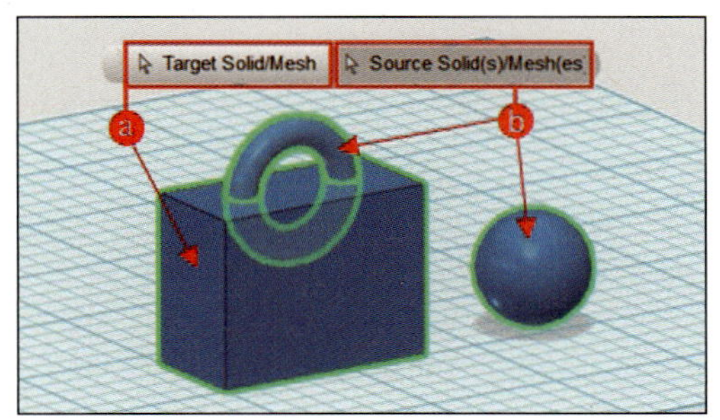

3 화면 빈 곳을 클릭하여 완료! ([Merge] 툴 적용 결과 : 중첩되어 있는 솔리드들뿐만 아니라 격리되어 있는 솔리드들까지 합병 가능함)

❖ 솔리드의 합병 확인 : 구 솔리드 위에 마우스 커서를 올리면, <u>합병된 솔리드(육면체+원환체+구)</u> 주위에 초록 테두리가 나타난다.

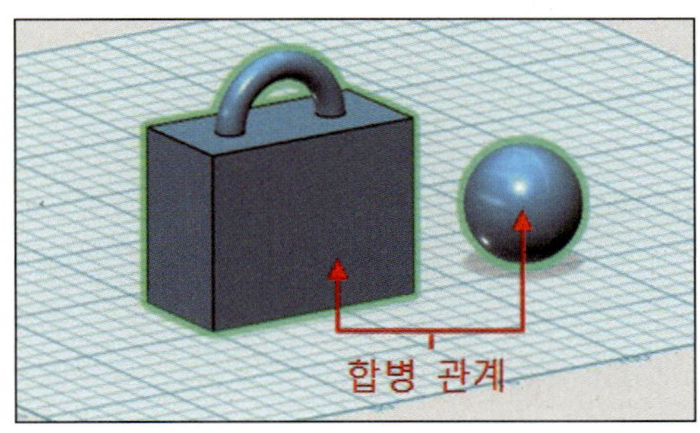

4 솔리드 합병 해제 메뉴 **54** [Combine-Separate]를 선택한 후, 솔리드 하나를 클릭한다. (**Ⓐ** 육면체와 **Ⓒ** 구는 합병해제 가능하지만, **Ⓐ** 육면체와 **Ⓑ** 원환체는 합병해제 <u>불가능함</u>)

❖ 솔리드 합병해제 확인 : 육면체 위에 마우스 커서를 올리면, <u>(육면체+원환체)</u> 주위에 초록 테두리가 나타나고 구에는 초록 테두리가 없다.

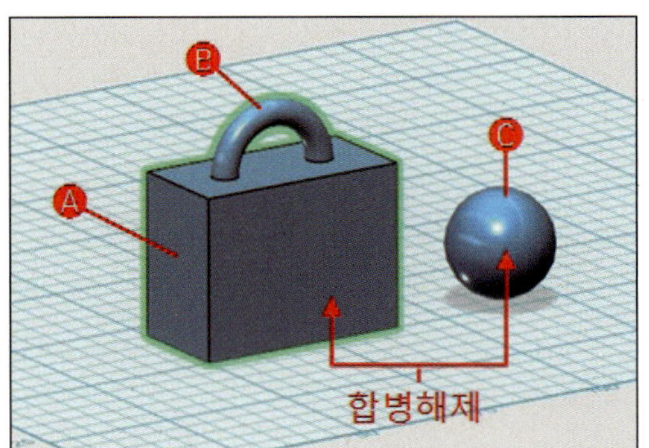

가 [Grouping–Group]과 [Combine–Merge] 툴의 차이점

(1) 툴 메뉴 적용

	중첩되어 있는 솔리드 Ⓐ와 Ⓑ	격리되어 있는 솔리드 Ⓐ와 Ⓒ	
[Group] 툴 적용	○	○	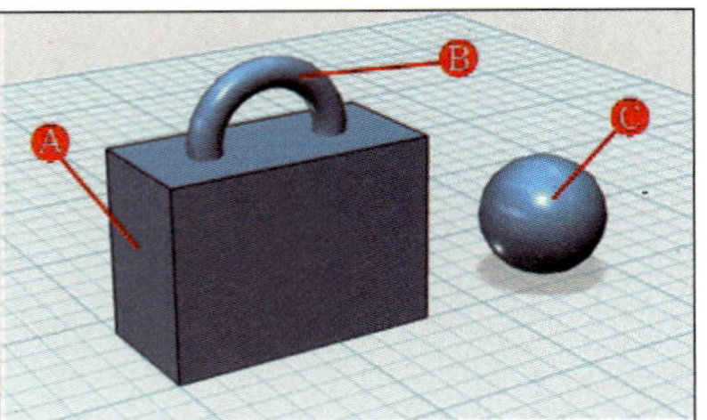
[Merge] 툴 적용	○	○	

(2) 해제 방법

	중첩되어 있는 솔리드 Ⓐ와 Ⓑ	격리되어 있는 솔리드 Ⓐ와 Ⓒ
[Group] 툴 적용 후, [Ungroup] 툴로 **그룹해제**	○	○
[Merge] 툴 적용 후, [Separate] 툴로 **합병해제**	×	○

(3) 색상–질감 별도 적용

	중첩되어 있는 솔리드 Ⓐ와 Ⓑ	격리되어 있는 솔리드 Ⓐ와 Ⓒ
[Group] 툴 적용 후, **색상 별도(Material) 적용**	○	○
[Merge] 툴 적용 후, **색상 별도(Material) 적용**	×	×

예제38 그림과 같이 육면체와 도넛모양 솔리드를 이용하여 가방 모형을 만들고 공(구)을 만들었다. 다음 설명 중에서 옳은 것은? (정답이 2개 이상이라면 모두 고르시오)

① 육면체와 반원형(도넛) 솔리드는 메뉴 [Combine–Merge]를 적용한 것이다.

② 가방 모형과 공(구)은 메뉴 [Combine–Merge]를 적용하여 '합병'할 수 있다.

③ 가방 모형과 공(구)은 메뉴 [Grouping–Group]을 적용하여 '묶기'할 수 있다.

정답 : ②③, 해설 : 304쪽

[Modify-Split Solid] 툴 적용	[Combine-Subtract] 툴 적용	[Combine-Intersect] 툴 적용

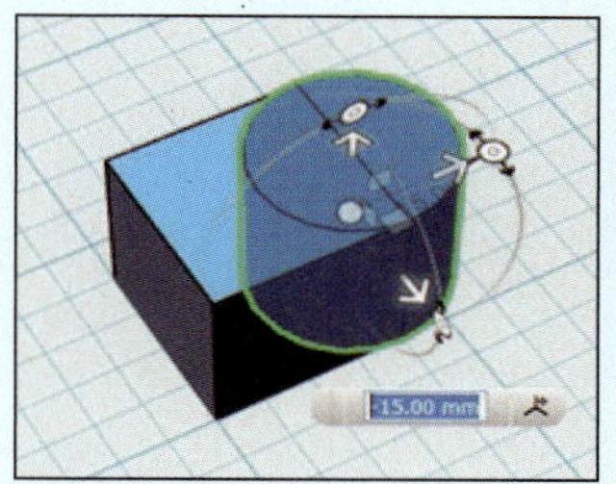

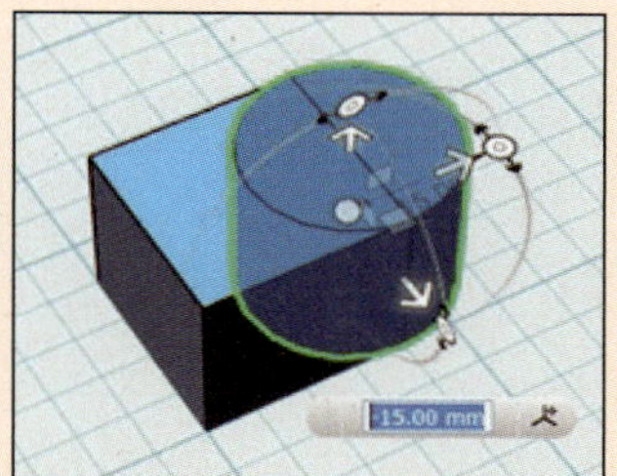

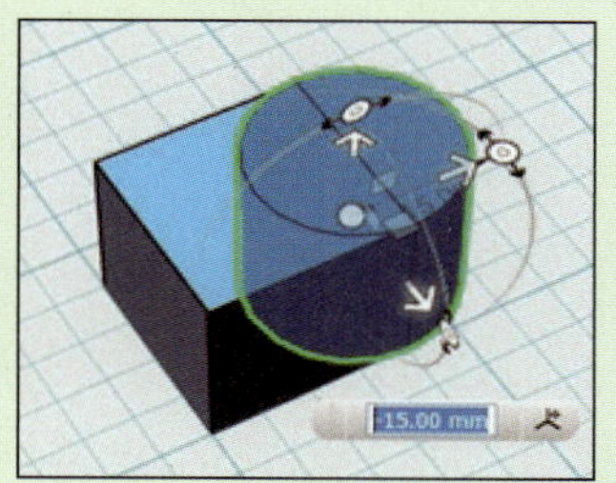

1. 메뉴 [Primitives-Box, Cylinder]를 이용하여 육면체, 원기둥을 각각 만들어 중첩시킨다. ([Move/Rotate] 툴을 이용함)

1. 메뉴 [Primitives-Box, Cylinder]를 이용하여 육면체, 원기둥을 각각 만들어 중첩시킨다. ([Move/Rotate] 툴을 이용함)

1. 메뉴 [Primitives-Box, Cylinder]를 이용하여 육면체, 원기둥을 각각 만들어 중첩시킨다. ([Move/Rotate] 툴을 이용함)

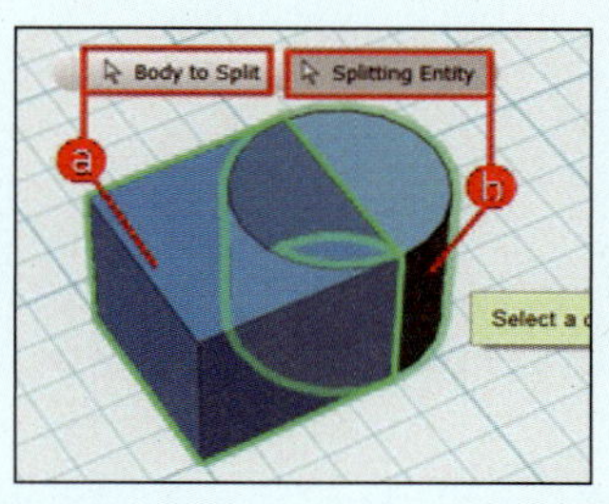

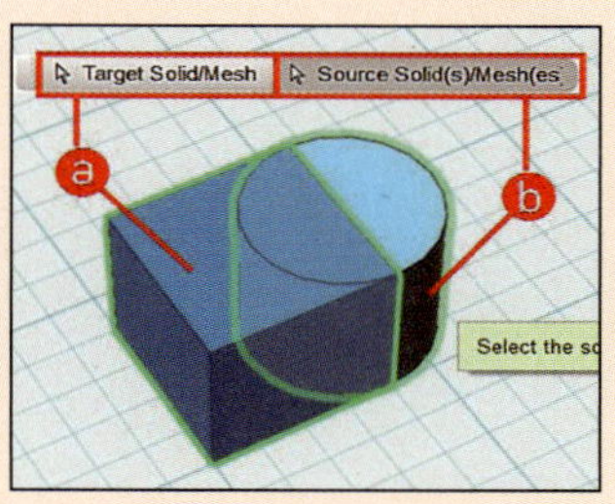

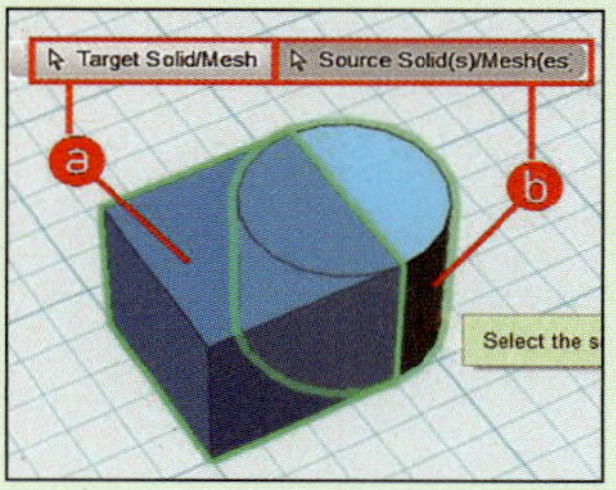

2. 메뉴 [Modify-Split Solid]를 선택한 후, [Body to split]-ⓐ 육면체를 클릭하고, [Splitting Entity] 클릭-ⓑ원기둥을 클릭한다. 화면 빈 곳을 클릭하여 완료!

2. 메뉴 [Combine-Subtract]를 선택한 후, [Target Solid/ Mesh]-ⓐ 육면체를 클릭하고, [Source Solid(s)/Mesh(es)]-ⓑ원기둥을 클릭한다.

2. 메뉴 [Combine-Intersect]를 선택한 후, [Target Solid/Mesh]-ⓐ육면체를 클릭하고, [Source Solid(s)/Mesh(es)]-ⓑ원기둥을 클릭한다.

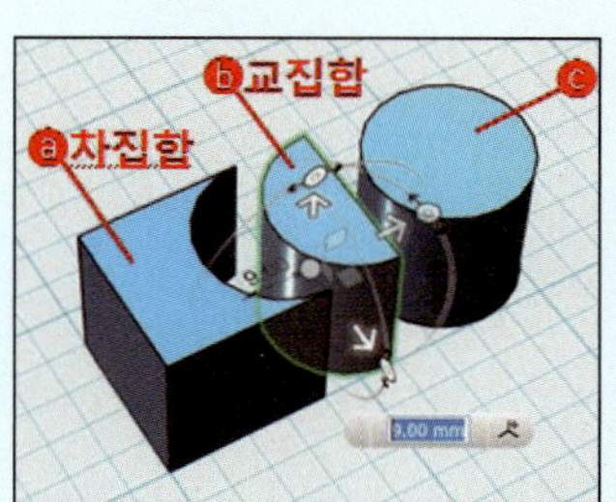

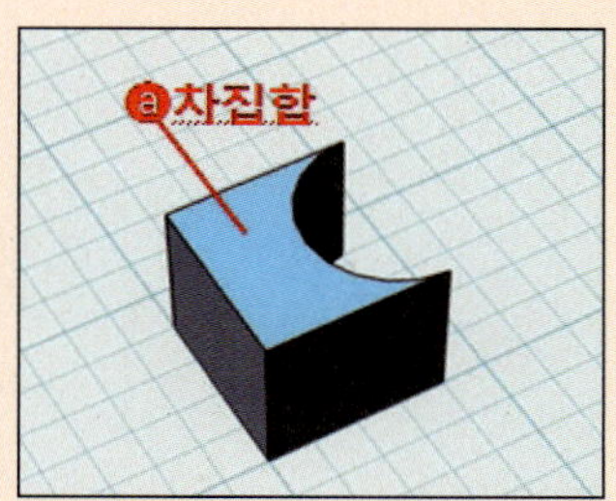

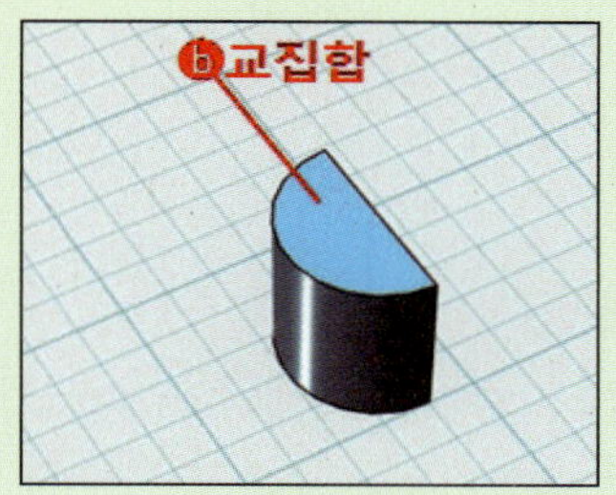

3. [Move] 툴을 이용하여 ⓐ육면체로부터 ⓒ원기둥과 분할된 ⓑ교집합(겹쳐 있던 공통부분) 솔리드를 각각 이동-분리시킨다.

3. 화면 빈 곳을 클릭하여 완료! (컴바인 서브트랙트-차집합의 결과)

3. 화면 빈 곳을 클릭하여 완료! (컴바인 인터섹트-교집합의 결과)

다음과 같이 육면체와 구가 겹쳐져 있다. 이 상태에서 [Combine]의 **가**[Merge], **나**[Subtract], **다**[Intersect] 툴을 적용한 결과를 각각 선으로 연결하시오.

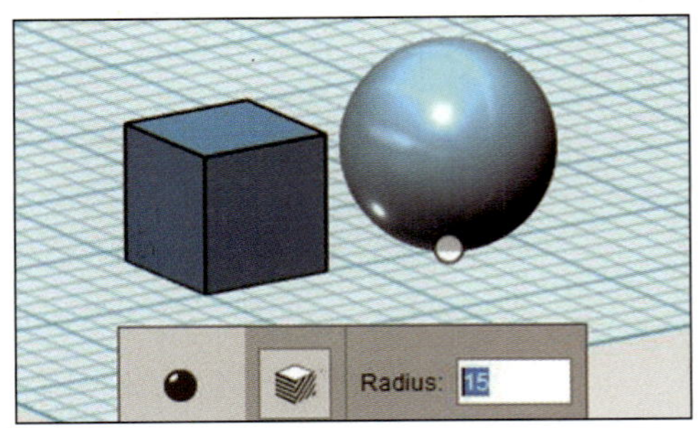

과정1 메뉴 [Primitives]로 육면체(Box, 기본값)와 구(Sphere, 반지름 : 15) 솔리드를 각각 만든다.

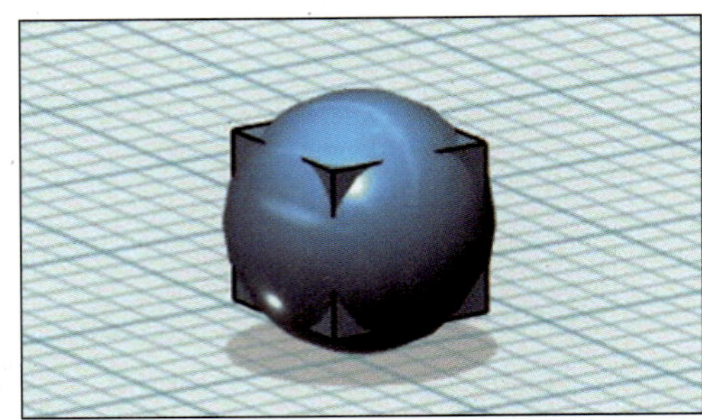

과정2 [Align] 툴을 이용하여 육면체와 구의 중심을 일치시킨다.

과정3

가 [Combine]–[Merge]를 적용한 경우

 •

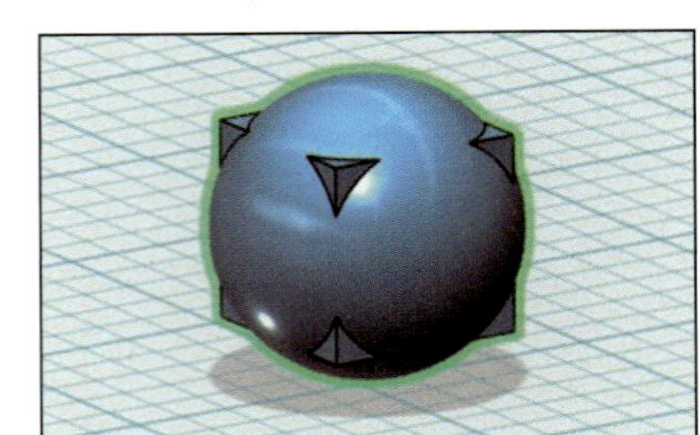

• ①

과정3

나 [Combine]–[Subtract]를 적용한 경우

 •

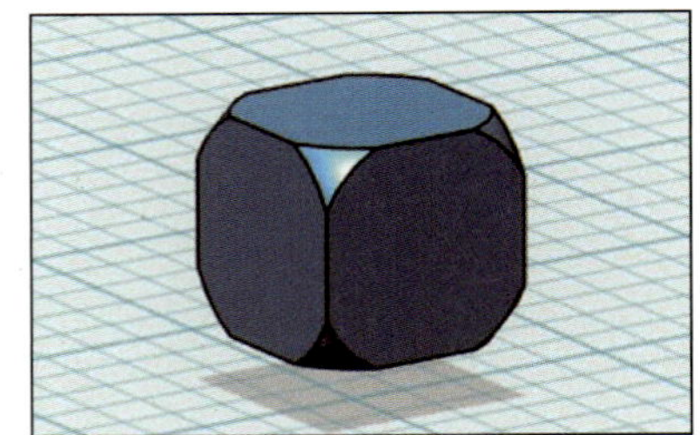

• ②

과정3

다 [Combine]–[Intersect]를 적용한 경우

 •

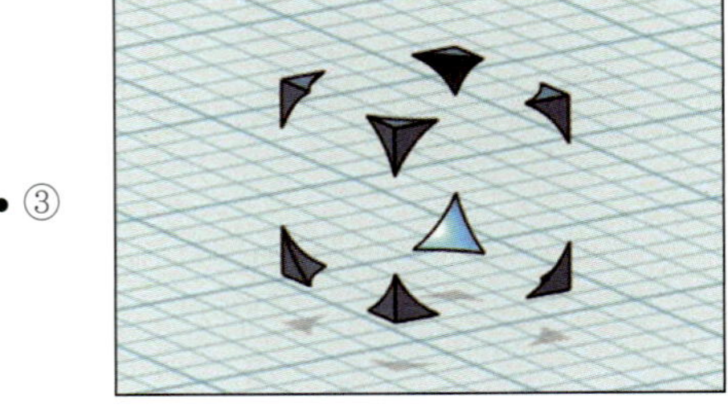

• ③

정답 : 가-①, 나-③, 다-②, 해설 : 305쪽

SECTION 06

측정, 입체 문자, 신속정확 부착, 색상-질감
[Measure, Text, Snap, Material]

[55 : Measure] [56 : Text]
[57 : Snap] [58 : Material]

이제 남아 있는 메인 툴은 솔리드를 계측할 수 있는 [Measure], 입체 문자를 만들 수 있는 [Text], 멀리 떨어져 있어도 솔리드의 면과 면을 신속 정확하게 부착시켜 주는 [Snap], 솔리드의 겉 맵시를 바꿀 수 있는 [Material]이 있다. 다음의 과정을 통해서 익숙해지도록 연습하자.

Measure(메저)

 **Measure** (메저)
: 측정

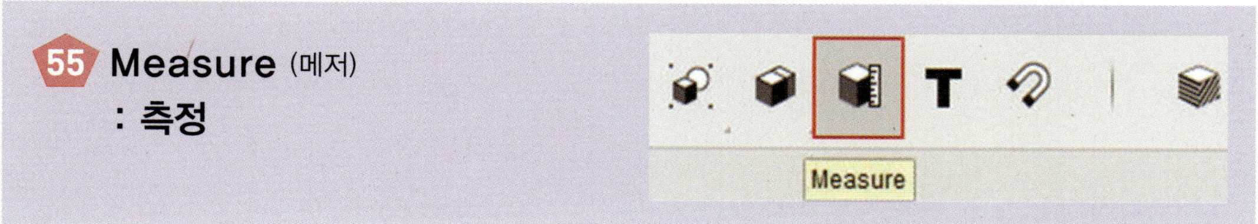

1 메뉴 [Primitives-Box]를 선택하여 직육면체 (40×20×20)를 만든다.

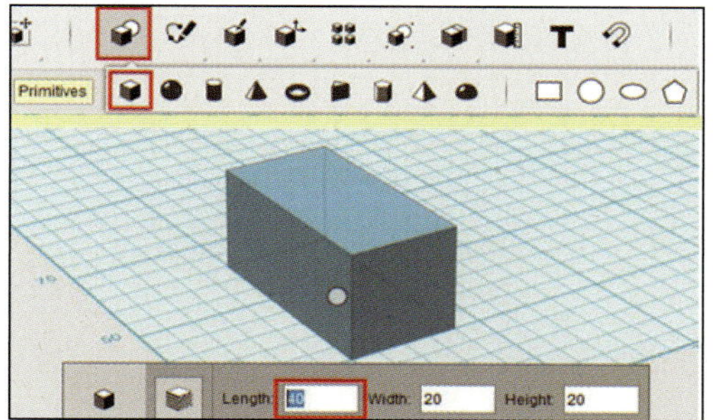

2 메뉴 55 [Measure]를 선택하여 나타나는 새 창(Measure)에서 [Selection]-[Selection Type] ⓐ, ⓑ 중에서 하나를 선택한다. 여기서는 '모서리'들을 측정하기 위해 ⓐ를 클릭한다.

❖ [Measure] 툴은 2개의 솔리드 사이에서도 적용 가능하며, 예각 등 모르는 각도를 측정할 때 유용함

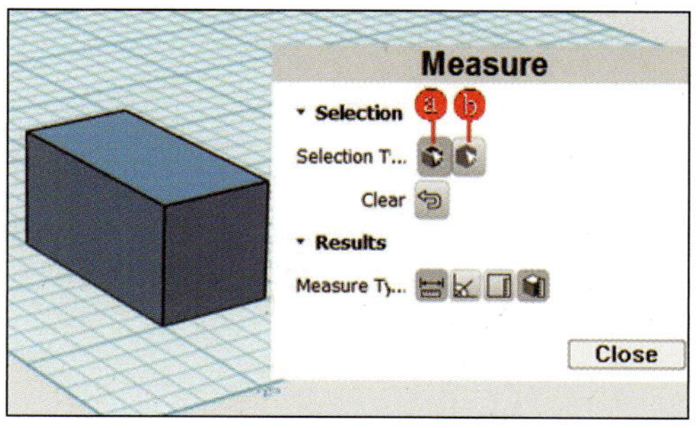

3–① 직육면체의 ⓓ모서리 2개를 하나씩 클릭한다. (원문자 ①, ②가 나타남)

② [Results]–[Measure Type]의 ⓔ측정 물리량들을 하나씩 클릭한다.

(여기서는 육면체의 모서리를 선택했으므로 Distance, Angle 값만 나타나고,

Area, Volume은 해당값 없음)

③ 측정된 ⓕ물리량들의 수치를 살펴본다.

→ Distance(떨어진 거리) : 20.00㎜, Angle(각도) : 90.0deg, Length1(한 변의

길이) : 40.00㎜, Length2(다른 한 변의 길이) : 20.00㎜

④ ⓖ[Close] 버튼을 클릭하여 종료!

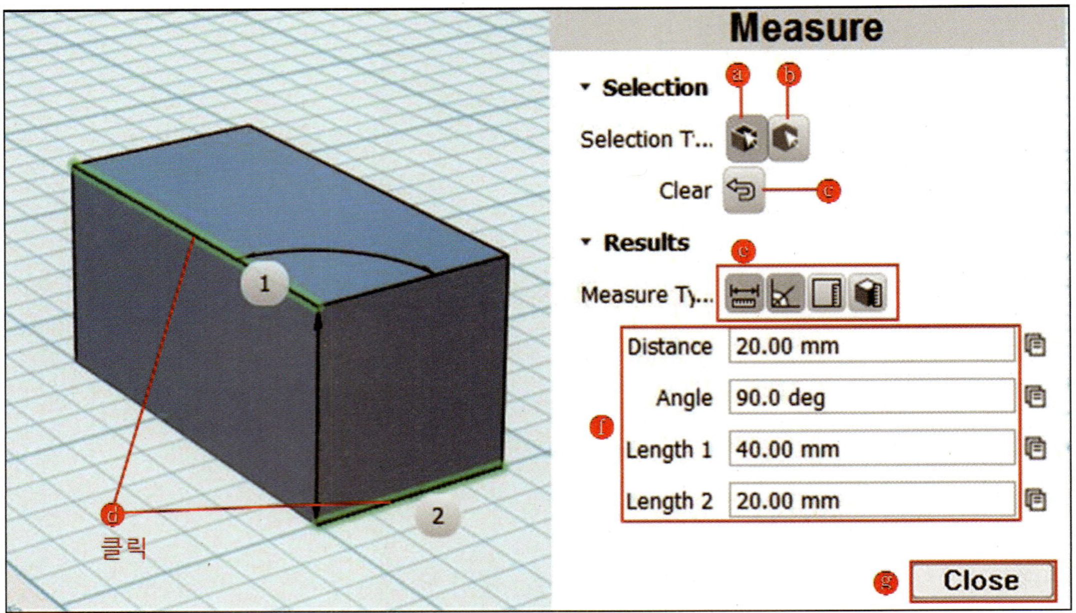

 **[Measure] 창에서 측정할 수 있는 물리량들**

[Selection Type]에서의 선택	[Result]–측정 가능한 물리량
ⓐ는 '솔리드의 Face 면, Edge 모서리, Vertex 꼭짓점'을 측정	<u>거리</u>(변의 길이, 반지름, 원주 길이), <u>사잇각</u>, <u>넓이</u>(면을 선택한 경우)
ⓑ는 'Body 입체'를 측정	<u>표면적</u>(Area), <u>부피</u>(Volume)
ⓒClear(초기화) 버튼 : (처음부터 다시) 다른 부분을 측정하고 싶을 때 사용함	

❖ 단축키 '개체 선택+Ⅰ'를 이용하면, 솔리드에 대한 '**가로×세로×높이**'의 수치 정보를 볼 수 있다.

56 Text (텍스트)
: 입체 문자

1 [뷰-큐브]–[TOP]으로 시점 전환한다. 메뉴
56 [Text]를 선택한 후, 화면 빈 곳을 클릭
하여 준비한 후, 문자 입력 지점을 클릭한다.
('Text'라는 문자와 새 창이 나타남)

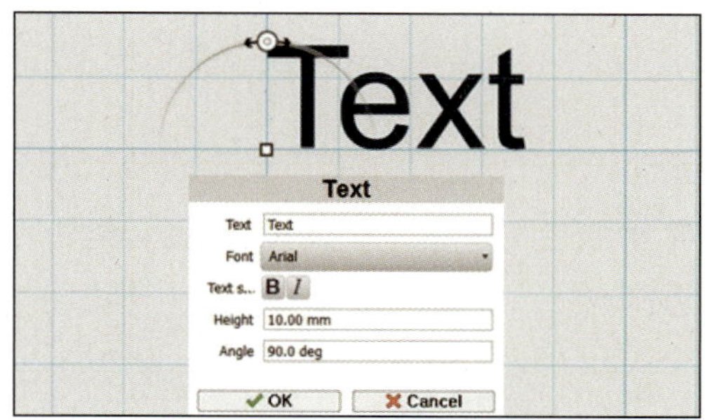

2–① [영문자] 'Love' 입력 새 창(Text)에서…

ⓐText(문자)	입력값 : Love
ⓑFont(글자체)	드롭다운 버튼에서 'Arial' 선택
ⓒText s…	**B** (볼드체–진하게)를 클릭 *I* (이탤릭체)
ⓓHeight(크기)	입력값 : 20
ⓔAngle(각도)	입력값 : 90

ⓕ[OK] 버튼을 클릭하여 문자 입력 완료!

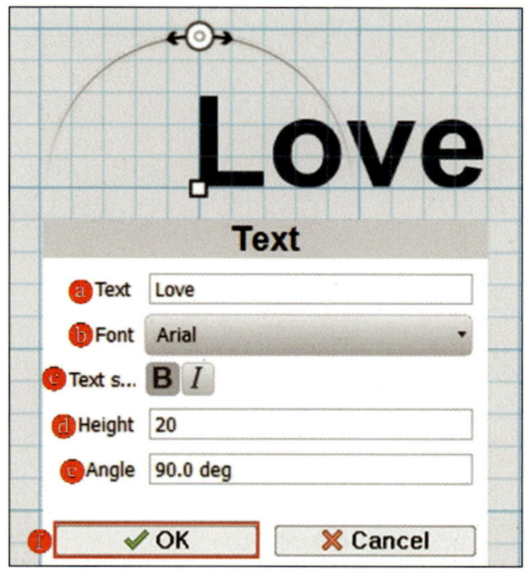

2–② 그리드(모눈종이) 면의 'Love'라는 글자를
클릭하고, 하단에 나타나는 [**연관 메뉴**]–ⓒ
[Extrude Text]를 선택한다.

2-③ [Home]으로 시점 전환한다. [흰 화살표]를
위(Z방향)로 드래그하거나 입력칸에 수치를 입
력하여 문자를 돌출(글자두께)시킨다. 화면 빈
곳을 클릭하여 완료!

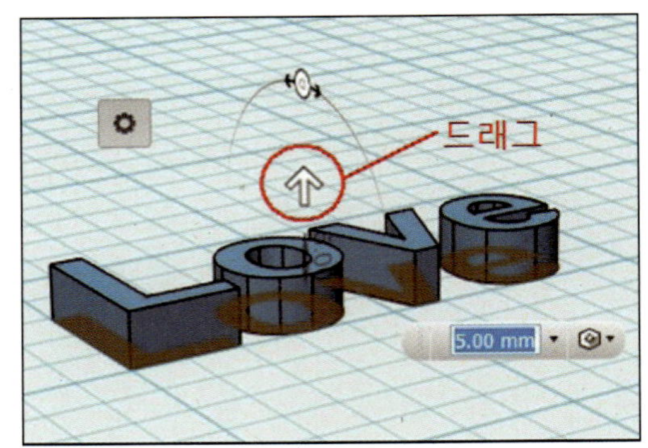

3-① [한글 문자] '사랑' 입력 새 창(Text)에서…

ⓐ Text(문자)	[한/영] 전환키를 누른 후 한글 '사랑'을 입력한다. ❖ 입력된 한글 '사랑'은 (아직, 한글 서체가 선택되지 않았으므로) 빈 사각형(ㅁㅁ)으로 나타난다.
ⓑ Font(글자체)	드롭다운 버튼에서 한글 서체 'HY견고딕'을 선택

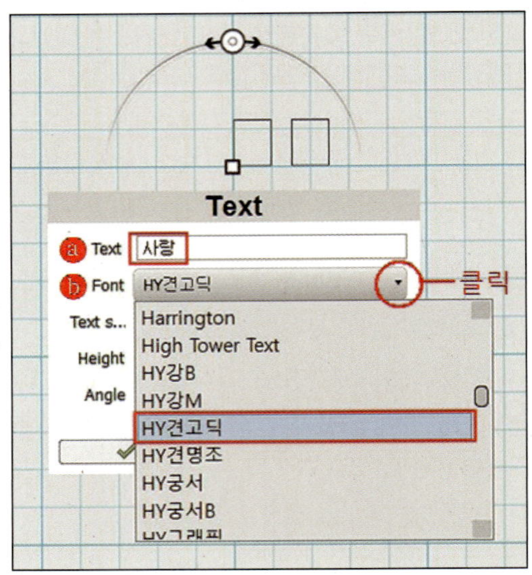

3-② 새 창(Text)에서…

ⓒ Text s…	**B**(볼드체-진하게)를 클릭 *I*(이탤릭체)
ⓓ Height(크기)	입력값 : 20
ⓔ Angle(각도)	입력값 : 90

ⓕ [OK] 버튼을 클릭하여 문자 입력 완료!

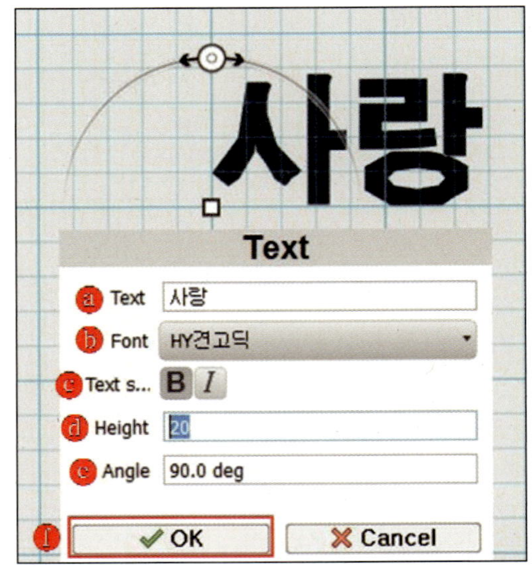

❸-③ [Home]으로 시점 전환한다. 그리드(모눈
종이) 면의 '**사랑**'이라는 글자를 클릭하고, 하단
에 나타나는 [**연관 메뉴**]-ⓒ[Extrude Text]
를 선택한다.

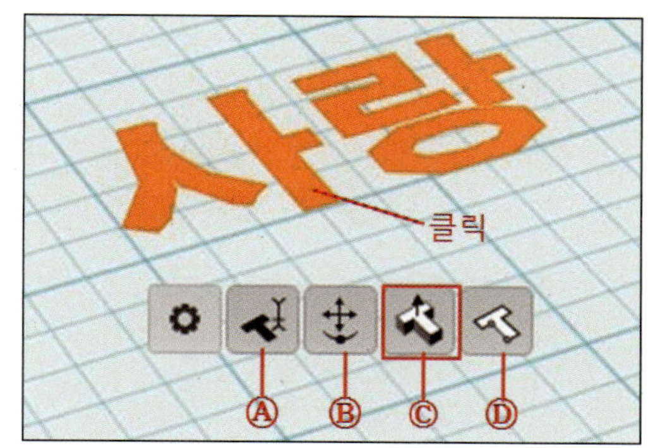

❸-④ [흰 화살표]를 위(Z방향)로 드래그하거나 입
력칸에 수치를 입력하여 문자를 돌출(글자두께)
시킨다. 화면 빈 곳을 클릭하여 완료!

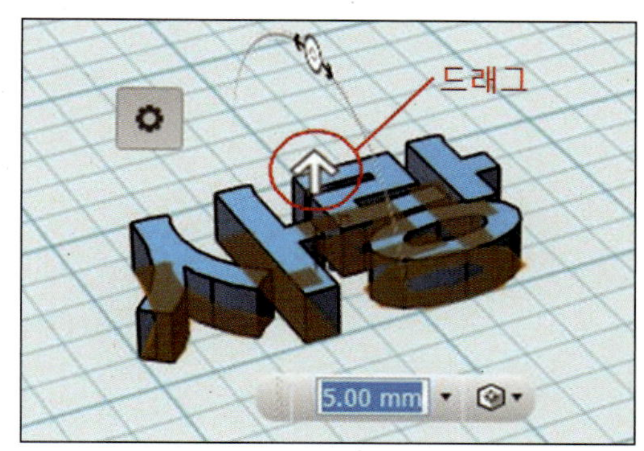

🔍 [Text] 툴 파헤치기

가 [Text] 툴로 입체 한자(漢字) 만들기

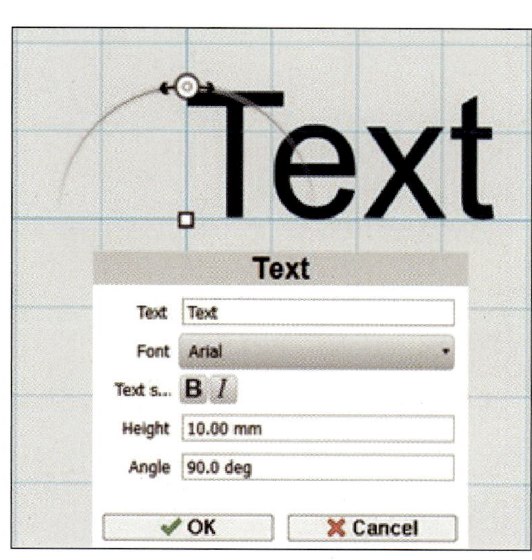

1. [뷰-큐브]-[TOP]으로 시점 전환한다. 메뉴
[Text]를 선택한 후, 화면 빈 곳을 클릭하여 준
비한 후, 문자 입력 지점을 클릭한다. (새 창이
나타남)

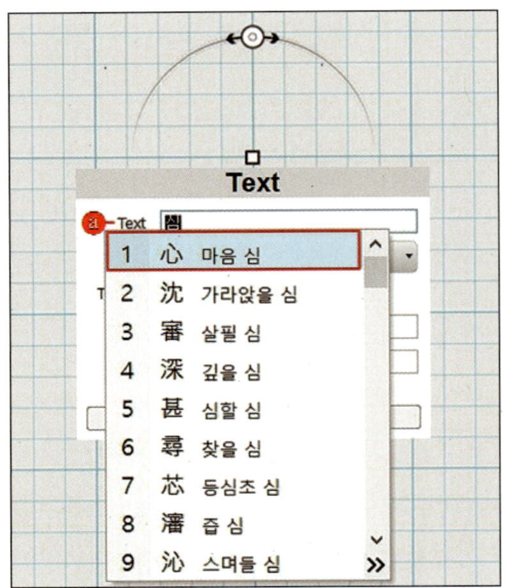

2. **[한자] '心淸事達' 입력** 새 창(Text)에서...
'**心淸事達**(심청사달)'이라는 한자를 입력해 보자.

ⓐ Text(문자)	**[한/영] 전환키를 누른 후 한글 '심'을 입력하자마자 [한자] 변환키를 누르고 '心 마음심'을 선택한다.** ❖ 입력된 한글 '**심**' 또는 한자 '**心**'은 (아직, 한글 서체가 선택되지 않았으므로) 빈 사각형 (ロ)으로 나타난다.

❖ 心淸事達(심청사달) : 마음이 맑으면 모든 일이 잘 이루어진다.

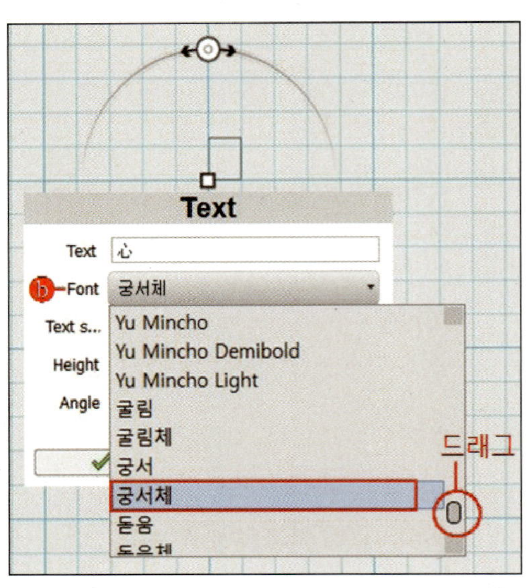

3. 새 창(Text)에서...

ⓑ Font(글자체)	**드롭다운 버튼에서 한글 서체 '궁서체'를 선택**

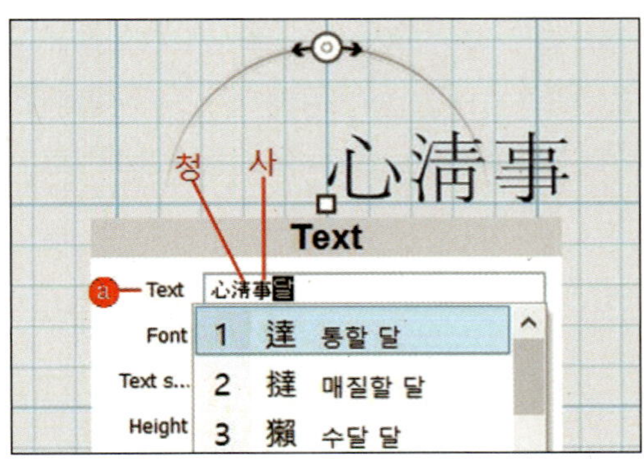

4. 새 창(Text)에서...

ⓐ Text(문자)	**한글 '청'을 입력하자마자 [한자] 변환키를 누르고 '淸 맑을 청'을 선택한다.**

위와 같은 방법으로, 나머지 한자 [事−일 사, 達−통할 달]을 각각 순서대로 입력한다.

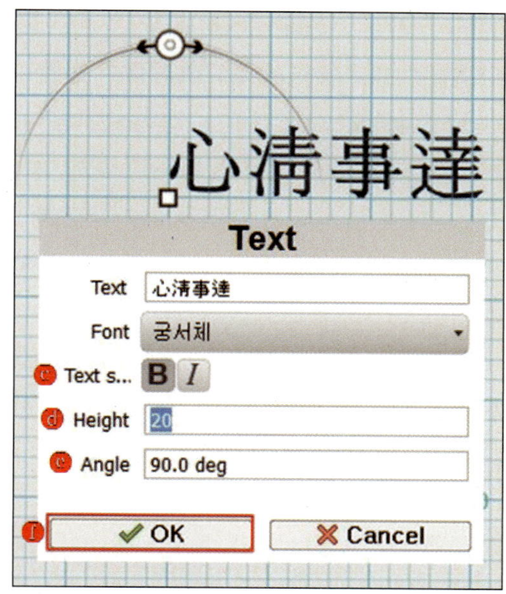

5. 새 창(Text)에서...

ⓒ Text s...	**B**(볼드체–진하게)를 클릭 *I*(이탤릭체)	
ⓓ Height(크기)	입력값 : 20	
ⓔ Angle(각도)	입력값 : 90	

ⓕ[OK] 버튼을 클릭하여 문자 입력 완료!

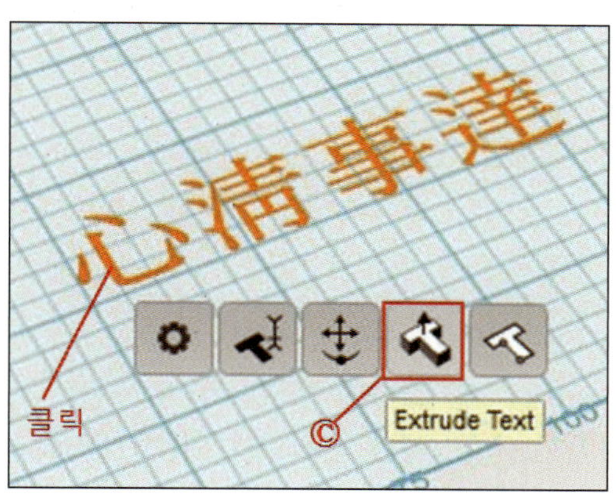

6. [Home]으로 시점 전환한다. 그리드(모눈종이) 면의 '心淸事達'이라는 한자를 클릭하고, 하단에 나타나는 [**연관 메뉴**]–ⓒ[Extrude Text]를 선택한다.

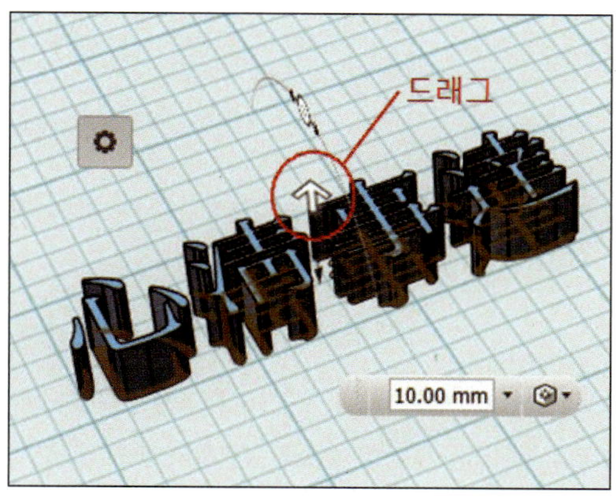

7. [흰 화살표]를 위(Z방향)로 드래그하거나 입력 칸에 수치를 입력하여 문자를 돌출(글자두께)시킨다. 화면 빈 곳을 클릭하여 완료!

[Text] 툴을 이용하여 <u>입력된 문자를 클릭</u>하면 [연관 메뉴]로 4가지 옵션 Ⓐ, Ⓑ, Ⓒ, Ⓓ가 나타난다. [Text] 툴의 4가지 옵션의 기능은 아래와 같다.

	Ⓐ Edit Text (문자 편집)	입력되어 있는 문자를 변경, 수정할 수 있다.
	Ⓑ Move Text (문자 이동/회전)	문자를 이동, 회전시킬 수 있다.
Ⓒ Extrude Text (문자 돌출)	• 문자의 **두께(높이)** 지정할 수 있다. • 문자의 **굵기(윗면적)** 변화가 가능하다. ([검은 화살표]를 회전 드래그!) • 함께 돌출된 문자들(4개)은 '**합병**' 상태이다. (→**합병 해제**하려면, 메뉴 [Combine-Separate]를 이용함) • [Font]에 따라 [Extrude Text(문자 돌출)] 툴이 적용되지 않는 글자체도 있다. (예 : 한글 돋움체는 문자 돌출이 불가능함)	
Ⓓ Explode (문자 해체)	문자가 <u>Sketch 면(Profile)</u>으로 전환되므로, 개별 철자의 변형이나 [Project], [Split Face], [Split Solid] 툴의 적용에 이용할 수 있다.	

💡 솔리드 평면 위를 클릭하여 [Text] 툴 적용하기

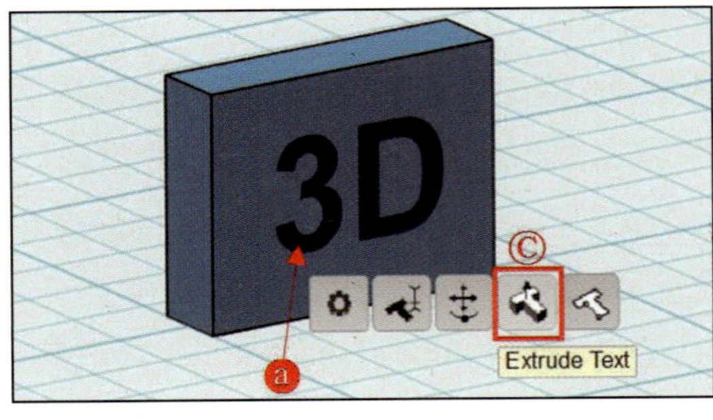

1. [Text] 툴을 선택하고 육면체 앞면을 클릭하여 원하는 문자(3D)를 입력한다.
2. 솔리드 표면 위의 ⓐ문자(3D)를 클릭하고, 하단에 나타나는 [**연관 메뉴**]-Ⓒ[Extrude Text]를 선택한다.

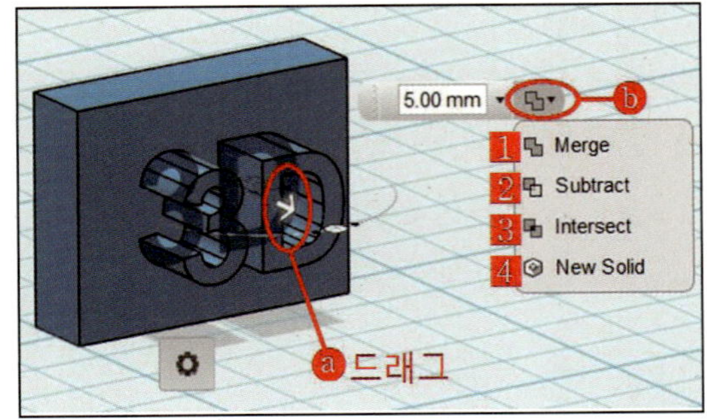

3. ⓐ[흰 화살표]를 드래그하여 문자를 돌출시킨다.
4. ⓑ입력창의 드롭다운 버튼을 클릭한다.(4종 옵션)

1[Merge]	[흰 화살표]를 솔리드 **밖으로** 드래그할 때의 기본값
2[Subtract]	[흰 화살표]를 솔리드 **안으로** 드래그할 때의 기본값
3[Intersect]	돌출문자와 솔리드의 교집합
4[New Solid]	육면체 솔리드와 입체문자의 분리

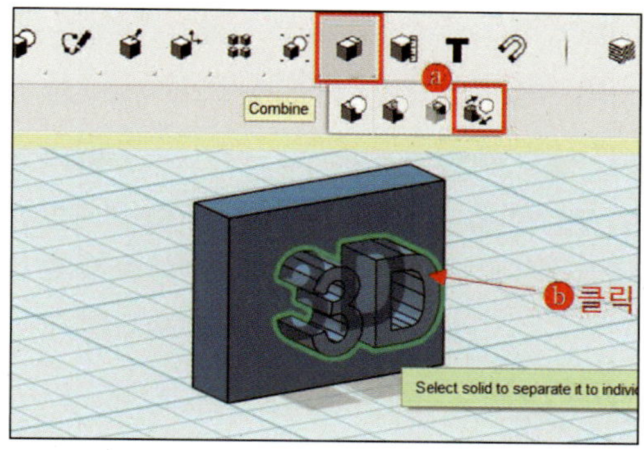

5. 옵션 **4**[New Solid](육면체와 입체문자의 분리 옵션)를 선택한 후, 화면 빈 곳을 클릭하여 완료! (문자 3과 D는 **합병** 상태임)

6. 메뉴 ⓐ[Combine-Separate]를 선택한 후, ⓑ입체 문자를 클릭하여 문자 솔리드를 **합병 해제**한다.

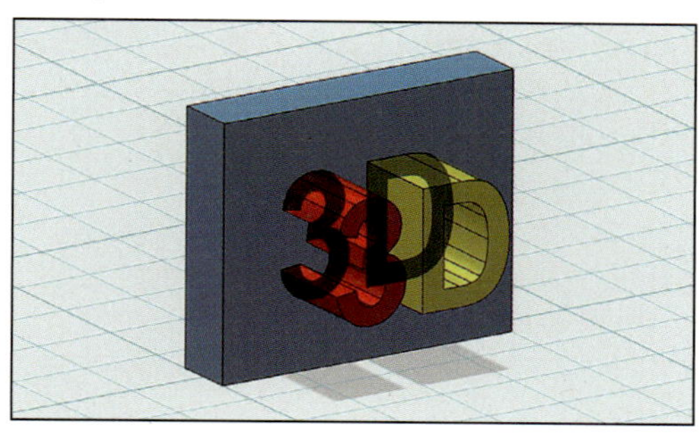

7. 메뉴 [Material]을 이용하여 문자 3과 D에 다른 색상을 적용한다.

(←[Material] 툴을 입체 문자별로 각각 적용하려면 **과정5, 6은 필수!**)

예제40 다음과 같이 [Text] 툴을 이용하여 그리드 면 위에 "Be ambitious"를 입력한 후, [Extrude Text], [Extrude], [Loft] 툴 등을 적용하여 그림의 입체 문자들을 만드시오.

해설 : 307쪽

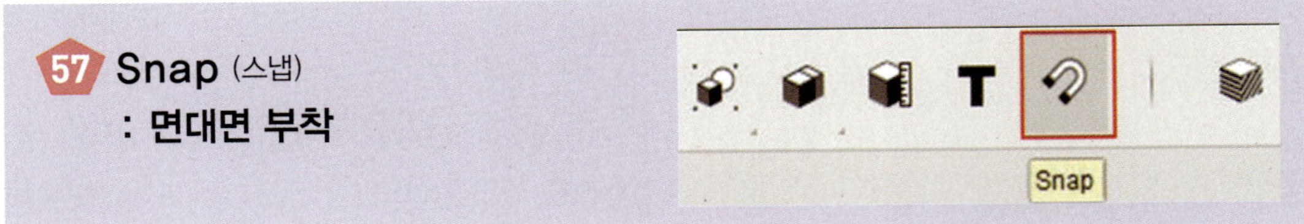

57 Snap (스냅)
: 면대면 부착

1 메뉴 [Primitives-Box, Pyramid]로 육면
체(기본값)와 사각뿔(반지름 <u>30</u>, 높이 <u>10</u>, 변의
개수 4)을 각각 만든다.

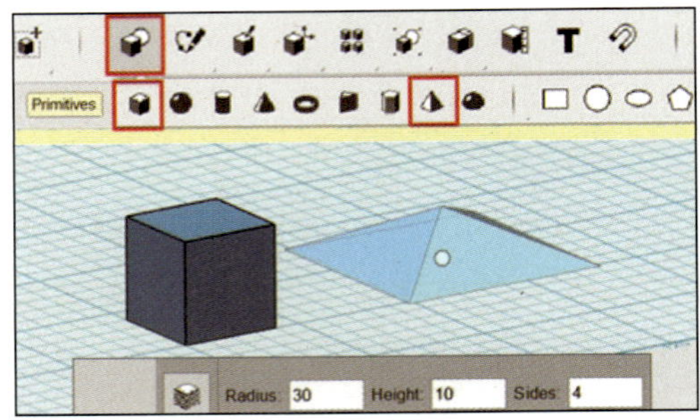

2 메뉴 [Snap]을 선택하기 전, [화면 제어 바]에
서 [Snap-Group] ON/OFF 스위치를 확인한
다. 여기서는 ON(그룹상태)으로 설정해 보자.

❖ [Snap-Group]　　　클릭
　ON/OFF  → 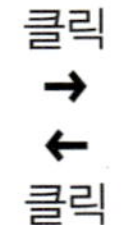
　스위치　　　　　 ←
　　　　　　　　클릭

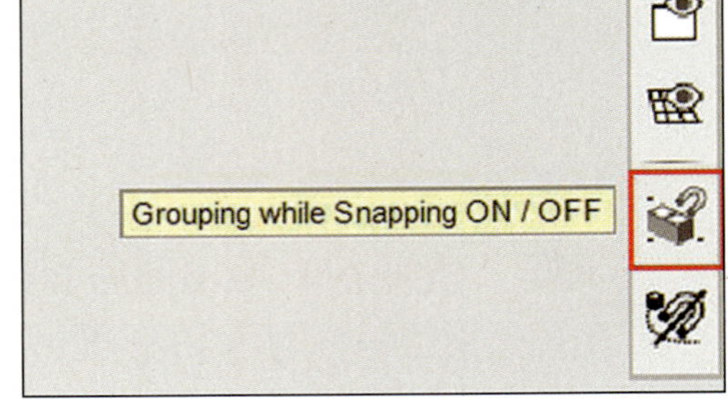

3 [뷰-큐브]-[FRONT와 BOTTOM 사이 모
서리]를 클릭하여 시점 전환한다. 메뉴 **57**
[Snap]을 선택하고 먼저 육면체의 **ⓐ**밑면을 클
릭한 후, 사각뿔의 **ⓑ**밑면을 클릭한다. (육면체
밑면이 사각뿔의 밑면에 달라붙음)

❖ [뷰-큐브]-[FRONT와 BOTTOM
사이]로의 시점 전환

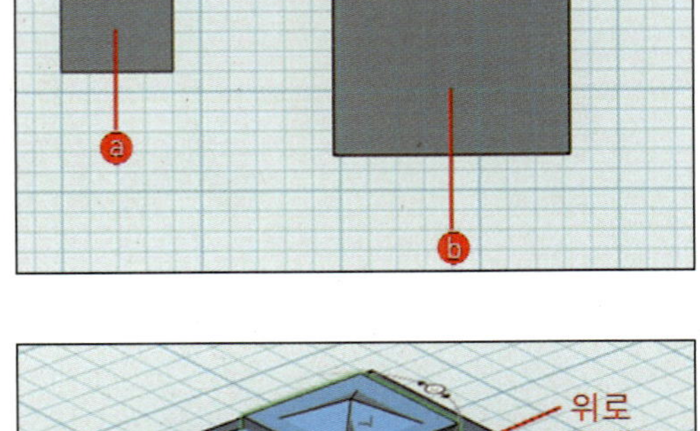

4 스냅 이동 드래그 [Home]으로 시점 전환한다,
육면체가 사각뿔 밑면에 달라붙은 (완료 전) 상태
에서 [흰 화살표]를 위로 7㎜ 드래그한다.

❖ 솔리드 근처에 '그룹' 표시가 나타난다. 그룹 해제하려
면 [Ungroup] 툴을 이용한다.

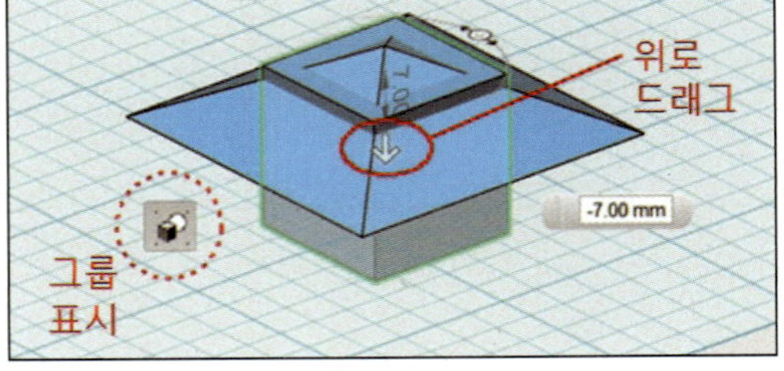

5 스냅 회전 드래그 [검은 화살표]를 회전 드래그
하거나 입력칸에 45를 입력한다. 화면 빈 곳을
클릭하여 완료!

❖ 솔리드 클릭+ D 키를 누르면, 그리드(모눈종이) 면
위로 솔리드가 올려 진다.

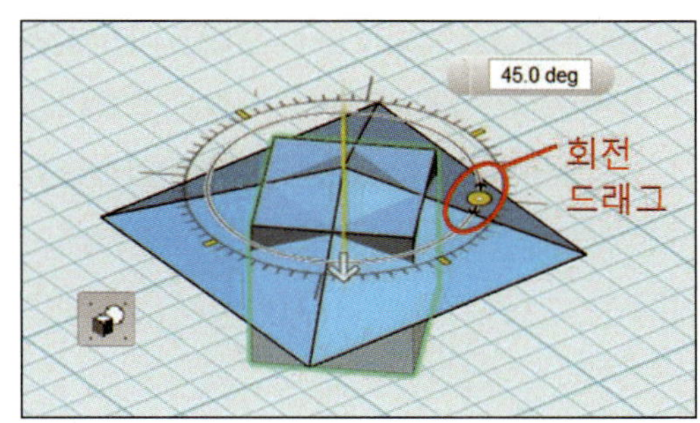

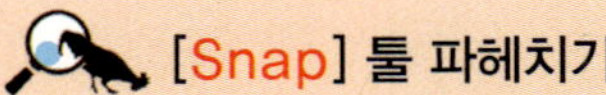

[Snap] 툴 파헤치기

가 [Snap] 툴의 특징

❶ 항상 ⓐ첫 번째 클릭한 면이 ⓑ두 번째 클릭한 면 위에 달라붙는다.

❷ 부착 면의 위치에 대한 제어 툴은 없다. (항상 ⓒ면의 중심에 달라붙음)

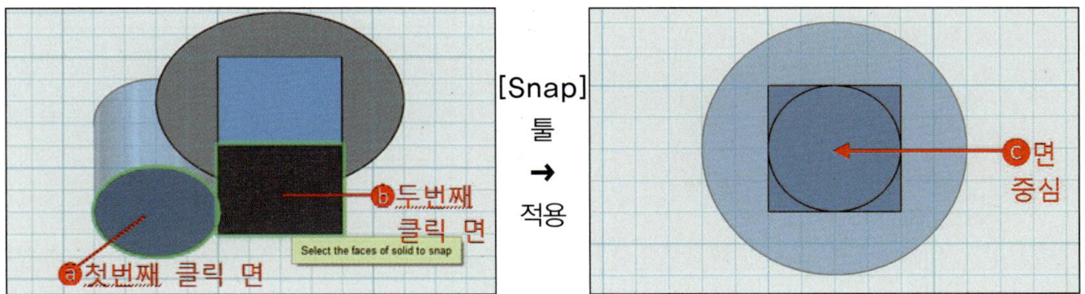

❸ '평면 대 평면'뿐만 아니라, '평면 대 곡면(ⓐ+ⓑ)', '곡면 대 곡면(ⓒ+ⓓ)'의 부착도 가능하다.

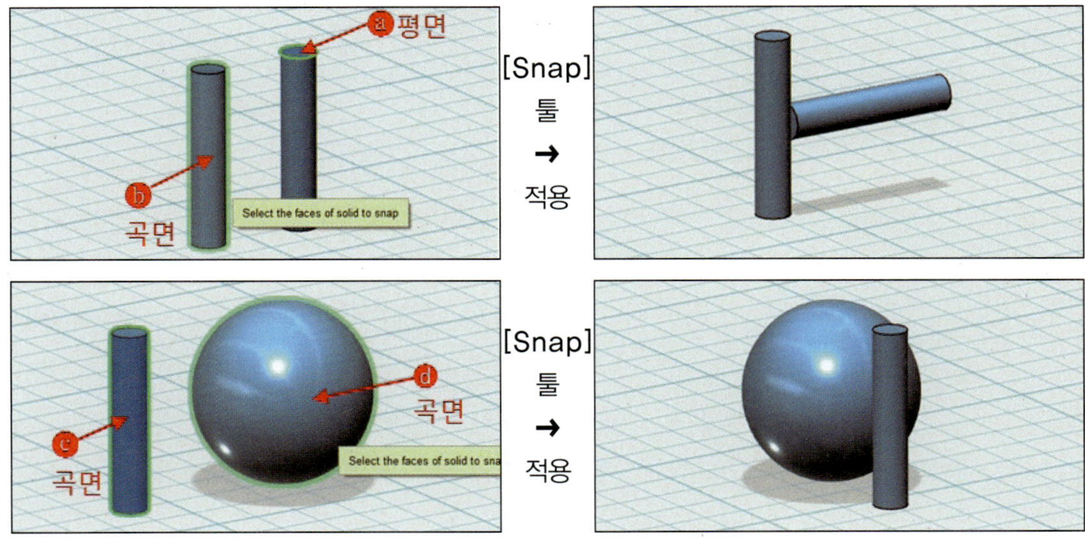

❖ 곡면 대 곡면 부착 : 평면에 중앙점이 있듯이 구, 원기둥 등의 곡면에도 중앙점(기준점)이 있다.

화면제어 바에서 [Toggle Snapping] 버튼을 클릭할 때마다 [Snap 꺼짐]과 [Snap 켜짐]이 반복된다.

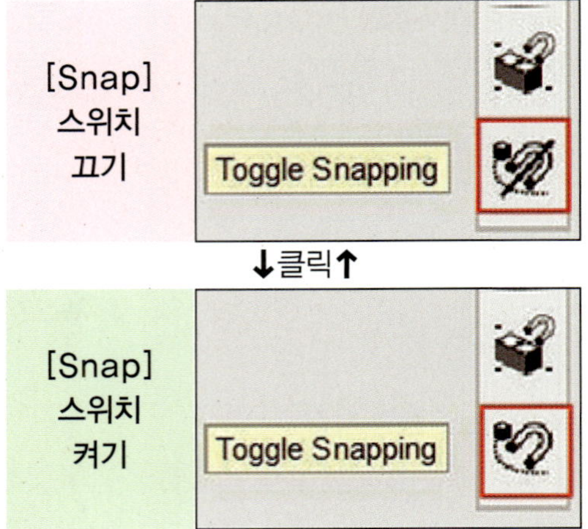

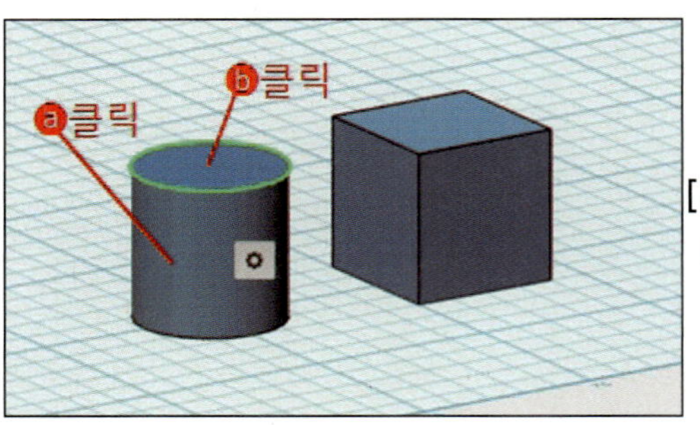

1. (이미 만들어 놓은 원기둥과 육면체 솔리드에서) 원기둥을 ⓐ클릭하였다가 뗀 후, 다시 원기둥의 ⓑ윗면을 선택한다.

[Snap] 켜짐➡ 상태

2. 다시 원기둥의 윗면을 드래그하여 육면체의 면 위에 부착시켜 보자. [Snap] 스위치 켜짐 상태이므로 부착 성공!

↓

[Snap] 꺼짐↓ 상태

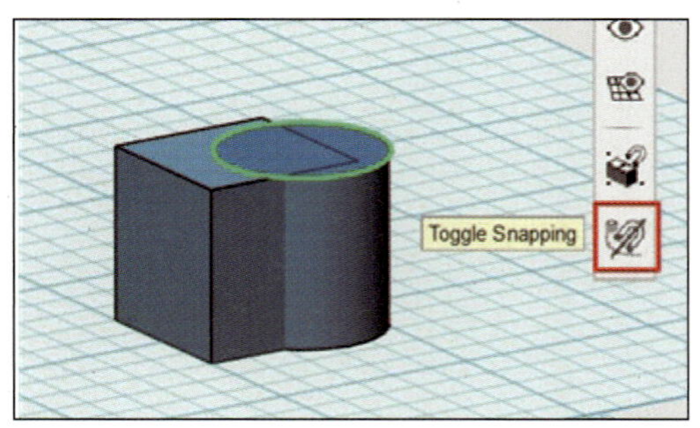

2. 다시 원기둥의 윗면을 드래그하여 육면체의 면 위에 부착시켜 보자. [Snap] 스위치 꺼짐 상태이므로 부착 불가능! (→원기둥이 육면체에 겹쳐짐)

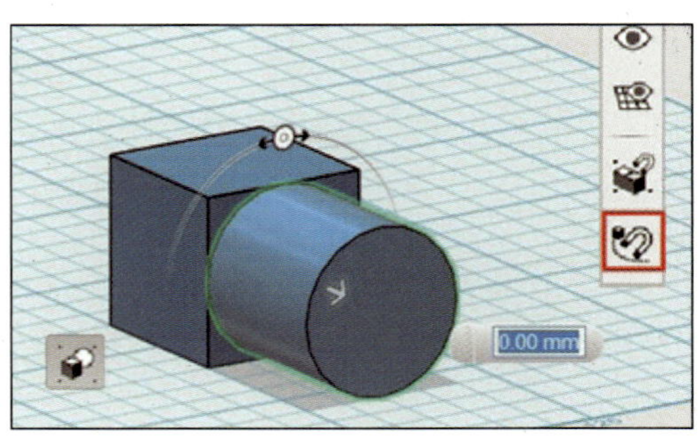

3. 원기둥을 이동 드래그할 수 있는 [흰 화살표], 회전 드래그할 수 있는 [검은 화살표]가 나타난다.(Snap 툴의 기능) 화면 빈 곳을 클릭하여 완료!

 그림과 같은 구(반지름 3), 오각기둥(기본값), 원기둥(반지름 3, 높이 50)을 [Snap] 툴로 부착하려고 한다. 화면제어 바에서 **'Snap할 때 Group 설정(ON)'** 상태에서 메뉴 [Snap]클릭→ⓐ클릭→ⓑ클릭→메뉴 [Snap]클릭→ⓒ클릭→ⓓ클릭한다. 이 결과로 옳은 것은? (정답이 2개 이상이라면 모두 고르시오)

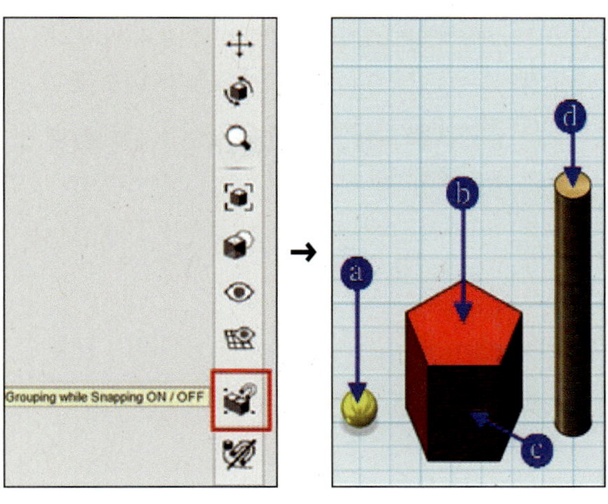

①

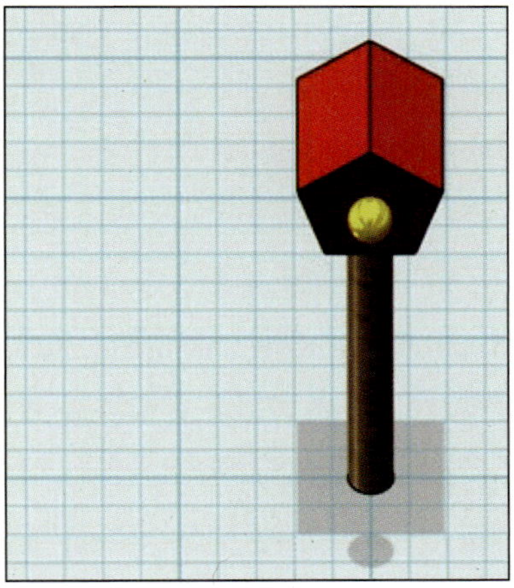

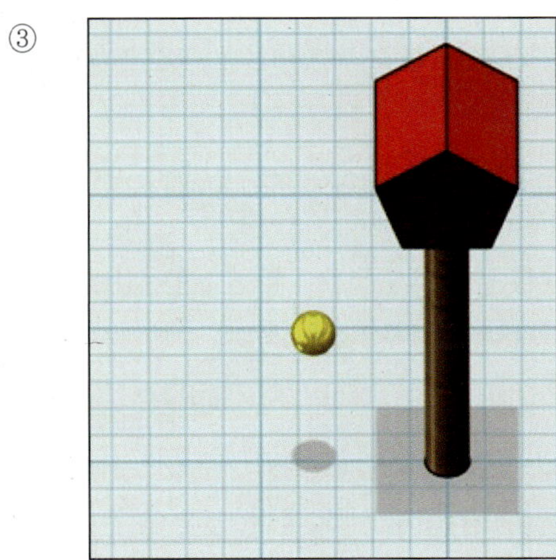

②

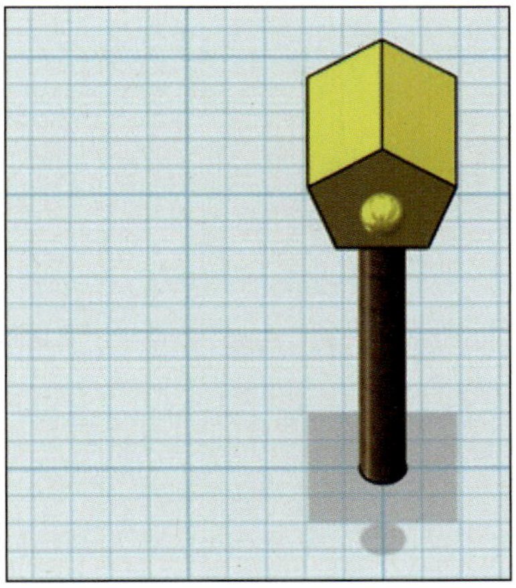

③

④

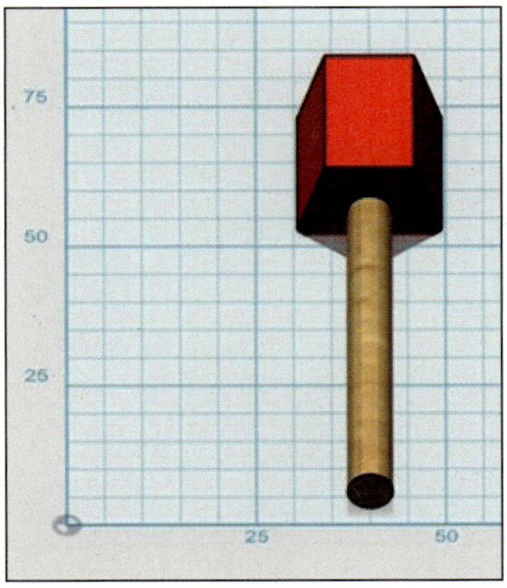

정답 : ③, 해설 : 309쪽

58 Material (머티리얼) : 색상 및 질감

1 메뉴 [primitives-cone]을 선택하여 원뿔 솔리드를 만든다.

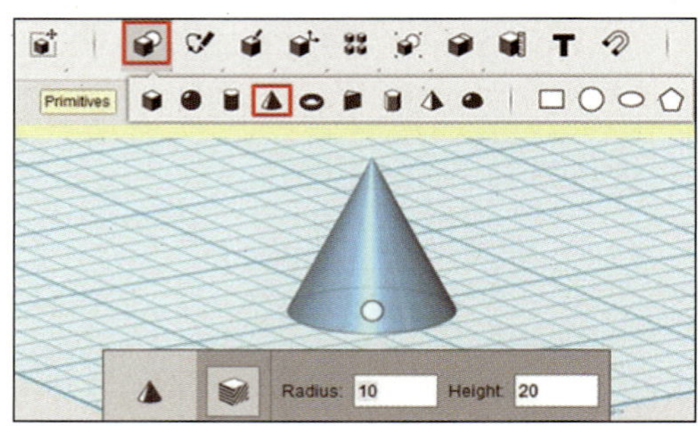

2 메뉴 **58** [Material]을 선택한다. 〈팝업창(Materials)이 나타남〉

3-① 먼저 ⓐ원뿔 솔리드를 클릭한 후, 팝업창-좌측 '재질리스트'에서 용도에 맞는 ⓑ질감(Wood-Cherry)을 선택한다. (스크롤바를 상하로 드래그하면서 고른다)

② 팝업창-우측 '색상환/마름모'에서 원하는 색상과 명도(ⓒ→ⓓ)를 클릭하면, 솔리드의 색깔도 바꿀 수 있다. 화면 빈 곳을 클릭하여 완료!

❖ 'Apply Overlay □'에서 ☑표시하면, 색깔 입히기가 실시간 적용되어 나타난다.

❖ 질감과 색상을 먼저 선택한 후, 적용할 대상 솔리드를 나중에 클릭해도 된다.

③ 팝업창 우측 상단의 창닫기(×)를 클릭하여 종료!

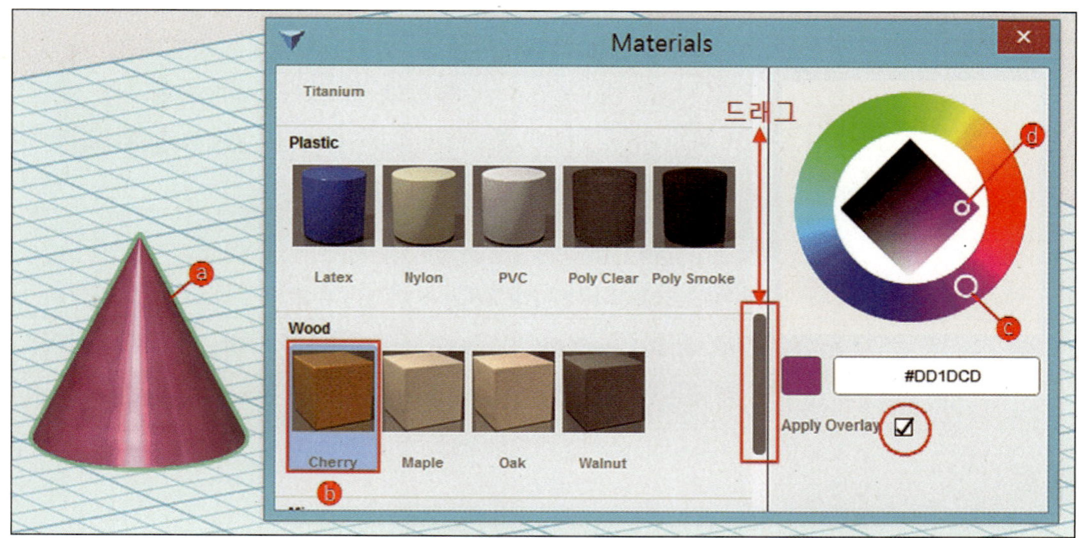

가 팝업창(Materials)의 재질 리스트에서 특별한 질감들

① 투명 재질 : [Common-**Clear Glass, Frosted Glass**], [Plastic-**Poly Clear, Poly Smoke**] 등

 ❖ 그림의 ①은 [Shell] 툴로 원뿔을 '속 비우기'한 것임

② 표면 무늬 재질 : [Misc-**Carbon Fiber**]

③ 기타 : : [Common-**Matte Plastic**]

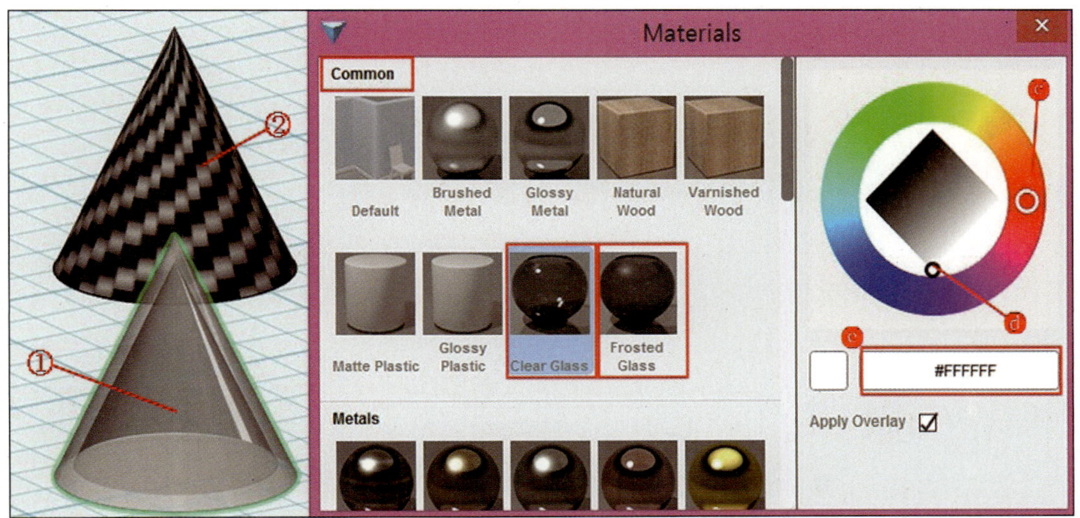

나 팝업창(Materials)에서 RGB 색상 고르는 방법

① 우측 색상 창의 ⓒ'링 영역'에서 색상을 선택하고, ⓓ'마름모꼴 영역'에서 **명도**를 조절한다.

② 정확한 색상을 구현하고 싶다면, ⓔ입력칸에 원하는 **색상 코드**(# + 6자리)를 입력한다.

색상 코드 (# + 6자리)	색상	색상 이름	색상 코드 (# + 6자리)	색상	색상 이름
#FFFFFF		흰색(White)	#FF0000		빨강(Red)
#FFFF00		노랑(Yellow)	#00FF00		초록(Green)
#000000		검정(Black)	#0000FF		파랑(Blue)

❖ 네이버 등 포털사이트에서 '색상 팔레트'를 검색하면 다양한 색상 코드를 알 수 있다.

❖ 123D Design의 솔리드 기본 색상코드값은 #52B3EE이다.

연관 메뉴 및 단축키 활용
[Context Menus & Keyboard Shortcut Keys]

모델링 과정에서 연관 메뉴 및 단축키의 활용은 신속하면서 편리함을 더해 주어 모델링작업에 날개를 달게 될 것이다. 작성된 개체(선, 면, 입체, 입체의 면, 입체의 모서리)를 클릭하면, 그 개체에 따라 툴 적용을 빠르게 수행할 수 있는 **연관 메뉴**(Context Menu)가 개체 근처나 화면 하단에 나타난다. 또한 자신에게 편리하다고 생각되는 **단축키**(Shortcut Keys)를 몇 번씩 사용해 보자. 모델링 작업 중에 F1 키를 누르면 새 창에서 원하는 '단축키'를 찾을 수 있다.

7.1 스케치 개체에서의 연관–메뉴 (Context Menus)

1 [스케치 선]을 클릭할 때

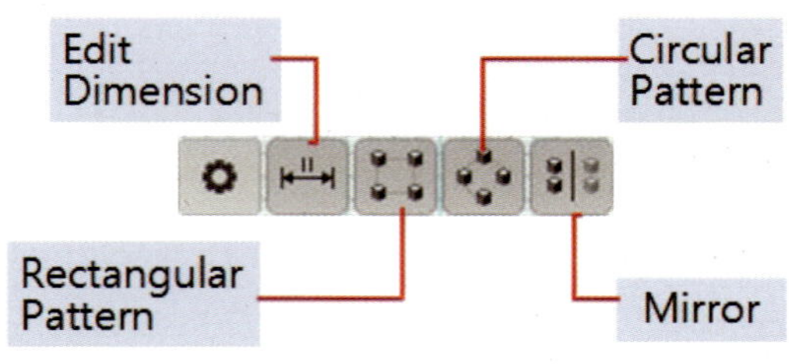

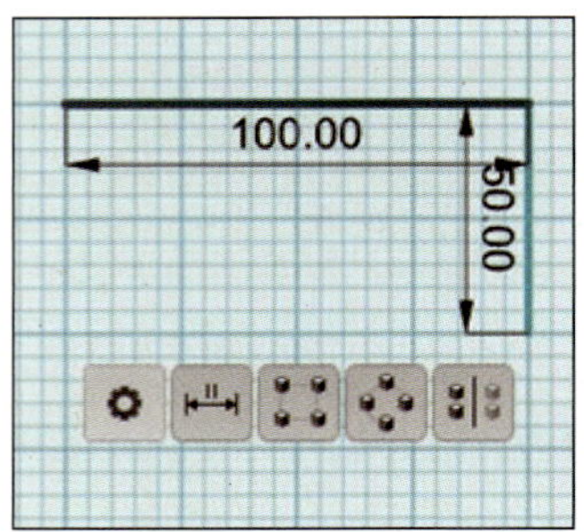

2 [스케치 면]을 클릭할 때

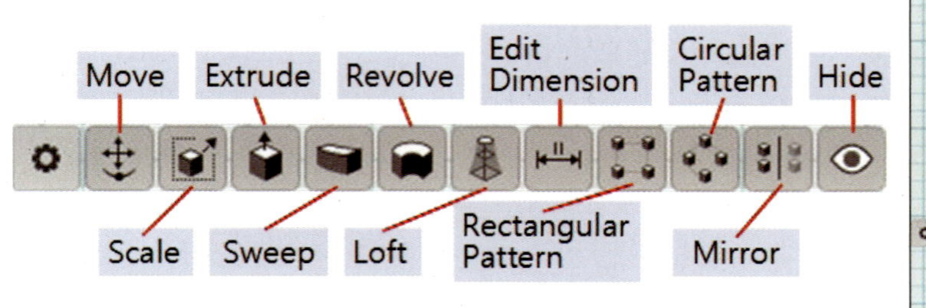

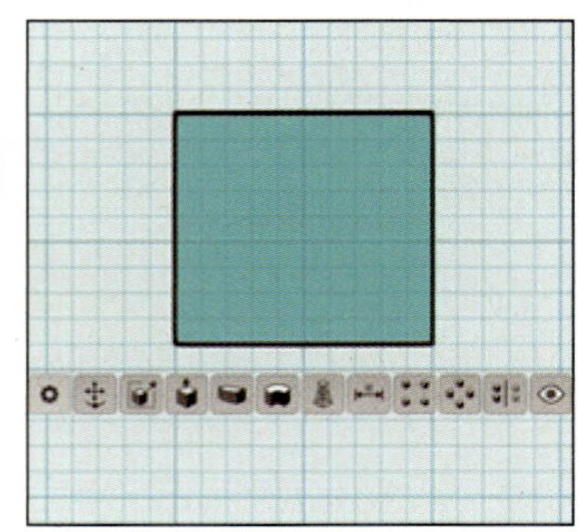

7.2 솔리드 개체에서의 연관-메뉴 (Context Menus)

1 [솔리드 전체]을 클릭할 때

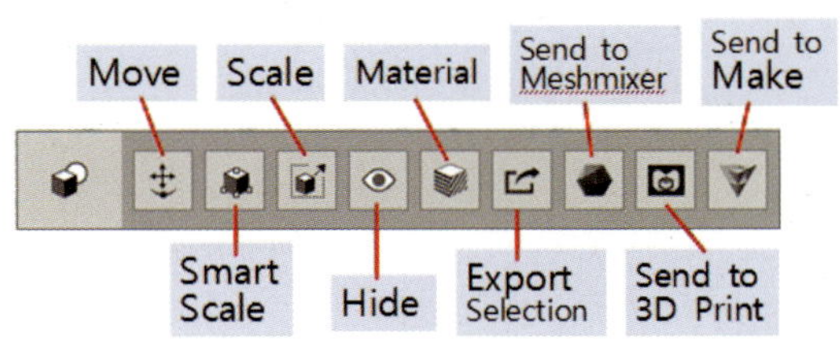

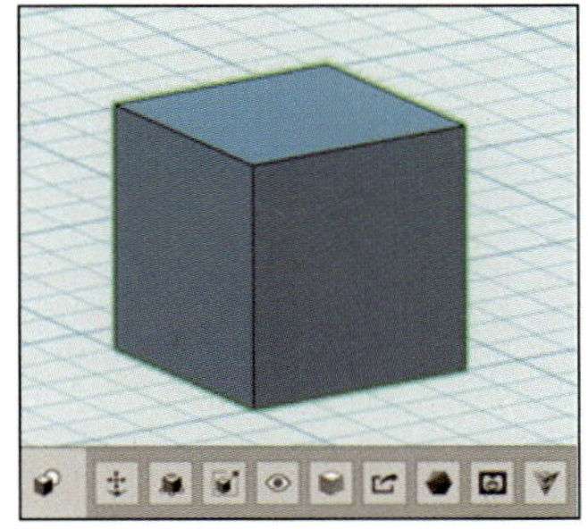

2 [솔리드의 면]을 클릭할 때

(솔리드를 클릭한 후, 다시 솔리드의 면을 클릭!)

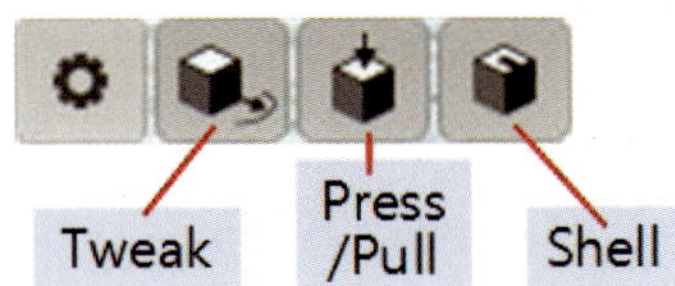

3 [솔리드의 선(모서리)]을 클릭할 때

(솔리드를 클릭한 후, 다시 솔리드의 모서리를 클릭!)

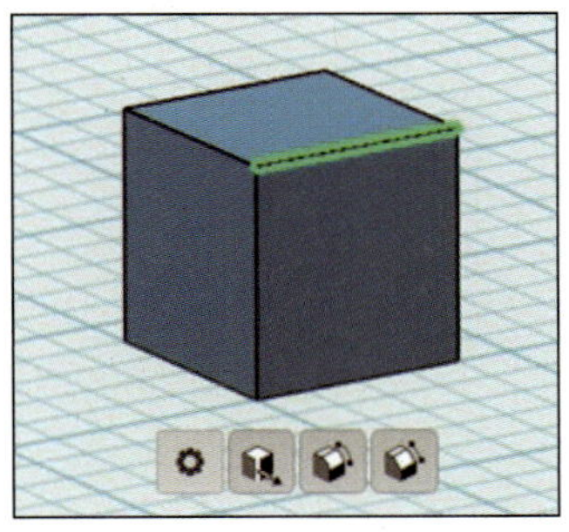

🔍 연관-메뉴 (Context Menus) 파헤치기

가 치수 편집(Edit Dimension, ⊢⊣) 메뉴

이 메뉴는 이미 그려 놓은 스케치 개체(선, 면)에 대한 치수를 확인하고, 수정할 수 있는 기능이다.

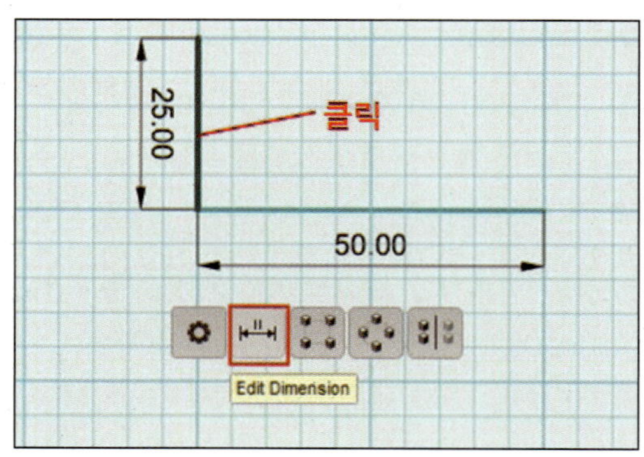

1. **개체의 치수 확인** 그려 놓은 스케치 선을 클릭하고 [**연관 메뉴**]-[Edit Dimension]을 선택한다.

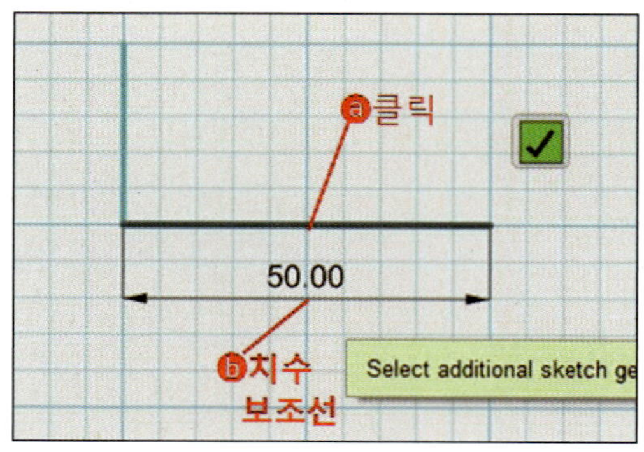

2. 다시 ⓐ스케치 선을 클릭하였다가 마우스 커서를 움직이면 치수 보조선이 나타난다. 원하는 위치에서 ⓑ치수 보조선을 클릭하여 완료! (선의 길이 50.00㎜를 **확인함**)

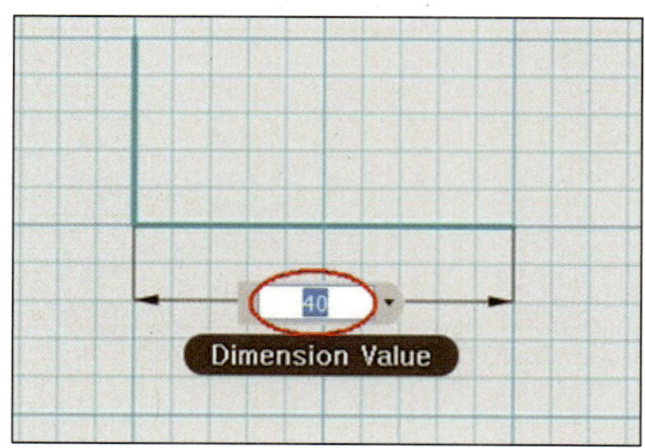

3. **개체의 치수 조정** 치수 보조선을 클릭하면 입력칸이 나타난다. 이때, 다른 수치(40)를 입력하여 **수정**한다.

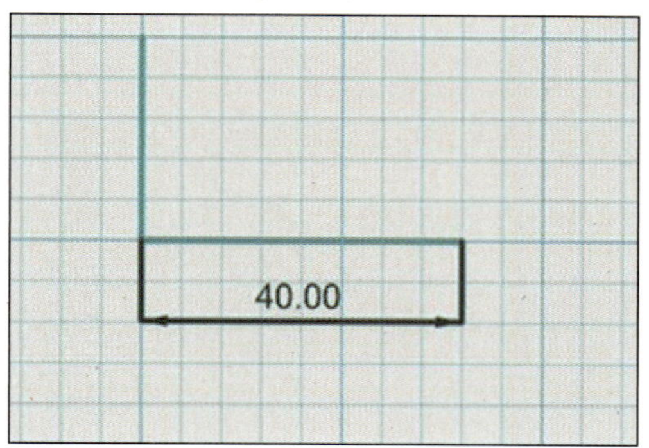

4. [Enter↵] 하면, 수정된 개체 및 치수 보조선이 나타난다. 다시 [Enter↵] 하면, 치수 수정(편집) 완료!

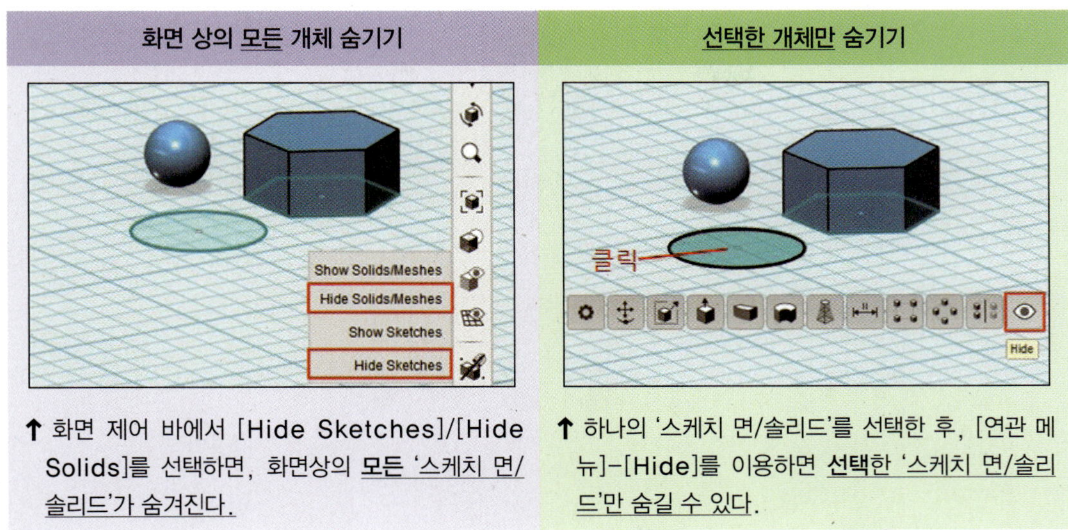

↑ 화면 제어 바에서 [Hide Sketches]/[Hide Solids]를 선택하면, 화면상의 <u>모든</u> '스케치 면/솔리드'가 숨겨진다.

↑ 하나의 '스케치 면/솔리드'를 선택한 후, [연관 메뉴]–[Hide]를 이용하면 **선택한** '스케치 면/솔리드'만 숨길 수 있다.

다 Meshmixer(⬢)란?

Autodesk사에서 출시한 무료 모델 보정 프로그램으로 거친 표면을 부드럽게 하거나 수정할 수 있으며, 여러 가지 모델을 혼합하여 새로운 모델을 제작할 수 있다(부분적으로 색칠하기, 구멍 내기, 속 비우기, 얇거나 가는 부분 수정하기 등에 유용함). 3D 스캔한 모델을 수정할 때 많이 사용한다.

❖ 프로그램 다운로드 사이트 : www.123dapp.com/meshmixer (**www.3dyes.net 참고**)

7.3 단축키 사용 안내 (Keyboard Shortcut Keys)

F1 키 : 단축키 안내창 열기

1 화면 제어 단축키(Navigation)

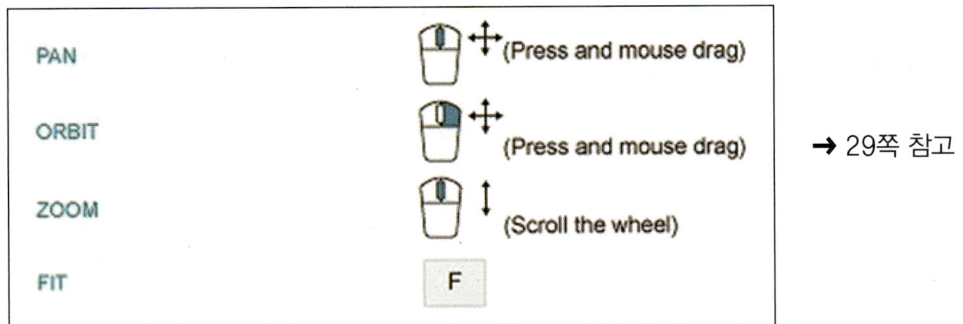

→ 29쪽 참고

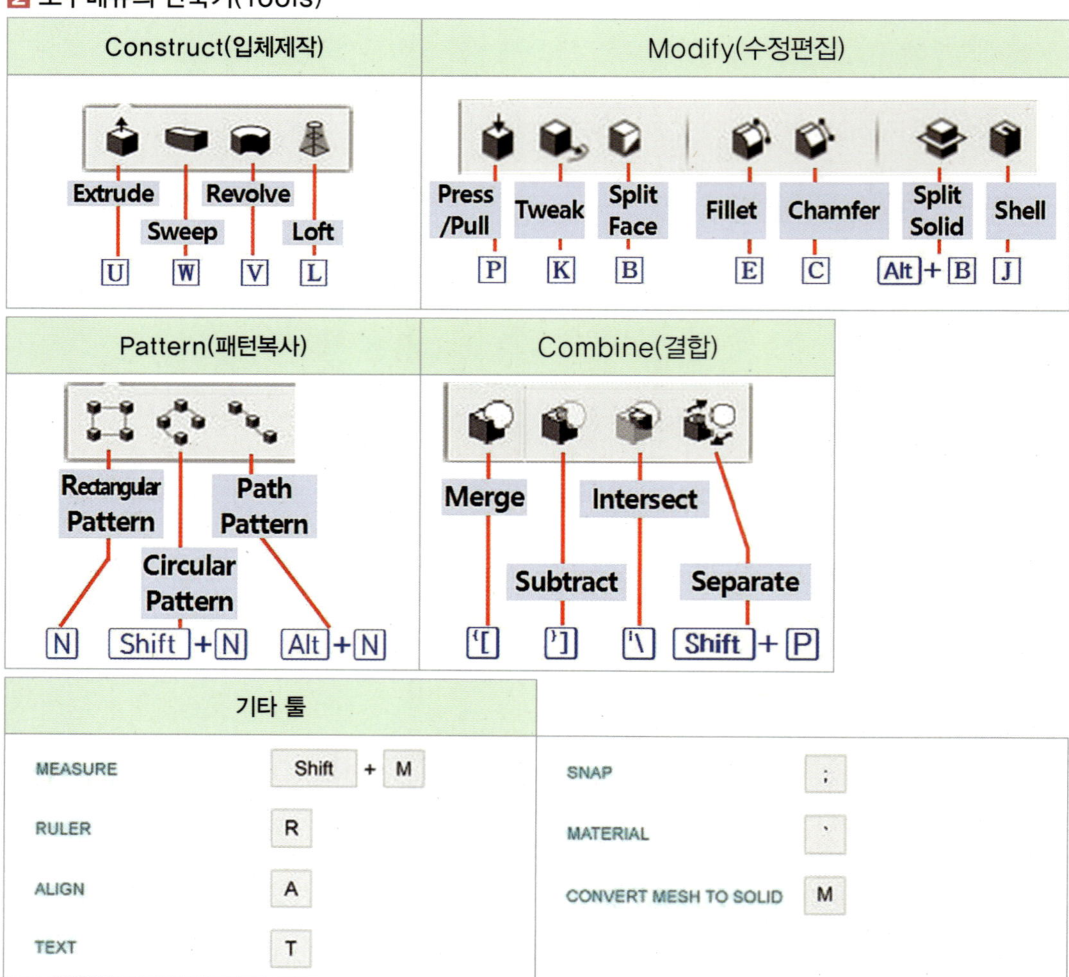

3 솔리드의 이동과 조작(Part Movement And Manipulation)

개체선택 + 🖱	솔리드의 좌우 이동 (그리드 x, y 평면 위에서만 이동함)
Shift +개체선택+ 🖱	개체의 **상하좌우** 이동 (Shift 키를 누른 상태에서 개체를 클릭하여 드래그하면 x, y, z 방향으로 이동함)
개체 선택+ X 개체 선택+ Y 개체 선택+ Z	X축을 회전축으로 45°씩 회전 Y축을 회전축으로 45°씩 회전 Z축을 회전축으로 45°씩 회전	❖ X / Y / Z 키를 계속 누르고 있으면 개체는 연속 회전함 ❖ Shift + X / Y / Z : 반대 방향으로 회전함

[Move/Rotate] 툴 이용 시, [Shift]+[검은 화살표]	([Shift] 키를 누른 상태에서 [검은 화살표]를 드래그하면) 솔리드를 45°씩 회전시킴
[Move/Rotate] 툴 이용 시, [Alt]+[검은 화살표]	([Alt] 키를 누른 상태에서 [검은 화살표]를 드래그하면) 솔리드를 15°씩 회전시킴
개체 선택+[Space Bar]	그리드(모눈종이)면을 기준으로 솔리드 뒤집기
개체 선택+[D]	그리드(모눈종이) 면 위에 솔리드 붙이기
개체 선택+[I]	수치 정보 제공

↑ 화살표 키	↑ (+x방향) 으로 움직임
	←(−y방향)으로 움직임　　↓ (−x방향)으로 움직임　　→(+y방향)으로 움직임

4 그 외의 단축키 (Other Keys)

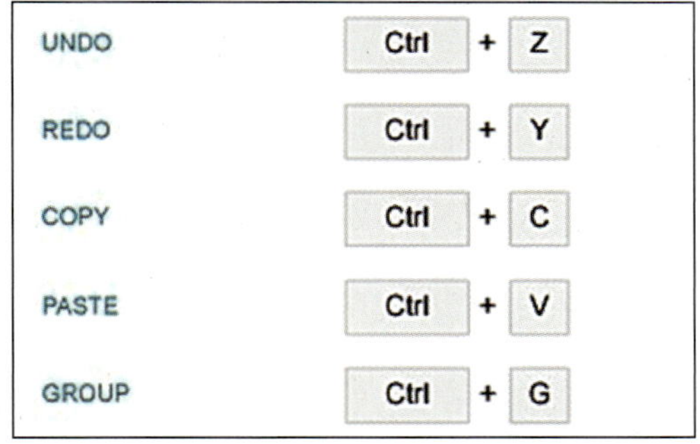

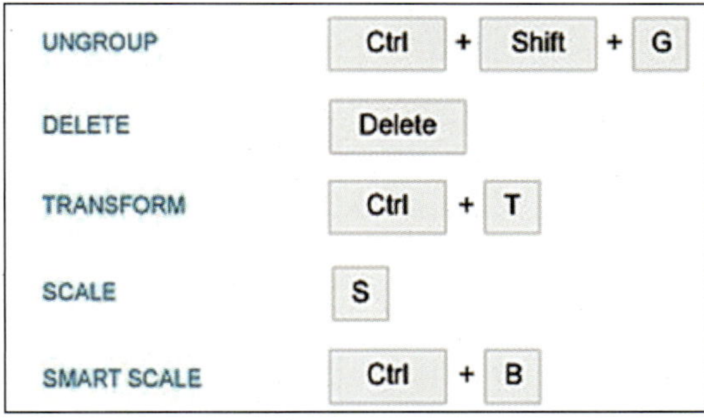

5 파일 관련 단축키(File Management)

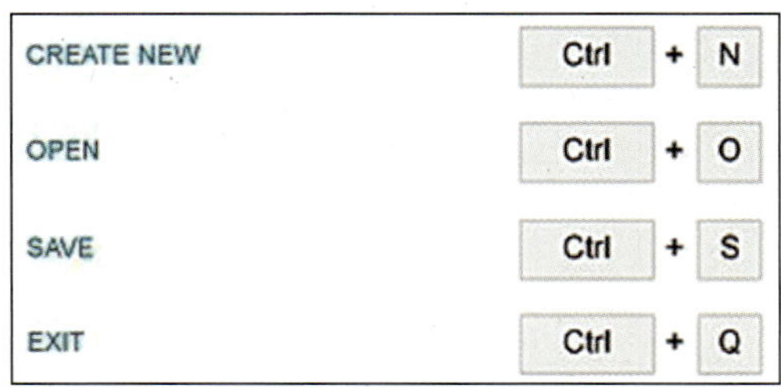

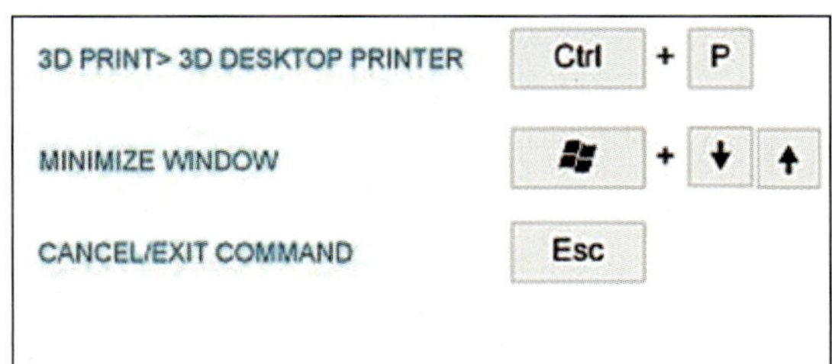

 다음의 솔리드에 각각 '**단축키**'를 이용하여 솔리드의 위치를 이동시키시오.

(1) 그리드 면 아래에 있는 솔리드 일부분을 그리드 면 위로 올리기

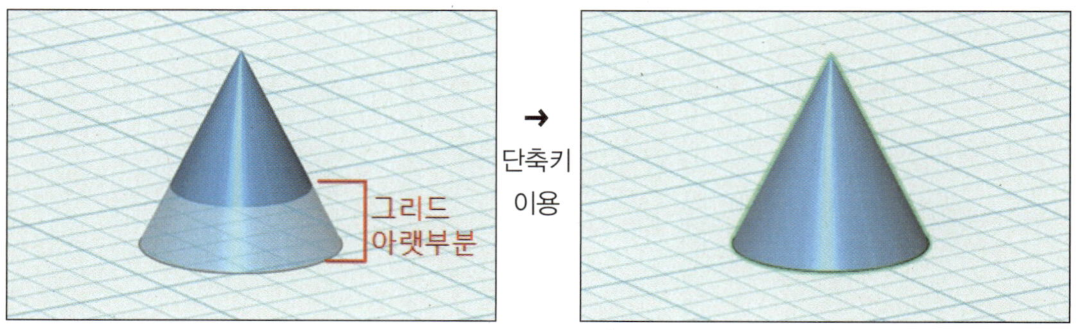

(2) 그리드 면을 기준으로 솔리드 거꾸로 뒤집기

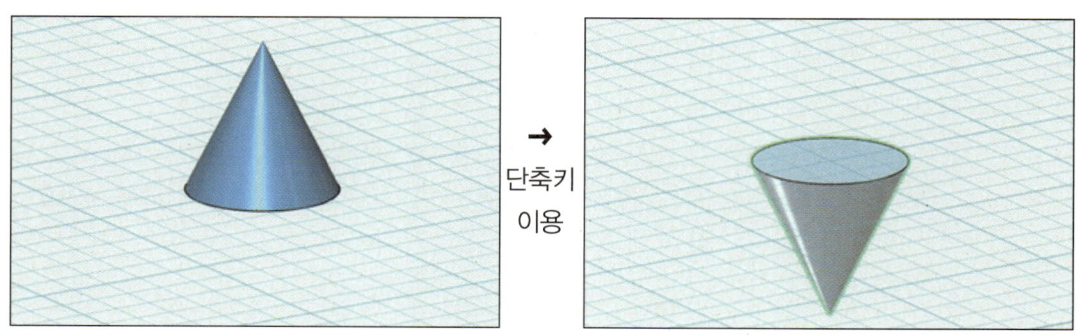

해설 : 309쪽

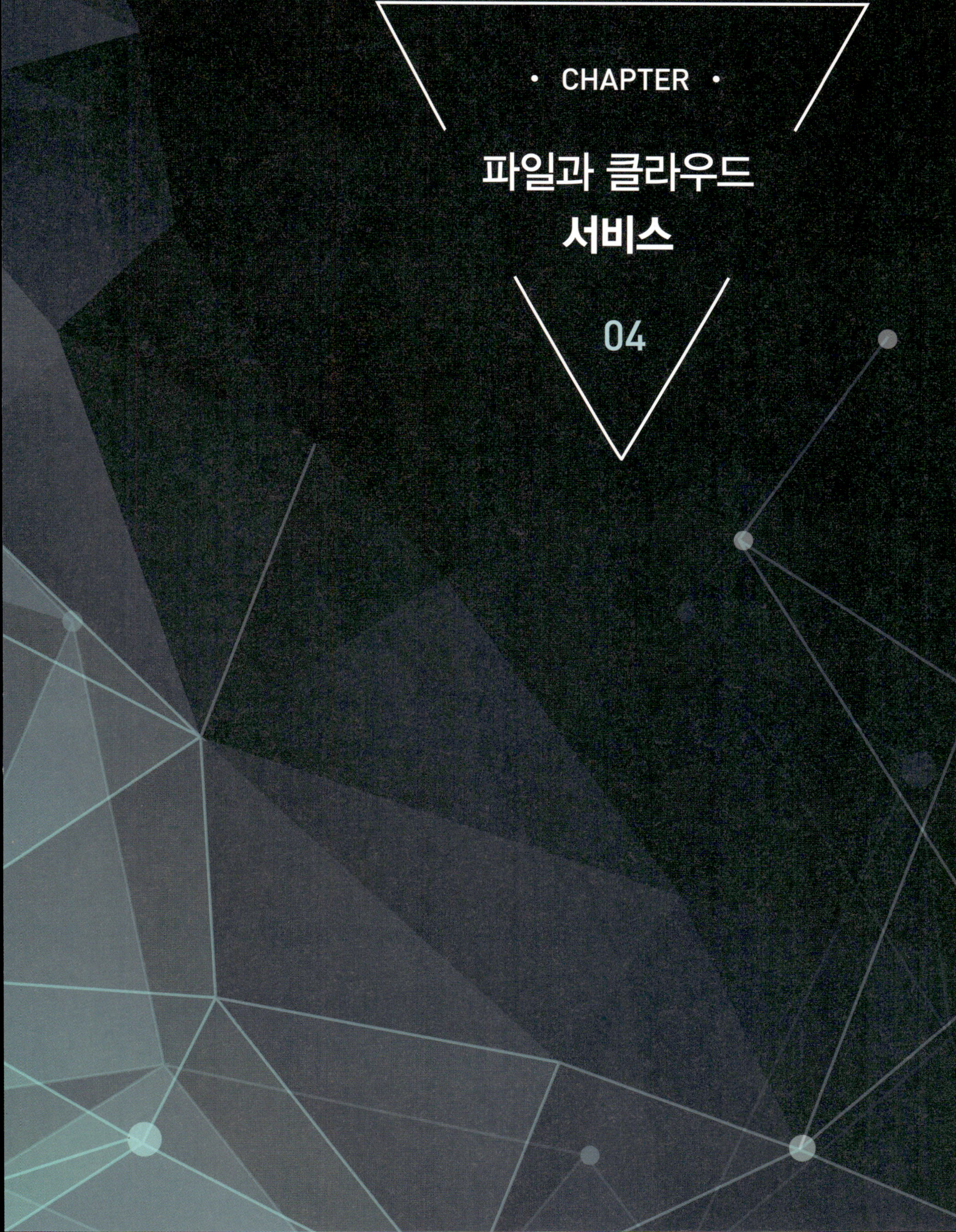
CHAPTER
파일과 클라우드
서비스
04

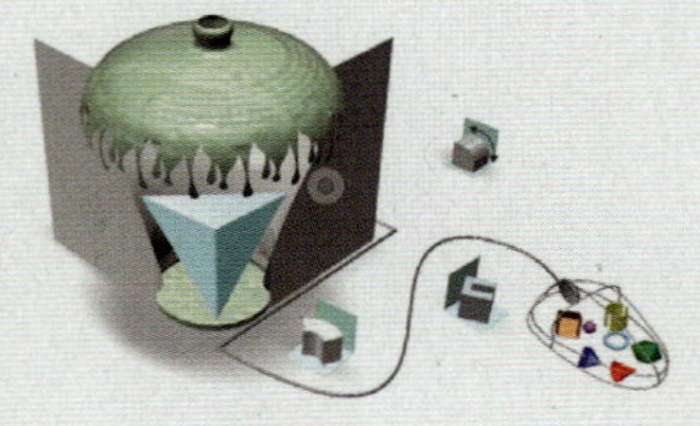

SECTION 01

오토데스크 클라우드 서비스의 이용

 1.1 클라우드(Cloud)란 무엇인가?

클라우드(Cloud)는 파일의 저장 공간(중앙 컴퓨터의 서버)을 인터넷이 연결되는 기기로 접근하여 언제 어디서든 **파일을 저장하고, 실행하고, 확인**할 수 있도록 한 서비스이다.

123D Design 프로그램은 오토데스크 클라우드(Cloud) 서비스와 연동되어 있다. 이 클라우드를 통해서 'ShapeWays(쉐이프 웨이즈)'나 'Sculpteo(스컬프테오)' 등의 세계적인 3D 프린팅 출력 서비스 회사에 출력 서비스를 의뢰할 수 있다. 자신이 직접 만든 3D 모델링 파일을 온라인으로 출력회사에 전달하고, 이것이 출력되어 제품을 우편으로 받을 수 있다. 3D 프린터 없이도 출력물을 손에 쥘 수 있게 된 것이다.

또한, 클라우드(Cloud) 서비스를 이용하면 다른 사

용자와 파일을 공유할 수 있다. 즉, 제3자가 만든 3D 모델링 파일을 다운로드(Download)하여 제품 디자인에 이용하거나, 자신이 만든 파일을 업로드(Upload)하여 다시 회원들과 공유함으로써 다양한 경험을 쌓을 수 있다. 이제, **오토데스크 클라우드를 외부 기억장치**처럼 사용해 보자.

1.2 클라우드(Cloud)의 이용 : 파일 저장(Save) 및 열기(Open)

내 컴퓨터에 저장되어 있는 농구공 파일(**b_ball.123dx**)을 오토데스크 클라우드의 내 프로젝트(My Project) 페이지에 저장(Save)하는 방법을 알아보자. 이때, ① *.123dx ② *.stl ③ *.smb 등 3종류의 파일이 클라우드(The Cloud)에 저장된다.

❖ 농구공(b_ball.123dx) 모델링 : 253쪽 참고

1 내 컴퓨터의 파일 열기 [**파일 펼침 메뉴**]에서
[Open]을 클릭한다.

❖ 로고 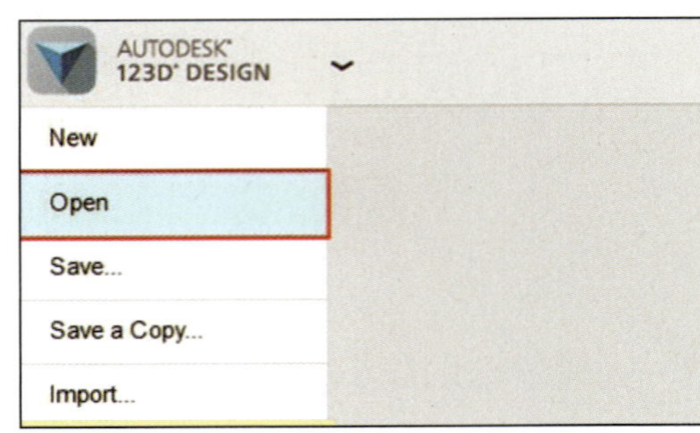 위에 마우스커서를 올리면 파일관련
메뉴가 나타난다.

2 새 창 (Open Project)에서 **a**[Browse My
Computer] 탭을 선택하고 **b**[Browse...]
을 클릭한다.

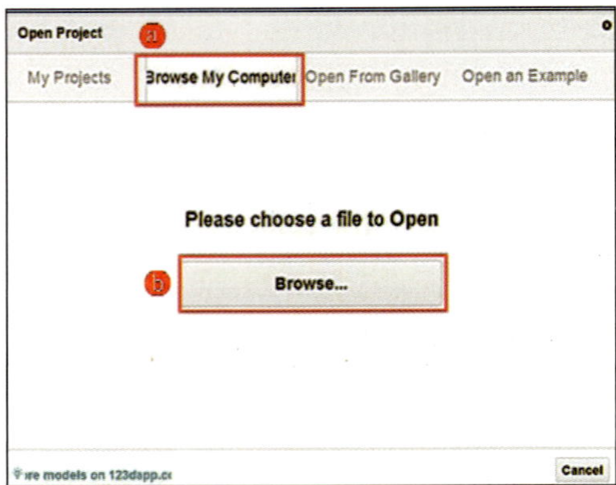

3 새 창(열기)에서 **a**해당 폴더를 찾아서 농구공
파일인 **b**'b_ball.123dx'를 클릭하고, **c**[열기
(O)] 버튼을 클릭한다.

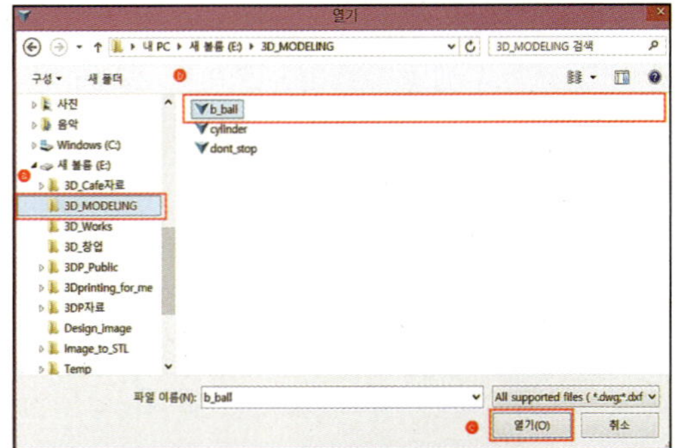

4 내 컴퓨터의 농구공 파일(b_ball.123dx)이
열 린다.

5 클라우드 로그인 화면 우측 상단의 ⓐ[Sign In]을 클릭한 후, 새 창에서 ID와 암호를 입력하고 로그인한다.

❖ ⓑFacebook / Google / Yahoo / Twitter / Linkedin / Microsoft의 계정으로도 로그인 가능!

❖ 회원가입 : ⓒ "새 사용자이면 등록하세요"를 클릭하여 새 계정을 등록한다.

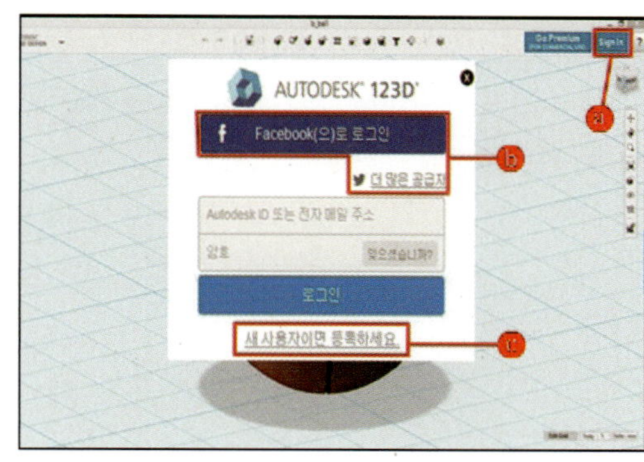

6 화면 우측 상단에 자신의 ID가 나타난다. 로그인 상태 확인!

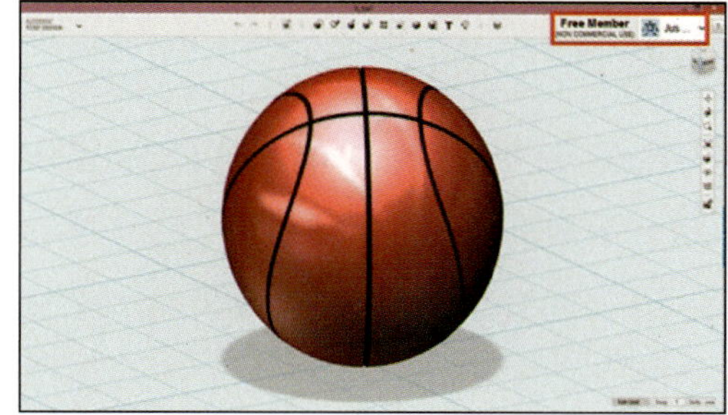

7 클라우드에 파일 저장 로고 위에 마우스커서를 올리면 파일관련 메뉴가 나타난다. 메뉴 [Save...]-[To My Projects]를 선택한다.

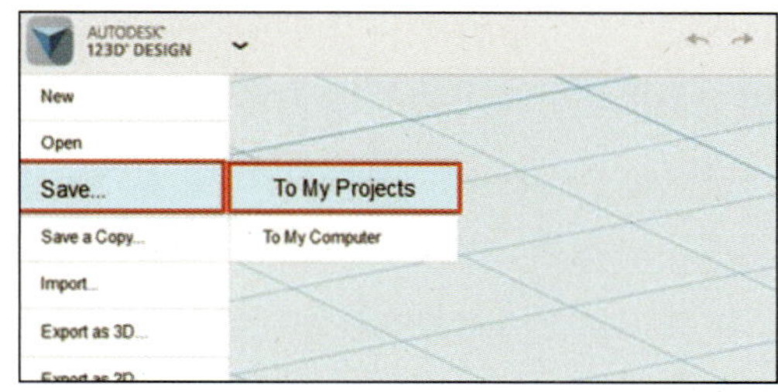

8 새 창(Save Project)에서 'Project Title'의 입력칸에 ⓐ임의의 모델 이름(basketball)을 입력한 후, ⓑ[Save(저장)] 버튼을 클릭한다.

→ 클라우드의 내 프로젝트 페이지에 'b_ball.123dx'(내 컴퓨터에서 불러온 원래 파일명), 'basketball.stl'(ⓐ에서 입력한 파일명) 등의 파일로 전환되어 저장 완료!

❖ [Tags], [Description]의 입력칸에 적절한 문자를 입력하고, [Visibility]는 ⓒPublic(공유), Private(비공개) 중에서 택1 한다.(→Public(공유) : [Open From Gallery] 탭에서 다른 회원들에 의해 검색, 다운로드 가능함)

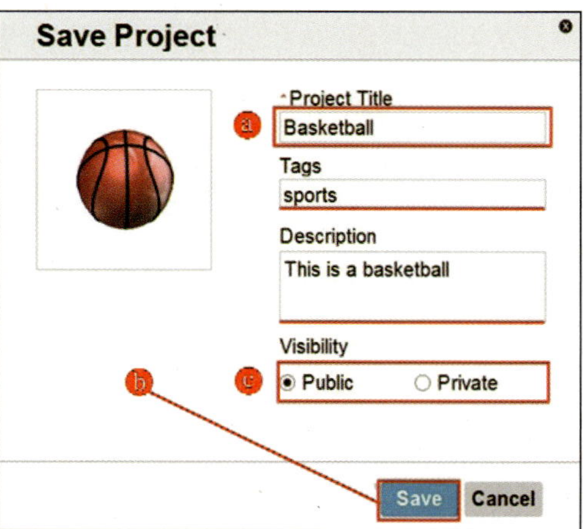

9 **클라우드에 저장된 파일 확인** 클라우드에 저장되어 있는 나의 파일을 확인해 보자. **[파일 펼침 메뉴]-[Open]**을 클릭한다.

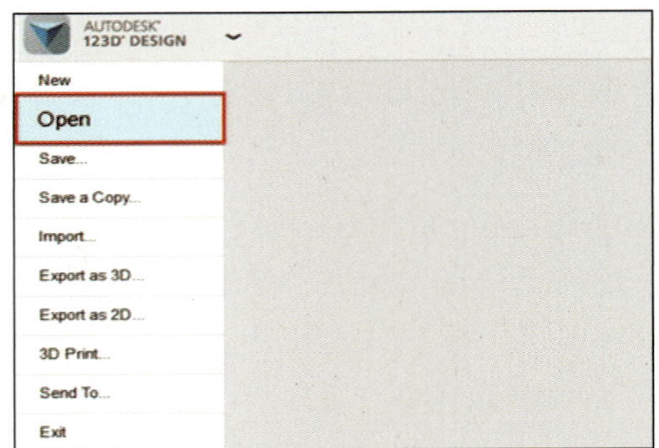

10 새 창(Open Project)의 **ⓐ[My Projects]**탭을 클릭하면 클라우드에 저장(Save)되어 있는 파일들을 볼 수 있다. (→저장되어 있는 **ⓑ농구공 이미지(파일) 확인!**)

❖ 파일 이미지의 우측 상단에 있는 **ⓒ**사람 모양은 Public(공유) 파일임을 표시한다.

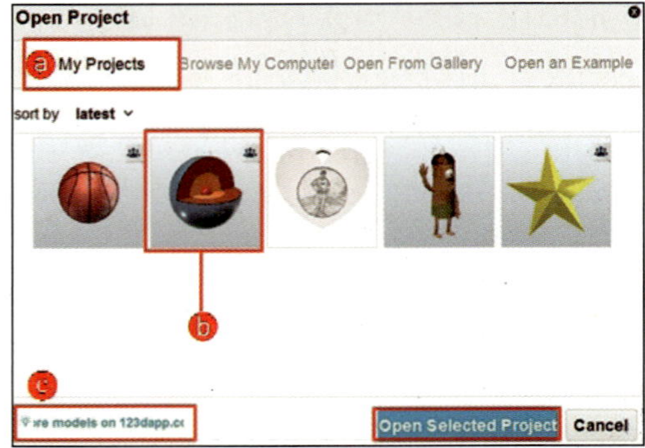

11 **클라우드의 파일 열기** 새 창(Open Project)의 **ⓐ[My Projects]** 탭을 선택하고 **ⓑ**'열기'를 원하는 파일(지구모형 이미지)을 더블클릭한다. (또는 지구모형 이미지(파일)를 클릭한 후 하단의 [Open Selected Project] 버튼을 클릭하면 파일이 열림)

❖ 화면 좌하단의 **ⓒ**링크된 URL을 클릭하면 더 많은 모델(Gally 웹사이트)을 볼 수 있다.

12 클라우드에 저장되어 있던 지구내부구조모형 파일이 열리게 된다

■ 클라우드 [My Projects]에 저장된 파일의 확인

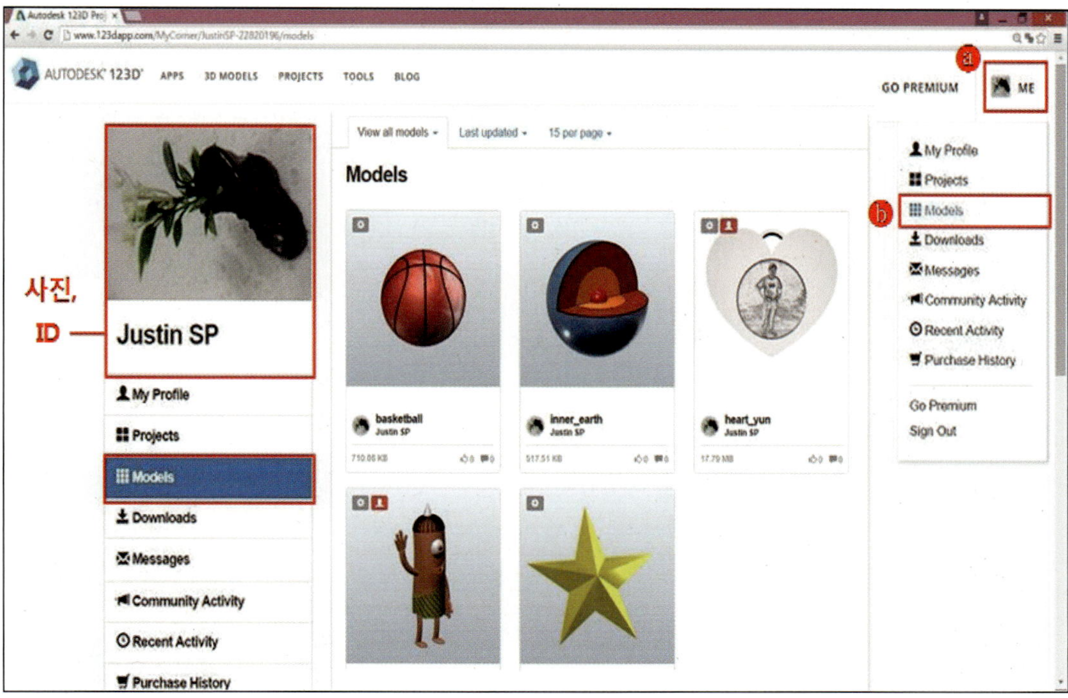

1. **클라우드에 로그인** 웹사이트 www.123dapp.com을 방문한 후, 화면 우측 상단의 [SIGN IN]
   을 클릭하여 로그인한다.

❖ 비회원이면 화면 우측 상단의 [JOIN US]를 클릭하여 회원 가입한다.

2. **ⓐ**로그인 상태(　ME) 위에 마우스커서를 올려 나타나는 메뉴 **ⓑ**[Models]를 클릭한다.

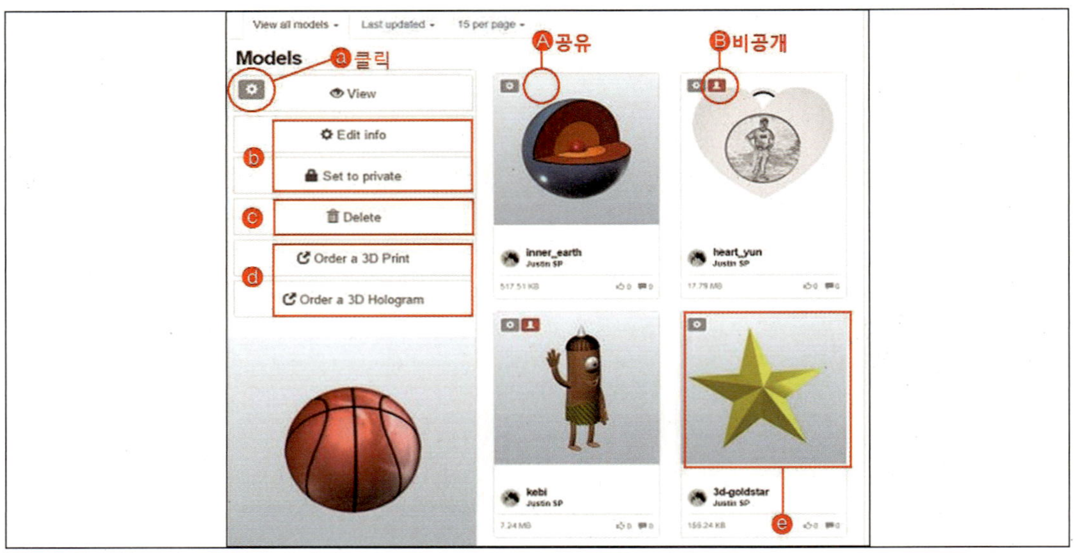

3. **클라우드의 파일 수정편집** 클라우드
   에 저장되어 있는 모델(파일)의 세부
   사항을 조정하기 위해 ⓐ옵션 버튼
   (⚙)을 클릭한다.

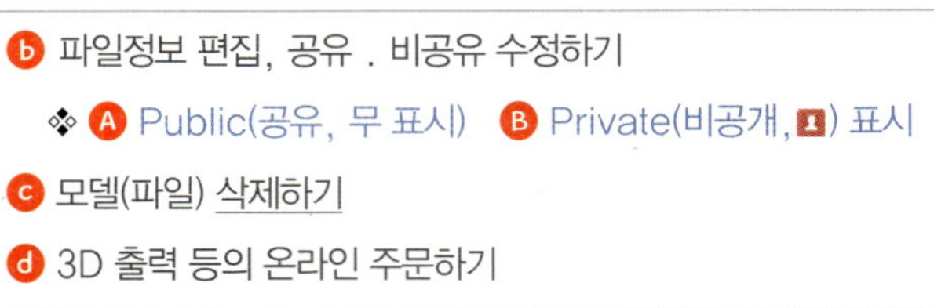

ⓑ 파일정보 편집, 공유 . 비공유 수정하기
   ❖ Ⓐ Public(공유, 무 표시) Ⓑ Private(비공개, 🔒) 표시
ⓒ 모델(파일) 삭제하기
ⓓ 3D 출력 등의 온라인 주문하기

4. 클라우드에 저장되어 있는 모델 중에서 '내려받기'해 보자. 먼저 원하는 ⓔ하나의 모델(파일)을 클릭한다.

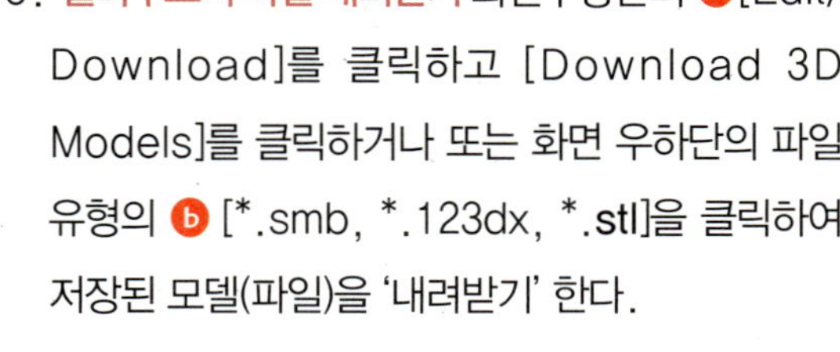

5. **클라우드의 파일 내려받기** 화면우상단의 ⓐ[Edit/
   Download]를 클릭하고 [Download 3D
   Models]를 클릭하거나 또는 화면 우하단의 파일
   유형의 ⓑ [*.smb, *.123dx, *.stl]을 클릭하여
   저장된 모델(파일)을 '내려받기' 한다.

❖ ⓐ 또는 ⓑ를 클릭하면 새 창에서 체크박스(☑)로 파일을
  선별하여 다운로드 가능!

→ *.stl은 출력용 파일임

1.3 클라우드에서 다른 회원의 공유파일 내려받기

1 **클라우드의 공유파일 열기** 클라우드에서 다른 회원의 공유 파일을 열기 위하여, [파일 펼침 메뉴]-[Open]을 클릭한다.

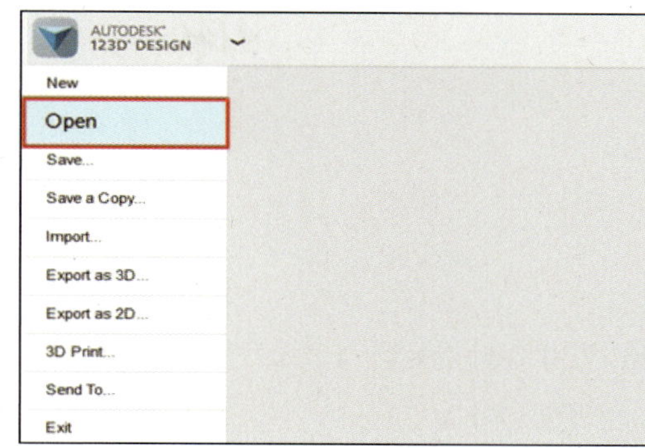

2 새 창(Open Project)에서 ⓐ[Open From Gallery]탭을 클릭하고, [sort by]의 ⓑ드롭다운 버튼을 클릭하여 'featured(특집), popular(인기), recent(최근), premium(유료)' 중에서 택1 한다.

❖ 화면 좌측 하단의 ⓒ[More models on 123dapp. com] 을 클릭하면, [AUTODESK 123D]의 Gallery 사이트가 열린다.

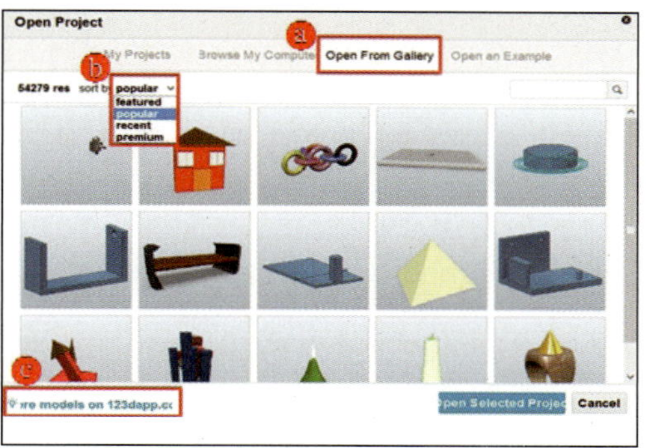

3 ⓐ스크롤바를 내리면서 원하는 파일을 찾아서 클릭하거나 ⓑ검색창에서 단어(**sports**)를 입력 (Ⓠ클릭)하여 원하는 파일을 찾는다. ⓒ 원하는 파일(**Sports Car**)을 클릭하고 하단의 ⓓ[Open Selected Project] 버튼을 클릭하여 불러온다.

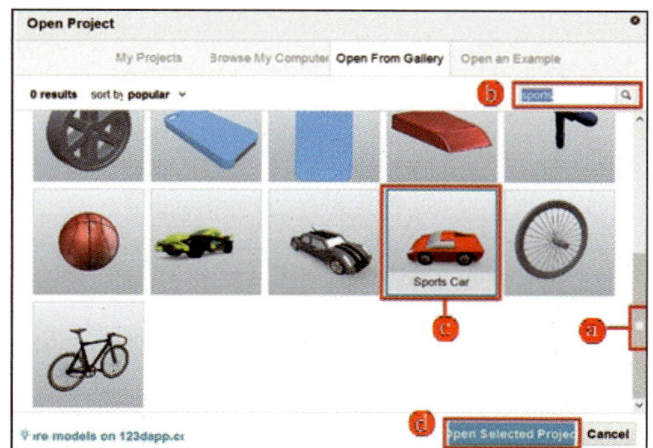

4 [**파일 펼침 메뉴**]에서 [Save...]-[To My Computer]를 클릭한다.

❖ 파일의 스포츠카 일부분을 수정, 편집하여 내 컴퓨터에 저장할 수 있다.

5 새 창에서 **ⓐ**폴더를 지정하고 **ⓑ**임의의 파일 이름
(red_car)을 입력한 후 **ⓒ**파일 형식(*.123dx)은
그대로 두고 **ⓓ**[저장(S)] 버튼을 클릭하여 파일을
저장한다.

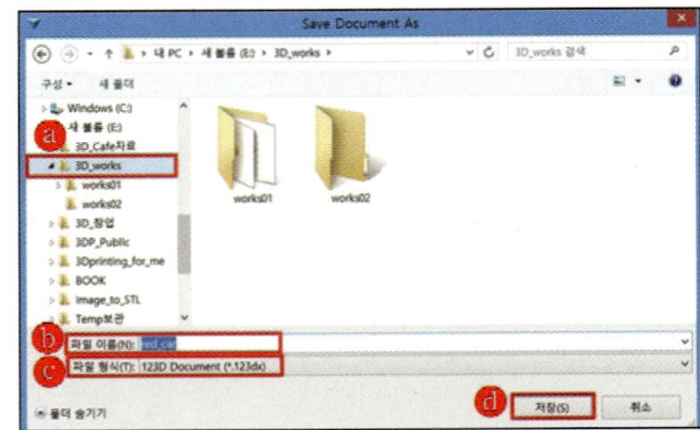

6 [파일 펼침 메뉴]에서 [Exit]를 클릭하여 프로그램
을 종료한다.

123D Design에서 파일 끼워넣기
[Import]

2.1 JPG, GIF 등의 파일을 SVG 파일로 변환하기

123D Design 프로그램에서 불러오기(Import)할 수 있는 이미지는 SVG 파일(*.svg)이다. 따라서 필요한 이미지가 JPG, GIF 등의 파일이라면, 이 파일을 SVG 파일로 미리 변환해야 한다.

❖ SVG(Scalable Vector Graphics) 파일이란? 2차원 벡터 그래픽을 표현하기 위한 XML(웹문서의 일종) 기반의 파일 형식. (인터넷 익스플로러8 이상과 대부분의 주요 웹브라우저들은 SVG를 지원함)

1 SVG 파일 변환 프로그램인 [Inkscape]를 실행시킨다. (바탕화면 아이콘 더블클릭!)

❖ [Inkscape]는 무료 프로그램이므로 포털사이트(네이버 등)에서 '잉크스케이프'를 검색하여 내 컴퓨터에 다운로드 설치한다.

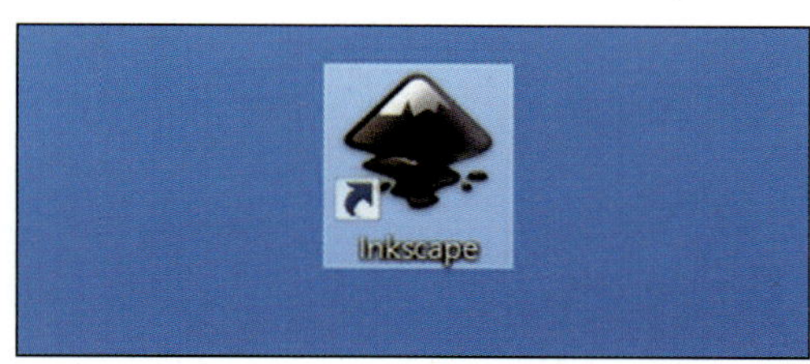

2 **[Inkscape]에서 JPG파일 열기** 프로그램 [Inkscape]에서 SVG파일로 변환하고 싶은 이미지 파일 *.jpg, *.gif 등을 열기 위하여 [File]-[Open...]을 선택한다.

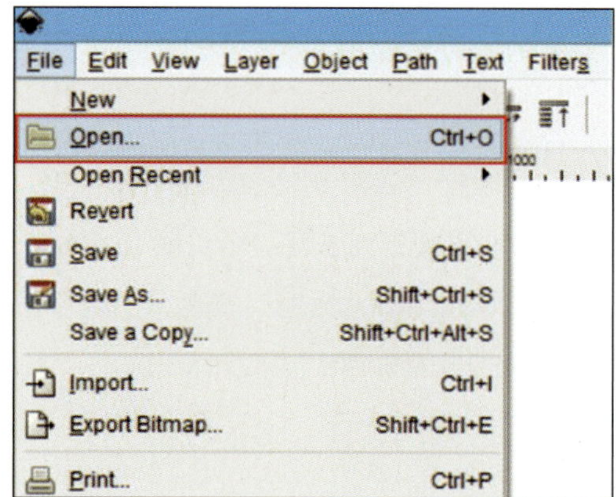

3 새 창에서 미리 ⓐ준비해 둔 파일 (b_player.jpg)을 클릭하고 ⓑ[열기(O)] 버튼을 클릭한다.

❖ 필요한 파일 준비 : 포털사이트 네이버, 구글 등에서 '실루엣'을 이미지 검색하면 해당 파일을 다운로드할 수 있다.

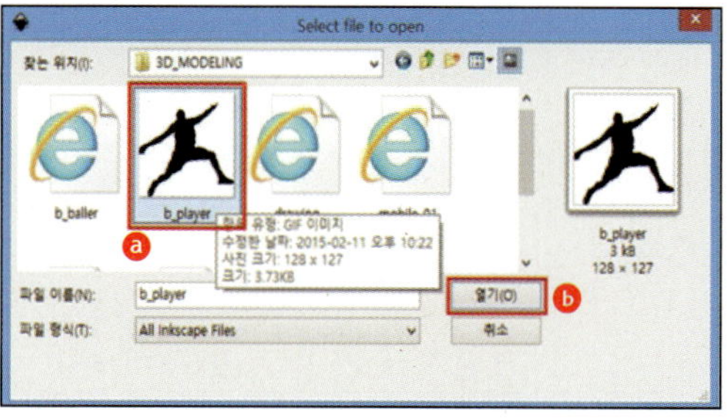

4 스케치 면 만들기 검은 농구선수에 대한 '스케치 면' 작업을 위해 메뉴 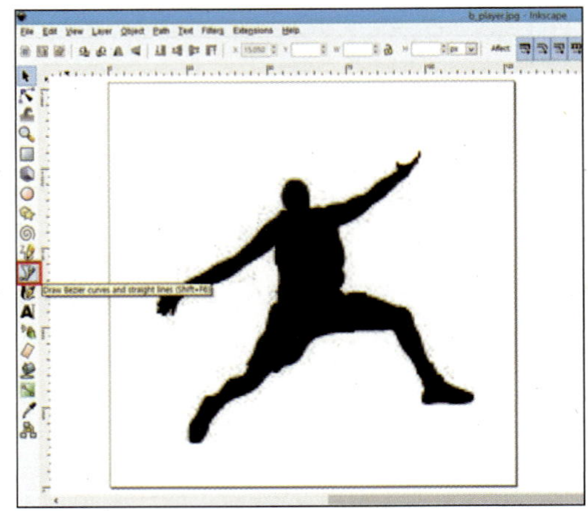 [Draw Bezier curves and straight lines]를 선택한다. (→JPG 이미지를 '스케치 면(Profile)'으로 된 SVG 파일로 만들려고 함)

5 이미지(농구선수)의 **외곽을 따라** 주요 지점들을 이어 가면서 반복 클릭하여 **폐곡선이 되도록 '스케치 면(Profile)' 작업**을 한다. 특히, 방향이 변하는 지점들을 클릭하여 섬세한 그림(스케치 면)을 그린다.

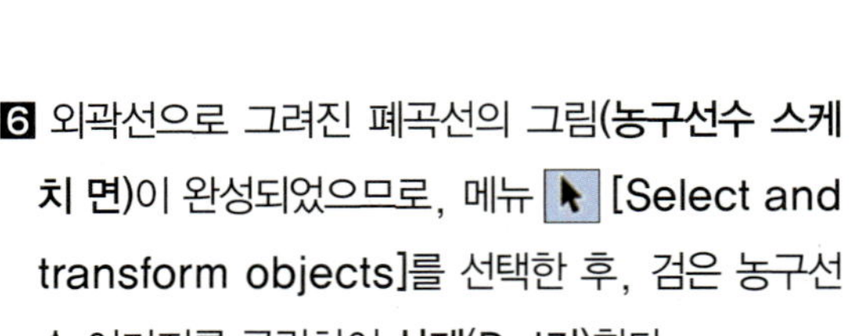

❖ 작업 요령 : 메뉴 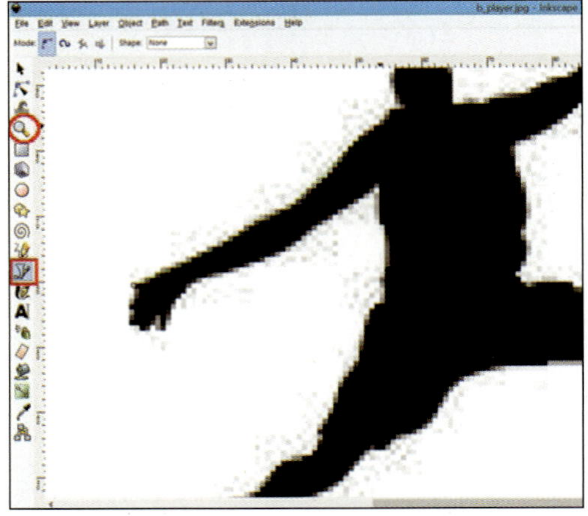 [Zoom in or out]을 선택한 후 [화면 클릭/ Shift +화면 클릭]하여 이미지를 [확대/축소]시킨다.

6 외곽선으로 그려진 폐곡선의 그림(**농구선수 스케치 면**)이 완성되었으므로, 메뉴 ▲ [Select and transform objects]를 선택한 후, 검은 농구선수 이미지를 클릭하여 **삭제(Del키)**한다.

7 SVG파일로 저장 이제, 남아 있는 폐곡선의 그림(스케치 면)을 <u>SVG 파일</u>로 저장하기 위해 메뉴 [File]-[Save as]를 클릭한다.

8 새 창에서 ⓐ폴더를 지정하고, ⓑ파일 이름(N): 'b_baller'를 입력한 후, ⓒTitle : 'Inkscape SVG(*.svg)'는 그대로 두고 ⓓ[저장(S)] 버튼을 클릭한다. SVG 파일(b_baller.svg) 저장 완료!

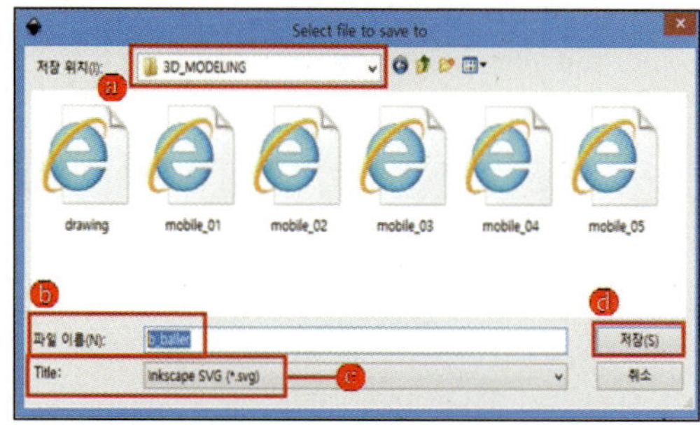

9 메뉴 [File]-[Quit]를 클릭하여 프로그램 [Inkscape]를 종료한다

🔍 'SVG 파일' 제작 파헤치기

■ 123D Design에서 SVG 파일의 생성

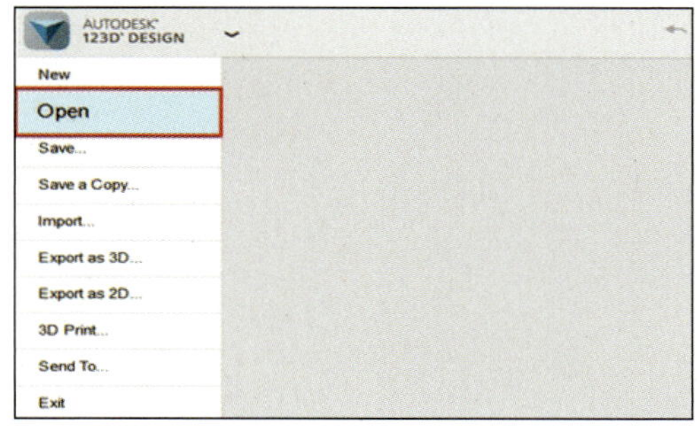

1. 모델(*.123dx 파일) 열기 [파일펼침 메뉴]
   -[Open]을 클릭한다.

❖ 로고 위에 마우스커서를 올리면 파일관련 메뉴가 나타난다. 2. 새 창(Open Project)에서 탭

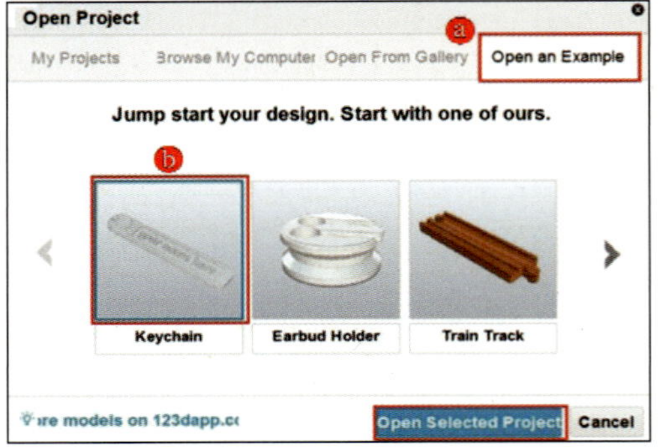

2. 새 창(Open Project)에서 ⓐ[Open an Example]탭을 클릭하고 모델 ⓑ'Key Chain'의 이미지를 더블클릭한다. (또는 원하는 모델 이미지를 클릭한 후 하단의 [Open Selected Project] 버튼을 클릭하면 모델이 열림)

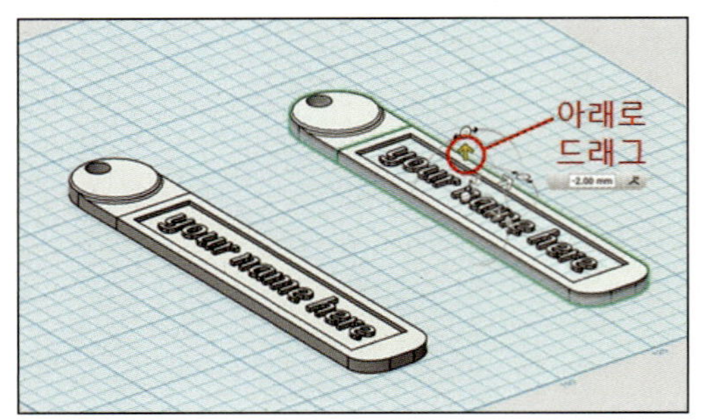

3. 화면에 나타난 모델 'Key Chain'을 그리드 면 위에 재배치하고, 모델을 복사하여 복제 모델의 일부분을 <u>그리드 면 아래로</u> 이동시켜 배치한다.

❖ 솔리드 복제하기 : Ctrl +C ⇨ Ctrl +V

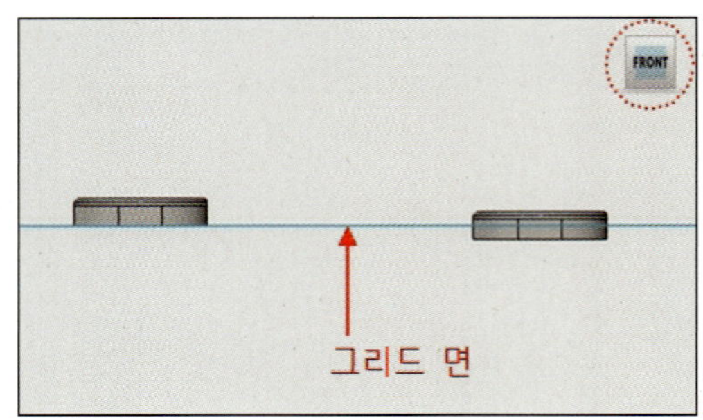

4. [뷰-큐브]-[FRONT]로 시점 전환한 후 그리드 면(the Grid) 기준으로 모델들의 배치 상태를 확인한다.

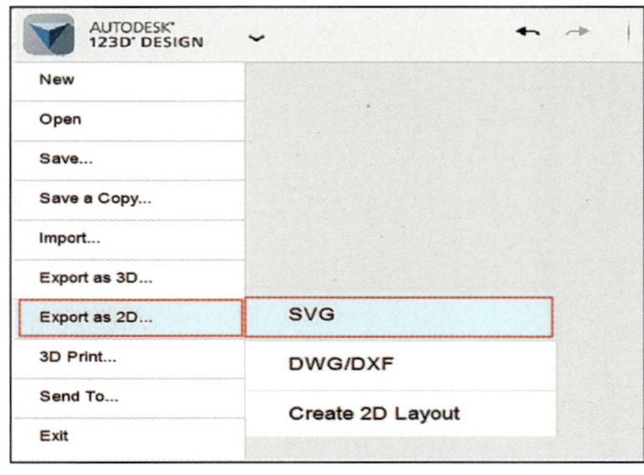

5. 2D SVG파일 만들기 [파일펼침 메뉴]-[Export as 2D...]-[SVG]를 클릭한다.

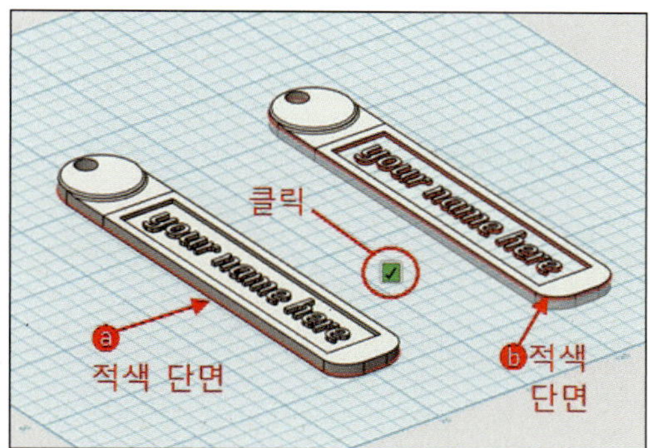

6. 적색 선의 단면들을 '스케치 면(Profile)'의 SVG
   파일로 만들기 위하여 [Export SVG] 버튼(✅)
   을 클릭한다.

❖ '스케치 면(Profile)'으로 생성되는 부분 : ⓐ그리드
   면과 접촉된 모델의 단면(적색 선), ⓑ그리드 면이 가
   로지르는 모델의 단면(적색 선)

❖ 스케치 면 생성의 기준면은 ① **그리드 면**(기본값), ②
   ' Ctrl +**솔리드 평면** 클릭'이 있다.

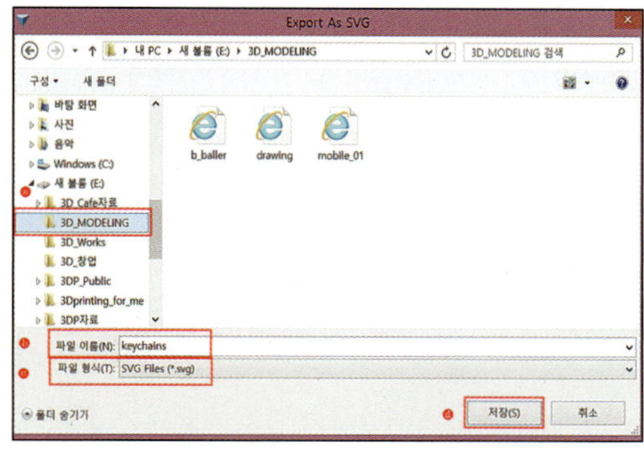

7. 저장할 ⓐ폴더를 선택하고 ⓑ파일 이름(N) : 원
   하는 영문명(keychains)을 입력하고, ⓒ파일
   형식(T) : SVG Files(*.svg)은 그대로 두고
   ⓓ[저장(S)] 버튼을 클릭한다. 스케치 면의 SVG
   파일(keychains.svg) 저장 완료!

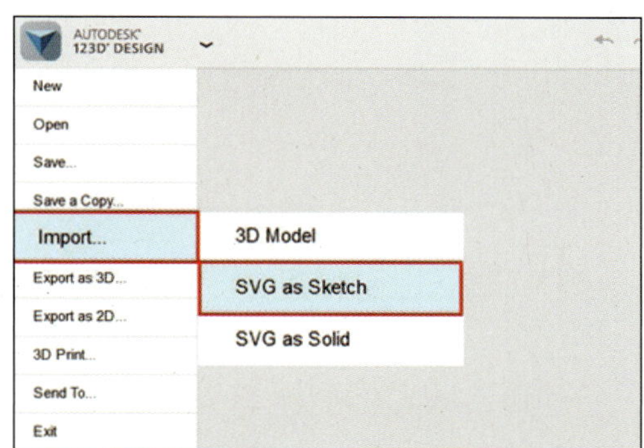

8. 저장 확인 : SVG 파일 불러오기 메뉴
   [Import...]- [SVG as Sketch]를 선택하
   여 SVG 파일(keychains.svg)을 불러오기
   (Import)한다.

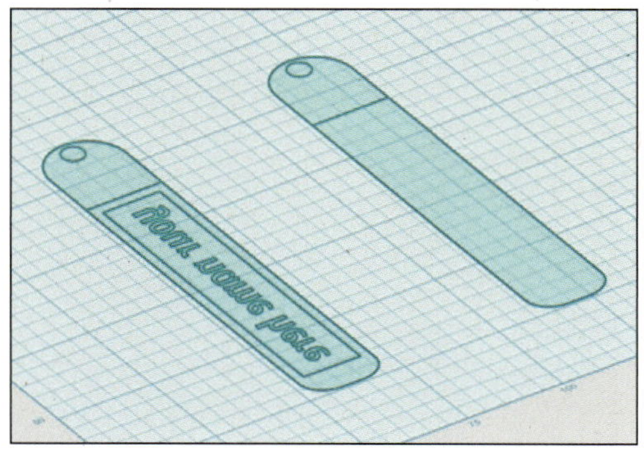

9. (과정6)의 모델 단면(적색 선)들인 두 **스케치 면
   (Profile)**들이 나타난다.(스케치 면이 180°회전되
   어 저장되어 있음)

❖ [**파일펼침 메뉴**]에서 [Save...]-[To My
   Computer]를 선택하면 ***.123dx** 파일로 저장할 수
   있다.

2.2 SVG 파일 불러오기 : [Import...-SVG as Sketch]

내 컴퓨터에 저장되어 있는 SVG 파일(*.**svg**)을 123D Design 프로그램에서 불러오기(**Import**)한 후,
*.**123dx** 파일로 저장한다.

1 SVG 파일 불러오기 메뉴 [Import...]- [SVG
as Sketch]를 선택하여 **스케치 면(Profile)**으로
된 SVG 파일을 불러오기(Import)한다.

❖ 로고   위에 마우스커서를 올리면 파일관
련 메뉴가 나타난다.

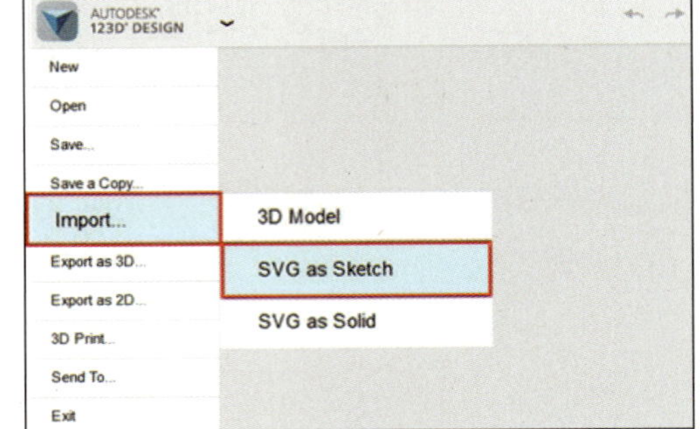

2 새 창 (열기)이 나타나면, ⓐ폴더를 찾아서 ⓑ준
비해 둔 파일(b_baller.svg)을 클릭하고 ⓒ[열
기(O)] 버튼을 클릭한다.

❖ 인터넷 익스플로러8 이상은 **SVG파일**을 지원한다.

3 **스케치 면(Profile)**으로 되어 있는 그림(농구선
수)이 그리드 면 위에 나타난다.

❖ 제어점을 드래그하면 사람 모양을 다듬을 수 있다.

4 *.123dx 파일로 저장하기 [파일 펼침 메뉴]에
서 [Save...]-[To My Computer]를 선택
하여 파일을 저장한다.

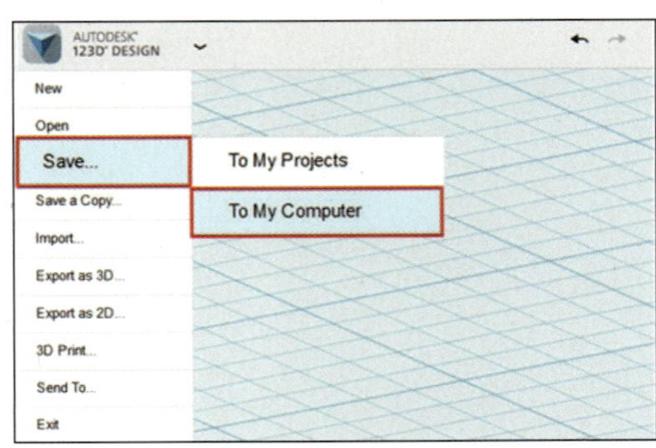

5 새 창(다른 이름으로 저장)이 나타나면, ⓐ저
장할 폴더를 지정하고, ⓑ원하는 파일 이름(b_
player)을 입력한 후, ⓒ파일 형식(*.123dx)
은 그대로 두고 ⓓ[저장(S)] 버튼을 클릭한다.

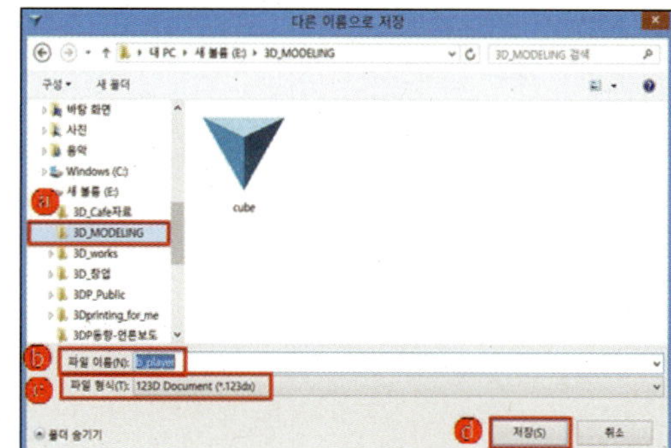

6 스케치 면(농구선수) 돌출시키기 메뉴 [Construct-
Extrude]를 선택한다.

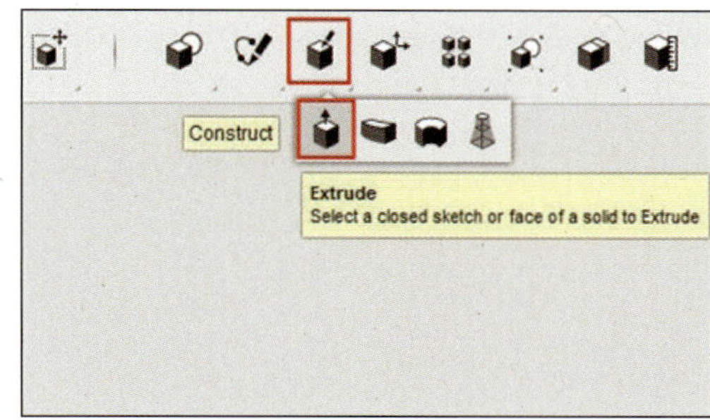

7 스케치 면(농구 선수 그림)을 클릭하면 [흰 화살
표]와 '입력칸'이 나타난다.

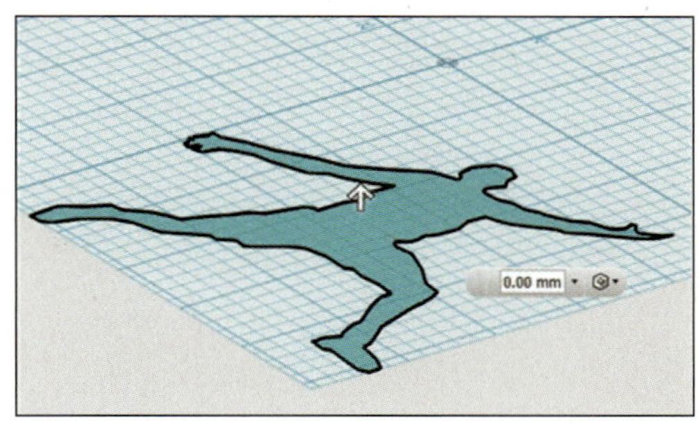

8 [흰 화살표]를 위로 드래그하거나 '입력칸'에 10
을 입력한다.

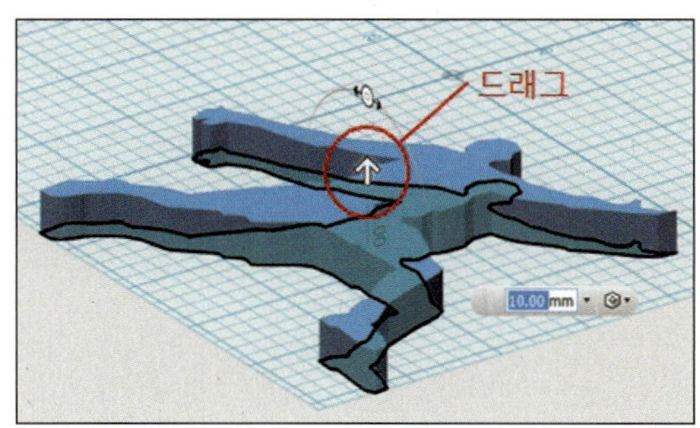

9 화면 빈곳 클릭하여 완료! 스케치 면(Profile)이 돌출되어 입체 솔리드 완성!

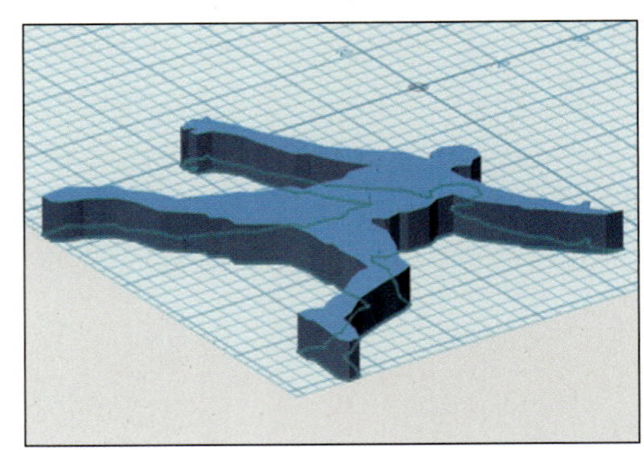

10 화면 제어 바에서 [Hide Sketches]를 클릭하여 스케치 면(Profile)을 숨긴다.

❖ [Materials Only]가 선택되어 있는지를 확인한다.

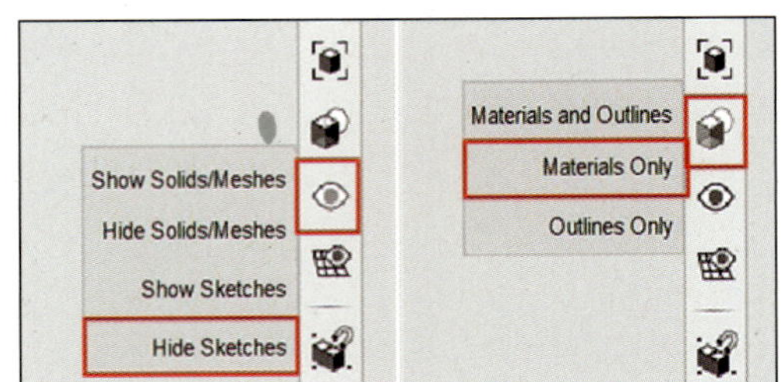

11 파일 저장하기 [파일 펼침 메뉴]에서 [Save…]-[To My Computer]를 선택하여 파일(b_player.123dx)을 최종 저장한다.

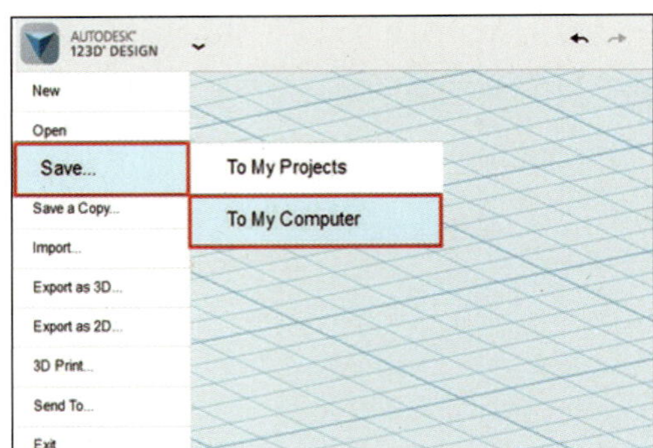

12 [파일 펼침 메뉴]에서 [Exit]를 클릭하여 프로그램을 종료한다.

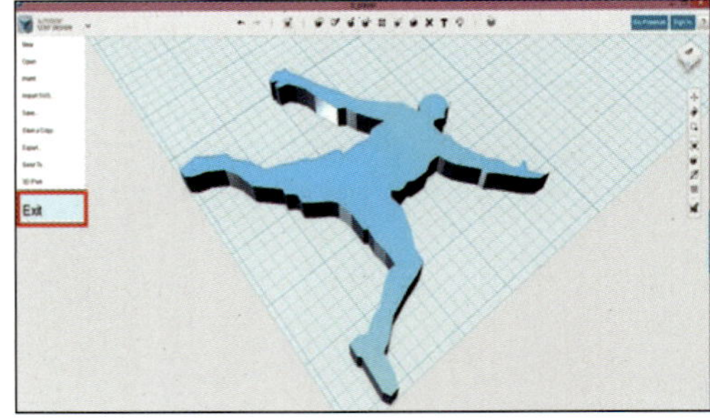

2.3 3D 모델(파일) 끼워 넣기 : [Import...-3D Model]

내 컴퓨터에서 미리 작업해 놓은 ⑧ **b_ball.123dx**(농구공) 파일을 ⓐ **b_player.123dx**(농구 선수) 파일에 '끼워 넣기'하여 보자. (파일 합치기 ⓐ+⑧) 〈농구공 모델링(b_ball.123dx) : 253 쪽 참고〉

■ **파일** ⓐ **열기** [**파일 펼침 메뉴**]에서 [Open]을 클릭하여 파일을 연다.

❖ 로고 위에 마우스커서를 올리면 파일관련 메뉴가 나타난다.

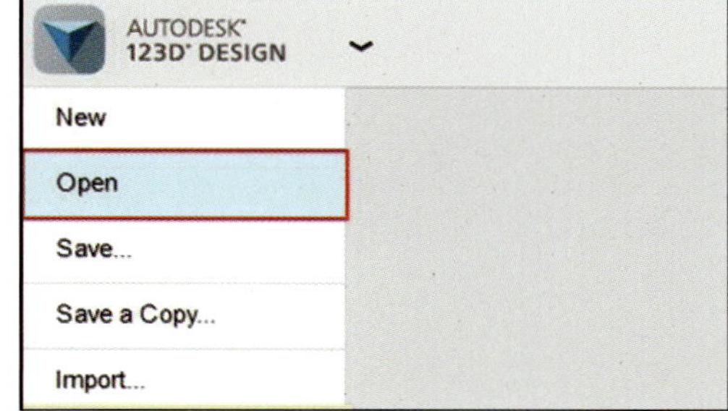

■ 새 창 (Open Project)에서 ⓐ[Browse My Computer] 탭을 선택하고 ⓑ[Browse...]을 클릭한다.

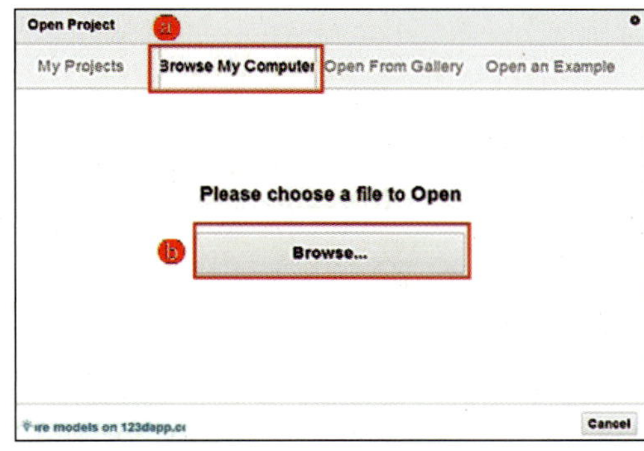

■ 새 창(열기)에서 ⓐ해당 폴더를 찾아서 농구선수 파일인 ⓑ'b_player.123dx'를 클릭하고, ⓒ [열기(O)] 버튼을 클릭한다.

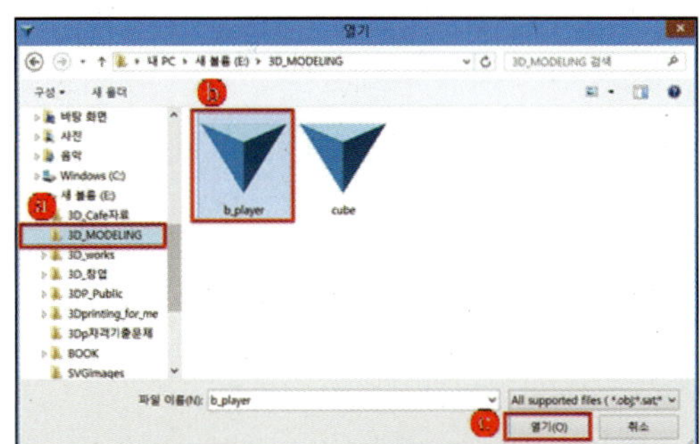

4 농구선수 입체 솔리드인 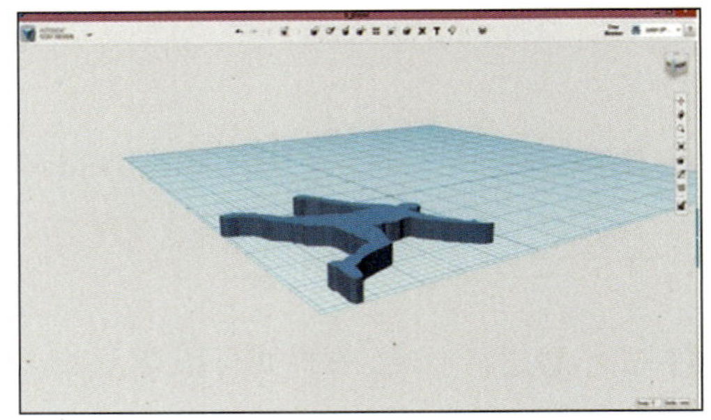'b_player.123dx' 파일이 열린다. 이제, 이 파일에 농구공 모델링 파일 'b_ball.123dx'를 '끼워 넣기' 하자.

5 파일 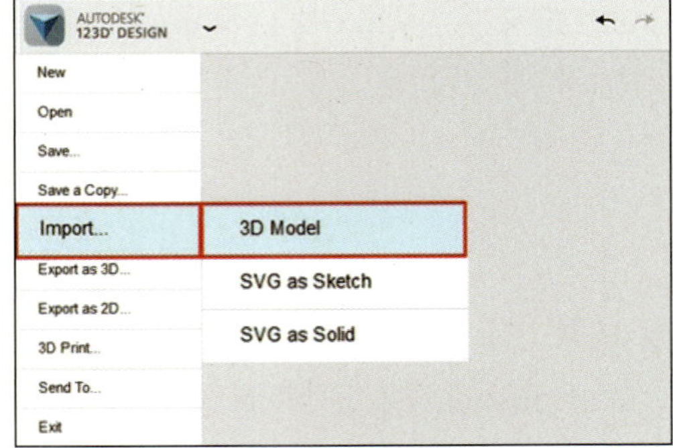 끼워 넣기 [파일 펼침 메뉴]에서 메뉴 [Import...-3D Model]을 선택한다.

6 새 창(Import Project)에서 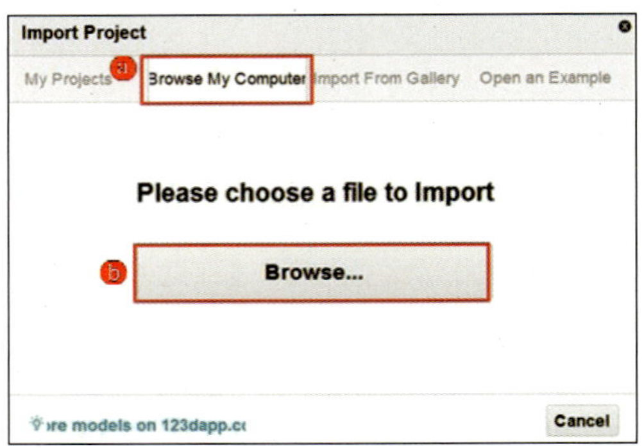[Browse My Computer] 탭을 선택하고 [Browse...]를 클릭한다.

7 새 창에서 해당 폴더를 찾아서 농구공 파일인 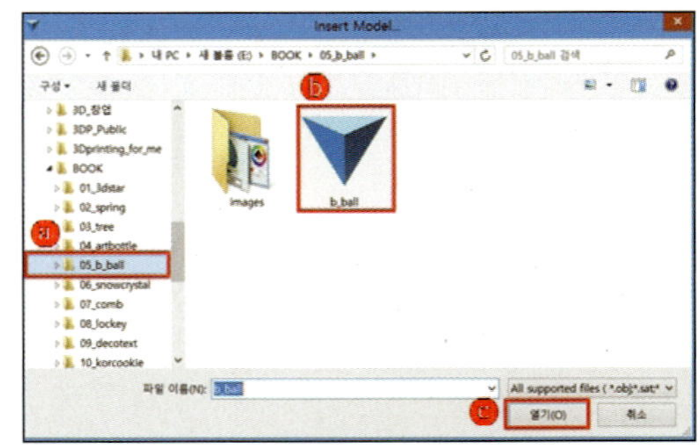'b_ball.123dx'를 클릭하고, [열기(O)] 버튼을 클릭한다.

8 농구선수 파일(**Ⓐ**b_player.123dx)에 농구공 파일(**Ⓑ**b_ball.123dx)이 삽입된다. (파일 합치기 **Ⓐ**+**Ⓑ**)

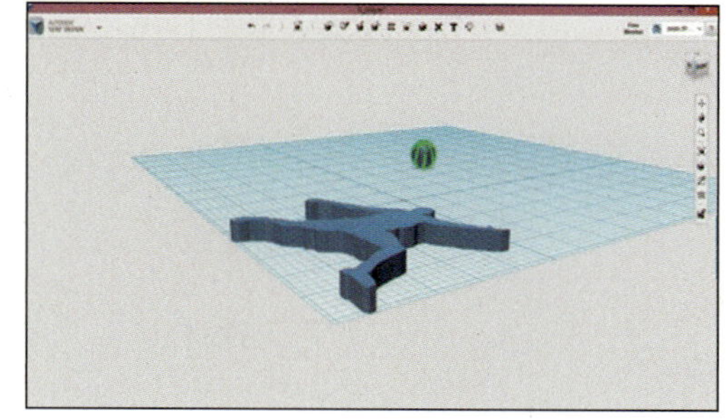

9 [뷰-큐브]-[TOP]으로 시점 전환한다. 농구선수 솔리드를 클릭한 후, **[연관 메뉴]-[Move]**로 이동-회전시켜 농구공 개체와 결합시킨다.

❖ 농구선수 클릭할 때의 [연관 메뉴]-[Move]

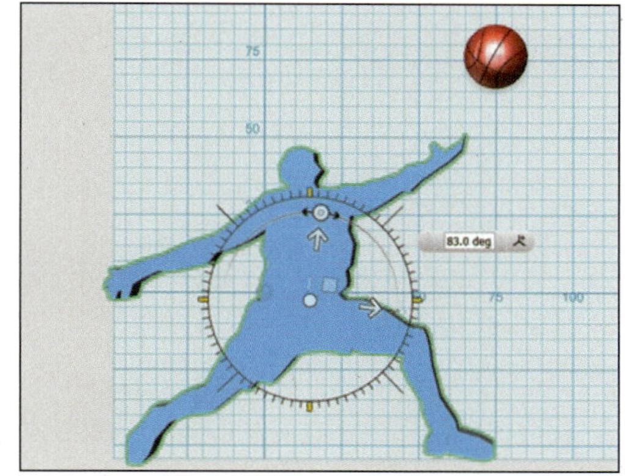

10 색상 및 질감 넣기 메뉴 [Material]을 선택하여 새 창(Materials)을 연다.

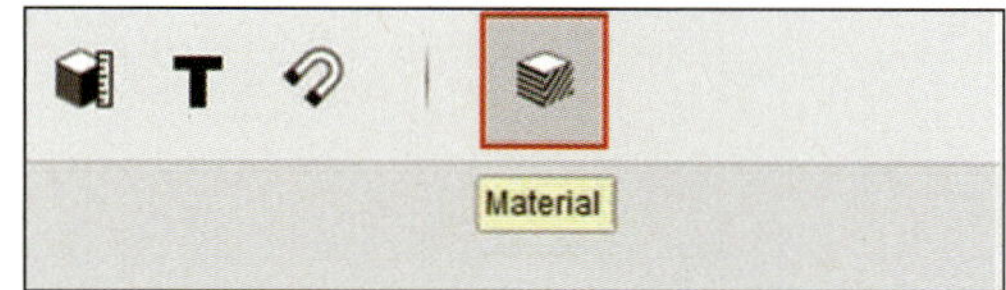

11 농구선수 솔리드를 클릭하고, 새 창에서 **색상 및 질감**을 적용시킨다. 화면 빈 곳을 클릭하여 완료!

❖ 색상-질감 넣기 : 204 쪽 참고

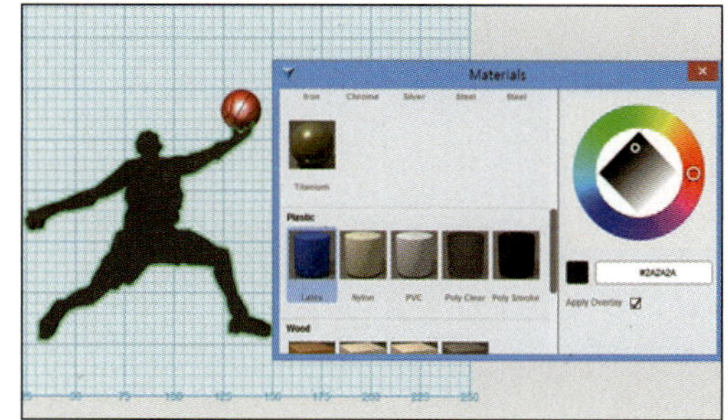

12 **[파일 펼침 메뉴]**에서 [Save...]-[To My Computer]를 클릭하여 파일을 최종 저장한다. **Ⓐ**농구선수와 **Ⓑ**농구공을 하나의 파일(b_player.123dx)로 통합 완성!

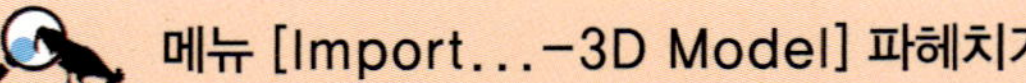

■ [파일 펼침 메뉴]에서 [Open]과 [Import...]–[3D Model]의 차이

파일 펼침 메뉴	**[Open]** B 파일을 열면, 현재 A 파일 닫힘	**[Import...]-[3D Model]** A 파일에 B 파일 끼워 넣기
새창	[My Projects], [Browse My Computer], [Open From Gallery], [Open an Example] 새 창(**Open Project**)의 4개의 탭 중에서 원하는 탭 [Open from Gallery]를 클릭한 후 원하는 모델을 선택하여 열기(Open) 한다.	[My Projects], [Browse My Computer], [Import From Gallery], [Open an Example] 새 창(**Import Project**)의 4개의 탭 중에서 원하는 탭 [Import from Gallery]를 클릭한 후 원하는 모델을 선택하여 불러오기(Import) 한다.
기능	B 파일(갤러리의 모델)을 '열기(Open)' 하면, 현재의 A 파일은 닫힌다.	B 파일(갤러리의 모델)을 '불러오기(Import)' 하면, 현재의 A 파일에 다른 B 파일(갤러리의 모델)이 삽입된다. (···파일 합치기 A + B)

2.4 3D 모델 끼워 넣기 : 부품함(Parts Bin) 이용

화면 우측의 부품함(Parts Bin)은 직접 사용하거나 수정할 수 있는 다양한 모델 키트(kits)를 제공하는 라이브러리 역할을 한다. (Ⓐ Online Mode, Ⓑ Offline Mode)

1-① Ⓐ Online Mode 화면 우측 중앙의 작은 삼각(◁)버튼을 클릭하면, 숨겨져 있던 접이식 부품함(Parts Bin)이 나타난다.

❖ **접이식 부품함(Parts Bin)** : 삼각(◁, ▷) 버튼을 클릭하여 부품함을 펼치고 접을 수 있다.

❖ Ⓐ Sign In : 온라인 모드(인터넷 연결 상태)

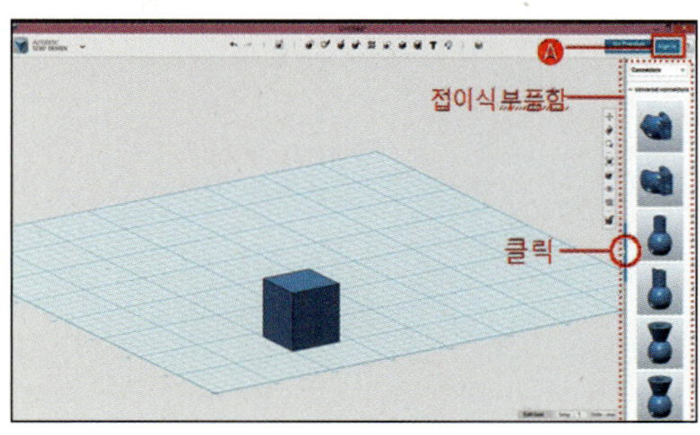

1-② ⓐ드롭다운 버튼을 클릭하여 원하는 ⓑ카테고리(Gadget)를 선택한다.

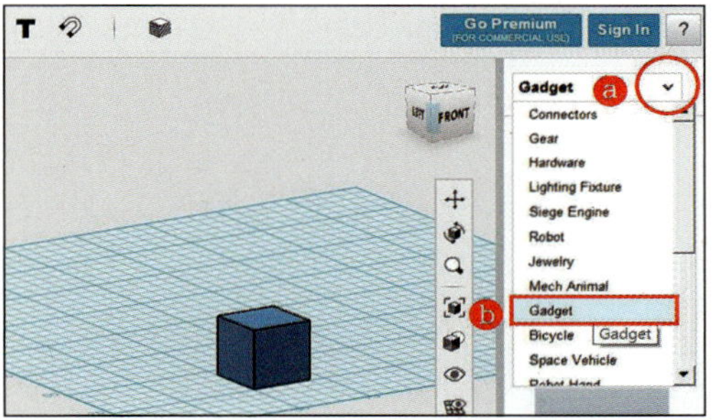

1-③ 카테고리에서 원하는 모델(Galaxy SⅢ–Case B)을 그리드 면(the Grid) 위로 드래그한 후 클릭하여 배치한다. (Drag and Drop!)

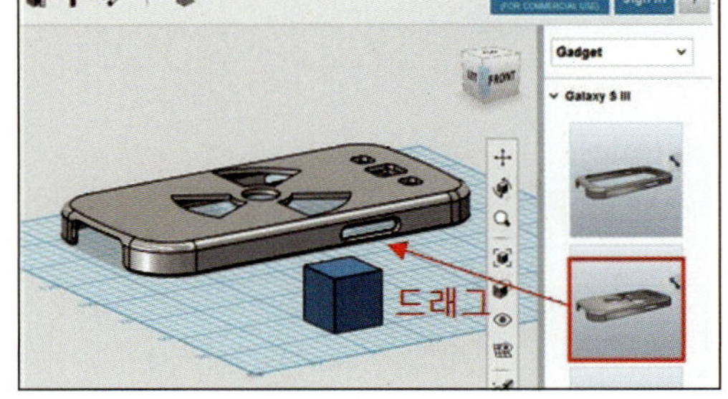

2-① Ⓑ Offline Mode 화면 우측 중앙의 작은 삼각(◁)버튼을 클릭하면, 숨겨져 있던 접이식 부품함(Parts Bin)이 나타난다.

❖ Ⓑ Offline Mode : 오프라인 모드 (인터넷 연결 차단 상태)

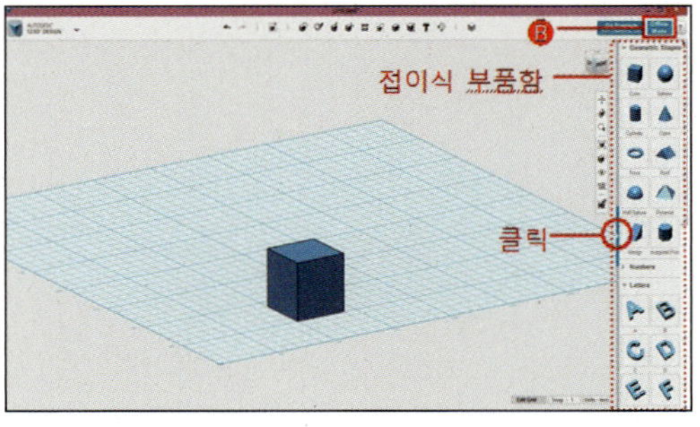

2-② 카테고리에서 원하는 모델(3, D)을 그리드
면(the Grid) 위로 각각 드래그 한 후 클릭하
여 배치한다. (Drag and Drop!)

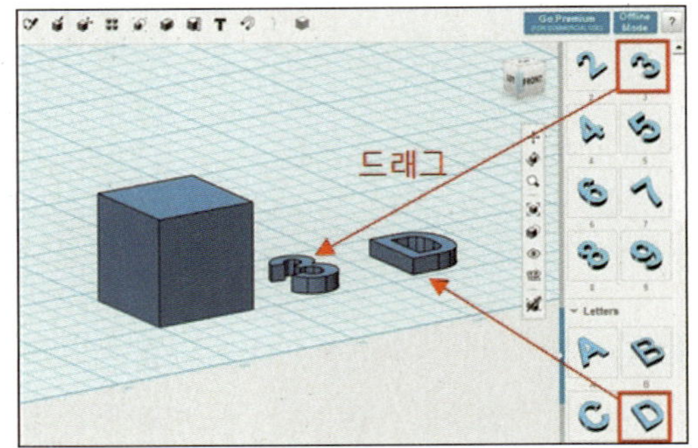

실전!
기본 3D 모델링

05

3D 모델링 과정은 공간지각 능력을 향상시키고 우리의 뇌를 일깨워 창의력을 발달시킨다. 어떤 형상을 모델링하는 방법은 한 가지만 있는 것이 아니라 다양하다. 이 장에서는 가능한 한 지루하지 않게 간단하면서도 다양한 툴을 적용해 볼 수 있는 형상들을 선정하여 모델링 과정을 설명한다.

(1) 모델링 전 후 점검사항

	모델링 전 설정	모델링 후 설정	참고
❶ 투영법의 선택	Orthographic	Perspective	33쪽
❷ [화면제어 바]에서 메뉴 선택	[Materials & Outlines]	[Materials only], [Hide Sketches]	35쪽
❸ 정교한 모델링 작업 필요시	[Snap] 거리 · 각도 변경, 그리드 단위[Units] 등 재설정		36쪽

(2) 3D 프린터 출력과 모델링

❶ 서피스(Surface, 면)는 출력할 수 없다.

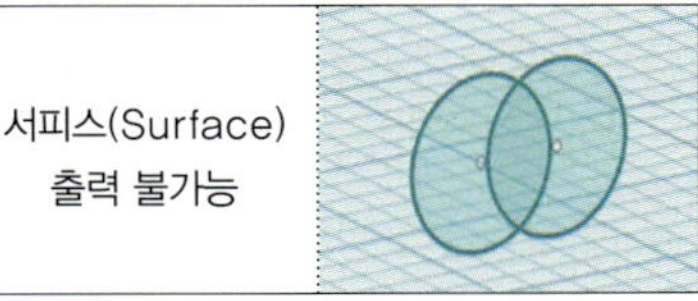

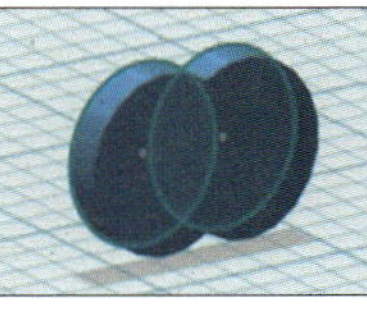

❷ 움직여야 하는 부품은 <u>0.5 ㎜~1 ㎜</u> 공차(간격)를 주는 것이 좋다.

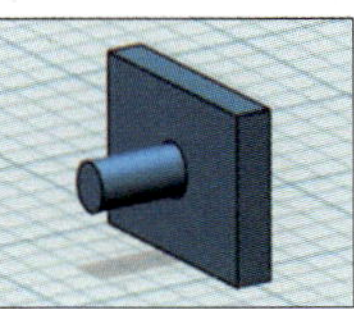

(3) 복잡한 모델의 작업 요령

모든 완제품들이 부품들로 결합되어 있듯이, 복잡한 모델링은 단계별로 나누어 생각해 보고 작업하면 수월하다.

[1단계] 형상 분할	작은 형상(요소)으로 나누어 뜯어보면서 생각한다.
[2단계] 작업 순서	큰 형상부터 작은 형상 순서로 만든다.
[3단계] 마무리 작업	[Fillet], [Material] 툴 등을 수행하고, 화면제어 바에서 [Materials only], [Hide Sketches] 등을 선택한다.

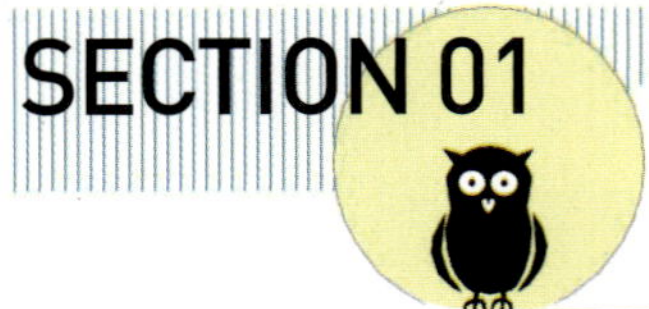

입체 별 모델링
(3dstar.123dx)

완성된 형상 모델	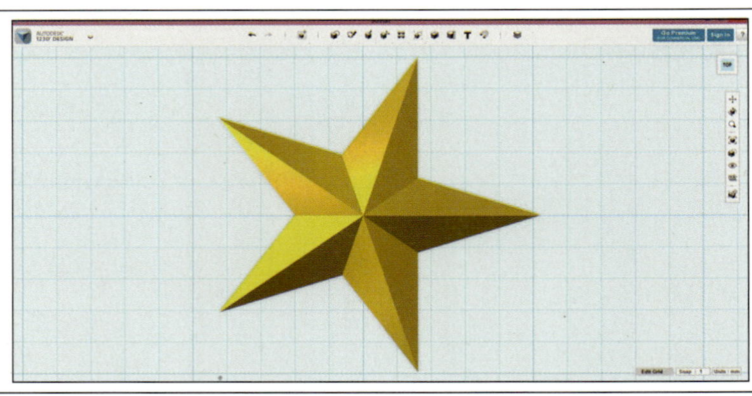

과정 요약

❶ 메뉴 [Primitives-Polygon]으로 오각형을 그린다.

❷ 메뉴 [Sketch-Extend]를 이용하여 오각형의 연장선으로 별모양을 그리고, [Trim]으로 다듬어서 별모양의 스케치 면을 완성한다.

❸ 메뉴 [Construct-Extrude]로 별모양의 스케치 면을 돌출시키고, [검은 화살표]를 회전 드래그하여 윗면을 오므려서 단면 입체별을 완성한다. (윗면 최소화 : [Press Pull] 툴 이용함)

❹ 메뉴 [Material]을 선택하여 솔리드에 색상 및 질감을 적용한다.

❺ 단면 입체 별의 밑면에 [Extrude] 툴을 적용하여 양면 입체별을 만든다.

1.1 황금 입체 별(단면) 만들기

1 [파일 펼침 메뉴]에서 [Save...]-[To My Computer]를 선택한다.

❖ 모델링 과정 중 강제 종료되는 것에 대비하여 먼저 파일명을 저장해 놓고 가끔씩 저장해 주는 것이 좋다.

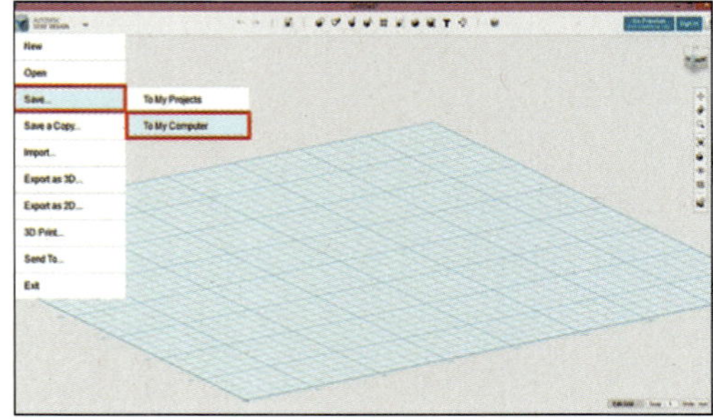

2 새 창에서 저장할 폴더를 지정하고, ⓑ파일 이름(3dstar.123dx)을 입력한 후, ⓑ[저장(S)] 버튼을 클릭한다.

❖ 새 파일(New)인 경우, 메뉴 [Save…]를 클릭하면 [Save a Copy…]를 클릭했을 때처럼, 새 창 (**다른 이름으로 저장**)이 나타난다.

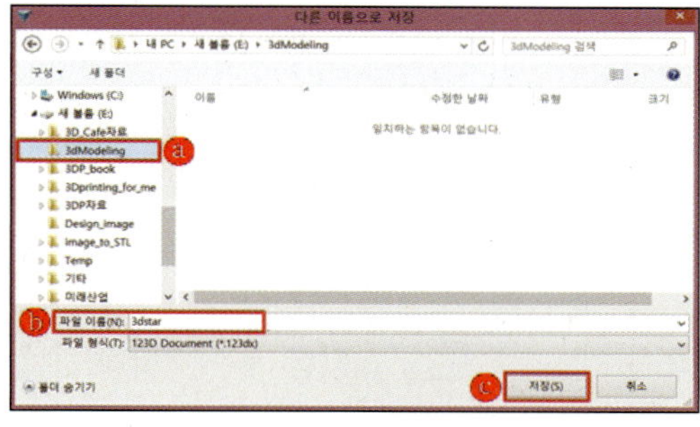

3 [뷰-큐브]-[TOP]으로 시점 전환한 후, 메뉴 [Primitives-**Polygon**]을 선택한다.

❖ [TOP]으로의 시점 전환

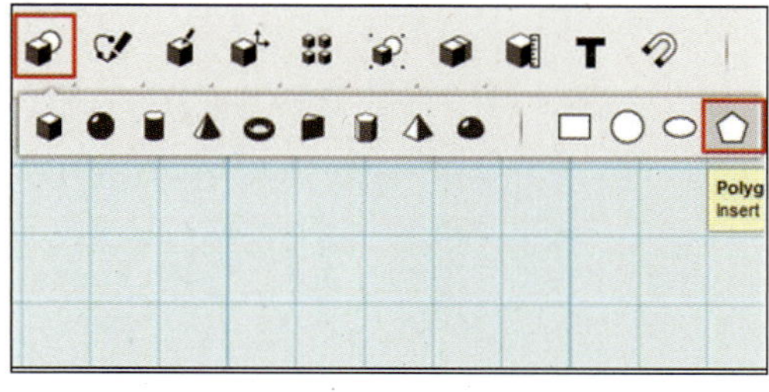

4 기본 값의 오각형을 클릭하여 그린다.

❖ 기본 값 : Radius(반지름) 10, Sides(변의 개수) 5
❖ 오각형은 메뉴 [Sketch-**Sketch Polygon**]으로 그려도 된다.

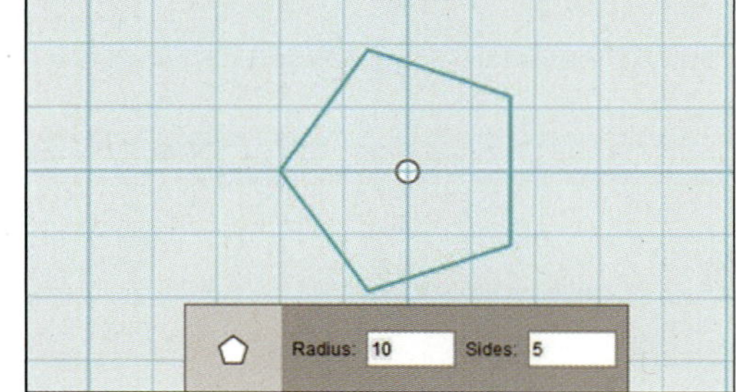

5 메뉴 [Sketch-**Extend**]를 선택한다.

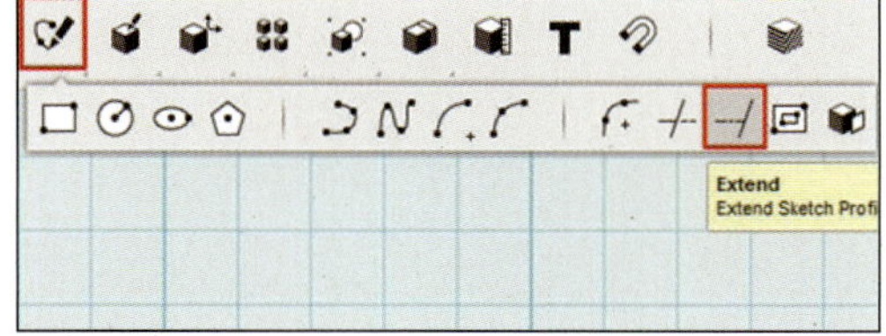

6 오각형 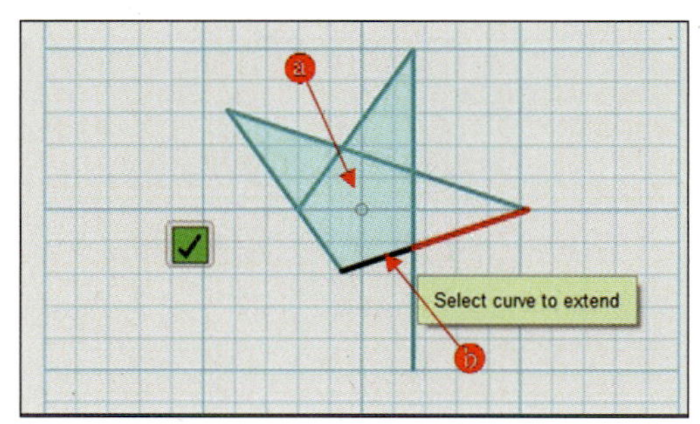ⓐ면을 클릭한 후, ⓑ선 위에 마우스 커서를 올리면 빨간 연장선이 나타난다. 이때, 클릭하여 연장선을 만든다. 별모양의 선이 완성되면 종료(Exit Mode ✔) 버튼 클릭 또는 Esc 키를 누름!

❖ 선 위에 마우스 커서를 올리는 지점에 따라 빨간 연장선의 생성 방향이 결정된다.

7 메뉴 [Sketch-Trim]을 선택한다.

❖ (과정7,8)을 생략하고 [Extrude] 툴을 적용해도 입
   체 별을 만들 수 있다.

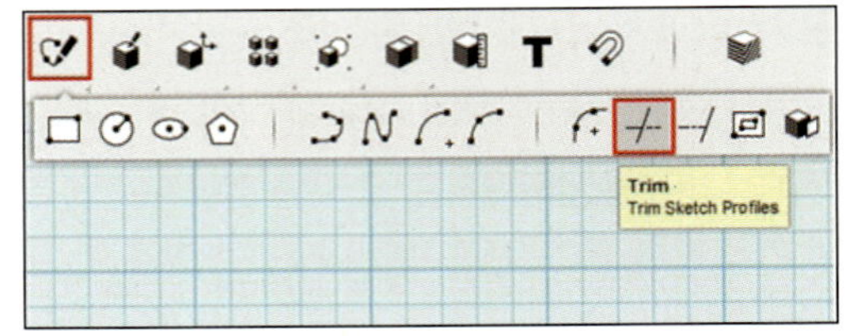

8 별모양의 ⓐ면을 클릭한 후, (지우려는 선 위
   에) ⓑ마우스 커서를 올렸을 때 나타나는 빨간 선
   을 클릭하여 내부 선을 모두 지운다. 종료(Exit
   Mode ✅) 버튼 클릭 또는 Esc 키를 누름!

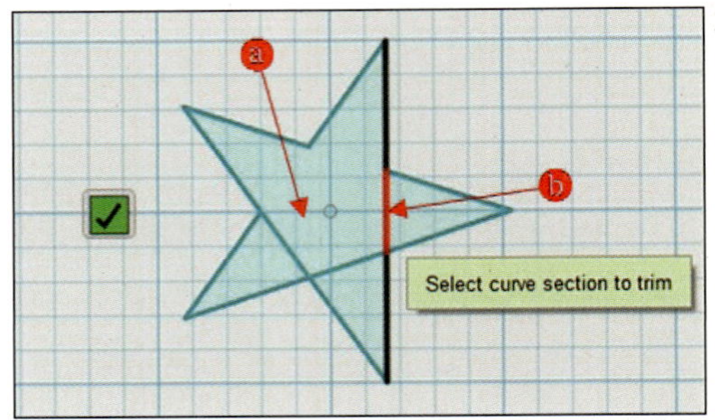

9 [Home]으로 시점 전환한 후, 메뉴 [Construct-
   Extrude]를 선택한다.

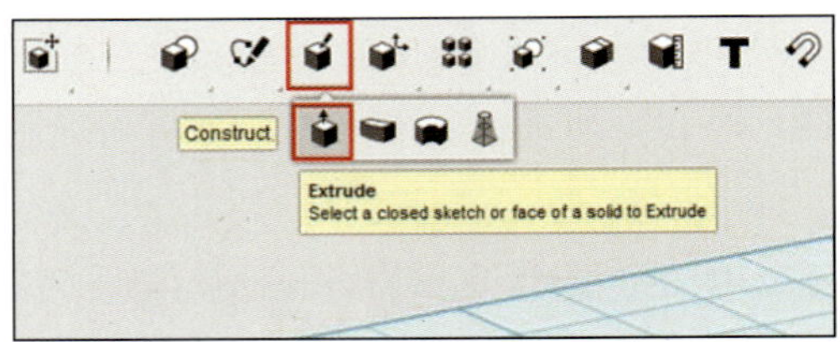

10 별(스케치 면)의 면을 클릭하면, [흰 화살표]와
   입력칸이 나타난다.

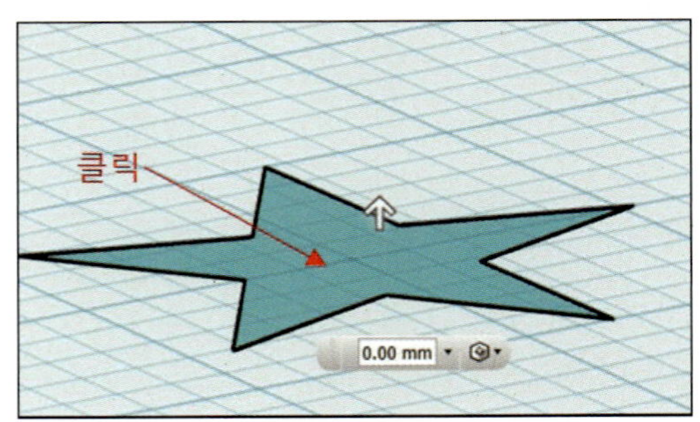

11 [흰 화살표]를 위로 드래그하거나 입력칸에 10
   을 입력한다.

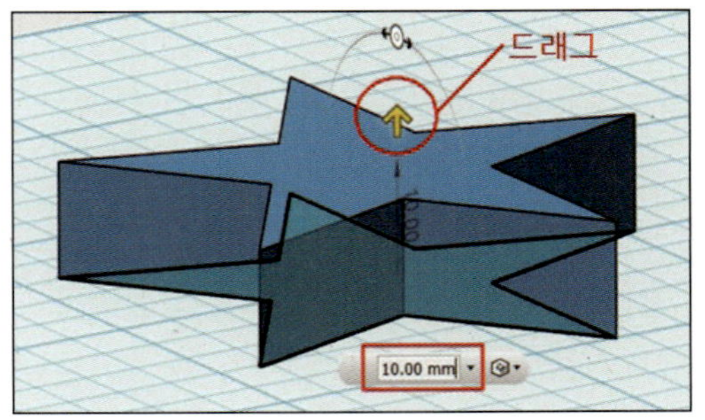

⓬ 회전핸들(Taper Angle)의 **[검은 화살표]**를 회전 드래그하여 윗면을 오므린다. (윗면의 별모양이 없어질 때까지 회전 드래그하여 회전시킨다. 약 −40° 회전시켜 보자!) 화면 빈 곳을 클릭하여 완료!

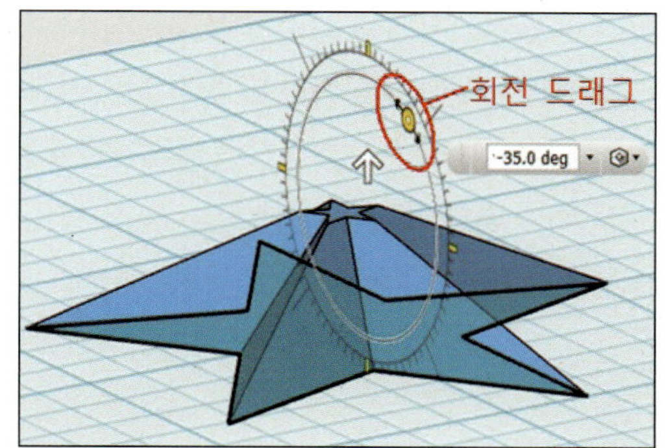

⓭ **별모양 윗면적의 최소화** 메뉴 [Modify- Press Pull]을 선택한 후, 별모양의 윗면을 클릭한다. (→ [흰 화살표]가 나타남)

❖ 마우스 휠 버튼으로 화면 확대하고, 마우스 우측버튼으로 시점 전환하여 별모양의 윗면을 클릭한다.

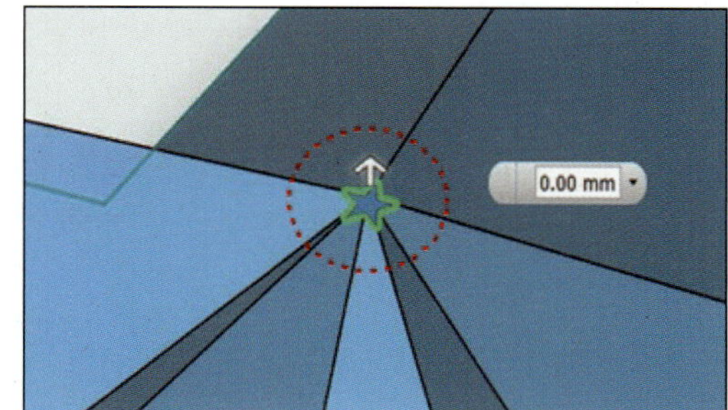

⓮ 입력칸에 소수점 둘째자리까지 수치를 입력하면서 별모양 윗면적의 변화를 살펴본다. (→ 입력칸에 0.1, 0.15, 0.14………0.12, 0.11 등을 입력해 보면 윗면적의 최소값이 **0.12**임을 찾을 수 있음) 화면 빈 곳을 클릭하여 완료!

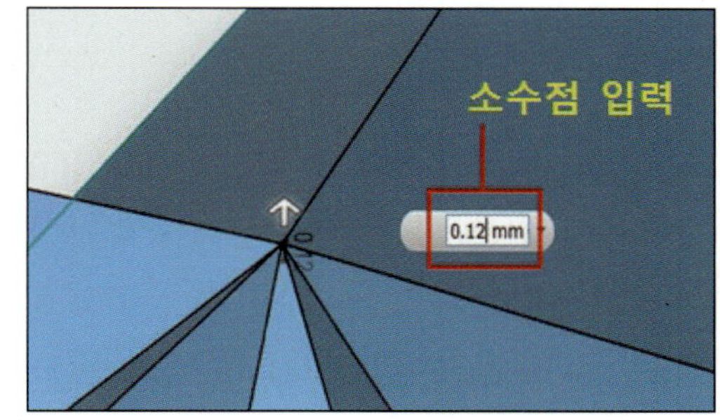

⓯ 화면제어 바에서 [Hide Sketches], [Materials Only]를 각각 클릭한다.

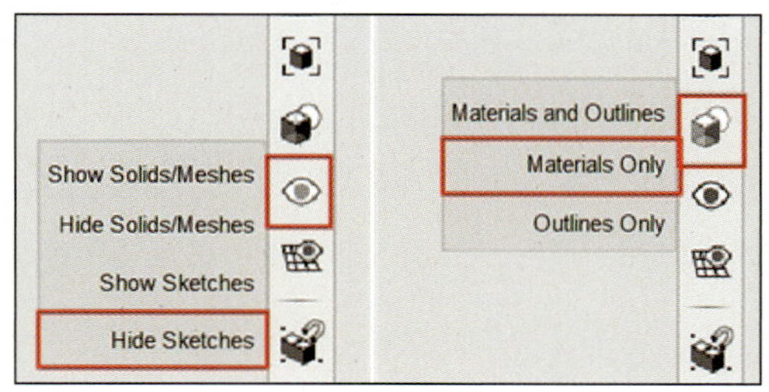

⓰ 솔리드에 색상 및 질감을 적용하기 위하여 메뉴 [Material]을 선택한다.

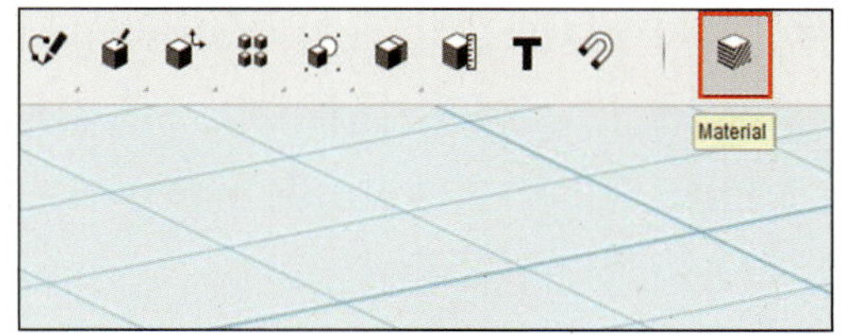

17 먼저 **a**별 솔리드를 클릭한 후, 새 창(Materials)에서 [Apply Overlay □]를 **b**체크 ☑하고, 좌측 '재질리스트'에서 **c**질감(Metals-Gold)을 선택한다. 우측 '색상환/마름모'에서 원하는 색상과 명도(**d**→**e**)를 클릭하여 솔리드의 색깔을 바꾼다. 화면 빈 곳을 클릭하여 완료! 새 창의 창닫기(✕)를 클릭하여 종료!

❖ 질감과 색상을 먼저 선택한 후, 별 솔리드를 나중에 클릭해도 된다.

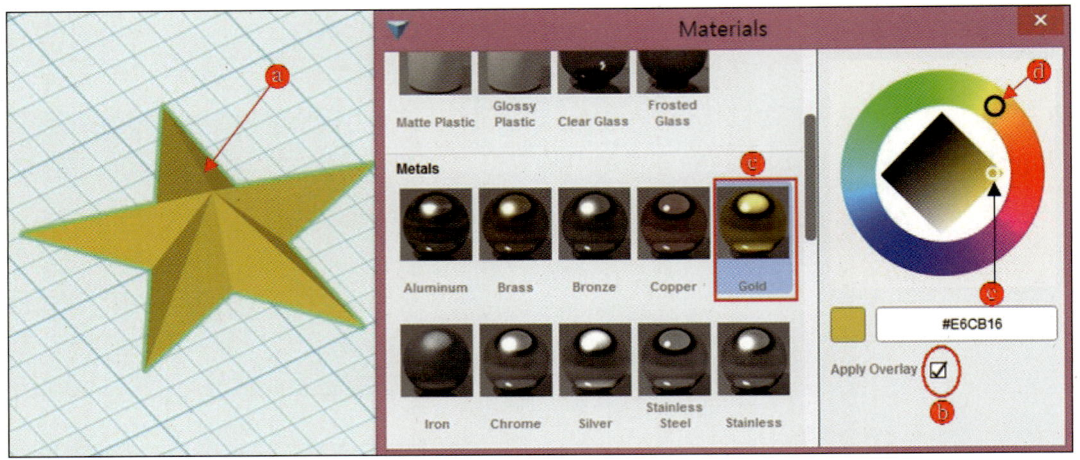

🦶 1.2 황금 입체 별 양면으로 만들기

18 [뷰-큐브]-[LEFT와 BOTTOM 사이]로 시점 전환한 후, 메뉴 [Construct- Extrude]를 선택하고, 입체 별의 밑면을 클릭한다.

❖ [LEFT와 BOTTOM 사이]로 의 시점전환

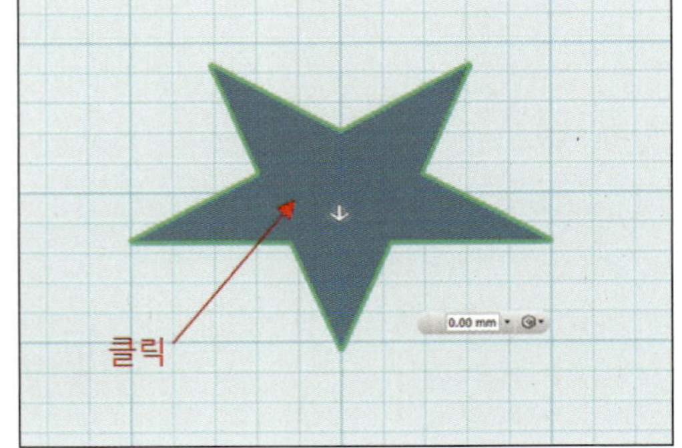

19 (과정11~14)과 같이 [흰 화살표]를 아래로 10mm 드래그한 후, [검은 화살표]를 회전 드래그하여 아랫면을 오므린다. 화면 빈 곳을 클릭하여 완료!

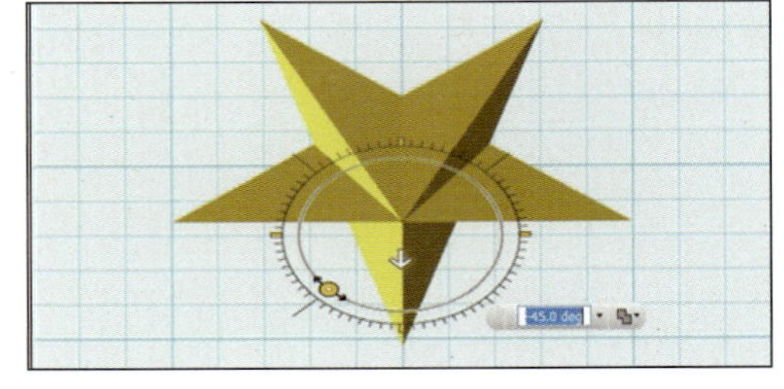

20 [파일 펼침 메뉴]에서 [Save...]−[To My Computer]를 선택하여 파일(3dstar.123dx)을 최종 저장한다. 양면 입체별 파일 완성!

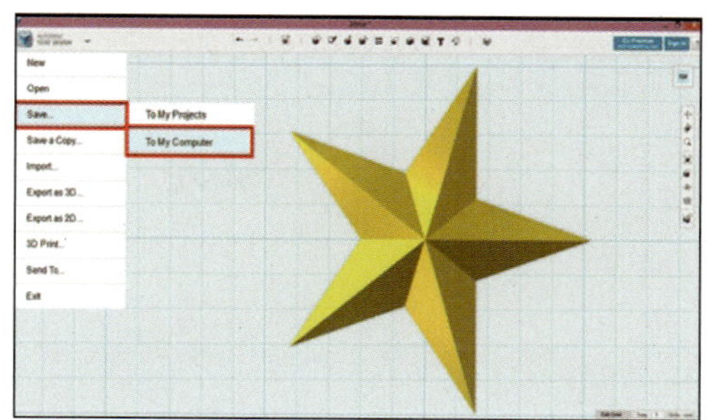

1.3 쿠키 커터용 별 만들기

1 (입체 별 모델링 과정3~8)과 같이 별 모양 스케치 면을 만든다.

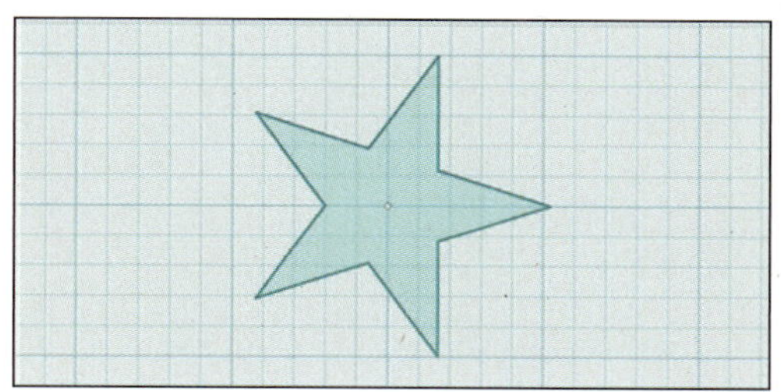

2 메뉴 [Sketch−Offset]을 선택하고, ⓐ별을 클릭한 후, 다시 ⓑ선을 클릭하여 나타나는 빨간 선(별)을 원하는 간격에서 클릭하거나 입력칸에 수치를 입력하고 [Enter↵]하면 이중선이 만들어진다. 종료(Exit Mode ✅) 버튼 클릭 또는 [Esc]키를 누름!

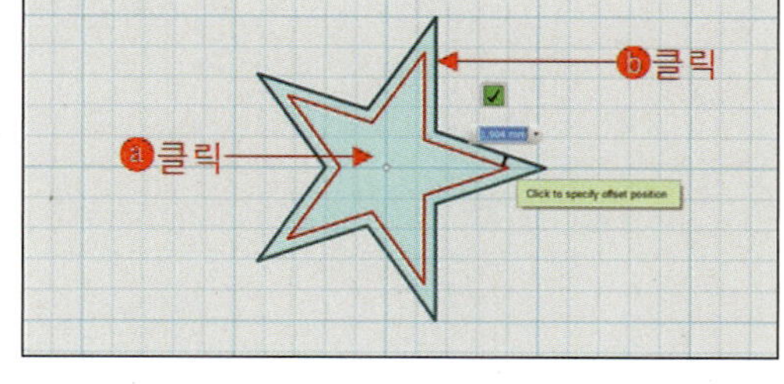

3 [Home]으로 시점 전환한다. 별의 ⓐ이중선 사이 면을 클릭하고 [연관 메뉴]−ⓑ[Extrude]를 선택한 후, [흰 화살표]를 ⓒ위로 드래그하여 돌출시킨다. 화면 빈 곳 클릭하여 완료!

❖ 화면제어 바에서 [Hide Sketches], [Materials Only]를 각각 클릭한다.

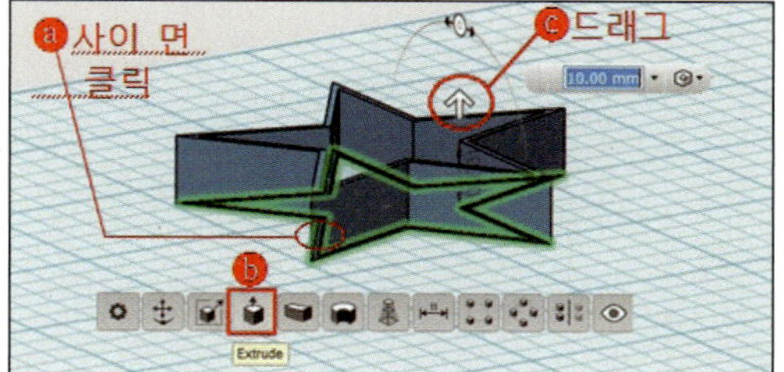

4 [파일 펼침 메뉴]에서 [Save a copy...]−[To My Computer]를 선택하여 파일(star_f.123dx)을 저장한다. 테두리 입체 별 파일 완성!

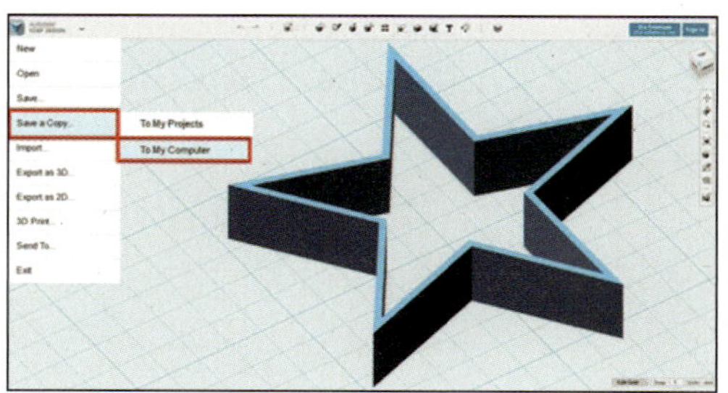

SECTION 02

<table>
<tr>
<td>완성된 형상 모델</td>
<td>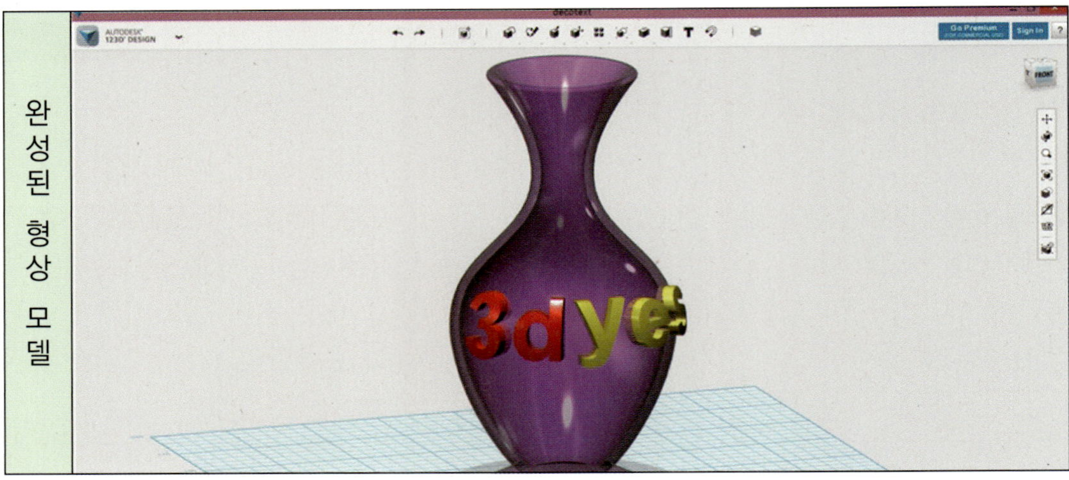</td>
</tr>
<tr>
<td>과정 요약</td>
<td>

❶ 메뉴 [Sketch-Polyline, Spline]으로 병모양의 단면(스케치 면)을 그린다.

❷ 메뉴 [Construct-Revolve]를 이용하여 단면(스케치 면)을 축 회전시켜 병모양 솔리드를 만든다.

❸ 메뉴 [Modify-Shell]을 이용하여 솔리드를 '속 비우기'하여 병을 만든다.

❹ 메뉴 [Text]로 문자(3dyes)를 입력한 후, [연관 메뉴]-[Extrude Text]로 문자를 돌출시킨다.

❺ 메뉴 [Combine-Separate]를 이용하여 돌출된 문자들을 **합병 해제**한다.

❻ 메뉴 [Primitives-Cylinder]로 만든 작은 원통 솔리드를 병 둘레에 원형 배열하기 위해 메뉴 [Pattern-Circular Pattern]을 적용한다.

❼ 메뉴 [Snap]으로 글자들을 하나씩 작은 원통 솔리드 윗면에 부착시킨다.

❽ 병과 입체 문자의 교집합을 만들기 위해 메뉴 [Modify-Split Solid]를 적용한다.

❾ 메뉴 [Modify-Press Pull]을 적용하여 병 표면의 문자를 돌출시킨다.

❿ 메뉴 [Grouping-Group]으로 병과 문자를 그룹(묶기)으로 만든다.

⓫ 꽃병의 입구 모서리에 메뉴 [Modify-Fillet]을 적용한다.

⓬ 메뉴 [Material]을 선택하여 솔리드에 색상 및 질감을 적용한다.

</td>
</tr>
</table>

1 [파일 펼침 메뉴]에서 [Save...]-[To My Computer]를 선택한다.

❖ 모델링 과정 중 강제 종료되는 것에 대비하여 먼저 파일명을 저장해 놓고 가끔씩 저장해 주는 것이 좋다.

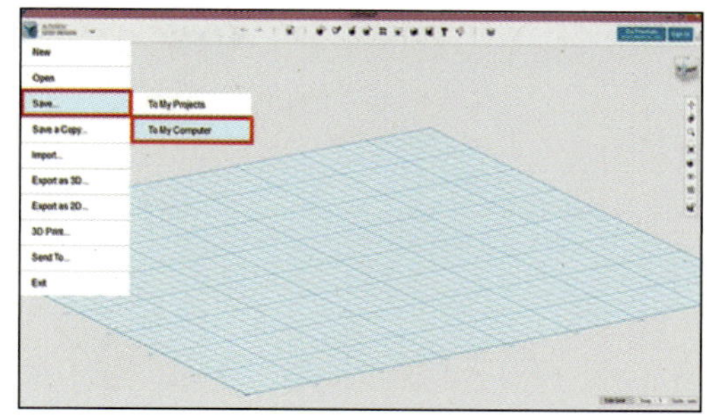

2 새 창에서 ⓐ저장할 폴더를 지정하고, ⓑ파일 이름(decotext.123dx)을 입력한 후, ⓒ[저장(S)] 버튼을 클릭한다.

❖ 새 파일(New)인 경우, 메뉴 (Save...)를 클릭하면 (Save a Copy...)를 클릭했을 때처럼, 새 창 (**다른 이름으로 저장**)이 나타난다.

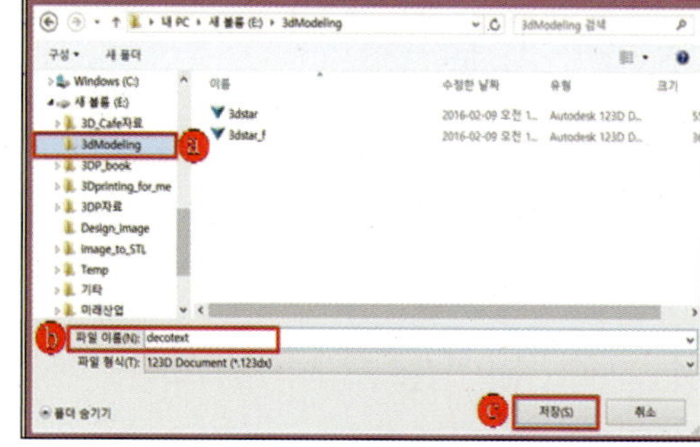

3 뷰-큐브]-[TOP]으로 시점 전환한 후, 메뉴 [Sketch-Polyline]을 선택하여 직선 부분을 그린다. 종료(Exit Mode ✅) 버튼 클릭 또는 Esc 키를 누름!

❖ [TOP]으로의 시점 전환

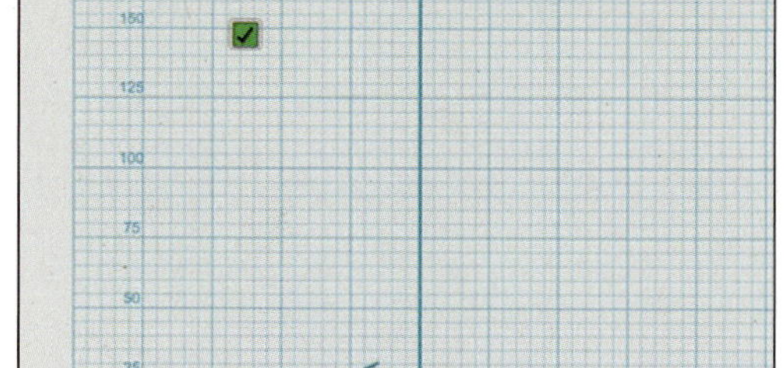

4 메뉴 [Sketch-Spline]을 선택한 후, 직선을 클릭하고 **스케치 편집모드**(굵은 초록선)에서 직선에 이어 곡선을 그려서 스케치 면을 완성한다. 종료(Exit Mode ✅) 버튼 클릭 또는 Esc 키를 누름!

❖ 제어점(클릭했던 점)을 드래그하면 병 모양을 수정할 수 있다.

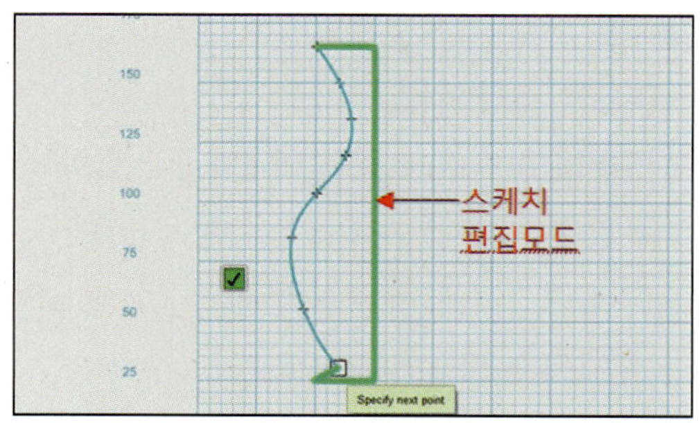

5 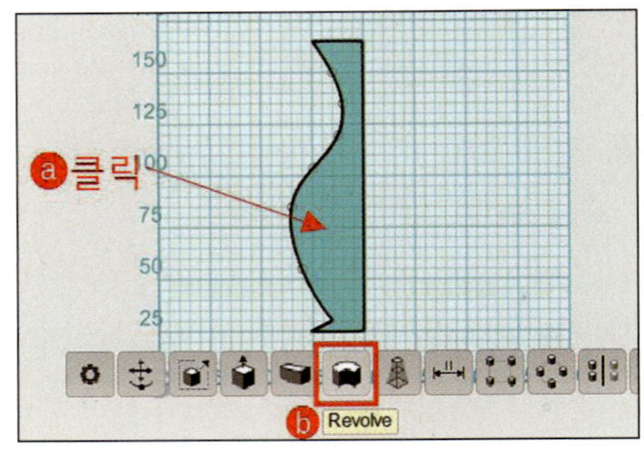**ⓐ**스케치 면(병의 단면)을 클릭하여 나타나는 [연관 메뉴]–**ⓑ**[Revolve]를 선택한다.

6 [Profile]탭–병의 단면을 클릭(이미 과정5에서 선택되어 있으므로 그냥 넘어감)하고, **ⓒ**[Axis] 탭 클릭–직선을 클릭한다.

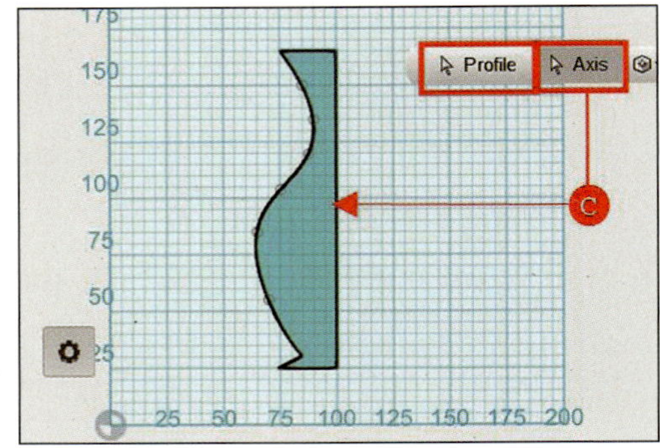

7 입력칸 Angie에 360을 입력한다. 화면 빈 곳을 클릭하여 완료!

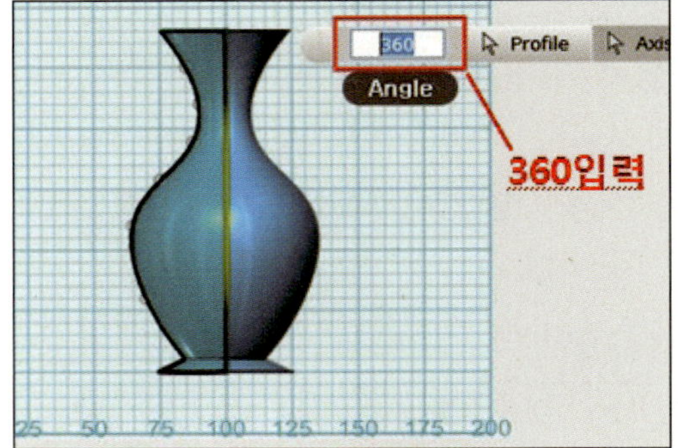

8 메뉴 [Modify–Shell]을 선택하고, 병 솔리드의 **ⓐ**윗면을 클릭한 후, 하단의 입력칸 [Thickness Inside]에 **ⓑ**3을 입력하여 두께를 정한다. 화면 빈 곳을 클릭하여 완료!

❖ 병 솔리드의 윗면이 보이도록 마우스 우측 버튼으로 시점 전환한다.

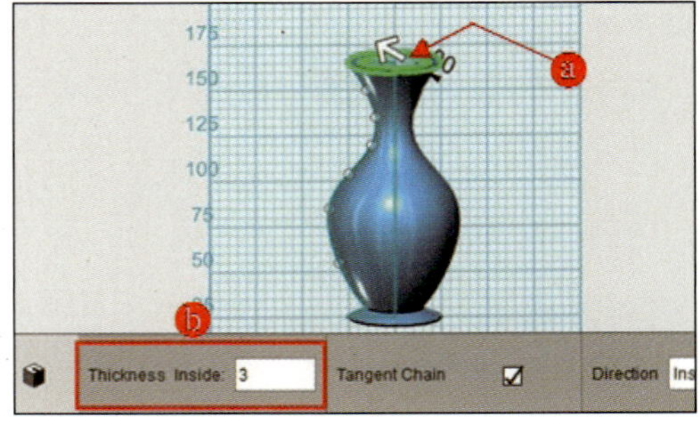

9 [뷰-큐브]-[TOP]으로 시점 전환한다. 메뉴 [Text]를 이용하여, 새 창에서 Text칸에 **ⓐ**'3dyes'을 입력하고, **ⓑ** **B** (진하게) 클릭, Height(크기) 칸에 **ⓒ**30을 입력한다. [OK]버튼 클릭하여 문자입력 완료!

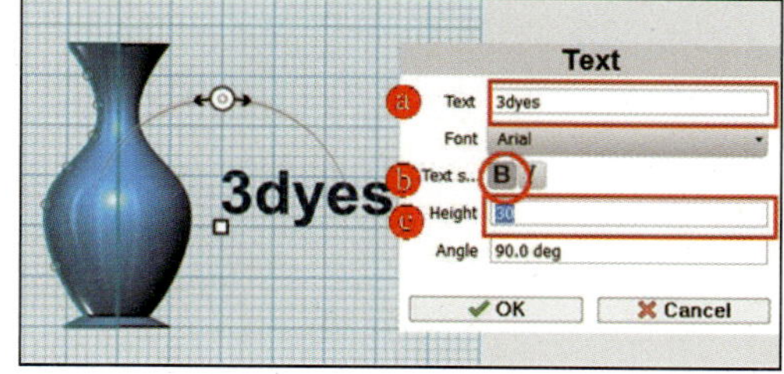

10 [뷰-큐브]-[TOP과 FRONT 사이]를 클릭하여 시점 전환한다. 입력된 문자 **ⓐ**'3dyes'를 클릭하고, [연관 메뉴]-**ⓑ**[Extrude Text]를 클릭한다.

❖ [뷰-큐브]-[TOP과 FRONT 사이]로의 시점 전환

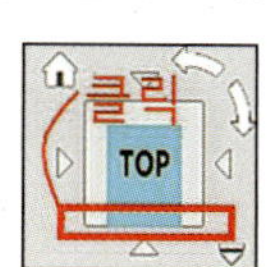

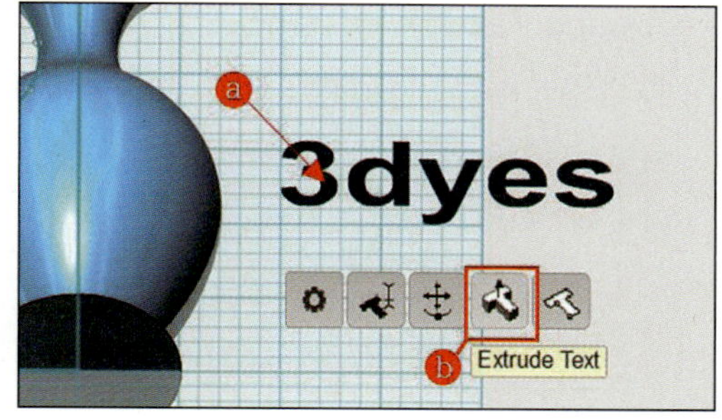

11 **ⓒ**[흰 화살표]를 위로 드래그하거나 입력칸에 20을 입력하여 문자를 돌출시킨다. 화면 빈 곳을 클릭하여 완료!

12 메뉴 [Combine-**ⓐ**Separate]를 선택한 후, 돌출된 **ⓑ**입체 문자를 클릭하여 **합병 해제**한다.

❖ [Extrude Text] 툴에 의해 돌출된 입체문자들은 항상 **합병** 상태이다.

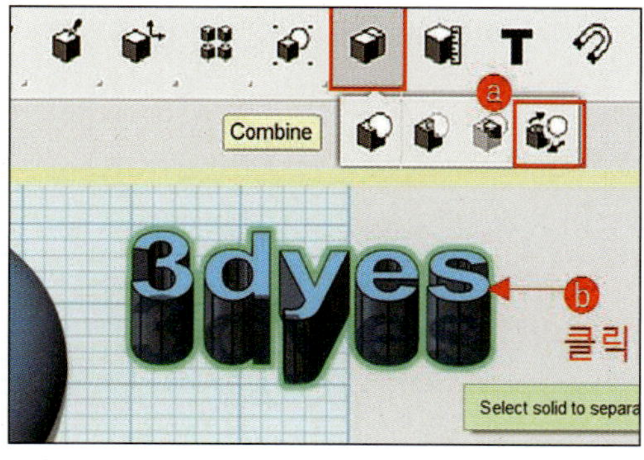

13 메뉴 [Primitives-Cylinder]를 선택하여 원기둥(반지름 5, 높이 5)을 만든 후, 메뉴 [Move/Rotate]를 이용하여 병 솔리드의 원형 굽 부분에 배치한다. 화면 빈 곳을 클릭하여 완료!

❖ [뷰-큐브]-[TOP], [FRONT]로 시점 전환하면서 원기둥의 중심선이 병의 중심과 일치되는지 확인한다.

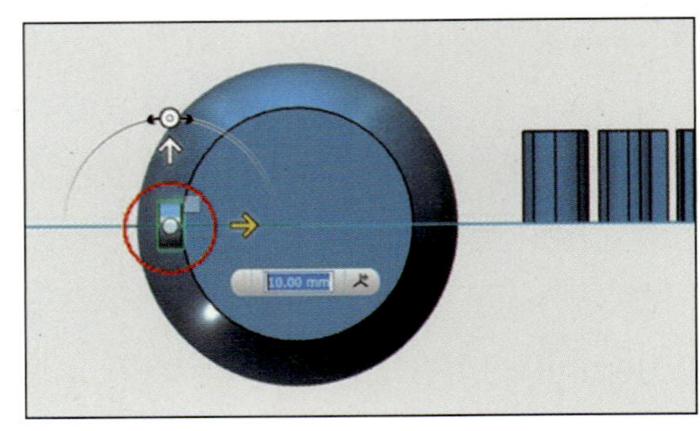

14 [Home]으로 시점 전환한다. 메뉴 [Pattern-Circular Pattern]을 선택한 후, [Solid/s]-ⓐ 원기둥을 클릭하고, [Axis] 클릭-병의 굽 부분 ⓑ 원(모서리)을 클릭하면 원형패턴(기본값 : 3)이 나타난다.

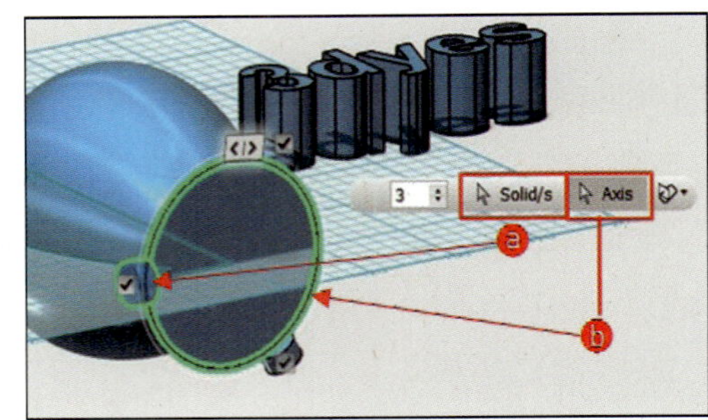

15 입력칸 Count에 ⓐ12를 입력하여 원형 패턴을 만든다. 화면 빈 곳을 클릭하여 완료!

❖ 5개의 문자를 앞쪽으로 배치할 예정이므로 반대쪽의 불필요한 원기둥들은 ⓑ체크 해제(☑→☐)해도 된다.

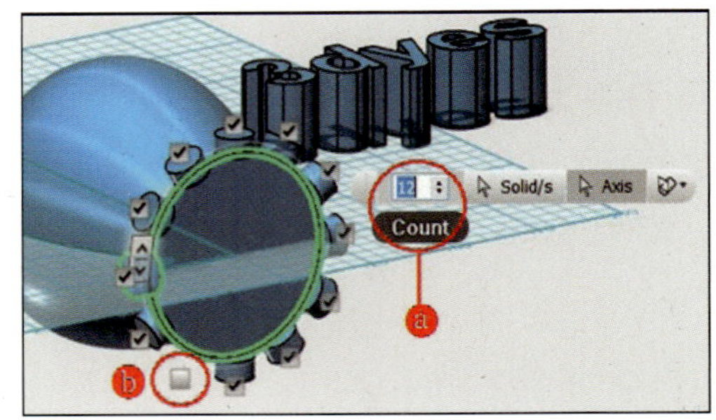

16 메뉴 [Snap]을 선택한 후, 먼저 입체 ⓐ문자의 밑면을 클릭하고, ⓑ원기둥 윗면을 클릭하는 방식으로 5개의 문자를 하나씩 원기둥 윗면에 붙인다.

❖ [Home]과 [뷰-큐브]-[TOP과 FRONT 사이], 마우스 우측버튼을 이용하여 시점 전환한다.

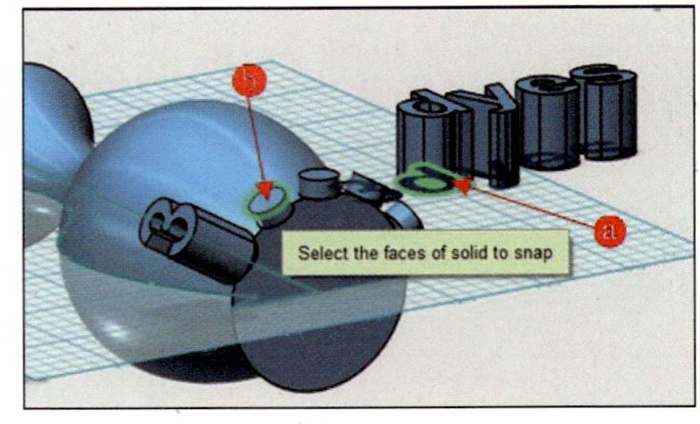

17 [뷰-큐브]-[TOP]으로 시점 전환한다. [Move] 툴을 선택하고, 'Ctrl +입체문자 클릭'하는 방식으로 5개의 문자를 모두 선택한 후, 위로 드래그하여 꽃병의 중앙에 이동-배치한다. 화면 빈 곳을 클릭하여 완료!

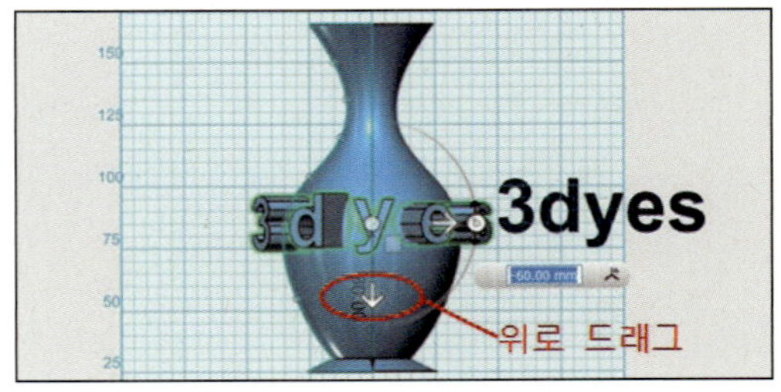

⓲ [Home]으로 시점 전환한다. 메뉴 [Modify-Split Solid]를 선택한 후, [Body to split]탭-ⓐ꽃병을 클릭하고, [Splitting Entity]탭 클릭-ⓑ입체문자를 하나씩 모두 클릭한다. 화면 빈 곳을 클릭하여 완료!

❖ 곡면 문자 장식의 다른 방법 : [Combine-Intersect](교집합) 툴을 이용해 보자.

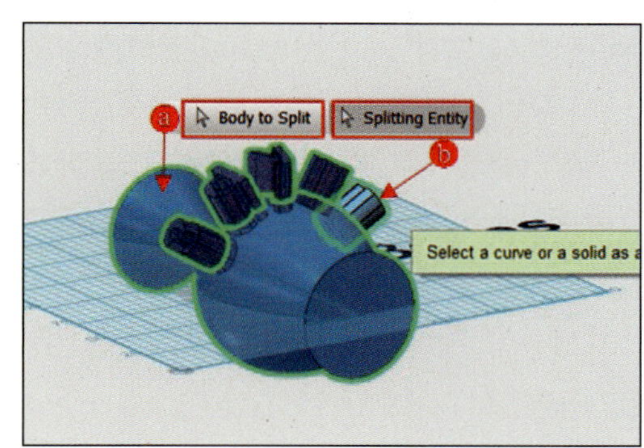

⓳ 돌출된 5개의 입체문자를 Delete 키로 모두 삭제한다.

❖ 꽃병과 입체문자의 교집합(겹쳐 있던 공통부분) 부분이 분할되어 있는 상태임

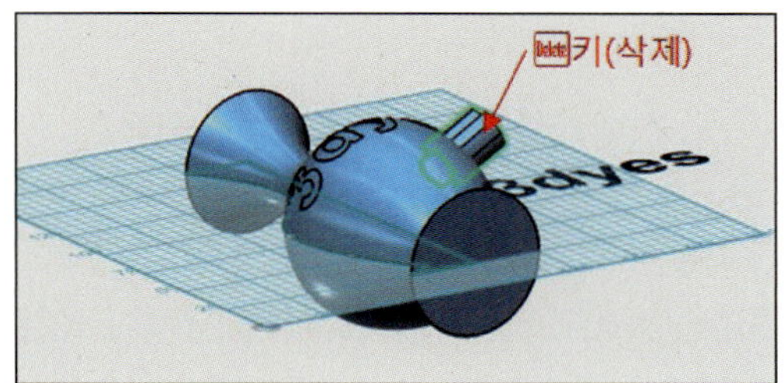

⓴ [뷰-큐브]-[TOP과 FRONT 사이]로 시점 전환한다. 메뉴 [Modify-Press Pull]를 선택하고, 꽃병 표면의 분할된 문자를 하나씩 모두 선택한 후, [흰 화살표]를 드래그하거나 입력칸에 3을 입력하여 돌출시킨다. 화면 빈 곳을 클릭하여 완료!

❖ [Extrude] 툴은 곡면에 적용할 수 없다.

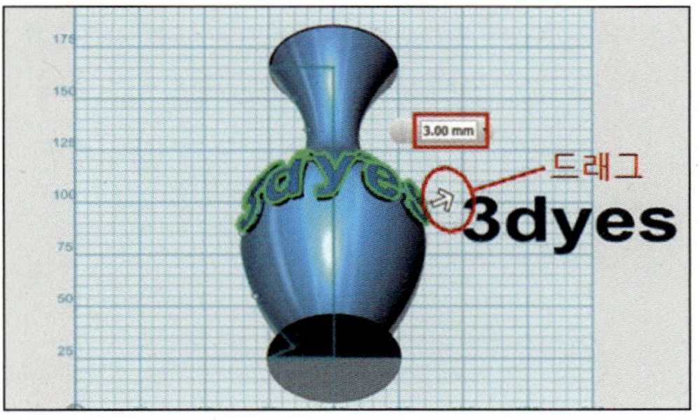

㉑ 메뉴 [Grouping-Group]을 선택하고, 꽃병과 문자들을 하나씩 클릭한다. 화면 빈 곳을 클릭하여 '묶기' 완료!

❖ 꽃병과 문자들을 한꺼번에 선택하는 방법 : 화면 [좌→우]로 드래그하여 선택하려는 솔리드들을 모두 포함시킨다.

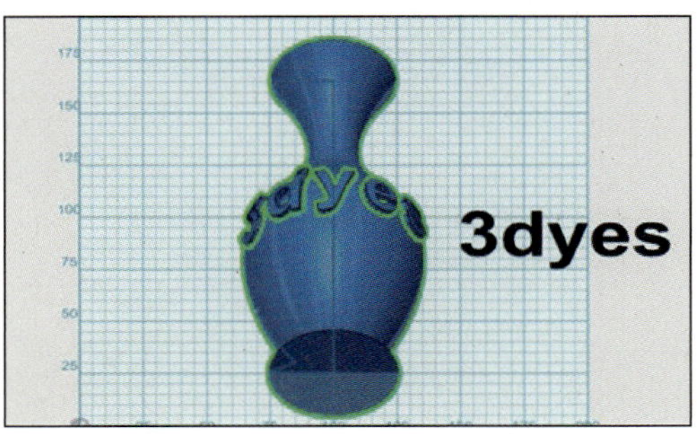

㉒ [Home]으로 시점 전환한다. ⓐ병 솔리드를 클릭하고 하단의 [연관 메뉴]-ⓑ[Move]를 선택한 후, ⓒ[검은 화살표]를 90° 회전 드래그한다.

❖ 병 솔리드 클릭 +D키를 눌러, 병 솔리드를 그리드면 위로 올린다.

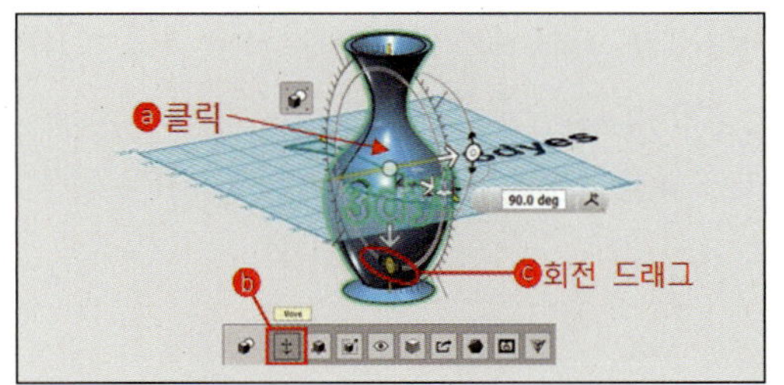

㉓ 메뉴 [Modify-Fillet]을 선택하고, 꽃병
  의 입구 모서리를 클릭한 후, 입력칸 [Fillet
  Radius(반지름)]에 1을 입력하여 모서리를 부
  드럽게 처리한다. 화면 빈 곳을 클릭하여 완료!

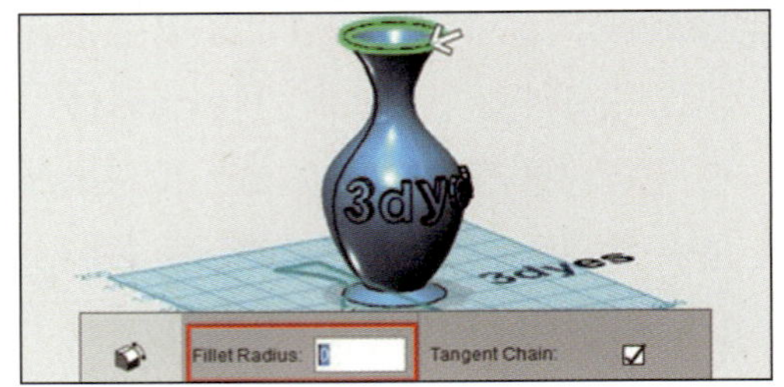

㉔ 화면제어 바에서 [Hide Sketches],
  [Materials Only]를 각각 클릭한다.

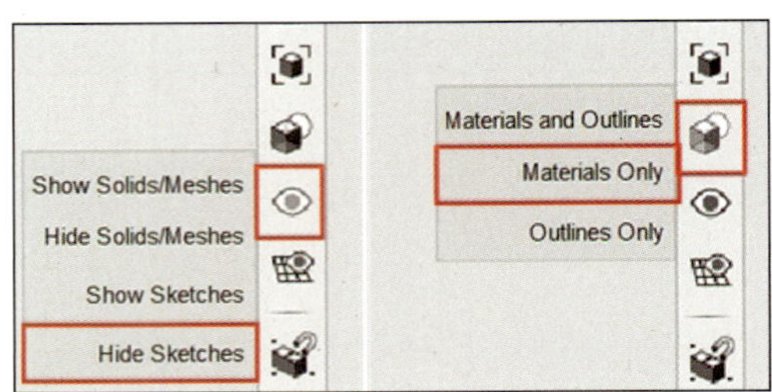

㉕ 1. 솔리드에 색상 및 질감을 적용하기 위하여 메뉴 [Material]을 선택한다.
  2. 먼저 ⓐ꽃병 솔리드를 클릭한 후, 새 창(Common-Clear Glass)에서 [Apply Overlay
     □]를 ⓑ체크 ☑ 하고, 좌측 '재질리스트'에서ⓒ질감(Common-Clear Glass)을 선택한다.
  3. 우측 '색상환/마름모'에서 원하는 색상과 명도(ⓓ→ⓔ)를 클릭하여 솔리드의 색깔을 바꾼다. 화
     면 빈 곳을 클릭하여 완료! 새 창의 창닫기(☒)를 클릭하여 종료!
❖ 질감과 색상을 먼저 선택한 후, 꽃병 솔리드를 나중에 클릭해도 된다.

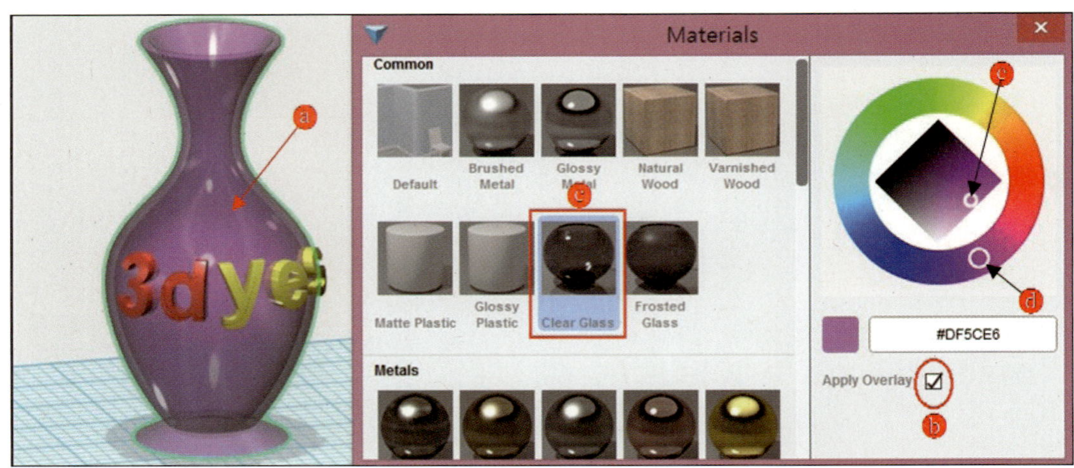

㉖ [파일 펼침 메뉴]에서 [Save...]-[To My
  Computer]를 선택하여 파일(decotext.123dx)
  을 최종 저장한다. 문자 장식된 꽃병 파일 완성!

SECTION 03

농구공 모델링
(b_ball.123dx)

완성된 형상 모델

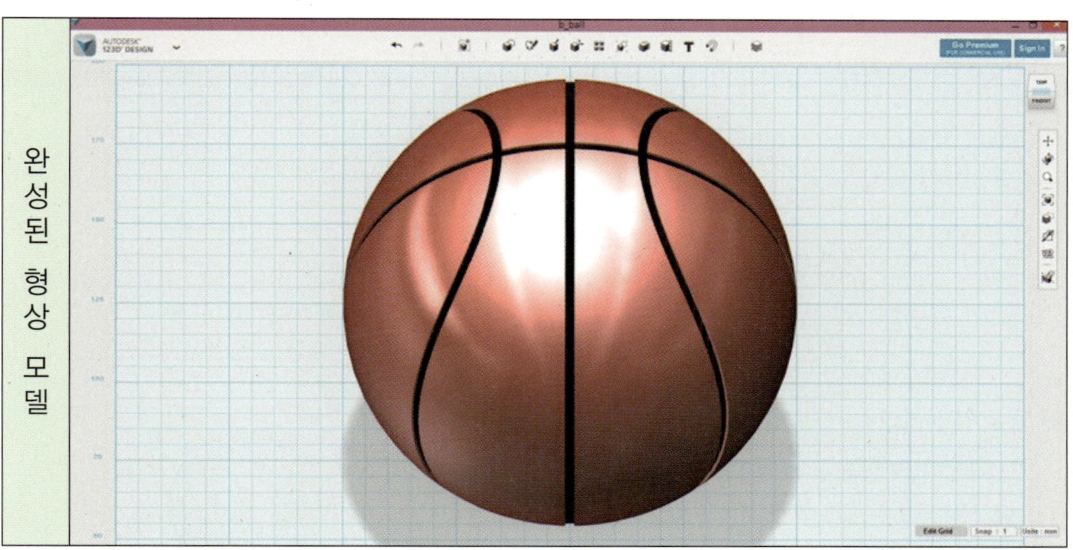

과정 요약

❶ 메뉴 [Primitives-Sphere]를 이용하여 공 모양을 만든다.

❷ 구의 속을 비우기 위하여 메뉴 [Modify-Shell]을 적용한다.

❸ 메뉴 [Sketch-Polyline], [Spline]을 이용하여 솔리드 나누기에 사용될 공 표면의 검은 줄무늬 선을 그린다.

❹ 메뉴 [Sketch-Sketch Rectangle, Three Point Arc, Offset, Trim]을 이용 하여 공표면의 이중선(파인 홈)을 그린다.

❺ 메뉴 [Modify-Split Solid]를 선택하여 공(솔리드)을 이중선으로 자른다.

❻ 메뉴 [Modify-Press Pull]을 적용하여 공 표면의 파인 홈을 만든다.

❼ 메뉴 [Grouping-Group]을 선택하여 분할된 모든 솔리드를 그룹(묶기)으로 만든다.

❽ 메뉴 [Material]을 이용하여 공 표면에 붉은색, 파인 홈에 검은색을 적용한다.

1 [파일 펼침 메뉴]에서 [Save...]−[To My Computer]를 선택한다.

❖ 모델링 과정 중 강제 종료되는 것에 대비하여 먼저 파일명을 저장해 놓고 가끔씩 저장해 주는 것이 좋다.

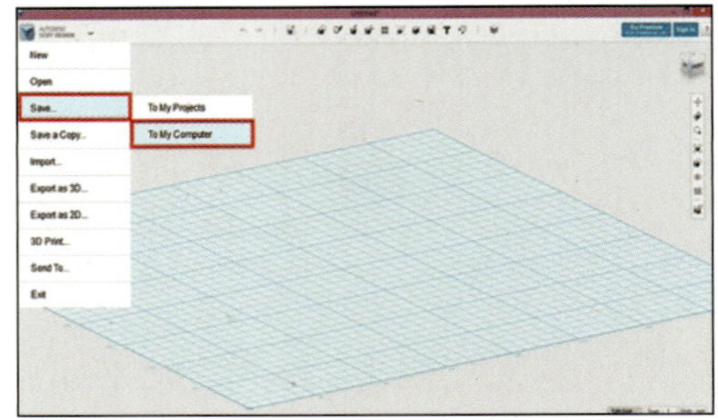

2 새 창에서 ⓐ저장할 폴더를 지정하고, ⓑ파일 이름(b_ball.123dx)을 입력한 후, ⓒ[저장(S)] 버튼을 클릭한다.

❖ **새 파일(New)인 경우, 메뉴 [Save...]를 클릭하면 [Save a Copy...]를 클릭했을 때처럼, 새 창 (다른 이름으로 저장)이 나타난다.**

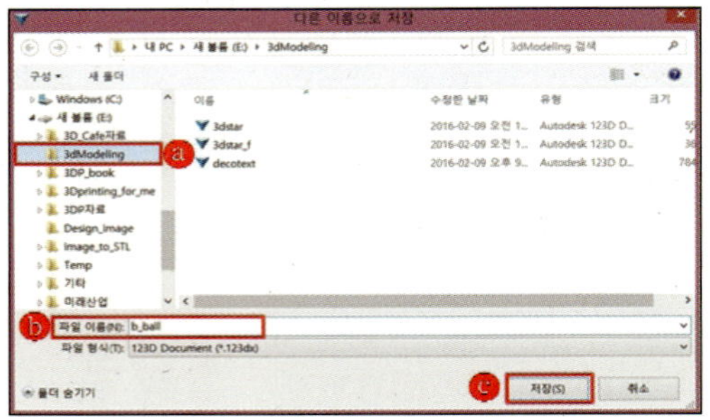

3 메뉴 [Primitives−Sphere]를 선택하여 구 (반지름 50)를 만든다.

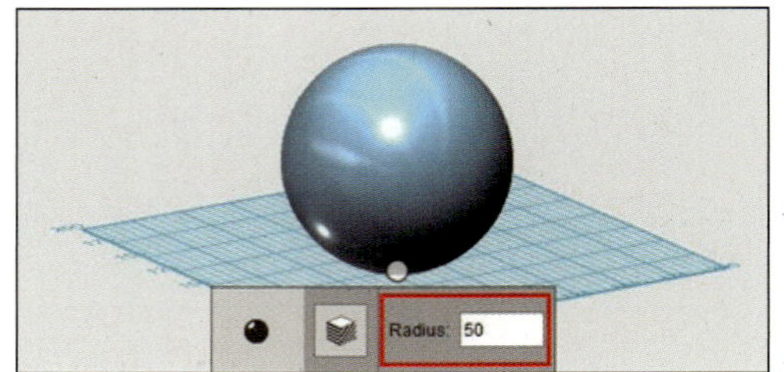

4 먼저, 구 솔리드를 클릭한 후, 메뉴 [Modify−Shell]을 선택하고, 하단의 입력칸 [Thickness Inside : 5]를 입력한다. 화면 빈 곳을 클릭하여 완료!

❖ 구(평면이 없는 솔리드)는 메뉴 [Modify−Shell]을 선택한 후, 구를 클릭하면 '속 비우기'를 할 수 없다.

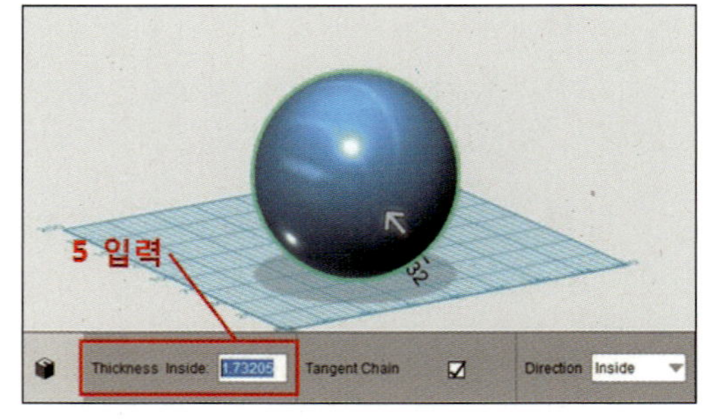

5 [속 비우기 확인] : 화면제어 바에서 ⓐ[Outlines Only]를 선택하여 [Shell] 툴의 적용 결과를 확인한다.(이중선이 보임) 다시, ⓑ[Materials and Outlines]를 선택한다.

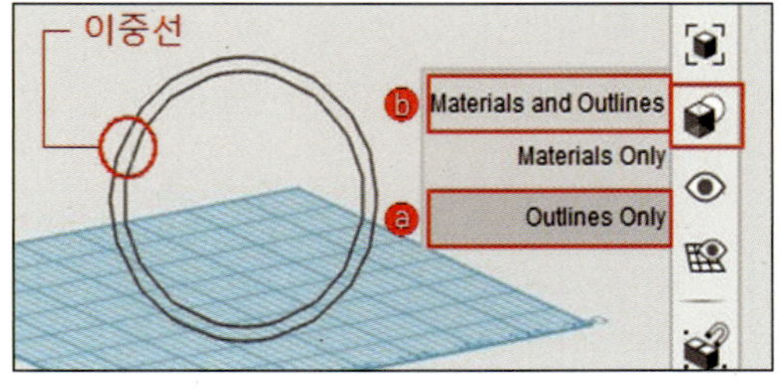

6 [뷰-큐브]-[TOP]으로 시점 전환한다. 메뉴 [Sketch-**Sketch Rectangle**]을 <u>1회 선택</u> 하여, 구의 중심을 지나는 좁은 직사각형을 가로, 세로로 각각 그린다. 종료(Exit Mode ✅) 버튼 클릭 또는 Esc 키를 누름!

❖ 가상의 모눈종이 정사각형에 구를 맞춘다.

❖ 직사각형의 <u>좁은 변</u> 길이를 지정하기 위해 입력칸에 **2를 입력**한 후 Enter↵ 하면 고정되어 편리하다.

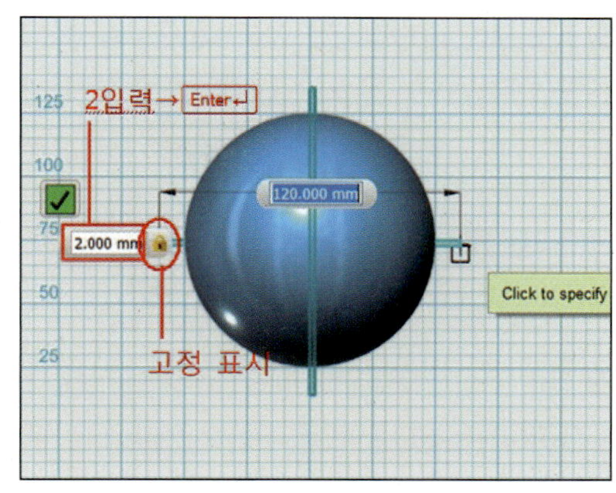

7 화면제어 바에서 [**Outlines Only**]를 선택한다.(←과정5) 메뉴 [Sketch-**Three Point Arc**]을 <u>1회 선택</u>하여, 원호를 2개 그린다. (❶~❸ 순서) 종료(Exit Mode ✅) 버튼 클릭 또는 Esc 키를 누름!

❖ [**Move**] 툴을 이용하여 기다란 직사각형을 구의 중심에 일치시킨다.

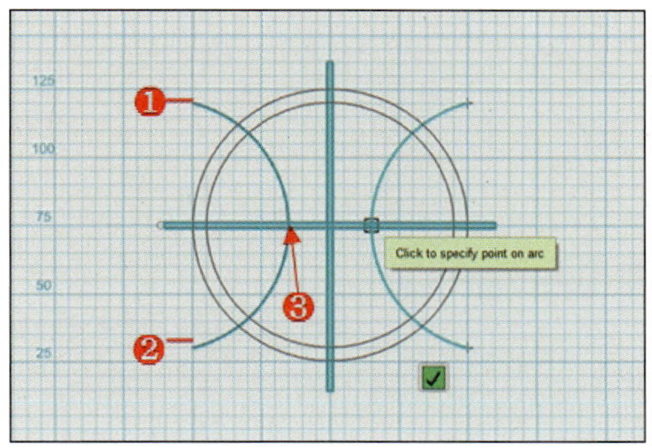

8 메뉴 [Sketch-**Offset**]을 선택하고, <u>곡선(원호)</u>을 클릭하였다가 뗀 후, 다시 <u>곡선을 클릭</u>하면 빨간 선이 나타난다. 입력칸에 <u>2</u>를 입력한 후 Enter↵ 키를 눌러 이중선의 간격을 정한(2개의 원호에 옵셋 이중선을 만든다)

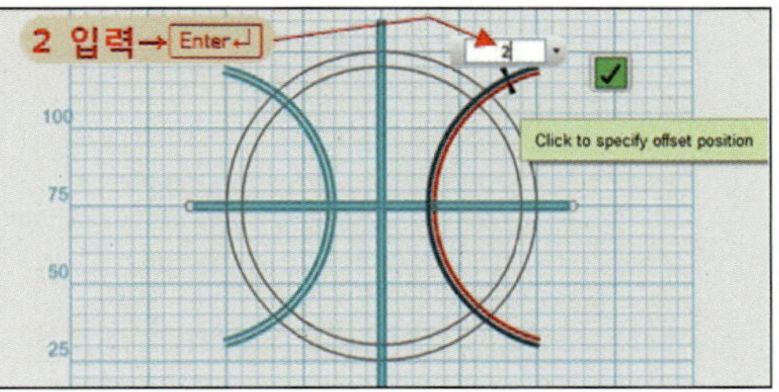

9 스케치 선들을 하나의 선(일체형)으로 만들자. 메뉴 [Sketch-**Polyline**]을 선택한다. 원호를 클릭하여 <u>스케치 편집모드</u> 상태에서 원호에 직선을 연결하는 방식으로 이중선들을 연결한다(그림 참고). 종료(Exit Mode ✅) 버튼 클릭 또는 Esc 키를 누름!

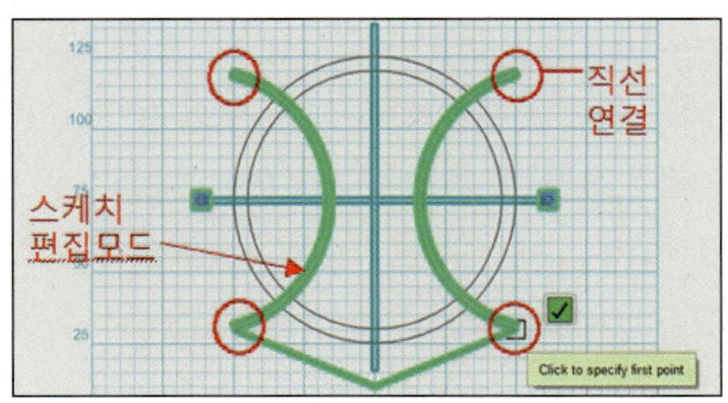

🔟 화면 확대(마우스 휠 이용)한 후, 직사각형 중첩 부분(구의 중심)의 선을 제거하자. 메뉴 [Sketch-Trim]을 선택하고, ⓐ스케치 면을 클릭한 후, 제거할 선 위에 마우스커서를 올릴 때 나타나는 ⓑ빨간 선을 클릭하면 선이 제거된다. 종료(Exit Mode ✅) 버튼 클릭 또는 Esc키를 누름!

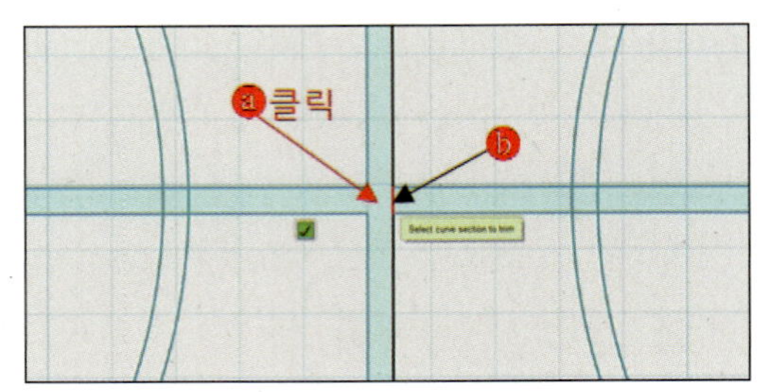

⓫ 다시, 화면제어 바에서 [Materials and Outlines]를 선택한다. 메뉴 [Modify-Split Solid]를 선택한 후, [Body to Split]탭-ⓐ구(공)를 클릭하고, [Splitting Entity]탭 클릭-ⓑ직선 변 하나를 클릭한다. 화면 빈 곳을 클릭하여 '1차 구 분할' 완료!

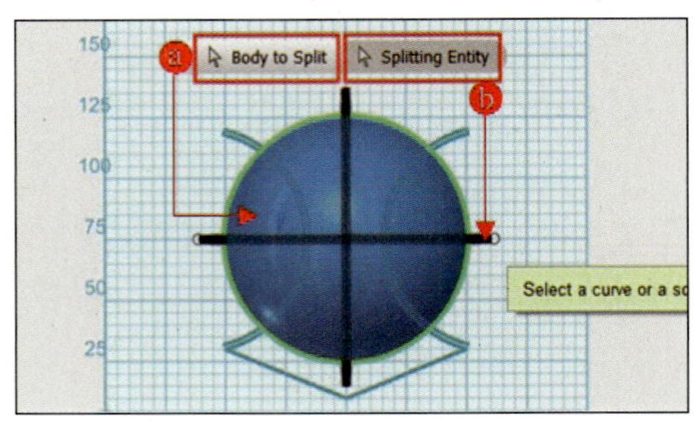

⓬ 메뉴 [Modify-Split Solid]를 선택한 후, [Body to Split]탭-ⓐ분할된 □구를 하나씩 모두 클릭하고, [Splitting Entity]탭 클릭-ⓑ원호와 연결된 선을 클릭한다. 화면 빈 곳을 클릭하여 '2차 구 분할' 완료!

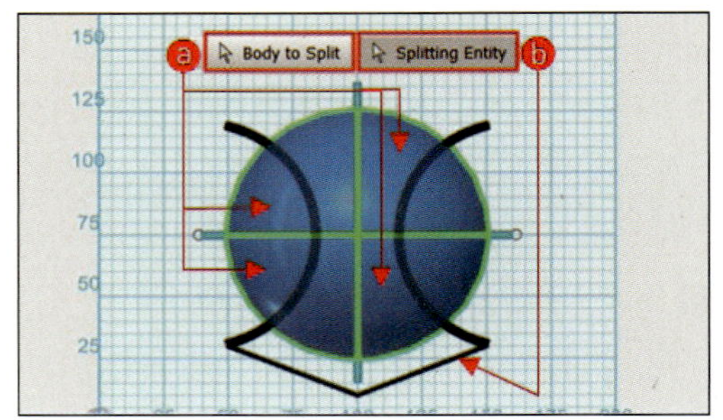

⓭ [뷰-큐브]-[TOP과 FRONT 사이]로 시점 전환하고, 화면 확대(마우스 휠 이용)한다. 메뉴 [Modify-Press Pull]을 선택하고, 이중선 사이의 분할된 ⓐ솔리드 표면(5군데)을 하나씩 클릭한 후, 입력칸에 ⓑ-0.6을 입력한다.(←파인 홈 만들기) 화면 빈 곳을 클릭하여 완료!

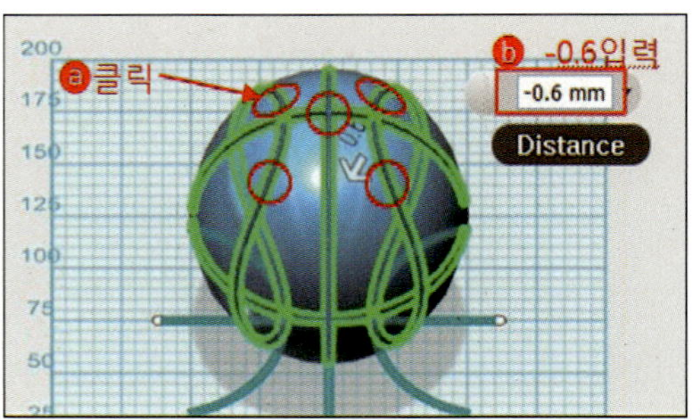

⓮ 메뉴 [Grouping-Group]을 선택한 후, 화면 [좌→우]로 드래그하여 분할된 솔리드 전체(농구공)를 선택한다. 화면 빈 곳을 클릭하여 '묶기' 완료!

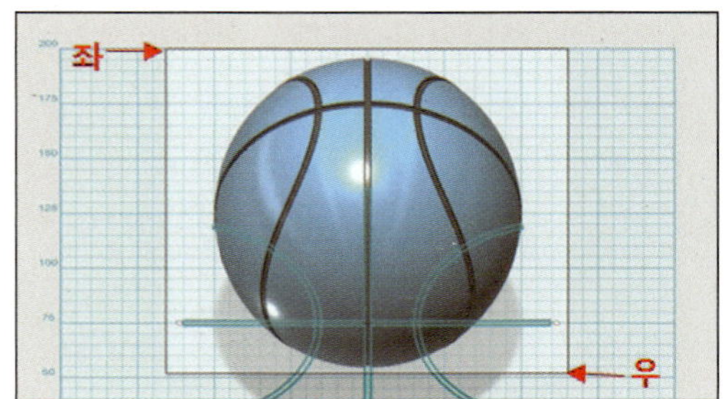

⑮ 화면제어 바에서 [Hide Sketches], [Materials Only]를 각각 클릭한다.

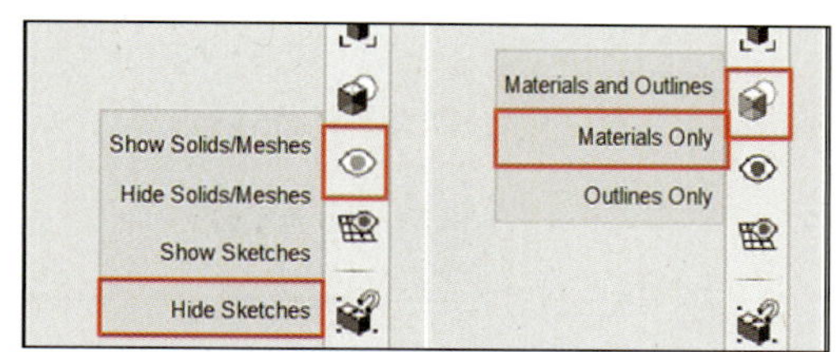

⑯ 1. 솔리드에 색상 및 질감을 적용하기 위하여 메뉴 [Material]을 선택한다.

  2. 먼저 ⓐ농구공 솔리드를 클릭한 후, 새 창(Materials)에서 [Apply Overlay □]를 ⓑ체크 ☑ 하고, 좌측 '재질리스트'에서 ⓒ질감(Misc-Rubber)을 선택한다.

  3. 우측 '색상환/마름모'에서 원하는 색상과 명도(ⓓ→ⓔ)를 클릭하여 솔리드의 색깔을 바꾼다. 화면 빈 곳을 클릭하여 완료! 새 창의 창닫기(✕)를 클릭하여 종료!

❖ 질감과 색상을 먼저 선택한 후, 농구공 솔리드를 나중에 클릭해도 된다.

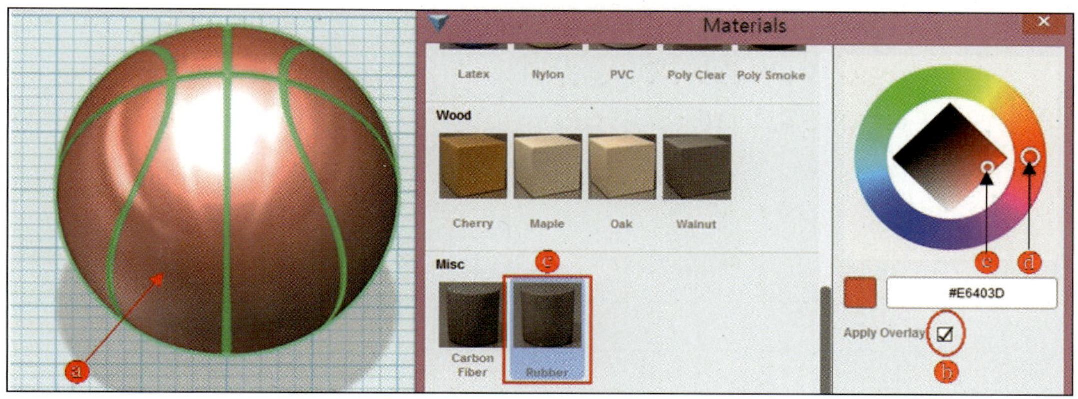

⑰ 화면 확대(마우스 휠 이용)한 후, 농구공 표면에서 'Ctrl +파인 홈 부분 클릭'방식으로 모두(ⓐ5군데) 선택한다. (과정16)과 같은 방법으로 어두운 색상-질감(Plastic-ⓑPoly Smoke)을 적용한다. 화면 빈 곳을 클릭하여 완료!

❖ 색상코드 입력칸에 ⓒ'#000000'(검정)을 입력해도 된다.

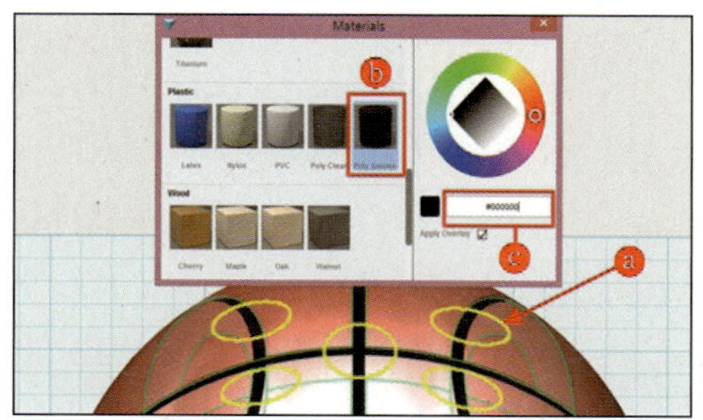

⑱ [파일 펼침 메뉴]에서 [Save...]-[To My Computer]를 선택하여 파일(b_ball.123dx)을 최종 저장한다. 농구공 파일 완성

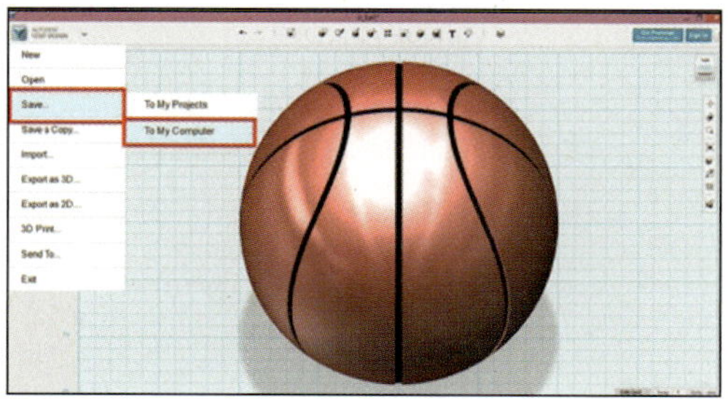

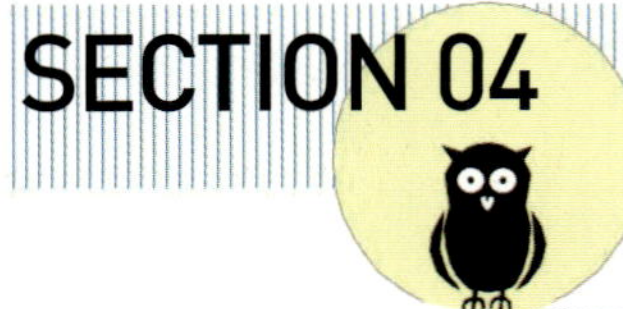

SECTION 04

연필꽂이 모델링
(p_vase.123dx)

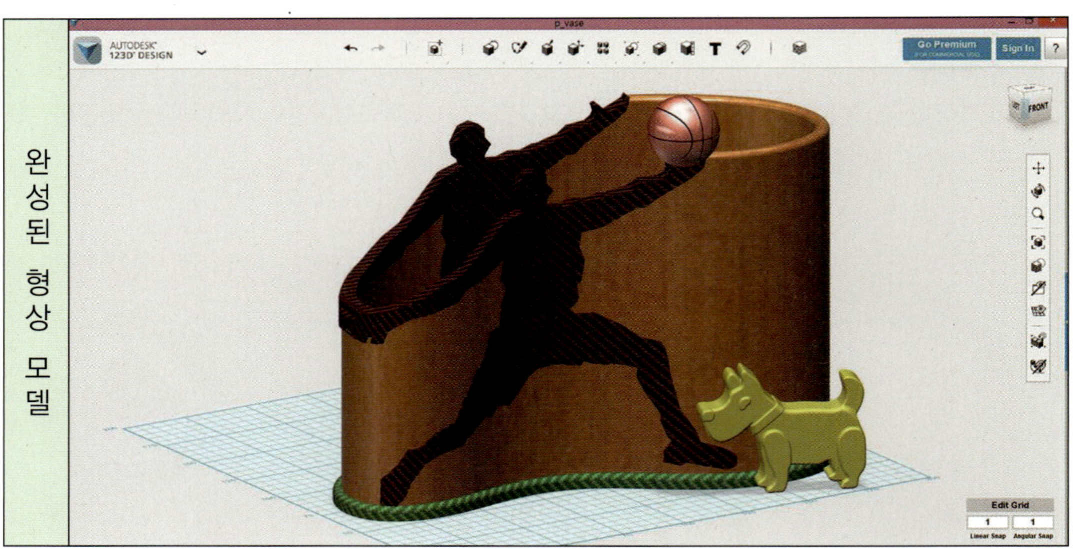

완성된 형상 모델

과정 요약

❶ 메뉴[Sketch-Spline]을 선택하여 폐곡선을 그린다.

❷ 폐곡선에 메뉴 [Sketch-Offset]을 적용하여 옵셋 이중선을 만든다.

❸ 스케치 면(폐곡선)에 [Extrude] 툴을 적용하여 연필꽂이 통을 만든다.

❹ 메뉴 [Import]-[3D Model]을 이용하여 외부 파일을 '끼워 넣기' 한다.

❺ 메뉴 [Transform-Scale]을 이용하여 농구선수 솔리드의 크기를 조절한다.

❻ 메뉴 [Modify-Split Solid]를 이용하여 연필꽂이 통과 농구선수의 교집합을 만든다.

❼ 메뉴 [Modify-Press Pull]을 이용하여 연필꽂이 통 표면의 농구선수를 돌출시킨다.

❽ 연필꽂이 통의 모서리에 메뉴 [Modify-Fillet]을 적용한다.

❾ 부품함(Parts Bin)에서 강아지 모델을 Drag & Drop하여 연필꽂이 통 앞면에 배치한다.

❿ 메뉴 [Grouping-Group]을 선택하여 분할된 모든 솔리드를 그룹(묶기)으로 만든다.

⓫ 메뉴 [Material]을 이용하여 솔리드에 색상 및 질감을 적용한다.

1 [파일 펼침 메뉴]에서 [Save...]-[To My Computer]를 선택한다.

❖ 모델링 과정 중 강제 종료되는 것에 대비하여 먼저 파일명을 저장해 놓고 가끔씩 저장해 주는 것이 좋다.

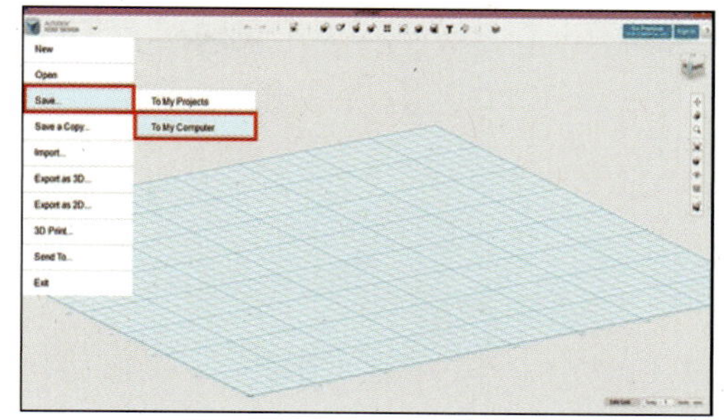

2 새 창에서 ⓐ저장할 폴더를 지정하고, ⓑ파일 이름(p_vase.123dx)을 입력한 후, ⓒ[저장(S)] 버튼을 클릭한다.

❖ **새 파일(New)**인 경우, 메뉴 [Save...]를 클릭하면 [Save a Copy...]를 클릭했을 때처럼, 새 창 (**다른 이름으로 저장**)이 나타난다.

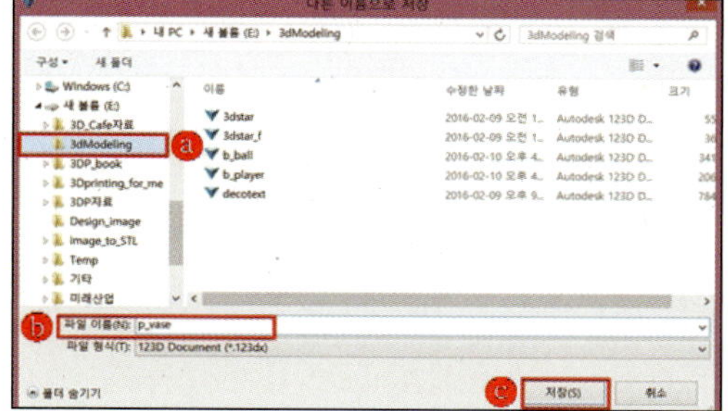

3 [뷰-큐브]-[TOP]으로 시점 전환한다. 메뉴 [Sketch-Spline]을 선택하여 폐곡선을 그린다.

❖ **제어점 드래그**로 폐곡선의 모양을 변형시킨다.

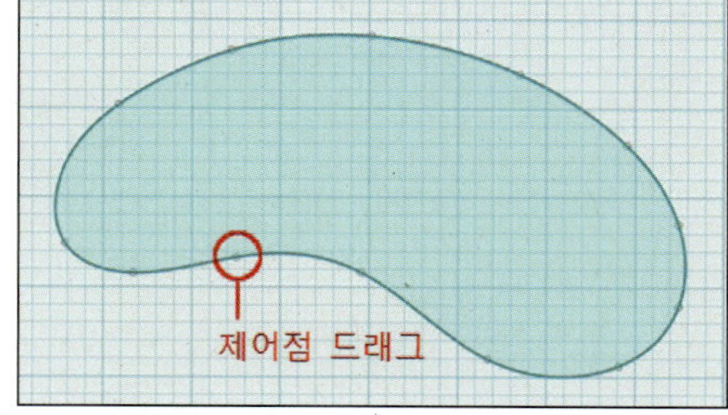

4 메뉴 [Sketch-Offset]을 선택하고, 폐곡선을 클릭하였다가 뗀 후, 다시 곡선을 클릭하면 빨간 선이 나타난다. 빨간 선을 안쪽으로 이동시킨 후, 입력칸에 5를 입력하고 화면을 클릭하여 이중선의 간격을 정한다.

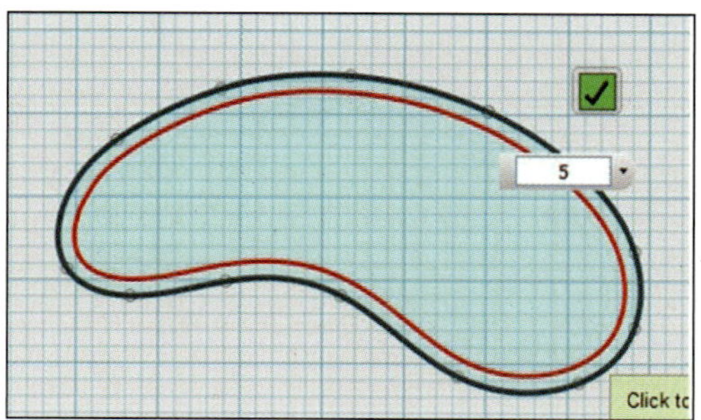

5 (과정4와 같이) 빨간 선을 바깥쪽으로 이동시킨 후, 입력칸에 <u>3</u>을 입력한 후 Enter↵ 키를 눌러 이중선의 간격을 정한다. 종료(Exit Mode ✅) 버튼 클릭 또는 Esc 키를 누름!

6 [Home]으로 시점 전환한다. 폐곡선의 ⓐ안쪽 중심내부 면과 바깥쪽 이중선 사이 면을 함께 선택(Ctrl + 면 클릭)하고, [연관 메뉴]−ⓑ[Extrude]를 선택한 후, [흰 화살표]를 ⓒ위로 5mm 드래그한다. (→연필꽂이 바닥면 제작) 화면 빈 곳을 클릭하여 완료!

7 ⓐ가운데 이중선 사이 면을 클릭하고, [연관 메뉴]−ⓑ[Extrude]를 선택한 후, [흰 화살표]를 ⓒ 위로 120mm 드래그한다. 화면 빈 곳을 클릭하여 완료!

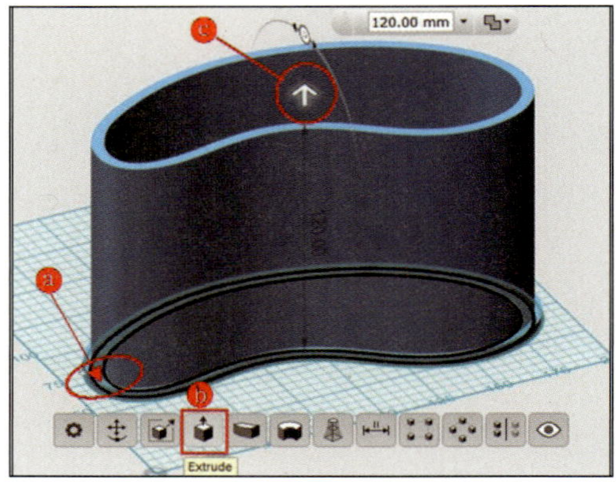

8 [파일펼침 메뉴]에서 ⓐ[Import]–[3D Model]을 클릭하고, 새 창에서 ⓑ[Browse My Computer] 탭 클릭–ⓒ[Browse] 버튼을 클릭하여 내 컴퓨터에 저장되어 있는 파일 b_player.123dx(농구공+농구선수)를 '불러오기' 한다.

❖ b_player.123dx(농구공+농구선수) 파일 제작 및 저장 : 231쪽 참고

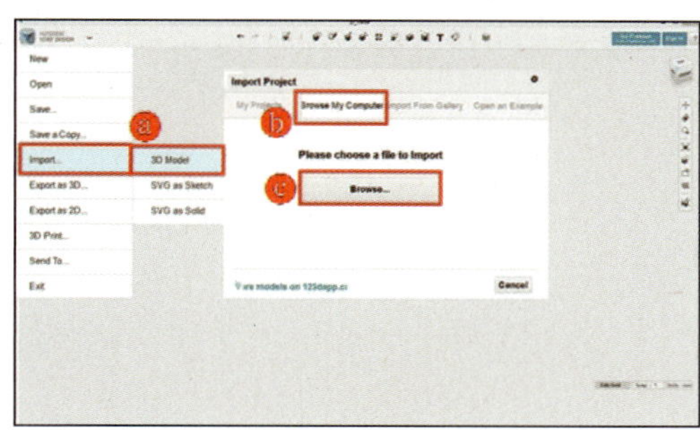

9 ⓐ농구선수 솔리드를 클릭하고, [연관 메뉴]–ⓑ[Move]를 선택한 후, 농구선수 솔리드를 연필꽂이 앞면으로 이동-회전 배치한다.

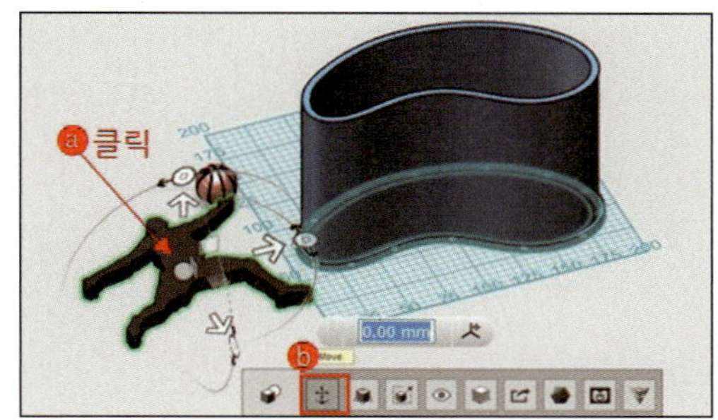

10 [뷰-큐브]–[TOP], [FRONT] 등으로 시점 전환하면서 농구선수 솔리드를 배치한다. 메뉴 [Transform–Scale]을 이용하여 농구선수 솔리드의 크기를 조절한다.

11 [뷰-큐브]–[TOP과 BACK 사이]로 시점 전환하고, 메뉴 [Construct–Extrude]를 선택하고, 농구선수 솔리드의 평면을 클릭한다. (→흰 화살표와 입력칸이 나타남)

❖ 시점 전환 : [Home]→[뷰-큐브]–[LEFT와 BACK 사이 모서리]→[TOP과 BACK 사이 모서리] 클릭

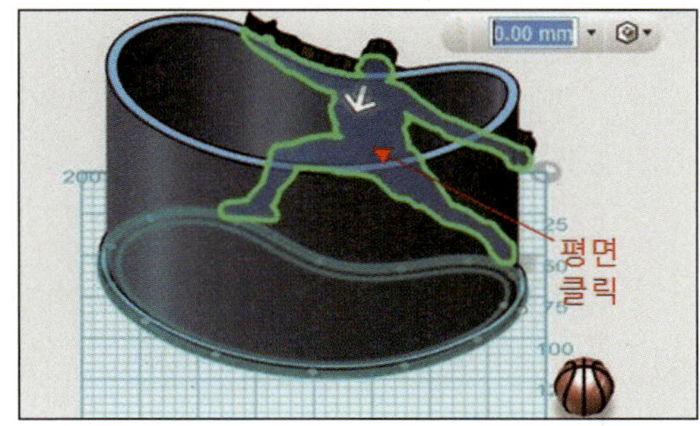

⓬ [흰 화살표]를 드래그하여 농구선수의 평면 돌
출 솔리드가 연필꽂이를 관통하게 만든다. 화면
빈 곳을 클릭하여 완료!

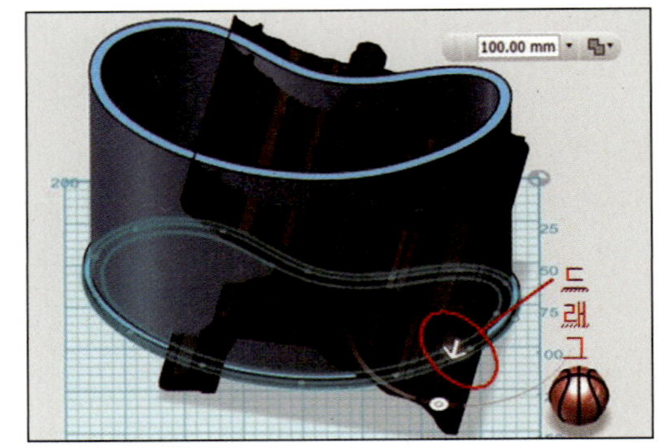

⓭ [Home]으로 시점 전환한다. 메뉴 [Modify-
Split Solid]를 선택한 후, [Body to Split]
탭-ⓐ연필꽂이를 선택하고, [Splitting
Entity]탭 클릭-ⓑ농구선수를 클릭한다. 화면
빈 곳을 클릭하여 완료!

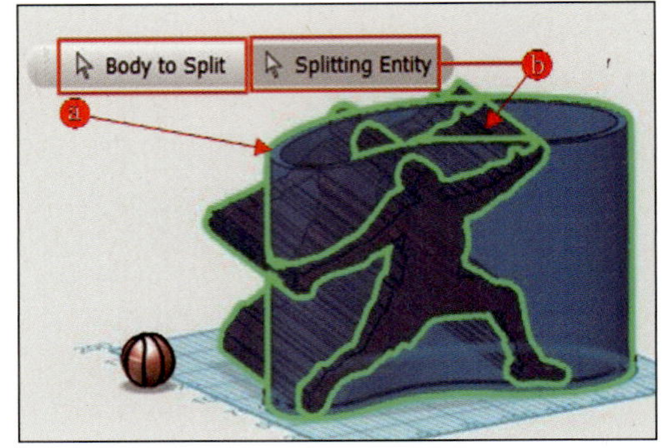

⓮ 분할된 연필꽂이의 ⓐ왼쪽 부분과 ⓑ농구선수
의 돌출부분(검정색)를 클릭하여 Delete 키로 각
각 삭제한다.

⓯ 메뉴 [Modify-Press Pull]을 선택하고, ⓐ
농구선수(앞면, 뒷면)를 클릭한 후, [흰 화살표]
를 드래그하거나 ⓑ입력칸에 1을 입력하여 돌출
시킨다. 화면 빈 곳을 클릭하여 완료!

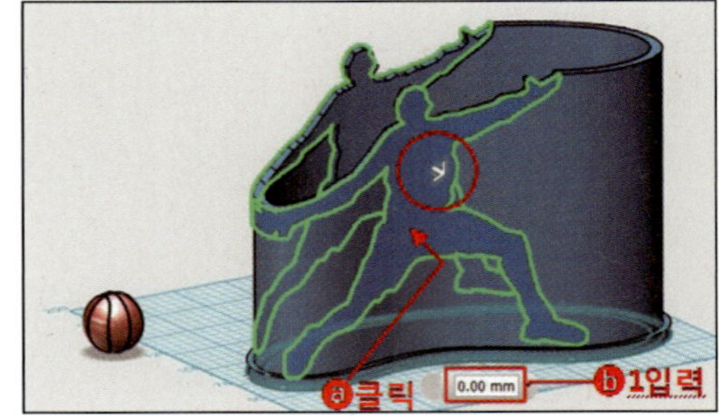

16 메뉴 [Modify-Fillet]을 선택하고, 연필꽂이의 **ⓐ**모서리들을 하나씩 클릭한 후, 입력칸 [Fillet Radius(반지름)]에 **ⓑ2**를 입력하여 모서리들을 부드럽게 처리한다. 화면 빈 곳 클릭하여 완료!

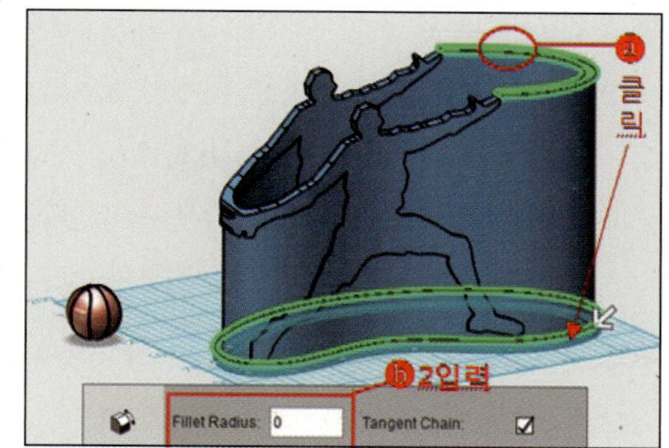

17 [Online] 상태에서 화면 우측 중앙의 **ⓐ**삼각(◁)버튼을 클릭하여 부품함의 [Jewelry-Charm]에서 **ⓑ**강아지 모델을 그리드 면 위로 Drag&Drop한다. [Move] 툴을 이용하여 **ⓒ** 농구공은 농구선수의 왼손 위로, 강아지는 연필꽂이 앞면으로 각각 이동-배치한다.

❖ [뷰-큐브]-[TOP], [FRONT] 등으로 시점 전환하면서 농구공과 강아지를 각각 이동-배치한다.

❖ 메뉴[Transform-Scale]을 이용하여 강아지 모델을 약3배 확대한다.([Scale]툴 사용법 : 63쪽)

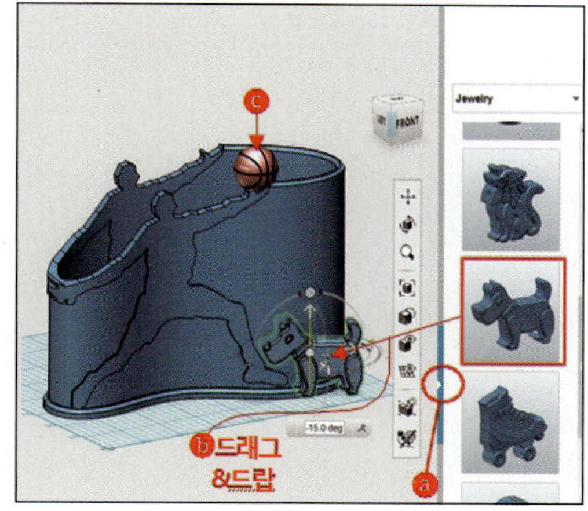

18 메뉴 [Grouping-Group]을 선택한 후, 화면 [좌→우]로 드래그 하여 솔리드 전체를 선택한다. 화면 빈 곳을 클릭하여 '묶기' 완료!

❖ 그룹 확인 : 마우스 커서를 솔리드 위에 올리면 솔리드 주위에 초록선 테두리가 생긴다.

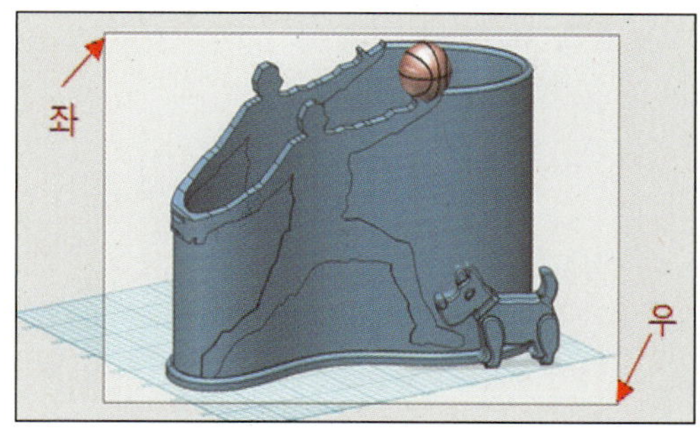

19 화면제어 바에서 [Hide Sketches], [Materials Only]를 각각 클릭한다.

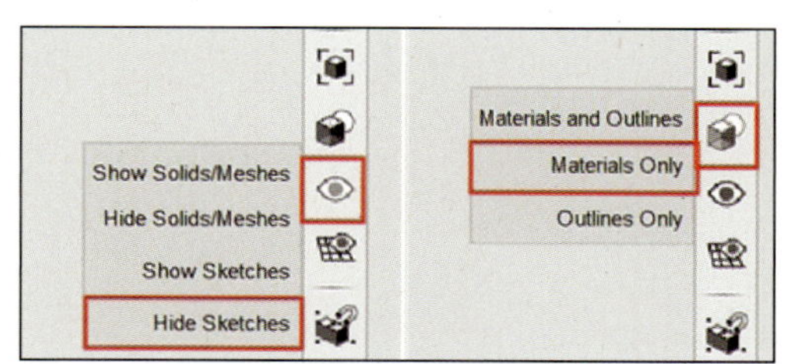

20 1. 솔리드에 색상 및 질감을 적용하기 위하여 메뉴 [Material]을 선택한다.

   2. 먼저 **ⓐ**솔리드를 클릭한 후, 새 창(Materials)를 [Apply Overlay ▢]를 **ⓑ**체크 ☑하고, 좌측 '재질리스트'에서 **ⓒ**질감(Misc-Carbon Fiber)을 선택한다.

   3. 우측 '색상환/마름모'에서 원하는 색상과 명도(**ⓓ**→**ⓔ**)를 클릭하여 솔리드의 색깔을 바꾼다. 화면 빈 곳을 클릭하여 완료! 새 창의 창닫기(✕)를 클릭하여 종료!

❖ 질감과 색상을 먼저 선택한 후, 솔리드를 나중에 클릭해도 된다.

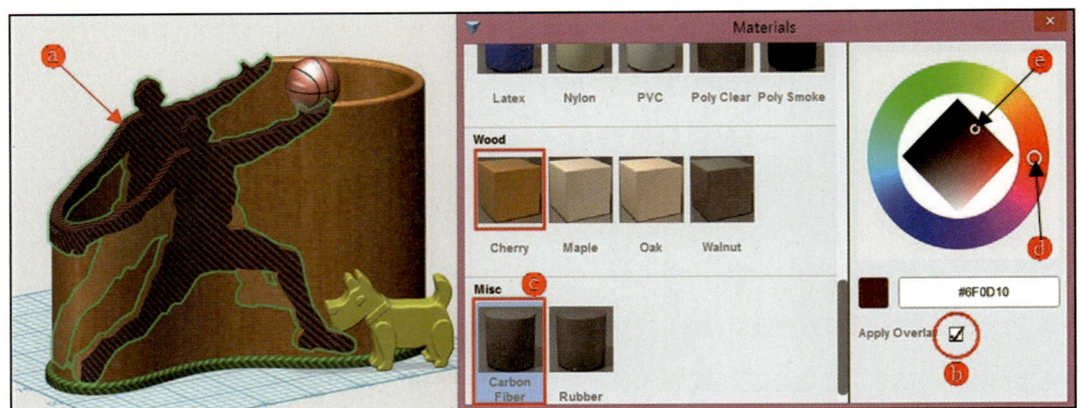

21 [파일 펼침 메뉴]에서 [Save...]−[To My Computer]를 선택하여 파일(p_vase.123dx)을 최종 저장한다. 연필꽂이 파일 완성!

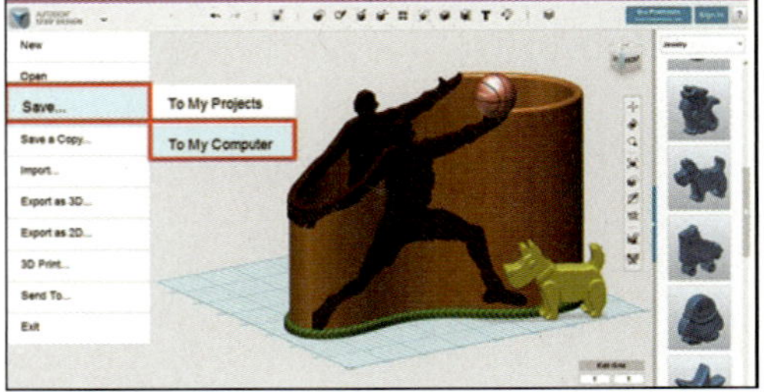

호루라기 모델링
(whistle.123dx)

완 성 된   형 상   모 델

과 정 요 약

❶ 메뉴 [Sketch−Sketch Circle], [Sketch−Sketch Rectangle], [Sketch−Polyline], [Sketch−Trim] 등을 이용하여 호루라기의 설계 도면(스케치 면)을 그린다.

❷ [Extrude] 툴로 스케치 면을 솔리드로 만들어 간단한 호루라기를 제작한다.

❸ 메뉴 [Primitives−Sphere]을 이용하여, 울림통 내부에 구슬을 만들어 배치한다.

❹ 메뉴 [Sketch−Three Point Arc], [Modify−Split Solid], [Primitives−Hemisphere], [Modify−Shell]을 선택하여 울림통의 윗덮개 부분을 만든다.

❺ 메뉴 [Primitives −Circle]로 4개의 원을 그린 후, [Loft] 툴로 뿔모양 솔리드를 만든다.

❻ 메뉴 [Sketch−Sketch Rectangle], [Modify−Split Solid], [Modify−Press Pull]로 투구(반구) 표면을 장식한다.

❼ 메뉴 [Primitives−Torus]로 만든 원환체를 배치하여 고리를 제작한다.

❽ 호루라기 솔리드의 모서리에 메뉴 [Modify−Fillet]을 적용한다.

❾ 메뉴 [Grouping−Group]으로 호루라기 솔리드를 그룹(묶기)으로 만든다.

❿ 메뉴 [Material]을 선택하여 솔리드에 색상 및 질감을 적용한다.

<table>
<tr><td>

호루라기 원리

</td><td></td></tr>
<tr><td>

　취구에 공기를 불어 넣어 주면, 공기의 흐름은 절반씩 두 갈래로 나누어진다. 즉 구멍을 통해 밖으로 나가는 공기와 울림통 안으로 들어가는 공기의 흐름이다. 따라서, 구멍으로 나가는 음파(공기)와 울림통을 한 바퀴 휘돌아 나온 음파(공기)가 소리의 간섭(음파의 증폭)을 일으켜 소리가 난다. (구슬은 공기의 흐름을 방해하여 특유의 소리를 냄)

</td><td>

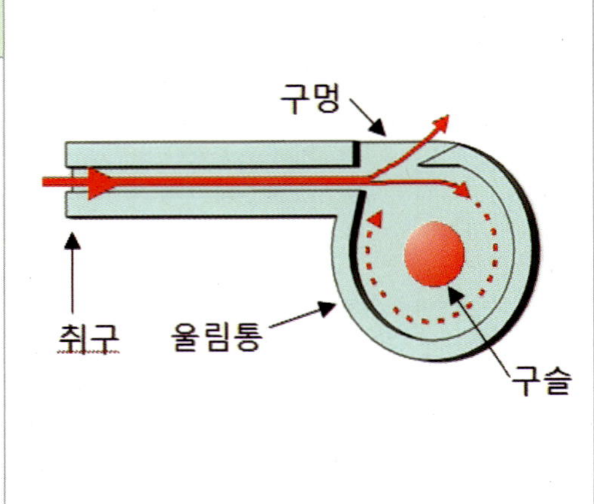

</td></tr>
</table>

1.1 호루라기의 설계도면 그리기

1 [파일 펼침 메뉴]에서 [Save...]-[To My Computer]를 선택한다.

❖ 모델링 과정 중 강제 종료되는 것에 대비하여 먼저 파일명을 저장해 놓고 가끔씩 저장해 주는 것이 좋다.

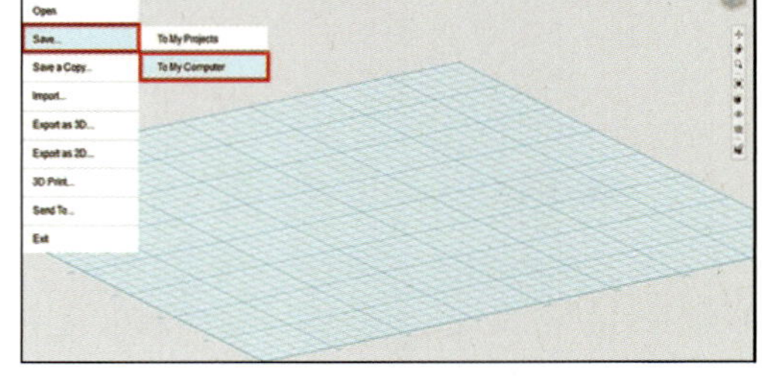

2 새 창에서 ⓐ저장할 폴더를 지정하고, ⓑ파일 이름(whistle.123dx)을 입력한 후, ⓒ[저장(S)] 버튼을 클릭한다.

❖ 새 파일(New)인 경우, 메뉴 [Save...]를 클릭하면 [Save a Copy...]를 클릭했을 때처럼, 새 창 (**다른 이름으로 저장**)이 나타난다.

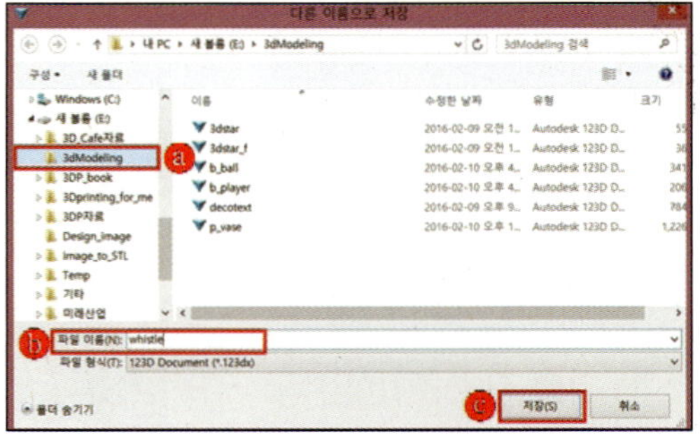

❸ [뷰-큐브]-[TOP]으로 시점 전환한다. 메뉴 [Sketch-Sketch Circle]을 선택하고, **지름 22**인 원을 그린다.

❖ 입력칸에 22를 입력하고 Enter↵ 키를 누른 후(수치 고정) 화면 클릭하여 그리기를 완료한다.

❖ 화면 우하단의 Units(단위)은 __mm__(기본값)으로 함

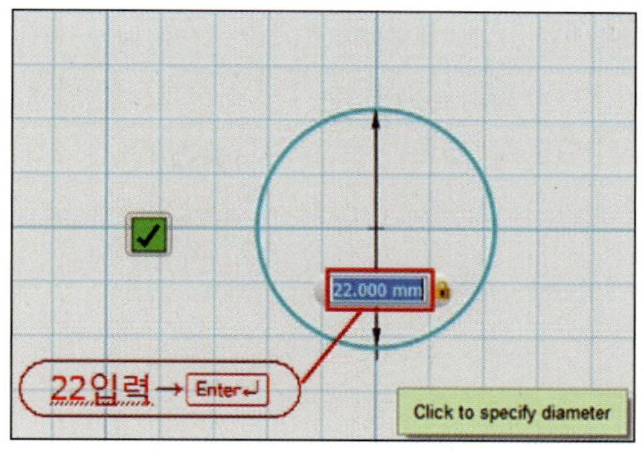

❹ 다시 원의 중심점을 클릭하여 **지름 18**인 원을 그린다. 종료(Exit Mode ✅) 버튼 클릭 또는 Esc 키를 누름!

❖ (과정3)에서 Enter↵ 키를 한번 더 눌러 종료하였으면 메뉴를 다시 선택하고 원의 **내부를 클릭**한 후 원을 그려야 한다.(일체형 도형관계)

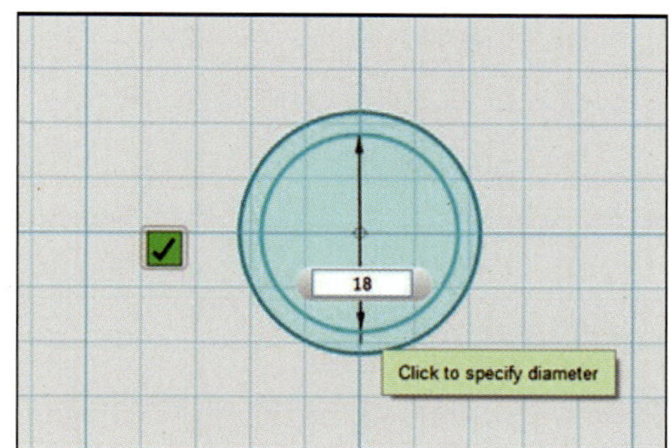

❺ 메뉴 [ketch-Sketch Rectangle]을 선택하고, ⓐ원의 **내부를 클릭**한 후, (큰 원의 ⓑ점 클릭→ⓒ점 클릭하여) 직사각형(__40×7.5__)을 그린다. (일체형 관계 도형)

❖ 입력칸에 수치를 입력하고 Enter↵ 키를 누른 후(수치 고정) 화면 클릭하여 그리기를 완료한다. (입력칸 이동 : [Tab]키 이용 가능)

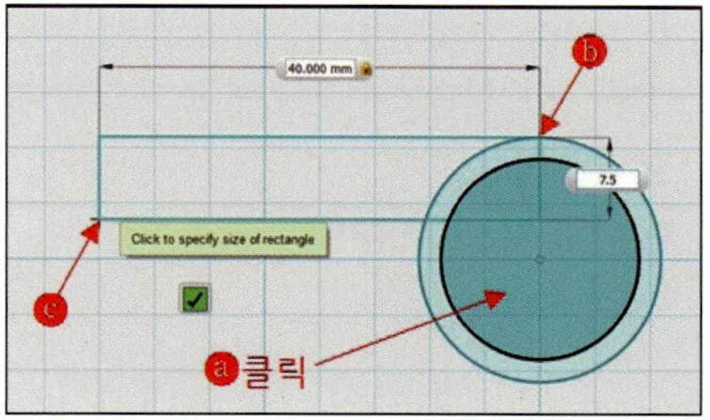

❻ 먼저 그린 직사각형 내부에 다른 직사각형(__40×2.5__)을 그린다.(ⓐ→ⓑ) 종료(Exit Mode ✅) 버튼 클릭 또는 Esc 키를 누름!

❖ (과정5)에서 Enter↵ 키를 한번 더 눌러 종료하였으면 메뉴를 다시 선택하고 사각형의 내부를 클릭한 후 사각형을 그려야 한다.(일체형 도형관계)

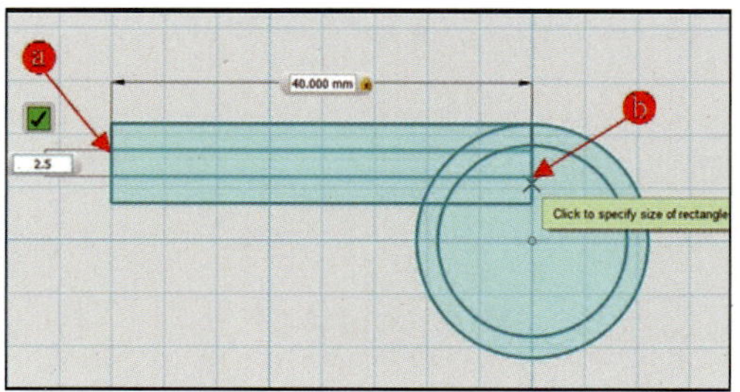

7 메뉴 [Sketch-Trim]를 선택하고, **ⓐ**스케치 면 내부를 클릭한 후, (지우려는) 선 위에 마우스커서를 올리면 빨간 선으로 변한다. 이때, **ⓑ** 빨간 선을 클릭하여 선을 삭제한다. 종료(Exit Mode **✅**) 버튼 클릭 또는 **Esc**키를 누름!

❖ [Trim] 툴을 이용하여 불필요한 선은 모두 삭제한다.

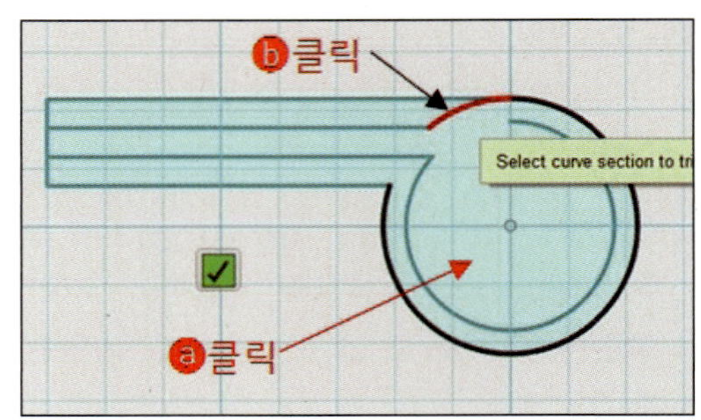

8 메뉴 [Sketch-Polyline]을 선택하고, 스케치 면 **내부를 클릭**한 후, 공기의 흐름을 고려한 선(**검은 선** 부분)을 그려서 스케치 면을 보완한다. 종료 (Exit Mode **✅**) 버튼 클릭 또는 **Esc**키를 누름!

❖ 취구로 들어온 공기의 절반은 구멍을 통해 바깥으로 나가고, 나머지 절반은 울림통 안으로 들어가도록 설계해야 한다.

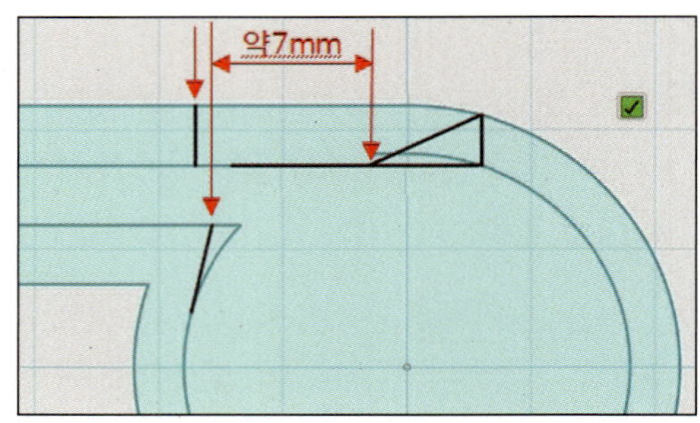

9 메뉴 [Sketch-Trim]를 선택하고, **ⓐ**스케치 면 내부를 클릭한 후, (지우려는) 선 위에 마우스커서를 올리면 빨간 선으로 변한다. 이때, **ⓑ** 빨간 선을 클릭하여 선을 삭제한다. 종료(Exit Mode**✅**) 버튼 클릭 또는 **Esc**키를 누름!

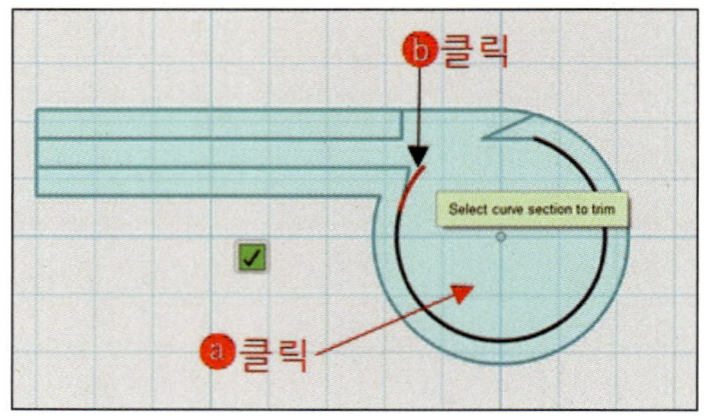

👣 1.2 간단한 호루라기 제작

10 [Home]으로 시점 전환한다. **ⓐ**스케치 면을 클릭하여 나타나는 [연관 메뉴]-**ⓑ**[Extrude]를 클릭한다. **ⓒ**[흰 화살표]를 위로 드래그하거나 입력칸에 **2**를 입력한다. 화면 빈 곳을 클릭하여 완료!

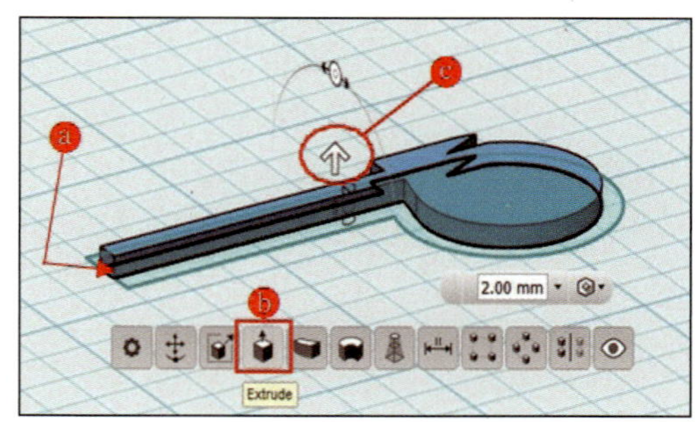

11 만들어진 솔리드를 선택한 후, [Ctrl]+C(복사)
⇨ [Ctrl]+V(붙여넣기)하여 복제 솔리드(윗덮개
용)를 만들어 둔다.

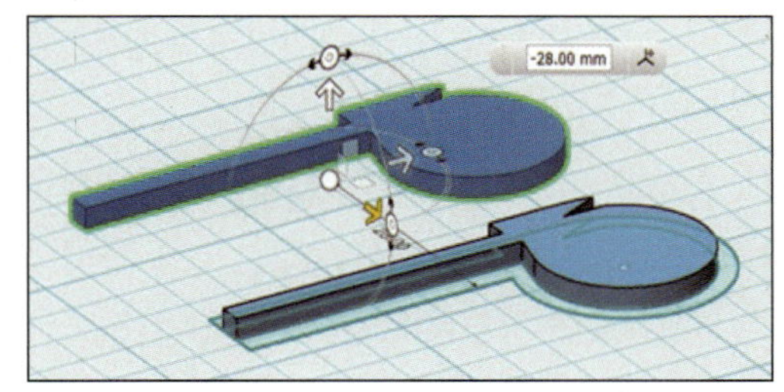

12 ⓐ스케치 면 2군데를 함께 클릭([Ctrl]+ 스케치
면 클릭)하고, [연관 메뉴]-ⓑ[Extrude]를 클
릭한다. ⓒ[흰 화살표]를 위로 드래그하거나 입
력칸에 **13**을 입력한다. ([Extrude]의 기본값인
[Merge]를 적용함) 화면 빈 곳을 클릭하여 완료!

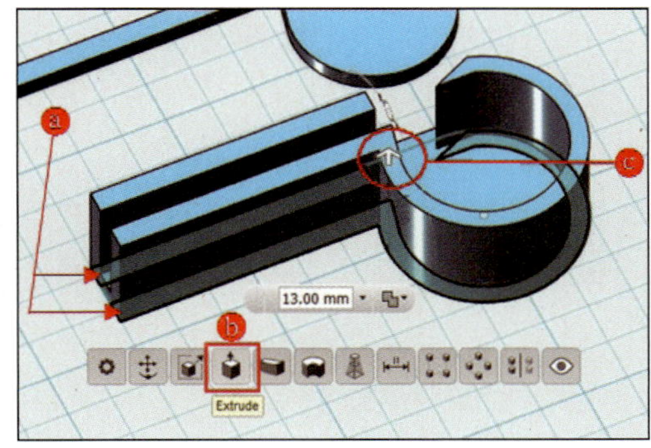

13 [Move] 툴을 이용하여 (과정11)에서 만들어
놓은 덮개 솔리드를 이동-배치한다.

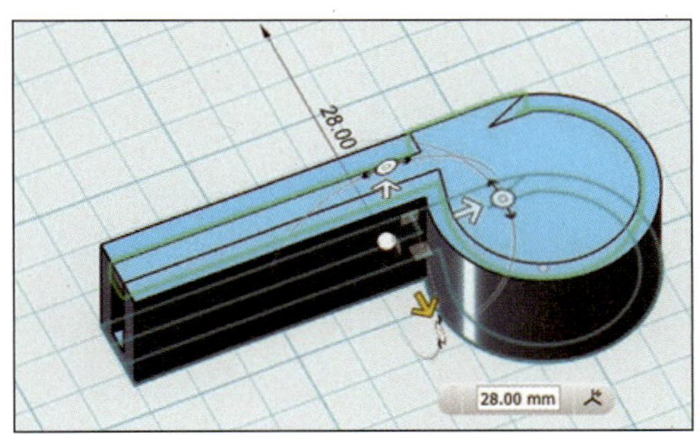

14 [뷰-큐브]-[TOP과 BACK 사이] 등으로 시점
전환한 후, 메뉴 [Primitives-Sphere]를 선
택한 후, 울림통 내부에 반지름 **4**인 구슬을 만들
어 배치한다.

❖ 구슬의 위치는 출력 후 (송곳을 이용하여) 바닥으로부
터 격리하기 쉽게 구멍 근처에 배치해야 한다.

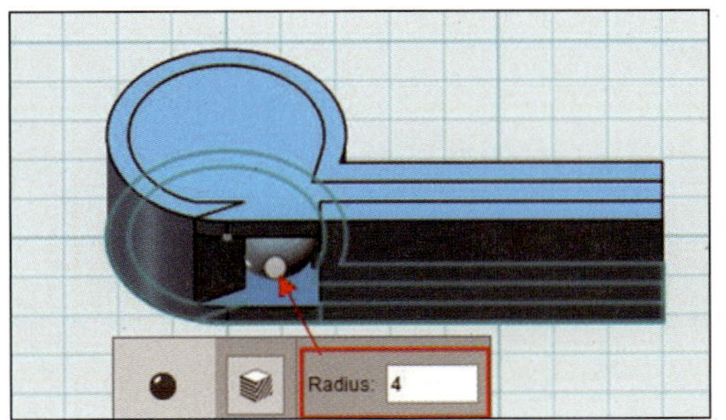

✈ 현재의 모델(과정14) 상태에서 출력하려면 호루라기 울림통 내부에 서포트(지지대)를 모델링 작업으로 설
치해야하며, 출력 후 구멍을 통해 송곳으로 제거할 수 있어야 한다. 그러나 다음 [1.3]의 과정으로 울림
통 윗덮개를 모델링하면 울림통 내부에 서포트(지지대) 없이 출력할 수 있다.

⓯ 울림통 내부에 서포트(지지대)없이 출력 가능하도록 윗덮개 솔리드를 모델링해보자. [뷰-큐브]-[TOP]으로 시점 전환한다. 메뉴 [Sketch-Three Point Arc]를 선택하고 윗덮개 표면 위의 두 점(ⓐ→ⓑ→ⓒ)을 연결하는 원호(곡선)를 그린다.

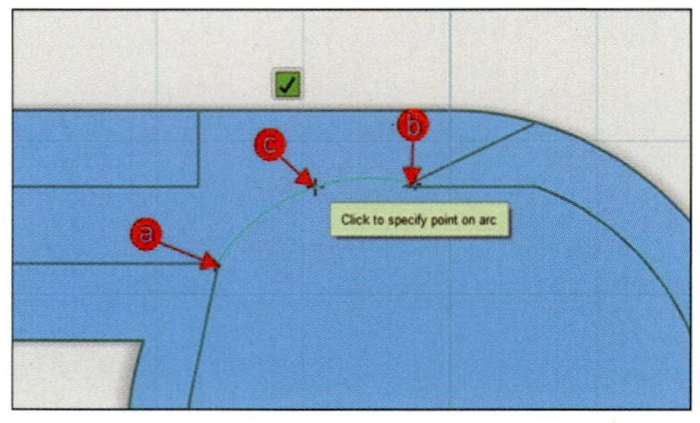

⓰ 메뉴 [Modify-Split Solid]를 선택하고, [Body to Split]탭-ⓐ덮개 솔리드(초록색 테두리)를 클릭하고, [Splitting Entity]탭 클릭-ⓑ곡선을 클릭한다.

❖ ⓒ원형덮개 솔리드를 클릭하여 삭제(Del키)한다.

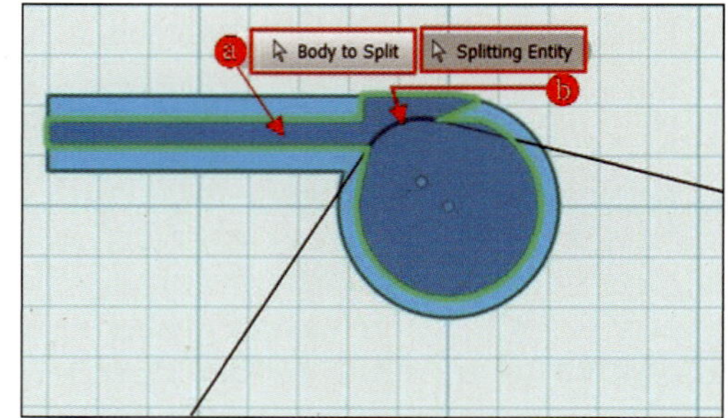

⓱ 메뉴 [Primitives-Hemisphere]를 선택하여 **반지름 11**인 반구를 만든다. [Home], [뷰-큐브]-[TOP과 BACK 사이]로 시점 전환한다. 메뉴 [Modify-Shell]을 선택하고 반구의 ⓐ평면 부분을 클릭한 후, 입력칸에 ⓑ2를 입력한다. 화면 빈 곳을 클릭하여 완료!

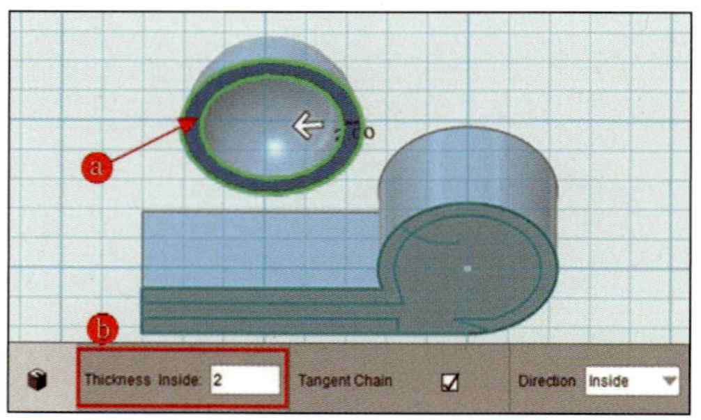

⓲ [Move] 툴을 이용하여 반구를 울림통 위에 이동-배치한다.

❖ 상황에 따라 [Home], [뷰-큐브]-[TOP] 등으로 시점 전환한다.

❖ [Move] 툴에서 [이동 사각점]을 드래그하면 평면 (x,y) 상에서 자유 이동시킬 수 있다.

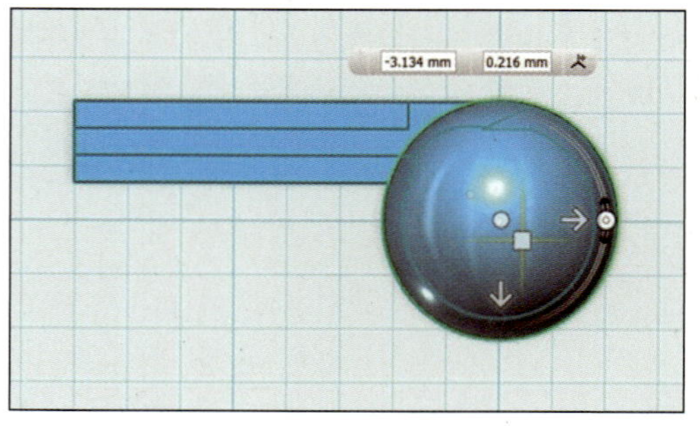

19 [Home]으로 시점 전환한다. 메뉴 [Primitives
-Circle]을 이용하여 반지름 3, 2, 1, 0.5mm
인 원을 동심원으로 각각 만든 후, 다음과 같이
[Move] 툴로 이동-배치한다.

❖ 3mm 원(기준)으로부터 다른 원의 이동-배치

	z방향이동	y방향이동	x축 회전각
0.5mm 원	7	9	−90°
1mm 원	7	7	−50°
1mm 원	4	2	−20°

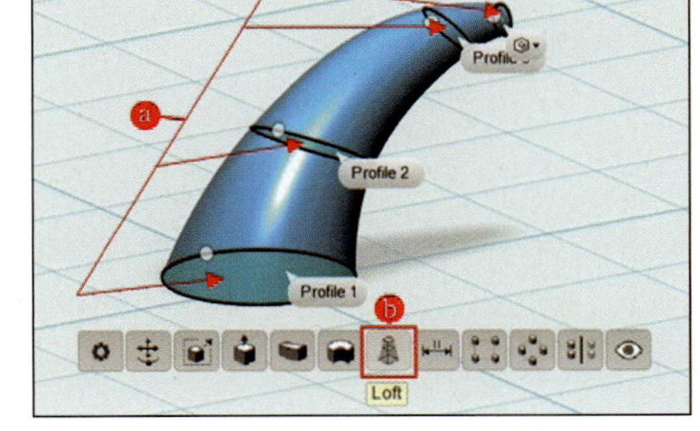

20 'Ctrl +원내부 클릭'방식으로 ⓐ4개의 원을 차
례로 선택한 후, [연관 메뉴]-ⓑ[Loft]을 선택한
다. 화면 빈 곳 클릭하여 뿔 모양 솔리드 완료!

❖ 마우스 휠을 굴려서 화면 확대한 후, 원을 선택할 때
는 원의 내부를 정확히(천천히) 클릭해야 오류가 발생
하지 않는다.

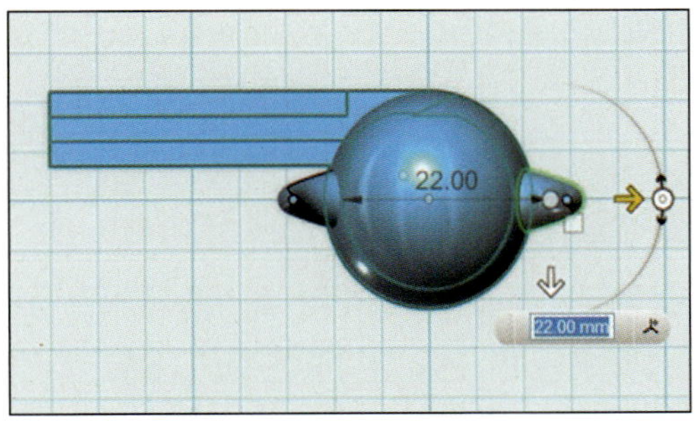

21 뿔모양 솔리드는 [Move] 툴을 이용하여 울림
통 왼쪽에 이동-배치하고, Ctrl +C(복사) ⇨
Ctrl +V(붙여넣기)로 만들어진 복제 뿔 솔리드
는 울림통 오른쪽에 이동-배치한다.

❖ 상황에 따라 [Home], [뷰-큐브]-[TOP],
[FRONT] 등으로 시점 전환하고, 마우스 휠로 화면
확대하면서 솔리드를 배치한다.

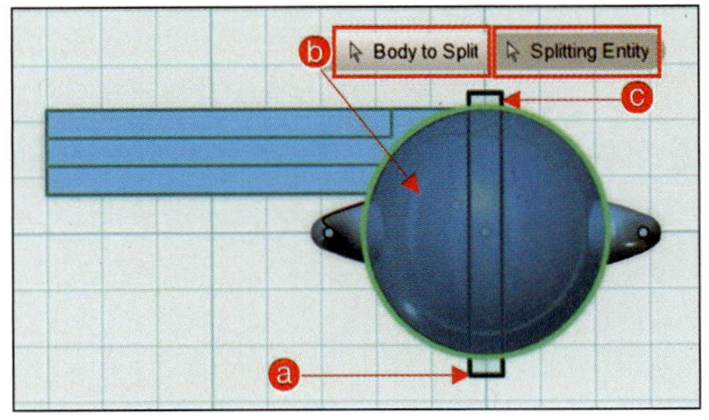

22 메뉴 [Sketch-Sketch Rectangle]를 선택
하여 ⓐ직사각형(3×25)을 반구 중심에 맞춰 그
린다. 메뉴 [Modify-Split Solid]를 선택한
후, [Body to split]탭-ⓑ나누기 할 반구를 선
택하고, [Splitting Entity] 탭 클릭-직사각형
ⓒ선(변)을 클릭한다. 화면 빈 곳 클릭하여 '솔리
드 분할' 완료!

❖ [뷰-큐브]-[FRONT]의 시점에서 반구 하단 부분도 솔리드 분할(Split Solid)한다.

23 메뉴 [Modify-Press Pull]을 선택하고, **ⓐ**¼반구 2개의 곡면(초록색 원)을 하나씩 클릭한 후, 입력칸에 **ⓑ**'-0.5'를 입력한다. 화면 빈 곳을 클릭하여 완료!

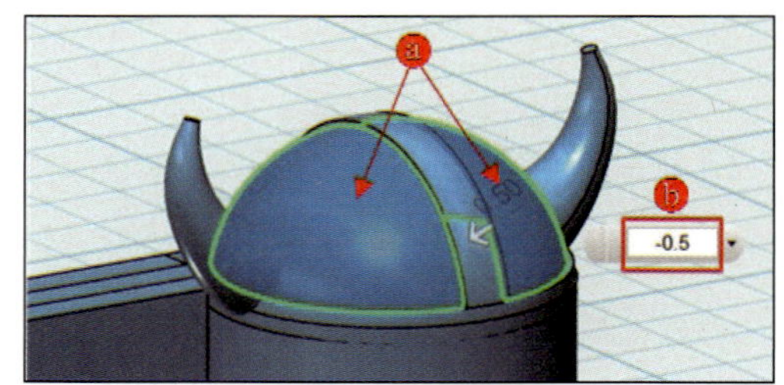

24 메뉴 [Primitives-Torus]을 선택하여 원환체 (Major Radius : 2, Minor Radius : 0.8)를 만든 후, [Move]툴로 반구의 정수리에 이동-배치한다.

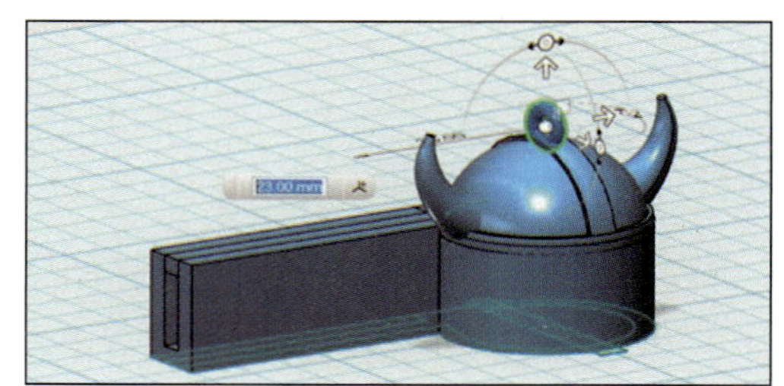

25 메뉴 [Modify-Fillet]을 선택하고, 호루라기의 **ⓐ**모서리들을 하나씩 클릭한 후, 입력칸 [Fillet Radius(반지름)]에 **ⓑ**0.5를 입력하여 모서리들을 부드럽게 처리한다. 화면 빈 곳을 클릭하여 완료!

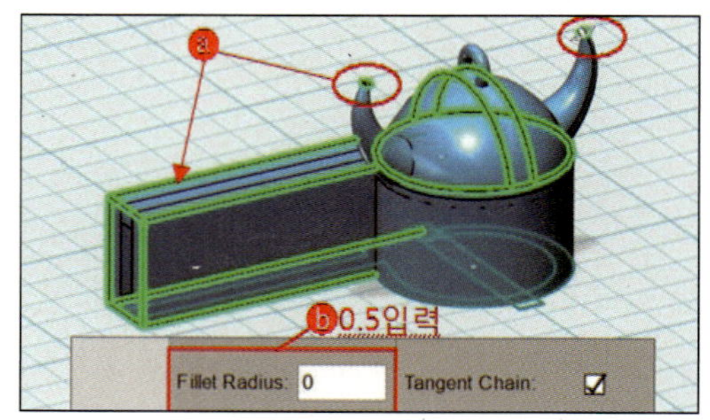

26 메뉴 [Grouping-Group]을 선택한 후, 화면 [좌→우]로 드래그 하여 솔리드 전체를 선택한다. 화면 빈 곳을 클릭하여 '묶기' 완료!

❖ 그룹 확인 : 마우스 커서를 솔리드 위에 올리면 솔리드 주위에 초록선 테두리가 생긴다.

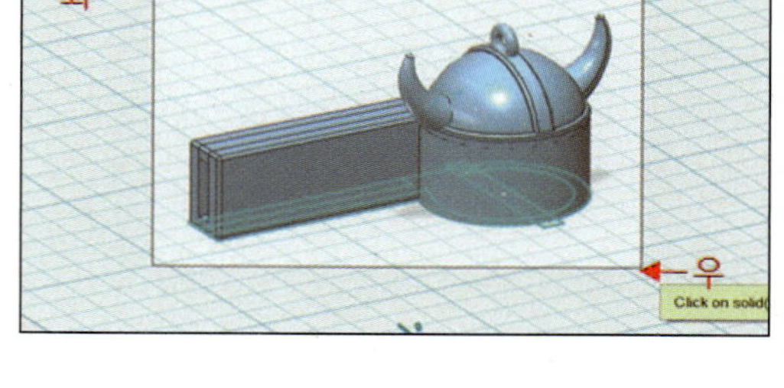

27 화면제어 바에서 [Hide Sketches], [Materials Only]를 각각 클릭한다.

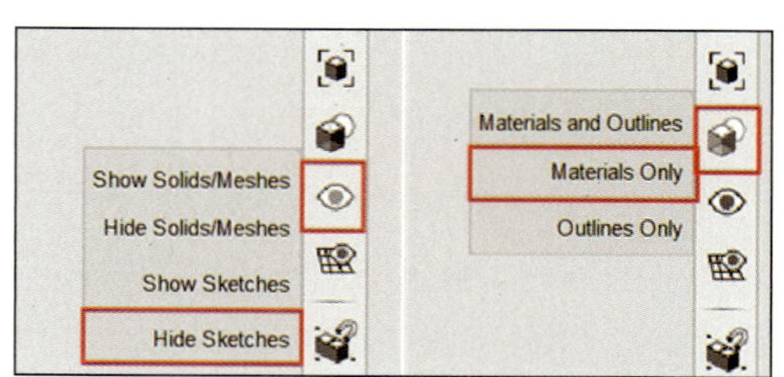

28 1. 솔리드에 색상 및 질감을 적용하기 위하여 메뉴 [Material]을 선택한다.

2. 먼저 ❶호루라기 솔리드를 클릭한 후, 새 창(Materials)에서 [Apply Overlay □]를 ❷체크 ☑하고, 좌측 '재질리스트'에서 ❸질감(Common-Matte Plastic)을 선택한다.

3. 우측 '색상환/마름모'에서 원하는 색상과 명도(❹→❺)를 클릭하여 솔리드의 색깔을 바꾼다. 화면 빈 곳을 클릭하여 완료! 새 창의 창닫기(❌)를 클릭하여 종료!

❖ 질감과 색상을 먼저 선택한 후, 호루라기 솔리드를 나중에 클릭해도 된다.

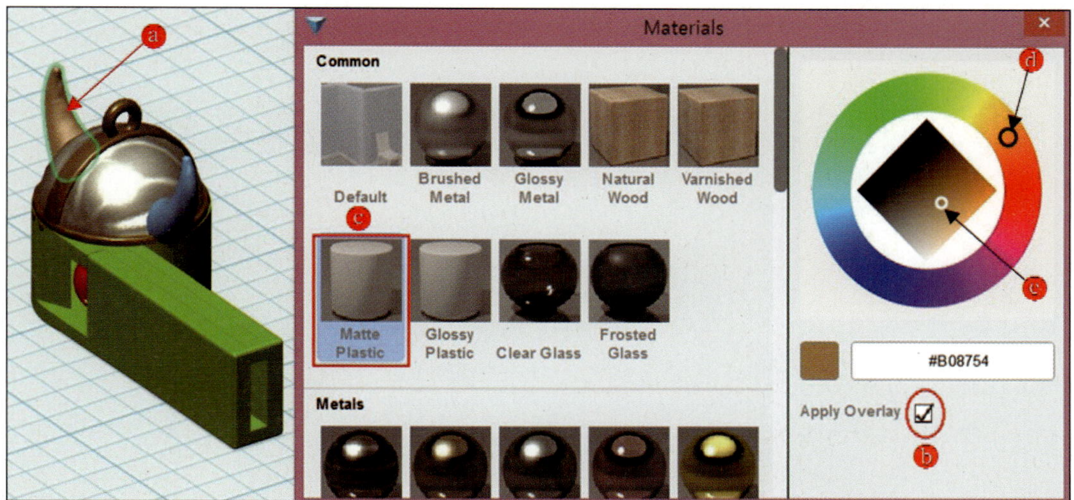

29 [파일 펼침 메뉴]에서 [Save...]-[To My Computer]를 선택하여 파일(whistle.123dx)을 최종 저장한다. 호루라기 파일 완성!

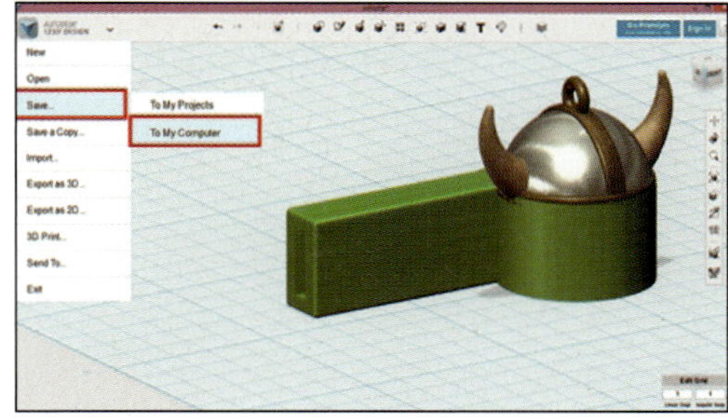

3D 프린팅의 정석
예 제 해 설
06

원 쪽수	예제 번호	핵심 내용	해설 쪽수	원 쪽수	예제 번호	핵심 내용	해설 쪽수
31	예제01	[뷰-큐브] 등의 시점전환	31	130	예제22	[Revolve]툴로 병 만들기	289
37	예제02	스냅 거리 선택	277	135	예제23	[Loft]툴과 스케치면	290
46	예제03	열린 곡선의 복사	277	135	예제24	[Loft]툴로 병 만들기	290
57	예제04	[Move]툴의 입력칸 이용	277	141	예제25	[Extrude]와 [Press Pull]차이	291
59	예제05	[Align]툴로 정렬	278	141	예제26	[Extrude]와 [Press Pull]차이	292
62	예제06	[Smart Scale]툴 적용	279	149	예제27	[Fillet]과 [Chamfer]툴 적용	292
64	예제07	[Scale]툴의 적용	279	149	예제28	[Fillet]과 [Chamfer]툴 적용	293
73	예제08	[Prism]-10각기둥, [Pyramid]툴-6각뿔	280	157	예제29	[Polyline]으로 솔리드 자르기	294
85	예제09	독립형, 일체형 도형 관계	280	158	예제30	[Align], [Split Solid]툴- 지구내부구조 모형	295
85	예제10	독립형, 일체형 도형 관계	280	158	예제31	[Split Face], [Split Solid] 등 의 차이	296
92	예제11	[Spline]툴로 튤립 그리기	281	163	예제32	[Shell]툴로 2개의 면 제거	297
93	예제12	[2 Point Arc] 툴로 무지개모양 그리기	281	163	예제33	[Shell]툴로 속 비우기 (물고기 저금통)	298
96	예제13	[3 Point Arc] 툴로 세 점 연결하기	282	172	예제34	[Circular Pattern]툴로 눈 결정 만들기	300
97	예제14	[3 Point Arc] 툴로 태극문양 그리기	282	172	예제35	스케치 면의 [Pattern]툴 적용	301
104	예제15	[Trim]툴 적용	283	174	예제36	[Path Pattern]툴-레일 침목 배열	302
105	예제16	[Extend]툴 적용	240	179	예제37	[Mirror]툴로 좌우대칭 도형(나비날개) 그리기	303
110	예제17	[Project]툴의 투영면	283	188	예제38	[Group]과 [Merge] 차이	304
117	예제18	[Extrude] 툴로 연필 만들기	285	190	예제39	[Combine]-[Merge], [Subtract], [Intersect]	305
117	예제19	[Extrude]툴의 옵션	286	199	예제40	[Text]툴 적용	307
122	예제20	[Sweep] 툴로 말굽자석 만들기	287	203	예제41	[Snap]툴 적용	309
130	예제21	[Revolve]툴의 [Profile]탭 적용	288	212	예제42	단축키 이용	309

예제 해설

예제01 ·· 31쪽

→ 해설 : 예제 하단(31~33쪽)

예제02 정답 : ③ ·························· 37쪽

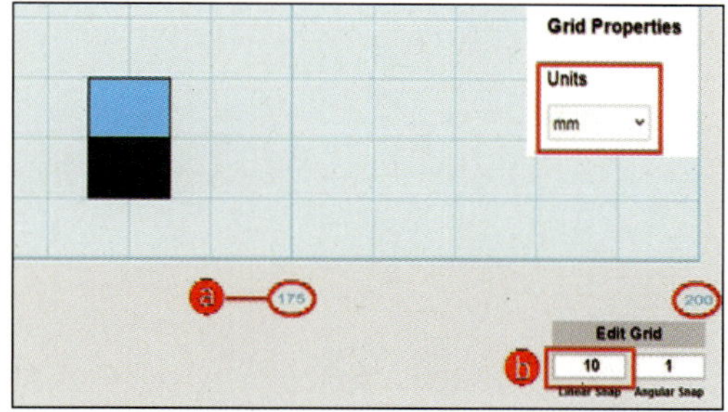

1. 그리드의 5칸이 ⓐ'175~200'이므로 모눈종이 한 칸은 **5mm**임을 알 수 있다.
2. 화면 우하단 ⓑ[Linear Snap : 10]으로 설정 되어 있다.

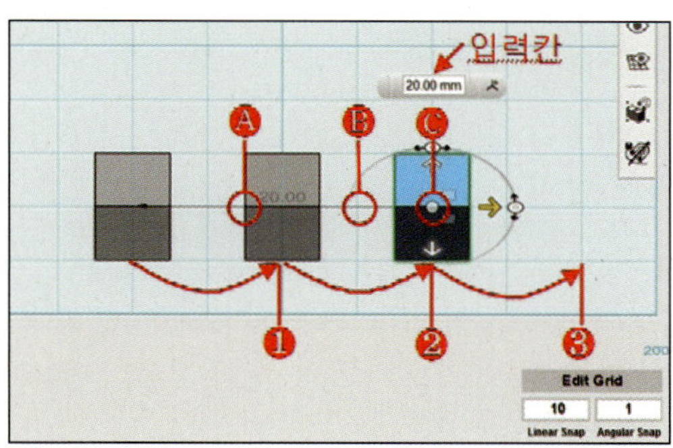

3. 육면체를 [Move] 툴의 [흰 화살표]로 우측 드래그하여 이동시킬 때, 이동거리는 10의 배수인 ❶10mm, ❷20mm, ❸30mm 등의 지점에서만 Snap(붙이기)하며 이동한다. 따라서 ⓒ점 20mm(③번)만 정답임

❖ '입력칸'에 수치를 입력하면 연속적인 원하는 거리를 이동시킬 수 있음

예제03 정답 : ③ ·························· 46쪽

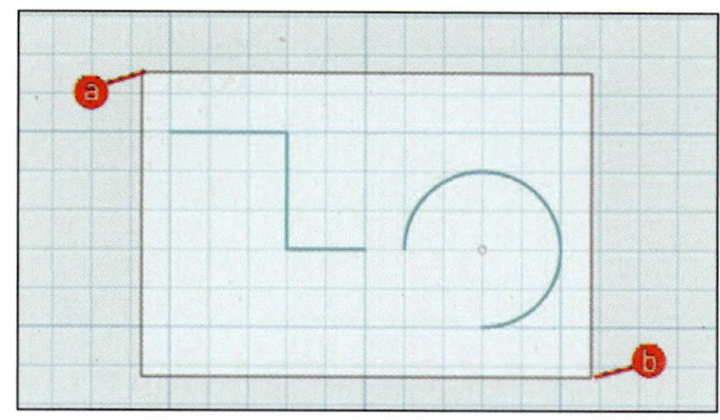

1. 점 ⓐ에서 점 ⓑ까지 드래그하여 직선과 열린 곡선을 선택한다.

❖ 직선, 열린 곡선은 클릭으로 선택하면 복사 불가능함

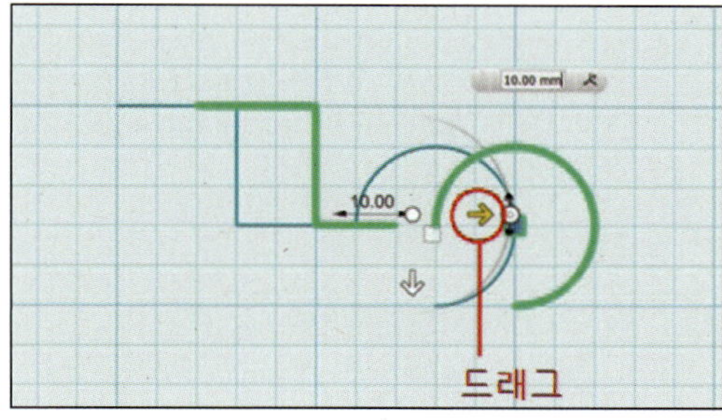

2. 'Ctrl+C(복사) ⇨ Ctrl+V(붙여넣기)'한 후, [흰 화살표]를 드래그하여 복제선을 원본에서 분리한다. 화면 빈 곳 클릭하여 완료!

예제04 ·· 57쪽

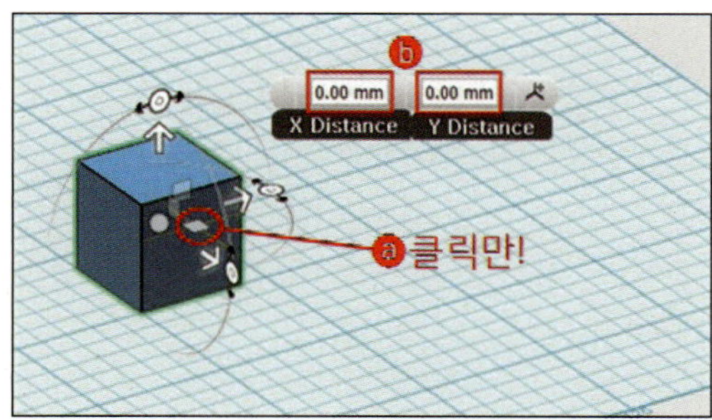

1. 메뉴 [Transform-Move/Rotate]를 선택한 후, 육면체를 클릭한다.
2. 육면체에 나타난 ⓐ(x, y)평면의 [이동 사각점]을 클릭만 한다.(x, y 거리 ⓑ입력칸 2개가 나타남)

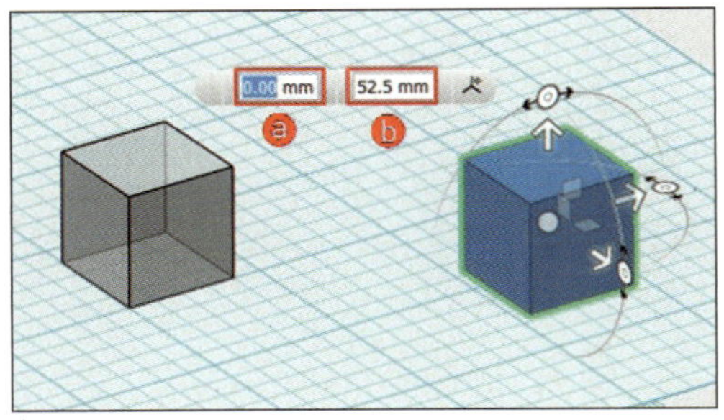

3. x 입력칸에 ⓐ38을 입력하고, y 입력칸에 ⓑ52.5를 입력한다. 화면 빈 곳 클릭하여 완료!

예제05 ·························· 59쪽

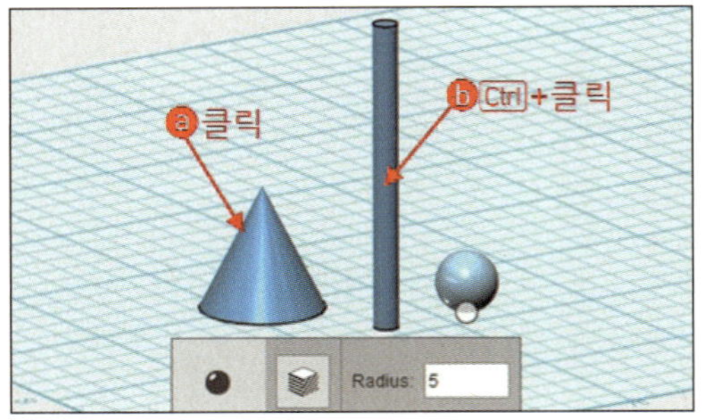

1. 메뉴 [Primitives-Cone, Cylinder, Sphere] 를 이용하여 원뿔(기본값), 원기둥(Radius : 2, Height : 50), 구(Radius : 5)를 만든다.

2. 메뉴 [Transform-Align]을 선택한 후, ⓐ원뿔 을 클릭하고, ⓑCtrl+원기둥를 클릭하여 원뿔과 원기둥을 함께 선택한다.

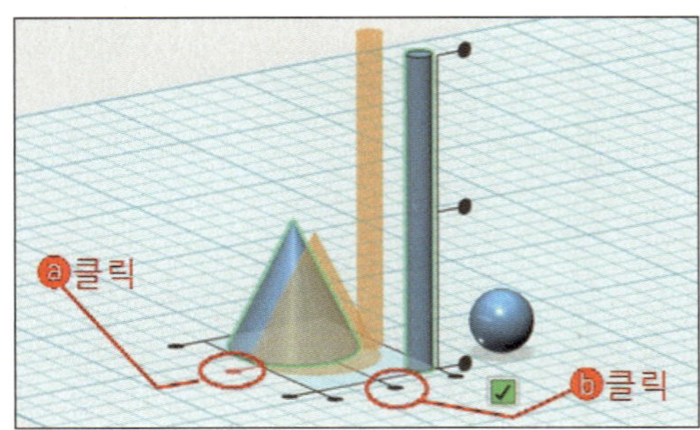

3. ⓐx축, ⓑy축 중앙의 둥근 핸들을 하나씩 클릭하여 원뿔과 원기둥의 중심점을 일치시킨다(둥근 핸들 위에 마우스커서를 올리면 정렬 위치를 미리 확인 가능함). 종료(✓)버튼 클릭하여 완료!

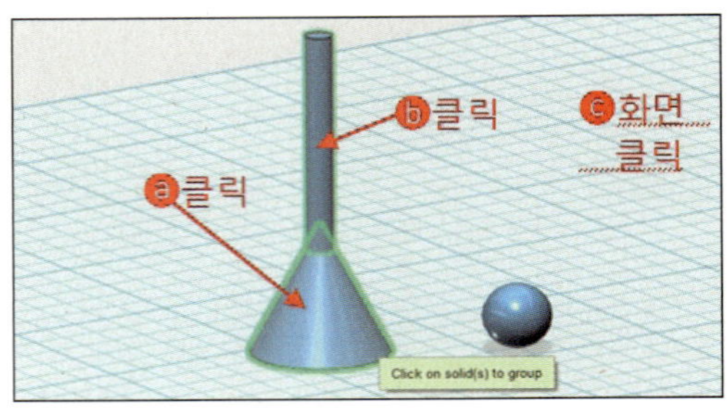

4. 메뉴 [Grouping-Group]을 선택한 후 ⓐ원뿔과 ⓑ원기둥을 클릭한다. ⓒ화면 빈 곳 클릭하여 원뿔 과 원기둥 '묶기' 완료!

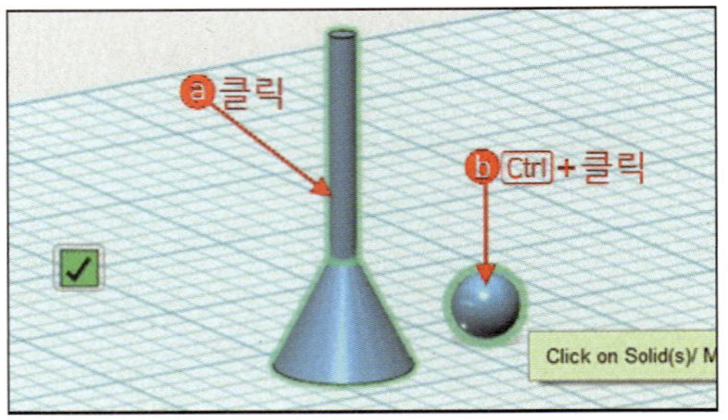

5. 메뉴 [Transform-Align]을 선택한 후, ⓐ원기 둥을 클릭하고, ⓑCtrl+구를 클릭하여 원기둥과 구를 함께 선택한다.

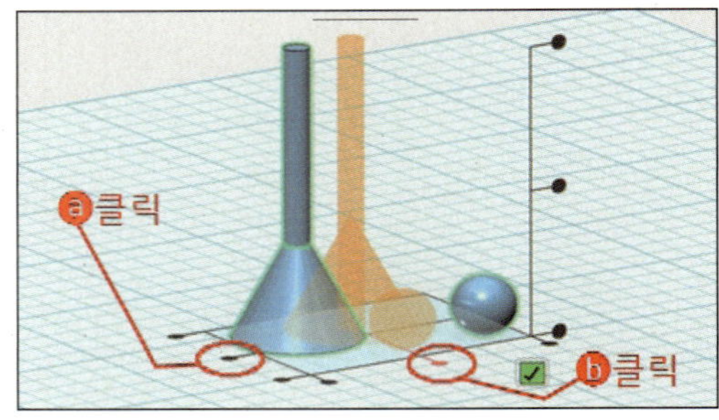

6. ⓐx축, ⓑy축 중앙의 둥근 핸들을 하나씩 클릭하여 구와 원기둥의 중심점을 일치시킨다.

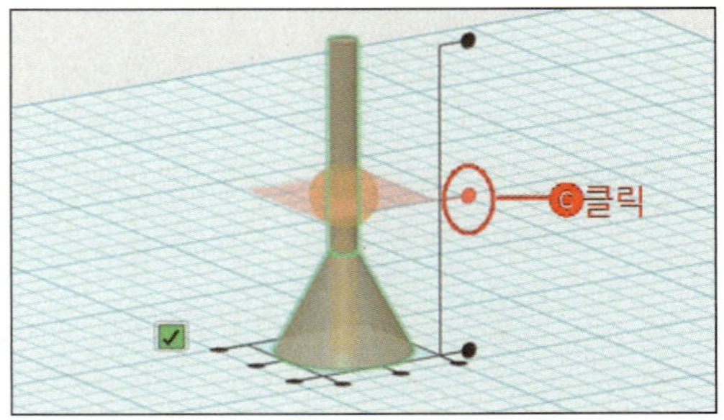

7. ⓒz축 중앙의 둥근 핸들을 클릭하여 구와 원기둥의 중심점을 일치시킨다.

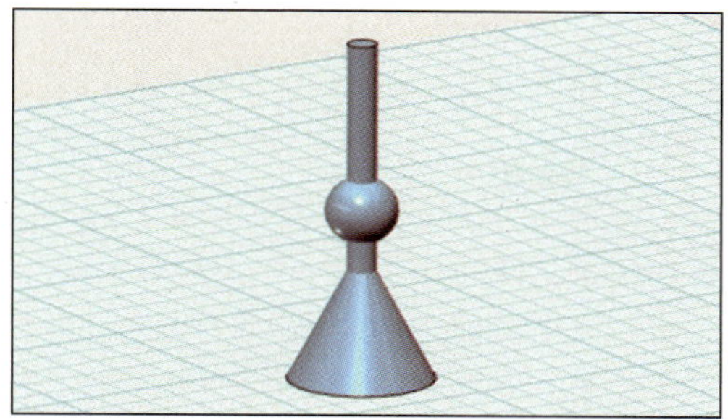

8. 종료(✓)버튼 클릭하여 완료!

예제06 ·························· 62쪽

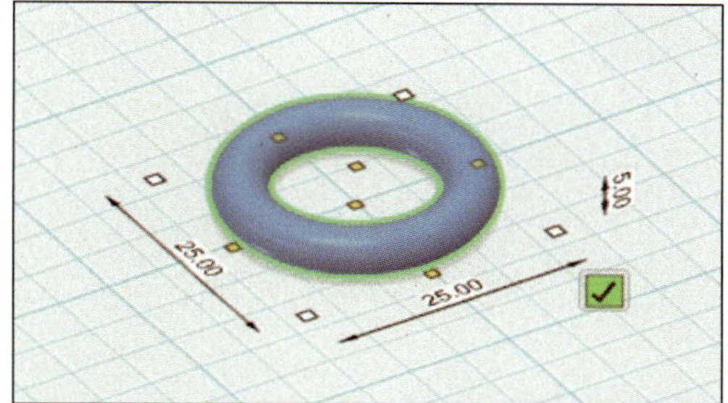

1. 메뉴 [Primitives–Cone]으로 원환체(기본값)를 만든다.
2. 메뉴 [Transform–Smart Scale]을 선택한 후 원환체를 클릭한다.

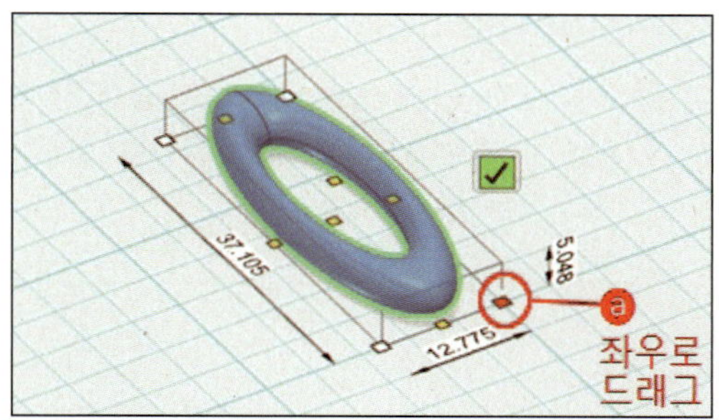

3. 모서리 조절점을 ⓐ좌우로 드래그하여 크기를 조절한다. (x, y 평면상의 크기 조절)

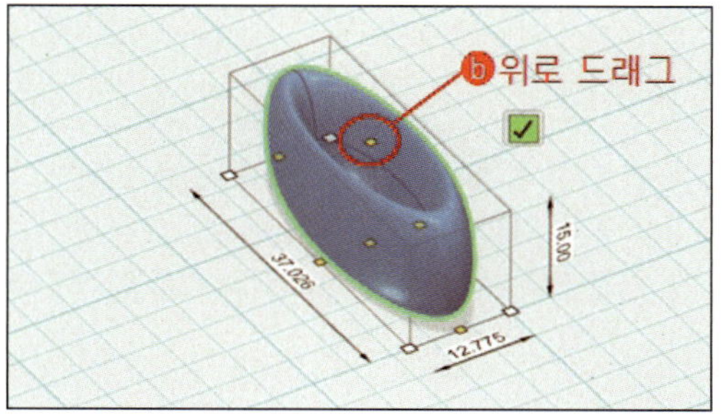

4. 윗면 중앙 조절점을 ⓑ위로 드래그한다. 종료() 버튼 클릭하여 완료!

❖ 정확한 수치 변형 : 치수 보조선 또는 수치를 클릭하여 나타나는 입력칸에 수치를 입력한다.

예제07 ·························· 64쪽

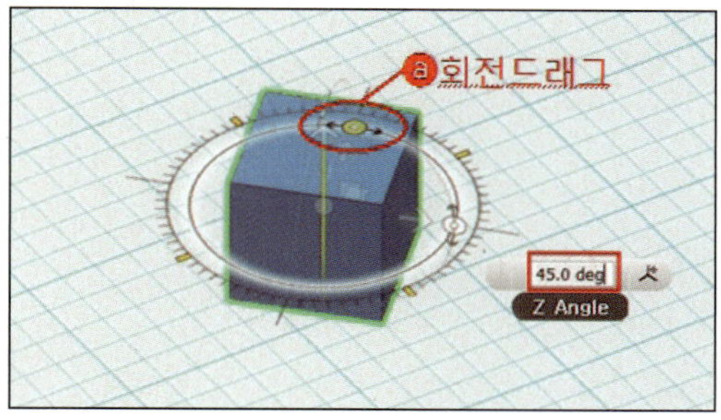

1. 메뉴 [Primitives–Box]로 육면체(기본값)를 만든다.
2. 메뉴 [Transform–Move/Rotate]를 선택한 후, 육면체를 클릭하고, z축 ⓐ[검은 화살표]를 회전 드래그하여 45°회전시킨다(또는 입력칸에 45 입력함). 화면 빈 곳 클릭하여 완료!

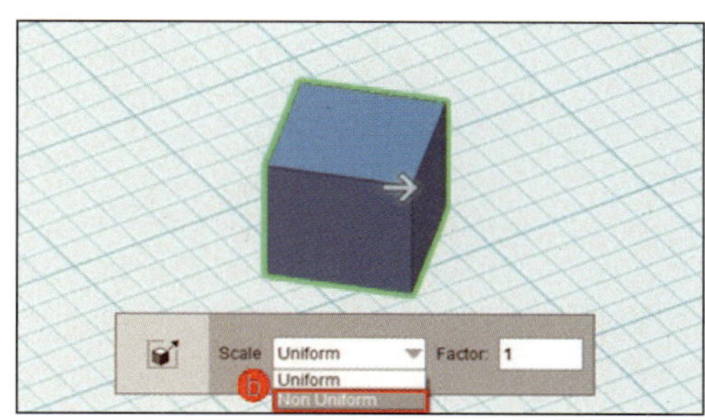

3. 메뉴 [Transform–Scale]을 선택한 후 육면체를 클릭한다.
4. 하단 입력창의 [Scale] 드롭다운 버튼에서 ⓑ[Non uniform(불균일)]을 선택한다.

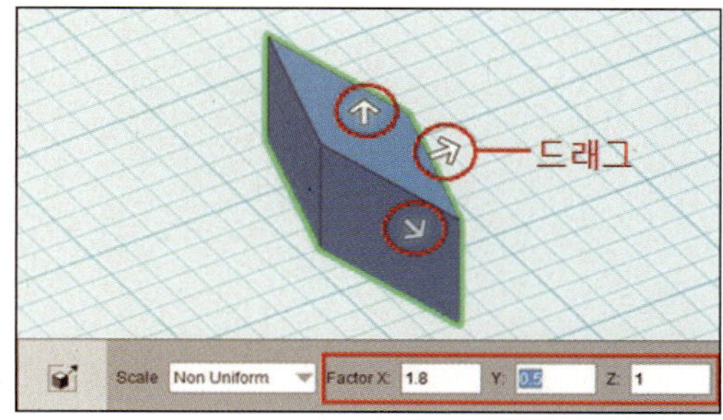

5. 세 축방향의 [흰 화살표]를 각각 드래그하여 방향
   별로 증감시키거나 세 입력칸 [Factor X : 1.8,
   Y : 0.5, Z : 1]을 각각 입력한다. 화면 빈 곳 클
   릭하여 완료!

예제08 ······································ 73쪽

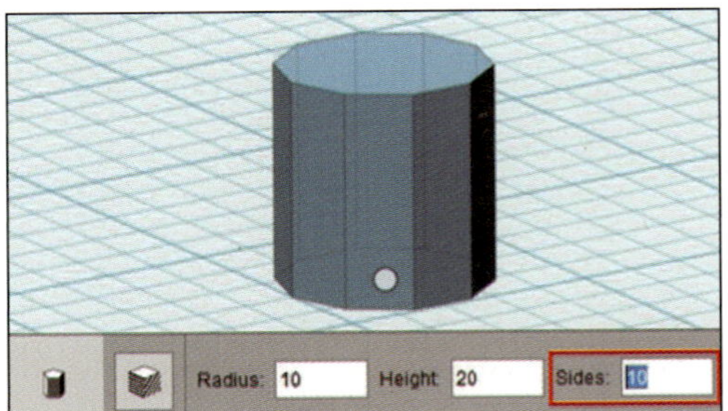

(1) 메뉴 [Primitives-Prism]을 선택하고, 화면
    하단의 입력칸 [Sides : 10]을 입력하면 10각
    기둥이 만들어진다.

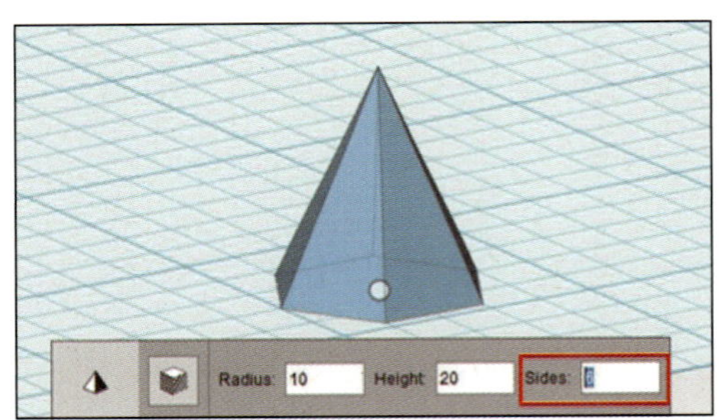

(2) 메뉴 [Primitives-Pyramid]를 선택하고,
    화면 하단의 입력칸 [Sides : 6]을 입력하면 6
    각뿔이 만들어진다.

예제09 정답 : ① ③ ······················ 85쪽

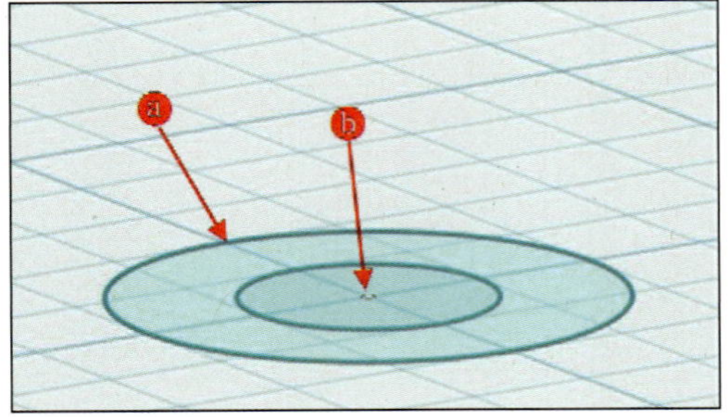

두 도형의 관계 : 독립형 (2가지)

❶ 먼저 ⓐ큰 원(스케치 면)을 그린 후 ⇨ 메뉴
  ⓑ[Primitives-Circle]로 작은 원(스케치 면)을
  그리는 경우

❷ 먼저 ⓐ큰 원(스케치 면)을 그린 후 ⇨ 메뉴
  ⓑ[Sketch-Sketch Circle]을 선택하고, 첫 번
  째 큰 원의 외부를 클릭하였다가 두 번째 원을 그리
  는 경우

❖ [Primitives]와 [Sketch] 툴에 의한 두 도형의 관
  계 : 81쪽 참고

예제10 ······································ 85쪽

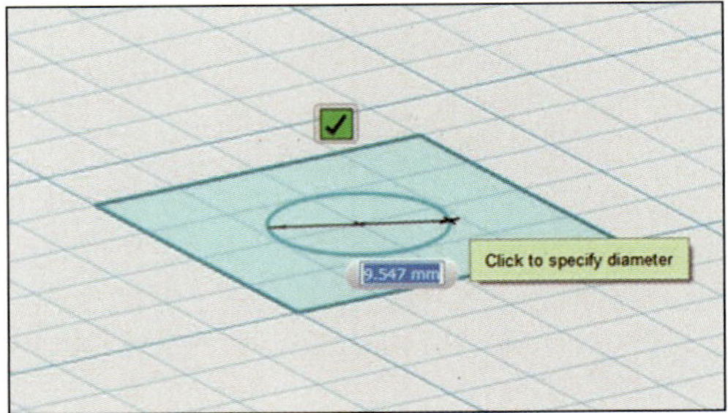

②-1. 메뉴 [Primitives-Rectangle] 또는
     [Sketch-Sketch Rectangle]을 선택하
     여 사각형을 그린다.

②-2. 메뉴 [Sketch-Sketch Circle]을 선택
     하고, 사각형의 면(내부)을 클릭한 후 사각형
     위에 작은 원을 그린다.

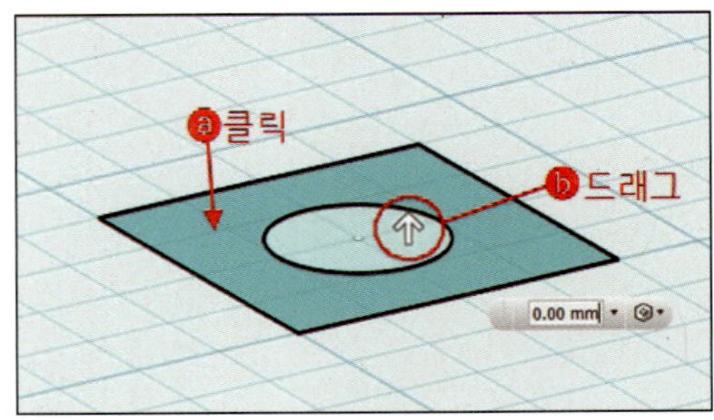

②-3. 메뉴 [Construct-Extrude]를 선택하고,
     원의 여집합과 사각형의 ⓐ교집합 부분(진초
     록 면)을 클릭한 후 ⓑ[흰 화살표]를 위로 드
     래그하여 돌출시킨다.

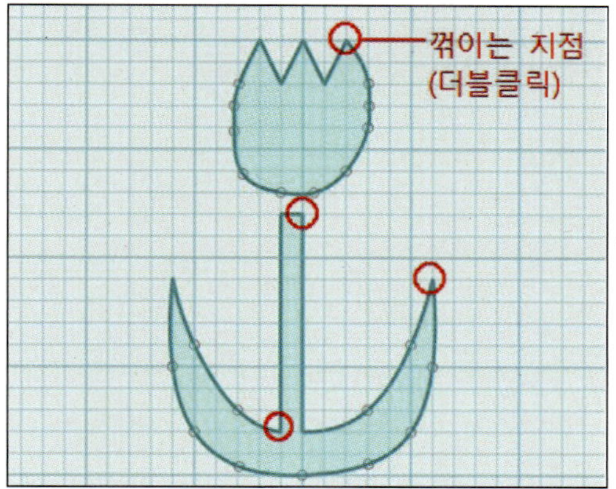

1. 메뉴 [Sketch-**Spline**]을 이용하여 튤립모양을 대략 그린다.

❖ 모서리 꺾이는 지점에서는 **더블클릭**하여 끊어 주었다가 다시 이어서 그린다.

❖ 스케치 면 만드는 다른 방법 : [Spline]으로 그린 곡선과 [Polyline]으로 그린 직선을 연결할 때는 **스케치편집모드**를 이용해야 한다.

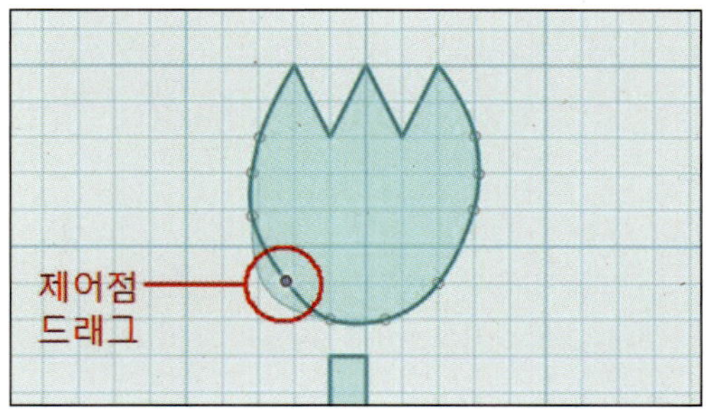

2. [Spline]으로 선을 그리면서 클릭했던 점(제어점) 들을 드래그하여 원하는 모양과 크기로 도형을 변형시킨다.

3. 제어점 드래그로 튤립 스케치 면 완성!

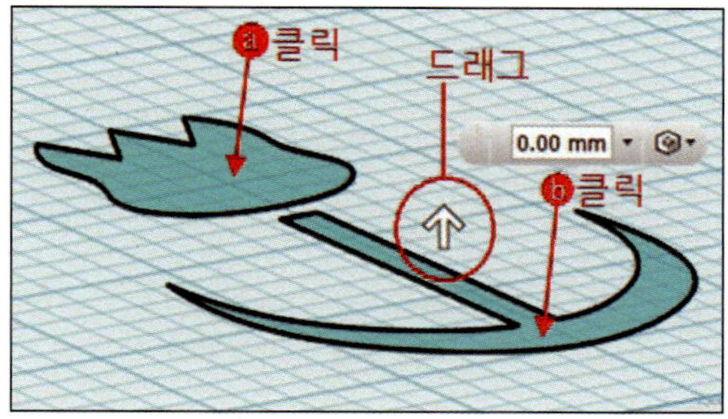

4. [Home]으로 시점 전환한다.

5. **[Extrude] 툴 적용 메뉴** [Construct-Extrude]를 선택하고 튤립 스케치 면을 하나씩 클릭(ⓐ, ⓑ)한 후, [흰 화살표]를 위로 10㎜ 드래그한다. 화면 빈 곳 클릭하여 완료!

❖ [Extrude] 툴 사용법 : 111쪽

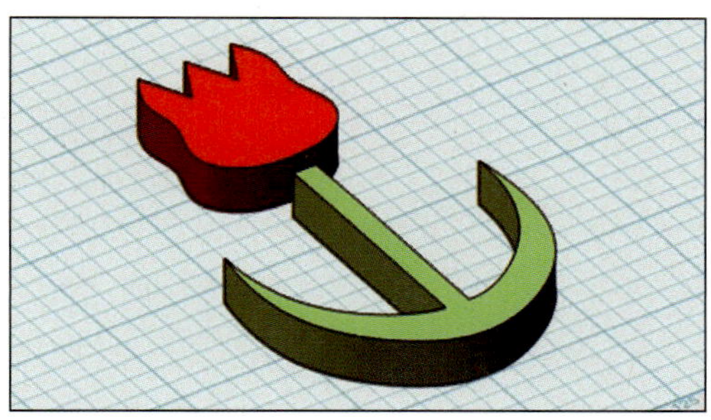

6. 메뉴 [Material]을 선택하여 색상-질감을 적용한다.

❖ [Material] 툴 사용법 : 204쪽

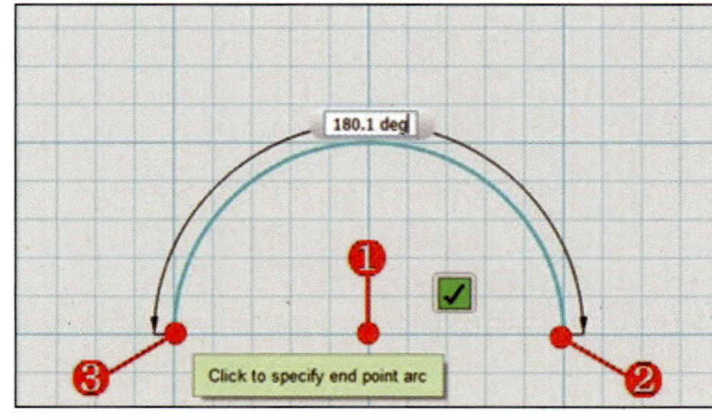

1. 메뉴 [Sketch-**Two Point Arc**]를 선택하고, 화면을 클릭하여 준비한다.

2. ❶시작점(원호의 중심점)을 클릭한 후, ❷두 번째 클릭한 지점부터 ❸세 번째 클릭하는 점까지 원호가 그려진다.

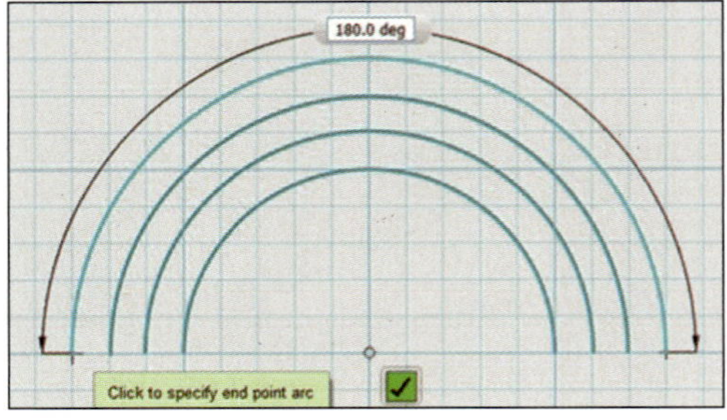

3. [과정2]와 같은 방식으로 나머지 원호를 그린다.
   종료(✔)버튼 클릭하여 완료!

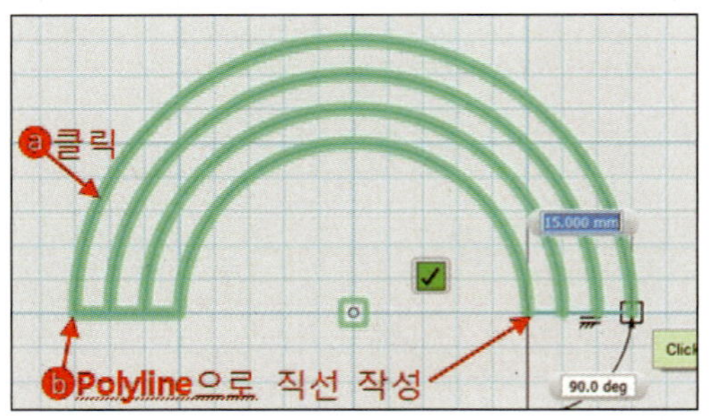

4. 메뉴 [Sketch-Polyline]을 선택하고, ⓐ원호
   (곡선)를 클릭한 후 스케치 편집모드(굵은 초록 선)
   에서 원호의 끝부분에 ⓑ직선을 연결하여 그린다.
   종료(✔)버튼 클릭하여 완료!

예제13 정답 : ② 96쪽

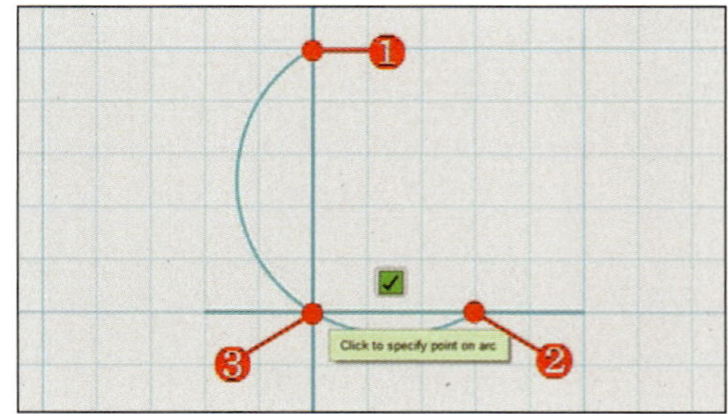

1. 메뉴 [Sketch-Three Point Arc]를 선택하고,
   화면을 클릭하여 준비한다.

2. 그림과 같이 세 점 ❶→❷→❸의 순서대로 클릭한
   다. 종료(✔)버튼 클릭하여 완료!

예제14 .... 97쪽

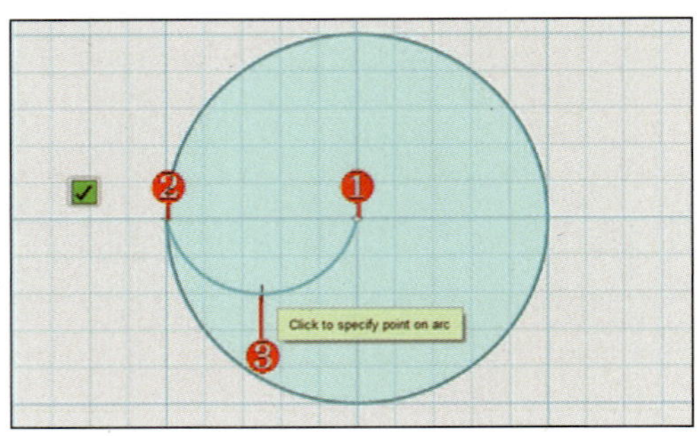

1. 메뉴 [Sketch-Sketch Circle]을 선택하여 원을
   그린다.

2. 메뉴 [Sketch-Three Point Arc]를 선택한 후,
   원의 내부를 클릭한다.

3. ❶원의 중심을 클릭하고 ❷두 번째 지점을 클릭한
   후 ❸세 번째 점을 클릭하여 원호를 그린다.

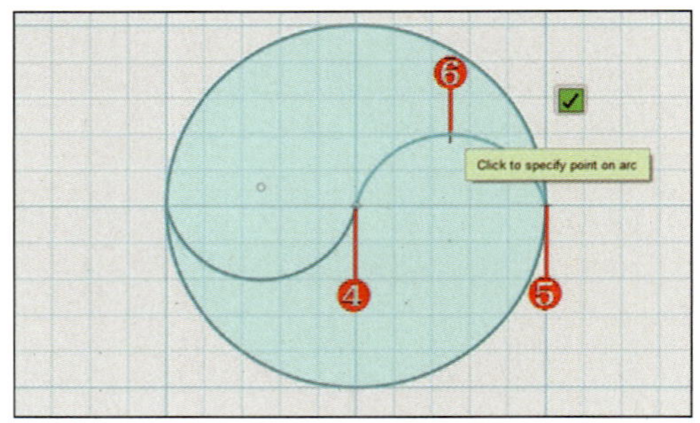

4. 이어서, 원의 중심부터 세 점 ❹→❺→❻의 순서대
   로 클릭하여 태극문양을 완성한다. 종료(✔)버튼
   클릭하여 완료!

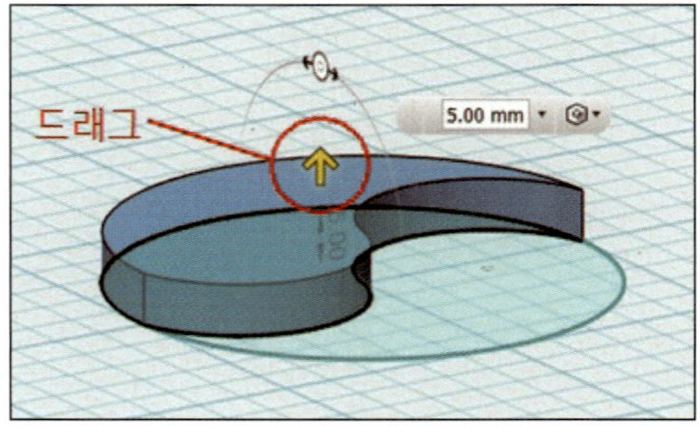

5. [Home]으로 시점 전환한다.

6. **[Extrude] 툴 적용** 메뉴[Construct-Extrude] 를 선택하고 태극문양의 반쪽 스케치 면을 클릭한 후, **[흰 화살표]**를 위로 5㎜ 드래그 한다. 화면 빈 곳 클릭하여 완료!
❖ [Extrude] 툴 사용법 : 111쪽

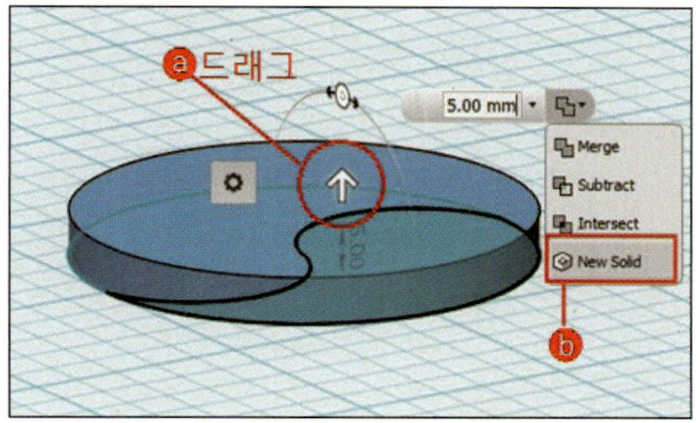

7. 메뉴[Construct-Extrude]를 선택하고 태극문 양의 나머지 반쪽 스케치 면을 클릭한 후, ⓐ[흰 화 살표]를 위로 5㎜ 드래그 한다.

8. (청·홍색의 색상을 넣기 위해) 입력창의 옵션에서 ⓑ[New Solid]를 선택한다. 화면 빈 곳 클릭하여 완료!

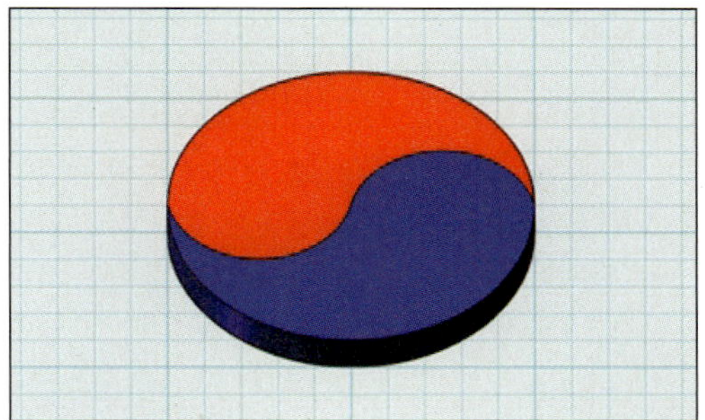

9. 메뉴[Material]을 선택하여 색상-질감을 적용한다.
❖ [Material] 툴 사용법 : 204쪽

예제15 정답 : ③ ························· 104쪽

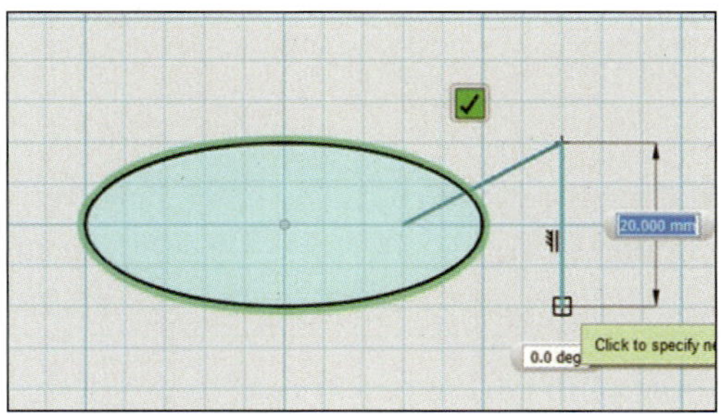

1. 메뉴 [Primitives-Ellipse] 또는 [Sketch -Sketch Ellipse]로 타원을 그린다.
2. 메뉴 [Sketch-Polyline]을 선택하고, **타원의 내부를 클릭**한 후 삼각형을 그린다. 종료(✓)버튼 클릭하여 완료!
❖ [Sketch Polygon] 툴(입력칸에 3 입력)로 삼각 형 작성 가능함
❖ 두 도형의 독립형, 일체형 관계 : 81쪽

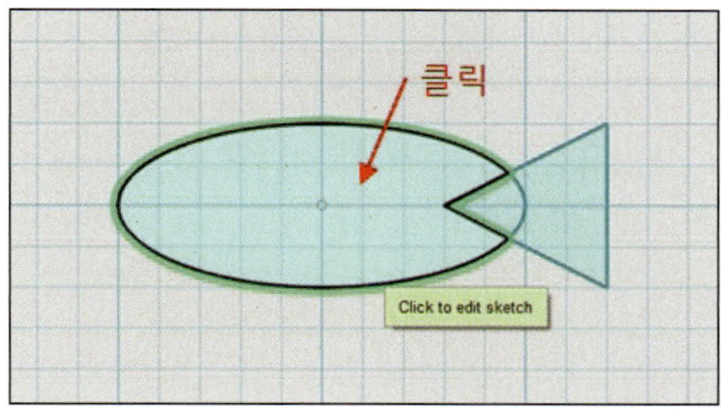

3. 메뉴 [Sketch-Trim]을 선택하고 **타원의 내부를 클릭**하였다가 뗀다.

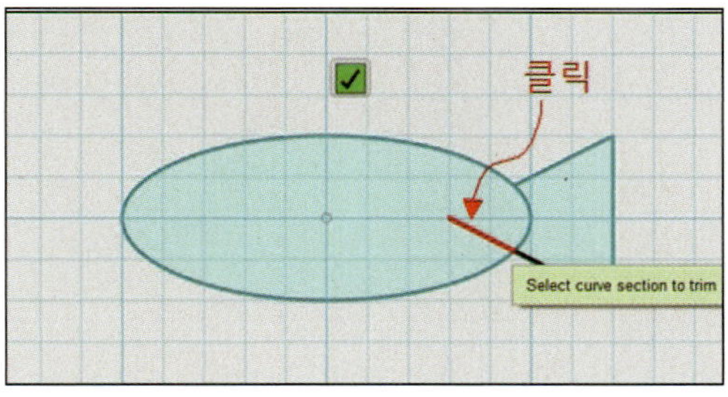

4. 다시 삭제하려는 선 위에 마우스 커서를 올려서 빨 간 선으로 변할 때, 클릭하면 선이 삭제된다. 원하는 선을 모두 삭제하면, 종료(✓)버튼 클릭하여 완료!

예제16 ························· 105쪽
➡ 해설 : 240쪽 (입체별 모델링)

예제17 정답 : ③ ························· 110쪽

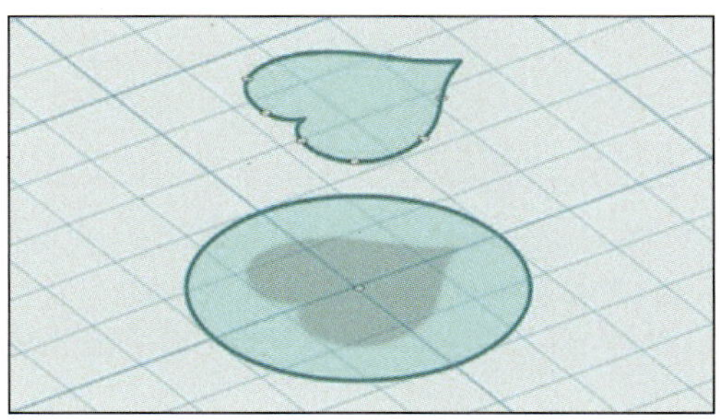

1. 메뉴 [Primitives-Circle]로 그린 원과 [Sketch-Spline]으로 그린 하트모양의 스케치 면을 [Loft] 툴을 이용하여 솔리드로 만든다.

❖ [Loft] 툴 사용법 : 131쪽

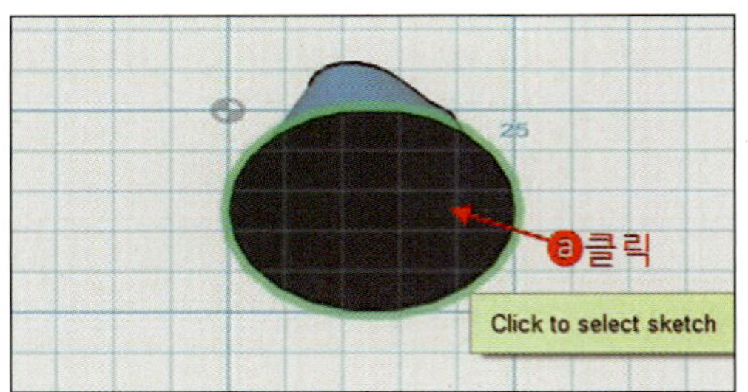

2. **솔리드 윗면을 밑면에 투영시키기** 메뉴 [Sketch-Project]를 선택한 후, 먼저 솔리드의 ⓐ밑 면(스크린 역할)을 클릭하여 투영시킬 면을 지정한다.

❖ 시점 전환 : [뷰-큐브]-[FRONT와 BOTTOM 사이 모서리] 클릭

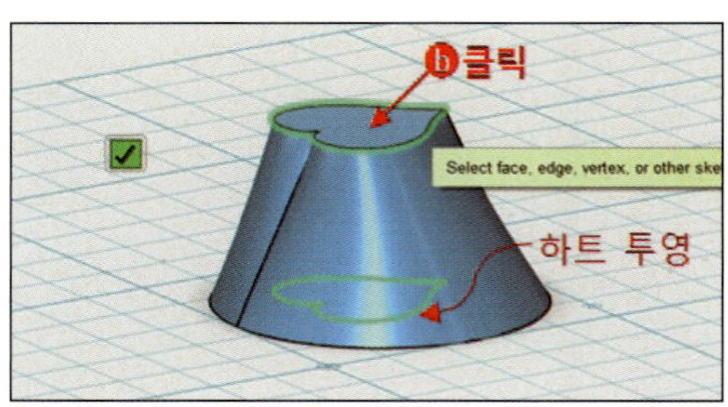

3. [Home]으로 시점 전환한 후, 솔리드 ⓑ윗면을 클릭하면 윗면의 하트모양이 ⓒ밑면(투영 면)에 나타난다.

[보기 ① ② ③ ④ ⑤ 해설]

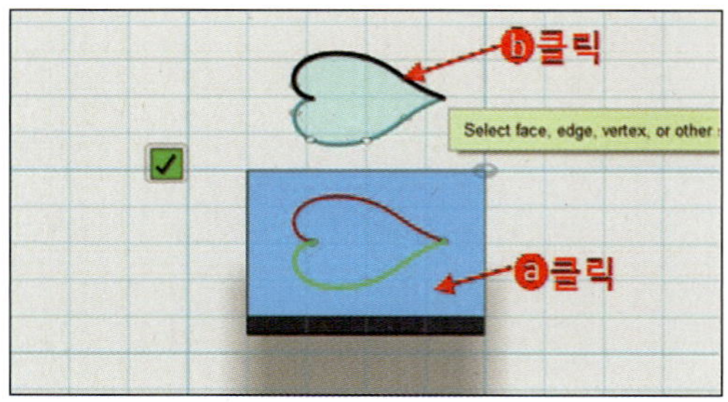

① 메뉴 [Sketch-Project]를 선택하고, 육면체의 ⓐ윗면을 클릭(투영면 지정)한 후 하트모양의 ⓑ선을 하나씩 클릭하면 투영면(윗면)위에 하트모양이 나타난다.

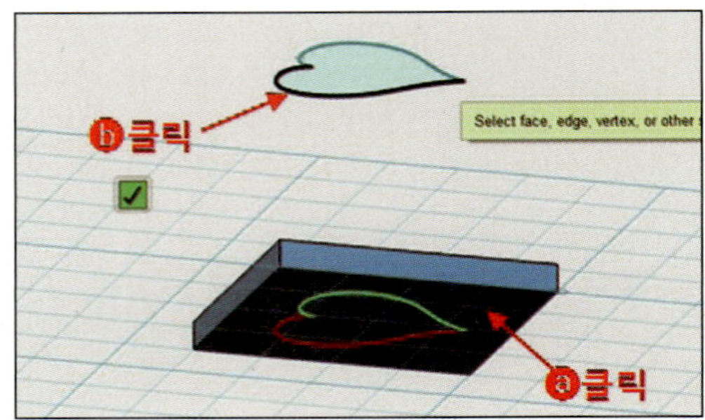

② 메뉴 [Sketch-Project]를 선택하고, 육면체의 ⓐ밑면(투영면 지정)을 클릭한 후 하트모양의 ⓑ선을 하나씩 클릭하면 투영면(밑면)에 하트모양이 나타난다.

③ 솔리드 곡면은 메뉴 [Sketch-Project]의 투영면으로 지정할 수 없다.

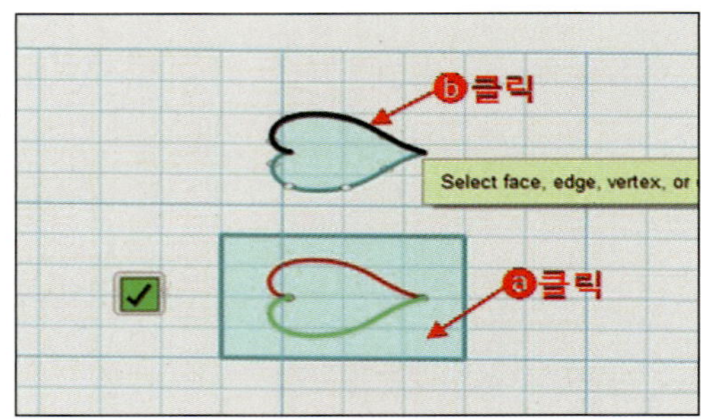

④ 메뉴 [Sketch-Project]를 선택하고, ⓐ사각형 스케치 면(투영면 지정)을 클릭한 후, 하트모양의 ⓑ선을 하나씩 클릭하면 투영면(사각형) 위에 하트모양이 나타난다.

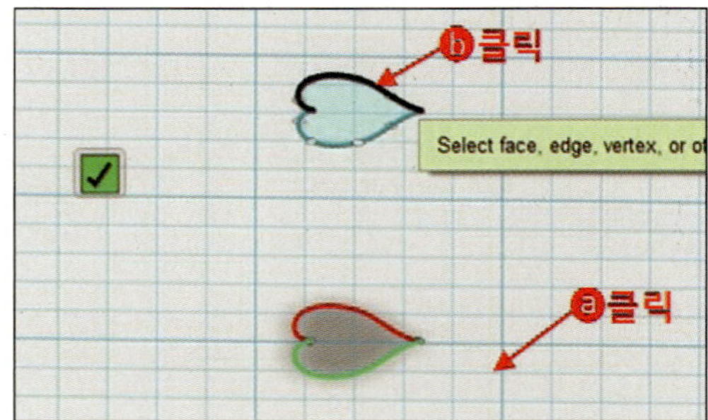

⑤ 메뉴 [Sketch-Project]를 선택하고, ⓐ그리드 면(투영면 지정)을 클릭한 후, 하트모양의 ⓑ선을 하나씩 클릭하면 투영면(그리드 면) 위에 하트모양이 나타난다.

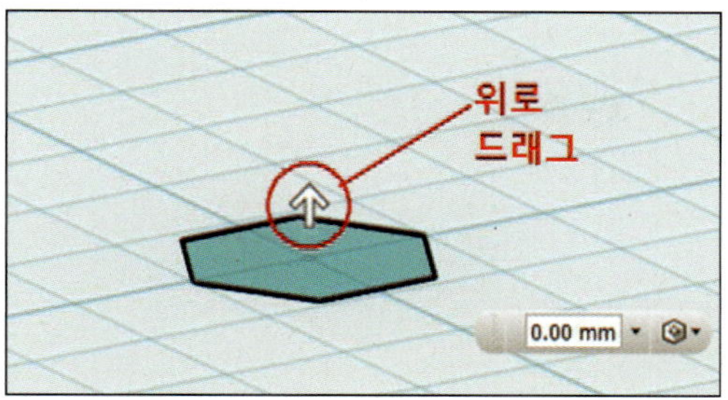

1. 메뉴 [Sketch-**Sketch Polygon**]을 선택 하여 육각형(반지름 5㎜)을 그린다. 종료(Exit Mode(✅) 버튼 클릭하여 완료!

2. 메뉴 [Construct-**Extrude**]를 선택한 후, 스케 치 면(육각형)을 클릭하여 나타나는 [**흰 화살표**]를 위로 드래그하거나 입력칸에 수치 30을 입력한다.

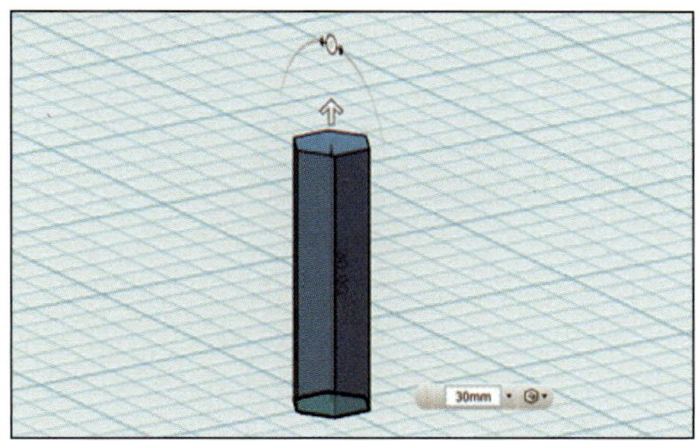

3. 화면 빈 곳 클릭하여 육각기둥(솔리드) 제작 완료!

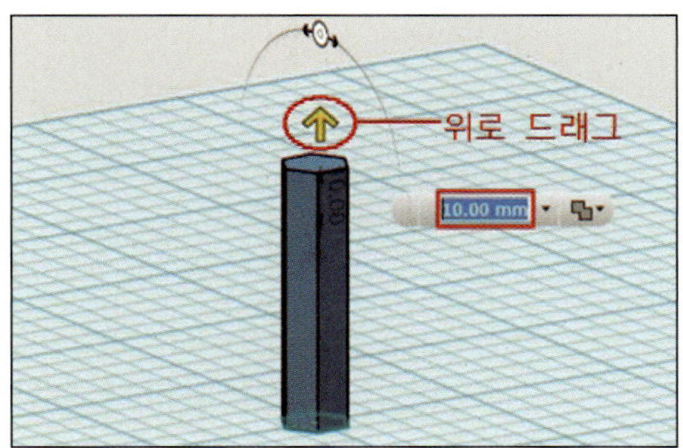

4. 다시, 메뉴 [Construct-**Extrude**]를 선택한 후, 육각기둥의 **윗면**을 클릭한다. (흰 화살표와 입력칸 이 나타남)

5. [**흰 화살표**]를 위로 드래그하거나 입력칸에 수치 10을 입력한다.

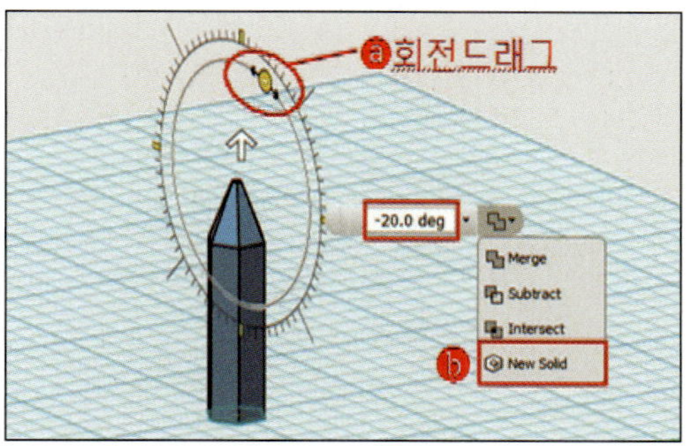

6. [검은 화살표]를 ⓐ회전 드래그하거나 입력칸에 각 도 −20을 입력하여 돌출면을 오므린다.

7. 입력창의 드롭다운 버튼을 클릭하여, 4가지 옵션 중에서 ⓑ[New Solid]를 선택한다. 화면 빈 곳 클릭하여 완료!

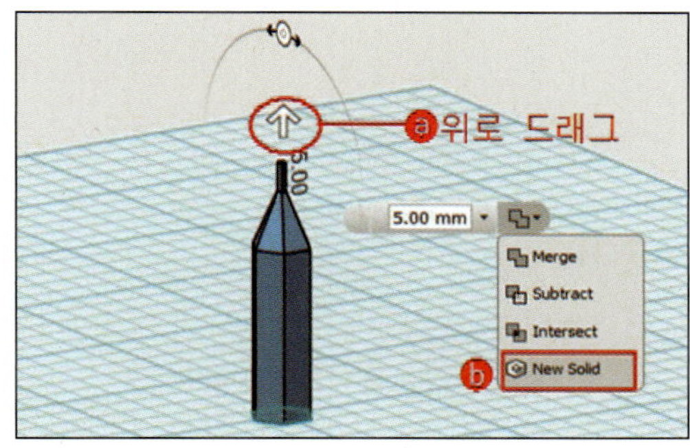

8. 다시, 메뉴 [Construct-**Extrude**]를 선택한 후, 오므려진 윗면을 클릭하고 [흰 화살표]를 ⓐ위로 드 래그하여 연필심을 만든다(입력창의 옵션은 ⓑ[New Solid]를 선택함). 화면 빈 곳 클릭하여 완료!

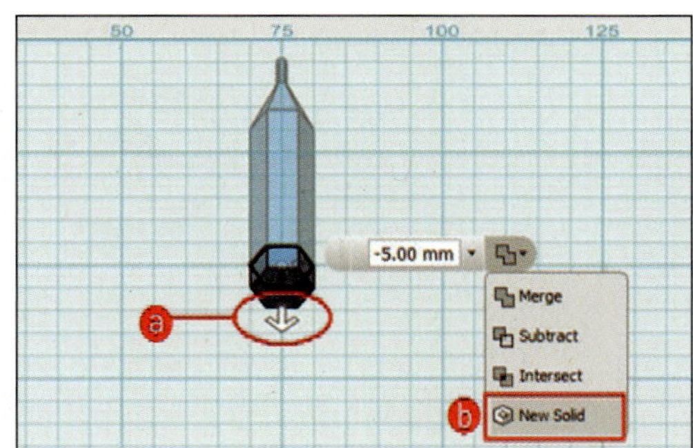

9. [뷰-큐브]-[FRONT와 BOTTOM 사이]로 시점 전환한다.

10. 다시, 메뉴 [Construct-**Extrude**]를 선택한 후, 연필 밑면을 클릭하고 [흰 화살표]를 ⓐ아래 로 드래그하여 약 −5㎜ 돌출시킨다(입력창의 옵 션은 ⓐ[New Solid]를 선택함). 화면 빈 곳 클 릭하여 완료!

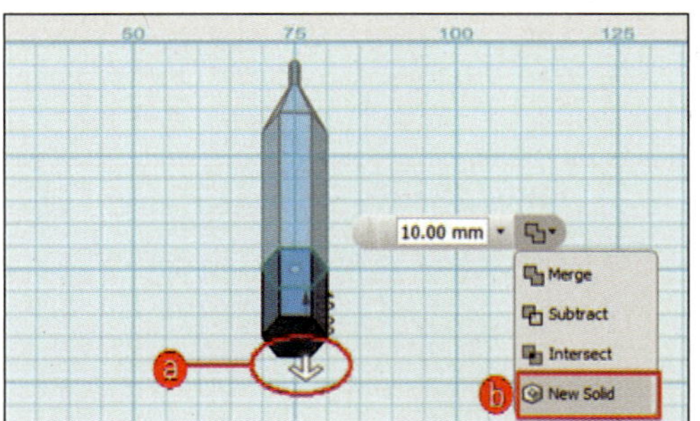

11. 다시, 메뉴 [Construct–Extrude]를 선택한 후, 연필 밑면을 클릭하고 ⓐ아래로 드래그하여 약 −10㎜ 돌출시킨다(입력창의 옵션은 ⓑ[New Solid]를 선택함). 화면 빈 곳 클릭하여 완료!

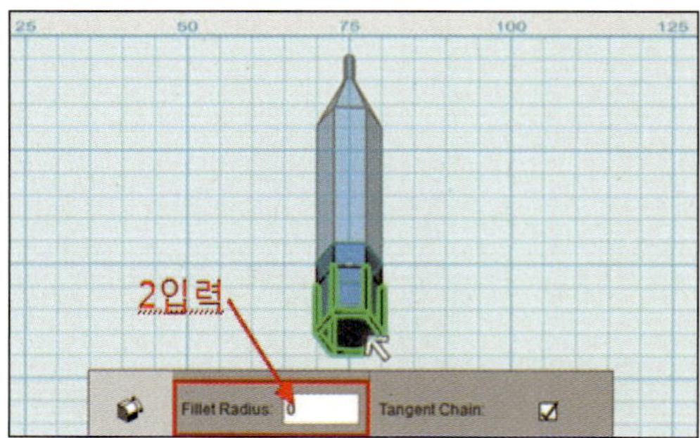

12. [Fillet] 적용 메뉴 [Modify–Fillet]을 선택하고, 연필 지우개의 모서리들을 하나씩 클릭한다.

13. 하단 입력칸(Fillet Radius)에 2를 입력한다. 화면 빈 곳 클릭하여 완료!

❖ [Fillet] 사용법 : 147쪽

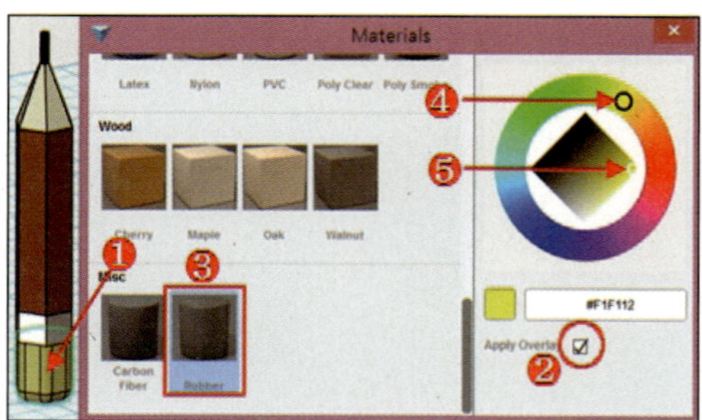

14. [Home]으로 시점 전환한다.

15. [Material] 적용 메뉴 [Material]을 선택하고 새 창에서 연필 각 부분의 색상 및 질감을 입힌다 (❶~❺)

❖ 색상 및 질감 넣기 : 204쪽

❖ 연필의 각 부분은 [Group] 툴을 이용하여 '묶기' 한 후, '연필 선택+Ｄ키'를 눌러 연필을 그리드 면 위로 올린다.

1. 메뉴 [Primitives–Sphere]로 구를 만들고 메뉴 [Sketch]로 별모양 스케치 면을 그린다.

2. [Move] 툴을 이용하여, 별 모양의 스케치 면을 솔리드 구의 상부에 배치한다.

❖ [뷰–큐브]–[TOP] 시점에서 구와 별모양을 배치

3. 메뉴 [Construct–Extrude]를 선택하고 별모양의 스케치 면을 클릭한 후, [흰 화살표]를 아래로 드래그한다.

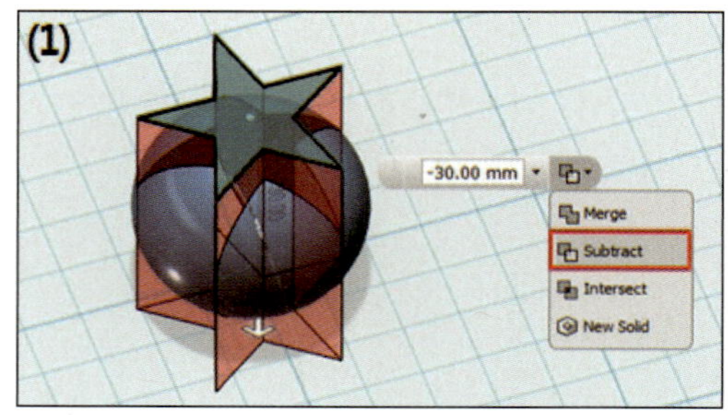

4-1. 입력창의 드롭다운 버튼을 클릭하면 4가지 옵션이 있다. 기본값인 [Subtract](차집합)를 그대로 선택한다.

4-2. 화면 빈 곳 클릭하여 완료! 기본값 [Subtract] (차집합)의 적용 결과!

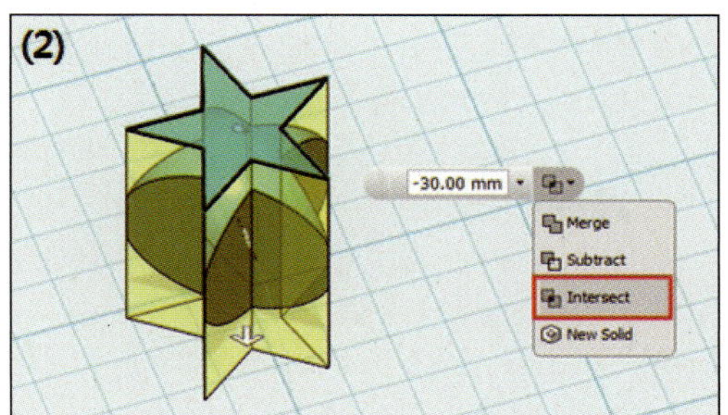

5-1. 입력창의 드롭다운 버튼을 클릭하여, 4가지 옵션 중에서 [Intersect](교집합)를 선택한다.

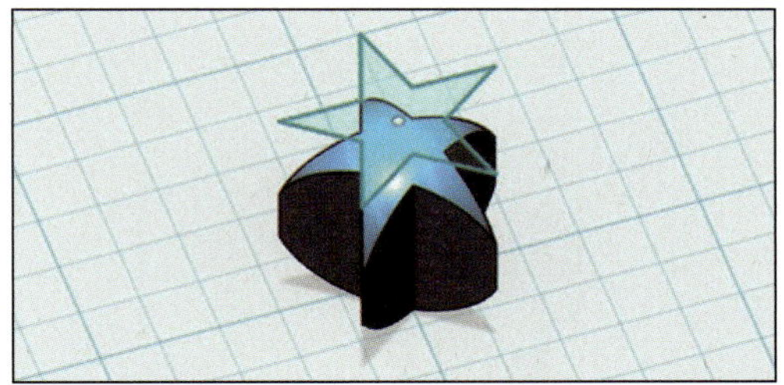

5-2. 화면 빈 곳 클릭하여 완료! [Intersect](교집합) 적용 결과!

예제20 .... 122쪽

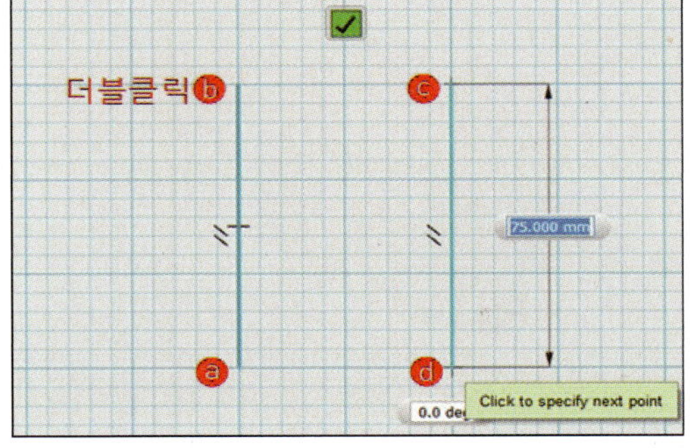

1. [뷰-큐브]-[TOP]으로 시점 전환한다.

2. 메뉴 [Sketch-Polyline]을 선택하고 화면을 클릭하여 준비한 후, 직선을 그린다.(a점을 클릭하고 직선 그리기를 시작하여 B점에서 더블클릭하여 일단 끊어 주었다가 C점을 다시 클릭하여 D점(클릭)까지 직선을 그린다) 종료(✓)버튼 클릭하여 완료!

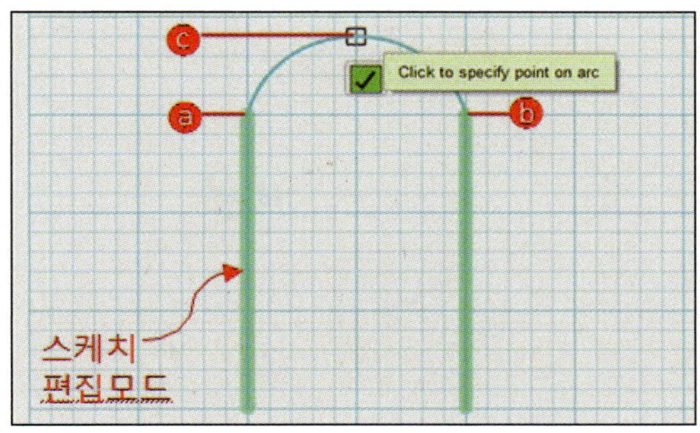

3. 메뉴 [Sketch-Three Point Arc]를 선택한 후, 직선을 클릭하고 **스케치 편집모드**(굵은 초록선) 상태에서 두 직선을 연결하는 원호를 그린다(3점 원호를 그릴 때, a→b→c의 순서로 클릭한다). 종료(✓)버튼 클릭하여 완료!

❖ 경로 그리는 다른 방법 : [Polyline]만으로 직선과 곡선 연결 작성하기(90쪽)

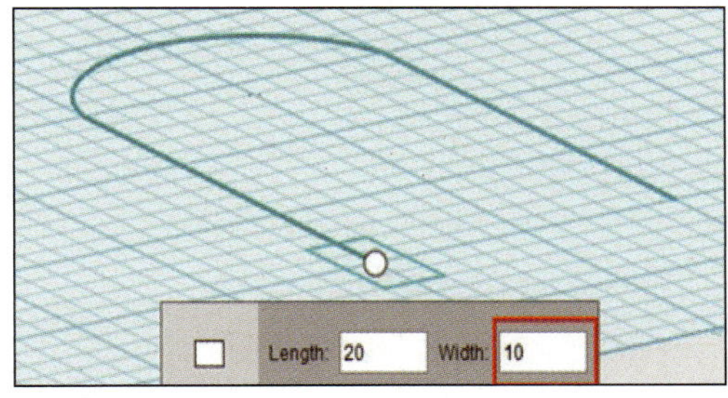

4. [Home]으로 시점 전환한다.

5. 메뉴 [Primitives-Rectangle]을 선택한 후 직선의 끝부분에 사각형(20×10)을 배치한다.

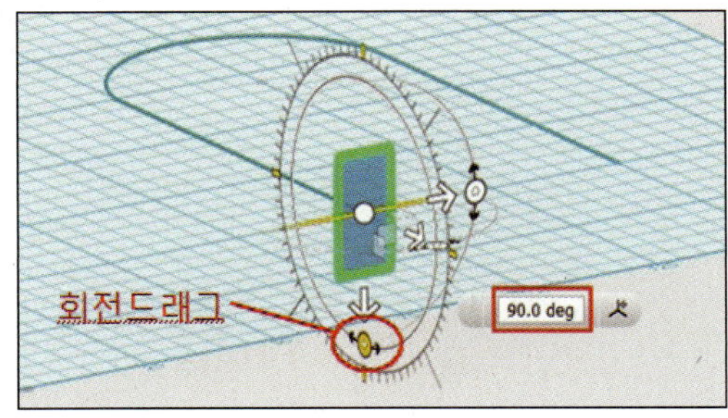

6. 메뉴 [Transform-Move/Rotate]를 선택한 후 사각형을 클릭하고 [검은 화살표]를 드래그하여 90° 회전시킨다. 화면 빈 곳 클릭하여 완료!

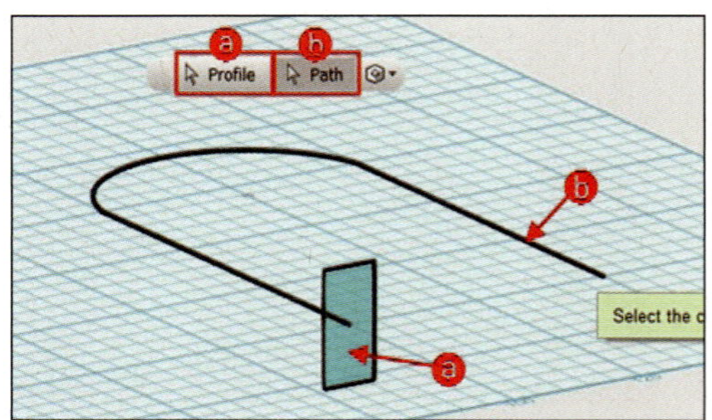

7. 메뉴 [Construct-**Sweep**]을 선택하고 [Profile] 탭-ⓐ사각형을 클릭하고, [Path] 탭 클릭-ⓑ경로 선을 클릭한다.

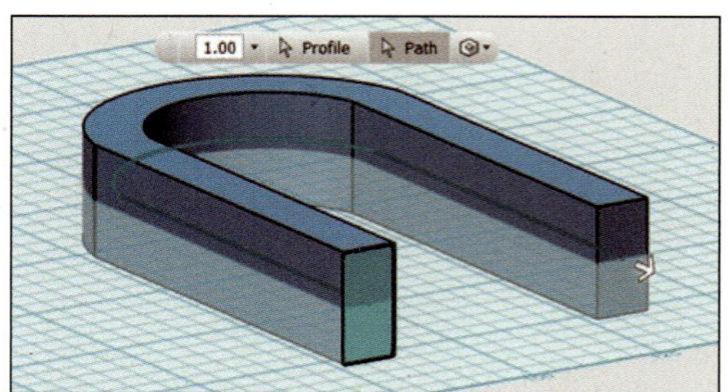

8. 화면 빈 곳 클릭하여 완료! 말굽자석 솔리드 완성됨

❖ '말굽자석 클릭+D키'를 눌러 말굽자석을 그리드 면 위로 올린다.

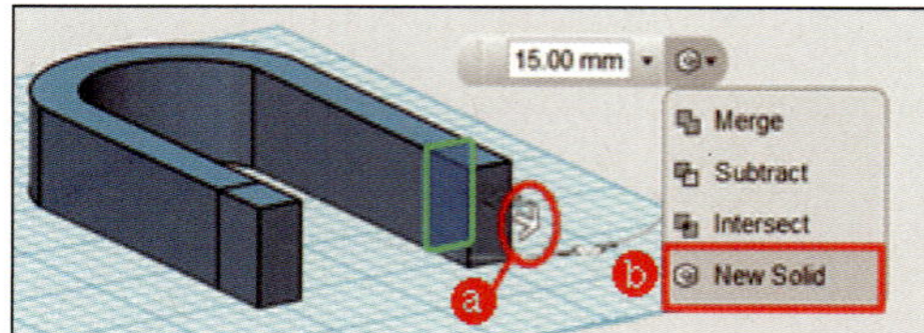

9. [Extrude] 툴을 선택하여 자석의 끝 사각면을 ⓐ 앞으로 드래그한 후, 옵션 ⓑ[New Solid]를 선택 한다. 화면 빈 곳 클릭하여 완료!

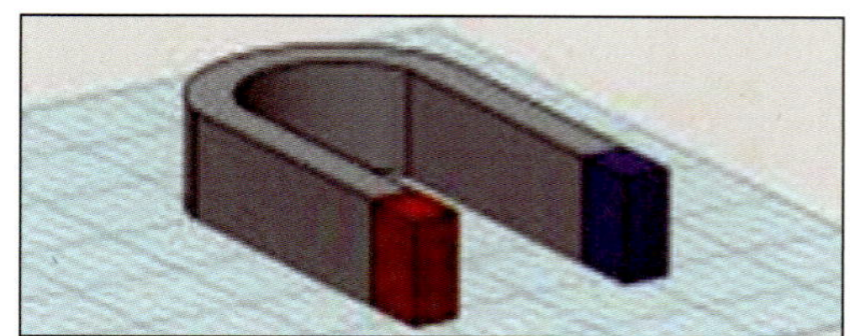

10. 메뉴 [Material]을 선택하여 자석의 끝부분에 적 색(N극)과 청색(S극)을 각각 적용한다.

예제21 정답 : ③ ……………………… 130쪽

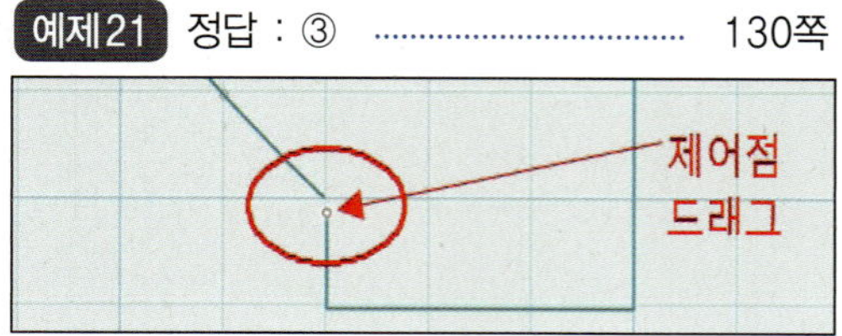

① ⓐ 부분은 **폐곡선(스케치 면)이 아니므로** [Revolve]-[**Profile**]탭으로 사용할 수 없다.

❖ 그림의 외곽선은 연결되지 않은 지점(작은 틈새)이 있으므로 선의 끝부분 제어점을 드래그하여 폐곡선 으로 만들어 보자. (②번과 같이) 폐곡선의 내부는 반투명 색깔이 있음.

② ⓑ[Revolve]-[Axis]탭으로 사용할 수 있는 회전축 은 [Polyline] 툴로 그린 직선이어야 한다.

❖ [Spline] 툴로 그린 직선은 회전 축(Axis)으로 사 용 불가능함

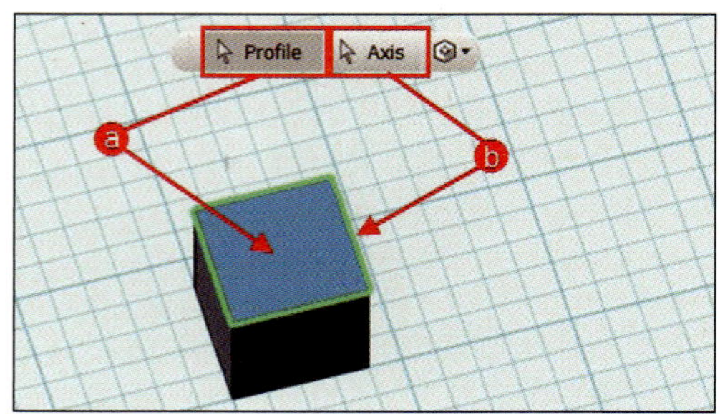

③-1. 메뉴 [Construct-**Revolve**]를 선택한 후 [**Profile**]탭-ⓐ육면체의 윗면을 클릭하고, [Axis]탭 클릭-ⓑ육면체의 모서리를 클릭한다.

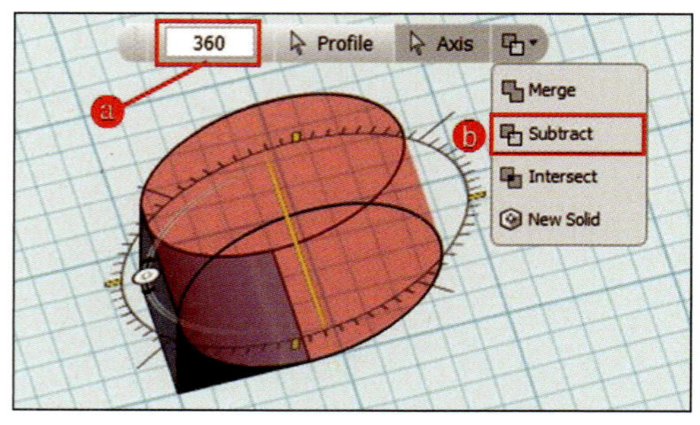

③-2. 입력칸 Angle에ⓐ각도(360)를 입력한다. [Revolve] 툴의 4가지 옵션 중에서 기본값인 ⓑ[Subtract](차집합)가 적용되어 나타난다. 화면 빈 곳 클릭하여 완료!

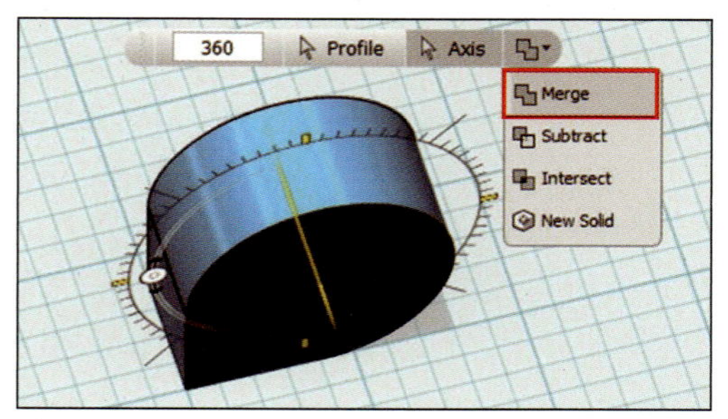

③-3. [Revolve] 툴의 옵션 [Merge](합집합) 등 을 적용시켜 보자. 화면 빈 곳 클릭하여 완료!

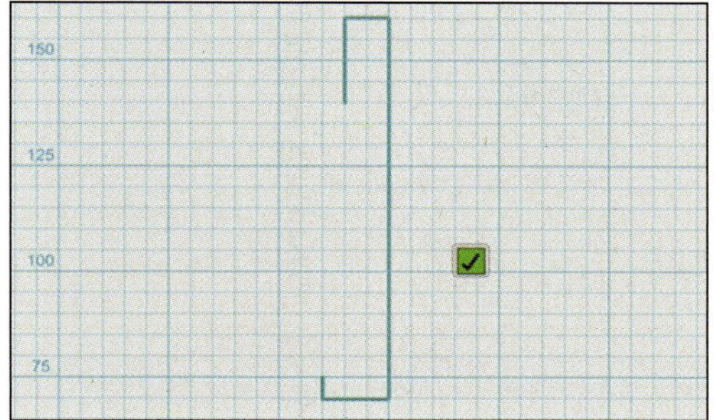

1. [뷰-큐브]-[TOP]으로 시점 전환한다.
2. 메뉴 [Sketch-**Polyline**]으로 병의 반쪽 단면의
   직선 부분을 그린다. 종료(✅)버튼 클릭하여 완료!

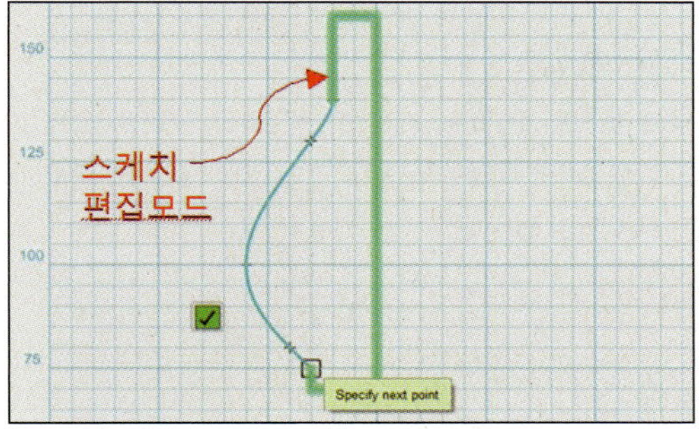

3. 메뉴 [Sketch-**Spline**]을 선택하고 직선을 클릭하
   고 **스케치 편집모드**(굵은 초록선) 상태에서 나머지 곡
   선 부분을 직선에 연결하여 그린다. 종료(✅)버튼 클
   릭하여 완료!

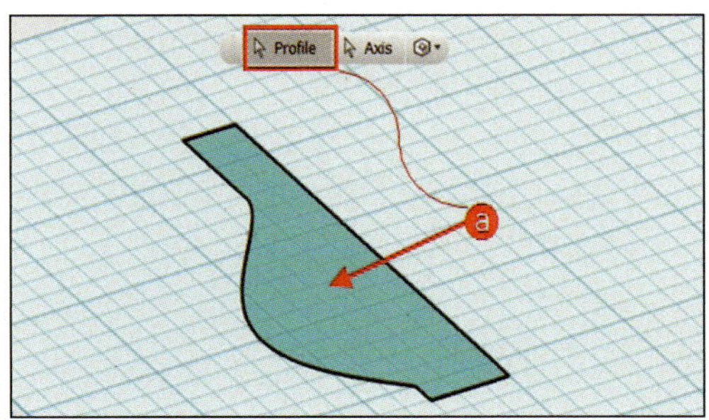

4. [Home]으로 시점 전환한다.
5. 메뉴 [Construct-**Revolve**]를 선택한 후
   [Profile]탭-ⓐ폐곡선의 면을 클릭한다.

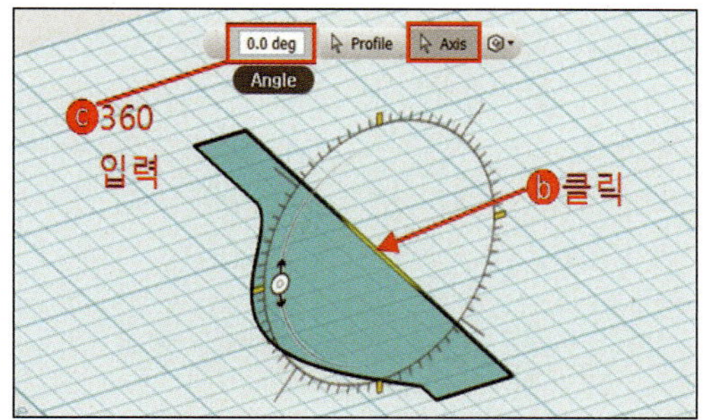

6. [Axis]탭 클릭-폐곡선의 ⓐ직선 부분을 클릭하여
   회전축으로 정한다.
7. 입력칸 Angle에 ⓑ360을 입력하면 회전 솔리드가
   만들어진다.

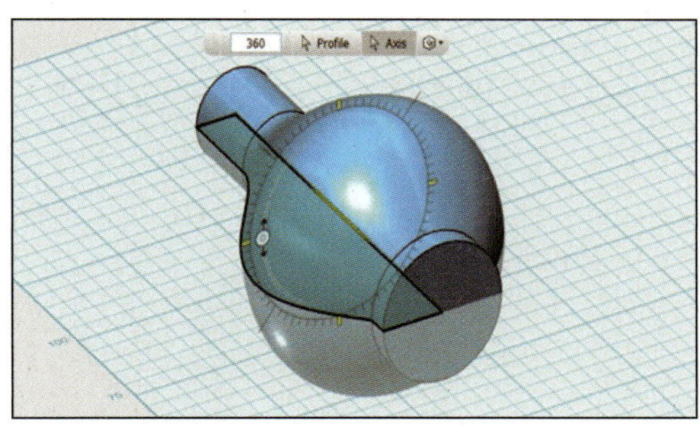

8. 화면 빈 곳을 클릭하여 완료! 병모양의 솔리드 완성!
❖ [Move/Rotate] 툴을 이용하여 솔리드를 바로 세
   우고, '솔리드 선택+Ⓓ키'를 눌러 솔리드를 그리드
   면 위로 올린다.

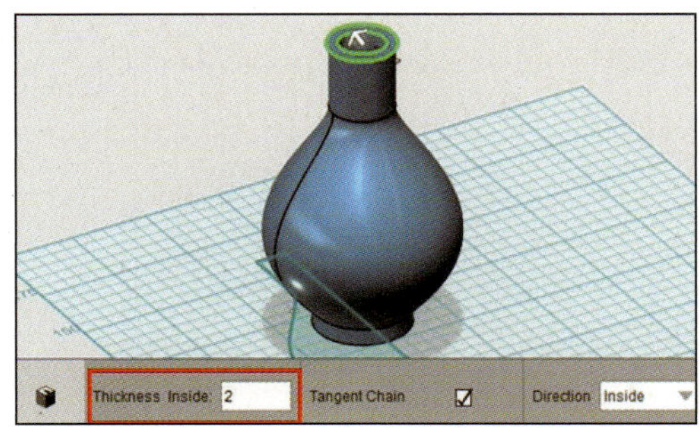

9. [Shell] 툴 적용 메뉴 [Modify-Shell]을 선
   택하고 병의 윗면을 클릭한 후, 하단의 입력칸
   [Thickness Inside : 2]를 입력한다. 화면 빈
   곳을 클릭하여 완료!
❖ [Shell] 툴 사용법 : 159쪽
❖ 병 입구 부분은 [Fillet] 툴로 부드럽게 처리한다.

① [Loft] 툴의 적용은 두 스케치 면(Profile) ⓐ와 ⓑ가 서로 마주 보는 면이 일부분이라도 있어야 한다. (그림의 원과 사각형은 마주 보는 면이 없으므로 불가능함)

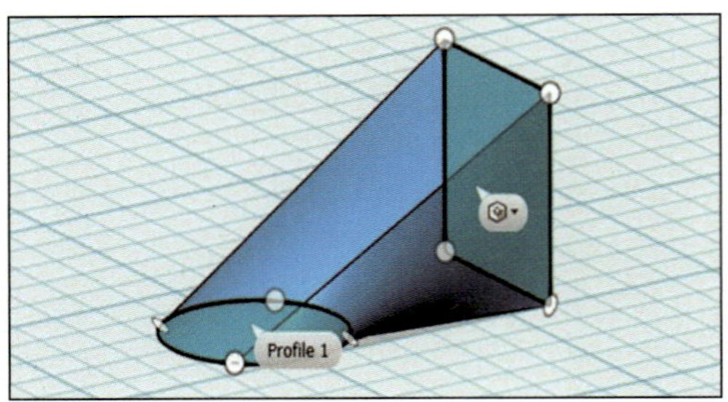

② 메뉴 [Construct-Loft]를 선택한 후, ⓐ원을 클릭하고 ⓑ사각형을 클릭한다. 화면 빈 곳 클릭하여 완료!

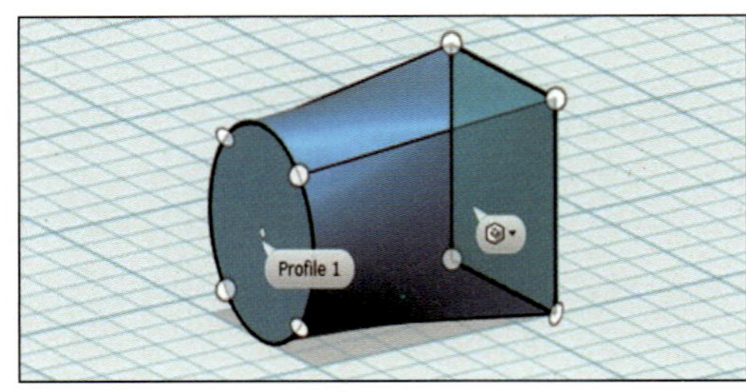

③ 메뉴 [Construct-Loft]를 선택한 후, ⓐ원을 클릭하고 ⓑ사각형을 클릭한다. 화면 빈 곳 클릭하여 완료!

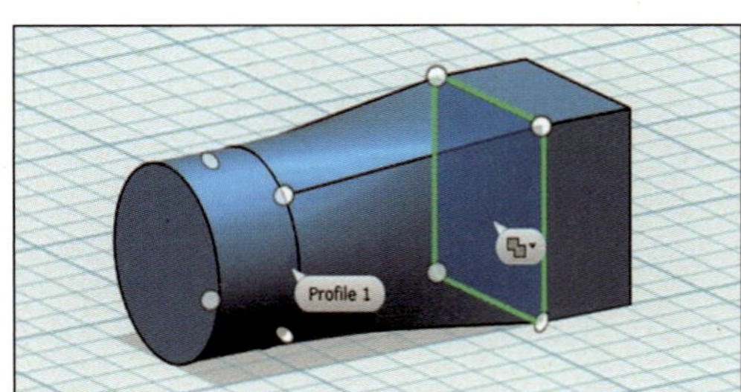

④ 메뉴 [Construct-Loft]를 선택한 후, ⓐ원통의 면과 육면체의ⓑ마주 보는 면을 클릭한다. 화면 빈 곳 클릭하여 완료!

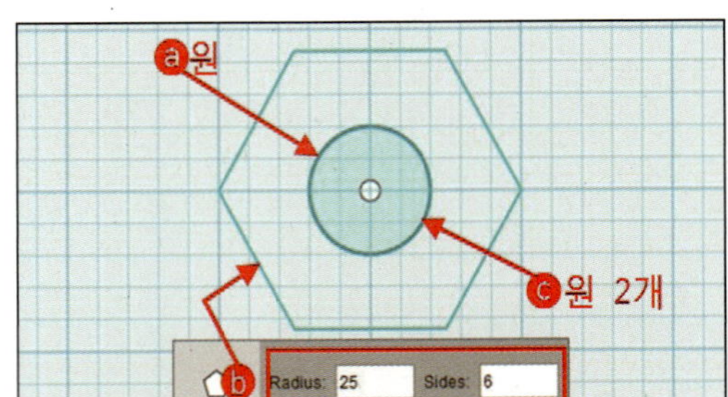

1. [뷰-큐브]-[TOP]으로 시점 전환한다.
2. 메뉴 [Primitives-Circle]을 선택하여 ⓐ원(기본 값)을 그린다.
3. 메뉴 [Primitives-Polygon]을 선택하고, 먼저 그린 원의 중심과 일치시켜서ⓑ6각형(Radius : 25, Sides : 6)을 그린다.
4. 메뉴 [Primitives-Circle]을 선택하여 나머지 ⓒ두 개의 원(기본 값)도 먼저 그린 도형의 중심과 일치시켜 그린다.

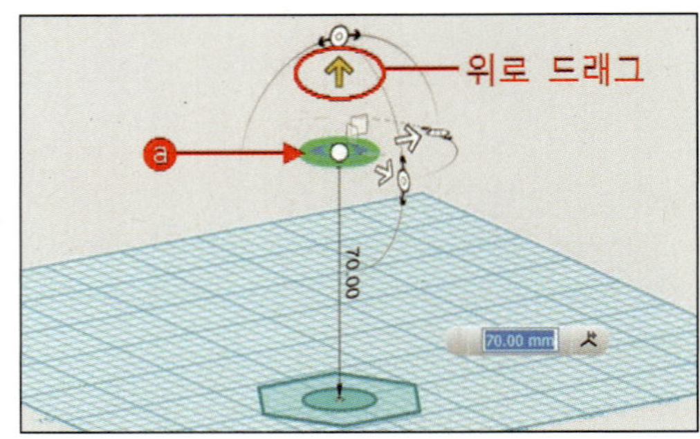

5. [Home]으로 시점 전환한다.
6. [Move] 툴을 선택하여 맨 위의 원을 클릭한 후, [흰 화살표]를 위로 약 ⓐ70mm 드래그한다. 화면 빈 곳 클릭하여 완료!

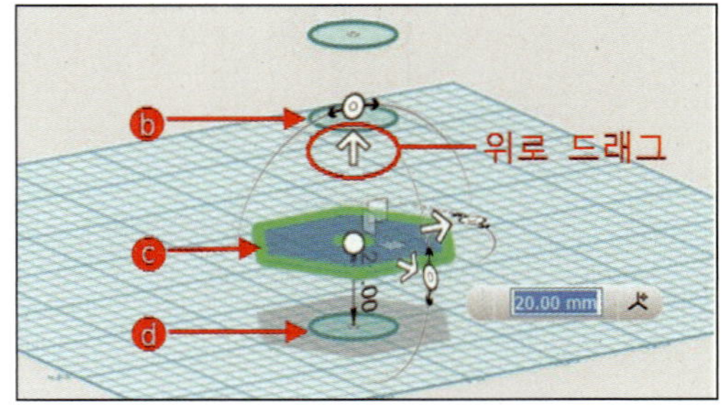

7. (과정6)과 같은 방식으로 ⓑ원(위로 50mm), ⓒ6각형(위로 20mm), ⓓ원의 순서로 배치한다.

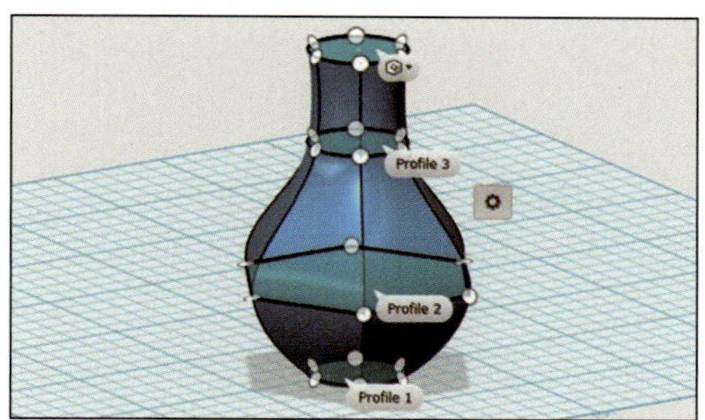

8. 'Ctrl +개체 선택' 방식으로 맨 아래부터 **원→6각형→원→원**의 순서로 클릭한 후, [Loft] 툴을 선택한다. 화면 빈 곳 클릭하여 완료!

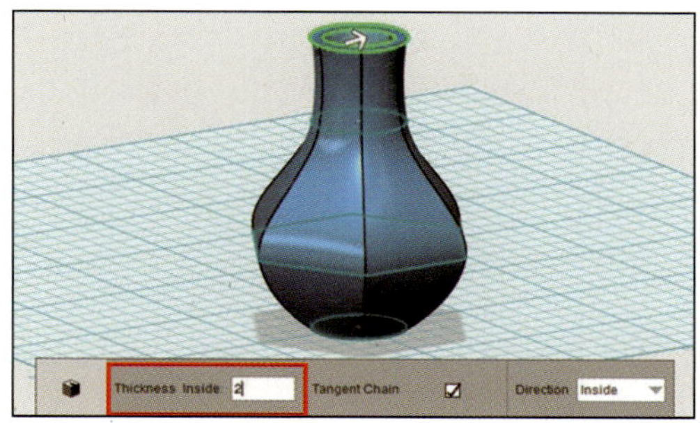

9. **[Shell] 툴 적용** 메뉴 [Modify-Shell]을 선택하고 병의 윗면을 클릭한 후, 하단의 입력칸 [Thickness Inside : 2]를 입력한다. 화면 빈 곳을 클릭하여 완료!

❖ 병 입구 부분은 [Fillet] 툴로 부드럽게 처리한다.

예제25 정답 : ②, ④ 141쪽

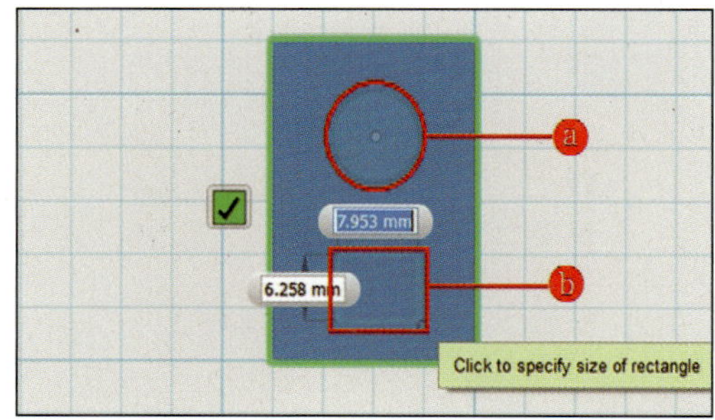

1. 메뉴 [Primitives-Box]를 선택하여 육면체(20×5×30)를 만든다.

2. [뷰-큐브]-[LEFT]로 시점 전환한다.

3. 메뉴 [Sketch-Sketch Circle, Rectangle]을 이용하여 육면체 표면 위에 ⓐ원과 ⓑ사각형을 각각 그린다.

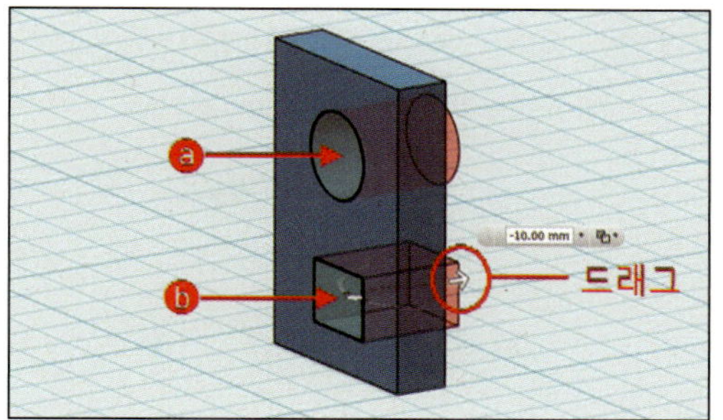

4. [Home]으로 시점 전환한다.

5. 메뉴 [Construct-Extrude]를 선택하고, 육면체 표면의 ⓐ원과 ⓑ사각형을 하나씩 클릭한 후, [흰 화살표]를 육면체 안쪽으로 드래그한다(기본값이 **Subtract**임). 화면 빈 곳을 클릭하여 원형구멍과 사각구멍 제작 완료!

❖ 화면제어 바에서 [Hide Sketches] 선택하여 원과 사각형(스케치 면)을 숨긴다.

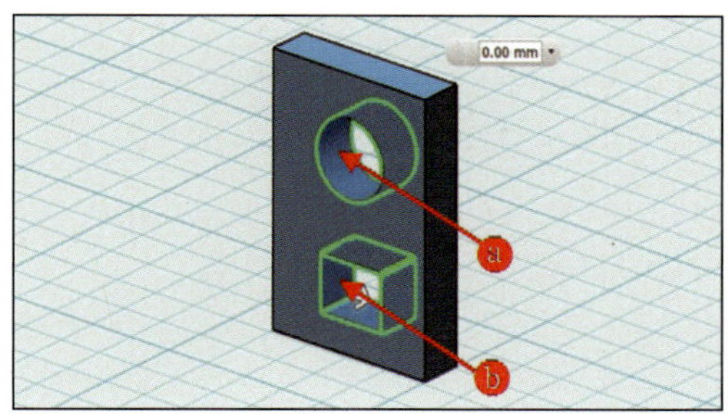

6. [Extrude], [Press Pull] 툴을 각각 선택한 후, 원형 구멍 또는 사각 구멍의 안쪽 벽면을 클릭하여 적용시켜 보자.

	[Extrude]	[Press Pull]
ⓐ원형구멍의 안쪽 벽면에 적용	×	○
ⓑ사각구멍의 안쪽 벽면에 적용	○	○

❖ [Extrude] 툴은 곡면에 적용할 수 없다.

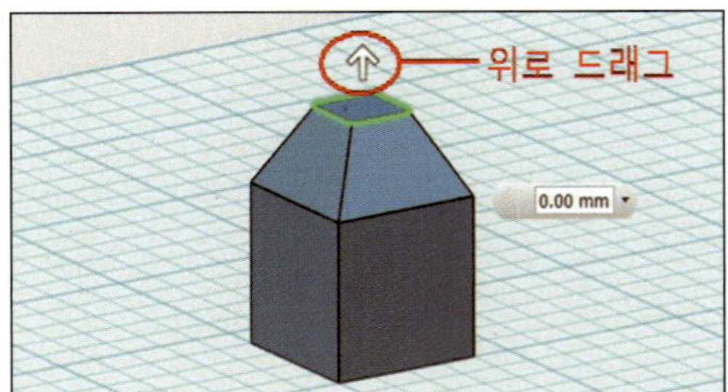

②-1. 메뉴 [Modify-Press Pull]을 선택하고, 솔리드의 윗면을 클릭한 후, 위로 드래그한다.

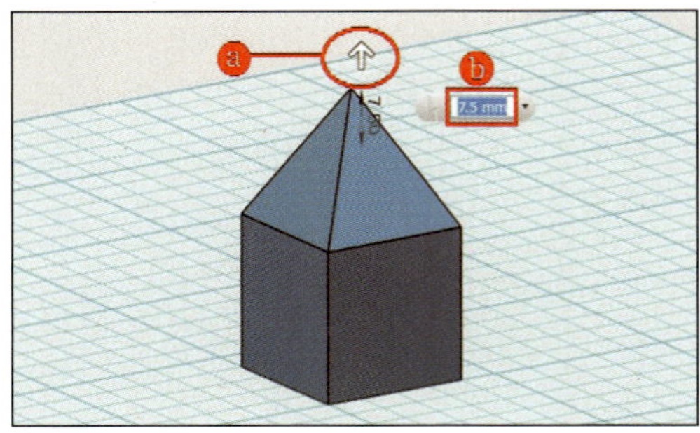

②-2. [Press Pull] 툴 : ⓐ위로 드래그 할수록 솔리드의 윗면적을 점점 더 좁힐 수 있다.

❖ 솔리드의 윗면적 최소화 방법 : (화면 확대하면서) [Press Pull] 툴의 [흰 화살표]를 위로 드래그하면서 입력칸에 ⓑ소수점을 입력하여 조절한다.

❖ ①, ③은 [Extrude] 툴을 적용한 결과임

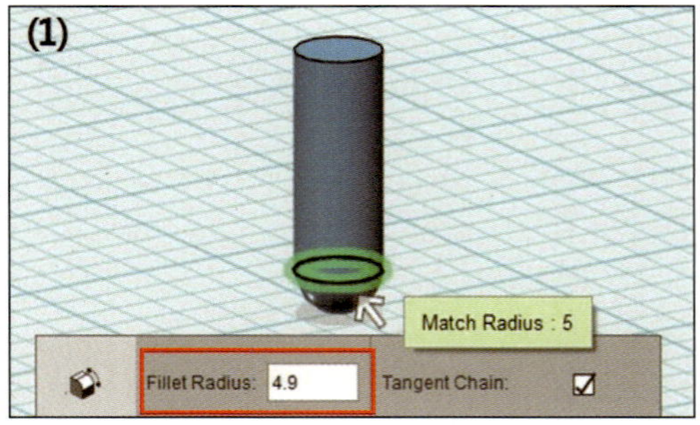

1. 메뉴 [Primitives-Cylinder]를 선택하여 원기둥(5×30)을 만든다.

2. 메뉴 [Modify-Fillet]을 선택하고 원기둥의 아래 모서리를 클릭한 후, 입력칸 [Fillet Radius : 4.9]를 입력한다. 화면 빈 곳 클릭하여 완료!

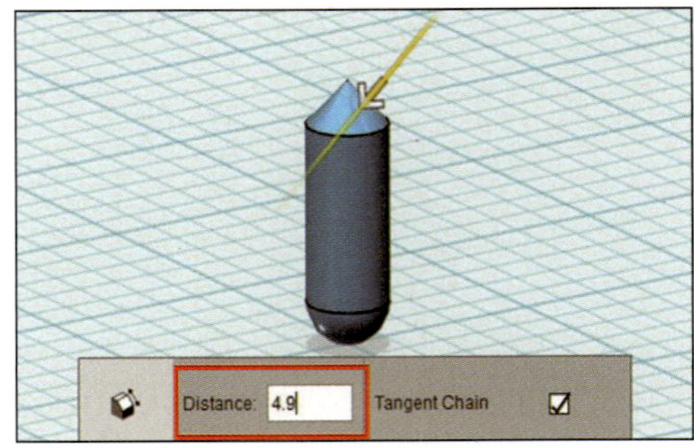

3. 메뉴 [Modify-Chamfer]를 선택하고 원기둥의 위쪽 모서리를 클릭한 후, 입력칸 [Distance : 4.9]를 입력한다. 화면 빈 곳 클릭하여 완료!

참고 [Extrude] 툴로 뾰족한 원기둥 만들기

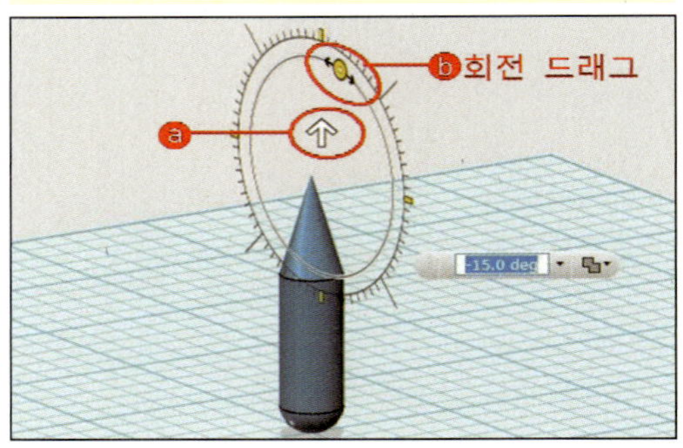

1. [Extrude] 툴을 선택하고, 원기둥의 윗면을 클릭한다.

2. [흰 화살표]를 ⓐ위로 드래그한 후, [검은 화살표]를 ⓑ회전 드래그한다.

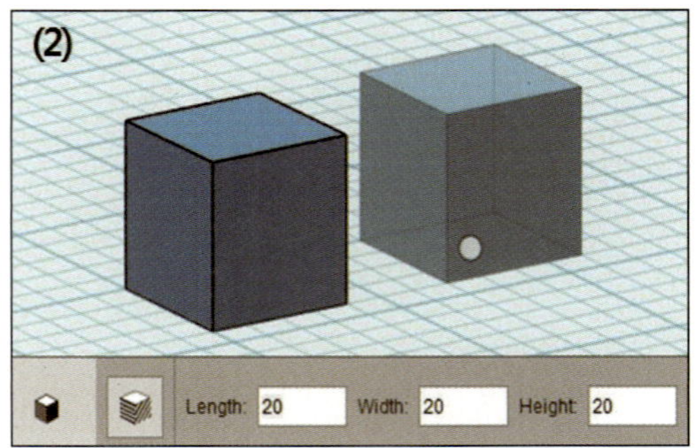

1. 메뉴 [Primitives-Box]를 이용하여 두 개의 육면체(기본값)를 만든다.

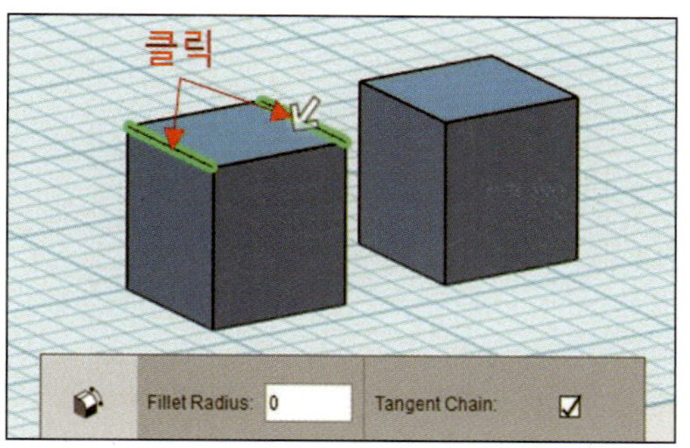

2. **[Fillet] 툴 적용** 메뉴 [Modify–Fillet]을 선택한
   후, 왼쪽 육면체의 윗면 두 모서리를 클릭한다.

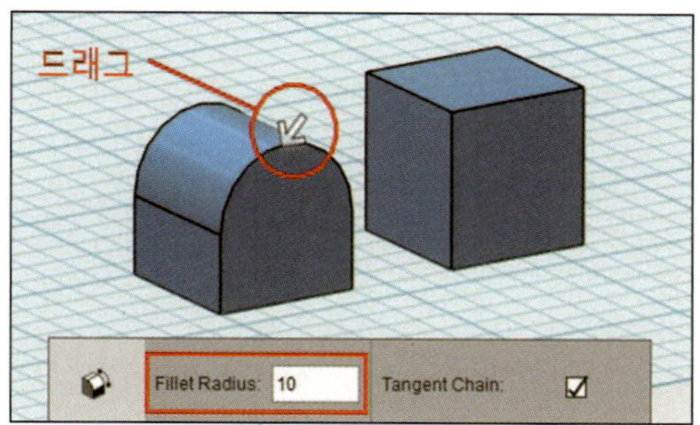

3. [흰 화살표]를 드래그하거나 입력칸에 10을 입력
   한다. 화면 빈 곳 클릭하여 완료!

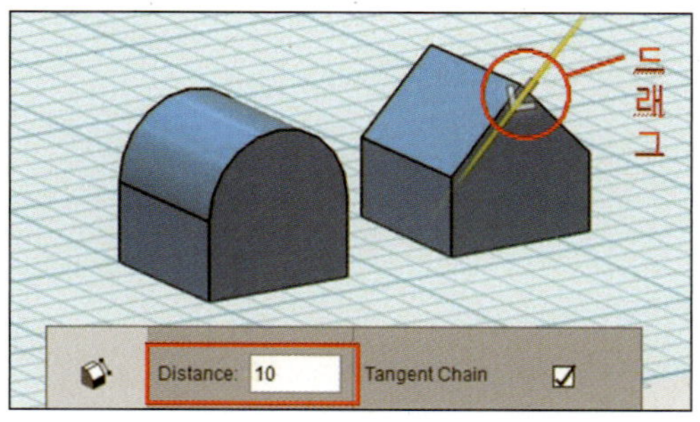

4. **[Chamfer] 툴 적용** 메뉴 [Modify–Chamfer]
   를 선택한 후, 오른쪽 육면체의 윗면 두 모서리를
   클릭한다.

5. [흰 화살표]를 드래그하거나 입력칸에 10을 입력
   한다. 화면 빈 곳 클릭하여 완료!

예제28 ···························· 149쪽

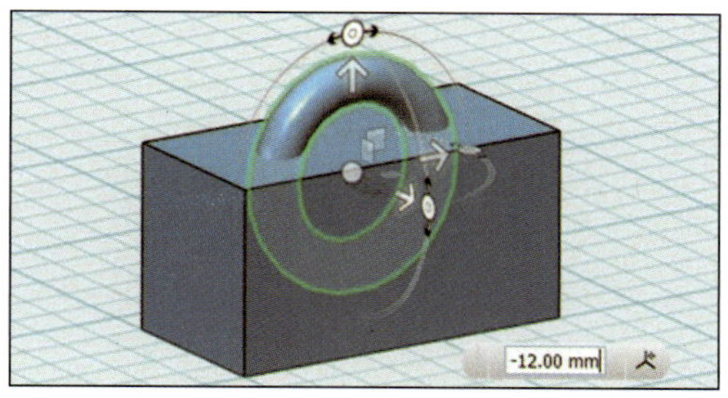

1. 메뉴 [Primitives–Box, Torus]를 이용하여 육
   면체(20×40×20)와 원환체(기본값)를 각각 만들
   고, [Move] 툴로 중첩 배치한다.

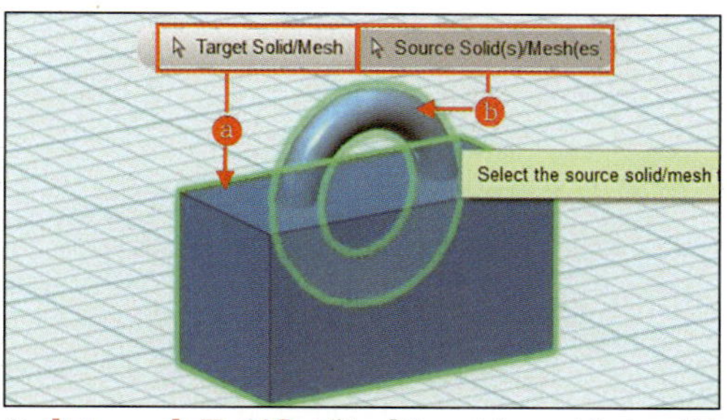

2. **[Merge] 툴 적용** 메뉴 [Combine–Merge]를
   선택한 후, [Target Solid/Mesh]탭–ⓐ 육면체를
   클릭하고, [Source Solid(s)/Mesh(es)]탭–ⓑ
   원환체를 클릭한다. 화면 빈 곳 클릭하여 완료!

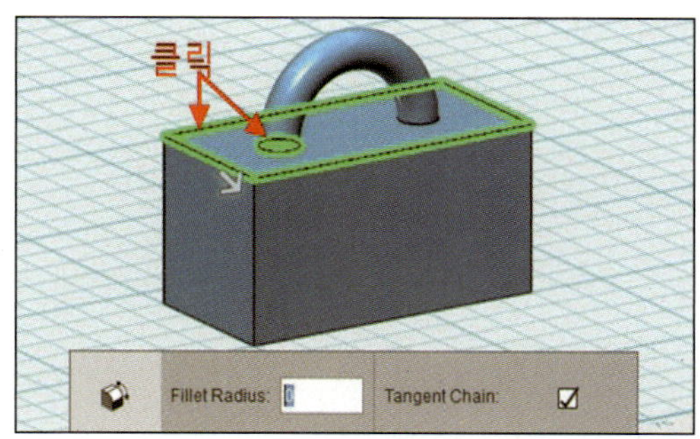

3-1. **[Fillet] 툴 적용** 메뉴 [Modify–Fillet]을 선택
   한 후, 모깎기 할 육면체 등의 모서리들을 하나씩
   클릭한다.

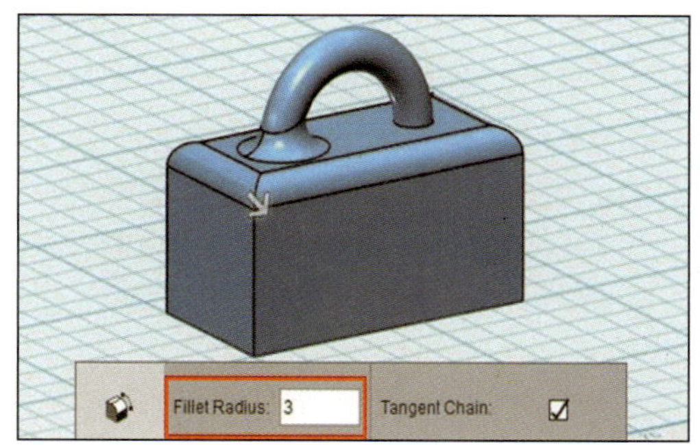

3-2. 입력칸 [Fillet Radius : 3]을 입력하여 모서리
　　를 부드럽게 처리한다. 화면 빈 곳 클릭하여 완료!

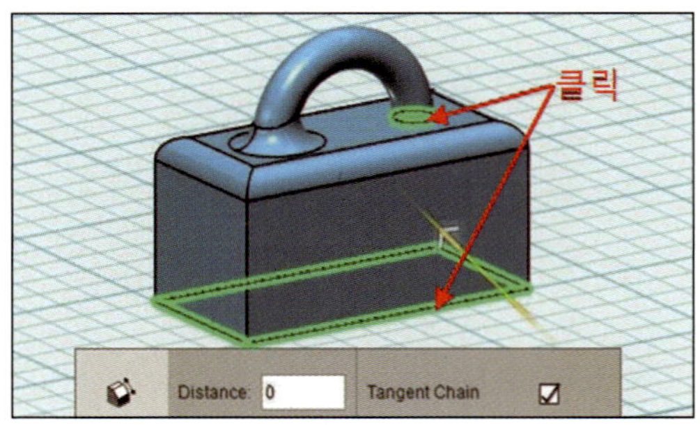

4-1. [Chamfer] 툴 적용 메뉴[Modify-
　　Chamfer]를 선택한 후, '모따기' 할 육면체 등
　　의 모서리들을 하나씩 클릭한다.

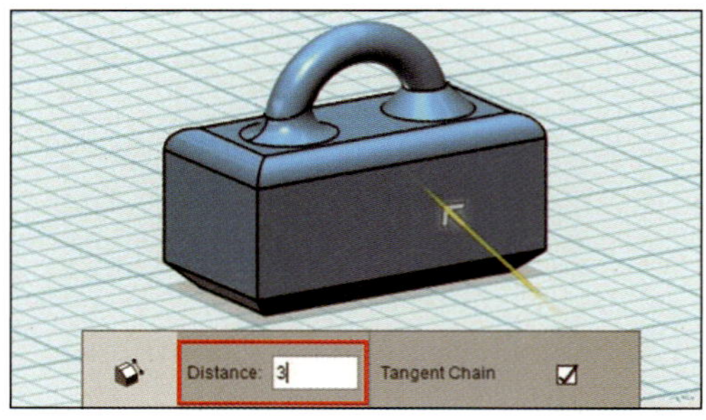

4-2. 입력칸 [Distance : 3]을 입력하여 모서리를
　　잘라낸다. 화면 빈 곳을 클릭하여 완료!

예제29 정답 : ① .... 157 쪽

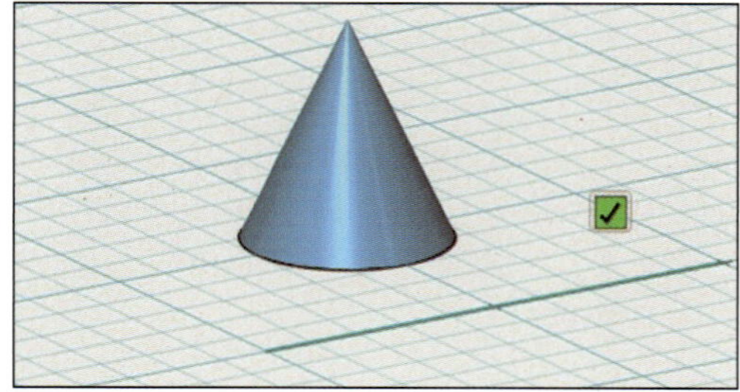

1. 메뉴 [Primitives-Cone]을 선택하여 원뿔(기본
　　값)을 만든다.
2. 메뉴 [Sketch-Polyline]으로 원뿔 앞의 그리드
　　면 위에 직선을 그린다. 종료(Exit Mode ✓) 버튼
　　을 클릭하여 완료!

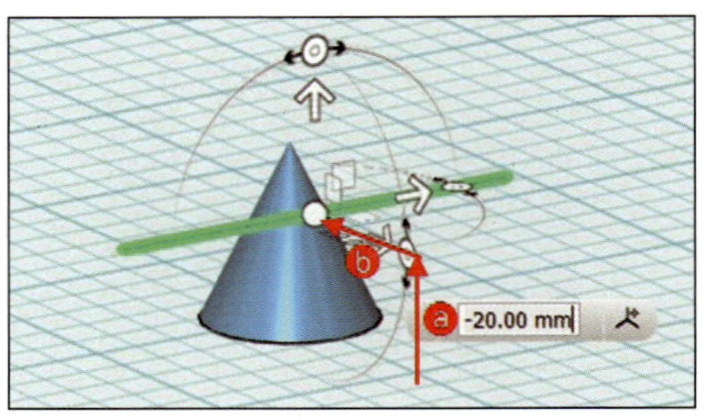

3. 메뉴 [Transform-Move/Rotate]를 선택하고
　　직선을 클릭한 후 [흰 화살표]를 ⓐ위로 10mm 드래
　　그한다.
4. 다시, [흰 화살표]를 ⓑ뒤로 드래그하여 원뿔 가까
　　이 배치한다. 화면 빈 곳 클릭하여 완료!

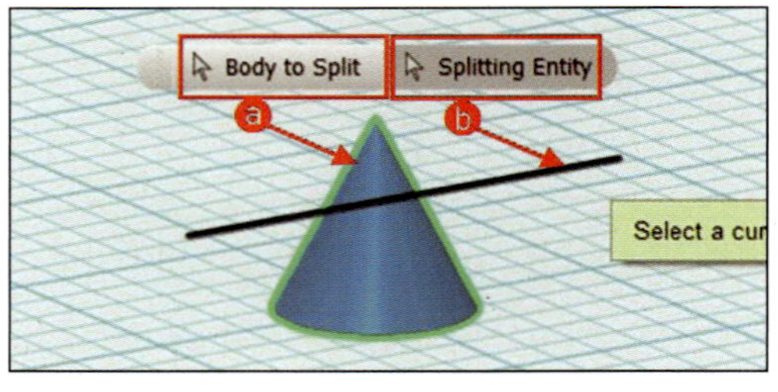

5. 메뉴 [Modify-Split Solid]를 선택한다.
6. [Body to Split]-ⓐ원뿔을 클릭하고,[Splitting
　　Entity] 클릭-ⓑ직선을 클릭한다.

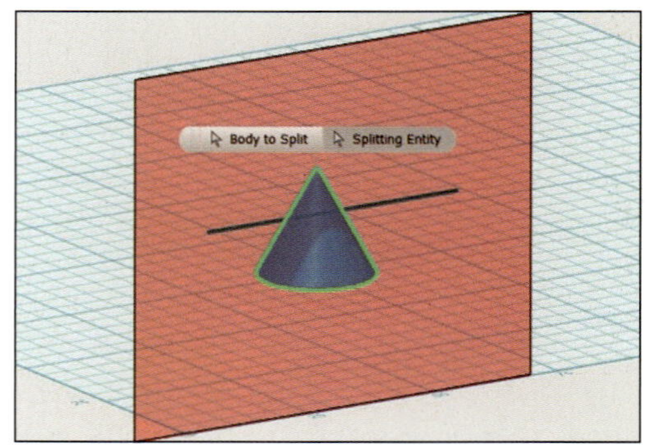

7. 자를 면(붉은 색)이 <u>수평으로 펼쳐지지 않고</u> 연직으
　　로 생기게 되어 원뿔의 일부분이 분할된다.

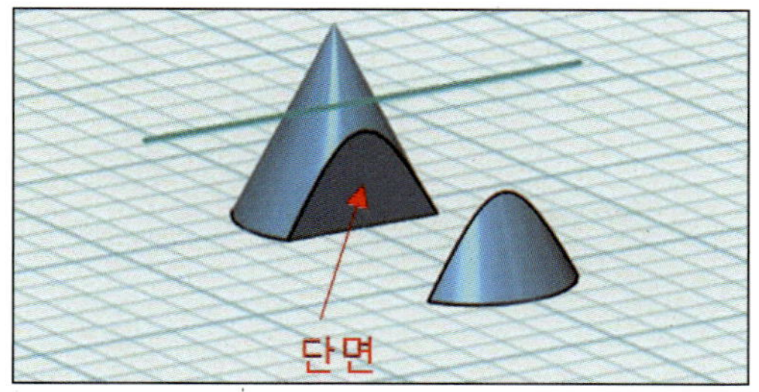

8. 화면 빈 곳 클릭하여 완료! [Move] 툴을 이용하여 분할된 솔리드 조각으로 앞으로 드래그하여 보자.

예제 30 ···································· 158쪽

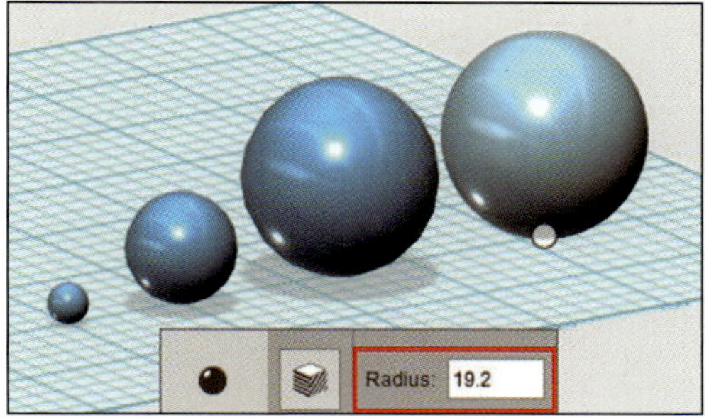

1. 메뉴 [Primitives-Sphere]를 선택하여 (Radius : 3.9, 10.5, 18.5, 19.2)인 구를 각각 만든다.

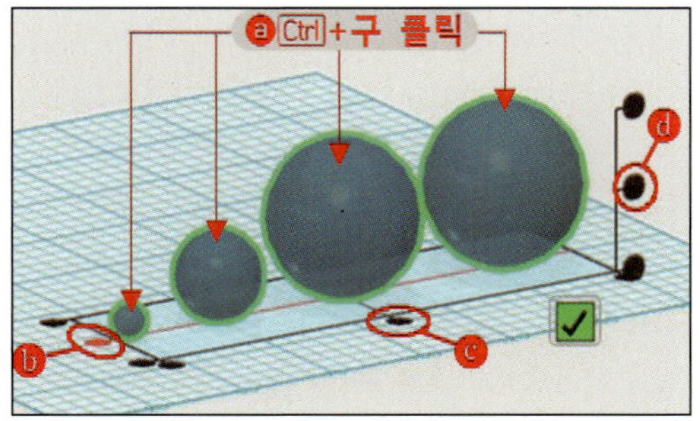

2. 메뉴 [Transform-Align]을 선택하고 ⓐ'Ctrl + 구 클릭'하는 방식으로 구 4개를 하나씩 모두 선택한다.

3. x, y, z축 중앙의 둥근 핸들(ⓑ, ⓒ, ⓓ)을 하나씩 클릭하면 4개 구들의 중심이 일치된다. 종료(✔)버튼 클릭하여 완료!

❖ 4개의 구들의 중심이 일치되므로 큰 구의 내부에 작은 구들이 들어가게 된다.

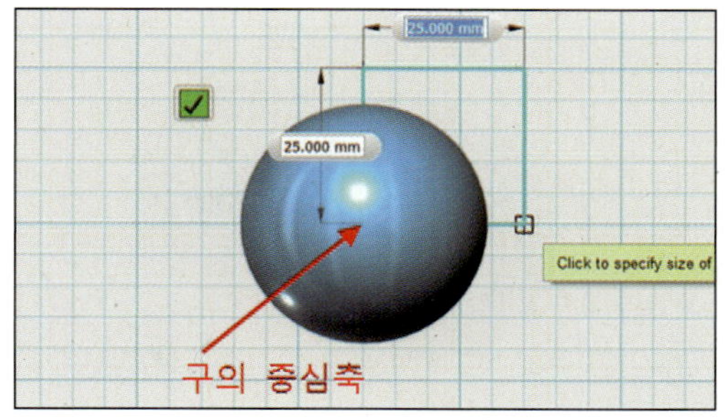

4. [뷰-큐브]-[TOP]으로 시점 전환한다.

5. 메뉴 [Sketch-Sketch Rectangle]을 선택하고 사각형의 한 꼭짓점과 구의 중심축이 일치하도록 사각형을 그린다. 종료(✔)버튼을 클릭하여 완료!

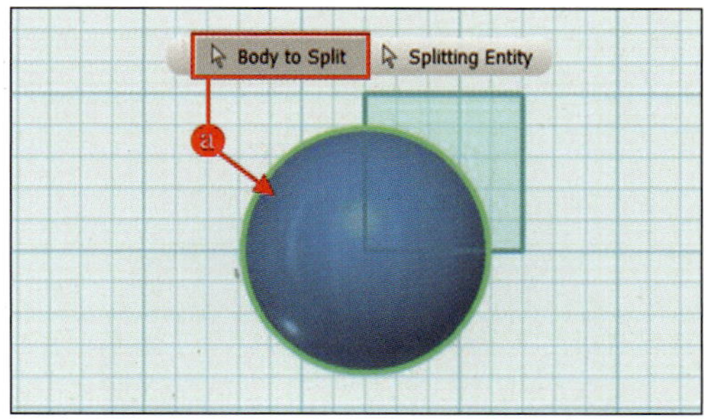

6. 메뉴 [Modify-Split Solid]를 선택한 후, [Body to Split]탭-ⓐ구 솔리드를 클릭한다.

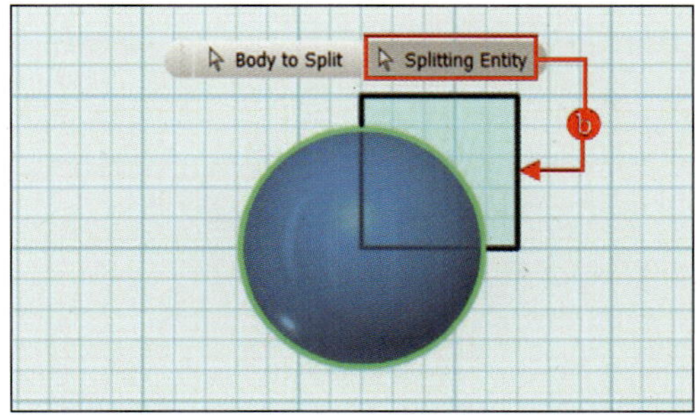

7. [Splitting Entity]탭 클릭-ⓑ사각형 선(검은 선)을 클릭한다. 화면 빈 곳 클릭하여 완료!

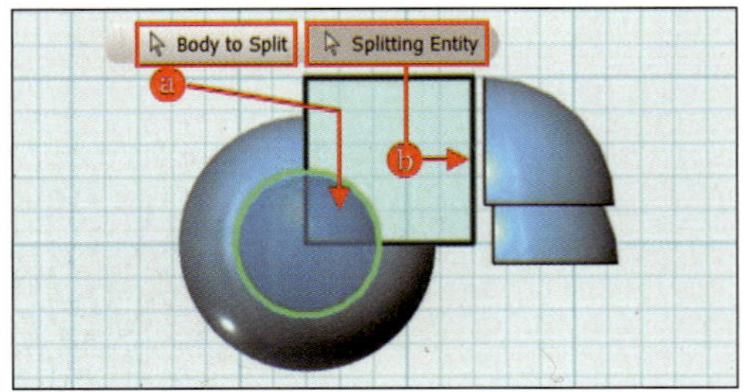

8. [과정6~7]과 같은 방법으로 큰 구 속에 들어 있는
2개의 구를 추가 분할한다(가장 작은 구는 분할하
지 않음).
(❶메뉴[Modify-Split Solid] 선 →❷[Body
to Split]탭-구 클릭→❸[Splitting Entity]탭
클릭-사각형 선 클릭)

❖ 분할된 $\frac{1}{4}$구는 드래그하여 이동시키거나 삭제(Del
키)한다.

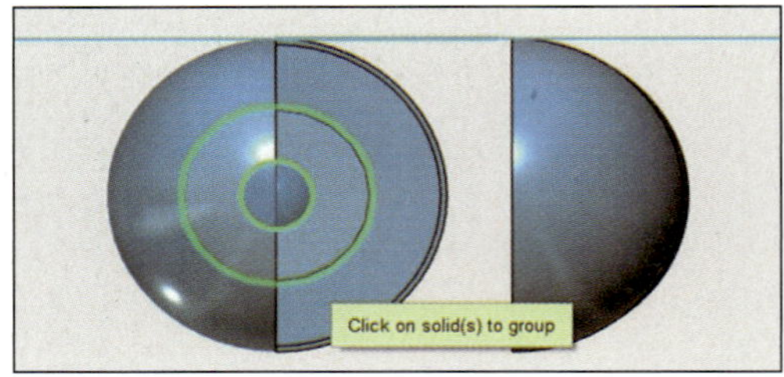

9. 구의 단면이 보이도록 마우스 우측 버튼을 이용하
거나 [뷰-큐브]-[BACK] 등으로 시점 전환한다.

10. [Group] 툴 적용 메뉴 [Grouping-Group]을
선택한 후, 4개의 솔리드(구)를 하나씩 클릭한다.
화면 빈 곳을 클릭하여 '묶기' 완성!

❖ [Group] 툴 사용법 : 180쪽

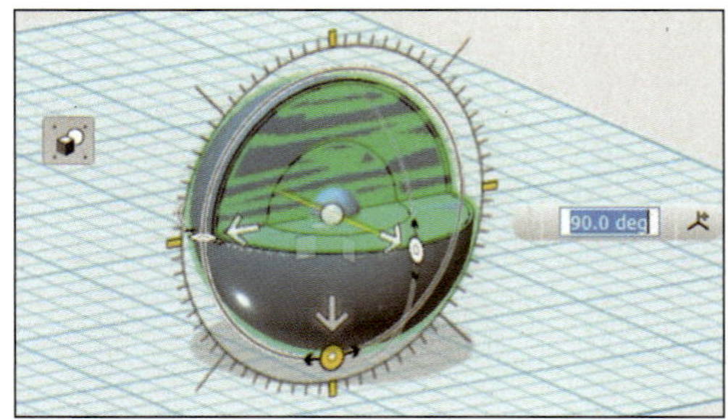

11. [Home]으로 시점 전환한다.

12. 메뉴 [Transform-Move/Rotate]를 이용하여
지구 모형을 바르게(90° 회전) 배치한다.

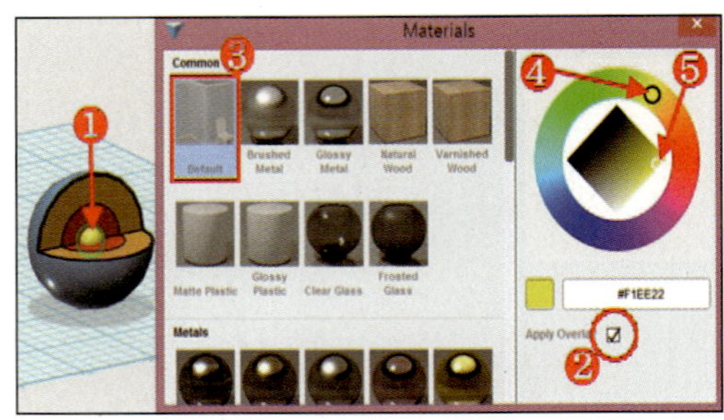

13. 메뉴 [Material]을 선택하고 새 창에서 지구내
부구조 모형에 대해 색상 및 질감을 입힌다.(❶~
❺) (색상-질감 : 204쪽)

❖ 지구내부의 색상이 나타나지 않으면, [Ungroup]
툴로 해제시킨 후 지구내부의 각 부분을 약간씩 이동
(0.1㎜) 배치한다.

예제31 정답 : ④ ⋯⋯⋯⋯⋯⋯⋯⋯⋯ 158쪽

1. 메뉴 [Primitives-Cylinder]를 선택하여 원기
둥(기본값)을 만든다.

2. 메뉴 [Sketch-Sketch Polygon]으로 오각형
(반지름 6㎜)을 그린 후, 원기둥 앞쪽에 배치한다.

❖ [뷰-큐브]-[FRONT]로 시점 전환하여 배치함

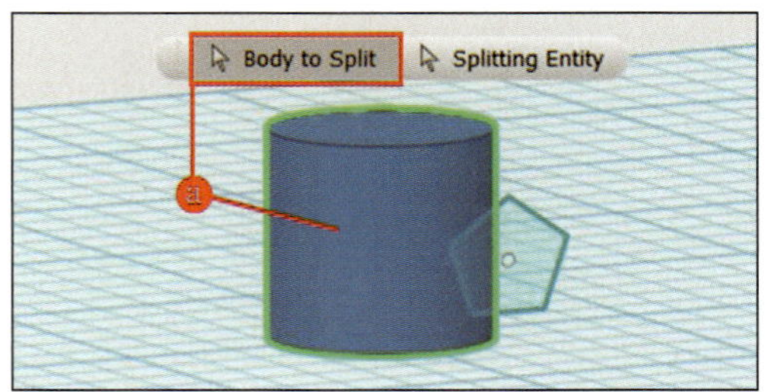

3-1. ㉮ [Split Solid] 툴 적용 메뉴[Modify
-Split Solid]를 선택한 후, [Body to
Split]탭-ⓐ원기둥(초록 테두리)을 클릭한다.

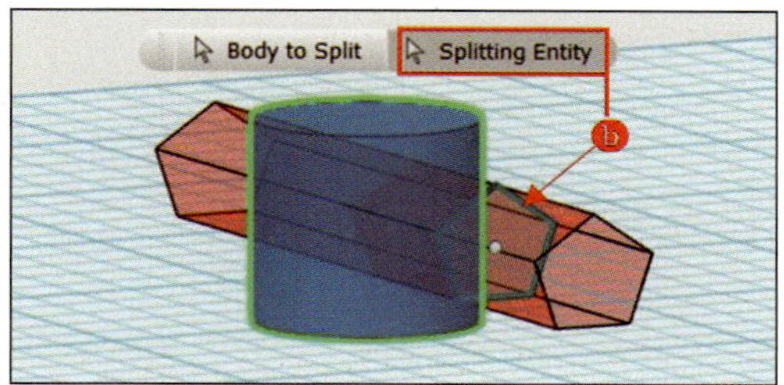

3-2. [Splitting Entity] 탭 클릭-ⓑ오각형 선을
클릭한다. 원기둥을 관통하는 붉은 색 오각기둥
(자르기 할 입체)이 나타난다. 화면 빈 곳 클릭
하여 완료!

3-3.㉮ [Press Pull] 툴 적용 메뉴[Modify-
Press Pull] 툴을 선택한 후, 원기둥 표면의
오각형을 클릭하고 [흰 화살표]를 앞쪽으로 드래
그한다(돌출 정도에 관계없이 오각형 **표면적은
일정**함). 화면 빈 곳을 클릭하여 완료!

❖[Extrude] 툴은 곡면에 적용 불가능함

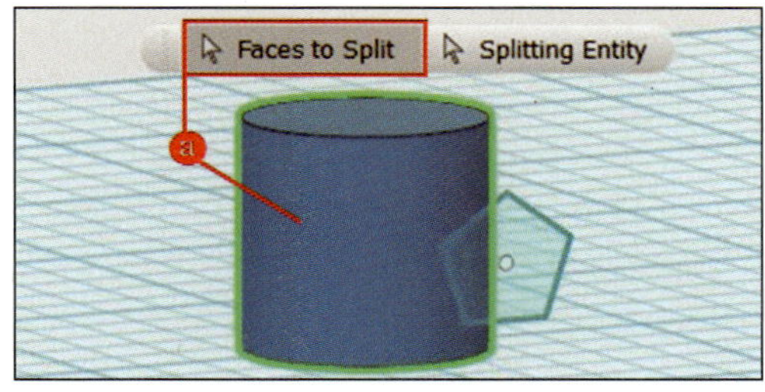

4-1.ⓑ [Split Face] 툴 적용 메뉴 [Modify-
Split Face]를 선택한 후, [Faces to Split]
탭-ⓐ원기둥을 선택한다.

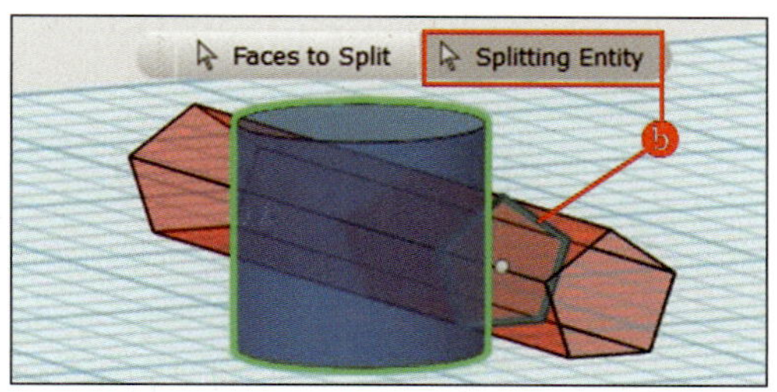

4-2. [Splitting Entity] 탭 클릭-ⓑ오각형 선을
클릭한다. 원기둥을 관통하는 붉은 색 오각기둥
(자르기 할 입체)이 나타난다.

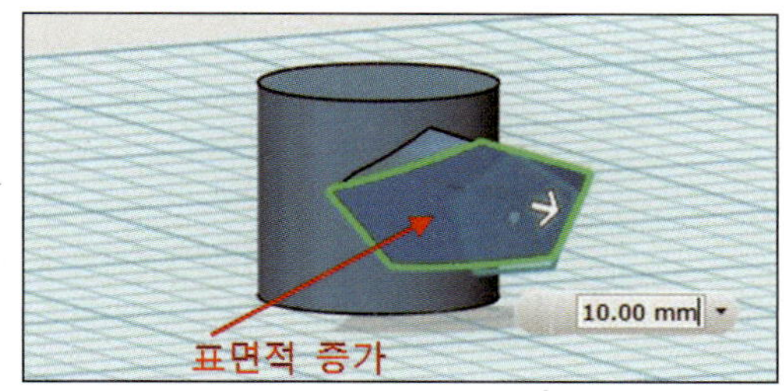

4-3. ⓑ [Press Pull] 툴 적용 메뉴[Modify-
Press Pull] 툴을 선택한 후, 원기둥 표면의
오각형을 클릭하고 [흰 화살표]를 앞쪽으로 드
래그한다(돌출될수록 오각형 **표면적은 증가**함).
화면 빈 곳 클릭하여 완료!

❖ [Extrude] 툴은 곡면에 적용 불가능함
❖ ①-㉮-ⓐ [Project] 툴과 ②-㉮-ⓑ[Extrude]
툴은 **곡면**에 적용 불가능함

예제32 ·························· 163쪽

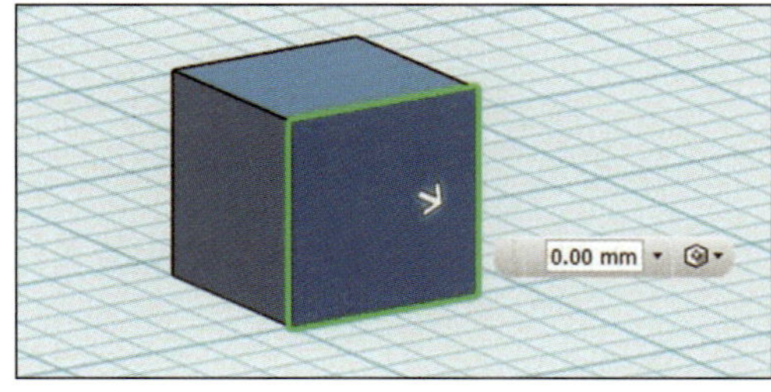

1. 메뉴 [Primitives-Box]를 선택하여 육면체(기본
값)를 만든다.
2. [Extrude] 툴 적용 메뉴 [Construct-Extrude]
를 선택한 후 육면체의 앞면을 클릭한다.

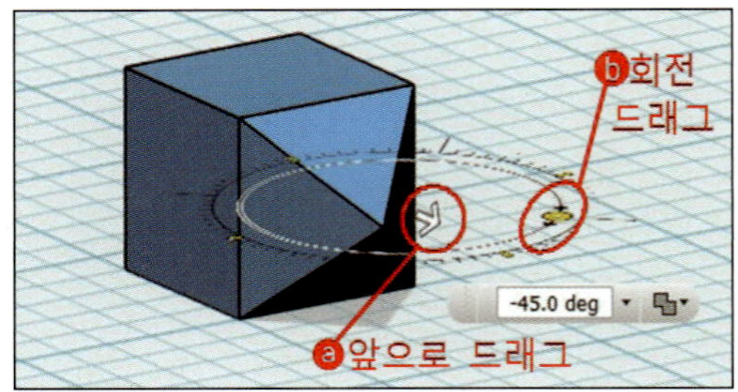

3. [흰 화살표]를 ⓐ앞으로 10mm 드래그한 후, [검은
   화살표]를 ⓑ-45° 회전 드래그하여 돌출면을 오므
   린다. 화면 빈 곳 클릭하여 완료!

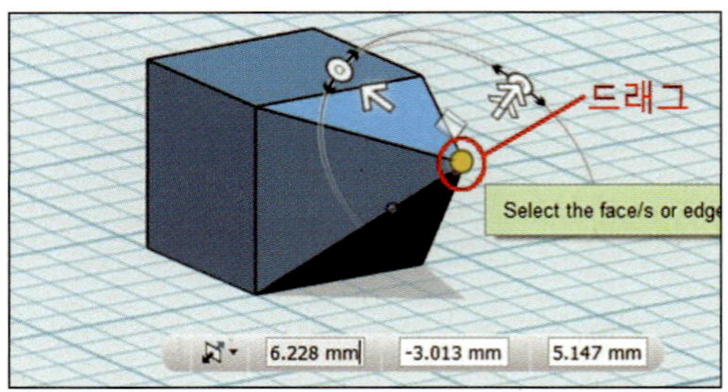

4. [Tweak] 툴 적용 메뉴 [Modify-Tweak]을 선
   택하고, 솔리드의 뾰족한 부분을 클릭한 후, 둥근
   핸들을 위로 드래그한다.

❖ [뷰-큐브]-[TOP], [FRONT] 등으로 시점 전환하
   면서 [Tweak] 툴(드래그)을 실행한다.

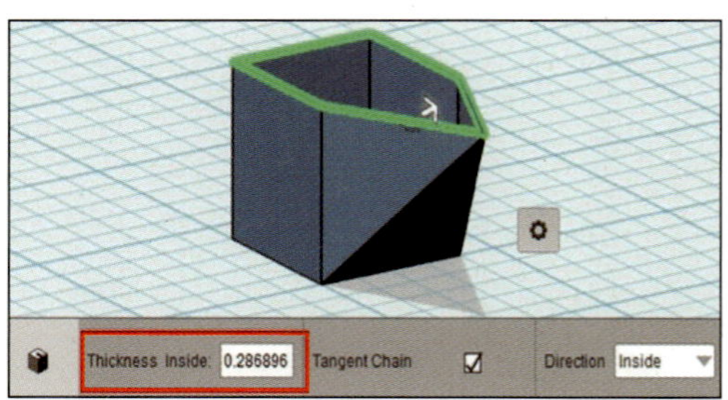

5. [Shell] 툴 : 2개 면 제거 먼저 ⓐ솔리드를 클릭
   하였다가 뗀 후, ⓑ사각 윗면을 한 번 더 클릭한다.
   (솔리드 클릭 → 면 클릭)

6. ⓒ Ctrl +솔리드의 삼각 윗면'을 클릭한다. (솔리드
   의 사각윗면과 삼각윗면이 함께 선택됨)

❖ 'Shift +제거할 면' 클릭으로도 다중 면을 함께 선택
   가능함

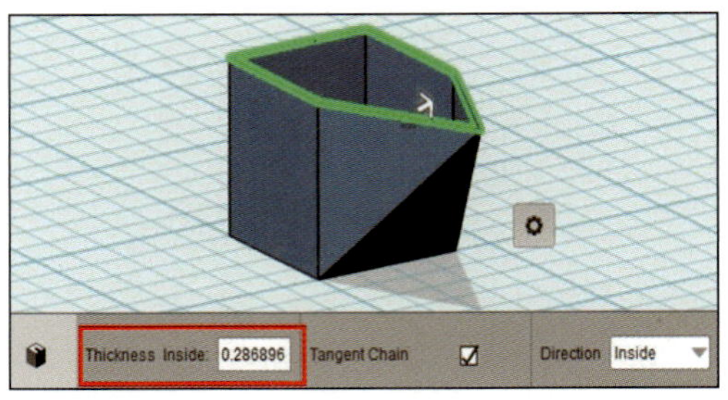

7. 메뉴 [Modify-Shell]을 선택한 후, 입력칸
   [Thickness inside : 1]을 입력하여 두께를 지
   정한다. 화면 빈 곳 클릭하여 완료!

예제33 ·································· 163쪽

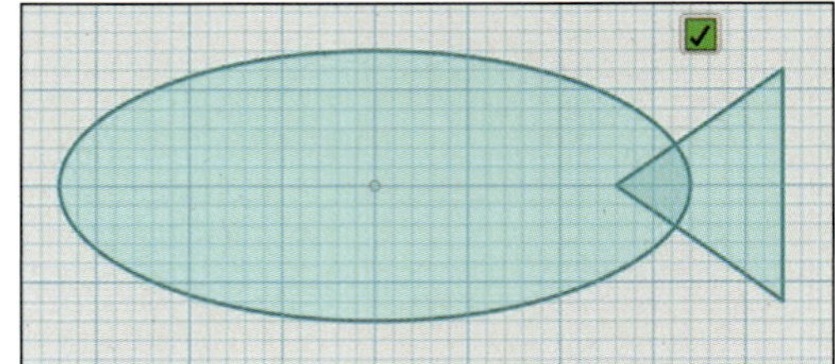

1. [뷰-큐브]-[TOP]으로 시점 전환한다.

2. 메뉴 [Sketch-Sketch Ellipse]를 선택하여 타
   원(85×35mm)을 그린다.

3. 메뉴 [Sketch-Polyline]을 클릭하여 삼각형(꼬리
   지느러미)을 그린다. 종료(✓)버튼 클릭하여 완료!

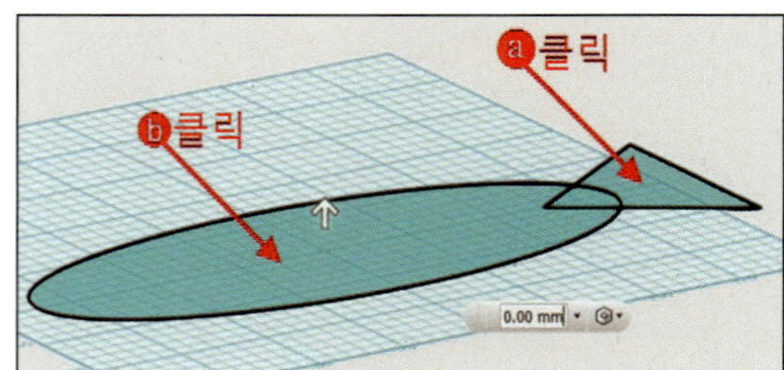

4. [Home]으로 시점 전환한다.

5. [Extrude] 툴 적용 메뉴 [Construct-Extrude]
   를 선택한 후, ⓐ삼각형(꼬리)과 ⓑ타원(몸통)을 하
   나씩 클릭한다.

❖ 스케치 면에 [Trim] 툴 적용 없이 [Extrude] 툴을
   적용함

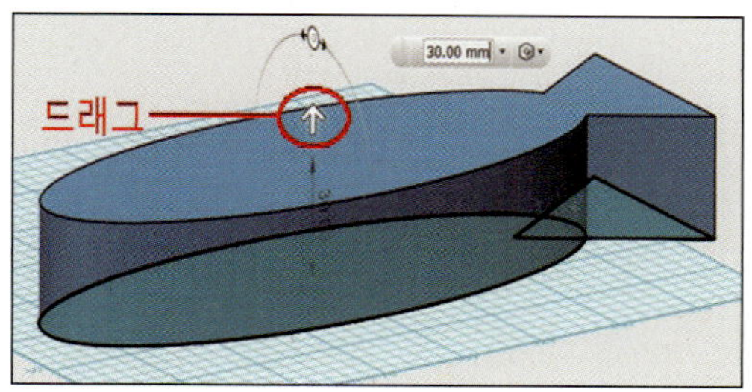

6. [흰 화살표]를 위로 30㎜ 드래그 한다. 화면 빈 곳
   클릭하여 완료!

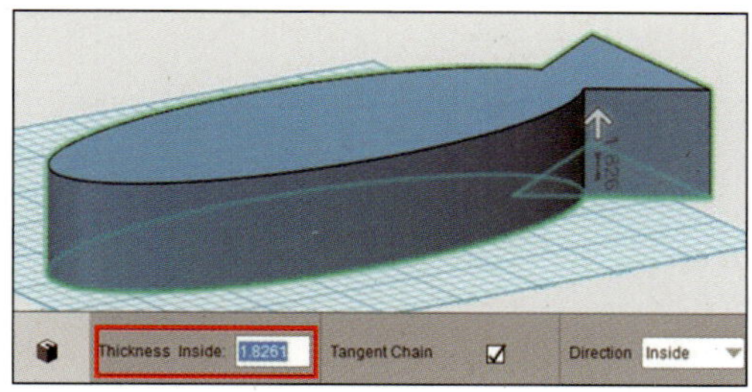

7. [Shell] 툴 적용 물고기 솔리드를 클릭한 후, 메뉴
   [Modify-Shell]을 선택한다.

8. 화면 하단의 입력칸 [Thickness inside]에 2
   를 입력하여 두께를 지정한다. 화면 빈 곳 클릭하
   여 완료!

❖ [Shell] 툴 적용 결과(속 비우기) 확인은 [과정
   13,14]를 참고 바람

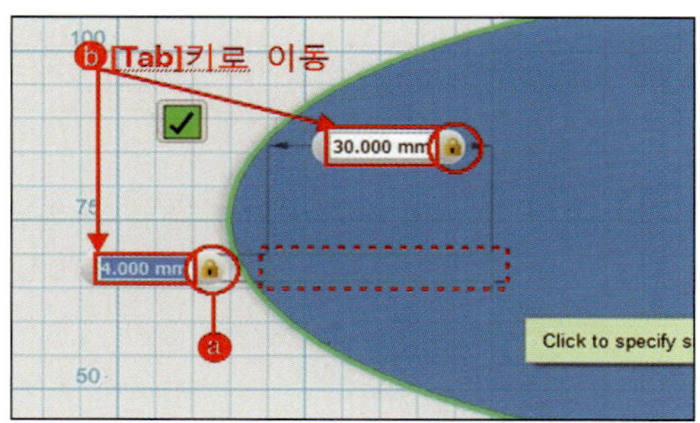

9. [뷰-큐브]-[TOP]으로 시점 전환한다.

10. 메뉴 [Sketch-Sketch Rectangle]을 선택한
    후, 물고기 입에 해당하는 직사각형(4×30㎜)의
    동전 투입구를 그린다.

❖ 직사각형 작성법 : 입력칸에 수치를 입력한 후,
   [Enter↵]키를 누르면 수치가 ⓐ고정(열쇠모양)된다.
   입력칸의 이동은ⓑ[Tab]키를 이용한다.

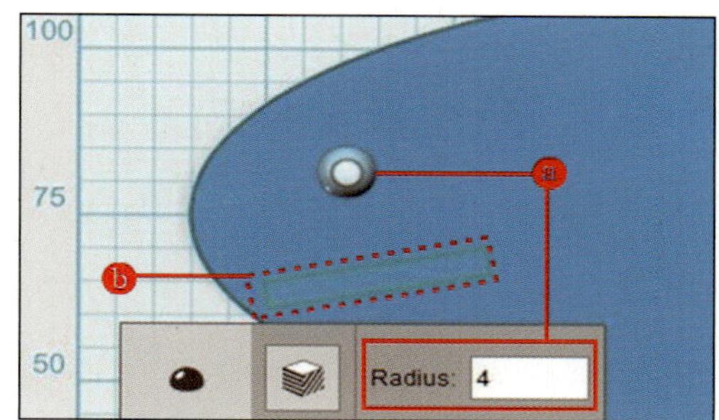

11. 메뉴 [Primitives-Hemisphere]을 선택하여
    몸통 솔리드 위를 클릭한 후, ⓐ반구(반지름 4)로
    물고기의 눈을 만든다.

❖ 동전투입구 ⓑ직사각형은 [Move/Rotate] 툴을
   이용하여 적절히 회전-이동 배치한다.

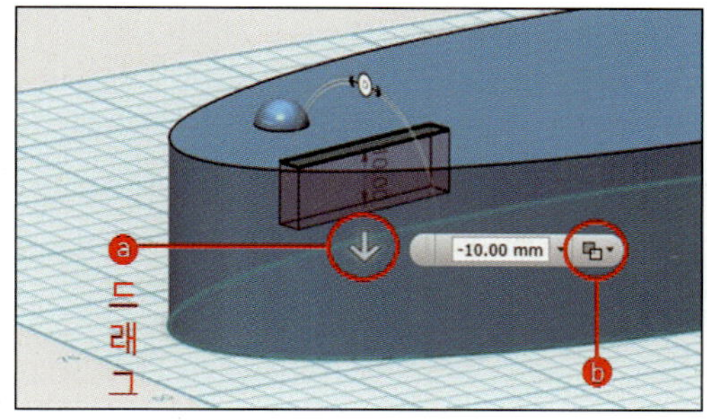

12. [Home]으로 시점 전환한다.

13. 메뉴 [Construct-Extrude]를 선택한 후, 직
    사각형을 클릭하여 ⓐ[흰 화살표]를 아래로 드래
    그 한다. 화면 빈 곳 클릭하여 완료!

❖ [Extrude] 툴의 ⓑ옵션은 [Subtract](기본값)이
   므로 동전투입구가 만들어진다. (몸통 솔리드가 '속
   비우기' 된 상태이므로 [흰 화살표]를 두께(2㎜)보다
   큰 3~10㎜ 아래로 드래그함)

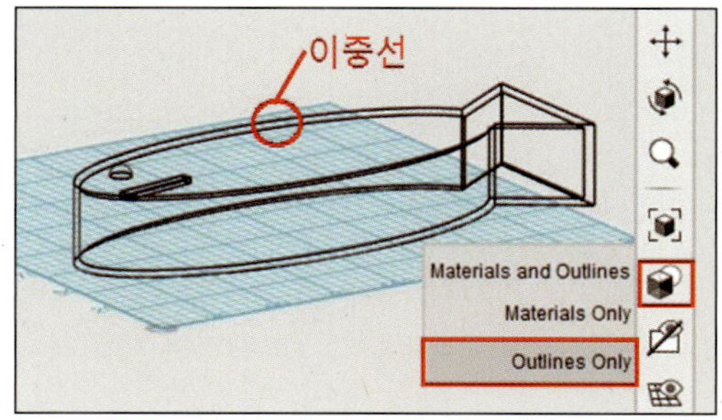

14. 솔리드 '속 비우기' 확인1 화면제어 바에서
    [Outlines Only]를 선택하면 비어 있는 물고기
    솔리드의 내부(이중선)를 확인할 수 있다.

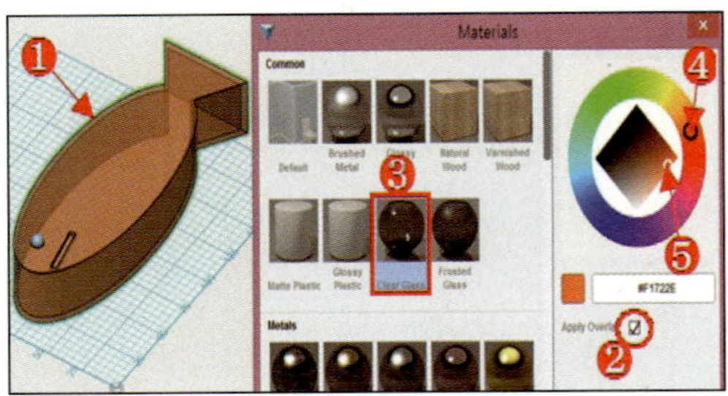

15. **솔리드 '속 비우기' 확인2** 메뉴 [Material]을 선택하고, 새 창에서 [Common-❸Clear Glass]와 원하는 색상을 적용한다(❶~❺).

❖ [Material] 툴 사용법 : 204쪽

✈ 3D프린터로 출력 설정 방법

저금통으로 부적합한 출력	저금통으로 적합한 출력
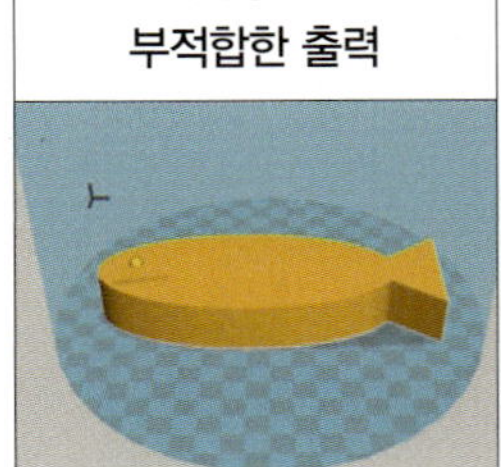	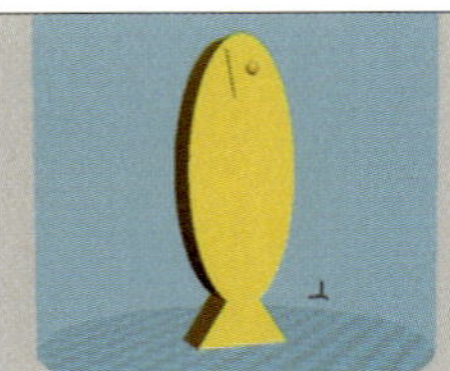
출력 소요시간은 단축되지만, 솔리드가 '속 비우기' 상태이므로 출력 서포트(지지대)가 필요함(출력 후 내부 서포트 제거 곤란)	출력 소요시간이 증가하지만, 서포트(지지대) 없이 출력할 수 있음(간편한 후가공)

예제34 ·· 172쪽

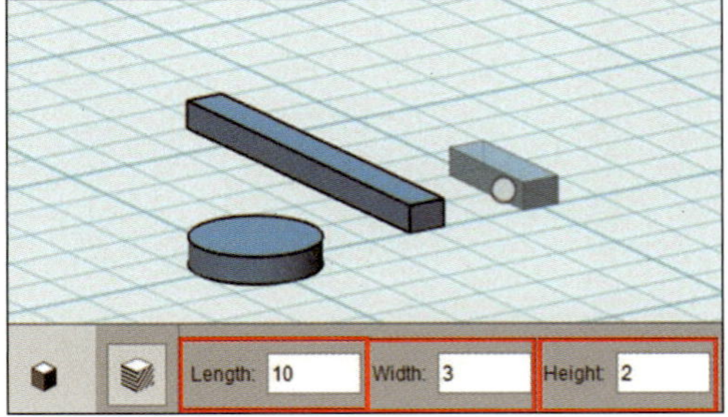

1. 메뉴 [Primitives-**Cylinder, Box**]를 이용하여 원기둥(반지름 5, 높이 2)과 **육면체**(30×3×2), (10×3×2)를 각각 만든다. 2. [뷰-큐브]-[TOP]으로 시점 전환한다.

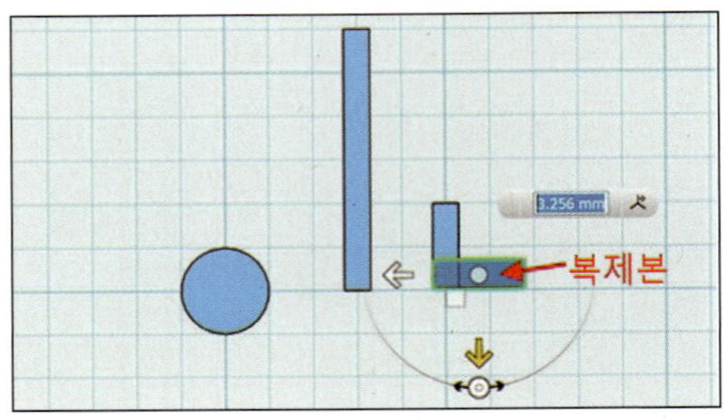

3. 작은 육면체(10×3×2)를 'Ctrl +C(복사) ⇨ Ctrl +V(붙여넣기)'한 후, 복제본을 원본과 수직(ㄴ자)으로 배치한다. 화면 빈 곳 클릭하여 완료!

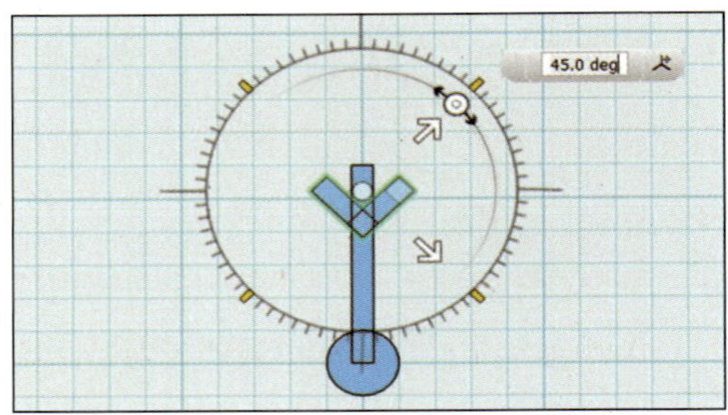

4. 그림과 같이 [Move/Rotate] 툴을 이용하여 각 솔리드들을 회전-이동 배치한다. 화면 빈 곳 클릭하여 완료!

❖ 메뉴 [Combine-**Merge**]를 이용하여 육면체들(3개)을 합병하는 것이 편리할 수 있다.

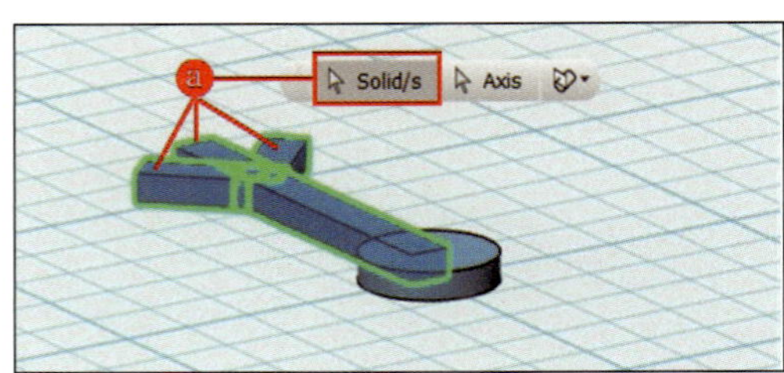

5. [Home]으로 시점 전환한다.

6. 메뉴 [Pattern-**Circular Pattern**]을 선택한 후, [Solid/s]탭-ⓐ육면체들을 하나씩 클릭한다.

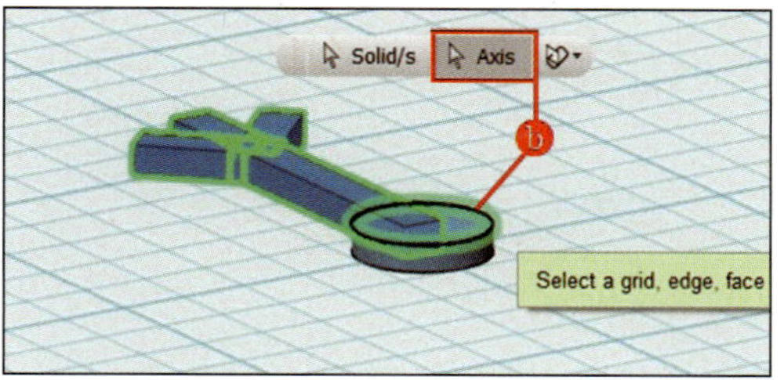

7. [Axis]탭 클릭-ⓑ원기둥의 모서리(원)를 클릭한다.

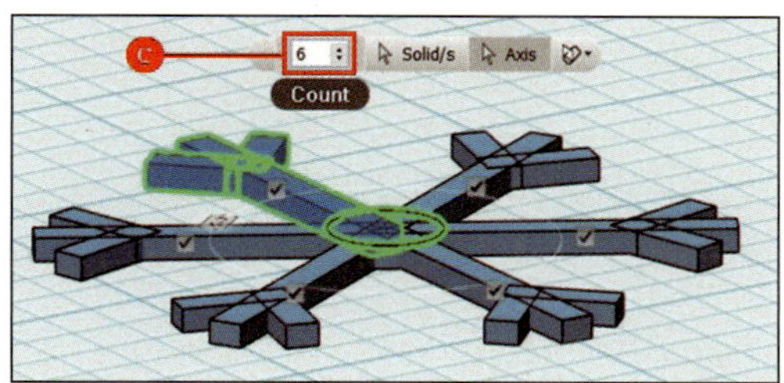

8. 클릭한 모서리(원)를 축으로 육면체들이 원형 패턴
   (Count의 기본값 3)으로 나타난다. 이때, 입력칸
   Count에 ⓒ6을 입력한다. 화면 빈 곳을 클릭하여
   완료!

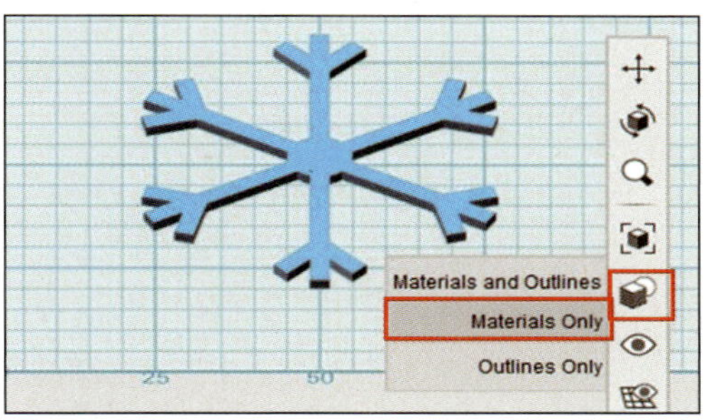

9. 화면제어 바에서 [Materials Only]를 선택한다.
10. 메뉴 [Material]을 이용하여 색상-질감을 적용한다.
❖ [Material] 툴 사용법 : 204쪽

✈ 다음과 같은 '눈 결정'도 만들어 보자.

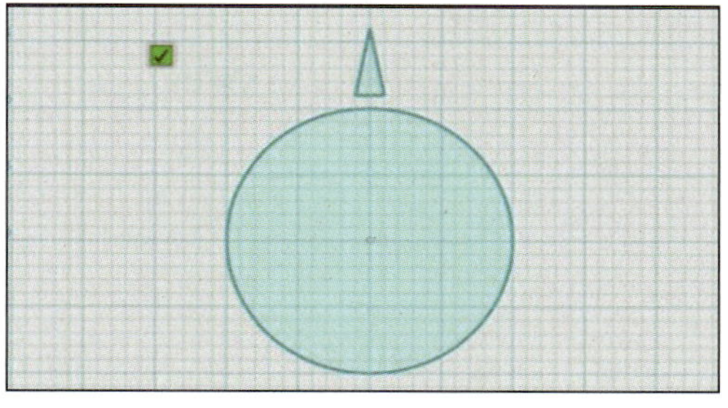

1. [뷰-큐브]-[TOP]으로 시점 전환한다.
2. 메뉴 [Primitives-Circle] 또는 [Sketch-
   Sketch Circle]로 원을 그린다.
3. 메뉴 [Sketch-Polyline]을 선택하고 ㉮ 원의 내부
   를 클릭하였다가 삼각형을 그린다. (→원과 삼각형의
   관계를 일체형으로 만들어야 [Pattern] 툴 적용 가
   능함 : 81쪽 참고)

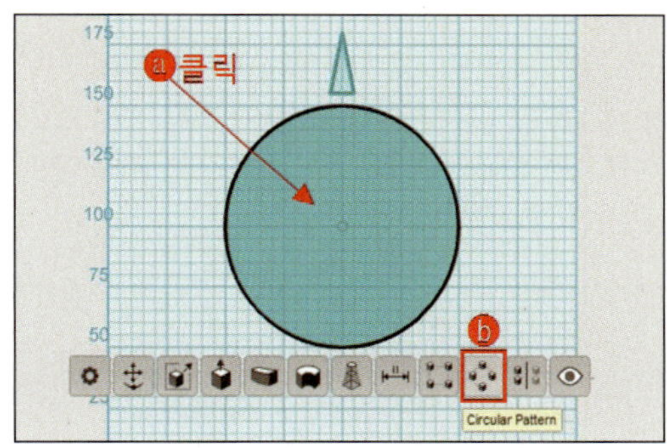

4. 스케치 면에 [Pattern] 툴 적용 ⓐ원(스케치면)을
   클릭하고 [연관 메뉴]-ⓑ[Circular Pattern]을 클
   릭한다.

❖ 솔리드가 아닌 스케치 면(원)이므로 메인 메뉴
   [Pattern-Circular Pattern]은 적용 불가능함

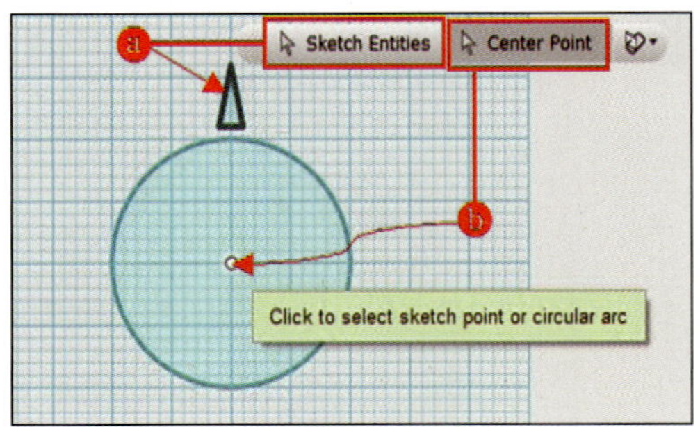

5. [Sketch Entities]탭-ⓐ삼각형의 세 변(선)을 하
나씩 클릭한다. [Center Point]탭 클릭-원의 ⓑ
중심점을 클릭한다(Count의 기본값 : 3)

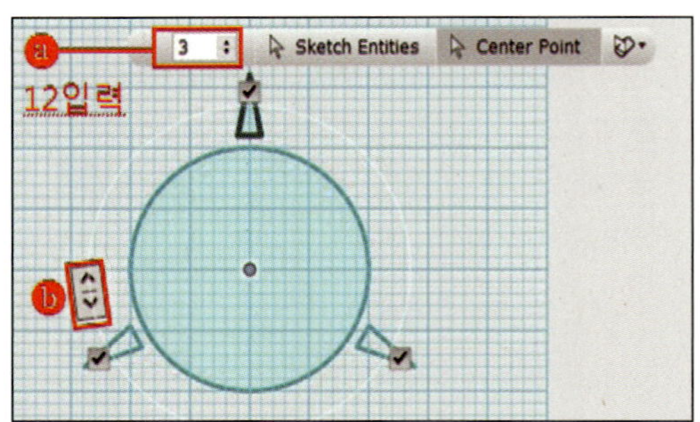

6. 입력칸 Count에 ⓐ12를 입력하거나 ⓑ슬라이더
'+'버튼을 드래그한다.

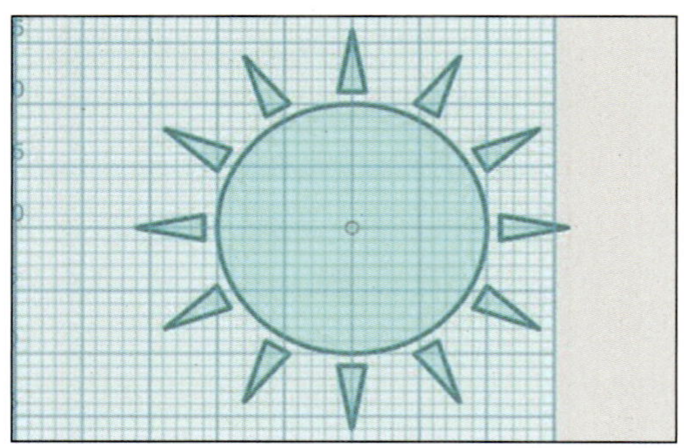

7. 종료(Exit Mode) 버튼 클릭 또는 ✔ 키를 누름!

예제36 .... 174쪽

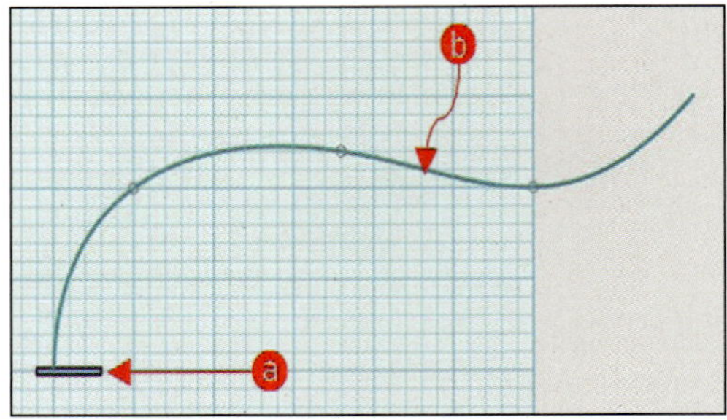

1. 메뉴 [Primitives-Box]를 선택하여 ⓐ육면체(2
×20×2)를 만든다.
2. [뷰-큐브]-[TOP]으로 시점 전환한다.
3. 메뉴 [Sketch-Spline]을 선택하여 ⓑ경로(곡선)
를 그린다. 종료 버튼(✔) 클릭하여 완성!

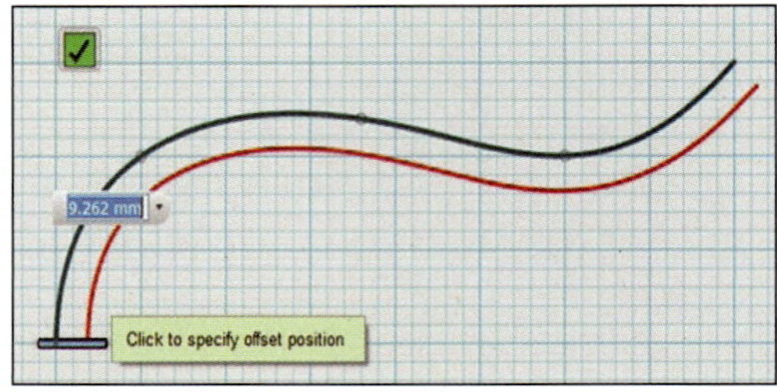

4. [Offset] 툴 적용 메뉴 [Sketch-Offset]을 선택
한 후, 곡선을 클릭하였다가 뗀다.
5. 다시 곡선을 클릭하였다가 떼면, 마우스 커서를 따
라다니는 빨간 선이 원본 곡선과 동일한 간격으로 생
성된다. 이때, 원하는 간격의 빨간선 위치에서 클릭
하여 옵셋 이중선을 만든다. 종료(Exit Mode✔) 버
튼 클릭하여 완성!

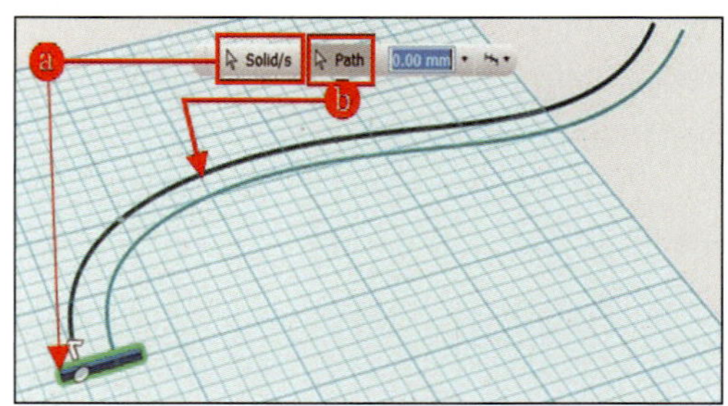

6. [Home]으로 시점 전환한다.
7. 메뉴 [Pattern-Path Pattern]을 선택한 후,
[Solid/s]탭-ⓐ육면체를 클릭하고, [Path]탭 클
릭-ⓑ곡선 하나를 클릭한다.

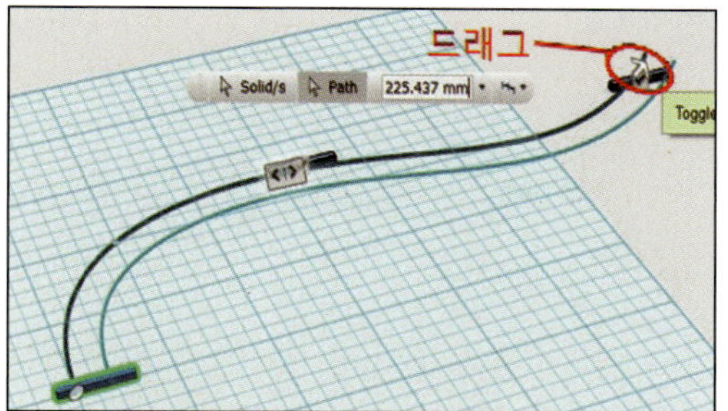

8. [흰 화살표]를 경로 끝부분(배열 범위)까지 드래그한다.

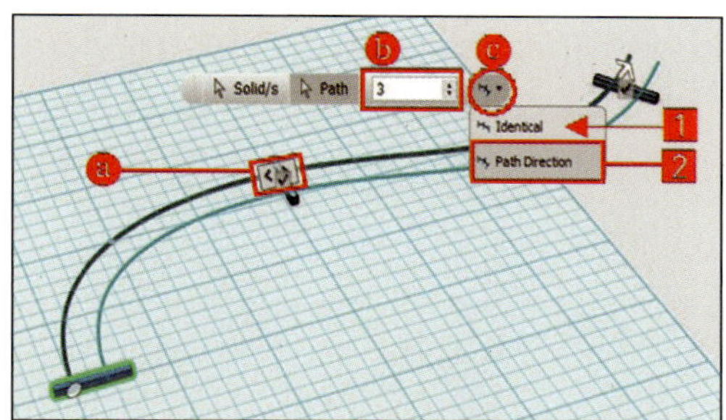

9. ⓐ슬라이더 버튼을 클릭하여 입력칸을 ⓑ Quantity(수량, 기본값 3)로 전환시킨다.

10. ⓒ드롭다운 버튼을 클릭하고 옵션(기본값 **1** Identical)에서 **2**[Path Direction]을 선택하여 육면체 솔리드를 경로 방향에 수직 배열시킨다. (→육면체 솔리드의 배열 방향을 과정8의 그림과 비교해 보자.)

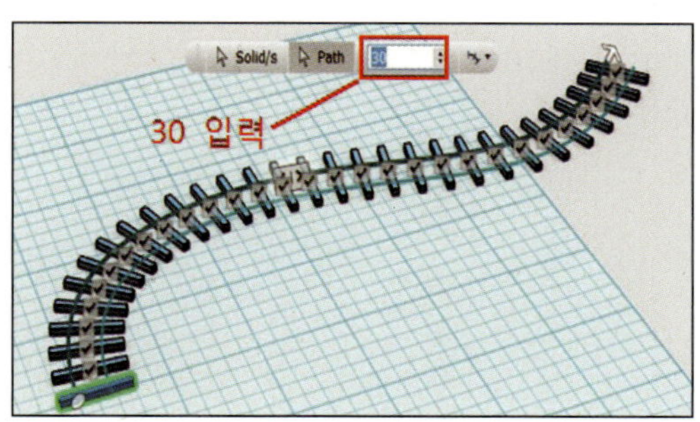

11. 입력칸에 30을 입력하여 솔리드(레일 침목)을 배열한다. 화면 빈 곳 클릭하여 완료!

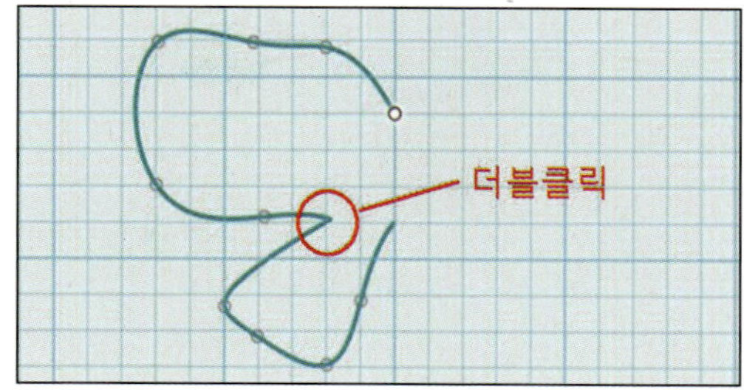

1. 메뉴 [Sketch-Spline]을 선택하여 나비 왼쪽 날개(곡선)를 대략 그린다.

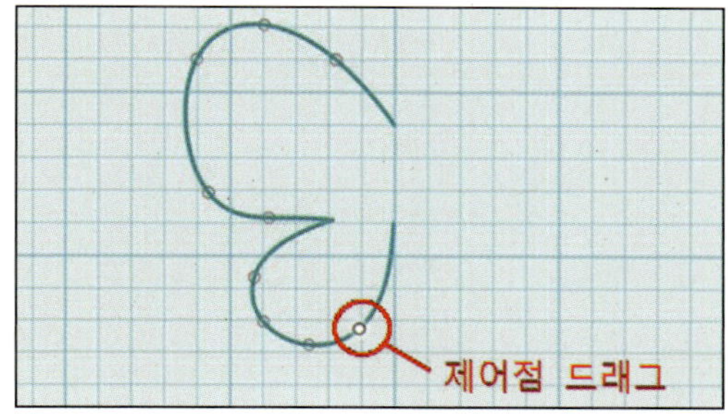

2. 제어점(클릭했던 점)을 드래그하여 나비의 날개 모양을 수정한다.

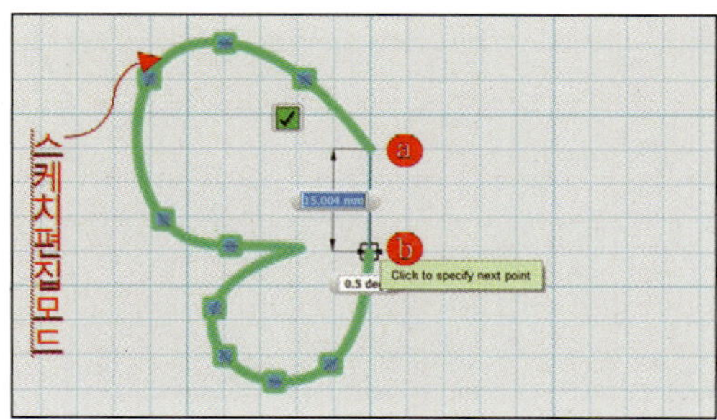

3. 메뉴 [Sketch-Polyline]을 선택하고 곡선을 클릭하면 스케치 편집모드(초록 선)로 전환된다.

4. 이때, 곡선의 ⓐ한쪽 끝부분(스냅점)을 클릭한 후 ⓑ다른 쪽 끝부분을 클릭하여 직선을 그린다. 종료(Exit Mode ✅) 버튼 클릭하여 폐곡선(스케치 면) 완성!

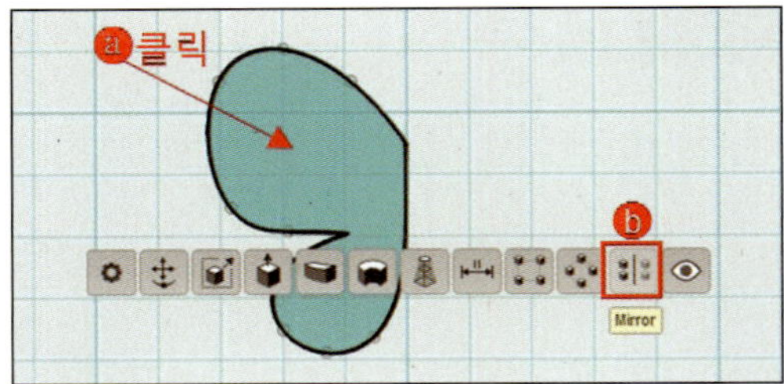

5-1. 스케치 면에 [Mirror] 툴 적용

　　ⓐ나비 왼쪽날개(스케치 면)을 클릭하고 [연관 메뉴]
　　－ⓑ[Mirror]를 클릭한다.

❖ 솔리드가 아닌 스케치 면(원)이므로 메인 메뉴
　 [Pattern-Mirror]는 적용 불가능함

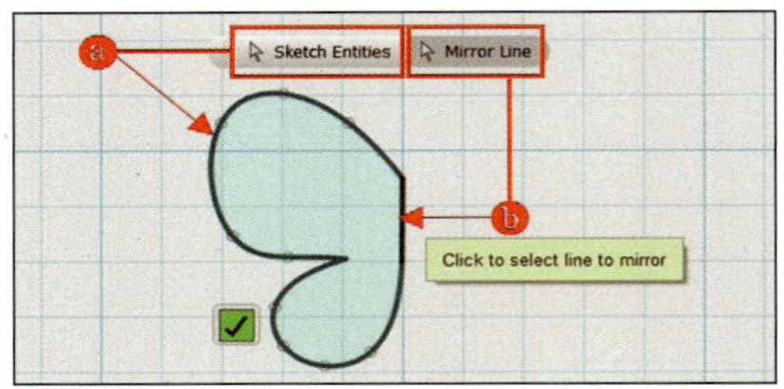

5-2. [Sketch Entities]탭－ⓐ나비 왼쪽날개의 두
　　곡선을 하나씩 클릭한다. [Mirror Line]탭 클
　　릭－ⓑ직선을 클릭한다.

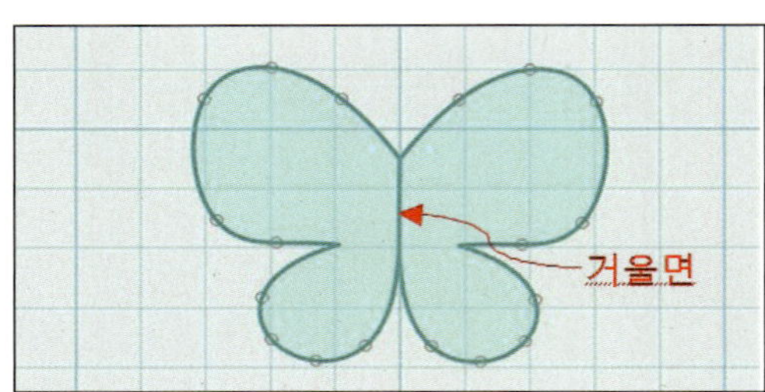

5-3. 종료(Exit Mode✅) 버튼 클릭하여 완료!
　　[Polyline]으로 그린 직선의 거울 면(Mirror
　　Line)은 좌우 대칭으로 동일한 나비 날개를 만
　　든다.

❖ 보기 ②[Spline]으로 그린 직선, ③솔리드의 평면
　은 스케치 면(연관메뉴 사용)에 대한 거울 면(Mirror
　Line)으로 사용할 수 없다.

 정답 : ②, ③ ················· 188쪽

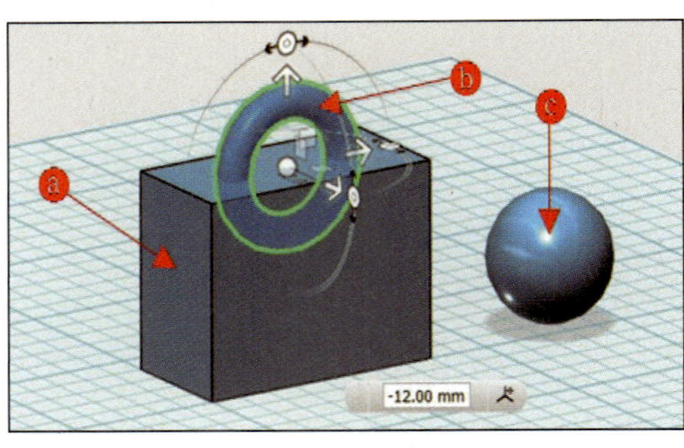

1. 메뉴 [Primitives-Box, Torus, Sphere]
　 를 이용하여 ⓐ육면체(20×40×30), ⓑ원환체
　 (기본값), ⓒ구(기본값)를 각각 만들어 배치한다.
　 ([Move/Rotate] 툴을 이용함)

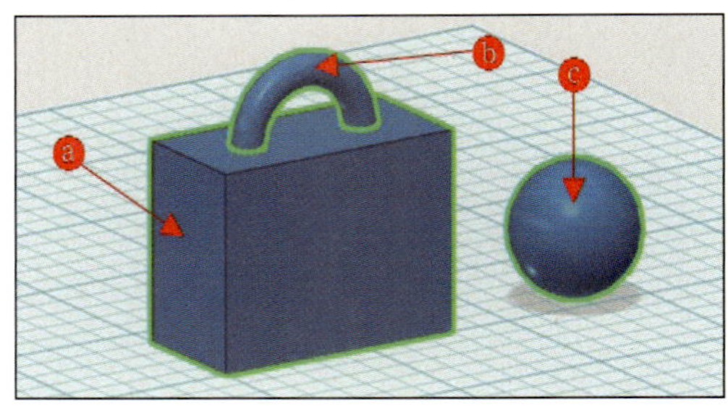

2-1. [Group] 적용 메뉴 [Grouping-Group]을
　　선택한 후, ⓐ육면체→ⓑ원환체→ⓒ구를 하
　　나씩 클릭한다. 화면 빈 곳 클릭하여 완료(그
　　룹 완성)!

2-2. [Group] 적용 결과 확인 : 하나의 솔리드에
　　마우스커서를 올리면, 3개의 솔리드(육면체,
　　원환체, 구) 주위에 초록테두리가 나타난다.

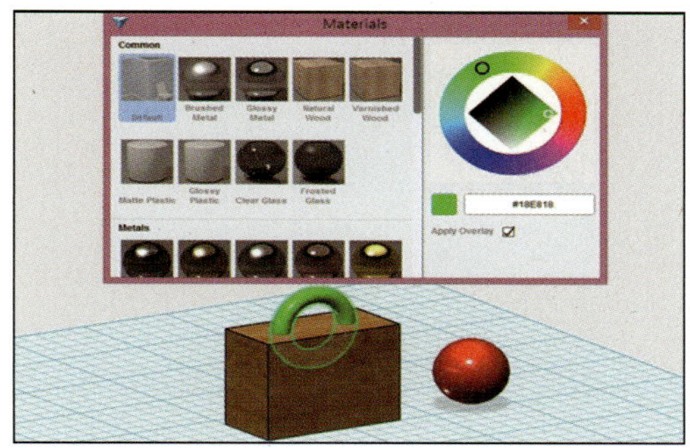

2-3. **[Material] 적용** 적메뉴 [**Material**]을 선
택한 후, 새 창에서 육면체와 원환체에 각각
색상 및 질감을 적용한다.

❖ [Material] 툴 사용법 : 204쪽

❖ [Group] 툴을 적용한 후에도 각각의 솔리드에 **별
도의 색상-질감 적용** 가능함

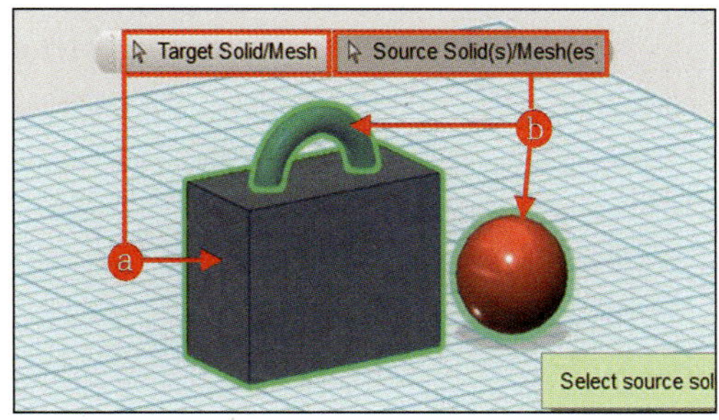

3-1. **[Merge] 적용 가능** 메뉴 [Combine-Merge]
를 선택한 후, [Target Solid/Mesh]-ⓐ
육면체를 클릭하고, [Source Solid(s)/
Mesh(es)]-ⓑ원환체와 구를 하나씩 클릭한다.

3-2. [Merge] 적용 결과 : 솔리드들이 합병되어 하
나의 솔리드로 완성! 합병된 육면체, 원환체, 구
는 모두 같은 색상-질감이 적용된다.

① 과정2-3

[Group]설정된 ⓐ육면체와 ⓑ원환체는 별도의 색상-
질감을 적용 가능하지만,

과정3-2 [Merge] 툴로 합병된 ⓐ육면체, ⓑ원환체,
ⓒ구는 모두 동일한 색상-질감만 적용 가능함

②과정3-1

격리되어 있는 솔리드 ⓐ와 ⓒ도 [Combine-Merge]
툴 적용 가능함 (Ver 2.0부터 가능함)

③ 과정2-2

격리되어 있는 솔리드 ⓐ와 ⓒ는 [Grouping-Group]
툴 적용 가능함

예제39 정답 : 가-①, 나-③, 다-② ····· 190쪽

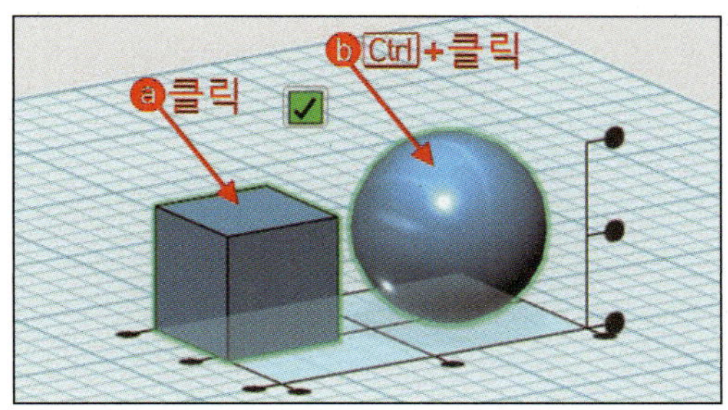

1. 메뉴 [Primitives-Box, Sphere]를 이용하여
육면체(20×20×20)와 구(반지름15)를 만든다.

2. 메뉴 [Transform-Align]을 선택한 후, ⓐ육면
체를 클릭하고, ⓑ'Ctrl +구'를 클릭하여 육면체와
구를 함께 선택한다.

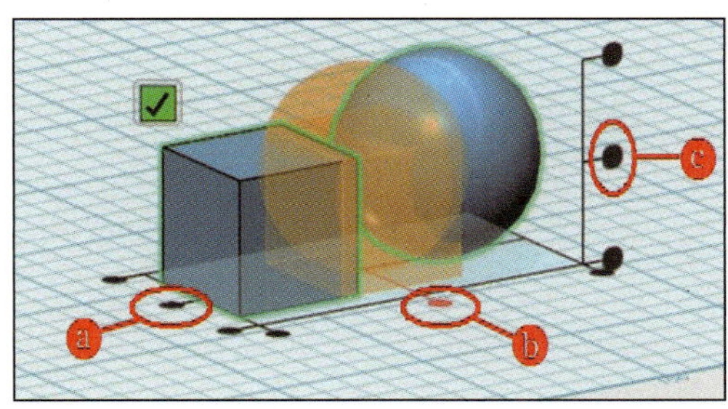

3. ⓐx축, ⓑy축, ⓒz축 중앙의 둥근 핸들을 하나씩
클릭하여 육면체와 구의 중심점을 일치시킨다(둥근
핸들 위에 마우스커서를 올리면 정렬 위치를 미리
확인 가능함). 종료 버튼(✅) 클릭하여 완료!

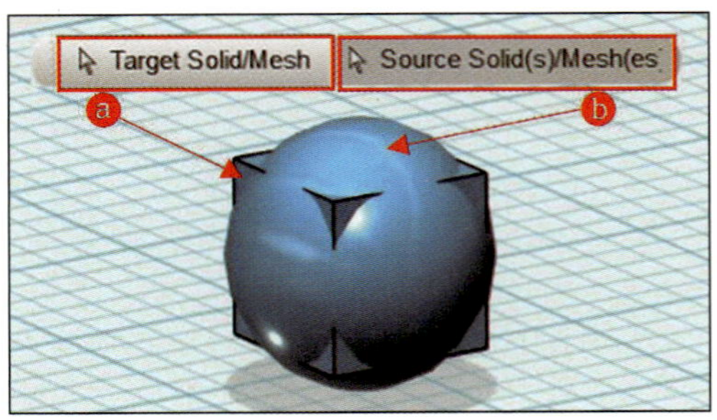

4-1. [Merge] 툴 적용메뉴 [Combine-Merge]를 선택하고, [Target Solid/Mesh] 탭-ⓐ육면체를 클릭한다.

4-2. [Source Solid(s)/Mesh(es)] 탭-ⓑ구를 클릭한다.

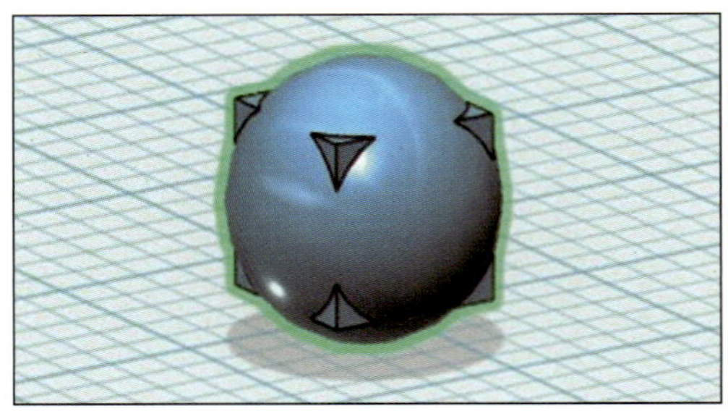

4-3. 화면 빈 곳 클릭하여 완료! (컴바인 머지-합병의 결과)

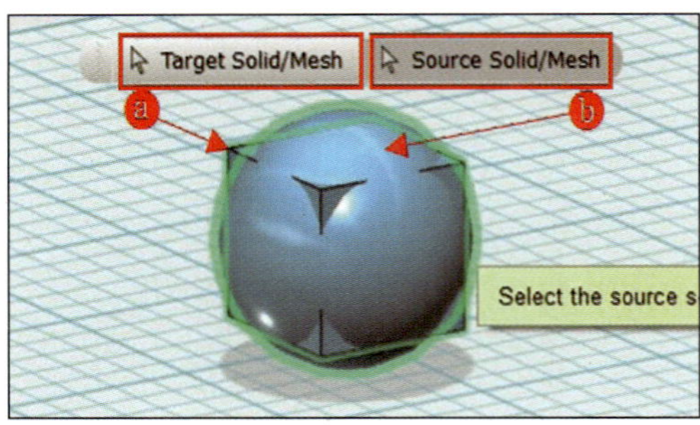

5-1. [Subtract] 툴 적용 메뉴 [Combine-Subtract]를 선택한 후, [Target Solid/Mesh] 탭-ⓐ육면체를 클릭한다.

5-2. [[Source Solid(s)/Mesh(es)]] 탭-ⓑ구를 클릭한다.

5-3. 화면 빈 곳을 클릭하여 완료! (컴바인 서브트랙트-차집합의 결과)

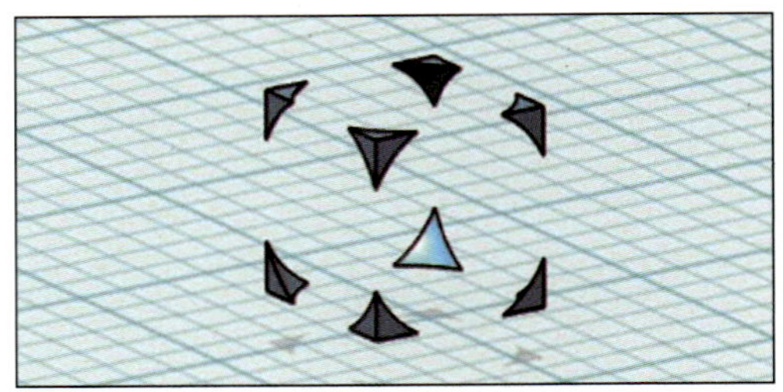

❖ [Subtract] 툴 적용 메뉴 [Combine-Subtract]를 선택한 후, [Target Solid/Mesh] 탭-ⓐ구를 클릭하고, [Source Solid/Mesh] 탭-ⓑ육면체를 클릭한다.(←Target Solid와 Source Solid의 대상이 바뀐 경우의 차집합의 결과)

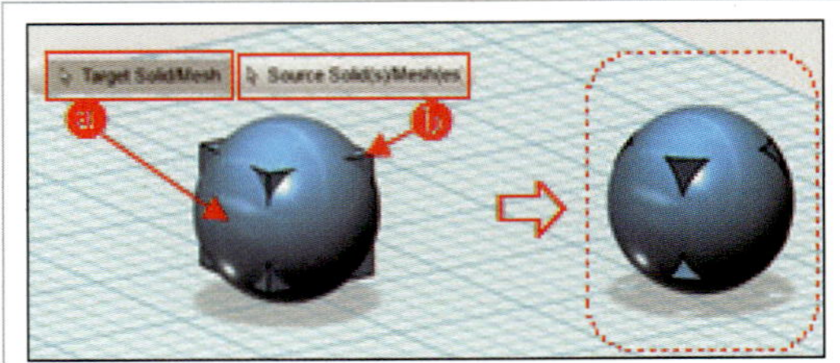

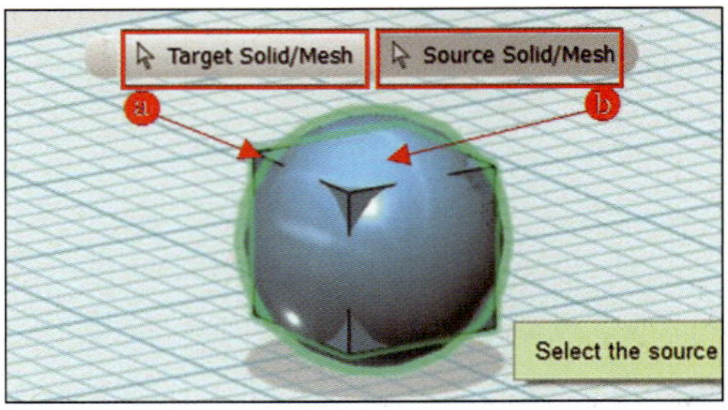

6-1. [Intersect] 툴 적용 메뉴 [Combine-Intersect]를 선택한 후, [Target Solid/Mesh] 탭-ⓐ육면체를 클릭한다.

6-2. [[Source Solid(s)/Mesh(es)]] 탭-ⓑ구를 클릭한다.

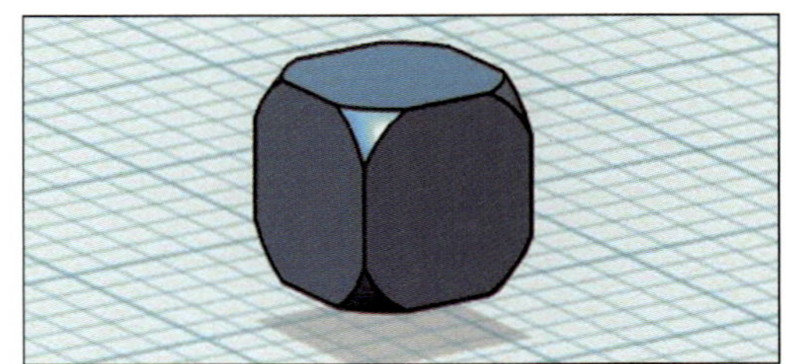

6-3. 화면 빈 곳 클릭하여 완료! (컴바인 인터섹트-교집합의 결과)

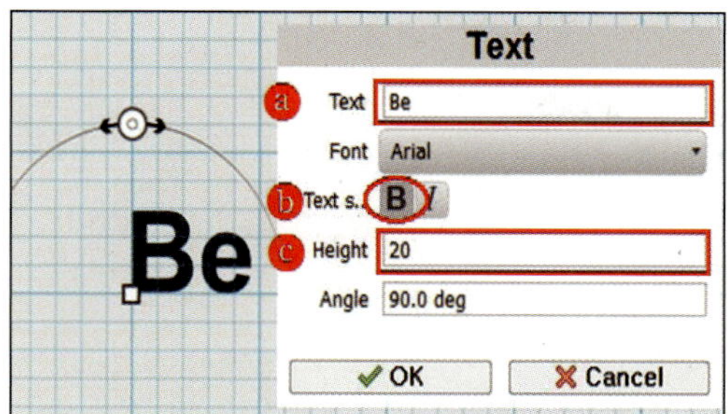

1. [뷰-큐브]-[TOP]으로 시점 전환한다.

2. 메뉴 [Text]를 이용하여, 새 창에서 Text 칸에 ⓐ'Be'를 입력하고, ⓑ(진하게) 클릭, Height(크기)칸에 ⓒ20을 입력한다. [OK]버튼 클릭하여 문자 입력 완료!

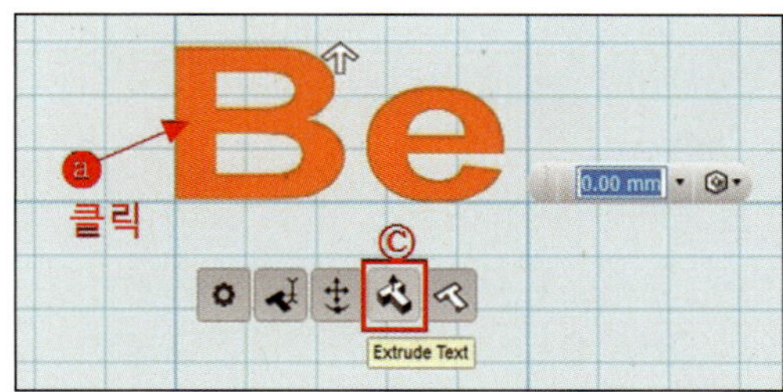

3. [뷰-큐브]-[TOP과 FRONT사이 모서리]를 클릭하여 시점 전환한다.

4. [Extrude Text] 적용 입력된 문자 ⓐ'Be'를 클릭하고, 하단에 나타나는 [연관 메뉴]-ⓒ[Extrude Text]를 선택한다.(→[흰 화살표]가 나타남)

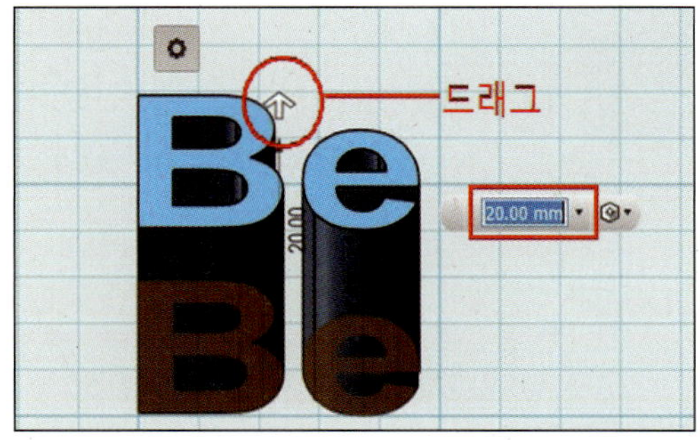

5. [흰 화살표]를 위로 드래그 하거나 입력칸에 20을 입력한다. 화면 빈 곳 클릭하여 완료!

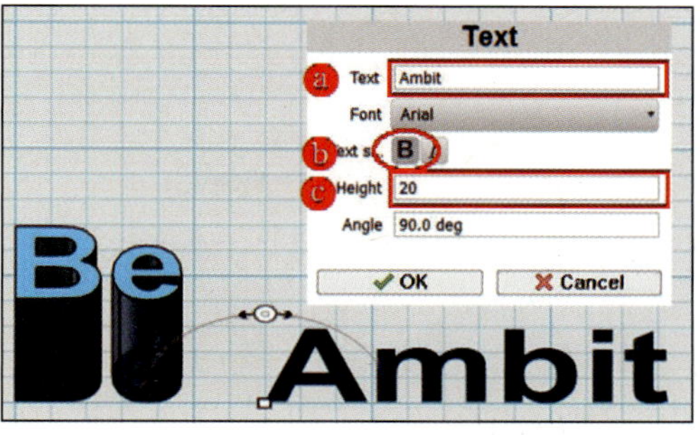

6. 메뉴 [Text]를 이용하여, 새 창에서 Text칸에 ⓐ'Ambit'를 입력하고 ⓑ(진하게) 클릭, Height(크기)칸에 ⓒ20을 입력한다. [OK]버튼 클릭하여 문자입력 완료!

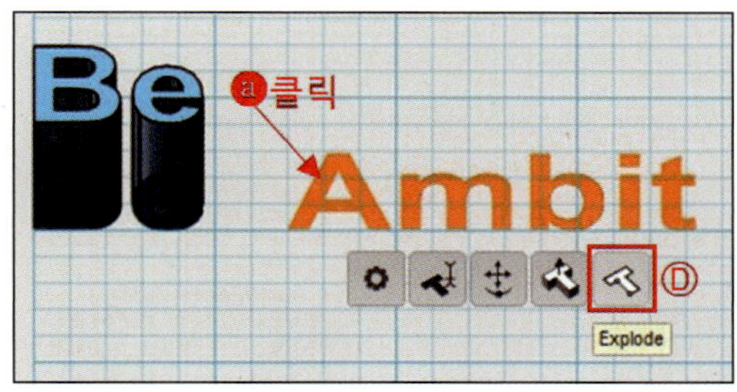

7.[Explode] 적용 입력된 문자 ⓐ'Ambit'를 클릭하고, 하단에 나타나는 [연관 메뉴]-ⓓ[Explode]를 선택한다.(→스케치 면 문자로 전환됨)

8.[Extrude] 툴 적용메뉴 [Construct-Extrude]를 선택한 후, 스케치 면으로 전환된 ⓐ문자를 클릭한다.

9.ⓑ[흰 화살표]를 위로 드래그하거나 입력칸에 수치를 입력하여 문자를 입체로 만든다.

10.(과정8,9)와 같은 방식으로 문자A(5㎜), 문자m(15㎜), 문자b(20㎜), 문자i(20㎜), 문자t(15㎜)를 입체로 만든다.

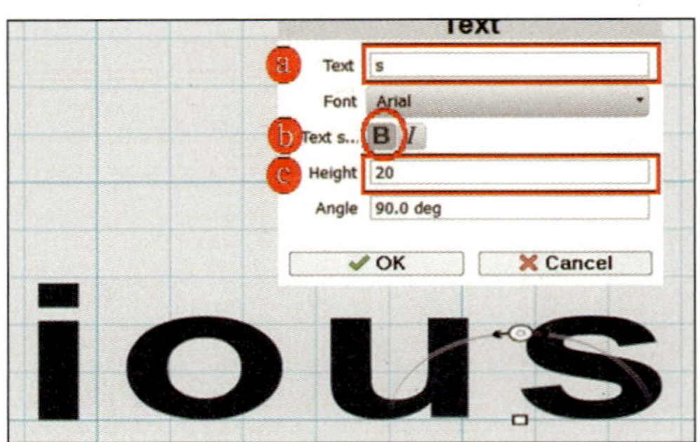

11. 문자 i, o, u, s를 그리드 면에 입력할 때, 문자를 하나씩 4회 입력([Text] 툴→새 창에서 입력)하자.

12. (문자s 입력 예) 메뉴 [Text]를 이용하여, 새 창에서 Text칸에 ⓐ's'를 입력하고 ⓑ(진하게) 클릭, Height(크기)칸에ⓒ20을 입력한다. [OK]버튼 클릭하여 문자 입력 완료!

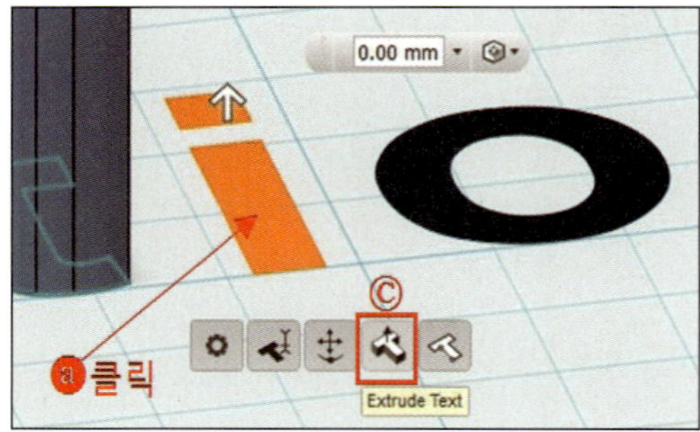

13. [Home] 시점 또는 마우스 우측버튼으로 시점 전환한다.

14. 문자 윗면 오므리기 입력된 문자 ⓐ'i'를 클릭하고, 하단에 나타나는 [연관 메뉴]–ⓒ[Extrude Text]를 선택한다.(→[흰 화살표]가 나타남)

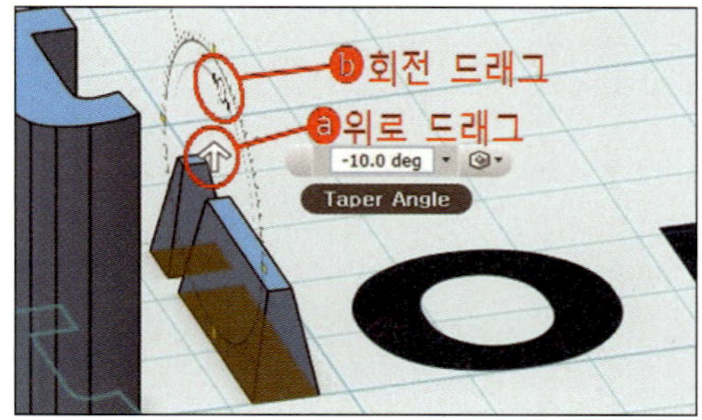

15. ⓐ[흰 화살표]를 위로 5mm 드래그한다.

16. 이어서 ⓑ[검은 화살표]를 −10° 회전 드래그하여 돌출 윗면을 오므린다. 화면 빈 곳 클릭하여 완료!

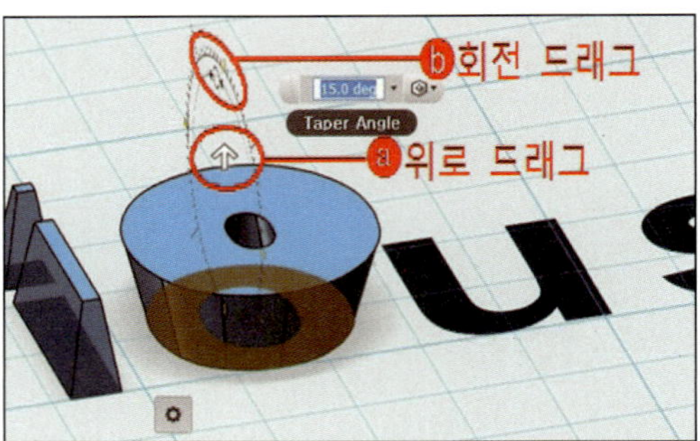

17. 문자 윗면 늘이기 입력된 문자 'o'에 대해 (과정 14,15)와 같은 방식으로 수행한 후, ⓑ[검은 화살표]를 15° 회전 드래그하여 돌출 윗면을 늘인다. 화면 빈 곳 클릭하여 완료!

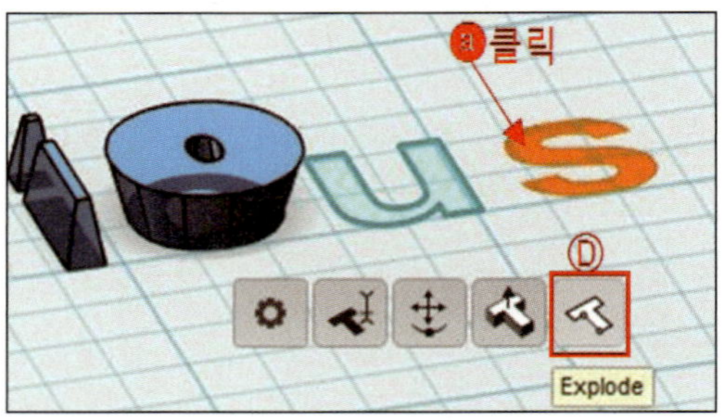

18. 입력된 ⓐ문자를 클릭한 후, [연관메뉴]–Ⓓ[Explode]를 선택하는 방식으로 문자 u,s를 스케치 문자 u,s로 전환한다.

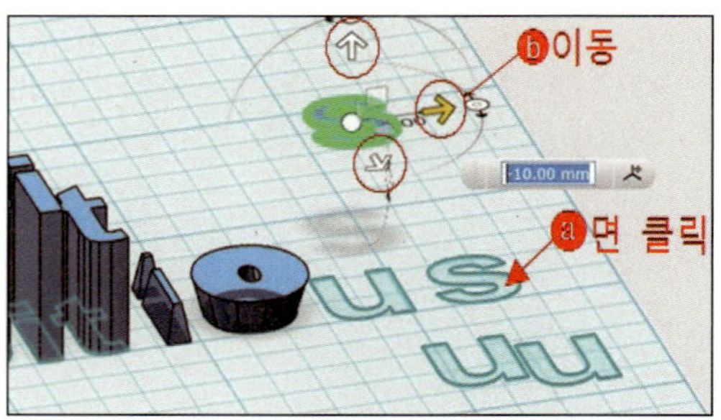

19. 스케치 ⓐ문자의 면을 클릭하고, 'Ctrl+C(복사) ⇨ Ctrl+V(붙여넣기)'하는 방식으로 만든 ⓑ복제본 스케치 문자를 위로 또는 좌우로 이동–배치한다(문자 u 3개, 문자s 2개). 화면 빈 곳 클릭하여 완료!

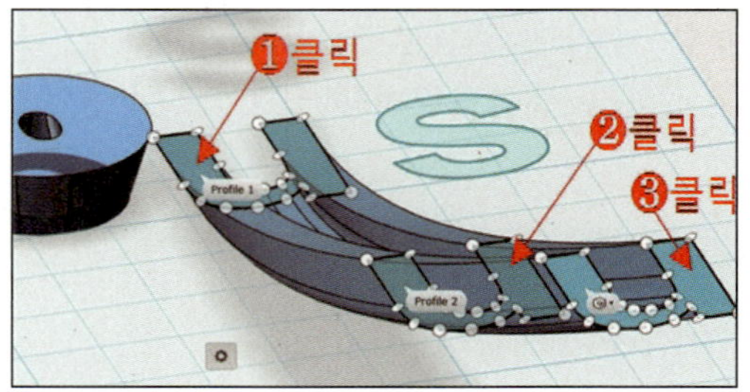

20. [Loft] 툴 적용스케치 문자 u(3개)를 'Ctrl+문자 면 선택' 방식으로 맨 아래부터(❶,❷,❸) 차례로 클릭한 후, 메뉴 [Construct-Loft]를 선택한다. 화면 빈 곳을 클릭하여 완료!

21. 스케치 문자 s(2개)에도 [Loft] 툴을 적용한다.

❖ 화면제어 바에서 [Hide Sketches]를 선택한다.

22. 메뉴 [Material]을 이용하여, 입체 문자에 원하는 색상-질감을 적용한다.

❖ [Material] 툴 사용법 : 204쪽

예제41 정답 : ③ 203쪽

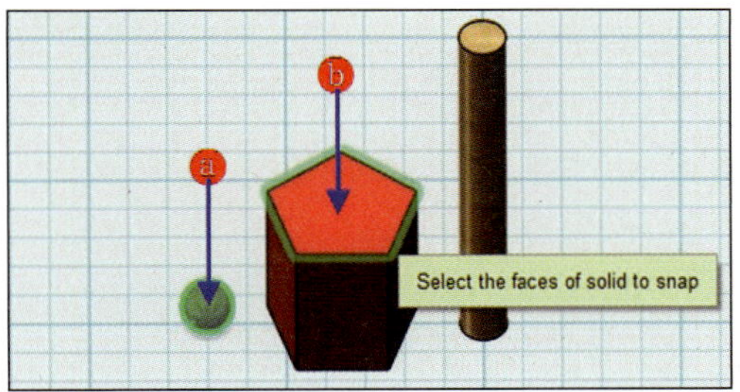

③-1. 메뉴 [Snap] 클릭→곡면❶클릭→면❷클릭한다. 화면 빈 곳 클릭하여 완료!

❖ 항상 ❶첫 번째 클릭한 면이 ❷두 번째 클릭한 면 위에 달라붙는다.

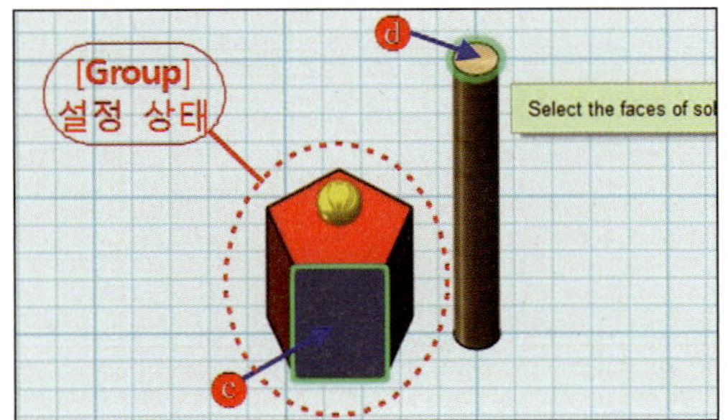

③-2. 다시, 메뉴 [Snap] 클릭→면❸ 클릭→면❹ 클릭한다. 화면 빈 곳 클릭하여 완료!

❖화면제어 바의 [Snap-Group ON]에서 [Snap] 툴을 적용했으므로, (위 그림의) 구와 오각형은 [Group] 적용 상태이다.

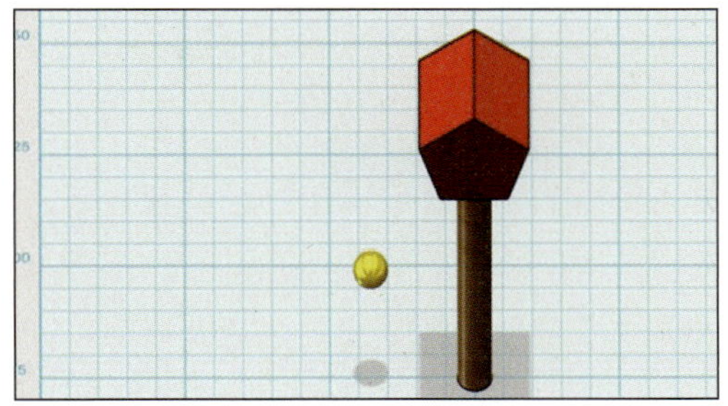

③-3. [Group](묶기) 적용 상태인 ❶구와 ❷오각기둥은 [Snap] 툴을 적용하는 과정에서 ❶구와 ❷오각기둥은 분리된다(구는 제자리에 있음).

[추가 해설]
①의 경우 : 메뉴 [Snap] 클릭 → 곡면❸ 클릭 → 면❹ 클릭하고 ➡ 메뉴 [Snap] 클릭 → 면❶ 클릭 → 면❷ 클릭한 것이다.

②의 경우 : 메뉴 [Snap] 클릭 → 곡면❶ 클릭 → 면❷ 클릭하고 ➡ 구와 오각기둥을 [Combine-Merge] 툴로 합병 후 ➡ 메뉴 [Snap] 클릭 → 면❸ 클릭 → 면❹ 클릭한 것이다.

예제42 .... 212쪽

(1) 원뿔 '솔리드를 클릭+D키'를 누른다. ➡ 그리드(모눈종이) 면 위로 솔리드가 부착되어 올려 진다.

(2) 원뿔 '솔리드를 클릭+ Space Bar '를 누른다. ➡ 그리드(모눈종이)면을 기준으로 솔리드가 거꾸로 뒤집힘